만주어
사도행전

김동소

루이 드 푸와로 신부의 만주어 성경 연구 3

지식과교양

A Study of the Acts of the Apostles in the Manchu Language

Studies in the Manchu Bible by Fr. Louis de Poirot, S. J. [3]

ISBN 978-89-6764-111-5   93700

Published by Kowledge and Education, Seoul

PRINTED IN THE REPUBLIC OF KOREA

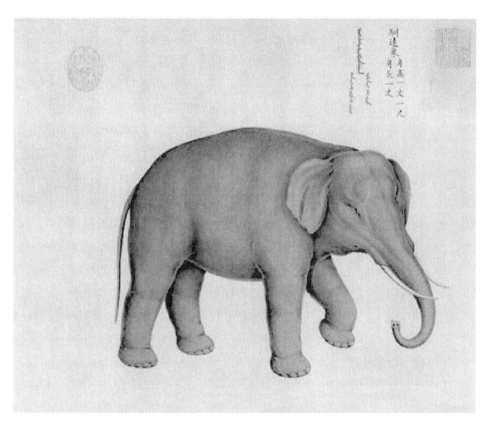

푸와로 신부의 코끼리 그림(賀清泰 :《廓爾喀貢馬象圖》, 故宮博物院藏)

책 머리글

　루이 드 푸와로 신부님(P. Louis de Poirot, S. J., 賀淸泰)이 번역하신 만주어 성경들 중 신약성경의 마태오 복음서와 구약성경의 에스델기를, 저의 능력 없음을 무릅쓰고 역주해 낸 것이 각각 2011년과 2013년이었는데, 이제 세 번째로《만주어 사도행전》을 역주해 출간합니다.《만주어 에스델기》를 문세(問世)하고 바로 만주어 사도행전의 역주에 들어갔습니다만, 이미 4년여의 세월이 흐르고 이제서야 겨우 그 원고를 출판사로 넘기게 된 것은, 저의 게으름과 재바르지 못함에도 그 원인이 있겠지만, 이 만주어 사도행전의 역주 작업을 시작하자말자 국립 한글 박물관 주관의 '한글과 동아시아의 문자' 프로젝트에서 제가 여진문자(女眞文字) 쪽을 맡게 되어 2015년 1년간 이 일에 전념하게 되었고, 또 동시에 저의 아버님의 전집 간행 일도 맞물리게 되어 2014년에서 2016년 초까지 불가불 이 만주어 사도행전 역주 작업을 중단하지 않을 수 없었기 때문이라는 변명을 하지 않을 수 없습니다.[1]

　이 만주어 사도행전의 역주 작업을 중간에 딴 일로 그만두고 있는 사이, 푸와로 신부님과 관련된 놀라운 출판물들이 중국과 유럽에서 간행되는 경사스러운 일이 있어 크게 감격했습니다. 그 출판물이란, 이 책 참고문헌에 수록했습니다만, 2013년과 2014년에 타이베이[臺北]와 베이징[北京]에서 잇달아 푸와로 신부님

---

1 국립 한글박물관의 '한글과 동아시아의 문자 프로젝트'는 2016년 1월 초에 같은 이름의 연구 결과물을 간행함으로써 마무리되었고, 저의 아버님 전집은 2016년 3월《소암 김영보 (蘇岩金泳俌) 전집》이라는 이름으로 소명출판에서 출간되어 그 끝을 보게 되었습니다.

의 중국어 백화문(白話文) 번역 성경인《古新聖經》이 영인(影印), 또는 활자화되었고, 2015년과 2016년에는 독일 베를린에서 푸와로 신부님의 (지금까지 그 모습을 알 수 없었던) 만주어 탈출기(출애굽기)와 창세기가 영인 · 간행된 것입니다.[2] 또 이보다 조금 앞선 2012년에는 중국 베이징 대학 언어문학과[語言文學系]에서 푸와로 신부님의《古新聖經》을 연구한 박사학위 논문이 제출 · 통과되었다는 사실도 여기 기록해 두겠습니다.[3]

200년이 넘도록 잊혀져 왔던 푸와로 신부님의 중국어와 만주어 성경에 관한 관심이 2010년대에 이렇게 폭발적으로 터져 나온 것은 우연의 일치일 수도 있지만, 저의 일련의 연구가 다소나마 자극제가 되었던 것이 아닌가 하는 생각을 하며 보람과 자긍을 갖습니다. 따라서 저의 이 역주 작업도 이들 새로운 출판과 연구에 많은 도움을 얻어, 보다 쉽고 정확히 이루어졌음에 커다란 고마움을 느끼지 않을 수 없습니다. 이를 계기로 보다 많은 이들이 푸와로 신부님과 그 번역 성경에 더 많은 관심을 가져 주신다면, 신부님을 위한 그 동안의 제 작은 노력이 큰 갚음을 얻는다는 기쁨에 넘치게 될 것입니다.

이 작업을 하면서 많은 이들의 도움을 받았습니다. 만주어 사도행전의 각 장(章, chapter)의 역주(譯註)가 끝나면 여러 지인(知人)들께 전자우편으로 보내었

---

2 다만 이 만주어 탈출기와 창세기는 푸와로 신부님의 친필 원고본이 아니라 누군가에 의한 재사본(再寫本)입니다.
3 여기 말한 출판물을 차례대로 적어 보면 다음과 같습니다.
　鐘鳴旦 · 杜鼎克 · 王仁芳 (2013)：《徐家匯藏書樓明清天主教文獻 續編》. 臺北利氏學社.
　李奭學 · 鄭海娟 (2014)：《古新聖經殘稿》(全九冊), 中國和歐洲文化交流史文獻叢刊. (北京, 中華書局).
　Walravens, Hartmut (2015)：*Tucin-i nomun*, Das Buch Exodus des Alten Testaments in mandschurischer Übersetzung von Louis de Poirot S.J., Neuerwerbungen der Ostasienabteilung, Sonderheft 45. Staatsbibliothek zu Berlin.
　Walravens, Hartmut (2016)：*Banjibun-i nomun*, Das Buch Genesis des Alten Testaments in mandschurischer Übersetzung von Louis de Poirot S.J., Neuerwerbungen der Ostasienabteilung, Sonderheft 47. Staatsbibliothek zu Berlin.
　鄭海娟 (2012)：《賀清泰〈古新聖經〉研究》. 北京大學博士研究生學位論文.

더니, 많은 분들이 친절하게도 의견을 보내주셔서 굉장한 도움이 되었습니다. 또 특히 기억되어야 할 분들은 여기서 인용된 라틴어 성경의 해석에 그릇됨을 고쳐 주신 분들인데, 진 토마스 신부님(P. Thomas Timpte, O.S.B.), 이기용 교수님, 곽 문섭 선생님 들께 감사의 뜻으로 여기 그 성함을 적습니다.

　이 만주어 사도행전 역주 작업도 경북대학교 중앙도서관 안의 열뫼문고 연구실에서 이루어졌습니다. 제가 대학에서 정년을 하고 거의 10년 가까운 세월을 이 연구실에서 보낸 셈인데, 이렇게 쾌적한 연구 공간을 허락해 주신 경북대학교 도서관 측에 감사를 표하며, 아울러 출판 일이 힘들기 짝이 없는 요즈음 기꺼이 경제성 없는 이 책의 출판을 맡아 주시는 출판사 지식과 교양 사에도 더없는 경의를 표합니다.

2018년 1월 30일
경북대학교 중앙도서관 열뫼문고 연구실에서
김동소 씀

목차

책 머리글 / 3

만주어 사도행전

만주어 사도행전 두루보기 **13**

만주어 사도행전 역주(譯註) 일러두기 **19**

참고문헌 **23**

만주어 사도행전 역주

머리말 **29**

UJUI FIYELEN 제1장 · · · · · · · · · · · · ·	**31**	/ SURE GISUN 풀이말 · · · · · · · · ·	**37**
JAICI FIYELEN 제2장 · · · · · · · · · · ·	**42**	/ SURE GISUN 풀이말 · · · · · · · · ·	**51**
ILACI FIYELEN 제3장 · · · · · · · · ·	**60**	/ SURE GISUN 풀이말 · · · · · · · · ·	**65**
DUICI FIYELEN 제4장 · · · · · · · · ·	**69**	/ SURE GISUN 풀이말 · · · · · · · · ·	**76**
SUNJACI FIYELEN 제5장 · · · · · · · ·	**81**	/ SURE GISUN 풀이말 · · · · · · · · ·	**89**
NINGGUCI FIYELEN 제6장 · · · · · · · · · ·	**92**	/ SURE GISUN 풀이말 · · · · · · · · ·	**96**

NADACI FIYELEN 제7장 · · · · · · · · · · · · · 98 / SURE GISUN 풀이말 · · · · · · · · · 110

JAKŪCI FIYELEN 제8장 · · · · · · · · · · · 115 / SURE GISUN 풀이말 · · · · · · · · · 122

UYUCI FIYELEN 제9장 · · · · · · · · · · · · 125 / SURE GISUN 풀이말 · · · · · · · · · 134

JUWANCI FIYELEN 제10장 · · · · · · · · · 135 / SURE GISUN 풀이말 · · · · · · · · · 144

JUWAN EMUCI FIYELEN 제11장 · · · · · 146 / SURE GISUN 풀이말 · · · · · · · · · 152

JUWAN JUWECI FIYELEN 제12장 · · · · · 153 / SURE GISUN 풀이말 · · · · · · · · · 159

JUWAN ILACI FIYELEN 제13장 · · · · · · 161 / SURE GISUN 풀이말 · · · · · · · · · 171

JUWAN DUICI FIYELEN 제14장 · · · · · · · 176 / SURE GISUN 풀이말 · · · · · · · · · 181

TOFOHOCI FIYELEN 제15장 · · · · · · · · 182 / SURE GISUN 풀이말 · · · · · · · · · 191

JUWAN NINGGUCI FIYELEN 제16장 · · · · 194 / SURE GISUN 풀이말 · · · · · · · · · 202

JUWAN NADACI FIYELEN 제17장 · · · · · 204 / SURE GISUN 풀이말 · · · · · · · · · 212

JUWAN JAKŪCI FIYELEN 제18장 · · · · · 215 / SURE GISUN 풀이말 · · · · · · · · · 222

JUWAN UYUCI FIYELEN 제19장 · · · · · · 224 / SURE GISUN 풀이말 · · · · · · · · · 233

ORICI FIYELEN 제20장 · · · · · · · · · · · · 235 / SURE GISUN 풀이말 · · · · · · · · · 242

ORIN EMUCI FIYELEN 제21장 · · · · · · · · 245 / SURE GISUN 풀이말 · · · · · · · · · 253

ORIN JUWECI FIYELEN 제22장 · · · · · · 255 / SURE GISUN 풀이말 · · · · · · · · · 260

ORIN ILACI FIYELEN 제23장 · · · · · · · · 262 / SURE GISUN 풀이말 · · · · · · · · · 270

ORIN DUICI FIYELEN 제24장 · · · · · · · · 272 / SURE GISUN 풀이말 · · · · · · · · · 278

ORIN SUNJACI FIYELEN 제25장 · · · · · · · 279 / SURE GISUN 풀이말 · · · · · · · · · 285

ORIN NINGGUCI FIYELEN 제26장 · · · · · 286 / SURE GISUN 풀이말 · · · · · · · · · 294

ORIN NADACI FIYELEN 제27장 · · · · · · · 296 / SURE GISUN 풀이말 · · · · · · · · · 304

ORIN JAKŪCI FIYELEN 제28장 · · · · · · · 305 / SURE GISUN 풀이말 · · · · · · · · · 313

만주어 사도행전 본문 영인 315

만주어 전 어휘 찾아보기 437

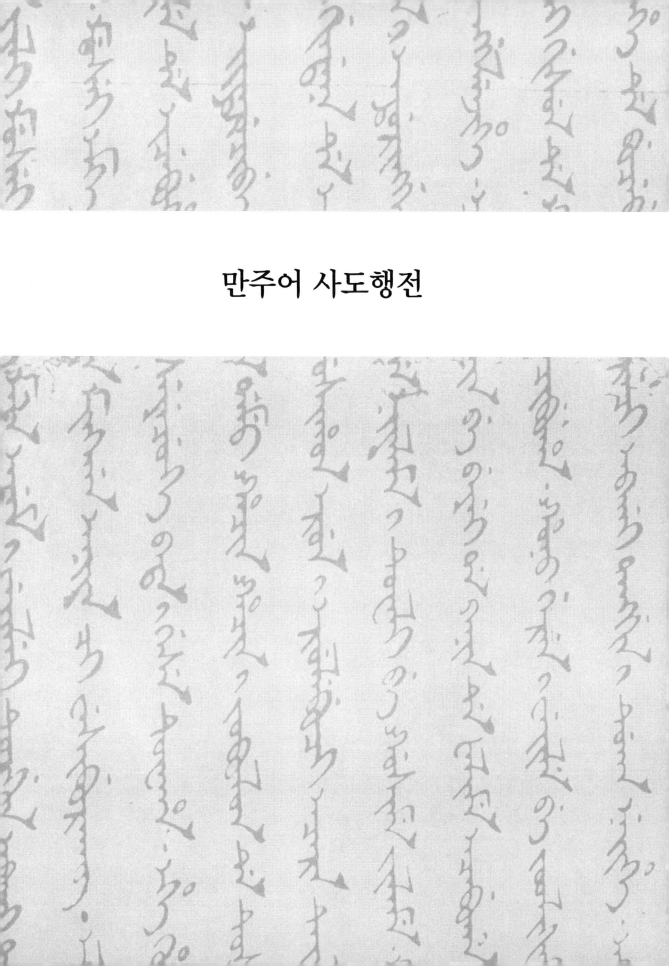

만주어 사도행전

만주어 사도행전 두루보기

여기서 역주(譯註)하는 《만주어 사도행전 (Šabisai yabun-i nomun bithe)》은 일본 도요붕코 [東洋文庫]에 소장된 원고본(原稿本) 《滿文付註新舊約聖書》[1] 20책 25권 중 제3책, 제3권이다. 이 원고본 성경은 중국 청나라 건륭(乾隆) 황제 시기 중국에서 생활했던 예수회 선교사 루이 드 푸와로 신부(P. Louis de Poirot, S. J., 중국 이름 : 賀淸泰, 1735. 10. 23. - 1813. 12. 13.)가 만주 어로 신구약성경을 번역해서 기록한 것으로,[2] 2002년 7월 필자의 실사(實査)에 의하면 이 만주 어 성경은 선장본(線裝本) 25권 20책으로 이루어져 있고 각5책씩 4개의 상자에 보관되어 있으 며, 각책은 세로 30cm, 가로18.5cm 크기에 쪽당 10행씩 붓으로 기록되어 있다. 제1책 제1면에 "此書共二十本二十五卷 完全耶蘇聖經 每本詳加考核註明漢文籤子 [이 책은 모두 20책 25권으로 완전한 예수 성경이다. 책마다 상세히 고찰과 주석을 붙였고 한문 쪽지가 있다.]"라고 적힌 종이 쪽지가 있고, 다시 각 성경의 첫머리에 도요붕코의 타원형의 도서 등록인(登錄印)이 찍혀 있는 데, 그 인문(印文)의 내용은 "財團法人東洋文庫 · 昭和九年八月廿五日 · 100657"이다.[3]

이 만주어 사도행전은 표지까지 넣어 모두 120면이다. 푸와로 신부의 다른 만주어 성경과 마 찬가지로 성경의 장차(章次) 표시만 있고 절(節)의 차례는 표시되어 있지 않다. 상세한 구성 내 용과 그 분량은 다음과 같다.

---

1 이 책 이름은 이 만주어 성경책의 표지나 권두에 나오는 명칭이 아니라 Poppe *et al.* (1964:297)의 목록에 나오 는 것을 그대로 쓴 것이다. 이 《滿文付註新舊約聖書》에 관한 상세한 해설은 김동소 (2011: 28, 43-4) 참조.

2 루이 드 푸와로 신부에 관한 자세한 사항은 김동소 (2011: 33-48) 참조. 이 만주어 성경 원고 중 현재 남아 있는 것은 대부분이 구약성경 원고이고 신약은 마태오 복음서와 사도행전뿐이다.

3 도요붕코에서 1934년 8월 25일 등록 번호 100657로 이 책을 등록했다는 뜻이다.

표지 : 1면 1쪽 (1b)[4]

　　서문 (šutucin) : 1면 1쪽 (2b)

제1장(章) (ujui fiyelen) : 4면 6쪽 (2b-5a)

　　풀이말 (sure gisun) : 2면 4쪽 (5a-6b)

제2장 (jaici fiyelen) : 6면 10쪽 (6b-11a)

　　풀이말 (sure gisun) : 4면 8쪽 (11a-14b)

제3장 (ilaci fiyelen) : 4면 6쪽 (14b-17a)

　　풀이말 (sure gisun) : 2면 4쪽 (17a-18b)

제4장 (duici fiyelen) : 4면 7쪽 (18b-21b)

　　풀이말 (sure gisun) : 2면 4쪽 (22a-23b)

제5장 (sunjaci fiyelen) : 5면 9쪽 (23b-27b)

　　풀이말 (sure gisun) : 2면 2쪽 (27b-28a)

제6장 (ningguci fiyelen) : 3면 4쪽 (28b-30a)

　　풀이말 (sure gisun) : 1면 2쪽 (30a-30b)

제7장 (nadaci fiyelen) : 7면 12쪽 (30b-36a)

　　풀이말 (sure gisun) : 2면 4쪽 (36a-37b)

제8장 (jakūci fiyelen) : 5면 8쪽 (37b-41a)

　　풀이말 (sure gisun) : 1면 2쪽 (41a-41b)

제9장 (uyuci fiyelen) : 4면 8쪽 (42a-45b)

　　풀이말 (sure gisun) : 1면 1쪽 (45b-45b)

제10장 (juwanci fiyelen) : 5면 9쪽 (45b-49b)

　　풀이말 (sure gisun) : 2면 2쪽 (49b-50a)

제11장 (juwan emuci fiyelen) : 3면 6쪽 (50a-52b)

　　풀이말 (sure gisun) : 2면 2쪽 (52b-53a)

제12장 (juwan juweci fiyelen) : 3면 5쪽 (53a-55a)

　　풀이말 (sure gisun) : 1면 2쪽 (55a-55b)

---

4 여기서 '면(面)'이라 함은 일반적으로 '장(張)'이라고 하는 말이고, '쪽'은 서지학에서 말하는 '엽(葉)'을 지칭한다. 성경의 '장(章)'과 혼동되지 않도록 이런 용어를 임시로 쓰는 것이다. 이 면과 쪽의 수는 필자가 이 성경 원고의 표지 면부터 시작하여 최종 면까지 편의상 붙인 것으로, 원고에는 쪽수가 표시되어 있지 않다. 이 원고본의 면수는 표지를 포함해 모두 120면이 된다.

제13장 (juwan ilaci fiyelen) : 6면 11쪽 (55b-60b)

　　풀이말 (sure gisun) : 3면 5쪽 (60b-62b)

제14장 (juwan duici fiyelen) : 4면 6쪽 (62b-65a)

　　풀이말 (sure gisun) : 2면 1쪽 (65a-65b)

제15장 (tofohoci fiyelen) : 5면 8쪽 (65b-69a)

　　풀이말 (sure gisun) : 2면 3쪽 (69b-70b)

제16장 (juwan ningguci fiyelen) : 5면 8쪽 (70b-74a)

　　풀이말 (sure gisun) : 1면 2쪽 (74a-74b)

제17장 (juwan nadaci fiyelen) : 5면 8쪽 (74b-78a)

　　풀이말 (sure gisun) : 2면 3쪽 (78a-79a)

제18장 (juwan jakūci fiyelen) : 4면 7쪽 (79a-82a)

　　풀이말 (sure gisun) : 1면 2쪽 (82a-82b)

제19장 (juwan uyuci fiyelen) : 5면 9쪽 (82b-86b)

　　풀이말 (sure gisun) : 2면 2쪽 (86b-87a)

제20장 (orici fiyelen) : 4면 8쪽 (87a-90b)

　　풀이말 (sure gisun) : 2면 3쪽 (90b-91b)

제21장 (orin emuci fiyelen) : 5면 9쪽 (91b-95b)

　　풀이말 (sure gisun) : 2면 2쪽 (95b-96a)

제22장 (orin juweci fiyelen) : 4면 7쪽 (96a-99a)

　　풀이말 (sure gisun) : 1면 1쪽 (99a-99a)

제23장 (orin ilaci fiyelen) : 4면 7쪽 (99b-102b)

　　풀이말 (sure gisun) : 2면 3쪽 (102b-103b)

제24장 (orin duici fiyelen) : 4면 6쪽 (103b-106a)

　　풀이말 (sure gisun) : 1면 1쪽 (106a-106a)

제25장 (orin sunjaci fiyelen) : 3면 5쪽 (106a-108b)

　　풀이말 (sure gisun) : 2면 2쪽 (108b-109a)

제26장 (orin ningguci fiyelen) : 4면 7쪽 (109a-112a)

　　풀이말 (sure gisun) : 1면 2쪽 (112a-112b)

제27장 (orin nadaci fiyelen) : 5면 9쪽 (112b-116b)

　　풀이말 (sure gisun) : 1면 1쪽 (116b-116b)

제28장 (orin jakūci fiyelen) : 5면 7쪽 (116b-119b)

풀이말 (sure gisun) : 2면 3쪽 (119b-120b)

이 만주어 사도행전에도 이전의 청나라 시기 만주어 문헌에서 찾아지지 않는 어휘나 표현법들이 상당수 나온다. 이들 대부분은 종교(천주교)의 어휘들인데, 당시의 만주어로 된 천주교 서적에 나오는 것들도 있고, 푸와로 신부가 손수 만들어 냈기 때문에 이 만주어 성경에만 나오는 어형들도 있다. 그 정밀한 연구는 뒤로 미루고 우선 눈에 띄는 특이한 만주어 어휘 또는 표현법만을 몇 개 들어보면 다음과 같다.

abkai ejen i banin 천주성(天主性) [natura Dei]

acin 모임 [ecclesia]

aitubure jolire 구속(救贖) [redemptio]

akdun erdemu 신덕(信德) [virtus fidei, fides]

ainame ········ ainame 그처럼 ········ 그처럼

arbun 우상(偶像) [idolum]

baita be doigomšome sara saisa 선지자(先知者), 예언자 [propheta]

banjibun i nomun 창세기 [Genesis]

Deus 천주, 하느님 [Deus]

dobocun 예물(禮物) [oblatum]

doigomšome sara saisa 예언자 [propheta]

dorolon 축제 [festum]

emu erin · duin kemu 한 시진(時辰)과 4각(刻) [= 3시간]

[horarum trium spatium]

encu demun 이단(異端) [hæresis]

enduringge doshon 성총(聖寵) [gratia]

enduringge enduri 성령(聖靈) [Spiritus Sanctus]

Ewanzelio 복음(福音) [Evangelium]

fafun targacun 율법(律法) [lex]

fangkabume joolire, fangkabume niyecere 속량(贖良) [expiatio]

giyagan tehe 십자가 [crux]

（giyahan tehe, hiyaga tehe, hiyagan tehe, hiyaha tehe, hiyahan tehe）

haheri 고자(鼓子), 환관(宦官) [eunuchus]

hūnggodokū 나팔 ? [tuba]

ilgatu 무화과 [ficus]

ilhi sargan 소실(小室) [concubina]

ilinin 위격(位格) [persona]

jalan aitubure wang 구세주(救世主) [redemptor]

jidere unde, jidere undengge 미래 [futurum]

jidere undengge be sara saisa 선지자(先知者), 예언자 [propheta]

kumungge 축제 [festum]

mišui faksisa 미장이들 [albarii]

mukšan 왕홀(王笏) [virga]

namuru[5] 아궁이 ? [clibanus(빵 굽는 흙 가마)?]

nilhisu 오성(悟性) [intellectus]

niyalma i banin 인성(人性) [humana natura]

obocun 세례(洗禮) [baptismum]

saligan 자유(自由) [libertas]

subonziya 해면(海綿) [spongia]

sure fayangga 영혼 [anima]

šurdeme faitambi 빙둘러 자르다, 할례(割禮)하다 [circumcido]

tuwabun 환상, 환시(幻視) [visio]

uheri kadalara da 총독 [præfector]

uksurangga 민족, 부족, 족속 [tribus]

untuhun arbun i niyalma 유령 [cacodæmon]

yali beye 육신(肉身) [caro]

yudzan 옥잠화(玉簪花) [lilium]

---

5 이 낱말은 유일하게 자하로프의《만주어 러시아어 사전》(Ivan Zakharoff : *Полный Маньчжурско-Русскій Словарь*, 1875)에만 다음과 같이 등재되어 있다. намуру ; сводъ въ печи, пещерѣ (погребъ, пещера) [namuru ; 난로나 저장고(술 창고, 동굴)의 둥근 천정]. 라틴어 'clibanus(빵 굽는 흙 가마)'를 번역한 말인 듯한데, 우리말 성경에는 '아궁이'로 번역되어 있다.

만주어 사도행전 역주(譯註) 일러두기

이제 푸와로 신부의 미정고(未定稿) 만주어 사도행전(Actus apostolorum, 만주어 이름 Šabisai yabun i nomun bithe '제자들의 행적의 경전 책')의 만주어 표기를 로마자로 고치고 그 역주를 붙인다. 로마자화(Romanization)와 역주에 대한 일러두기는 다음과 같다.

1. 텍스트는 일본 도쿄의 도요붕코[東洋文庫] 소장 원고본을 1982년 12월 이 도요붕코에서 마이크로필름으로 만들어 필자에게 제공한 것을 이용하였다.

2. 만주어의 로마자화는 묄렌도르프(Möllendorff) 식으로 한다. 단 묄렌도르프 방식의 'ž'는 입력 편의상 'z'로 고쳐 표기한다.

3. 만주어에서 분명히 잘못되었다고 인정되는 것도 그대로 로마자화하고 각주에서 설명을 붙인다. 단, 권점(圈點)의 경우 명백히 실수라고 생각되는 것은 교정함을 원칙으로 한다.

4. 원문의 만주어 자모(字母)로 되어 있는 원형 속의 인주(引註) 부호는 인쇄 사정상 다음과 같이 바꾼다.

   ⓐ, ⓔ, ⓘ, ⓞ, ⓤ → [a], [e], [i], [o], [u][1]

---

1 인주(引註) 부호로 사용된 만주어 자모의 순서는 대체로 다음과 같다.
[a], [e], [i], [o], [u], [na], [ne], [ni], [no], [nu], [ka], [ga], [ha], [ko], [go], [ho], [ku], [gu], [hu], [kū],

5. 원문의 인명 · 지명 등의 좌측에 붙어 있던 고유명사 표시선(인명은 한 줄, 지명 및 외국어 는 두 줄)²은 생략하고 대신 그 고유명사의 첫 글자를 대문자로 쓴다.

6. 원문의 구두점 ' · '와 ' ·· '를 그대로 가로쓰기로 바꾸어 붙여 둔다.

7. 텍스트에 없는 장차(張次)는 연구자가 임의로 붙인 것으로서, 해당 쪽 말미에 '/3a/ '(=3면 앞쪽)와 같은 방법으로 붙여 둔다.

8. 번역은 가급적 직역하고, 만주어의 문장 순서와 띄어쓰기를 따르되, 한국어 문장으로도 어 색하지 않게 하려 했다.

9. 한국어 번역에서 고유명사는 모두 《공동번역 성서 개정판 (가톨릭 용)》(2000년 6월 10일, 2 판 3쇄, 대한성서공회 발행)에 따라 표기함을 원칙으로 한다. 또 신구약성경의 편명(篇名) 도 이 《공동번역 성서 개정판 (가톨릭 용)》을 따르지만 다음에서처럼 몇몇은 그에 따르지 아니한다. 출애굽기 → 탈출기, 에스델 → 에스델기, 마카베오 → 마카베오기, 이사야 → 이 사야서, 말라기 → 말라기서, 등등.

[gū], [hū] ……

이 만주어 사도행전의 경우 주석(sure gisun, 풀이말)이 그리 많지 않지만 만주어 마태오 복음처럼 주석이 많은 경우에는 다음과 같은 인주 부호가 더 사용되었다.

[ba], [be], [bi], [bo], [bu], [sa], [se], [si], [so], [su], [sū], [ša], [še], [ši], [šo], [šu], [ta], [da], [ti], [di], [to], [do], [te], [de], [tu], [du], [la], [le], [li]

김동소(2011: 60)에서 지적한 대로, 이렇게 정확히 만주 문자 자모 순(거의 만주 문자 십이자두[滿文十二 字頭] 순)에 따라 인주 부호를 붙인 문헌은 필자가 아는 한 이 만주어 성경 이외에는 없는 듯하다. 이 모든 인주 부호에 관한 설명도 김동소(2011: 60)을 참조할 것. 다만 이 만주어 성경이 완성된 책이 아니라 미정 고본(未定稿本)이기 때문에 사정에 따라 임시로 덧붙인 기호들이 있다. 그럴 때에는 [✠], [※] 등과 같은 부호를 덧붙여 쓰기도 했다. 이 만주어 사도행전 제23장 (이 책 263쪽) 참조.

2 푸와로 신부가 중국어로 번역한 성경인 《古新聖經》의 서문에 다음과 같은 말이 나온다. 李奭學 · 鄭海娟 (2014) : 《古新聖經殘稿》(全九冊), 中國和歐洲文化交流史文獻叢刊. (北京, 中華書局), 第1冊 〈聖經〉之序, 2 쪽. "再問這〈經〉上傍邊, 或畫一直道, 或畫二直道, 或三直道; 答: '爲分別人名, 地方, 樹, 丈量, 邪神. 比如人名 畫一直道, 地方, 樹, 丈量的器物 畫二直道, 邪神畫三直道, 天神點點.' [다시 이 성경의 옆쪽에 직선 하나나 둘, 혹 셋을 그어 둔 것을 물으니, 답하기를 인명 · 지명 · 나무 · 도량명(度量名) · 사신(邪神) 이름을 구별하기 위함이라 한다. 예컨대 인명은 직선 하나를 긋고, 땅 · 나무 · 도량(度量)의 이름에는 두 직선을 긋고, 사신 (邪神)에는 세 직선을, 천신에는 점들을 찍은 것이다.] 그러나 만주어 성경에는 이렇게 복잡한 표시법을 쓰 지 않고, 사람 이름에는 한 직선을, 지명 기타 외국어에는 두 직선을 긋는 데 그쳤다. 한문 성경에서 사용했 던 방법이 너무 번거로움을 느껴 간소화한 듯하다.

10. 번역과 역주에 참고한 라틴어 성경은 *Sainte Bible, contenant l'Ancien et le Nouveau Testament*, avec une traduction française en forme de paraphrase, par le R. P. de Carrières, et les commentaires de Ménochius, de la Compagnie de Jésus. tome cinquième (Paris 1849)과 *Biblia sacra juxta vulgatae*, exemplaria et correctoria romana (Paris 1921) 및 *Biblia sacra*, Iuxta vulgatam versionem (Stuttgart 1983)을, 그리스어 성경은 *The Greek New Testament*, third corrected edition (United Bible Societies 1983)을 사용하였다.

11. 역주에 참고한 사전 및 어휘 색인집은 羽田亨 (1937), Zakharoff (1939), Hauer (1952), 安双成 (1993), 胡增益 (1994), 金炯秀 (1995), 延世大 國學研究院 (1998), 安双成 (2007), 福田昆之 (2008), Norman (2013), 李勳 (2017) 등이다.

12. 텍스트의 성경 풀이말(sure gisun) 부분은 현재의 성경학적 시각에서 보면 낡은 것도 있지만, 당시 천주교회의 성경관과 푸와로 신부의 성경학적 지식을 잘 반영하는 귀중한 자료이므로 모두 정확히 역주하였고, 여기 나오는 만주어 어휘들도 모두 책 뒤의 만주어 전 어휘 찾아보기에 함께 넣었다.

참고문헌

金東昭 (1992) "東洋文庫藏 滿洲文語 聖書稿本 研究",《神父 全達出 會長 華甲紀念論叢》. 大邱, 每日新聞社.

金東昭 (2001) : "东洋文库藏现存满文圣经稿本介绍",《满族研究 64》. 沈阳, 辽宁省民族研究所.

金東昭 (2003) : "最初 中國語 · 滿洲語 聖書 譯成者 賀淸泰 神父 (P. Louis de Poirot, S. J.)",《알타이學報 13》. 서울, 韓國알타이學會.

김동소 (2011) :《만주어 마태오 복음 연구》. 루이 드 푸와로 신부의 만주어 성경 연구 1. 서울, 지식과 교양.

김동소 (2013) :《만주어 에스델기》. 루이 드 푸와로 신부의 만주어 성경 연구 2. 서울, 지식과 교양.

金東昭 (2015) : "最初汉语及满洲语〈圣经〉译者——耶苏会士贺清泰", 林惠彬汉译,《國際漢學 3》. 北京, 外语教学与研究出版社.

김창수 (1988) :《신약성서 주해집⑤, 사도행전》. 서울, 크리스챤출판사.

金烔秀 (1995) :《滿洲語 · 蒙古語比較語彙辭典》. 大邱, 螢雪出版社.

朴恩用 (1969) :《滿洲語 文語 硏究 (一)》. 大邱, 螢雪出版社.

朴恩用 (1973) :《滿洲語 文語 硏究 (二)》. 大邱, 螢雪出版社.

延世大學校 國學硏究院 (1998) :《漢淸文鑑 (索引 : 韓國語 · 漢語 · 淸語)》. 서울, 弘文閣.

李勳 (2017) :《滿韓辭典》. 서울, 고려대학교 민족문화연구원.

임승필 (2002) :《신약성서 새 번역 5, 사도행전》. 서울. 한국 천주교 중앙 협의회.

정태현 (1995) :《한국 천주교회 200주년 신약성서 5, 사도행전》. 왜관, 분도출판사.

허종진 (1994) :《한국 가톨릭 용어 큰사전》. 서울, 한국그리스도교언어연구소.

安双成(主編) (1993) :《满汉大辞典》. 沈阳, 辽宁民族出版社.

安双成(主編) (2007) :《汉满大辞典》. 沈阳, 辽宁民族出版社.

冯承钧 (1995) :《在华耶苏会士列传及书目》. 北京, 中华书局.

耿昇 (1995) :《在华耶苏会士列传及书目补编》. 北京, 中华书局.

胡增益 (主编) (1994)：《新满汉大词典》. 乌鲁木齐, 新疆人民出版社.

李奭学・郑海娟 (2014)：《古新圣经残稿》(全九册), 中国和欧洲文化交流史文献丛刊. (北京, 中华书局).

鄭海娟 (2012)：《贺清泰〈古新圣经〉研究》. 北京大学博士研究生学位論文.

鐘鳴旦・杜鼎克・王仁芳 (2013)：《徐家匯藏書樓明清天主教文獻續編》. 臺北利氏學社.

河內 良弘 (2014)：《滿洲語辭典》. 大阪, 松香堂書店.

羽田 亨 (1972)：《滿和辭典》. 東京, 國書刊行會.

福田 昆之 (2008)：《滿洲語文語辭典》. 橫濱FLL.

松村 潤 (1993)："東洋文庫所藏「滿文付註新舊約聖書」",《日本所在清代檔案史料の諸相》. 東京, 東洋文庫清代史研究室.

Carrières, R. L. de (1819) : *Sainte Bible en Latine et en Français*, contenant L'Ancien et Le Nouveau Testament, avec un Commentaires littèral inséré dans la traduction français, Tome neuvième. Lyon, Chez Rusand.

Dehergne, Joseph (1973) : *Répertoire des Jésuites de Chine de 1552 à 1800*. Bibliotheca Instituti Historici S. I., Volumen XXXVII. Roma, Institutum Historicum S. I.. Paris, Letouzey & Ané.

Douglas, J. D. (1982) : *New Bible Dictionary*, second edition. Wheaton, Tyndale House Publishers, Inc.

Hauer, Erich (1952) : *Handwörterbuch der Mandschusprache*. Wiesbaden, Kommmissionsverlag Otto Harrassowitz.

Hollis, Christopher (1968) : *The Jesuits : A History*. New York, Macmillan.

Léon–Dufour, Xavier (1987) : *Dictionary of the New Testament*, translated by Terrence Prendergast. San Francisco, Harper & Row, Publishers.

Lipovcov, S. V. (1835) : *Musei ejen Isus Heristos-i tutabuha ice hese*, Sankt Peterburg.

Mende, Erling v. (1972) : "Einige Bemerkungen zu den Druckausgaben des mandjurischen Neuen Testaments", *Oriens Extremus* 19.

Mish, John L. (1958) : "A Catholic Catechism in Manchu", *Monumenta Serica* 17. http://www.jstor.org/stable/40725571.

Möllendorff, P. G. von (1892) : *A Manchu Grammar, with Analysed Texts*. Shanghai, American Presbyterian Mission Press.

Möllendorff, P. G. von (1889) : "Essay on Manchu literature", *Journal of the North China Branch of the Royal Asiatic Society* XXIV.

Norman, Jerry (1978) : *A Concise Manchu–English Lexicon*. Seattle and London, University of Washington Press.

Norman, Jerry (2013) : *A Comprehensiv Manchu–English Dictionary*. Cambridge (Massachusetts) and London, Harvard University Asia Center.

O'neili, Charles E. & Joaquin M. Dominguez (2001) : *Diccionario histórico de la Compañía de Jesús, biográfico–temático*. Madrid, Universidad pontificia Comillas.

Pang, Tatjana A. (2001) : *Descriptive Catalogue of Manchu Manuscripts and Blockprints in the St. Petersburg Branch of the Institute of Oriental Studies, Russian Academy of Sciences, Issue* 2. Aetas Manjurica 9. Wiesbaden, Harrassowitz Verlag.

Pfister, Louis (1932) : *Notices biographiques et bibliographiques sur les Jésuites de l'ancienne mission de Chine. 1552 – 1773*. Variétés sinologiques Nº 59. Tome I. XVIᵉ & XVIIᵉ siècles. Chang–hai, Imprimerie de la mission catholique.

Pfister, Louis (1934) : *Notices biographiques et bibliographiques sur les Jésuites de l'ancienne mission de Chine. 1552 – 1773*. Variétés sinologiques Nº 60. Tome II. XVIIIᵉ siècle. Chang–hai, Imprimerie de la mission catholique.

Poppe, Nicholas and Leon Hurvitz, Hidehiro Okada (1964) : *Catalogue of the Manchu–Mongol Section of the Toyo Bunko*. Tokyo, The Toyo Bunko.

Puyramond, Jeanne–Marie (1979) : *Catalogue du fonds mandchou*. Paris, Bibliotheque nationale.

Rochemonteix, Camille de (1915) : *Joseph Amiot et les derniers survivants de la mission française a Pékin (1750 – 1795)*. Paris, Librairie Alphonse Picard et fils.

Simon, W. and Howard G. H. Nelson (1977) : *Manchu Books in London, a union catalogue*. London, British Museum Publications Ltd.

Stary, Giovanni (1985) : *Opere mancesi in Italia e in Vaticano*. Wiesbaden, Kommissionsverlag Otto Harrassowitz.

Stary, Giovanni (1990) : *Manchu Studies, An International Bibliography*. 1. Catalogues,

Bibliographies, Geography, Ethnography, Religion, History. 2. Language, Literature, Sibe–Manchu. 3. Indices. Wiesbaden, Kommissionsverlag Otto Harrassowitz.

Stary, Giovanni (2000) : "Christian Literature in Manchu", *Central Asiatic Journal* 44–2.

Stary, Giovanni (2003) : "Jesus Introduced to the Manchus", *The Chinese Face of Jesus Christ, Monumenta Serica Monograph Series*, Volume 2. Edited by Roman Malek, S. V. D. Sankt Augustin, Institut Monumenta Serica and China–Zentrum.

Stolyarov, Alexander (1998) : "Translation of the Bible into Tungus–Manchu Languages", *Interpretation of the Bible*. Ljubljana, Slovenska akademija znanosti in umetnosti.

Walravens, Hartmut (1975) : "Zu zwei katholischen Katechismen in mandjurischer Sprache", *Monumenta Serica* 31. Freiburg, Paulusverlag.

Walravens, Hartmut (2000) : "Christian Literature in Manchu, Some Bibliographic Notes", *Monumenta Serica* 48. http://www.jstor.org/stable/40727268.

Walravens, Hartmut (2015) : *Tucin-i nomun*, Das Buch Exodus des Alten Testaments in mandschurischer Übersetzung von Louis de Poirot S.J., Neuerwerbungen der Ostasienabteilung, Sonderheft 45. Staatsbibliothek zu Berlin.

Walravens, Hartmut (2016) : *Banjibun-i nomun*, Das Buch Genesis des Alten Testaments in mandschurischer Übersetzung von Louis de Poirot S.J., Neuerwerbungen der Ostasienabteilung, Sonderheft 47. Staatsbibliothek zu Berlin.

Zakharoff, Ivan (1875) : *Полный маньчжурско–русскій словарь*. Санктпетербургъ, Типографія императорской академіи наукъ.

만주어 사도행전 역주

Šabisai[1] yabun i nomun bithe /1b/
사도들의 행적 의 경전 책

[2]○ Šabisai yabun i nomun bithe ○
사도들의 행적 의 경전 책

Šutucin ·
[머리말]

nduringge saisa Lukas musei ejen Yesu i tacibuha gisun ·
거룩한 현자 루가는 우리 주 예수 께서 가르치신 말씀과

yabuha baita be ini Ewanzelio i bithe de ejehe amala · ere gisun · yabun i
행하신 일 을 그의 복음 책 에 기록한 후, 이 말씀과 행적 의

ferguwecuke saikan acabun be abkai fejergide bisirele niyalma gemu sakini
기이하고 아름다운 효험 을 하늘 아래에 있는 사람들이 모두 알게

sere gūnin · i cohome encu emu bithe be arafi · Yesu i šabisai yabun
하려는 뜻으로 그가 특별히 다른 한 책 을 만들어 '예수 의 사도들의 행적'

---

1 'Šabi'는 산스크리트어 '슈라마네라(śrāmaṇera)'를 몽고어에서 'Šabi'로 받아들이고, 이를 다시 만주어가 차용한 낱말이다. 한자로는 '문제(門弟), 도제(徒弟), 문도(門徒), 종도(宗徒)' 등으로 의역하거나 '沙彌, 沙比'로 음역한다. 이 만주어 성경에서는 예수 그리스도의 제자들을 지칭하는 말로 쓰고 있는데, 이 역주에서는 '사도(使徒, apostolus)'로 번역하지만, 경우에 따라 '제자'로 번역하기도 한다.

2 이곳에 '財團法人東洋文庫 100657 昭和九年八月卄五日'이라는 원형(圓形)의 장서 등록인(藏書登錄印)이 찍혀 있다.

seme gebulehebi · enduringge[3] Boolo be an i dahalambihe ofi [4] · tutttu terei
이라고 이름 지었다.　　거룩한　　바울로 를 평소　따랐　기에　그래서 그의

baita be narhūn narhūn i gisureme bi · bithe de gisurehe baita · damu gūsin
일 을　세세히　　　말하고 있다.　책 에서　말한　일은　　다만　30

aniyai baita ojoro teile · ainci ere bithe Roma gemun hecen i dolo araha
년의　일이　될 뿐이다. 아마 이 책은 로마　　도성　의 안에서 씌었을

dere · ·[5]
것이다.

---

3 'enduringge(거룩한)'라는 말이 사람 이름 앞에 오면 그 사람이 가톨릭 교회의 '성인(聖人)'임을 나타낸다.
이런 경우 한국어로는 '성(聖)'으로 번역하지만 여기서는 직역하여 '거룩한'으로 해 둔다.

4 그래서 사도 바울로를 따라 함께 전도 여행을 했던 '바울로의 협력자인 루가'가 루가 복음서와 함께 이 사도
행전의 저자로 알려져 왔다. 그러나 현대의 성경학자들은 이 책의 저자를 '바울로 이후 시대 사람으로서, 사
도 시대에 일어났던 일들을 자기가 얻어낸 자료를 바탕으로 나름대로 서술하고자 애썼던 인물'로서 '그가
팔레스티나 지리에 대해 어둡고 유대인들의 관습이나 풍물에 대해서도 착각하고 있는 점들로 미루어 이방
계 그리스도인이라고만 확인할 뿐이다.' 정태현 (1995: 12) 참조.

5 그러나 현대 성경학계의 일반적인 추론은 다음과 같다. "사도행전과 루가 복음의 집필 장소로 가이사리아,
데카폴리스, 안티오키아, 아카이아, 로마 등 여러 곳이 지적되지만, 한마디로 팔레스티나 밖에서 기록되었
다는 사실 외에는 구체적인 장소를 신빙성 있게 제시할 수 없다." 정태현 (1995: 14) 참조.

UJUI FIYELEN
제1   장

Teofilo [a] · bi neneme Yesu i yabuha baita · tacibuha gisun be
데오필로님, 내가 이전에 예수 께서 행하신 일과 가르치신 말씀 을

gūwa emu bithe[1] de /2b/ ejehe · Yesu i banjire erin ci tere inenggi i ini
다른 한 책 에서 기록했습니다. 예수 께서는 태어나신 때 부터, 그 날 그분과 그분

enduringge enduri i baitalan de sonjoho šabisa de fafulafi abaki tanggin i baru
성령 의 도우심 으로 뽑으신 사도들 에게 명하시고 천당 을 향하여

wesike de isitala · hacin hacin be [e] amcame giyangnahabi[2] · i yala ini
오르심 에 이르기까지 가지 가지 를 차례로 강론하셨습니다. 그분은 과연 당신의

mangga jobolon i amala weijuhede · dehi inenggi i sidende šabisai juleri
어려우신 수난 뒤에 부활하시자 40 일 동안 사도들의 앞에

iletu tucinjifi · abkai ejen i gurun i baita be leolefi · ini beye dasame banjiha
분명히 나타나 하느님 의 나라 의 일 을 논하시고 당신 몸이 다시 살아났다

sehe bime · geli utala temgetu i temgetulehe · jai geren i emgi jefi [i] ·
고 하셨으며, 또 허다한 증거 로 증명하셨습니다. 다시 많은 이들 과 함께 잡수시고

cende fafulame · ume Yerusalem be waliyafi · gūwabsi genere · suwe ama
그들에게 명하시기를, "(말라) 예루살렘 을 버리고 다른 곳으로 가지 말라. 너희 아버지

i angga aljaha šang be aliya [o] · ai šang seme bi aifini suwende donjibuha bihe · [3]
께서 약속하신 상급 을 기다려라. 어떤 상급 인지는 내가 이미 너희에게 들려주었다.

---

1 이 '다른 한 책'은 루가 복음서를 말한다.

2 원문에는 방점이 빠져 'kiyangnahabi'로 잘못 표기되어 있다.

3 "suwe ama i angga aljaha šang be aliya · ai šang seme bi aifini suwende donjibuha bihe · (너희 아버지
께서 약속하신 상급 을 기다려라. 어떤 상급인지는 내가 이미 너희에게 들려주었다.)"에 해당하는 라틴어는
"expectarent promissionem patris, quam audistis (inquit) per os meum. (너희가 내 입을 통해 들은 아버지
의 약속을 기다려라. [또는 의역하면] 아버지의 약속이 이루어지기를 기다려라. 약속에 대해서는 내 입을
통해 너희들이 이미 들었다.)"일 뿐이다. 그리고 Stuttgart 불가타판에는 'inquit' (그분이 말씀하셨다)라는
단어가 아예 빠져 있다.

Yohangnes niyalma be muke de obohobi[4] · suweni beye oci · udu inenggi [u]
요한이 사람들 을 물 로 세례 주었으나 너희 자신 은 몇 날

oho manggi[5] · enduringge enduri de obobumbi sehe ··
지난 후 성령 께 세례 받으리라 하셨습니다.

ubade isaha geren niyalma fonjime · ejen · si ne i erin de[6] Israel i
거기에 모인 많은 사람들이 묻기를, "주님, 당신께서 지금 의 때 에 이스라엘

gurun be dahūme yendebumbio[7] /3a/ serede [na] · jabume · mini ama cihai
나라 를 다시 일으키시겠습니까?" 하자, 답하시기를 "나의 아버지 뜻대로

toktome mutere erin nashūn be sarangge · suweni baita waka · damu
결정하실 수 있는 때와 시기 를 아는 것은 너희의 일이 아니라 오직

enduringge enduri suweni dolo enggelenjifi · terei ferguwecuke erdemu i
성령께서 너희 안에 내려와 그분의 놀라운 덕 의

kesi be suwende salgabuha manggi · suwe teni Yerusalem · Yudeya·
은혜 를 너희에게 주신 뒤 너희는 그때에 예루살렘과 유다와

Samariya jergi baci· na i duin hošo de isitala minde siden niyalma ojoro
사마리아 등지에서 땅 의 네 모퉁이 에 이르도록 내게 증거의 사람이 될

dabala [ne] · ere gisun gisurefi · jing geren tuwarade · wesihun mukdeke ·
것이다." 이 말씀을 하시고 바로 많은 이들이 보는데 높이 오르셨고,

emu hacin i tugi ini beye be buheliyeme[8] · i uthai sabuburakū [ni] · ce ini
한 종류 의 구름이 그분의 몸 을 감싸 덮어 그분은 곧 보이지 않았다. 그들이 그분의

ere abka de wesire arbun be hargašahai · juwe asihata šanyan etuku etuhengge
이 하늘 에 오르시는 모습 을 쳐다보는데, 두 젊은이, 흰 옷을 입은 이가

gaitai ceni dalbade ilifi hendume · Galileya ba i niyalma · ainu uttu goidatala
갑자기 그들 옆에 서서 말하기를, "갈릴래아 지방 의 사람들아, 왜 이렇게 오래동안

---

4 만주어 'obo-'에는 '씻다'라는 뜻밖에 없다. 만주어 기독교 문헌에서 이를 '세례 주다'라는 뜻으로도 사용하고 있다.

5 'udu inenggi oho manggi (몇 날 지난 후)'에 해당하는 라틴어는 'non post multos hos dies (이 많은 날들 뒤가 아니라, 오래지 않아)'이다.

6 'ne i erin de'에 해당하는 라틴어는 'in tempore hoc (이 때에)'이다.

7 'yendebumbi'에 해당하는 라틴어는 'restituo (제 자리에 도로 세우다, 되살리다, 낫게 하다)'이다.

8 'buheliyeme(감싸 덮어)'에 해당하는 라틴어는 'suscepit(받다, 받아들이다, 붙들다)'이다.

abka be hargašambini · suwenci fakcame abka de wesike ere emu Yesu[9]
하늘 을 쳐다보느냐? 너희에게서 떠나 하늘 에 오르신 이 한 분 예수께서

suweni yasai juleri adarame abkai baru genehe · amaga inenggi /3b/ jai
너희 눈 앞에서 그렇게 하늘로 향해 가셨는데, 뒷 날 다시

adali durun i jimbi sehede [no] · gemu Oliwa moo i sere alin ci Yerusalem
같은 모습 으로 오시리라." 하자 모두 '올리브 나무' 라 하는 산 에서 예루살렘

de bederehe · ere alin Yerusalem de hanci bi · dorolon i inenggi i jugūn de
으로 돌아갔다. 이 산은 예루살렘 에 가까이 있어 예식 의 날 의 거리 에

isinaci ombi[10] [nu] ··
도달할 만하다.

boo de dosifi · Betoro · Zowangne · Yakobo · Andereas · Filipo · Tomas ·
집 에 들어와 베드로, 요한, 야고보, 안드레아, 필립보, 토마,

Bartolomeo · Mateo Alfeo i jui Yakobo · Simon Dzelode [ka] · Yakobo i
바르톨로메오, 마태오, 알패오 의 아들 야고보, 시몬 젤로데, 야고보 의

deo[11] Yuda se an i tehe [ga] tanggūli[12] de tafaka · ere gemu emu gūnin i
아우 유다 들이 평소 머무는 방 으로 올라가, 이 모두 한 뜻 으로

jalbarime baime nakarakū · Yesu be dahalaha hehesi · Yesu i eme Mariya ·
기도하며 청하기를 멈추지 않고, 예수 를 따르는 여인들과 예수 의 어머니 마리아와,

---

9 'ere emu Yesu (이 한 분 예수)'에 해당하는 라틴어는 'hic Iesus (이 예수)'일 뿐이다.

10 "ere alin Yerusalem de hanci bi · dorolon i inenggi i jugūn de isinaci ombi · (이 산은 예루살렘에 가까이 있어 예식의 날의 거리에 도달할 만하다.)"에 해당하는 라틴어는 "qui est juxta Jerusalem, sabbati habens iter. (그곳은 예루살렘 옆에 있어서 안식일의 거리를 갖는다. 즉, 안식일에 걸어도 되는 거리다.)"이다. 안식일에 걸어도 될 거리는 대략 1킬로미터 정도라고 한다. 임승필 (2002: 34) 참조.

11 'Yakobo i deo Yuda (야고보의 아우 유다)'에 해당하는 라틴어는 'Judas Jacobi (야고보의 유다)'이다. 이 라틴어의 의미는 '야고보의 아들 유다'이고,《공동번역 성서》를 비롯한 한국어 번역 성경과 마르틴 루터의 독일어 번역 등에는 그렇게 되어 있다. 그러나 어떤 번역(예컨대 R. L. de Carrières의 1819년 프랑스어 번역과 킹 제임스 영어역, 한국 천주교의 옛 번역 등)에는 'Jude frère de Jacques, Judas the brother of James, 야고버의 아오 유다' 등으로 되어 있다.

12 'tanggūli(방, 중당)'에 해당하는 라틴어는 'cœnaculum(주로 식당으로 쓰이는 맨 위층 방)'이다.《공동번역 성서》는 이를 '이층 방'으로 번역하였고, 불가타 라틴어 성경을 번역한 옛 천주교 성경에는 '루각(樓閣)'으로 되어 있다. 그리스어 성경에는 ὑπερῷον(집의 윗부분, 위층, 부인들이 머무는 위층 방)으로 되어 있다.

terei hūncihisa[13] kemuni ubade bifi sasa jalbarimbihe ··
그분의 친척들   또한 그곳에 있어 함께 기도했다.

tere inenggi i dolo Betoro isaha tere emu tanggū orin otolo deote i dulimbade
그 날 중 베드로가, 모여든 저 일 백 스물에 이르는· 형제들 가운데에서

ilifi   hendume · mini   deote · enduringge enduri Taweit i angga be baitalafi ·
일어서서 말하기를, "나의 아우들이여, 성령께서 다윗 의 입 을 이용하여

Yudas i turgun de doigomšome gisurehe gisun baita de yooni acabuci acambi ·
유다 에 관해서 미리 하신 말씀이 사실 로 모두 이루어져야 합니다.

 Yudas uthai Yesu be jafara ursei   da[14] inu · i meni ton de dosimbuha ·
유다는 곧 예수 를 잡는 사람들의 우두머리 인데, 그가 우리 구성원 에 들어와

meni ere /4a/ tušan be jabšan de aliha bicibe · bailingga ejen be belefi ·
우리의 이   직분[15] 을 요행히 얻고 있었으나, 은혜로우신 주님 을 무고하고

ini ehe weile i hūda de emu usin be baha · [ha] i jing moo de lakiyarade ·
그의 나쁜 죄 의 값 으로 한 밭 을 얻었습니다. 그는 바로 나무 에 매달려

terei hefeli fondojome garjafi[16] · terei duha do gemu tucifi nade sisan sabaran
그의 배가 뚫어지고 찢어져 그의 내장이 모두 나와 땅에 넘쳐 떨어지게

oho · [17]   Yerusalem de bisirele urse ere baita be iletu   saha · uttu ofi tere
되었으며 예루살렘 에 있는 사람들이 이 사실 을 분명히 알았습니다. 그래서 그

usin be ceni gisun de Hašeldama seme gebulehe · sume gisureci · senggi i
밭 을 그들의 말 로 아겔다마 라고 불렀는데, 풀어 말하면 피 의

usin inu [ko] · irgebun i nomun[18] de araha gisun · ceni ba · bigan i bade
밭 입니다. 시 의 경전 에 적힌 말, '그들의 땅이 황야의 땅으로

---

13 'hūncihisa(친척들)'에 해당하는 라틴어는 'fratri(형제들)'이다. 예수의 형제들이라는 표현이 오해를 일으킬까 염려하여 다른 표현을 쓴 듯하다.

14 'da(우두머리)'에 해당하는 라틴어는 'dux(길잡이, 인도자)'이다.

15 이 직분은 사도직(使徒職, apostolatus)을 의미하는 듯하다.

16 'fondojome garjafi (뚫어지고 찢어져)'에 해당하는 라틴어 원문은 'crepuit(찢어지다, 터지다, 부러지다)'이다.

17 'sisan sabaran oho (넘쳐 떨어지게 되었다.)'라는 표현은 만주어 문헌에서 찾기 어렵다. 다만 Ivan Zakharoff의 *Полный маньчжурско-русскій словарь* (만주어 대사전)에 сисань(물이 넘침, 흩어짐)과 сабарань(떨어짐)이 수록되어 있다. 이들은 만주어 동사형 sisambi(넘치다)와 sabarambi(뚝뚝 떨어지다)에서 파생된 말이다.

18 'irgebun i nomun (시의 경전)'은 구약성경의 시편(Liber Psalmorum)을 지칭하는 말이다. 원래 만주어

isibukini · tubade terengge akū [go] · jai ini jergi tušan be gūwa niyalma
되게 하며, 그곳에 사는 이 없으리라. 또 그 부류의 직무 를 다른 사람들이

bahakini   sehengge inu [ho] · uttu ohode ejen Yesu musei emgi amasi julesi
얻게 되기를.' 이라 한 것 입니다.   그러므로 주 예수께서 우리와 함께 뒤로 앞으로

yabuha[19] · Yohangnes i oboro be alihaci[20] · musebe waliyame abka de wesike
다니셨고   요한 의 세례 를 받으심에서 우리를   떠나 하늘 에 오르신

tere inenggide isitala[21] · sasa tehe ududu niyalma i dolo emeke be sonjoci
그   날에 이르도록   함께 산 많은 사람들 의 가운데 한 명 을 뽑아야

acambi ·   ere uthai Yesu i dasame banjiha yargiyan babe temgetulefi · musei
마땅합니다. 이이가 곧 예수 께서 다시 살아나신 진실된 일을 증명하여   우리와

adali siden /4b/ niyalma okini   sehe ·   geren   teni juwe niyalma be tucibuhe ·
같은   증인이   될 것입니다." 하였다. 많은 이들이 그때 두   사람 을 추천하니,

emu oci Yosefe · gūwa gebu Barsaba · ini colo · jurgangga saisa inu[22] · emu
한명 은 요셉 (다른 이름은 바르사빠, 그의 별명은 '의로운 현자') 이고   한명

oci · Madiyas sembihe ·· jalbarime hendume · ejen · si   geren i mujilen be
은   마티아 라고 하였다. 기도하며 말하기를, "주님, 당신은 많은 이 의 마음 을

bulekušeci tetendere · juwe niyalma i dorgici ya emke be sonjofi · ere jergi
통촉하 셨으니   두   사람   중에서 누구 하나 를 뽑아서   이 같은

tušan de sindaki seme · muse de ulhibureo · Yudas beyei weile de acabure
직무 를 주려 한다 고   우리 에게 알려주소서. 유다가 자기의   죄 에 들어맞는

bade   genekini [kū] ere jergi tušan be waliyaha sefi · sibiya tatame [gū] ·
곳으로 가려 해서   이 같은 직무 를 버렸습니다." 하고 제비를 뽑으니

'irgebun i nomun'은 유교 경전인 시경(詩經)을 지칭하는 말이었다.

19 'amasi julesi yabuha (뒤로 앞으로 다녔다)'는 '왕래하다, 내왕하다'의 뜻이다.

20 'alihaci'는 분석하면 'aliha(받으심) + -ci(-부터, -에서)'인데, '받으셨을 때부터'라는 의미이다.

21 'musebe waliyame abka de wesike tere inenggide isitala (우리를 떠나 하늘에 오르신 그 날에 이르도록)'
에 해당하는 라틴어는 'usque in diem qua assumptus est a nobis (우리로부터 승천하신 날까지)'이다. 라
틴어의 'a nobis (우리로부터)'를 'musebe waliyame (우리를 떠나)'로 번역하고 있다.

22 'ini colo · jurgangga saisa inu (그의 별명은 '의로운 현자'이고)'에 해당하는 라틴어는 'qui cognominatus
est Iustus (그는 유스투스라는 별명을 가진다.)'인데, 이 구절의 'Iustus(정의로운)'를 많은 번역 성경에서
고유명사로 보고 있지만 만주어에서는 풀이하여 '의로운 현자'라 하였다.

Madiyas i sibiya tucikede · juwan emu šabisai acin[23] de dosimbuhabi ··
마티아 의 제비가 나오자   열 한 명 제자들의 모임 에 들게 하였다.

---

23 'acin'은 원래 '짐, 하물(荷物), 짐바리'라는 뜻인데, 푸와로 신부는 'acan(모임, 회합)'이라는 낱말을 변형하여 이 낱말을 만든 것으로 보인다. 만주어 마태오 복음에는 이 'acin'이 20회 가까이 나온다.

SURE GISUN
풀이 말

[a] ere uthai Andiyokiya gebungge hoton i   bayan   wesihun niyalma ombihe ·
이이는 곧   안티오키아 라 불리는 성 의 부유하고 귀한   사람   이었다.
 i Lukas i emgi guculefi · halhūn mujilen i ejen Yesu be kundulembihe ·· 24
그는 루가 와 함께 사귀며   뜨거운 마음 으로 주 예수 를 공경했다.

[e] yala enduringge enduri šabisai mujilen be aššame · ejen Yesu be
    과연   성령은   제자들의 마음 을 움직여 주 예수를

dahabuha   bihe · amala ceni   uju de tuwa i ilenggu i arbun i enggelenjirede ·
따르게 하고 있다. 후에 그들의 머리 에 불 의   혀 의 모양 으로 내려오자

ce   yargiyan i Yesu sonjobuha šabisa seme   iletu /5a/ temgetulehebi ··
그들은 진실로 예수께서 뽑으신 제자들 이라고 분명히   증명하였다.

[i] šabisa imbe sabufi · untuhun arbun i niyalma²⁵ obure ayoo seme
    제자들이 그분을 보고   빈   모습 의 사람   이라 두려워 하며

seremšerede · ceni emgi udunggeri jeke · damu Yesu i eldengge beye i yali
 경계하자   그들과 함께 몇 차례 식사하셨다. 그러나 예수 의 영광된   몸 의 살과

senggi heni nonggibume ekiyembume muterakū ofi · tuttu jemengge omingga
피는 조금도 더해지고   덜어질   수 없 기에 그래서 먹은 것과 마신 것이

emgeri guwejihe i dolo isinahade · i   terebe samsibumbihe ··
한번   위   의 안에 이르렀을 때 그분은 그것을 흩어지게 하셨다.

---

24 '데오필로'라는 사람에 대한 이런 설명(안티오키아의 귀족, 루가와 사귀었고, 예수를 공경했음)은 그 근거
를 알 수 없다. 아마도 2세기에 안티오키아의 주교였던 동명이인의 St. Theophilus of Antioch와 혼동한
것이 아닌가 한다. 이를 역사적 인물이 아닌, '그리스도인'을 가리키는 상징적 인물로 보는 학자도 있다.
25 'untuhun arbun i niyalma (빈 모습의 사람)'은 '유령'이란 뜻인 듯하다. '유령'을 만주어로 'butu fayangga'
라 하기도 한다.

[o] udu Yesu kemuni enduringge enduri be šabisa de angga aljaha bicibe ·
비록 예수께서 항상   성령   을 제자들 에게 약속하셨다 해도

gocishūn gisun i   beye be jondorakū ·   ama be jondoro teile ··
겸손한 말씀 으로 당신 을 언급하지 않고 아버지 를 언급하실 뿐이다.

[u] juwan inenggi i amala inu · ere inenggi uthai Yesu dasame banjiha ci
    10   일   뒤 이다. 이 날이   곧 예수께서 다시 살아나신 지

susaici inenggi bihe ··
쉰 번째   날   이었다.[26]

[na] Yudeya ba i niyalma tašarame gūnime · nomun de henduhe unggici
    유다 지방의 사람들이 잘못 생각하여, '경전 에서 말한 파견되어야

acara enduringge wang Israel i gurun be yendebumbi sembihe · yala encu
할   거룩한   왕이 이스라엘 나라 를 흥하게 한다.' 하였다.   과연 다른

mukūn i niyalma Herode tere gurun be ejelehe bihe · uttu ohode šabisa ·
족속 의 사람인 헤로데가 그   나라 를 점령해 있었는데, 그래서 제자들과

jergi niyalma ere baita be Yesu de fonjime bi ··
보통 사람들이 이 사실 을 예수 께 묻고 있다.

[ne] bi yargiyan i abkai ejen seme   suwe suweni erdemungge[27] yabun de
    내가 진실로   하느님 이라고, 너희는 너희의   덕 있는   행동 에서와,

banjibuha ferguwecuke baita i songko de temgetulembi ··
    행한   기이한   일 의 자취 에서 증명한다.

[ni] šabisai yasa sabume muterede /5b/ isinatala Yesu elheken elheken i
    제자들의 눈이 볼 수 있을 때   까지 예수님은 천천히

---

26 예수께서 부활하시고 40일 뒤에 승천하셨으며, 다시 그 10일 후에 성령께서 강림(降臨)하셨다는 가톨릭 교의 옛 전통을 따른 것이다.

27 'erdemungge'는 본문에는 'ertemungge'로 씌어 있다. 잘못으로 보고 교정한다.

mukdembihe · hūturi isibuha²⁸ manggi · teni   saburakū oho ··
올라가셨고,   복을 얻으신   후   그제야 보이지 않게 되었다.

[no] juwe asihata · uthai abkai enduri²⁹ sa inu · amaga inenggi serengge ·
    두 젊은이는 곧   하늘의 천사 들 이다.   뒷   날   이라 함은

ambarame beidere³⁰ inenggi inu ··
크게   심판하는   날 이다.

[nu] Sapato dorolon i inenggide yabuci ojoro jugūn · damu juwe ba i jugūn i
     안식일 예절 의 날에   갈 수 있는 거리는 오직 2 리(里) 의 거리

teile ··
뿐이다.

[ka] Dzelode³¹ sere gebu be sume gisureci · habcihiyan ningge inu ··
    젤로데   라는 이름 을 풀어 말하면 '열심한   자' 이다.

[ga] ere boo ainci Yohangne Marko · ilhi šabi³² i boo dere ··
    이 집이 아마   요한   마르코 (버금 제자) 의 집일 것이다.

---

28 'hūturi isibuha (복을 얻다)'란 말은 아마도 '천국에 도달하다'란 뜻인 듯하다.

29 'enduri'는 '영(靈), 영혼, 신(神)' 등의 뜻으로 쓰였으나, 푸와로 신부의 이 만주어 성경에서는 '천사(天使, angelus)'의 뜻으로도 쓰인다. 여기서도 천사를 뜻하는 듯하다.

30 'ambarame beidere (크게 심판하다)'라는 말은 천주교 교리의 'judicium universale (공심판[公審判], 최후의 심판)'을 의미하는 듯하다.

31 'Dzelode'는 라틴어 성경에는 'Zelotes', 그리스 성경에는 Ζηλωτὴς 로 표기되어 있다. 이 그리스어의 원래의 뜻은 '열심인 자, 열성적인 자'이다.《공동번역 성서》에는 '혁명당원', 한국 개신교 성경에는 '셀롯', 한국 천주교 새 성경에는 '열혈당원' 등으로 번역되어 있다. 아마도 어떤 단체의 구성원을 뜻하는 말인 듯하다.

32 'ilhi šabi (버금 제자)'는 12사도에 들지 않으면서 예수를 가까이서 따랐던 제자를 지칭하는 말인 듯하다. 만주어 마태오 복음에 이 말이 2회 나오는데, 예수의 사후 그 시신을 장례한 아리마태아의 요셉(《만주어 마태오 복음 연구》 443쪽 참조)과 예수 사후 엠마오로 가던 길에 예수를 만난 두 제자(《만주어 마태오 복음 연구》 482쪽 참조)를 'ilhi šabi (버금 제자)'라고 일컫고 있다. 또 만주어 마태오 복음 제13장의 풀이말 중에 'jai jergi šabi (다음 등급의 제자)'라는 말이 나오는데(《만주어 마태오 복음 연구》 268쪽 참조) 이 말도 이 'ilhi šabi (버금 제자)'와 같은 의미로 쓰인 듯하다. 요한 마르코는 사도행전 12장 12절(이 책 155쪽)에 나오는 마리아의 아들로서, 그의 집에서 예수의 제자들이 모였다고 한다.

[ha] ini ere menggun de udaha usin be werihe oci · tuttu ini beye
그의 이 은 으로 산 밭 을 남겨두었 기에 그래서 '그의 몸을

baha³³ seci ombi · ·
얻었다' 해도 된다.

[ko] Yesu i senggi be eyebukini sere jalin buhe hūda i baha usin inu · ·
예수 의 피 를 흘리게 하고자 하기 위해 준 값 으로 얻은 밭 이다.

[go] Taweit ini ere irgebun de Yerusalem i urse be firumbi · ce Yesu be
다윗은 그의 이 시 에서 예루살렘 의 사람들 을 저주한다. 그들이 예수 를

hiyahan tehe de hadabuha ofi · ceni hoton be yooni efulebure · bigan i bade
십자가 에 못박았 기에 그들의 성 을 모두 무너뜨리고 황야 의 땅으로

isiburengge³⁴ seme doigomšome gisurembi · · ³⁵
되게 하는 것 이라고 미리 말한다.

[ho] jai gūwa emu irgebun de niyalma Yudas i jergi tušan be bahaci
또 다른 한 시편 에 "(다른) 사람이 유다 의 같은 직무 를 얻어야

acambi³⁶ seme getuken i alara dabala · · /6a/
한다." 라고 분명히 말하는 것이다.

[kū] ere ba uthai na i gindana inu · ·
이 곳은 곧 지옥 이다.

[gū] šabisa abkai ejen de baiha manggi sibiya tatarade doroi ici yabuha ·
제자들이 하느님 께 구한 후 제비를 뽑는데, 예법을 따라 행하였고,

---

33 위 본문에는 'ini beye baha (그의 몸을 얻었다.)'가 아니라 'emu usin be baha (한 밭을 얻었습니다.)'로 되어 있다. 풀이말을 붙일 때 착오로 잘못 인용한 것인가?
34 시편 69편 25절의 "그들이 사는 부락을 돌밭으로 만드시고" 참조.
35 'doigomšome gisurembi (미리 말하다)'는 '예언하다'의 뜻이다.
36 시편 109편 8절 "그의 직책일랑 남이 맡게 하자." 참조.

enduringge enduri i yaruhan be dahahabi · yala tucibuhe juwe niyalma i
성령   의 인도 를 따랐다. 과연 추천된 두 사람 의

yabun emu adali sain · tušan i baita be icihiyabure bengsen encehen gemu
행동은 하나 같이 선했고 직무 의 일 을 처리하는 재능과 능력을 모두

bihe ·   uttu   yabuci · niyalma i buhiyecun[37] yooni lashalaci ombihe · ·
가졌다. 이렇게 행하더라도 사람들 의 불신을   완전히 끊어야   한다.

---

37 ʻbuhiyecunʼ은 본문에는 ʻbuhiyacunʼ으로 잘못 되어 있다.

JAICI FIYELEN
제2　　　장

B endekoste[1] dorolon i　susaici inenggi isinjifi ·[2] jing geren niyalma sasa
오순절　　예식 의　쉰 번째　날이　되어　　마침　많은　사람들이 함께

emu [a] bade bisirede · gaitai abkai ci　jidere amba edun i urkin donjiha · ere
한　　곳에 있는데,　갑자기 하늘 에서 오는　큰　　바람　소리가 들렸고,　이

urkin　geli ceni　tehe boo be fihetele jalukabi · tuwaci · tuwa i gese ududu
소리가 다시 그들이 머문 집 을 가득　채웠다.　보니　　불 과 같은 많은

ilenggu faksan faksan i　meimeni niyalma i uju i ninggude bihe[3] · gemu
혀가　조각조각　　각각의　사람들 의 머리　위에　있었다.　모두

enduringge enduri de jalumbuha ofi · encu ba i gisun gisureme deribuhe ·
성령　　으로 가득하여 서 다른 지방의 말을　말하기　시작했고,

enduringge enduri ai /6b/ hacin i gisun i cembe　gisurebuki ·　ce uthai
성령께서　　어떤　종류 의　말 로 그들을 말하게 하려 하니 그들이 곧

gisurembihe [e] · fe tacihiyan[4] i kooli be tuwakiyara mangga Israel i omosi[5]
말하였다.　　옛 가르침 의 율법을　지키는　착한　이스라엘 자손들이

---

1 'Bendekoste'는 그리스어 Πεντηκοστή(오순절)에서 차용된 라틴어 'Pentecoste'의 음역어(音譯語)이다. 이 그리스어 낱말은 원래 추수감사절의 의미를 갖고 있었으나 신약 시대에 들어와 이 사도행전 2장의 사건으로 인해 성령 강림절(聖靈降臨節)이 되었다. 임승필 (2002: 36) 참조.

2 'Bendekoste dorolon i susaici inenggi isinjifi (오순절 예식의 쉰 번째 날이 되어)'에 해당하는 라틴어는 'cum complerentur dies pentecostes (오순절이 채워졌을 때)'이다.

3 "tuwaci tuwa i gese ududu ilenggu faksan faksan i meimeni niyalma i uju i ninggude bihe (보니 불 같은 많은 혀가 조각조각 각각의 사람들의 머리 위에 있었다.)"에 해당하는 라틴어는 "et apparuerunt illis dispertitæ linguæ tanquam ignis, sedit que supra singulos eorum (동시에 그들에게 불 같은 혀가 나뉘어 나타나 그들 각각의 위에 앉았다.)"이다. 만주어의 'faksan faksan i'에 해당하는 라틴어는 'dispertitæ(나뉘어)'인데, 이 'faksan faksan i'는 어떤 문헌이나 사전에서도 찾아볼 수 없는 어형이다. 라틴어 낱말의 의미와 만주어 'faksalambi(갈라내다, 나누다)'를 참조하여 '조각조각, 토막토막'으로 풀이한다. 다만 자하로프의 사전 1026쪽에 'факса факса (똑바로)'가 나오나 다른 말이다.

4 'fe tacihiyan (옛 가르침)'은 '구약의 가르침, 구약 율법의 가르침'을 말한다.

5 'fe tacihiyan i kooli be tuwakiyara mangga Israel i omosi (옛 가르침의 율법을 지키는 착한 이스라엘의 자

abkai fejergi i　ba baci　jifi · tere erin [i] Yerusalem de　tembihe ·
하늘　아래 의 곳곳에서 와서　그 무렵　예루살렘 에서　살고 있었다.

ce　　ere baita i mejige be emgeri bahade · feniyeleme acanduha · šabisa
그들이 이　일 의 소식 을 한번　듣자　무리지어　모였는데, 제자들이

ceni　　tesu ba i gisun gisurere be donjifi · gūnin i dolo hūlimbuha adali ⁶·
그들의　고향　말 하는것 을 듣고　마음 속이 헷갈린　듯하여

kiyakiyame ferguweme · ere utala hacin i gisun gisurerengge · gemu Galiyeya
찬탄하고　놀라며　"이 많은 종류 의 말을 하는자들이　모두　갈릴레아

ba i niyalma wakao · adarame teisu teisu meni banjiha ba i gisun be ceni
땅　사람이 아닌가? 어떻게　각각　우리가 태어난 곳 의 말 을 그들의

angga de donjimbini ·　be　yala Bartiya · Mediya · Elam · Mesobotamiya ·
입 에서 듣는 것인가? 우리는실은 바르티아,　메대,　엘람,　메소포타미아,

Yudeya · Kapadošiya · Bonto · Asiya · Firišiya · Bamfiliya · Esido ·
유다,　갑바도기아,　본도,　아시아, 프리기아,　밤필리아,　이집트,

Širene i hanci bisire Libiya i　niyalma · jai Roma ci jihe ememu Israel　i
키레네 가까이 있는　리비야 의 사람들과, 또　로마 에서 온　어떤 이스라엘 의

omosi · ememu encu mukūn i　urse tacihiyan de ice dosika⁷ ·　hono Kereta ·
자손들과, 어떤　다른　족속 의 사람들로 가르침 에 새로 들어온 자와, 또한 그레데와

Arabiya jergi bade banjihangge · gemu [o]/7a/ adarame ce　meni tutala ba i
아라비아 등 지에서 태어난 자들　모두가,　어떻게 그들이 우리의 많은 지방

gisun be baitalafi · abkai ejen i　yabuha amba baita giyangnara be donjihabi ·
말 을 사용하여　하느님 께서 행하신 큰　일　강론함 을 들었는가?"

손들)'에 해당하는 라틴어는 'Judæi viri religiosi (열심한 유다의 남자들)'이다. 상당히 의역한 것임을 알 수 있다.

6 'gūnin i dolo hūlimbuha adali (마음 속이 헷갈린 듯하여)'에 해당하는 라틴어는 'mente confusa est (마음 이 혼란하였다)'이다.

7 'ememu encu mukūn i urse tacihiyan de ice dosika (어떤 다른 족속의 사람들로 가르침에 새로 들어온)' 에 해당하는 라틴어 원문은 'Proselyti (유다교로 개종한 이교도)'로만 되어 있는데, 푸와로 신부는 이를 만 주어로 쉽게 풀이한 것이다. 이 만주어 속의 'tacihiyan (가르침)'은 만주어 성경의 다른 곳에서는 흔히 'fe tacihiyan (옛 가르침)'으로 표현되는 유다교를 의미한다. 라틴어 'Proselytus'는 그리스어 Προσήλυτος에서 차용한 말이다. 인용한 만주어 문장의 마지막 낱말 'dosika (들어온)'은 여기서는 차라리 'dosikangge (들어 온 자)'가 더 좋을 듯하다.

ishunde dere šanumbihe · gūwacihiyalara arbun i · ere   ai   ni · sembihe ·
서로   얼굴을   보고   무척 놀라는   모습 으로 '이것이 무슨 일 인가?' 하였다.

emu udu haha injekušeme · ce   ice araha nure be dabali omifi soktoho kai
한두   남자는 비웃으며 "그들이 새로 만든   술 을 너무 마셔서 취한 것 이다."

sehe [u] · ·
하였다.

Betoro oci · juwan emu   šabisai emgi ilime · den jilgan i isaha geren
베드로 는   열 한 제자들과 함께 일어나 큰 소리 로, 모인 많은

niyalma i baru hendume · Yudeya ba i niyalma · Yerusalem de tere hahasi
사람들 을 향해 말하기를, "유다 지방의 사람들과   예루살렘 에 사는 남자들,

hehesi ·   ne mini giyangnara doro be suwe ja i ulhikini · mini gisun be
여자들이여, 지금 내가 강론하는   도리 를 여러분이 잘 이해하고 나의   말 을

kimcime donji ·   suweni gūnin i ere utala niyalma be soktoho niyalma obufi ·
자세히 들으시오. 여러분의 생각 에 이 많은 사람들 을 술 취한 사람으로 여기니

ambula tašaraha · ce soktohongge waka · ilaci jungken i erin bikai[8] [ū]·
크게 잘못입니다. 그들은 술취한 것이 아닙니다. 제3 시 의 때 인 것입니다.

jidere undengge be doigomšome sara saisa Yohel[9] i gisurehe ferguwecuke baita ·
오기 전 일 을 미리 아는 현자 요엘 이 말한   기이한   일이

uthai ere baita inu · terei gisun de · abkai ejen hendume · dubeingge erin i
곧 이 일 입니다. 그의 말 에서, '하느님께서 이르시기를 마지막 때 의

inenggide ·[na] bi mini enduri[10] be [ne] ai ai niyalma i /7b/ dergide ebubuki ·
날에   내가 나의 영(靈) 을   온갖 사람들 의   위에 내리겠다.

---

8 "ilaci jungken i erin bikai (제3시의 때입니다.)"에 해당하는 라틴어는 "cum sit hora diei tertia (낮 3시이기 때문입니다.)"이다. 라틴어 'cum sit (-이기 때문에, -인 까닭에)'을 만주어로 'bikai(-인 것이다, -이로다) 라고 번역하였다.

9 'Yohel(요엘)'은 그 저술 연대와 저자에 관해서 정확히 알려져 있지 않은 구약성경의 요엘서(Prophetia Joel)에 나오는 예언자의 이름이다. 이 사람에 관해서 거의 알려진 바 없다. 'jidere undengge be doigomšome sara saisa (오기 전 일을 미리 아는 현자)'에 해당하는 라틴어는 'propheta(예언자)'이다.

10 'enduri(영)'에 해당하는 라틴어는 'Spiritus(성령)'이다. 이 만주어 성경에서 '성령(聖靈)'은 거의 'enduringge enduri (거룩한 영)'으로 번역되어 있고, 'enduri'는 주로 '(일반적인) 영, 천사' 등의 의미로 사용되었는데, 드물게 '성령'을 'enduri'만으로 표현하기도 했다.

teni suweni haha   juse · sargan juse amaga baita be doigomšome gisurere[11] ·
그때 너희의 남자 아이들과 여자 아이들은 뒷 일 을   미리   말하고,

suweni   asigata[12]   tuwabun[13] be tuwara [ni] · suweni sakdasa somishon[14] doroi
너희의 젊은이들은 환시(幻視) 를   보고   너희의 노인들은 숨겨진   진리의

tolgin be tolgirengge bi[15] · tere inenggi esi mini enduri i hacingga
꿈 을 꾸는 것 이다.   그   날 응당 나의 성령 의 여러 가지

kesi be mini ahasi   nehū se de salgabuci · ce jidere undengge be hafumbime ·
은혜 를 나의 사내종과 계집종 들 에게 주면   그들은 오기 전일 을 깨달아

šuwe giyangnambi · abkai dergi · na i fejergide an ci tucike baita i songko be
바로 강론하고   하늘 위와 땅 아래에서 평소 나타난 일 의 징표 를

hono banjibuki[16] · senggi · tuwa · šanggiyan i sukdun i songko inu ·   ejen i
또한 낳게 하리니, 피와, 불,   연기   기운 의 징표가 그것이다. 주님 이

amba   iletu inenggi isinjire onggolo šun i genggiyen elden farhūn helmen de
크게 나타나시는 날이 오기   전, 태양 의 밝은 빛이 어두운 그림자 에

gaibumbi · biyai šayan boco senggi i boco de kūbulimbi · tere fonde ya emke
잡히고, 달의 흰 빛이 피 의 빛 으로 바뀐다.   그 때에 누구 하나라도

ejen i gebu be hūlame baici · i sure fayangga be bahafi aitubure[17] · Yohel i
주님 의 이름 을 불러 구하면 그는 영혼   을 능히 구하리라.[18] 요엘 의

---

11 'amaga baita be doigomšome gisurere (뒷일을 미리 말하고)'에 해당하는 라틴어는 'propheto(예언하다)'
이다.

12 'asigata(젊은이들)'은 전통 만주어 문헌에서 흔히 'asihata'로 표기된다.

13 'tuwabun'은 동사 'tuwabu-(보게 하다, 보다, 인견[引見]하다)에서 전성된 명사인데, 라틴어 'visum(봄,
본 것, 광경, 환상)'의 번역어로 사용된 것이다. 'tuwabun'이 '환시, 환상'이라는 뜻으로 사용된 전통 만주어
문헌상의 용례는 없는 듯하지만,《만주어 마태오 복음》에 단 한 번(제27장, 438쪽) 다음 문장 속에 나온다.
"bi enenggi terei turgun tuwabun i dolo absi jobobuha kai (내가 오늘 그이 때문에 환상 중에 매우 고생했
습니다.)".

14 'somishon'이란 어형은 과거의 문헌이나 사전에서 찾아볼 수 없다. 'somishūn'의 잘못인 듯하지만 이런 어
형의 가능성도 있기에 고치지 않고 그냥 둔다.

15 "somishon doroi tolgin be tolgirengge bi (숨겨진 진리의 꿈을 꾸는 것이다.)"에 해당하는 라틴어는
"somnia somniabunt (꿈을 꾸리라.)"일 뿐이다.

16 "abkai dergi · na i fejergide an ci tucike baita i songko be hono banjibuki (하늘 위와 땅 아래에서 평소
나타난 일의 징표를 또한 낳게 하리라.)"에 해당하는 라틴어 원문은 "et dabo prodigia in cœlo sursum, et
signa in terra deorsum (나는 위로 하늘에서 신기한 일을, 아래로 땅에서 징표를 드러내리라.)"이다.

17 "i sure fayangga be bahafi aitubure (그는 영혼을 능히 구하리라.)"에 해당하는 라틴어는 "salvus erit (그

gisun entekengge inu [nu] · Israel i omosi   mini gisun be donjikini · Nadzaret
말이   이런 것 입니다.   이스라엘의 자손들이여, 내 말 을 들으시오.   나자렛

hoton i   Yesu suweni dolo bisire erin de /8a/ adarame abkai ejen imbe
성 의 예수께서 여러분 가운데 계실 때 에   어떻게 하느님께서 그분을

wesihulehe · ai hacin i amba ferguwecuke baita yabure toose be ini gala de
높이셨고,   어떤 종류 의 크고   기이한   일과   행하실   권력 을 그분 손 에

sindahangge bici ·   suwe   ini ere enculeme tucike baita be suweni yasa de
놓으심이 있었던가? 여러분은 그분이 이 특이하게 드러내신 일 을 여러분 눈 으로

sabuha ci[19] tetendere · getuken i sambi · abkai ejen amaga baita be neneme
보았을   뿐만 아니라 명백히 압니다. 하느님은   뒷   일 을 앞서

safi ·   cohotoi gūnin i ere Yesu be suweni gala de afabufi [ka] · suwe   uthai
아시고 특별하신 뜻 으로 이 예수 를 여러분 손 에 맡기시니   여러분은 즉시

imbe   ehe   urse de hadabume bucebuhebi ·   abkai ejen imbe dasame [ga]
그분을 나쁜 무리 에게 못 박아 죽게 하였습니다. 하느님께서 그분을 다시

weijuburede · bucetele aliha gosihon ci guweme · eifu i mangga[20] kušun ci
살리셨는데,   죽도록 받으신 고통 에서 벗어나 무덤 의 심한   괴로움 에서

aitubuha [ha] ·   ini   beye yala na i fejile bibuci ojorakū · Taweit Yesu be
구하신 것입니다. 그분의 몸은 참으로 땅 아래 두면 안 됩니다. 다윗이 예수 를

jorime gisurefi · ini ere gisun be nomun bithe de ejeme   bi ·   abkai ejen be
가리켜 말하는데, 그의 이 말 을 경전 책 에 기록하고 있습니다. '하느님   을

daruhai gūnin de tebumbihe · mini mujilen yarkiyahan[21] de aššabure ayoo ·
항상   생각 에 담고 있으나, 나의 마음이   유혹   에 흔들릴까 두렵다.

abkai ejen mini ici ergide bi seme gūnimbihe ofi · tuttu dolo ambula urgunjehe ·
하느님이 나의 오른 쪽에 있다 고   생각했 기에 그래서 마음이 크게 기뻤으며,

는 구원될 것이다.)"이다.

18 이 요엘서의 인용은 칠십인역(Septuaginta) 성경에 의하면 요엘 3장 1절에서 5절까지이나, 불가타 라틴어
성경에 의하면 2장 28절에서 32절까지이다.

19 'sabuha ci'는 대개의 경우 'sabuhaci'처럼 붙여 쓴다.

20 'mangga'는 본문에는 'mengga'로 표기되어 있지만 아마 옆의 점이 잘못 찍힌 것으로 보고 교정한다.

21 'yarkiyahan'은 푸와로 신부의 만주어 성경에는 여러 번 나오나 전통 만주어 문헌에서는 항상 'yarkiyan'의
형태로만 기록된다.

mini ilenggu urgun i ucun uculehe · mini yali beye jai hūdun i /**8b**/ benjire
나의 혀는 기쁨 의 노래 불렀고, 나의 육신 또한 서둘러 다가올

erecun de teyembi · toktofi si mini sure fayangga be na i fejergi horin de [**ko**]
희망 에서 살리라. 결단코 주님은 내 영혼 을 땅 아래 감옥 에

waliyarakū · sini enduringge i yali beye be niyara niyasure de isiburakū
버리지 않고 주님의 거룩한 자 의 육신 을 썩어 곪음 에 이르지 않게 하시며,

[**go**] · bucen²² ci dasame banjire arga be minde ulhibuhe · geli sini
죽음 에서 다시 살아날 계획 을 내게 알게 하셨다. 또한 당신의

hūturingga dere be minde saburede · esi mimbe alimbaharakū sebjelebuci
복 있는 얼굴 을 내게 보여주심에 응당 나를 굉장히 기쁘게 하시리라.'

sehengge inu [**ho**] ·· mini ahūta deote · bi enduringge mafa Taweit be
라고 하신 것 입니다. 나의 형제들이여, 내가 거룩하신 선조인 다윗 을,

suweni jakade leoleme gisureci · yargiyan tomorhon gisun gisureki ·
여러분을 위해 논하여 말하는데, 진실하고 명료한 말을 하겠습니다.

i urihe bime · geli umbuhabi · terei eifu ertele meni bade taksimbi ·
그분은 죽으셨 고 또한 묻혔으며 그분의 무덤은 지금까지 우리 땅에 남아있습니다.

i dade jidere undengge be sara saisa²³ bihe · abkai ejen kemuni gashūn
그분은 본래 오지 않은일 을 아는 현자 였습니다. 하느님은 항상 맹세

gashūme · inde angga aljame · sini emu omolo sini soorin de terengge
하여 다윗에게 약속하시기를, 너의 한 후손으로 너의 자리 에 앉을 자가

uthai Giristo inu sere gisun be donjihade · ere Giristo bucen ci [**kū**]
곧 그리스도 이다 라는 말 을 들었는데, 이 그리스도가 죽음 에서

dasame banjimbi seme doigonde alahabi²⁴ · yala Giristo i sure fayangga na i
다시 살아나리라 고 미리 말하셨습니다. 과연 그리스도 의 영혼을 땅

fejergi /**9a**/ horin de waliyabuhakū · terei yali beye niyara niyasurede isibuhakū
밑 감옥 에 버려두지않고 그 육신이 썩어 곪음에 이르지 않게 한다

---

22 'bucen'은 이 성경에는 많이 나오지만, 과거의 전통 만주어 문헌에는 'banjin bucen (삶과 죽음, 생사)'처럼 복합어로만 나온다.

23 'jidere undengge be sara saisa (오지 않은 일을 아는 현자)'에 해당하는 라틴어는 'propheta (예언자, 선지자)'이다.

24 이 'alahabi'의 왼쪽에 점이 잘못 붙어 있어 'nalahabi'처럼 보이지만 이런 낱말은 만주어에 없다.

sehe gisun erebe iletu   gisurerengge wakao ·   abkai ejen ere Yesu be dahūme
하신 말은 이를 분명히 말씀하신 것이 아닙니까? 하느님께서 이 예수 를 다시

weijubuhe · be gemu ere baita i siden niyalma bi · abkai ejen i gala de [gū]
살리셨으며 우리 모두 이 사실 의   증인 입니다. 하느님 의 손 으로

abkai tanggin de wesibuhe manggi · ama inde ·   i   mende angga aljaha
   천당   에 오르신   후, 아버지는 그분께, 그분은 우리에게, 약속하신

songkoi · enduringge enduri be ungginjire toose alifi · erebe   ebubuhe ·
  대로,   성령   을 보낼 권력을 맡겨 이분을 내려오게 하셨고

suwe   yasai sabume · šan i donjime mutembikai [hū] · Taweit abka de
여러분은 눈으로 보고   귀로 들을 수 있습니다.   다윗은 하늘 에

wesike ba akū · naranggi ini irgebun i nomun de hendume · ejen   mini ejen i
  오른 적이 없지만, 끝내 그의 시 의경전[25] 에서 말하기를 '주님께서 나의 주님 을

baru gisurehe · bi sini bata be bandan[26] i gese sini bethei fejile sindarade
향해 말하셨다. 내가 너의 적 을 걸상   처럼 네 발 아래 둠에

isitala[27] ·   taka mini ici ergide teki · sehengge inu [ba] · uttu ohode · Israel i
이르기까지 잠시 나의 오른 쪽에 앉으라.' 고 하신 것 입니다. 이러 므로 이스라엘

boo i geren niyalma esi saci ·   suweni hadabume bucebuhe Yesu be
가문 의 모든 사람들은 반드시 아시오. 여러분이 못박아 죽인   예수 를

abkai ejen de tumen tumen hacin i ejen ·   Giristo ilibuhangge kai sehe[28] [be] · ·
하느님 쪽에서 만만   가지 의 주인이신 그리스도로 일으키신 것 입니다." 라고 하였다.

---

25 '시의 경전 (irgebun i nomun)'은 청나라 시기의 만주어에서는 '시경(詩經)'을 지칭하는 말이었으나 여기
서는 구약성경의 시편(Liber Psalmorum)을 의미한다.

26 'bandan(걸상)'은 《한청문감》 11권 34장에 의하면 'golmin mulan (긴 의자)'로 되어 있다. 지금의 벤치 같
은 것으로 보인다.

27 "bi sini bata be bandan i gese sini bethei fejile sindarade isitala. (내가 너의 적을 걸상처럼 네 발 아래 둠
에 이르기까지)"에 해당하는 라틴어는 "donec ponam inimicos tuos scabillum pedum tuorum (너의 원
수로써 너의 발판을 삼을 때까지)"이다. 이 라틴어의 프랑스어 번역은 "jusqu'à ce que j'aie réduit vos
ennemis à vous servir de marche-pied (내가 너의 원수들을 너의 발판이 되게 바꿀 때까지)"이다. 푸와로
신부의 한문 번역은 "到我敗你諸仇在你足下如橙 (내가 너의 여러 원수들을 패배시켜 너의 발 아래에 발판
처럼 두기까지)"이다.

28 "abkai ejen de tumen tumen hacin i ejen · Giristo ilibuhangge kai · · (하느님 쪽에서 만만 가지의 주인이
신 그리스도로 일으키신 것입니다.)"에 해당하는 라틴어 원문은 "quia et Dominum eum et Christum fecit

ere gisun be donjifi **/9b/** gemu mujilen i dolo elhe akū · Betoro i baru · jai
이 말 을 듣고   모두 마음   속이 편치 않아 베드로 를 향해, 또

gūwa šabisa de fonjime · meni ahūta · mende yabuci acarangge ai ni sefi ·
다른 제자들 에게 묻기를, "우리 형들아, 우리에게 해야 마땅한 것이 무엇 인가?" 하자

Betoro jabume · suwe aliyame jabcakini · teisu teisu meimeni weile kederembure
베드로가 답하기를, "여러분은 뉘우치고 회개하시오. 각각   각자의 죄를 두루 살피기

jalin · Yesu i gebu de **[bi]** oboro be alikini · teni enduringge enduri i kesi be
위해 예수 의 이름 으로   세례 를 받으시오. 그리고   성령   의 은혜 를

bahaci ombi · yala abkai ejen enteke hūturi be suwende · suweni juse de
받으면 됩니다. 진실로 하느님은 이같은 복 을 여러분과 여러분의 자식들 에게

angga aljaha bihe · goro bade tehe urse i dolo musei ejen ya we be elbirengge
약속하고 계시고, 먼 곳에 사는 사람들 중 우리 주님께서 누군가 를 부르심이

bici · ere hūturi be hono inde šangnara dabala **[bo]** sehe manggi · jai
있다면 이 복 을 또한 그에게 상 주실 것입니다." 라고 한 후에   또

gisun be utala hacin i temgetu de temgetulefi · cembe huwekiyeme **[bu]**
말 로써 많은 종류 의 증거 로 증명하여 그들을 권면하며

hendume · suwe ere ehe jalan i urse ci jaila **[sa]** sefi · Betoro i
말하기를, "여러분은 이 악한 세상 의 무리 에서 피하시오." 라 하자 베드로 의

gisun be dahaha niyalma · gemu enduringge mukei oboro be alihabi · uttu
말 을 따르는 사람들 모두 거룩한 물로 세례 를 받았다. 이리하여

ilan minggan otolo niyalma **/10a/** ice tacihiyan de dosimbuha · šabisai tacibure
삼 천명에 이르는 사람들이 새 가르침 에 들어왔다. 제자들이 가르치는

gisun be urui donjime · sasa bifi efen be dendeme faksalara[29] **[se]** · jalbarime
말 을 항상 듣고, 함께 있어 떡 을 나누어 쪼개고   기도하며

baire kicen de kicembihe · geren   gelere arbun i cembe ginggulembihe ·
구하는 일 에 전념하였다. 많은 이가 두려워하는 태도로 그들을 공경하였고

Deus (하느님께서는 그분의 주님을, 또한 그리스도를 세우신 것입니다.)"인데, 만주어가 상당히 의역된 것임을 알 수 있다.

29 'dendeme faksalara (나누어 쪼개고)'에 해당하는 라틴어는 'communicatione fractionis panis (빵 조각을 배령[拜領]함)'이다.

šabisa kemuni ududu hacin i ferguwecuke baita be Yerusalem de yabume ofi ·
제자들   또한   많은 종류 의   기이한   일 을 예루살렘 에서 행하 므로

hoton i niyalma · gemu   bektereke   gese   sesulara teile [si] · tacihiyan i
 성 의 사람들은 모두   어찌할 줄 모르 듯이   놀랄 뿐이었다.   가르침 의

niyalma ishunde hūwaliyandume · si bi seme   ilgarakū · baitalara jaka ·
사람들은 서로   화합하여   너 나 하며 구별하지 않고, 쓸 것과

menggun be uhelembihe · usin · agūra tetun be uncame · ahūn deo i   eden
 돈 을 함께 하며,   밭과 기구와 그릇 을 팔아   형제 의 모자람과

ekiyehun be tuwafi · inde acabume bumbihe · inenggidari emu gūnin i
 부족함 을 보고 그에게 맞추어   주었다.   매일   한   뜻 으로

abkai ejen i tanggin de genembihe · tacihiyan i gucu sei boo de efen be
  하느님 의 성전 으로 갔으며,   가르침 의 친구 들의 집 에서 빵 을

faksalafi · urgunjeme · gulu [so] mujilen i yabume ere jemengge be gaimbihe ·
 쪼개고,   기쁘고   순박한   마음 으로 행하여 이   음식 을 취하였고,

abkai ejen be saišame baniha bumbihe · ceni durun tuwakū umesi sain ofi ·
 하느님 을 찬양하며 감사하였다.   그들의 행실과 모범이 매우 좋았 으므로

geren irgese de icangga ombihe · abkai /10b/ ejen ini tacihiyan i niyalma be
많은 백성들 에게 마음들게 되어,   하느님께서   그분 가르침 의 사람들 을

inenggidari nonggimbihe · ce ere acin de bifi sure fayangga be aitubume
 날마다   늘게 하셨고, 그들은 이 교회 에 있어   영혼 을 구할

mutere dabala · ·
수 있었던 것이다.

SURE GISUN
풀이　　말

[a] Bendekoste sere gebu be sume gisureci · susai inenggi inu · yala musei
　　 '오순절' 이라는 이름 을 풀어 말하면,　 '오십　일' 이다. 사실 우리

ejen Yesu dasame banjiha inenggi ci enduringge enduri enggelenjihe inenggi de
주 예수께서 다시 살아나신 날 부터　　 성령이　　　 강림(降臨)하신　 날 에

isitala　　susai inenggi bi · ice tacihiyan ere emu susaici inenggide ambarame
이르기까지 오십　 일 이다. 새 가르침이 이 같은 쉰 번째 날에　　　 크게

selgiyehe ofi· tuttu kumungge dorolon i inenggi³⁰ obuhabi ·· ere emu inenggide ·
전파되었 으므로 따라서 성대한　 예식 의 날이　　 되었다.　 이 동일한 날에

emu minggan sunja tanggū dehi aniya i cala abkai ejen Israel i omosi de
　일　 천　 오 백　 사십　 년　 전 하느님이 이스라엘 자손들 에게

fafun kooli be Sina alin de šangnaha ofi · tuttu fe tacihiyan i niyalma ere
　　율법　 을 시나이 산 에서 주셨으 므로 따라서 옛　 가르침 의 사람들이 이

inenggi be amba dorolon inenggi seme tuwakiyambihe ··
　 날 을 큰　 예식　 일　 로　　 지켰다.

[e] amba edun i urkin uthai ten i horonggo abkai ejen enduringge enduri i
　　큰　 바람 소리는 곧 지극히 위엄있는　 하느님이신　　　 성령　　 의

ebunjirebe jorimbihe ··
　강림을　 가리킨 것이다.

[i] fe tacihiyan i Bendekoste sere dorolon i /11a/ inenggi³¹ doroloro turgun i
　 옛　 가르침 의　 오순절　 의　 예식　　　 날에　 예배하기　 위해

---

30 'kumungge dorolon i inenggi (성대한 예식의 날)'에 해당하는 한문은, 푸와로 신부의 한문본 성경인《古
　　新聖經》에 의하면 '大瞻禮日'로 되어 있다.

31 'fe tacihiyan i Bendekoste sere dorolon i inenggi (옛 가르침의 오순절의 예식 날)'이란 말은 구약성경에

ba baci jihe bihe ··
곳 곳에서 왔던 것 이다.

[o] ere utala ba i gisun ci tulgiyen · kemuni emu erin i andande[32]
이 많은 지방의 말 외에 또 한 때의 순간에

bahanahangge dembei fulu bihe · akūci adarame Dulimba Gurun · Solho ·
깨우친 이가 아주 많이 있었다. 아니라면 어떻게 중국, 조선,

Ziben · Monggo · Indiya jergi bade Ewanzelio be selgiyeme mutembiheni ··
일본, 몽고, 인도 등 지에 복음 을 전파할 수 있겠는가?

[u] Yudeya ba i niyalma inenggi be šun dekdehe ci deribume · šun tuheke
유다 땅의 사람들은 날 을 해 뜸 에서 시작하여 해 짐

de wajimbihe · tere[33] inenggi be duin jungken[34] de faksalambihe · ere jungken
에서 마쳤다. 어떤 날 을 네 시 로 나누었는데, 이 시가

uthai ujui · ilaci · ningguci · uyuci jungken inu · jungken tome ubai emu
곧 제1, 제3, 제6, 제9 시 이다. 시 마다 이곳의 1

erin · duin kemu be baktambihe · amba dorolon i inenggide[35] ilaci jungken i erin
시진(時辰) 4 각(刻) 을 집어넣었다. 큰 예식 의 날에는 제3 시 의때가

jalbarime baire erin ofi · ai ai niyalma gelhun akū ningguci jungken i onggolo
기도하며 청할 때 이므로 어떤 사람도 감히 제6 시 전에는

jeterakū balai omirakū kai ··
먹지 않고 함부로 마시지 않는 것 이다.

· 서 지시한 유다교 예식일인 오순절이란 뜻이다.

32 'emu erin i andande (한때의 순간에)'는 '일시에, 짧은 시간에'의 의미인 듯하다.

33 'tere'에는 '저, 그' 외에 '아무, 어떤'이라는 의미도 있다.

34 'jungken'은 《한청문감(漢淸文鑑)》 제3권 악기류에서 '쇠북. 以銅爲之 形如覆瓮 懸簴而擊之 (구리로 만들고, 모양은 항아리를 엎어 둔 것과 같다. 악기 틀에 매달아 두드린다.). sele teišun be anggara i durun bime dergi de sengken sindame hungkerefi lakiyafi forirengge. (쇠와 황동으로 [만든다.] 항아리 모양이고 위에 틀을 두어 내리 늘어뜨려 두드린다.)'라고 풀이하고 있다. 후대에 서양에서 종(鐘)이 들어오자 이를 지칭하는 낱말로도 쓰였다. 그러나 이 낱말이 여기서처럼 '시간'을 나타내는 경우도 드물게 있었다.

35 'amba dorolon i inenggi (큰 예식의 날)'에 해당하는 한문은 역시 푸와로 신부의 《古新聖經》에 '大瞻禮日'로 되어 있다.

[ū] enduringge Betoro aika ere injekušere urse i gūnin gisun i hūlhi babe
　거룩한　베드로가 만약　이　비웃는 사람들 의 생각과　말 의 어리석은 바를

iletulebuki seci · umesi ja · yala nure soktotolo omiha niyalma geren ba i
드러내고자 하면 매우 쉽다. 실로 술　취하도록 마신 사람이　많은 지방 의

gisun be tomorhon i gisureme bahanambi serengge · mentuhurerengge wakao ·
　말 을　분명히　　말하고 알아 듣는다 고 함이　　어리석은 것이　아닌가?

/11b/ damu Betoro　cende　dere funcebume³⁶ · nomhon i jabume · jaci erde ofi ·
　그러나 베드로는 그들에게 체면을 세워주며　　부드럽게 대답하기를, "너무 이르므로

šabisa　jergi niyalma gemu jetere omire　unde sembi · ·
제자들 등등의 사람들이　모두　먹고 마시지 않았다." 고 한다.

[na] ere dubeingge erin · uthai fe tacihiyan i mukiyere · ice tacihiyan i
　이　마지막 때는　곧 옛　가르침 이 멸하고　새　가르침 이

yendebure erin inu · ·
　흥하는　때 이다.

[ne] ere gisun abkai ejen enduringge ama · enduringge jui i gisun
　이 말은, 하느님이신　거룩한 아버지와　거룩한　아들 의 말로,

　ceni　enduringge enduri be iletu i ebubuki　seme angga aljarangge · ·
그분들의　　성령　　을 분명히 내려 보낸다 고　약속하신 것이다.

[ni] udunggeri abkai ejen niyalma i yasai juleri arbungge³⁷ muru be banjibume ·
　몇 번　하느님이 사람들 의 눈 앞에서 보기 좋은　자태 를 만들어

ini hese be enteke muru ci getuken i ulhibumbi · ·
그분 뜻 을 이러한 자태 에서　명백히　알게 하셨다.

---

36 'dere funcebume (체면을 세워주고)'는 흔히 쓰이는 말은 아닌 듯하다. 푸와로 신부의 《만주어 마태오 복음 연구》 239쪽(마태오 복음 제12장)에 "heni dere hono cende funceburakū(약간의 체면도 전혀 그들에게 남기지 않으리라.)"라는 말이 나온다.

37 'arbungge'는 많은 만주어 문헌에 'arbungga'의 형태로 기록되어 있다.

[no] ememu fonde abkai ejen sain niyalma i tolgin i dolo somishon baita be
어떤 때에 하느님은 선한 사람 의 꿈 속에서 감춰진 일 을

alame bi · ere jergi tolgin de doro · ilhi · getuken ba bime · niyalma
알리신 다. 이러한 꿈 에는 진리와 질서와 명백한 점이 있어, 사람이

getefi · heni kenehunjere gūnin akū · abkai ejen i tacibure gisun obume ·
깨어나서 조금도 의심하는 생각이 없이 하느님 께서 가르치시는 말로 여기고

erdemu i baru ele fafuršame yabuki sembi · ·
덕 을 향해 더 힘써 행하고자 한다.

[nu] ere abkai ejen i gisun i gūnin · uthai bi ice tacihiyan be iliburede ·
이 하느님 의 말씀 의 뜻은 곧 내가 새 가르침 을 세울 때

niyalma terebe dahakini sere gūnin · cohome mini enduringge enduri be
사람들이 그것을 따르라 는 뜻으로, 특별히 나의 성령 을

unggime · tutala ferguwecuke baita i songko be /12a/ iletu tucibuki · niyalma
보내어 많은 기이한 일 의 징표 를 분명히 드러내고, 사람들이

ere tacihiyan de dosirakū oci · jalan mohome hamika jai ele tuksicuke
이 가르침 에 들어오지 않으면 세상은 궁극에 이르러 보다 더욱 두려운

songko be banjibufi · bi ceni ehe murikū yabun be beideme wakalaki ·
징표 를 낳게 하여 내가 그들의 악하고 고집센 행동 을 심판하여 꾸짖고

cembe na i gindana de tuhebuki sembi · ·
그들을 지옥 에 떨어뜨리리라 하신다.

[ka] Yudeya ba i urse tašarame gūnifi · be beyei hūsun · arga baitalame
유다 지방의 사람들이 잘못 생각하여, '우리가 자신의 힘과 꾀를 써서

Yesu be waha · i meni gala ci ukcame muterakū sere ayoo · enduringge
예수 를 죽였고, 그자는 우리 손 에서 벗어날 수 없다.' 라고 할까 두렵다. 거룩한

Betoro ere gisun gisureme bi · yala aika abkai ejen i cohotoi gūnin akū ·
베드로가 이 말을 하고 있는데, 과연 만약 하느님 의 특별하신 뜻 없이

cembe uttu cihai yabubuki serakū oci · ce umai Yesu be hiyahan tehe de
그들을 그렇게 마음대로 행하게 하고자 하지 않으시 면 그들은 전혀 예수 를 십자가 에

hadame muterakū ·· abkai ejen dade amaga erin i baita be neneme safi ·
못박을 수없다. 하느님께서는 본래 뒷 시대의 일 을 먼저 아시고,

tere emu jalan i wecen i da · Fariseo tacikū i niyalma · geren irgen i
저 한 무리의 제사장과 바리사이 학파 의 사람들과 많은 백성들 의

sakda sa ere gese aburi ehe bade isinara · aika musei ejen Yesu   cembe
원로 들이 이 같은 지극히 악한 곳에 이르고, 만약 우리 주 예수께서 저들을

cirai wakalaci ·   ce jili eterakū · kimun de karulaki · imbe oshon arbun i
엄히 나무라시면 그들이 화를 못이겨   원수 로 갚으리라. 그분을 포악한 모양 으로

bucebuki sere baita be tuwafi · cohotoi gūnin i Yesu be enteke fudasi hala i
죽이고자 하는 일 을 보고 특별한 뜻 으로 예수를 이러한 패악한 온갖

/12b/ koro beye de   alikini · tere emu erin jalan de unggime toktobuha ·
      형벌이 몸 에 이르게 하고 저 한 때 세상 에 보내기로 결정하셨다.

yala damu ejen Yesu ini boobai senggi i hūda de abkai ejen i eldengge de[38]
실은 다만 주 예수는 당신 보배의 피 의 값 으로 하느님 의 영예 를

niyeceme · abkai fejergi i geren geren niyalma i weile be   joolime   mutere
기워 갚고 하늘 아래 의 많고 많은 사람들 의 죄 를 구속(救贖)할 수있는

teile ·· Yudeya ba i urse i weilengge yabun abkai ejen de ten i ubiyacuka
것이다. 유다 지방 사람들 의 죄 많은 행동이 하느님 께 지극히 가증스럽다

secibe · Yesu i ergen šelere gungge abkai ejen de ele icangga ohobi ··
하더라도 예수 의 목숨 버리시는 공이 하느님 께는 더 마음 들게 되었다.

[ga] musei ejen Yesu   ini yongkiyaha muten de beye beyebe dasame
      우리 주 예수는 당신의 완전하신 능력 으로 당신 자신을 다시

weijubuhe ··
살아나게 했다.

[ha] eifu ci emgeri tucikede · ini enduringge beye heni   gosihon · kušun i
      무덤 에서 한번 나왔으면 그분의 거룩한 몸은 어떠한 고통과 불쾌함 을

---

38 'niyecembi(기워 갚다, 보충하다)'는 그 목적어 표지로 'be'와 'de' 어느 쪽을 취한다.

enteheme alime muterakū ··
영원히 받으실 수 없다.

[ko] na i fejergi horin serengge · uthai Limbo³⁹ i ba inu · abka na neihe
땅 아래 감옥 이라 함은 곧 림보 의 땅 이다. 하늘과 땅이 열림

ci · ejen Yesu abka de wesiketele · geren enduringge niyalma i sure
에서부터 주 예수께서 하늘 에 오르시기까지 많은 거룩한 사람들 의 영

fayangga ere horin de tehe bihe ··
혼이 이 감옥 에 머물러 있었다.

[go] sini enduringge · uthai abkai ejen ama i enduringge jui de acabuha
당신의 거룩한 이, 곧 하느님 아버지 의 거룩한 아들 에 맞추어진

yali beye eifu i dolo niyara niyasure be jenderakū ··
육신은 무덤 속에서 썩고 곪음 을 견디지 못하신다.

[ho] mini abkai ejen i banin⁴⁰ i yongkiyan muten mini yali beye be /13a/ emu
나의 하느님 의 성정(性情) 의 완전한 능력이 나의 육신 을 한

hesei andande dasame weijubuhe bime · geli mini sure fayangga de
명령의 순간에 다시 부활하게 하셨고, 또한 나의 영혼 에서

abkai ejen i sain saikan dere be šuwe sabubufi · yali beye · sure fayangga be
하느님 의 좋고 아름다운 얼굴 을 바로 보게 하셨으며, 육신과 영혼 을

suwaliyame hacin hacin i urgun sebjen de jalumbuha ··
함께 가지 가지 의 기쁨과 즐거움 으로 가득하게 하신다.

[kū] abkai ejen i banin Yesu i niyalma i banin⁴¹ de falime acaburede · Yesu
하느님 의 성정이 예수의 사람 의 성정 에 결합해 맞추어 예수는

---

39 'Limbo'는 예수 이전의 죄 없는 사람이나 어린이 등이 죽은 후 가서 머무는, 지옥도 연옥도 아닌 영계(靈界)를 말하는 라틴어 Limbus(古聖所)에서 온 말인데, 성경에 바탕한 것이 아니지만 가톨릭 교회에서는 중세 이전부터 이에 대한 신앙이 있었던 듯하다.

40 'abkai ejen i banin (하느님의 성정)'이라 함은 기독교 신학에서 말하는 '천주성(天主性, natura Dei)'을 지칭하는 말이다.

41 'niyalma i banin (사람의 성정)'은 기독교 신학에서 말하는 '인성(人性, natura humana)'을 말한다.

uthai tumen jalan i niyalma be aitubure wang[42] · abka na i ejen   oho ·
곧   만 세대 의 사람들 을 구하는   왕,   하늘과 땅 의 주인이 되셨는데,

enduringge tacihiyan i acin be salifi kadalara da   ilibuhangge inu ··
거룩한   가르침 의 교회 를 맡아 관할하는 수장으로 세워지신 것 이다.

enduringge tacihiyan i acin · jalan i gurun waka · abkai ejen i enduri
거룩한   가르침 의 교회는 세상 의 나라가 아니라 하느님 의 영(靈)의

gurun bi · Taweit i gurun damu ere Yesu i gurun be jorimbihe teile ·
나라 이다. 다윗 의 나라는 다만 이 예수 의 나라 를 가리켰을   뿐

ambula isirakū · Taweit i gurun ajige ba Yudeya i niyalma i beye be
크게 부족하다. 다윗 의 나라는 작은 땅인 유다 의 사람들 의 몸 을

kadalambihe · Yesu i gurun abkai fejergi i gubci ba i niyalma[43] kadalame bi ·
관할하였고, 예수 의 나라는 하늘 아래 의 모든 땅 의 사람들을 관할하고 있다.

Taweit i gurun duin tanggū aniya otolo taksifi · teni gukuhe · Yesu i gurun
다윗 의 나라는 사 백   년 되도록 존속하고 그 후 망했고, 예수 의 나라는

enteheme taksire gojime · mukiyerakū kai ··
영원히 존속하 여도 멸망하지 않는 것 이다.

[gū] gala de sehengge · uthai ini /**13b**/ abkai ejen i yongkiha muten de sere
    '손 에서' 라 함은   곧 그분   하느님 의 '완전한 능력 에서' 라고

gisun gisurere adali ··
말   하는 것 과 같다.

[hū] meimeni niyalma i uju de bisire tuwa i ilenggu be yasai sabufi ·
    각자   사람들 의 머리 에 있는 불 의   혀 를 눈으로 보고,

niyalma tome hacingga ba i gisun šuwe gisurere be šan i donjifi · gemu
사람들 마다 여러 지방 의 말을 바로 하는 것 을 귀 로 듣고, 모두

---

42 'tumen jalan i niyalma be aitubure wang (만 세대의 사람들을 구원하는 왕)'은 '구세주(救世主, Salvator)'
   를 풀어 말한 것이다.

43 'niyalma' 아래에 'i'처럼 보이는 기호가 있지만 잘못 들어간 것으로 보아 무시한다.

enduringge enduri yargiyan i enggelenjihe seme gūnici acambihe ··
성령이 　　　정말 로 강림하셨다 고 생각하게 되었다.

[ba] mini ici ergide teki sere gisun · uthai minde hanci oso sehe gisun i
'나의 오른 쪽에 앉으라.' 는 말은 　곧 '내게 가까이 하라.' 는 　말 과

adali · Yesu de abkai ejen i banin bifi · ini muten · horon · toose ·
같다. 예수 께 하느님 의 성정이 있어, 그분의 힘과 위엄과 권력이

abkai ejen enduringge ama i muten · horon · toose inu ··
하느님이신 거룩한 아버지 의 힘과 위엄과 권력 이다.

[be] abkai ejen i banin be Yesu i niyalma i banin de falime acabufi · Yesu
하느님 의 성정 을 예수의 사람 의 성정 에 결합하여 　예수는

uthai jalan be aitubure wang · abka · na · tumen hacin i ejen ilibuha ·
곧 세상 을 구하는 　왕, 하늘과 땅과 　만물 의 주님으로 세워졌는데,

ere inu Girisdo sembi ··
이를 또한 그리스도 라 한다.

[bi] Yesu i gebu de oboro be alikini sere gisun i gūnin · uthai Yesu be
예수 의 이름 으로 세례 를 받으라 는 　말 의 뜻은 곧 예수를

akdame · jai Yesu i toktobuha enduringge obocun be alikini sere gūnin inu ··
믿고 또 예수께서 정하신 　거룩한 　세례 를 받으라 는 뜻 이다.

[bo] goro bade tehe ememu Israel i omosi · ememu encu mukūn niyalma ·
먼 곳에 사는 어떤 이스라엘 자손들과 어떤 다른 족속의 사람들이

aika musei ejen Yesu cembe /14a/ elbire gese · tacihiyan de dosire gūnin
만약 우리 주 예수께서 그들을 부르시는 것 처럼 가르침 에 들어올 생각이

cende bahabuci · ce geli enduringge enduri i kesi be alire dabala ··
그들에게 얻어지면 그들 또한 　성령 의 은혜 를 받을 것이다.

[bu] akdaci · yabuci acara hacin hacin i[44] baita be giyan giyan i alaha
　　　믿고　　행해야 할　　가지 가지 의　　일 을　　조리 있게　　말한

manggi · teni cembe mukei obohobi · ·
　후　　그제야 그들을　물로　세례하였다.

[sa] Fariseo · Satušeo jergi holo saisai　koimali jalingga arga · hasutai
　　　바리사이,　사두가이 등 거짓 현자들의　간악하고 교활한　계략과　사악한

doro i gisun de seremše · ume　tesei emgi amasi juleri yabure[45] · ·
도리 의　말 에서 방비하고,　(말라) 그들과 함께　뒤로 앞으로 행하지 말라.

[se] enduringge beye be alimbihe[46] · ·
　　　거룩한　　몸 을　받았다.

[si] absi ferguwembihe kai · ·
　　　매우　놀라웠던 것　이다.

[so] unenggi gūnin i yabume · ajige weile bici · sume alaha[47] manggi
　　　정성스런　뜻 으로 행하고,　작은 죄가 있다면　풀어 말한　후

teni　enduringge beye be alimbihe · ·
그제야　거룩한　　몸 을　받았다.

---

44 ‘hacin hacin i (가지 가지의)’는 원문에는 ‘hacin i’로만 되어 있지만 잘못으로 보고 교정한다.

45 ‘amasi juleri yabure (뒤로 앞으로 행하다)’는 ‘내왕하다, 교섭하다’라는 뜻이다.

46 ‘enduringge beye be alimbihe (거룩한 몸을 받았다)’란 말은 천주교회의 ‘영성체(領聖體, 거룩한 예수의 몸을 받아 먹음)’를 의미하는 듯하다.

47 ‘ajige weile bici · sume alaha (작은 죄가 있다면 풀어 말하다)’는 초대 기독교회의 공동 고백을 의미하는 것인가?

ILACI FIYELEN
제3 장

Emu inenggi Betoro · Zowangne juwe nofi · uyuci jungken i erin de
어느 날 베드로와 요한 두 명이 제9 시 의 때에

jalbarire turgun · tanggin[1] i baru genembihe ·· dade Yerusalem i dolo emu
기도하기 위해 성전 을 향해 갔다. 본래 예루살렘 중에 한

haha bihe · i eme i hefeli ci doholon ofi · tuttu imbe inenggidari
남자가 있었는데, 그는 어머니 의 배 에서부터 절름발 이어서 그래서 그를 날마다

gaifi tanggin de dosirele ursei baru jiha menggun be baikini · tanggin i
데리고, 성전 으로 들어가는 사람들을 향해 돈과 은 을 구하려고, 성전 의

saikan sere duka[2] i juleri sindambihe /14b/[a]· ere yadahūn niyalma Betoro
'아름다움의 문' 앞에 두었다. 이 가난한 사람이 베드로와

Zowangne se tanggin de dosime hamika be sabufi · aisilame šelere be
요한 들이 성전 으로 들어가려 함 을 보고 도와 회사할것 을

baimbihe · Betoro Zowangne i emgi ilifi · terebe yasalame hendume ·
구하였다. 베드로가 요한 과 함께 멈추어 그를 자세히 보고 말하기를

si membe tuwa sehe · i aimaka jaka be bahaki sehei cembe yasa
"당신은 우리를 보시오." 하였다. 그는 혹시나 물건 을 얻고자 하여 그들을 눈

guriburakū šambihede · Betoro hendume · menggun · aisin minde akū ·
옮기지 않고 보았는데 베드로가 말하기를, "은과 금은 내게 없고

minde bisirengge · erebe sinde buki · Nadzaret hoton i Yesu Girisdo[3] i
내게 있는 이것을 당신께 주겠소. 나자렛 성 의 예수 그리스도 의

---

1 'tanggin'은 이 만주어 성경에서 '성전(聖殿), 회당(會堂), 성당' 등 여러 의미로 쓰이는데, 여기서 이에 해당하는 라틴어는 'templum(성전)'이다.

2 'saikan sere duka (아름다움의 문)'에 해당하는 라틴어는 'porta quæ dicitur speciosa (수려함이라 불리는 문)'이다.

3 본문은 'Kirisdo'로 되어 있지만 이 3장의 다른 곳에서는 모두 'Girisdo'로 적혀 있으므로 여기서도 고쳐 적

gebu de ·   si   ilime   yabu   sefi · terei gala be jafafi · terebe wahiyarade ·
이름 으로 당신은 일어나 걸으시오." 하고 그의   손 을 잡아   그를   부축하자

nergin de ini juwe bethe beki akdun oho · i fekume iliha · geli yabumbihe ·
이때 에 그의 두   발 이 굳고 단단하게 되어, 그가 뛰어 일어났고 또 걸어다녔다.

oksoro · iladara arbun · abkai ejen be saišame · ceni emgi tanggin i dolo
 걷고   뛰는 모습으로 하느님 을 찬양하고 그들과 함께 성전 의 안으로

dosika ·   geren irgen ini ere kiyab kib seme yabure[4] · abkai ejen de baniha
들어갔는데, 많은 백성이 그의 이   껑충껑충   다니고   하느님 께 감사

bure durun be tuwafi · neneme tanggin i saikan dukai juleri tehe giohoto ·
드리는 모습 을 보고   전에   성전 의 아름다운 문의 앞에 앉았던 거지

ini beye seme getuken i safi · alimbaharakū /15a/ ferguweme · adarame i
그 사람 이라고 분명히 알고   굉장히   놀라서   어떻게 그가

uttu ambula yebe ome muteheni sembihe yadahūn niyalma Betoro ·
이렇게 많이 낫게 될 수 있었는가 하였다.   가난한   사람은 베드로와

Zowangne i gala be jafafi sindarakūde [e] · irgese gemu ferguweme ·
   요한 의 손 을 잡고 놓지 않으니   백성들 모두 놀라

Salomon i gebu de gebulehe nanggin[5] i baru sujufi · cembe acahabi [i] ·
 솔로몬 의 이름 으로 불리는   복도 를 향해 달려가 그들을 만났다.

Betoro   erebe tuwafi · irgesei baru hendume · Israel i   omosi · ere baita de
베드로가 이를 보고 백성들을 향해 말하기를, "이스라엘 의 자손들이여, 이 일 에

ai ferguwere babi ·   suwe membe šafi ainambi · ere haha feliyeme yabukini ·
무슨 놀라운 것이 있소? 여러분은 우리를 보아 어찌합니까? 이 남자를 걸어 다니게 하고

ini jadahan be meni beyei erdemu muten de aitubuhangge semeo · Abraham ·
그의 불구 를 우리 자신의 재주와 능력 으로 구해낸 것 이라 합니까? 아브라함과

는다.

4 'kiyab kib seme yabure (껑충껑충 다니고)'에 해당하는 라틴어는 'ambulans et exiliens (걸어 다니고 뛰어
  오르면서)'이다.

5 'Salomon i gebu de gebulehe nangin (솔로몬의 이름으로 불리는 복도)'은 'Salomon i nanggin (솔로몬의
  복도)'를 말하는데, 성전의 동쪽 담에 있는 복도로서, 솔로몬 왕이 지었다고 하여 그렇게 불린다. 예루살렘
  의 초대 그리스도인들은 이곳에 자주 모였다. 사도행전 5장 12절 (이 책 83쪽) 참조.

Isak · Yakob se i ejen Deus · musei mafari i Deus ini jui Yesu be
이사악과 야곱 들 의 주 하느님, 우리 조상들 의 하느님께서 그분 아드님 예수 를

eldembuhe · suweni beye oci · ere Yesu be encu demun i ursei gala de
빛나게 하셨습니다. 여러분 자신들 은 이 예수 를 다른 이단 의 무리의 손 에

afabuha · Bilato kemuni imbe beideme sindaki serede · suwe terei
맡겼고, 빌라도는 오히려 그분을 심판하여 석방하려 할 때 여러분은 그의

jakade imbe suweni wang oburakū · enduringge jurgangga be waliyafi ·
앞에서 그분을 여러분의 왕으로 여기지 않아 거룩하고 의로우신 이 를 버리고

elemangga niyalma be waha emu hūlhatu be gaiki sehe · banjin ergen be
도리어 사람 을 죽인 한 도둑 을 얻으려 했으며, 생명과 목숨 을

salgabure da ejen be bucebuhebi · /15b/ damu abkai ejen imbe dasame
주시는 으뜸 주님 을 죽이고 말았습니다. 그러나 하느님께서 그분을 다시

weijubuhe · be gemu ere baita i siden niyalma bi · be geli Yesu de
살아나게 하시니 우리 모두가 이 일 의 증인 입니다. 우리는 또 예수 께

yongkiyan muten bisire be akdafi · ini gebu be emgeri hūlarade · i suweni
완전한 능력이 있음 을 믿어 그분의 이름을 한번 부르면 그분은 여러분이

tuwara · takaha niyalma i bethe be akdun de isibuha · ini amba toose i
보고 알던 사람 의 발 을 믿음 에 이르게 하셨고, 그분의 큰 권능 의

akdacun yala ere haha i jadagan be suweni yasa i juleri yooni dasahabi [o] ·
신망이 실로 이 남자 의 불구 를 여러분의 눈 앞에서 모두 고치신 것입니다.

ne mini sarangge · mini deote · jai suweni dalaha da sa sarkū ofi · uttu
이제 내가 아는 것은, 나의 아우들과 또 여러분이 따르는 수장 들이 모르 기에 이렇게

yabuhangge inu · ejen Deus oci · ini geren saisai angga deri doigonde gisurehe
행했다는 것 입니다. 주 하느님 께서는 그분의 많은 현자들의 입 으로 미리 이야기한,

ini Girisdo [u] jobolon alici acara gisun be baita de acabuki seme · uttu
'그의 그리스도는 고난을 받아야 된다.'는 말 을 사실 에 맞추고자 하여 이렇게

belhehebi [na] · suweni ehe weile mukiyeni sere gūnin · aliyame jabca ·
예비하셨으니, 여러분의 나쁜 죄를 없애려 하는 뜻으로 뉘우치고 회개하여

abkai ejen de bedere · abkai ejen ini tondo saisa de šangnaki sere ergecun i
하느님 께 돌아오시오. 하느님은 당신의 충직한 현자들 에게 상주시려 하는 안식 의

inenggi isinjihade · abkai ejen geli suwende   giyangnaha **[ne]** Yesu Girisdo be
날이 이르렀을 때, 하느님께서 또한 여러분에게 강론하신   예수 그리스도 를

jai unggihede · suwe   teni geren i   emgi esi **/16a/** selaci · dade abkai ejen
다시 보내셨을 때, 여러분은 그때 많은 이와 함께 응당   기뻐하시오. 원래   하느님은

geren hacin i da jergi ilhi · ufaraha sain babe dasame bahabure · geli abka
 만물   의 원 등급 순서로 잃어버린 좋은 것들을 다시   얻게 하시고, 다시 하늘과

na neihe   ci   ini enduringge sei angga deri gisurehele gisun yooni **[ni]**
땅이 열림 에서부터 그분의 거룩한 이 들의   입   으로   말한   말이 전부

baita de acaburede isitala · ere   Yesu   abka de   teci acambi **[no]** ·
사실 로 맞춰질 때   까지   이 예수께서는 하늘 에 계셔야 합니다.

Moises tere fonde musei mafari i baru hendume · ejen Deus   suweni ahūta
모세가 그 때   우리   조상 에게 말하기를, '주 하느님께서 너희의 형들과

deote i dorgici emu sefu be dekdebuki · i   mini beyei adali suwembe tacibume
아우들 중에서   한 스승 을 일으키시어, 그가 나 자신 처럼 너희를   가르치고

yarure dabala **[nu]** · suwe terei gisun i ici   yabu · ya emke ere sefu be
 이끌 것이니,   너희는 그의 말 에 따라 행하라. 누구 하나 이 스승 을

daharakū ·   abkai ejen i irgesei ton ci geterembumbi sehe   bihe · Samuwel ci
따르지 않는 자 하느님 의 백성들의 수 에서   제외된다.' 고 했던 것 입니다. 사무엘 로부터

jidere undengge be doigomšome sara geren saisa[6] · gemu Yesu i   muse be
 오기   전 일 을   미리   아는 많은 현자들은 모두 예수 께서 우리 를

tacihiyara ere inenggi be jorifi gisurehebi · suwe uthai enduringge sei omosi
가르치시는 이   날   을 가리켜 말하였고, 여러분은 곧   거룩한 이 들의 자손

inu · abkai ejen fukjin musei mafari i emgi hūwaliyambuha · ere hūwaliyasun i
입니다. 하느님께서 처음 우리 조상들 과 함께   화합하셨고   이   화합 의

doro de kemuni suweni ubu   bi ·   abkai ejen yala **/16b/** Abraham de hendume ·
진리 에 또   여러분의 몫이 있습니다. 하느님께서 과연   아브라함 에게 말씀하시기를

sini emu omolo i turgun de abkai fejergi i gubci ba i uksura mukūn de
'너의 한   자손 의 까닭 으로 하늘 아래 의 모든 땅 의 민족과 족속 에게

6 'jidere undengge be doigomšome sara geren saisa (오기 전 일을 미리 아는 많은 현자들)'에 해당하는 라틴어는 'omnes prophetæ (모든 예언자들)'이다.

hūturi isibumbi sehe **[ka]**   abkai ejen suwembe geren mukūn ci neneme
복이 이르리라.' 하셨습니다. 하느님께서 여러분을 많은 족속 중에서 먼저

jabšabuki   seme · ini jui be suweni dolo dekdebuhe · terebe suwende hūturi
강복하시고자 하여   당신 아들 을 여러분 중에서 일으키셨고,   그이를 여러분에게   복

isibure jalin   unggihe · ererengge teisu teisu beyei waka babe halafi **[ga]**
주시기 위해 보내셨으니, 바라건대   각각   자기의 잘못한 바를 고쳐서

sain de   gurinekini
선함 으로 옮겨 가십시오."

SURE GISUN
풀이   말

[a] ere niyalma i juwe bethe de eden   bifi yabume muterakū · imbe jajafi
 이   사람   의   두   발   에 질환이 있어 걸을   수없으니,   그를   업어서

tanggin i   saikan sere dukai juleri sindambihe ·   aisilame šelere be   baikini ·
 성전   의 '아름다움 의   문'   앞에 두었던 것이고,   도움과   희사 를 구하려 했다.

ere duka den onco bime ·   geli menggun aisin i miyamigan labdu ofi ·   tuttu
 이 문이 높고 넓으 며   또   은과   금 의   장식이   많으 므로 그래서

saikan   sembihe ··
'아름다움' 이라 했다.

[e] bailingga niyalma   ci   aljame jenderakū · tesei   gala be jafaha ··
 은혜 베푼   사람   에게서 떠날   수없어,   그들의   손 을 잡았다.

[i] Kaldeya[7] gurun i wang Nabukodonosor[8] tanggin be efuleme deijibuhede ·
 칼데아   나라 의 왕   느부갓네살이   성전 을   헐고 불태웠을 때

ere nanggin i emu ubu funcehebi · amala Dzorobabel[10] · jai Herode fe
 이   복도 의 한 부분이 남았는데,   후에   즈루빠벨   과 헤로데가 옛

---

7 'Kaldeya'는 라틴어식 표기로는 'Chaldæa'인데, 흔히 바빌로니아에서 아라비아 사막에 이르는 지명으로 쓰이지만, 기원전 6-7세기에 이전에 있었던 신 바빌로니아 왕국 (Neo-Babylonian Empire)을 지칭하기도 한다.

8 히브리어로는 נְבֻכַדְנֶצַּר (Nəbūḵaḏneṣṣar), 고대 그리스어로는 Ναβουχοδονόσωρ (Naboukhodonósôr), 아라비아어로는 نِبُوخَذنِصَّر (nibūḫaḏniṣṣar), 라틴어로는 'Nabuchodonosor'이다. 기원전 604년-562년쯤 신 바빌로니아 왕국을 통치한 왕. 만주어는 라틴어식 이름을 음역한 것이고, 한국어 표기는《공동번역 성서》에 있는 히브리어식 표기대로 적은 것이다. 이 왕은 기원전 6세기말에 예루살렘을 정복하여 그 성전을 파괴하고 유다인들을 바빌론으로 끌고 가서 이른바 바빌론 유배(587/6-540 B.C.)를 일으킨 장본인이다.

9 'Dzorobabel'은 흔히 'Zerubbabel'로 표기하는데, 히브리어로는 זְרֻבָּבֶל, (Zrubbavel 또는 Zərubbāḇél), 그리스어식으로는 Ζοροβαβέλ (Zorobabel), 라틴어식으로는 'Zorobabel'이다. 만주어 표기는 라틴어에서 음역한 것이고, 한국어형은 히브리어에서 나온《공동번역 성서》의 것을 따랐다. 이 즈루빠벨이라는 유다 민족

songkoi /**17a**/ dasatame · Salomon i nanggin seme gebulehe ··
모습대로   수리하여   솔로몬 의 복도 라고 불렀다.

[o] dade ere gese akdacun musei ejen Yesu i gosingga jilangga mujilen be
   원래 이 같은 신앙이 우리 주 예수 의 사랑과 인자하신   마음 을

aššahade · i uthai kesi isibuha ··
움직였을 때 그분은 곧 은혜를 주셨다.

[u] irgese beyei necihe weile i guweburebe erekini ·   Betoro ere gisun be
   백성들이 자기가 범한 죄 의 용서됨을 바라게 하고자 베드로가 이 말 을

gisurembi · ce yala Yesu be tuwafi · umai unggici acara Girisdo · abkai ejen i
   한다. 그들은 실로 예수 를 보고 오로지 파견되어야 할 그리스도, 하느님 의

jui   oburakū   bihe · tengkime saha de · gelhun akū imbe hiyagan tehe de
아들로 여기지 않는 것이었다. 분명히 알았다 면   감히 그분을 십자가 에

hadaburakū ·   damu ainu sarkūni · unenggileme baicaki serakū ofi kai ·
못박지 않으리라. 그러나 왜 모르는가? 정성을 다 하여 살펴려 하지 않은 때문 이다.

ere   uthai ceni amba weile inu ··
이것이 곧 그들의 큰 죄인 것이다.

[na] ergecun i erin inenggi · uthai abkai tanggin i hūturi sebjen be alire
   안식 의 때의 날은   곧   천당 의 복과 즐거움 을 받는

inenggi inu ··
 날 이다.

[ne] jidere undengge be doigomšome sara tutala saisa Yesu be leolefi ·
   오기 전 일 을 미리   아는 많은 현자들이 예수 를 논하기를,

i   abkai fejergi i gubci niyalma be beidere turgun jai enggelenjimbi seme
그분은 하늘 아래 의 모든 사람들 을 심판하기 위해 다시 강림하신다   고

지도자는 기원전 538년-520년 무렵 바빌로니아에 유배되어 있던 유다인 4만여 명을 이끌고 예루살렘으로 돌아와 성전을 재건하였다.

getuken i alahabi ··
분명히   알렸다.

[ni] abkai ejen   Yesu   geren enduringge sei gisurehe gisun i songkoi ·
하느님이신 예수께서는 많은   성인 들이   한   말   그대로

ambarame beidere[10] onggolo sain niyalma i yali beyebe weijubumbime · geli
크게   심판하기   전   착한 사람들 의   육신을   다시 살게 하고,   또

ufarahala sain babe amasi **/17b/** bahabuki · emgeri banjifi jai buceme
잃어버린 좋은 것들을 되   얻게 하신다.   한번   살아나 또   죽을

muterakū sere anggala · nimere jobošoro kušun ·   ehe hutui yarkiyahan · cisu
수 없   을 뿐 아니라, 병들어 고통 받는 쓰라림과, 악한 마귀의   유혹과, 사사로운

buyen i hūlibun cende   heni akū beidere erin de · meimeni gungge ilgame
욕심 의 미혹이 그들에게 조금도 없다. 심판의   때   에   각자의   공을 판별하여

saišaki   beidehe amala · cembe abkai tanggin de wesibufi · ilhi jergi be faksalafi ·
표창하려고 심판한   후   그들을   천당   에 올리고   차례 를   나누어

gungge de acabure karu be isibuki · eiterecibe ini   beyei hūturi sebjen be
공 에   맞는   갚음 을 주고자,   대체로   그분 자신의 복과   즐거움 을

tesei   emgi uheleki sembi   ere uthai niyalma be icemlere[11] · ten i sain de
그들과 함께 공유하고자 하신다. 이는 곧   사람들 을 새롭게 하여 지극한 선 으로

toktoburengge inu ··
확정하는 것   이다.

[no] beye de   aliha gosihon i karulan be bahakini ··
자신 에게 받은   고통 의 갚음 을 얻게 하자.

[nu] mini beyei adali sehe gisun · beye be gisurerengge   waka · tušan be
나   자신과 같다 라고 한 말은 몸 을 말하는 것이   아니라 임무 를

---

10 'ambarame beidere (크게 심판하기)'라는 말은 기독교 교리의 공심판(judicium universale)을 지칭하는
말인 듯하다.

11 'icemlere(새롭게 하다)'는 본문에는 'icemlare'로 잘못 표기되어 있다.

gisurere teile · Moises udu amba enduringge niyalma[12] bicibe · damu ini
말할 뿐이다. 모세가 비록 큰 거룩한 사람 이지만, 그러나 그의

banin · niyalma i banin i canggi · Yesu de oci niyalma i banin · abkai ejen i
성정은 사람 의 성정 뿐이요, 예수 께 는 사람 의 성정과 하느님 의

banin bihe[13] Moises Israel i omosi be gobi i dolo tacibume · hūturingge
성정이 있다. 모세가 이스라엘 의 자손 을 사막 안에서 가르치고 복된

Kanan ba i baru yaruha adali · Yesu jalan i niyalma be tacibume ·
가나안 땅 을 향해 인도하였 듯이, 예수께서 세상 사람 을 가르치시고

abkai tanggin i baru yaruci acambihe
천당 을 향해 인도하심이 마땅한 것이다.

[ka] ere omolo · Yesu inu /18a/
이 자손이 예수 이다.

[ga] Abraham i emu omolo jekdun sargan jui[14] Yesu be banjirengge · ere
아브라함 의 한 자손인 정숙한 여자 아이가 예수 를 낳은 것, 이것이

uthai abkai ejen i cohotoi kesi suweni mukūn be geren mukūn ci wesihulerengge ·
곧 하느님 의 특별하신 은혜가 너희 민족 을 많은 민족 중에서 높이신 것이요,

suwembe geren niyalma ci neneme jabšabuki serengge inu
너희를 많은 사람들 중에서 먼저 강복(降福)하려 하시는 것 이다.

---

12 'amba enduringge niyalma (큰 거룩한 사람)'은 '대성인(大聖人, magnus sanctus)'의 의미인 듯하다.

13 예수께는 신성(神性, natura Divina)과 인성(人性, natura humana)의 두 가지 본성(本性, natura)이 있다는 기독교의 교리를 설명한 것이다.

14 'jekdun sargan jui (정숙한 여자 아이)'는 '동정녀(童貞女), 처녀'를 일컫는 말이다.

ᡩᡠᡳᠴᡳ ᡶᡳᠶᡝᠯᡝᠨ
제4   장

Sabisa **[a]** jing ere gisun be irgesei julesi gisurerede · wecen i da sa ·
제자들이 바로 이   말 을 백성들 앞에서   할 때   제사장 들과

tanggin be tuwakiyara coohai janggin · Satušeo duwalingga i emgi jihe **[e]**·
성전 을   지키는   군인 대장이 사두가이   패   와 함께 왔다.

Satušeo   urse   donjifi ·   ce irgese be tacihiyambihe · geli Yesu bucen ci
사두가이 무리들이 들으니 그들이 백성들 을 가르쳤으며,   또 예수가 죽음 에서

dasame banjiha seme giyangnambihe ofi · ambula ushame **[i]** cembe jafafi
다시 살아났다 고   강론하고 있었으므로 크게 분노하며 그들을 잡아

horin de horibuha · yamji ofi · cimaha inenggi de tesebe beideki sembihe ·
감옥 에 가두었다. 저녁 이므로 내일   낮 에 그들을 재판하려 하였다.

Betoro i gisun be donjiha niyalma i dorgici akdarangge labdu bihe ·
베드로 의 말 을 들은   사람들 중에서 믿는 이가   많이 있어서,

tacihiyan de dosire hahasi **[o]** i ton /18b/ sunja minggan inu   jai inenggi ohode ·
가르침 에 들어오는 남자들 의 수가   오   천 이었다. 다음 날이 되자

hoton i   ejete[1] · sakda sengge[2] · nomun bithei niyalma[3] · gemu Yerusalem de
성 의 주인들과 늙은 연장자들과 경전   책의 사람들이   모두 예루살렘 에서

uhei acaha · dalaha wecen i da[4] Angna[5] · geli Kaifas·Yohangne[6]·Aledzander·
함께 만났다. 으뜸가는 제사장 안나스와   또 가야파,   요한,   알렉산더와

---

1 'hoton i ejete (성의 주인들)'에 해당하는 라틴어는 'principes eorum (그들의 으뜸들, 그들의 지도자들)'이다.

2 'sakda sengge (늙은 연장자)'에 해당하는 라틴어는 'seniores(연장자, 원로, 장로)'이다.

3 'nomun bithei niyalma (경전 책의 사람들)'에 해당하는 라틴어는 'scribæ(율법학자들, 서기들)'이다.

4 'dalaha wecen i da (으뜸가는 제사장)'에 해당하는 라틴어는 'principes sacerdotum (사제들의 으뜸, 대제사장, 대사제)'이다.

5 그리스식 이름에서 온 'Annas'가 이렇게 'Angna'로 표기된 것이 어떤 언어의 전통을 따른 것인지 아직 알 수 없다.

6 라틴어 성경에서는 사도 '요한'과 대사제 '요한'을 구별하지 않고 'Joannes'로 표기하고 있는데, 만주어 성경

wecen i da sai mukūn gubci bireme kemuni isafi · Betoro Zowangne be
제사장 들의 일족이 모두 아울러 다시 모여 베드로와 요한 을

beidere deyen i dulimbade ilibume fonjime · suwe ai muten de akdafi ·
재판 전당 의 가운데 세우고 묻기를, "너희가 무슨 권력 에 의지하고,

we i gebu be hūlafi · teni uttu yabuhani serede · Betoro enduringge enduri
누구 의 이름 을 불러 지금 이렇게 행하는가?" 하자 베드로가 성령

de jalumbufi · ceni baru hendume · geren irgen i ejete[7] · sakdasa gemu
으로 가득하여 그들 에게 말하기를, "많은 백성 의 주인들과 원로들은 모두

donjireo · aika be ere doholon[8] niyalma de tusa bahabuha turgun · enenggi
들으시오. 만약 우리가 이 불구자 에게 이익을 얻게 한 것 때문에 오늘

membe beideki · jai terei jadaha dasara arga be baicaki seci · suwe · geli
우리를 재판하면, 또 그의 불구를 치료한 방법 을 조사하고자 하면, 여러분과 또

Israel i geren irgen gemu sakini · Nadzaret hoton i Yesu Girisdo · musei
이스라엘 의 많은 백성들은 모두 아십시오. 나자렛 성 의 예수 그리스도, 우리

ejen i gebu i muten de suweni yasai juleri bisire yadahūn haha i beye
주님 의 이름 의 힘 으로 여러분 눈 앞에 있는 가난한 남자 의 몸이

yooni sain ohongge inu · /19a/ suwe ere Yesu be hiyahan tehe de hadame
완전히 좋게 된 것 입니다. 여러분은 이 예수 를 십자가 에 못박아

bucebuhe · abkai ejen oci erebe bucen ci dasame weijubuhe · suwe enduringge
죽였고 하느님 은 이이를 죽음 에서 다시 살리셨습니다. 여러분은 거룩한

tacihiyan i boo i weile weilerede · ere wehe be gairakū waliyaha bihe ·
가르침 의 집 의 공사를 행할 때 이 돌 을 갖지 않고 내버린 것 인데,

naranggi hošo i fulehe da obuhabi[9] [10][u] · encu emu aituburengge umai akū ·
마침내 모퉁이 의 근본이 되었습니다. 달리 어떤 구원자는 전혀 없으니,

에서는 이를 구별하여 전자를 'Zowangne'로, 후자를 'Yohangne'로 적고 있음이 특이하다. 그리스어 성경에 서도 이들을 구별하지 않고 Ἰωάννης로 적고 있다.

7 'ejete(주인들)'에 관해서는 위의 각주 1) 참조.

8 'doholon'의 원래 뜻은 'bethe eden dadun (발 불구의 장애자, 절름발이)'이다. 《漢清文鑑》8권 16ㄴ 참조. 또 이 말에 해당하는 라틴어는 'homo infirmus (약한 사람, 병든 사람)'이다.

9 "naranggi hošo i fulehe da obuhabi (마침내 모퉁이의 근본이 되었습니다.)"에 해당하는 라틴어는 "factus est in caput anguli (모퉁이의 머리가 되었습니다.)"이다.

10 "suwe enduringge tacihiyan i boo i weile weilerede · ere wehe be gairakū waliyaha bihe · naranggi

yala　abkai ejen muse be aitubukini sere jalin　gūwa　emu　gebu be **[na]** abkai
참으로 하느님은　우리 를 구하고자 하시기 위해 다른 어떤 이름 을　　하늘

fejergi i niyalma de šanggnaha ba　akū　　sehe
아래 의 사람들 에게 내려주신 일 이 없습니다." 하였다.

wecen i da · sakdasa · jergi emderei[11] Betoro · Zowangne i teng seme
제사장과　원로들　등등이 한편으로 베드로와　요한 의 굳건한

arbun be tuwafi · dade ce bithe be tacihakū · buya irgen ojoro teile ·
모습 을 보고 원래 그들이 글 을 배우지 않은 미천한 백성 일 뿐이며,

geli　Yesu i emgi amasi julesi yabuha[12] be safi · ferguwembihe · emderei yebe
또한 예수 와 함께 뒤로 앞으로 다녔음 을 알고 놀랍게 여겼고, 한편으로 치유

oho niyalma ceni dalbade ilire be sabufi · emu gisun sehe seme inu jabume
된 사람이 그들 곁에 선 것을 보고 한 마디 라도　답할

muterakū · taka suwe deyen　ci tucime　aliya　sehe · geren ishunde hebešehei
수 없어 "잠시 너희는 (재판)정 에서 나가 기다리라." 하였다. 많은 이가 서로 의논하며

hendume · ere niyalma i baru yabuci acarangge　ai　ni · **/19b/** Yerusalem i
말하기를, "이　사람 을 향해 행하면 마땅한 일이 무엇 인가?[13]　예루살렘 의

geren urse　ceni ere ferguwecuke baita be donjiha · baita kemuni iletu ofi ·
많은 사람들이 그들의 이　기이한　일 을 들었고, 사실이 또한 분명하 므로

be　urušerakū ome muterakū · damu enteke baita irgesei dorgide ele
우리가 그르다고 여길 수 없다. 그러나 이런 일이 백성들 사이에 더욱

elagimbure[14] ayoo · ne cembe esukiyefi · ume ai ai niyalma i baru ere
퍼질까(?) 두려우니 이제 그들을 꾸짖어　'(말라) 어떤 사람 에게도 이

---

　　hošo i fulehe da obuhabi (여러분이 거룩한 가르침의 집의 일을 행할 때 이 돌을 갖지 않고 내버린 것인
데, 마침내 모퉁이의 근본이 되었습니다.)"에 해당하는 라틴어는 "hic est lapis qui reprobatus est a vobis
ædificantibus qui factus est in caput anguli (이것은 집짓는 너희들로부터 내버림받은 돌인데, 모퉁이의
머리가 되었다.)"로서 'suwe enduringge tacihiyan i boo i weile weilerede (여러분이 거룩한 가르침의 집
의 일을 행할 때)'에 해당하는 라틴어는 없다.

11 'emderei'는 과거의 만주어 문헌에 'emderi', 또는 'emu derei'로만 표기되었다.

12 "Yesu i emgi amasi julesi yabuha (예수와 함께 뒤로 앞으로 다녔다)"는 '함께 내왕했다'는 뜻이다. 이에
　해당하는 라틴어는 "cum Jesu fuerant (그들이 예수와 함께 있었다.)"이다.

13 "ere niyalma i baru yabuci acarangge ai ni · (이 사람을 향해 행하면 마땅한 일이 무엇인가?)"의 뜻은 "이
　사람에게 무엇을 해야 할까?, 이 사람을 어떻게 해야 할까?"이다.

14 'elagimbure'는 만주어 사전에 나오지도 않고, 이런 어형은 만주어답지도 않아 무슨 잘못이 있는 듯하다.

gebu be jondoro seme fafulacina sefi · cembe hūlame gajihade hendume ·
이름 을 들추지 말라.' 고 명하자." 하고 그들을 불러 데려와 말하기를,

suwe ereci julesi gisun gisurecibe · doro giyangnacibe gelhun akū Yesu i
"너희는 이제부터 앞으로 말을 하거나 진리를 강론하더라도 감히 예수 의

gebu be baitalarakū · saikan targa sehe Betoro · Zowangne se jabume ·
이름 을 사용하지 않게 잘 경계하라." 하였다. 베드로와 요한 들이 답하기를

suweni gisun be daharade · abkai ejen i hese be fusihūlafi daharakū ·
"당신들의 말 을 따르면 하느님 의 뜻 을 무시하여 따르지 않는다.

abkai ejen i jakade doro bio · suwe toktome lashalarao · meni yasai
하느님 쪽에 진리가 있는가? 여러분들이 결정하여 판단하시오. 우리 눈으로

sabuha · šan i donjiha baita be [ne] gisurerakū ome muterakū sehe manggi ·
보았고 귀 로 들은 사실 을 말하지 않게 될 수 없소." 하였 더니

geren cembe gelebume šerifi sindaha · yala tesebe isebure turgun
많은 이가 그들을 두려워하게 위협하고 풀어주었다. 사실 그들을 징계하기 위해

baicahai baharade mangga · jai irgese de seremšembihe · /20a/ gemu tere
조사했으나 얻기 어려웠고, 또 백성들 에게 보호 받고 있으며 모두가, 그

yadahūn haha i jadaha aitubuha ofi · abkai ejen be eldembume · baniha bure
가난한 남자 의 불구가 치료되었 으므로, 하느님 을 찬양하고 감사 드릴

teile · ere ferguwecuke arbun i beye yooni sain oho niyalma dehi funceme
뿐이었다. 이 놀라운 상태 로 몸이 완전히 좋게 된 사람은 사십 여

se de bihe[15]
살 에 있었다.

cembe sindaha amala · Betoro Zowangne se gūwa šabisa be acame ·
그들이 석방된 후 베드로와 요한 들이 다른 사도들 을 만나

이 낱말에 해당하는 라틴어는 'divulgetur(퍼지게 되다, 공개되다)'이므로 이 라틴어를 참조하여 '퍼지다'
로 번역하는데, 불가타 라틴어 성경에서 옮긴 한국 천주교회의 옛 《宗徒行傳》에는 '전파되다'로 되어 있
다. 그렇다면 'alanggibure(알게 하다)'를 잘못 적은 것일까?

15 "dehi funceme se de bihe (사십여 살에 있었다.)"는 "dehi funceme se bihe, dehi funceme se oho (사십여
살이었다.)"와 같은 뜻이다.

wecen i ujui jergi da[16] · sakda sai fafun i gisun be giyan giyan i alahabi ·· ce
제사 의 으뜸 등급 수장과 원로 들의 금지 의 말 을 조목 조목 알렸다. 그들이

emgeri donjihade · emu gūnin i abkai ejen i baru hūlame ·   abka · na ·
한번   듣자   한   뜻 으로   하느님 을 향해 외치기를, "하늘과 땅과

mederi · dorgide bisirele hacin be banjibuhangge · damu sini beye   inu ·
바다와   그 안에 있는   것들 을   만드신 분은   오직 당신 자신 이십니다.

si   meni mafa   sini aha Taweit de   enduringge enduri be salgabume ·
당신은 우리의 조상이며, 당신의 종   다윗 에게   성령   을 부여하시어

terei angga ci   hendume · ainu suwaliyata uksurangga[17] fafuri arbun i
그의   입 에서 말하시기를, '왜   뒤섞인 민족들이   사나운 모습 으로

jilidaha[18] · baba i irgese untuhuri bodogon bodoho ·   gurun i wang sa ·
분노하고   곳곳 의 백성들이 헛된   책략을 꾸몄는가? 나라 의 왕 들은

golo i   ejete ishunde acanufi · uhei hūsun i abkai ejen i baru temšeki ·
성 의 주인들과 서로   만나   모두 힘 으로 하느님 을 향해 다투고

ini   Girisdo [ni] de   bakcilaki seheni · gisurehe bihe · /20b/ yala ere hoton de
그의 그리스도 에게 대항하고자 하였다.' 라고 한 것 이었습니다.   과연 이 성 에서

Herode · Bongdzio Bilado[19] · encu demun i urse ·   Israel i   irgese gemu
헤로데와 본티오 빌라도는   다른 이단 의 무리와 이스라엘 의 백성들과 모두

acandufi · sini   ijubuha[20] enduringge [no] asigan jui Yesu de kimulehei · sini
합하여 주님이 기름바르신   거룩한   어린 아들 예수 께 원수가 되어. 당신의

---

16 'wecen i ujui jergi da (제사의 으뜸 등급 수장)'에 해당하는 라틴어는 'principes sacerdotum (사제들의 으
  뜸들, 제관장들, 대제사들)'이다. 위에서는 이 라틴어를 만주어 'dalaha wecen i da (으뜸가는 제사장)'으로
  번역하였다. 위 주 4) 참조.

17 'suwaliyata uksurangga (뒤섞인 민족들)'에 해당하는 라틴어는 'gentes(민족들, 이방인들)'이다.
  'uksurangga'는 'uksura(지파, 씨족)'의 파생어이겠는데, 푸와로 신부의 만주어 성경에는 여러 번 나오지만
  과거의 만주어 문헌이나 기존의 만주어 사전에는 등재되어 있지 않다.

18 'fafuri arbun i jilidaha (사나운 모습으로 분노하고)'에 해당하는 라틴어는 'fremuerunt (으르렁거리며, 웅
  성거리며, 노호[怒號]하며)'이다.

19 'Bongdzio Bilado'에 해당하는 라틴어 표기는 'Pontius Pilatus'인데 만주어 표기가 'Bongdzio'로 된 것은
  어떤 언어의 전통을 따른 것인지 알 수 없다.

20 'ijubuha(기름 바른)'에 해당하는 라틴어는 'quem unxisti (당신이 기름 바르신)'이다. 이 라틴어 낱말은 그
  리스어 ἔχρισας(기름 부으신, 이 동사의 원형은 χρίω이다.)를 번역한 말로서 'Christus'란 말이 여기서 기
  원한 것이다.

gūnin · šumin hesei yabuci acara babe · ce yooni yabuhabi **[nu]** ne meni
생각과 깊으신 뜻으로 행해야   할 것을 그들이 모두 행하였습니다.   이제 우리

ejen ·   tesei šerire gisun be donjifi · sini ahasi sini Ewanzelio be hoo hio seme
주님께서 그들의 위협하는 말 을 들으시고 당신 종들이 주님의 복음 을   담대히

selgiyekini · hūsun šangnarao · geli sini gala be saniyame · sini enduringge
전하게 하시고 힘을 주시옵소서.   또 주님의 손 을   펴시어   주님의 거룩하신

jui Yesu i gebu de niyalma i nimeku jadagan be aitubufi · an ci tucike ·
아들 예수 의 이름으로 사람들 의 병과   불구 를 고치시고, 평소 와 다른

ferguwecuke baita i songko be banjibufi · meni giyangnaha doro i yargiyan
기이한   일 의 자취 를 만드시어 우리가 강론한   진리 의 진실된

babe iletulebureo ·   uttu jalbarime wajiha manggi · sasa bisire tere ba
바를 나타내 주소서.” 이렇게 기도하여 마치고 나니   함께 있는 그 땅이

uthai aššahabi **[ka]** · geren jai enduringge enduri i kesi be jalutala bahafi ·
곧 흔들렸다.   많은 이가 또   성령   의 은혜 를 가득히 얻어

heni   gelere   ba akū · abkai ejen i Ewanzelio be selgiyembihe **[ga]** ·
조금도 두려울 것이 없이   하느님 의   복음 을 전파하였다.

tacihiyan i geren niyalma de damu emu /**21a**/ gūnin · emu mujilen bihe ·
가르침 의 많은 사람들 에게 오직 한   뜻과 한 마음만 있었으니,

ya emke de neneme usin jergi jaka bifi · i terebe cisuingge   oburakū ·
누구 한명 에게 이전에 밭 등의 물건이 있어 그가 그것을 자기의 것으로 하지 않고

siden ningge obumbihe · šabisa oci · amba fahūn i²¹ musei ejen Yesu dasame
공동의 것으로 삼았다.   제자들 은 큰   간담으로 우리   주 예수께서 다시

banjiha seme gisurembihe · hono ferguwecuke baita i songko de gisun be
살아났다 고   말하였고,   또한 기이한   일 의 자취 로 말씀 을

temgetulembihe · abkai ejen i doshon geren gucusei dolo ambarame bisire be
증명하였다.   하느님 의 총애가 여러 동료들 가운데 크게   있음 을

ja i tuwaci ombihe · ceni dorgide yadahūn niyalma akū · boo boigon hethe be
쉽게 보게 되어   그들 중에 가난한 사람은 없었다. 집과   재산   을

---

21 'amba fahūn i (큰 간담으로, 대담하게)'에 해당하는 라틴어는 'virtute magna (큰 능력으로, 큰 용기로)'이
다.

baharangge[22] bici · terebe uncafi · hūda be jafafi · šabisai bethe i juleri
얻은 이가 있다면 그것을 팔아 값 을 가져다 사도들의 발 앞에

sindambihe · teni meni meni eden ekiyehun be aname dendefi bumbihe
두었고, 그러면 각자 결핍과 부족함 을 따져 나누어 주었다.

Yosefe Lewei i mukūn ci tucike saisa · Šibiro[23] tun i niyalma ini emu usin be
요셉은 레위 의 지파 에서 나온 현자요 키프로스 섬 의 사람으로, 그의 한 밭 을

uncahade · baha menggun be yooni šabisa de alibuha · dade šabisa inde
팔았는데, 얻은 돈 을 전부 사도들 에게 바쳤다. 원래 사도들이 그에게

Barnaba sere colo be buhe bihe · colo be sume gisureci · uthai selacun[24] i
바르나바 라는 별명을 주고 있었는데, 별명을 풀어 말하면 곧 '위로 의

jui inu **/21b/**
아들'이다.

---

22 'boo boigon hethe be baharangge (집과 재산을 얻은 이)'에 해당하는 라틴어는 'possessores agrorum aut domorum (밭들이나 집들의 소유자들)'이다.

23 'Šibiro'의 라틴어형은 'Cyprius'이고 그리스어형은 Κύπριος인데, 여기서는 라틴어형의 'Cy'를 프랑스어식 발음으로 읽어 'Ši'로 표기하였다.

24 'selacun'은 'selambi(시원하다, 위로하다, 만족하다), selacuka(시원한, 위로되는, 만족한)'와 동족어(同族語)이므로 원래의 의미는 '즐거움, 상쾌함'이라 할 수 있다. 'selacun i jui (위로의 아들)'에 해당하는 라틴어는 'filius consolationis' (위로의 아들)이다.

𝕾𝖀𝕽𝕰 𝕲𝕴𝕾𝖀𝕹
풀이   말

[a] udu enduringge Betoro geren i juleri gisurecibe · enduringge
비록 거룩한 베드로가 많은 이들 앞에서 말하지만, 거룩한

Zowangne kemuni hanciki ursei kenehunjere babe mudandari sume
요한도 또한 가까운 사람들의 미심쩍어하는 점을 번번이 풀어

giyangnambihe ··
강론하였다.

[e] Bentegosde[25] i sere jakūn inenggi tanggin de dosire tucire niyalma
오순절 이라고 하는 8 일동안 성전 에 들어가고 나오는 사람들이

umesi labdu ofi · facuhūn de seremšeme · tanggin be tuwakiyara cooha
매우 많으 므로 난리 에 대비하여 성전 을 지키는 군인들이

idurame yabumbihe · coohai janggin · wecen i ilhi da · cooha oci ·
번들며 다녔다. 군인의 대장과, 제사 의 버금 수장과, 군인들 은

Leweida sa ombihe ··
레위인 들이 되었다.

[i] Satušeo tacikū i hokisa dade Israel i mukūn ci tucikengge waka ·
사두가이 학파 의 도당들은 원래 이스라엘 민족 에서 나온 자가 아니라

Samariya encu demun i hoton i niyalma bihe · Yudeya ba i fe tacihiyan de
사마리아 (다른 이단 의 성) 의 사람들 이었는데, 유다 지방의 옛 가르침 에

---

25 'Bentegosde(오순절)'는 제2장 첫 머리에서는 'Bendekoste'로 표기되어 있다. 그리스어 Πεντηκοστὴ나 라
틴어 'Pentecoste'를 보면 'Pentekoste'로 표기함이 적당할 듯한데, 만주어의 이 두 가지 다른 표기는 권점
(圈點) 표기의 실수인 듯하다.

dosika sehe seme · niyalma dasame banjire doro be akdarakū [26] ··
들어왔다 고 하나　사람들이　다시　살아나는 진리 를 믿지 않는다.

[o] kemuni tutala hehesi · ajige juse sasa tacihiyan de dosika ··
　　또　　많은 여자들과 작은 아이들이 함께　가르침 에 들어왔다.

[u] Taweit enduringge tacihiyan i acin be emu boo i weilen de dulileme bi ·
　　다윗이 거룩한　　가르침 의 교회 를 한 집 의 일 에 비유하고 있다.

wecen i da sa unenggi doro be giyangnara · niyalma be yarure · sain de
　제사장 들이 진실된 도리 를 강론하고　　사람들 을 인도하여 착함 으로

ibeburede · tacihiyan i acin teni ome /22a/ mutembi · mišui faksisa[27]
나가게 할 때 가르침 의 교회가 겨우 될　　수 있는 것이다.　미장이들은

kemun de acanara wehe be sonjome baitalafi · boo teni ilibuci ombi · dade
규격 에　맞는 돌 을 가려서 이용해 집을 그때 세우면 된다. 본래

fe tacihiyan i fulehe da · ice tacihiyan i fulehe da · damu Yesu inu ·
옛 가르침 의 근본과　새 가르침 의 근본은　오직 예수 이다.

fe tacihiyan i niyalma　Yesu amaga inenggi enggelenjire be akdafi · ini
옛 가르침 의 사람들은 예수께서 뒷　　날　강림하실 것 을 믿고 그분

gungge de ertufi sure fayangga be aitubumbihe · ice tacihiyan i niyalma
　공로 에 기대어　영혼　을 구원했으며,　새　가르침 의 사람들은

Yesu　aifini enggelenjihe be akdafi · ini gungge de ertufi · beyei
예수께서 이미 강림하셨음 을 믿고 그분 공로 에 기대어 자신의

sure fayangga be bahafi aitubumbi　tere fon i wecen i da sa · jergi hokisa ·
　영혼　을 능히 구한 것이다.　그 때 의　제사장 들 등등 도당들은

ceni beye Yesu be　gairakū · elemangga imbe weilengge niyalma obufi
그들 자신이 예수 를 받아들이지 않고 도리어　그분을 죄 있는 사람으로 만들어

---

26 당시 사두가이 학파의 유래와, 그 교리 중의 하나인 부활을 믿지 않음을 설명하고 있다.

27 'mišui faksisa'의 'mišui'는 한자어 '泥水'의 차용어로 생각된다. 이 한자어는 'nišui'로도 표기되는데, 'nišui'가 더 원음에 가까운 듯하니, 아마도 'nišui'가 만주어에서 'mišui'로 변화한 듯하다. 푸와로 신부의 《古新聖經》을 보면 이 'mišui faksisa'에 해당하는 낱말이 '泥匠'으로 되어 있다.

eruleme waha · enteke fudasihūn yabun de tacihiyan i acin be mukiyeki
벌하고 죽이니, 이렇게 거역하는 행동 으로 가르침 의 교회 를 멸하고자

sehengge wakao · hūlhi kai · beye beyebe gūtubume mutere gojime ·
한 것이 아닌가? 어리석 도다. 자기 자신을 해칠 수는 있 지만

gūwa niyalma be gūtubume muterakū · fe tacihiyan i tutala niyalma ·
다른 사람들 을 해칠 수 없다. 옛 가르침 의 많은 사람들과

encu demun i uksurangga enduringge doshon i yaruhan be dahafi · holo
다른 이단 의 일족이 거룩한 총애 의 인도 를 따라 거짓된

miosihon be waliyame · Yesu be akdaha · ere emu akdun fulehe da de ertume
사도(邪道) 를 버리고 예수 를 믿었다. 이 한 굳건한 근본 에 의지하여

beyebe aitubuha /22b/ fe tacihiyan i niyalma · suwaliyata uksura i niyalma
자신을 구한 옛 가르침 의 사람들과 뒤섞인 민족 의 사람들이

uttu wembuhade · ice tacihiyan i boo i juwe fajiran i gese emu hošo de
이렇게 교화될 때 새 가르침 의 집 의 두 담장 처럼 한 모퉁이 에서

teni acaha · ere hošo be bekileme sujara wehe uthai musei ejen Yesu
비로소 만났다. 이 모퉁이 를 지키고 지탱하는 돌이 곧 우리 주 예수

inu ··
이시다.

[na] gebu be gisurefi · Yesu i emhun beye be ulhibuki sembi ··
이름 을 말하여 예수의 유일한 몸 을 깨닫게 하고자 하신다.

[ne] yala musei ejen Yesu šabisai baru ere baita be ambarame selgiye
사실 우리 주 예수께서 제자들 에게 이 사실 을 크게 전파하라

seme afabuha bihe ··
고 맡기셨던 것이다.

[ni] jalan be aitubure jalin abkai ejen i sonjobuha Yesu inu ··
세상 을 구하기 위해 하느님 께서 선택하신 예수 이시다.

[no] ijubuha sere gisun · damu duibulere gisun   gurun i wang soorin de
　　'기름 발랐다'는 말은　　다만　비유하는 말이다.　나라의　왕　자리　에

tere   onggolo enduringge nimenggide²⁸ ijubumbihe · enduringge ama oci ·
즉위하기 전에　　거룩한　　기름으로　　　　발랐다.　　거룩한　아버지 께서는

Yesu i niyalma i banin de abkai ejen i banin be falime acaburede · Yesu be
예수 의　　인성(人性) 에　　천주성(天主性) 을　맺어 합치셨을 때 예수 를

jalan aitubure colgoropi wesihun amba wang ilibuhabi ··
세상 구하는, 뛰어나게　　높고　큰　왕으로 세우셨다.

[nu] abkai ejen i toktobuhangge uthai tumen tumen jalan i niyalma i ehe
　　하느님 께서 정하신 것은,　곧　　만 만　　세상　사람들의 나쁜

weile be   joolire turgun · Yesu ini beye gosihon · bucen be   alikini   fudasi
죄 를　속량(贖良)하기 위해 예수 당신 스스로 고통과　죽음 을 받으심이다. 패악한

hala oci · geren i   tusa be gūnirakū /23a/ ceni kimun de karulaki seme ·
씨족 은 많은 이 의 이익 을 생각하지 않고 그들의 원수 를 갚고자　하여

oshon mujilen i ici yabume · ere ton akū nimecuke gosihon be Yesu de
포악한 마음 을 따라 행하고 이 수 없이 지독한　　고통 을 예수 께

isibuhabi ··
이르게 했다.

[ka] ere na i   aššan uthai ceni baire gisun abkai ejen de icangga · geli
　　이 땅의 흔들림은, 곧 그들이 구하는 말이　하느님　께 합당했고, 또한

abkai ejen umai cembe waliyarakū · nememe cohotoi kesi de karmaki   sere
하느님께서 전혀 그들을 버리지 않으며,　먼저　　특별한 은혜 로 보호하려 하시는

iletu   temgetu bihe ··
분명한　증거　였다.

---

28 'enduringge nimenggi (거룩한 기름)'은 사제(司祭) 서품(敍品)이나 왕의 즉위 때에 사용하는 'unctio
　　sacramenta (聖油)'를 지칭한다.

[ga] onggolo abkai ejen i doshon baha ·   ne kemuni ai ai mangga ucaran ·
　　이전에   하느님 의 총애를 얻었으니, 이제 또   여러 어려운 만남과

nashūn de baitalaci ojoro wehiyen · aisilan i kesi be fulukan i alihabi
　기회 에   쓰기 알맞은 도움과   구조 의 은혜 를   넉넉히   받았다.

SUNJACI FIYELEN
제5 장

Tere erin emu niyalma · gebu Ananiya · beyei sargan Safira i
그 때 한 사람이 (이름 아나니아) 자기의 아내 삽피라 와

emgi usin be uncame · hūda i emu ubu be boo de bibuhe · ini sargan
함께 밭 을 팔아 판값의 한 몫을 집 에 두었고, 그의 아내

geli erebe sambihe · gūwa amba ubu be šabisai bethei juleri sindame
또한 이것을 알았는데, 다른 큰 몫 을 사도들의 발 앞에 놓아

alibuhe [a] Betoro hendume · Ananiya · si ainu Satan i yarkiyahan[1] de
바쳤다. 베드로가 말하기를, "아나니아, 그대는 어찌 사탄 의 유혹 에

acabufi · enduringge enduri be /23b/ holtoki · usin i hūda ci ubu be cisui
영합하여 성령 을 속이고 밭 을 판값 에서 한몫 을 멋대로

gamaki seheni [e] · ere usin uncara onggolo · siningge wakao · uncaha
가지려 하였소? 이 밭은 팔기 전에도 당신 것이 아니오? 판

amala · terei hūda inu yooni siningge wakao · ai turgun de ere ehe
후에도 그 값 또한 모두 당신 것이 아니오? 무슨 이유 로 이 나쁜

gūnin be sini dolo dekdebuheni · si niyalma be holtoho ba akū · ejen
생각 을 당신 속에서 일으켰소? 당신은 사람 을 속인 것이 아니라 주

Deus be holtoho kai [i] Ananiya ere gisun be emgeri donjirede · na de
하느님 을 속인 것 이오." 아나니아가 이 말 을 한번 듣자 땅 에

tuheke · ergen yadaha [o] · donjihala niyalma ambula gelehebi · emu udu
쓰러져 목숨이 끊어졌으며, 들은 사람들이 크게 두려워했다. 한두

asihata jifi · Ananiya i giran be jailafi · tule beneme umbuha emu erin ·
젊은이가 와서 아나니아 의 시체 를 옮겨 밖으로 들고 가 묻었다. 한 시진(時辰)과

---

1 'yarkiyahan(유혹)'은 과거의 만주어 문헌이나 만주어 사전에는 'yarkiyan'으로만 표기된다.

duin kemu i amala² Ananiya i sargan dosika·   i   eigen i jobolon be sarkū
　4 각(刻)　후　아나니아 의 아내가 들어왔는데, 그녀는 남편 의　재앙 을 모르고,

bihe·   Betoro　　inde fonjime· hehe· si minde ala· suweni usin be damu
있었다. 베드로가 그녀에게 묻기를, "여인이여, 당신이 내게 알리시오. 그대들의 밭 을　단지

ere hūdai uncaha   bio serede · i　jabume· ere hūda inu³ sehe·· Betoro jai
이 값으로 팔았던 것 이오?" 하자 그녀가 대답하기를, "이 값 입니다." 하였다. 베드로가 또

ini baru hendume · juwe nofi abkai ejen i enduri⁴ be balai cendere gūnin
그녀 에게 말하기를,　"두 명이　하느님 의 영(靈) 을 망녕되이 시험할 생각으로

hokilafi ainambi /24a/ [u]· sini eigen be umbuha asigata ne duka de bi·
작당하여 어찌하오?　　　　그대 남편 을　묻은 젊은이들이 지금 문 에 있소.

ce　sini giran be umbure dabala sefi· hehe nergin de ini bethei juleri
그들이 그대 시체 를 묻을 것이오." 하여 여자가　그 때 그의 발　앞에

tuheme bucehe· tere asigata dosifi· bucehe hehe be sabufi· beneme·
쓰러져 죽었다. 그 젊은이들이 들어와　죽은 여자 를 보고　들고 가

da eigen i dalbade umbuhabi·· acin i gubci i niyalma absi goloho bime·
본 남편 의 옆에　묻었다.　　교회 의 전체 사람들이 매우 놀라워 하였고

geli ere mejige ya bade isinaci· gelerakūngge　　akū·
또한 이 소식이 어떤 곳에 이르면 두려워하지 않은 이 없었다.

---

2 'emu erin · duin kemu i amala (한 시진[時辰]과 4각[刻] 후)'에 해당하는 라틴어는 'quasi horarum trium spatium (대략 3시간 쯤에)'이다. 1 erin(時辰)은 하루의 1/12이므로 현재의 2시간에 해당하고, 1 kemu(刻) 는 15분에 해당하므로, 1 erin과 4 kemu는 합하면 모두 3시간이 된다. 만주어로 3시간을 나타낼 수 있는 방법은 이런 길 밖에 없었던 듯하다.《漢淸文鑑》1권 27장 뒷면의 다음 설명 참조. "時辰 : 通稱때. 八刻爲一 時. erin : jakūn kemu be emu erin sembi emu inenggi emu dobori de juwan juwe erin bi (8刻을 1時辰이라 한다. 한 낮과 한 밤에 12時辰이 있다.) 그러나 S. V. Lipovcov가 만주어로 역성(譯成)하고, G. H. Borrow가 개역(改譯)하여 1835년에 상트페테르부르크(Sankt Peterburg)에서 발행된 만주어 신약 성경(Musei ejen Isus Heristos-i tutabuha ice hese, 김동소 2011: 25 참조)에는 이 '3시간 뒤'를 'ilan erin oho manggi (3시 진이 된 후)'로 번역되어 있다. 'erin'이라는 만주어 낱말의 의미가 20세기에 들어와 바뀐 것으로 볼 수 있을 까?

3 'ere hūda inu (이 값입니다)'에 해당하는 라틴어는 'etiam tanti (예, 그만큼입니다)'이다. 'ere hūda inu'는 '이 값이 옳습니다.'로도 번역할 수 있다.

4 '성령(聖靈)'은 이 만주어 성경에서 일반적으로 'enduringge enduri (거룩한 영)'로 번역되는데, 이곳에서는 'enduri(靈)'로만 되어 있다.

taka šabisa irgesei dolo ududu hacin i ferguwecuke baita be yabumbihe ·
그리고 제자들은 백성들 속에서 많은 종류 의 기이한   일 을 행하였다.

geren   de damu emu gūnin · emu mujilen bifi[5] · Salomon i nanggin[6] de
많은 이 에게 오직 한 생각과 한 마음이 있어 솔로몬 의 복도 에서

acanumbihe · gūwa niyalma oci gelhun akū cende dayarakū **[na]** · damu
만났는데   다른 사람들 은   감히 그들에게 끼지 못했다.   그러나

geren irgen cembe saišame maktambihe[7] · ejen Yesu be akdara hahasi
많은 백성이 그들을 칭찬하고 찬양하였으며   주 예수 를 믿는 남자들과

hehesi i   ton ele nonggimbihe · šabisa be kundulere arbun entekengge[8] ·
여자들 의 수는 더욱 늘어났다.   사도들 을 공경하는 모습이 이러했는데,

nimeku baha   urse be amba gayai de benefi · besarhen · mulan de
병을 얻은 사람들 을 큰 거리 에 데려와   침대와   들것 에

dedubufi · Betoro dulekede · ini beyei helmen nimekulehe /24b/ niyalma de
눕혀 베드로가 지나갈 때 그 몸의 그림자가   병든   사람 에게

isinara · tesei nimeku jadaha yooni dasara be aliyambihe **[ne]** · hanciki
닿아 그들의 병과 불구가 모두   낫기 를 기다렸다.   가까운

hoton i niyalma hono Yerusalem de feniyeleme jimbihe · eici nimekulere ·
성 의 사람들이 또한 예루살렘 에 무리지어   왔고,   혹 병들거나

eici miosihon hutu de jobobuha   urse be benjimbihe · yala aituburakūngge
혹 사악한 귀신 에 괴로워하는사람들 을 데려왔는데 실로 구하지 못한 자가

emke inu akū
하나 도 없었다.

---

5 'geren de damu emu gūnin · emu mujilen bifi (많은 이에게 오직 한 생각과 한 마음이 있어)'에 해당하는
라틴어는 'erant unianimiter omnes (모두 일치하여 있었다, 모두 한마음으로 있었다.)'이다.

6 'Salomon i nanggin (솔로몬의 복도)'는 성전의 동쪽 담에 있는 복도인데, 솔로몬 왕이 지었다고 하여 그렇
게 불린다. 사도행전 3장 11절 (이 책 61쪽) 참조.

7 'saišame maktambihe (칭찬하고 찬양하였다)'에 해당하는 라틴어는 'magnificabat(존중했다, 찬양했다, 찬
미했다)'이다.

8 'šabisa be kundulere arbun entekengge (사도들을 공경하는 모습이 이러했다.)'에 해당하는 라틴어는 없다.
만주어 번역자가 설명을 위해 끼워 넣은 듯하다.

dalaha wecen i da⁹ · terei hasutai tacikū de bisire Satušeo duwalingga
으뜸가는 제사장과   그의 부정한   학파 에 있는   사두가이   일당이

ambula silhidame · šabisa be jafabufi · siden gindana¹⁰ de horihabi   damu
크게   시기하여 사도들 을 잡아   관청 감옥   에 가두었다. 그러나

abkai ejen i takūrabuha enduri¹¹ dobori erin gindana i duka be neime · cembe
하느님 께서 보내신 천사가   밤 시간에 감옥 의 문 을 열고 그들을

tucibufi   hendume · suwe gene · tanggin de bifi · ere hacin i enteheme ·
나오게 하며 말하기를, "너희는 가서   성전 에 있으며 이 종류 의 영원히

banjire doro be irgesei juleri giyangnakini¹² **[ni]** sehe ·· ce gisun be donjifi ·
사는   진리 를 백성들 앞에서 강론하라."   하였다. 그들이 말 을 듣고

erde   tanggin de dosime · doro giyangnambihe   dalaha wecen i da · sasa
새벽에 성전 에 들어가 진리를 강론하였다.   으뜸가는 제사장과 함께

bisire duwalingga hebei bade¹³ isinjifi · Israel i omosi i sakdasa be uhei
있는   일당이   회의 장에 도착하여 이스라엘 자손 의 원로들 을 모두

acabuha **/25a/** manggi · šabisa be benjikini sere jalin niyalma be gindana i
모이게 한   후   사도들 을 데려오게 하기 위해 사람 을 감옥 으로

baru unggihe · tere niyalma genefi · gindana i duka be neifi · cembe
향해 보냈다. 그 사람이 가서   감옥 의 문 을 열고 그들을

saburakū ohode · amasi marifi   alame · be gindana i duka fitai yaksiha ·
보지 못하게 되자 뒤로 돌아와 아뢰기를 "우리가, 감옥 문이 단단히 잠겼고,

dukai juleri geli tuwakiyan i urse ilire be tuwaha · damu duka neirede ·
문   앞에 또한   파수 의 무리가 섰음 을 보았습니다. 그러나 문을 열자

---

9 'dalaha wecen i da (으뜸가는 제사장)'에 해당하는 라틴어는 'princeps sacerdotum (사제들의 으뜸, 대제
관)'이다.
10 'siden gindana (관청 감옥)'에 해당하는 라틴어는 'custodia publica (공공 감옥)'이다.
11 'enduri'에 해당하는 라틴어는 'angelus(천사)'이다.
12 'ere hacin i enteheme · banjire doro be irgesei juleri giyangnakini (이 종류의 영원히 사는 진리를 백성들
앞에서 강론하라)'에 해당하는 라틴어는 'stantes loquimini in templo plebi omnia verba vitæ huius (모든
백성들에게 성전에서 그의 생명의 말씀을 말하라)'로서 'ere hacin i enteheme (이 종류의 영원히)'에 해당
하는 라틴어는 없다.
13 'hebei ba (회의장)'에 해당하는 라틴어는 단순히 'concilium(회의, 의회)'이다.

dolo niyalma fuhali akū   sehe · tanggin i coohai janggin · dergi fejergi
안에 사람들이 전혀 없었습니다." 하였다. 성전 의 군인 대장과   위 아래

wecen i da sa tathūnjame[14] ·   ce naranggi **[no]** ai arga i bahafi tucimbini
제사장들이 머뭇거리며, '그들이 도대체   어떤 꾀 로 능히 나갔을까?'

sembihe · holkonde emu haha jifi boolame · suweni horibuha niyalma ne
하였다.   갑자기   한 남자가 와서 보고하기를, "당신들이 감금했던 사람들이 지금

tanggin de bi · irgese be tacibumbi serede · janggin cooha be gaime genefi ·
성전 에 있으며 백성들 을 가르친다." 하자,   대장이   군사 를 데리고 가서

šabisa be umai   ergelerakū · hebei deyen de benjihebi · janggin jergi niyalma
사도들 을 조금도 강제하지는 않고 회의의 전당 으로 데려갔다.   대장 등등의 사람들은

dade geren irgen wehe fahahai cembe bucebure ayoo seme gelembihe **[nu]** ·
처음에 많은 백성들이 돌을 던져   그들을 죽일까 걱정 하며 두려워했다.

šabisa be benjifi · hebei deyen de   dosimbuha manggi · dalaha wecen i da /25b/
사도들 을 데려와 회의의 전당 으로 들어가게 한 후   으뜸가는 제사장이

hendume · meni cira fafun i   suwende fafulaha · ume ere gebu be jorifi
말하기를, "우리의 엄한 율법 으로 너희에게 명했다.   (말라) 이   이름을 가리켜

gisurere ·   suwe elemangga suweni doro be Yerusalem i gubci bade
말하지 말라(고). 너희는   도리어   너희의 도리 를 예루살렘 의 전   지역에

selgiyehebi · kemuni ere niyalma i **[ka]** senggi i weile be meni beye de
전파했고   또   이   사람 의   피의 죄 를 우리 몸 에

tuhebuki sembi   Betoro · geren šabisai   emgi jabume · niyalma i fafun
떨어지게 하려 한다." 베드로가   많은 사도들과 함께 대답하기를, "사람 의 법은

abkai ejen i fafun de acanarakū oci · giyan i abkai ejen i fafun be dahaci
하느님 의 법 에   맞지않 으니 올바른 하느님 의 법 을 따라야

acambi · suwe Yesu be erun i moo de hadabume[15] wahade · musei mafari i
맞습니다. 여러분이 예수 를 형벌 의 나무 에 못박아   죽이자 우리 조상 의

---

14 'tathūnjame (머뭇거리다)'에 해당하는 라틴어는 'ambigebant(망설였다, 확신이 없었다)'이다.

15 'erun i moo de hadabume (형벌의 나무에 못박아)'에 해당하는 라틴어는 'suspendentes in ligno (나무에 매달아)'이다.

ejen Deus   imbe dasame weijubuhe · ejen Deus   geli Israel i geren omosi
주 하느님께서 그분을 다시 살리셨습니다. 주 하느님께서는 또한 이스라엘 의 많은 자손들

de   waka babe aliyara jabcara · necihele weile i guwebure kesi be šangnakini
에게 잘못한 것을 후회하고 회개하고   지은   죄 를 용서하시는 은혜 를   주시려

sere jalin · beyei mutengge gala de imbe tukiyeme · aitubure amba ejen
하기 위해 당신의 능하신   손 으로 그분을 들어올려   구원하시는 큰 주님으로

ilibuha · be gemu ere baita i siden niyalma bi · abkai ejen i bisirele
세우셨고 우리 모두 이 사실 의   증인   입니다. 하느님 께 속한

dahashūn niyalma de šangnaha enduringge enduri kemuni ere baita i /26a/
순종적인 사람들 에게 상으로 주신   성령께서   또한   이 사실 의

yargiyan babe temgetulembikai [ga] · ce ere gisun be donjifi · jili eterakū ·
진실된 바를 증명하시는 것입니다." 그들이 이   말 을 듣고 화를 못이겨

daišara arbun i   tesebe wara arga be bodombihe · jing hebešerede · Fariseo
난폭한 모습 으로 저들을 죽일 계획 을   세웠다.   바로 의논할때 바리사이

tacikū i emu niyalma gebu Gamaliyel · nomun bithei šungsi[16] bime · geli
학파 의 한 사람이 (이름이 가믈리엘이고 경전 책의 학사   이며 또한

geren irgen i jakade absi derengge inu ·   gaitai ilifi · taka šabisa be tule
많은 백성 앞에서 아주 명망있는 자 인데) 갑자기 일어나 잠시 사도들 을 밖으로

tucibukini sehe · tucibuhe manggi i   teni hendume · Israel i   omosi · ere
내보내자고 했다. 내보낸   후 그가 그제야 말하기를, "이스라엘 의 자손들이여, 이

udu niyalma i baru adarame yabuci acara babe   suwe olgošome kimcireo ·
여러 사람들 을 향해 어떻게 해야 할 것인지를 여러분은 주의 깊게 살피시오.

ere duleke inenggide Teodas[17] dekdefi · beye beyebe tukiyeme · amba saisa
이 지난   날에 튜다가 나타나 자기 자신을 추켜세워   큰 현자

---

16 'šungsi(학사)'는 《漢清文鑑》 2권 24장의 다음 문맥 속에 있다. "翰林 : 侍讀學士之下 庶吉士之上. bithei šungsi : adaha hūlara bithei da ci fusihun geren giltusi ci wesihun hafan (侍讀學士보다 낮고 庶吉士보다 높은 官吏)." 이 'šungsi'는 단독으로는 쓰인 예가 없어 우선 '학사(學士)'로 번역해 둔다. 자하로프의 사전 681쪽에 'шунси'로 잘못 기록되어 있고, 'битхэй шунси (bithei šungsi)'를 보라고만 풀이하고 있다.

17 'Teodas'는 기원후 44년-46년 예언자로 자처하면서 추종자들을 모았던 'Theodas' (그리스어 Θευδᾶς)를 지칭한다. 당시 유다 총독이었던 쿠스피우스 파두스에 의해 참수되었다. 그런데 가믈리엘이 이 말을 할 무렵인 기원후 30년 경에는 튜다가 아직 나타나지 않았으니, 가믈리엘의 말은 뒤에 사도행전을 기록할 80

seme bardanggilambihe ofi · duin tanggū otolo hahasi imbe dahalaha · damu i
라고   자랑하였   으므로 4 백 명이 되도록 남자들이 그를 따랐는데 그러나 그가

emgeri wabuhade · ini   hokisa yooni samsihabi heni funcen inu   akū ·
일단   죽임 당하자 그의   동료들이 모두   흩어져 조금도 남은 자 가 없습니다.

sirame Galileya ba i niyalma Yudas[18] geren irgen i gebu be ton i bithe de
이어   갈릴래아 지방의 사람   유다가, 많은 백성 의 이름을 수의 책 에

dosimbure[19] /26b/ erin tucifi · tutala hahasi be hūlimbufi uhei   acabuha ·
들어가게 할   때 나타나 많은 남자들 을   불러   모두 모이게 했으나

i   kemuni bucebuhede · inde dayanaha urse mukiyehebi [ha] · ne
그가 또   죽자   그에게 붙좇던 무리가 멸망되었습니다. 이제

suwembe huwekiyeme bi · ume ere jergi niyalma be jobobure · cembe cihai
당신들에게 권하고   있는데, (말라) 이 들 사람들 을 괴롭히지 말고 그들을 그냥

sindacina · aika ere gūnin · ere baita damu niyalmai gūnin baita bici ·
버려두시오. 만약 이 생각과 이 일이 오직   사람의 생각과 일 이라면

ini cisui mukiyere dabala · aika abkai ejen ci jihengge oci · suwe terebe
저 절로 멸망될 뿐이고, 만약   하느님 에게서 온 것 이면 여러분은 저것을

mukiyeme muterakū · hono abkai ejen be iletusaka   fudarambi   sehe · geren
멸할   수 없고 오히려   하느님 을 공공연히 거스르는 것입니다." 하였다. 모두가

ini gisun be dahaha [ko] · šabisa be hūlame gajifi · sibsikai sibsikalafi ·
그의 말 을 따랐고,   사도들 을 불러 데려와 채찍으로 매질하고

fafulame · suwe gelhun akū Yesu i gebu be fuhali   jorirakū   sefi · cembe
명하기를 "너희는   감히   예수 의 이름 을 도무지 가르치지 말라." 하고   저들을

년-90년 무렵에 삽입된 것으로 볼 수 있다. 정태현 (1995) 지은《사도행전》77쪽 참조.

18 이 'Yudas'는 기원 6년~7년경 시리아 총독이었던 퀴리노(Qyrinus, 예수 탄생 설화와 관련된 인물)의 호구 조사 때에 이를 반대하고 독립 운동을 일으켰다가 죽은 인물이다. 연대상으로는 유다가 튜다보다 40여년 이전 인물인데, 사도행전의 저자는 그 연대를 착각했던 듯하다. 정태현 (1995) 지은《사도행전》77쪽 참조.

19 'geren irgen i gebu be ton i bithe de dosimbure erin (많은 백성의 이름을 수의 책에 들어가게 할 때)'에 해당하는 라틴어는 'in diebus professionis (호구 조사의 때에)'이다. 'professio(호구 조사, 원의미는 '선언' 또는 '재산 신고')'를 'geren irgen i gebu be ton i bithe de dosimbure (많은 백성의 이름을 수의 책에 들어가게 함)'이라고 풀이해 번역한 것이다. 'ton i bithe (수의 책)'이란 말은 결국 '인구 조사의 결과를 적어 놓은 책'이란 뜻이 되겠다.

cihai   sindaha ·   šabisa hebei deyen ci tucime · Yesu i gebu i turgun girubuha
그대로 석방했다. 사도들이 회의의 전당에서 나와   예수의 이름 때문에 모욕당했

ofi ·   dolo ambula urgunjembihe · inenggidari ememu tanggin i dorgide ·
으므로 속으로 크게   기뻐했다.   날마다,   혹은   성전의 안에서,

ememu niyalma i boo de   Yesu Girisdo be eldembume · Ewanzelio i doro be
 혹은 사람들의 집에서, 예수 그리스도를 빛나게 하고   복음의 도리를

/27a/ giyangname nakarakū ··
      강론하여 그치지 않는다.

SURE GISUN
풀이 말

[a] Ananiya   dade   gashūme   ini   usin be   abkai ejen de   alibuha   bihe ··
아니니아가 처음에 맹세하여 그의 밭 을   하느님 께 바쳤던 것 이다.

[e] Satan uthai ehe hutu inu ··
사탄은 곧   악한 마귀 이다.

[i] ere gisun i gūnin · si membe holtofi · aika ome muteci · kemui
이   말 의 뜻은, 네가 우리를 속이고 만약 될 수 있다면   또한

abkai ejen be   holtoki   sehe   kai ··
하느님   을 속이고자 했다는 것이다.

[o] abkai ejen   geren be   gelebukini · ere gese holo yabun de targakini
하느님께서는 많은 이 를 두렵게 하신다. 이 같은 거짓 행동 을 경계하고자

sere   jalin · Ananiya be   uttu ciralame isebuhebi ··
하기 위해 아나니아 를 이렇게 엄하게   벌하셨다.

[u] ainu suwe enduringge enduri meni dolo bisire · bisirakū be balai
왜 너희는   성령께서   우리 속에 있는지 없는지 를 함부로

cendeki · geli terei jurgangga jili be   neciki sere gūnin · ishunde hokilahani
시험하고, 또 그분의 의로운 분노 를 뒤흔들고자 할 생각으로 서로   작당했는가?

[na] Angna Gaifas jergi Satušeo · Fariseo tacikū i duwalingga de gelembihe ··
안나스와 가야파 등 사두가이와, 바리사이 학파 의   일당   을 두려워했던 것이다.

[ne] udu iletu bade šabisa be acarakū · tesei emgi mudandari amasi
　　　비록 드러난 곳에서 사도들 을 만나지 않고, 그들과 함께 　매번 　뒤로

julesi yaburakū bicibe · Yesu be akdambihe · nashūn nashūlafi šabisai
앞으로 다니지 않 지만, 예수 를 믿었고, 　기회가 　닿아 사도들이

tacibure gisun be donjimbihe · šabisa be kundulere arbun entekengge ·
가르치는 　말 을 들었던 것이다. 사도들 을 공경하는 모습이 이러한 것으로,

nimekulehe jadahalaha hūncihisa · gucuse be /**27b**/ amba giyai de sindafi ·
　병들고 　불구된 　친척들과 친구들 을 　　큰 　거리 에 갖다 두고

Betoro ere ba deri duleci · ini beyei helmen cembe aitubumbi seme
베드로가 이 곳 으로 지나면 그의 몸의 그림자가 그들을 구하리라 　고

gūnirengge inu ··
　생각한 것 　이다.

[ni] ere doro · uthai Ewanzelio i doro inu · damu ere doro niyalma i
　　　이 도리는 곧 　복음 의 도리 이다. 오직 이 도리만이 사람 의

sure fayangga be enteheme hūturingga obume mutere teile ··
　영혼 　을 영원히 　복되게 　만들 수 있을 뿐이다.

[no] ainci miosihon fa be baitalafi tucike dere ishunde balai gisurembihe ··
　　　아마 　요술 창문 을 이용하여 나갔을 것이라고 서로 　멋대로 말하였다.

[nu] yala geren irgen šabisa be wesihulembihe ··
　　　사실 많은 백성이 사도들 을 존경했던 것이다.

[ka] ere niyalma · uthai Yesu inu · suwe ere doro be giyangnarade·
　　　이 사람이 　곧 예수 이다. "너희가 이 도리 를 　강론할 때

membe Yesu i senggi eyebuhe ofi amba weilengge niyalma seme
우리가 예수의 피를 흘리게 했으므로 크게 　죄있는 　사람 이라고

gisurerengge wakao ··
　말한 것이　아니냐?"

[ga] abkai ejen enduringge enduri tuwa i ilenggu i　arbun i　meni uju de
　하느님이신　　성령께서　　불 의　혀 의 모습 으로 우리 머리 에

enggelenjifi · jai yaya gurun i gisun gisurere · hacin hacin i nimeku dasara
내려오시고, 또 여러 나라 의 말을 말하고 가지 가지 의 병을 치료하는

muten be mende šangnafi · i　meni doro i yargiyan babe temgetuleme bi ··
능력 을 우리에게 주시어, 그분이 우리의 진리 의 진실한 바를 증명하고 계신다.

[ha] ere juwe facuhūn i da sa　Roma gurun i　han de　alban jafafi acarakū
　이 두　반란 의 두목 들은 로마 국 의 황제 에게 세금을 바쳐서 안 된다

seme balai tacibumbihe ··
고 함부로 가르쳤다.

[ko] šabisa be wara gūnin halara gojime · ushacun be halarakū ··　/28a/
　사도들 을 죽일 생각은 바꿀 지라도　원망 을 바꾸지 않는다.

NINGGUCI FIYELEN
제6　　　장

Tere inenggi tacihiyan i niyalma[1] i ton nonggibuhade · Geresiya ba i [a]
그 무렵 가르침 의 사람 의수가 늘어나자, 그리스 지방의

niyalma meimeni tušan afabure · inenggidari baitalara jemengge ominggga be
사람들이 각각의 직무를 맡아 날마다 쓸 먹을것과 마실것 을

teisu teisu de salame burede · ceni anggasi hehe fusihūlambumbihe ofi ·
각자 에게 나누어 줄때 그들의 과부들이 멸시 받았기 에

tuttu Yudeya ba i niyalma be ushafi gasame deribuhe[2] · juwan juwe šabisa
그래서 유다 지방의 사람들 을 탓하고 원망하기 시작했다. 열 두 사도들이

geren niyalma be isafi hendume be jetere omire jaka be kadalara jalin ·
많은 사람들 을 모아 말하기를 "우리가 먹고 마실 것 을 관리하기 위해

doro giyangnara kicen be waliyame nakaci · giyan de acanarakū · uttu ohode
진리를 강론하는 노력 을 버리고 그만두면 도리 에 맞지 않습니다. 그러 므로

suwe suweni dorgici tob unenggi yabun i temgetu bisire · enduringge enduri ·
여러분이 여러분 중에 바르고 진실된 행동 의 증거가 있고 성령과

mergen erdemu i jalu nadan niyalma be sonjokini · be cende ere tušan
지혜의 덕 이 가득한 일곱 사람 을 선택하여, 우리가 저들에게 이 직무를

afabufi · meni beye damu jalbarime baire · doro giyangnara de kicembi
맡기고 우리 자신은 오직 기도하여 구하고 진리를 강론하는 데 힘쓰겠습니다."

sehe ·· ere gisun acin i geren gucuse de /28b/ icangga ofi · Sutefano[3] ·
하였다. 이 말이 교회 의 많은 친구들 에게 마음 들었기 에 스테파노

---

1 'tacihiyan i niyalma (가르침의 사람)'이란 말은 사도들의 새로운 가르침을 받아들인 신도를 말한다. 이에 해당하는 라틴어는 'discipulus(학생, 제자, 문하생)'이다.

2 'ushafi gasame deribuhe (탓하고 원망하기 시작했다)'에 해당하는 라틴어는 'factus est murmur (투덜거림이 일어났다)'이다.

3 'Sutefano'의 라틴어형은 'Stephanus'인데, 제1 음절의 겹자음 사이에 'u' 모음이 삽입되어 있음이 특이하다.

akdacun erdemu · enduringge enduri i jalu [e] niyalma · jai Filipo ·
(믿음의   덕과   성령   이 가득한   사람), 그리고 필립보,

Borokoro[4] · Nikanore · Dimone · Barmena [i] · Nikolao se be sonjoho ·
브로코로,   니가노르,   디몬,   바르메나,   니골라오 들 을 선택했다.

ere Nikolao Andiyogiya hoton i niyalma · encu demun be waliyafi fe
이 니골라오는 안티오키아   성 의 사람으로   다른 이단 을 버리고 옛

tacihiyan de dosika bihe · tereci Yesu be akdahabi [o] · ere nadan niyalma be
가르침 에 들어가 있다가 거기서 예수 를 믿었다.   이 일곱 사람들 을

šabisai juleri benjihede · šabisa jalbarime · gala be ceni   uju de sindaha [u] ·
사도들 앞에 데려왔는데 사도들은 기도하며   손 을 그들의 머리 에 얹었다.

Ewanzelio i doro ulame badarambuhai · acin i   gucusei ton Yerusalem i
복음   의 진리가 전하여 퍼져가게 되면서 교회 의 친구들의 수가 예루살렘 의

dolo   jaci amba oho · tutala wecen i da sa[5] kemuni Ewanzelio i doro be
안에서 매우 크게 되었다. 많은   제사장 들   또한   복음 의 진리 를

dahame akdambihe · ·
따르고 믿었다.

Sutefano oci · abkai ejen i doshon · enduri hūsun be jalu baha ofi ·
스테파노 는   하느님 의 은총과 성령의 힘 을 가득 받았으므로

irgesei juleri ferguwecuke baita be yabumbihe · · gaitai dangse faksalafi
백성들 앞에서 기이한   일 을 행하였다.   그때에 원적에서 떨어져

tucibuhe ahasi[6] [na] · Širene · Aledzangtiya[7] · Silisiya[8] · Asiya sere ba i
나온   종들과,   키레네,   알렉산드리아,   길리기아, 아시아 라는 지방 의

---

4 'Borokoro'의 라틴어형은 'Prochorus'인데, 제1 음절의 겹자음 사이에 'o' 모음이 삽입되어 있음이 특이하다.

5 'tutala wecen i da sa (많은 제사장들)'에 해당하는 라틴어는 'multa turba sacerdotum (많은 사제들의 무리)'이다.

6 'dangse faksalafi tucibuhe ahasi (원적에서 떨어져 나온 종들)'에 해당하는 라틴어는 'Libertinus (노예에서 자유인이 된 사람)'이다.

7 라틴어 'Alexandria'를 이렇게 'Aledzangtiya'로 표기한 것은 어떤 언어의 전통을 따른 것인지 알 수 없다.

8 라틴어 'Cyrene'와 'Cilicia'를 'Širene'와 'Silisiya'처럼 낱말 처음의 'c'를 각각 /š/와 /s/로 표기한 이유를 알 수 없다.

duwalingga ci udu niyalma dekdeme · /29a/ Sutefano de bakcilame · uru
무리들 중에서 몇 사람들이 일어나   스테파노 에게 맞서서   옳고

waka be leolembihe · damu enduringge enduri i Sutefano de salgabuha
그름 을 쟁론하였다. 그러나   성령   께서 스테파노 에게 내려주신

mergen gisun be donjifi · jabure ba akū ofi · tuttu holo siden obukini
지혜의   말 을 듣고 대답할 것이 없으 므로 그래서 거짓 증인을 삼고자

niyalma be ušame ·   i Moises · abkai ejen be suwaliyame tooha · be
사람 을 끌어들여 "그가 모세와   하느님 을   함께   욕했고 우리가

ini   ere akšun gisun donjiha seme gisurengge · buya irgese[9] · sakdasa ·
그의 이 비방의 말을 들었소." 라고   한 것인데, 작은 백성들과 원로들과

nomun bithei niyalma[10] i mujilen be aššabume · gemu feniyeleme jifi ·
경전 책의 사람들 의 마음 을 흔들어   모두 무리지어 와서

imbe jafafi · hebei deyen[11] de   benehe · dosimbuha holo siden i   urse
그를 잡아 회의의 전당 으로 데려갔다. 들어온   거짓 증인 의 무리들이

hendume · ere niyalma enduringge tanggin[12] · Moises i šajin[13] be fudarara
말하기를, "이 사람이   거룩한   성전과   모세 의 율법 을 거스르는

gisun gisureme nakarakū · ini giyangnahangge uthai Nadzaret i ere Yesu
말을   하여   그치지 않고, 그가 강론하기를   곧   나자렛 의 이 예수가

musei enduringge tanggin be efuleki · Moises i mende tutabuha kooli be
우리의 거룩한   성전 을 허물고 모세 가 우리에게 남긴   법령 을

halaki sere gisun be be   yala donjiha serede · isan i geren niyalma[14]
바꾸자 는 말 을 우리가 정말로 들었다." 하자 회합의 많은 사람들이

Sutefano be yasalame · terei cira be /29b/ sabufi · abkai enduri[15] i cira be
스테파노 를 쳐다 보는데, 그의 얼굴 을   보니 하늘의 천사 의 얼굴 을

---

9 'buya irgese (작은 백성, 평민)'에 해당하는 라틴어는 'plebs(서민, 평민, 민중)'이다.

10 'nomun bithei niyalma (경전 책의 사람들)'에 해당하는 라틴어는 'scriba(서기관, 율법학자)'이다.

11 'hebei deyen (회의의 전당)'에 해당하는 라틴어는 'concilium(회의, 회합, 의회, 공의회)'이다.

12 'enduringge tanggin (거룩한 성전)'에 해당하는 라틴어는 'locus sanctus (거룩한 곳)'이다.

13 'šajin(금령, 법도)'에 해당하는 라틴어는 'lex(법, 율법)'이다.

14 'isan i geren niyalma (회합의 많은 사람)'에 해당하는 라틴어는 'omnes qui sedebant in concilio (의회에 앉은 모든 이들)'이다.

15 'enduri'는 '신(神), 신선, 귀신, 영(靈)' 등의 개념으로 사용되나 이 만주어 성경에서 드물게 '천사

sabure adali kai ‥
보는　듯하였다.

SURE GISUN
풀이   말

[a] ere gemu   Israel   i   omosi bicibe Geresiya goro bade banjiha bihe ·
이   모두 이스라엘 의 후손들 이지만 그리스의   먼   땅에서 태어났던 것 인데,

aniyadari amba dorolon i inenggi[16] doroloki seme Yerusalem de   jimbihe · ere
매년   큰   예절 의 날에 예배하고자 하여 예루살렘 으로   왔다.   이

gese niyalma i ududu boo   aifini Yerusalem de gurinjifi · ice tacihiyan de
같은   사람들 의 많은 집이 이미   예루살렘 으로   옮겨와   새   가르침 으로

dosika ··
들어왔다.

[e] enduringge enduri i kesi fulehun be labdukan i baha ofi ·   tuttu
성령   의 복과 은혜 를   많이   받았 으므로 따라서

enduringge enduri i   jalu   sehebi ··
성령   으로 가득하다 하였다.

[i] ere ninggun   saisa gemu enduringge saisai ton de dosimbuhangge inu ··
이   여섯 현자들은 모두   거룩한 현자들의 수 에 들어가는 이   이다.

[o] Nikolao oci · ememu hasutai doro be   tacibuha · ememu ini getuken
니골라오 는   때로는 비뚤어진 도리 를 가르쳤거나 때로는 그의 분명함이

akū gisun i turgun · miosihodoro demun yendehe ofi · imbe enduringge
없는 말 로 인하여   사악한   이단을 일으켰 으므로, 그를   거룩한

saisa seme · gelhun akū tukiyecerakū ·· [17]
현자 로서   감히   찬양하지 않는다.

---

16 ʼamba dorolon i inenggi (큰 예절의 날)ʼ은 ʻ대축일(大祝日)ʼ의 의미이다.
17 니골라오에 관한 이런 이야기는 요한 묵시록 제2장 6절과 15절에 나오는 이단의 무리인 니골라오 파를 이

[u] emderei[18] musei ejen Yesu i toktobuha nomun be hūlarade · emderei
　　한편으로　　우리　주　예수　께서 정하신　　경전　을　읽으면서, 또 한편으로

gala be   ceni   uju de sindarade · cembe wecen i da i   aisilakū fungnehe ·· /30a/
　손　을　그들의 머리 에　놓으면서,　그들을　　제사장　의　보조자로　봉하였다.

[na] ere kemuni Israel i mukūn ci   tucike   bime · geli Roma gurun i
　　이　　또한 이스라엘 의　일족 에서　나왔던 것 인데, 또한　로마　나라 의

cooha de oljilabuhangge inu · aniya goidafi · cihai   tesu bade amasi
　군대 에　포로 되었던 자들 이다.　해가　오래되어 자유롭게　고향에　　되

maribuhabi · ere utala duwali de meimeni jalbarire uhei acara siden boo
　돌아왔고,　이러한　무리들 에게는　각각　기도하고 함께 만나는 공적인 집이

bihe ·· [19]
있었다.

　　니골라오와 관계있다고 보고 한 말인 듯하다.
18 'emderei'는 'emu derei'의 준말[略語]이다.
19 해외에 살다가 귀환한 유다인들이 안식일이나 다른 정해진 날에 따로 모여 기도하는 집이 있었다. 정태현
　　(1995:87), 임승필 (2002: 66) 등 참조.

NADACI FIYELEN
제7 장

Dalaha wecen i da inde fonjime · ere baita yala uttu nio serede · jabume ·
대제사장이   그에게 묻기를,   "이 일이 과연 이러한 가?" 하자 대답하기를,

geren amata · ahūta mini gisun be donjireo · eldengge ejen Deus[1] jing
"여러 아버지들과 형들은 나의   말 을 들으시오.   영광의 주 하느님께서, 바로

musei mafa Abaram Mesobotamiya de bifi · Karan i dolo tere undede · ini
우리의 조상 아브라함이 메소포타미아 에 계시고 하란 의 안에 사시기 전에,   그분

juleri iletu tucinjime hendume · si sini baci jaila · sini mukūn · boo be
앞에 분명히 나타나 말씀하시기를 '너는 너의 지방에서 떠나 너의 일족과   집 을

waliya · bi sinde tuwabuki sere bade jio sehe Abaram teni Kaldeya
버리고 내가 너에게 보여주고자 하는 곳으로 오너라.' 하셨습니다. 아브라함이 그때 갈대아

gurun ci aljafi Karan de indehe · terei ama bucehe amala · ejen Deus
나라 에서 떠나 하란 에 머물렀고, 그이의 아버지가 죽은 후   주 하느님은

imbe Karan ci ne suweni tehe bade gurinehebi · /30b/ ere bade emu
그이를 하란 에서 지금 여러분이 사시는 곳으로 옮기셨는데,   이 곳에서 한

okson i boihon[2] be inde šangnaha ba akū · damu erebe ini beye de · ini
걸음 의 토지   를 그이에게 상 주신 바 없습니다. 다만 이것을 그이 자신 에게와 그이의

omosi de yooni buki seme angga aljaha bi · tere fonde Abaram de jui
자손들 에게 온전히 주자 고   약속하셨던 것 인데, 그 때에 아브라함 에게 아들이

fuhali akū · ejen Deus kemuni inde alame · sini omosi encu gurun de [a]
전혀 없었습니다. 주 하느님은 또 그이에게 알리시기를, '너의 자손들이 다른 나라 에서

---

1 'eldengge ejen Deus (영광의 주 하느님)'에 해당하는 라틴어는 'Deus glori (영광의 주님)'이다.
2 'emu okson i boihon (한 걸음의 토지)'에 해당하는 라틴어는 'passum pedis (발의 폭을, 한 발짝도)'이다.

antaha i doro i tembi ·³ ba i urse cembe aha obufi absi jobobumbi ⁴· bi
나그네 의 처지 로 살고, 그 땅 의 무리들이 그들을 종으로 삼아 아주 괴롭히리라. 내가

cembe uttu cirai takūraha uksurangga⁵ be isebuhede· ce teni tere baci
그들을 이렇게 마음대로 부리던 족속 을 징계하자 그들이 그제야 그 곳에서

tucifi· ere bade [e] jifi· mimbe kundulere sehe· hūwaliyasun doro i
나와 이 곳으로 와서 나를 공경하리라.' 하셨고, 화해 예식 의

temgetu okini sere jalin šurdeme faitara kooli⁶ be inde afabuha· yala
증거로 삼으려 하기 위해 '빙둘러 자르는' 법 을 그이에게 맡기셨습니다. 과연

Abaram Isak be banjifi· jakūci inenggide imbe šurdeme faitaha· Isak
아브라함이 이사악 을 낳고 둘째 날에 그를 빙둘러 잘랐으며, 이사악이

Yakob be· Yakob juwan juwe mukūn i da sa be ere songkoi icihiyahabi··
야곱 을, 야곱이 열 두 지파 의 선조 들을 이 처럼 조처하였습니다.

mukūn da sa Yosefe be silhidame· Esido i baru genere hūdai niyalma de
지파 선조 들이 요셉 을 시기하여 이집트를 향하여 가는 장사 치 에게

terebe uncaha· ejen Deus Yosefe i emgi bifi· imbe /31a/ hacingga jobocun
그를 팔았는데, 주 하느님께서 요셉 과 함께 있어 그를 여러 재앙과

suilacun ci aitubuha bime· geli mergen genggiyen gūnin be inde salgabufi·
고통 에서 구하셨던 것이며, 또한 지혜와 총명한 의지 를 그에게 내려주시어

---

3 "sini omosi encu gurun de antaha i doro i tembi (너의 자손들이 다른 나라에서 나그네의 처지로 산다.)"에 해당하는 라틴어는 "quia erit semen ejus accola in terra aliena (그의 후손이 남의 땅에서 더부살이로 살 것이다.)"이다.

4 "ba i urse cembe aha obufi absi jobobumbi (그 땅의 무리들이 그들을 종으로 삼아 아주 괴롭히리라.)"에 해당하는 라틴어는 "et servituti eos subjicient, et male tractabunt eos annis quadrigentis. (그들을 종으로 굴복시키어 4백년 동안 그들을 심하게 다루리라.)"로 되어 있다. 만주어 번역에서 '4백년 동안'이란 말이 빠진 것인데, 푸와로 신부가 실수로 빠뜨린 듯하다.

5 'uksurangga (민족, 부족, 족속)'은 'uksura(지파, 씨족)'의 파생어인데, 푸와로 신부의 만주어 성경에는 여러 번 나오지만 과거의 만주어 문헌이나 기존의 만주어 사전에는 등재되어 있지 않다. 제4장 주 17)도 참조.

6 'šurdeme faitara kooli (빙둘러 자르는 법)'에 해당하는 라틴어는 'testamentum circumcisionis (할례의 계약)'이다. 그렇다면 푸와로 신부는 유다교의 '할례(割禮, circumcisio)'라는 말을 만주어로 'šurdeme faita-(빙둘러 자르다)'라는 말로 번역했던 것이고, 만주어 에스델기와 만주어 사도행전에서 이 만주어 낱말을 여러 번 사용하고 있다. 또 S. V. Lipovcov가 번역한 만주어 사도행전에서도 이 번역어가 쓰이고 있다. '할례'를 지칭하는 라틴어 'circumcisio'가 원래 '주위를 둥글게 자르다'란 의미임을 참고할 수 있다. 불가타 라틴어 성경의 에스델기 14장 15절 참조.

Esido gurun i wang Farao i jakade doshon bahabuha ·   Farao uthai imbe
이집트 나라 의 왕   파라오 의 옆에서 총애를 받게 하셨습니다. 파라오는 곧   그를

Esido ba i gubci ·   jai wang i gurung i kadalara da   ilibuha · omin i
이집트 지방 전체와, 또   왕   궁 을 관할하는 수령으로 세우셨습니다. 기근 의

jobolon Esido · Kanan juwe bade ambarame dekdehede · musei mafari
재앙이 이집트와 가나안 두 지방에서 크게   일어나자   우리 조상들이

jeku be bahame muterakūde · Yakob Esido de maise⁷ bi seme donjifi ·
먹거리 를 얻을 수없을 때, 야곱이 이집트 에 밀이 있다 고   듣고

tuktan mudan meni mukūn da sa be unggihe · jaici mudan de Yosefe i ahūta
  첫 번째 우리 지파 선조들 을 보내셨고, 두 번째 에 요셉 의 형들은

imbe   takaha ·   Farao geli ini mukūn be bahafi sara · Yosefe teni beyei
그를 알아보았습니다. 파라오 또한 그 일족 을 능히 알아, 요셉이 비로소 자기의

ama Yakob · boo i gubci nadanju sunja niyalma be soliname jibuhe · Yakob
아버지 야곱과 집 의 모든   일흔 다섯⁸ 사람 을 초대해 오게 했습니다. 야곱이

Esido gurun de dosika amala ini beye · meni mafari gemu ubade bucefi ·
이집트 나라 에 들어간 뒤 그 자신과 우리 조상 모두 여기서 죽고

ceni giran be Sikem de gurinehe eifu de sasa sindaha · dade Abaram ere
그들의 유해 를 세겜 으로 옮겨 무덤 에 함께 두었는데, 원래 아브라함이 이

eifu be hūdai menggun de⁹ Sikem i jui Hemor i /31b/ jusei baru udaha
무덤 을 홍정 가격 으로 세겜 의 아들 하몰 의   아들들 에게 샀던 것

bihe¹⁰ [i] · ejen Deus   Abaram de angga aljaha kesi i erin isinjime hamika ·
이었습니다. 주 하느님께서 아브라함 에게 약속하신 은혜 의 때가 다가옴에 이르자

Abaram i omosi   Esido bade nonggihai · kejine labdu oho · Yosefe i baili be
아브라함 의 자손들이 이집트 지방에서 늘어나 허다히 많아 졌는데, 요셉 의 은혜 를

---

7 'maise(밀)'에 해당하는 라틴어는 'frumentum(곡식, 곡물, 밀)'이다.

8 히브리어 창세기 46장 27절, 탈출기 1장 5절에는 야곱의 식구가 모두 70명으로 되어 있으나 칠십인역 성경 (Septuaginta)에는 두 곳 모두 75명(πέντε καί ἑβδομήκοντα)으로 되어 있다.

9 'hūdai menggun de (홍정 가격으로)'에 해당하는 라틴어는 'pretio argenti (은의 값으로, 은으로 값을 주고, 돈을 치루고)'이다.

10 이 무덤 구입에 관한 이야기는 뒤의 풀이말(이 책 111쪽)을 참조할 것.

sarakū[11] gūwa emu Esido gurun i wang de isitala   baita uttu bihe · ere ice
모르는   다른 한 이집트 나라 의 왕 에게 이르기까지 사정은 이러 했습니다. 이 새

wang musei duwali be jali arga i mukiyeki seme · musei mafari be absi
왕은 우리 동족 을 간교한 계략 으로 멸하고자 하여 우리 조상들 을 매우

jobobuha · hono niyalma tome beyei juse be bucebukini maktame waliya
괴롭혔고, 또한 사람들 마다 자기 자식 을 죽게 하려고 던져 버리라

sere hese wasimbuhabi [o] · tere erin Moises banjifi · ejen Deus i jakade
는 명령을 내렸습니다.   그 때 모세가 태어나 주 하느님 의 옆에서

doshon baha · ilan biya de ama i boo de ujihe amala · teni birai dalin de
총애를 받았고, 석 달 간 아버지 의 집 에서 길러진 후   그리고 강 가 에

imbe waliyaha ofi · wang Farao i sargan jui   terebe gamame · beyei jui i
그를   버렸 기에 왕 파라오 의 여자 아이가 그를   데려가 자기의 아들

adali ujime hūwašabuha · Moises Esido ba i hacingga bithei tacin[12] be ureme
처럼 길러 자라게 했습니다. 모세는 이집트 지방의   여러   책의 배움 을 익혀

bahanaha · gisurecibe · gisun bodohonggo · yabucibe · yabume horonggo bihe ·[13]
얻어,   말하면   말이 지혜롭고   행하면   행동이 위엄 있었습니다.

dehi se de /32a/ isinafi · ini ahūta   deote · Israel i   omosi be tuwanara gūnin
마흔 살 에   이르러 그의 형들과 아우들과 이스라엘 자손들 을   볼   생각이

dekdehebi[14] · Esido ba i emu niyalma ini emu deo be   balai   tantara be [15]
떠올랐는데, 이집트 땅의 한   사람이 그의 한 동생 을 함부로 때리는 것 을

---

11 'Yosefe i baili be sarakū (요셉의 은혜를 모르는)'에 해당하는 라틴어는 'quia non sciebat Joseph (요셉을
몰랐기 때문에)'으로서 'baili(은혜)'라는 말은 없다.

12 'bithei tacin (책의 배움)'에 해당하는 라틴어는 'sapientia(지혜)'이다.

13 "gisurecibe · gisun bodohonggo · yabucibe · yabume horonggo bihe (말하면 말이 지혜롭고 행하면 행동
이 위엄 있었다.)"에 해당하는 라틴어는 "erat potens in verbis et in operibus suis (그의 말과 하는 일에 능
력이 있었다.)"이다.

14 'gūnin dekdehebi (생각이 떠올랐다)'에 해당하는 라틴어는 'ascendit in cor ejus (그의 마음 안에 올랐다)'
이다.

15 'Esido ba i emu niyalma ini emu deo be balai tantara be (이집트 땅의 한 사람이 그의 한 동생을 함부로
때리는 것을)'에 해당하는 라틴어는 'cum vidisset quemdam injuriam patientem (어떤 사람이 폭행 당하
는 것을 보았을 때)'일 뿐이다. 이 라틴어 문장의 의미상의 주어는 물론 모세이지만 모욕 당하는 사람이나
모욕을 행한 사람이 분명하게 드러나 있지 않는데, 만주어 성경은 이 점을 분명히 하여 번역하였고, 라틴
어 'injuria(모욕, 폭행)'도 'tantara(때림)'으로 번역하였다.

sabufi · i uthai koro [u] aliha deo i kimun de karulame[16] · Esido i haha be
보고, 그는 즉시 고통　　받은 동생 의 원수 를 갚으러　　　이집트 남자 를

waha ·　　ini gūnin · ahūta deote　mini ere baita ci　ja i bahafi sara[17] · ejen
죽였습니다. 그의 생각은, '형들과 아우들이 나의 이　　일 에서 쉽게 얻어 알아　주

Deus　　　cembe aituburede · mini beye be　　baitalaki　　sere gūnin inu · damu
하느님께서 그들을 구원하실 때　내　몸 을 이용하시게 하자' 는 생각 인데, 그러나

ce　　erebe ulhihe[18] ba akū ·　yala　　jai inenggi becunure　deote be
그들은 이를 깨닫는　바 없었고, 실제로 다음　날　　　싸우는 동생들 을

hūwaliyambuki seme · suwe gemu deote kai · ainu ishunde koro isibumbini
화해시키고자 하여 '너희는 모두 동생들 이다. 왜　　서로　고통을 주는가?'

serede ·　deo be nungnerengge Moises be aname · we　simbe meni da ·
하자　동생 을 해치는 자가　　모세 를 밀치며 '누가 당신을 우리 머리,

meni beidesi ilibuhani ·　si　Esido ba i haha be sikse waha songkoi mimbe
우리 심판관으로 세웠는가? 당신이 이집트 땅 의 남자 를 어제　죽인 것 처럼　나를

inu　waki sembio　sehe ·· Moises ere gisun be donjifi [na] ukaka · antaha i
또한 죽이고자 하는가?' 하였고,　모세가 이　말 을　듣고　　도망하여 나그네 의

doroi Madiyan bade　　tehe · ubade juwe haha juse be banjiha [ne] · /32b/
처지로 미디안 지방에서 살면서 이곳에서　두 남자 아이들 을 낳았습니다.

dehi aniya oho manggi · Sina alin i gobi i dolo　emu abkai enduri[19] deijire
사십 년이　된 후　　시나이 산 의 사막 가운데서 한 하늘의 천사가　불타는

bula moo[20] i gūrgin[21] i arbun de[22] ini yasai juleri iletu tucinjihe · Moises
가시 나무 의 불꽃 의 모습 으로 그의 눈 앞에 뚜렷이 나타나,　모세가

---

16 'kimun de karulame (원수를 갚다)'처럼 동사 'karula-'는 그 목적어 표지(標識)로 'de'를 쓰기도 한다.

17 'bahafi sara (얻어 알아)'의 뜻은 '알 수 있어'이다.

18 'ulhihe(깨닫다)'는 원문에는 'olhihe'로 잘못 적혀 있다.

19 'enduri'는 전통 만주어 문헌에서는 '신(神), 신선'의 뜻으로 쓰였고, 이 만주어 성경에서는 '영(靈), 성령 (聖靈), 천사'의 뜻으로 사용된다. 'abkai enduri (하늘의 천사)'에 해당하는 라틴어는 'angelus(천사)'이다.

20 'bula moo (가시나무)'에 해당하는 라틴어는 'rubus(나무딸기, 가시덤불)'이다.

21 'gūrgin(불꽃, 화염)'은 원문에는 'gorgin(황벽[黃蘗]나무)'로 잘못 표기되어 있다.

22 'bula moo i gūrgin i arbun de (가시나무의 불꽃의 모습으로)'에 해당하는 라틴어는 'in igne flammæ rubi (가시덤불의 화염의 불 안에)'로, 원문과는 상당히 다른 번역이다.

sabume · ferguwecuke arbun be cincilame tuwanaki serede · abkai ejen den
보고   기이한   모습 을 자세히   가보려 할 때 하느님께서 큰

jilgan i terei baru hendume · bi uthai sini mafari Abaram · Isak · Yakob
소리 로 그 에게 말하시기를, '나는 곧 너의 조상 아브라함, 이사악, 야곱

sei ejen Deus inu   sefi · Moises šurgeme dargime²³ · gelhun akū cincilame
들의 주 하느님 이다.' 하시자, 모세가   벌벌떨면서   감히   자세히

tuwarakū ·   abkai ejen inde hendume · sini bethei sabu be sume gaisu ·
보지 못했습니다. 하느님께서 그에게 이르시기를 '너의 발의 신발 을 벗어 쥐어라.

sini tehe ba enduringge ba inu · Esido de bisire mini irgesei jobocun
네가 선 곳이 거룩한   곳 이다. 이집트 에 있는 나의 백성들의 재난과

suilacun be tuwaha · tesei gasara jilgan be donjiha ofi · tuttu cembe
  고통 을 보았고, 그들의 원망하는 소리 를 들었 기에 그래서 그들을

aitubure jalin enggelenjihe [ni] · ne jio · bi simbe Esido gurun de unggimbi
구하기 위해 강림하였으니,   지금 오너라. 내가 너를 이집트 나라 로 보낸다.'

sehe ·   Israel i omosi dade Moises be   gaiki serakū bime · geli ceni
하셨습니다. 이스라엘 의 자손들은 원래   모세 를 받아들이려 하지 않았 으며, 또 그들의

ere gisun de we simbe musei da · musei beidesi ilibuha ni seme ·
 이 말 에서 '누가 당신을 우리 머리, 우리 재판관으로 세웠는 가?' 하며

wakalahangge bihe · /33a/ naranggi ejen Deus   imbe Isarael i omosi i
 비난했던 것 이었습니다.   마침내 주 하느님께서 그를 이스라엘 의 자손들 의

aitubure da   ilibufi unggihe · bula moo i gūrgin de ini yasai juleri tucinjihe
구원하는 머리로 세워 보내셨고, 가시 나무 의 불꽃 에서 그의 눈   앞에   나타난

abkai enduri be kemuni inde   adahabi [no] · ere Moises Esido gurun i dolo ·
하늘의 천사 를 또   그에게 따르게 하셨습니다. 이 모세가 이집트 나라 의 안과

fulgiyan mederi · bigan tala de dehi aniya hūsime an ci colgoroko ·
 붉은 바다와   광야 에서 사십 년 꼬박 일상 과 남다른

ferguwecuke baita yabuhai Israel i mukūn be Esido baci tucibuhe · ere
  기이한   일을 행하며 이스라엘 일족 을 이집트 땅에서 나오게 했고, 이

---

23 šurgeme dargime (벌벌 떨면서)'에 해당하는 라틴어는 'tremefactus(떨게 되어)'이다.

Moises Israel i omosi de hendume · ejen Deus amaga inenggi suweni ahūta i
모세가 이스라엘 자손들 에게 말하기를, '주 하느님께서 뒷   날   너희의   형들

dorgici mini adalingga doigomšome [nu] sara niyalma suwembe tacihiyara
중에서 나와 같은   미리   아는 사람이   너희를   가르치기

jalin dekdebuki · suwe terei gisun be dahacina sehe ·   ere Moises jing
위해 일어나리니 너희는 그의   말 을 따르라.' 하셨습니다. 이   모세가 바로

Isarael   i geren omosi gobi de uhei bisirede · abkai enduri i emgi amasi
이스라엘 의 많은 자손들이 사막 에 함께 있을때 하늘의 천사 와 함께 뒤로

juleri yabumbihe²⁴ · Sina alin i ninggude terei gisun be an i donjimbihe · i
앞으로 다녔고   시나이 산 위에서   그의   말 을 항상 들었습니다. 그가

musei mafari i dalaha da ofi · abkai ejen i enteheme banjire fafun be /33b/
우리 조상들 의 지도자 이므로 하느님 의 영원히   사는   율법 을

aliha · jai muse de selgiyehebi [ka] · baita udu bicibe · musei mafari
받아 다시 우리 에게 전하였는데,   사정은 비록 그랬으나, 우리 조상들은

imbe dahaki · ini gisun be gaiki serakū · mujilen i dolo Esido babe
그를 따라서 그의 말 을 취하려 하지않고 마음 속으로 이집트 땅을

kidure   teile · Aron de hendume · meni   uju   de jugūn yabure enduri sa be²⁵
그리워할 뿐, 아론 에게 말하기를, '우리 우두머리 로 의를 행하는 신(神)들 을

ara · membe Esido baci tucibuhe tere Moises aibide genehe be fuhali
만들라. 우리를 이집트 땅에서 나오게 한 그   모세가 어디로 갔는지 를 전혀

sarakū sefi · nerginde emu tukšan i arbun be hungkerehe · arbun i juleri
모른다.' 하며 즉시   한 송아지 의 형상 을 빚어내었습니다. 형상 앞에서

ulha be   wecehe²⁶ · ceni gala i weilen de urgunjeme sebjelembihe ·
가축 을 제헌(祭獻)하고 그들의 손 으로 만든 것 에 기뻐하며   즐거워하니

---

24 'amasi juleri yabumbihe (뒤로 앞으로 다녔다)'는 말은 '내왕하였다'는 뜻이다. 그러나 라틴어 원문에는
이런 뜻의 말은 없고 'fuit …… cum angelo (천사와 함께 …… 있었다)'라고만 되어 있다.

25 'meni uju de jugūn yabure enduri sa be (우리 머리에 길 가는 신들을)'에 해당하는 라틴어는 'deos qui
præcedant nos (우리 앞에 가는 신들을, 우리를 인도하는 신들을)'이다.

26 'arbun i juleri ulha be wecehe (형상 앞에서 가축을 제헌하고)'에 해당하는 라틴어 'obtulerunt hostiam
simulacro (우상에게 제물을 바쳤다)'이다.

ejen Deus teni beyei yasa be cenci aljabume[27] · abkai cooha[28] be[ga]
주 하느님께서 그때 당신 눈 을 그들에게서 떼어내시고 하늘의 군대 를

kundulekini · cembe gūnin cihai sindahabi · yala jidere undengge be sara
공경하도록 그들을 마음 대로 내버려 두셨으니, 과연 오지 않은 일 을 아는

saisai [ha] bithe[29] de ejehe gisun aname · abkai ejen Israel i omosi be uttu
현자들의 책 에 기록된 말을 따라 하느님께서 이스라엘 자손들 을 이렇게

wakalame bi · suwe gobi i dolo · dehi aniya i sidende ulha i wecen be
나무라시는 것입니다. '너희가 사막 안에서 사십 년 동안에 짐승의 제사 를

minde alibuha nio · nememe yangsangga arbun i Molok i maikan · suweni
내게 바쳤던 가? 먼저 잘 꾸민 형상 의 몰록 의 장막과 너희의

enduri Remfam i /34a/ usiha be tukiyehe · suweni gala i araha miosihon
천사인 레판 의 별 을 떠받들었고 너희의 손 으로 만든 사악한

ūren be suwe hono kundulehe [ko] · erei turgun bi suwembe Babilon i
우상 을 너희가 오히려 공경했다. 이런 까닭으로 나는 너희를 바빌론 의

cargide guribumbi sehe ·· hūwaliyasun doro i maikan[30] [go] tere erin musei
저편으로 옮기리라.'[31] 하셨습니다. 화해 예식 의 장막은 그 때 우리

---

27 'beyei yasa be cenci aljabume (당신 눈을 그들에게서 떼어내시고)'에 해당하는 라틴어는 'convertit(돌리다, 돌아서다)'이다.

28 'abkai cooha (하늘의 군대)'란 '하늘의 별들'을 가리키는 말이다. 정태현 (1995: 93) 및 임승필 (2002: 73) 참조. P. de Carrières 신부의 이 성경 구절의 프랑스어 번역을 보면 "Alors Dieu se détourna d'eux, et les abandonna à l'impiété, qui leur fit adorer le soleil, la lune et les étoiles, qui sont comme la milice du ciel.... (그런데 하느님은 그들로부터 외면하시어, 그들이 하늘의 군대와 같은 태양과 달과 별들을 경배하도록 하는 불경[不敬]을 내버려 두셨다.)" 다음 문헌 참조. *Sainte Bible en Latine et en Français*, contenant L'Ancien et Le Nouveau Testament, avec un Commentaires littéral inséré dans la traduction français, par le R. L. de Carrières, Prêtre de l'Oratoire de Jésus. Tome neuvième. (1819, Lyon : Chez Rusand) [라틴어 및 프랑스어 성경, 신구약 포함, 프랑스어 번역 사이에 오라토리오 수도회 카리에르 신부의 축자적(逐字的) 주석이 들어 있음] 574쪽.

29 'jidere undengge be sara saisai bithe (오지 않은 일을 아는 현자들의 책)'에 해당하는 라틴어는 'liber prophetarum (예언자들의 책)'이다.

30 'hūwaliyasun doro i maikan (화해 예식의 장막)'에 해당하는 라틴어는 'tabernaculum testimonii (증거의 장막)'이다. 라틴어 'testimonium(증거, 증언, 도움)'을 '화해 예식'으로 번역한 것은 특이한 일이다. 라틴어 'testimonium'에 이런 의미가 있는가에 대하여는 신학적 토론이 필요할 듯하다.

31 따옴표 안에 있는 하느님의 말씀은 구약성경 아모스서 제5장 25절-27절의 인용이라 하지만 어휘나 표현법에서 약간 다르다. 히브리어 아모스서의 해당 구절은 다음과 같다. "너희가 사십 년 동안 광야에서 회생 제물과 곡식 제물을 나에게 바친 일이 있었느냐? 그런데 너희가 별을 우상으로 만들어 받드는구나. 시끗

mafari i emgi gobi de bimbihe · ejen Deus　Moises de hese wasimbume ·
조상 과 함께 사막 에 있었는데, 주 하느님께서 모세 에게 명을 내리시기를

si　alin i ninggude sabuha durun i ici terebe weileme ara　sehe bihe ·
'네가 산　위에서　본　모습 을 따라 그것을　지어 만들어라.' 하신 것 입니다.

Yosuwe　musei mafari be encu mukūn i Ganan bade³² dosimburede · ce
여호수아가 우리 조상들 을 다른　일족 의 가나안 땅에　들어가게 할 때 그들이

maikan be tukiyefi ubade gurinjihe · ejen Deus　ere ba　i uksura be musei
장막 을　지고 그곳으로 옮겨갔고, 주 하느님께서 이 지방의　일족 을 우리

mafari i juleri ci bašame tucibuhebi · ere maikan Taweit i fon de　isitala
조상들 의　앞 에서 쫓아　내셨으며,　이 장막은 다윗 의 시대 에 이르도록

taksimbihe ·　i abkai ejen i jakade doshon bahafi · Yakob i ejen Deus i
존속했습니다. 다윗은 하느님 의 앞에서 총애를 받아　'야곱 의 주 하느님 의

maikan · guise be doboro amba tanggin i babe minde　jorireo　seme baiha ·
장막과　궤 를 간직할 큰　성전 의 땅을 저에게 가리켜 주소서.' 하고 구하더니,

naranggi Salomon ejen Deus de tanggin be　ilihabi ·　damu ten i wesihun
마침내　솔로몬이 주 하느님 께 성전　을 세워 드렸습니다. 그러나 지극히 높으신

Deus　niyalma i galai weileme /34b/ araha tanggin de　terengge　waka · yala
하느님은 사람 의 손으로 지어져　만든　성전 에서 사시는 것이 아니니, 과연

jidere unde baita be sara Isaiyas i nomun bithe de abkai ejen hendume · ³³
오지 않은 일 을 아는 이사야 의 경전　책 에서 하느님께서 말하시기를,

별을 왕삼아 메고 다니며 가이완 별을 신상으로 메고 다니는구나. 내가 너희를 다마스쿠스 저편으로 잡혀
가게 하리라." [《공동번역 성서》에 의함]. 그리스어 구약성경인 칠십인역(Septuaginta)의 아모스서는 히
브리어 성경의 '시끗'을 Μολοχ(몰록)으로, '가이완'을 Ραιφαν(라이판)으로 표기하고 있음을 보아, 불가타
라틴어 성경은 (따라서 만주어 성경도) 칠십인역을 인용한 듯하지만 히브리어 성경의 '바빌론의 저편'을
칠십인역에서는 ἐπέκεινα Δαμασκοῦ (다마스쿠스 저편)으로 표기하고 있어서 분명히 말하기는 어렵다.
여기 나오는 '몰록, 레판, 시끗, 가이완' 등은 모두 구약시대의 이민족들이 섬기던 잡신(雜神)의 이름이다.

32 'encu mukūn i Ganan bade (다른 일족의 가나안 땅에)'에 해당하는 라틴어는 'in possessionem gentium
(이방인의 소유지에)'이다. 'Ganan(가나안)'이란 말은 라틴어 성경에 나오지 않는데, 푸와로 신부가 이해
를 위해 덧붙인 것으로 보인다. 이 낱말이 본문에는 'Kanan'으로 잘못 기록되어 있다.

33 'jidere unde baita be sara Isaiyas i nomun bithe de abkai ejen hendume (오지 않은 일을 아는 이사야의 경
전 책에서 하느님께서 말하시기를)'에 해당하는 라틴어는 'sicut propheta dicit (예언자가 말한 것처럼)'일
뿐이다.

abka   uthai mini tehe ba **[ho]**· na oci · mini bethe nikebure bandan i gese ·
'하늘은 곧   내가 사는 곳,   땅 은   나의 발을 의지하는   의자 와 같다.

ai   boo be minde   araki sembio · ai hacin i ba mini ergecun i ba ome
무슨 집 을   내게 만들고자 하는가? 어떤 종류 의 땅이 나의   안식 의 땅이 될

mutembini · mini gala bisirele jaka be akū   ci   banjihakūnio³⁴   sehe ·
수 있는가? 나의 손이 모든   것 을 무(無) 에서 만들지 않았던가?' 하셨습니다.

murire mangga · gūnin šan   urhu³⁵ niyalma · suwe daruhai enduringge enduri
고집은 강하고   뜻과 귀는 편협된 사람들, 당신네는   항상   성령

be **[kū]** fudarambi · suweni mafari ainame yabuha · suwe   ainame yabumbi ·
을   거역합니다. 당신네의 조상들이 어떻게   행했고 당신네는 어떻게 행합니까?

suweni   mafari   ya emu jidere undengge sara saisa be   jobobuhakū ni ·
당신네의 조상들은 누구 하나 오지   않은 일을 아는 현자 를 괴롭히지 않았습니까?

jurgangga ejen jalan de enggelenjime hamika seme doigonde gisurerengge
의로우신 주님이 세상 에   오시게   되었다 고   미리   말한 이가

bici ·   ce   tesebe waha **[gū]** · suwe   geli ere jurgangga ejen be cashūlafi
있으면 그들은 그이를 죽였고,   당신네는 또한 이 의로우신   주님 을 배반하여

bucebuhebi · abkai ejen   abkai enduri sa be baitalame fafun kooli be suwende
죽였습니다. 하느님께서는 하늘의   천사 들 을 이용하여   율법 을 당신들에게

buhe ·   suwe   aliha gojime · umai /35a/ tuwakiyarakū · ·
주셨고, 당신들은 받았 으나   도무지   지키지 않았습니다."

geren   in i ere gisun donjirede · weihe saime · mujilen i dolo imbe
많은 이가 그의 이 말을 듣자   이빨을 악물고   마음   속으로 그를

seyembihe³⁶ · · damu Sudefano³⁷ enduringge enduri i kesi fulehun be jalu
원망했다.   그러나 스테파노는   성령   의   은혜   를 가득

---

34 "mini gala bisirele jaka be akū ci banjihakūnio (나의 손이 모든 것을 무에서 만들지 않았던가?)"에 해당
하는 라틴어는 "nonne manus mea fecit hæc omnia (나의 손이 이 모든 것을 만들지 않았느냐?)"이다.

35 'murire mangga · gūnin šan urhu (고집은 강하고 뜻과 귀는 편협된)'에 해당하는 라틴어는 'dura cervice,
et incircumcisis cordibus et auribus (목이 뻣뻣하고 마음들과 귀들이 할례[割禮] 받지 않은)'이다.

36 "geren ini ere gisun donjirede · weihe saime · mujilen i dolo imbe seyembihe (많은 이가 그의 이 말을 듣
자 이빨을 악물고 마음 속으로 그를 원망했다.)"에 해당하는 라틴어는 "audientes autem hæc dissecabantur
cordibus suis, et stridebant dentibus in eum. (그들이 이를 듣고 그들의 마음들이 찢어져서 그들의 이빨을
북북 갈았다.)"이다.

baha ofi· yasa be abkai baru tukiyefi · ejen Deus i eldengge be sabuha ·
받았 으므로 눈 을 하늘 로 들어 주 하느님 의 영광 을 보았고,

kemuni ejen Deus i ici ergide ilire Yesu be tuwafi hendume · ne abka
또 주 하느님 의 오른 편에 서 계신 예수 를 뵙고 말하기를, "지금 하늘이

neihe · niyalma i jui ejen Deus i ici ergide ilire be tuwame bi serede ·
열렸고, 사람 의 아들이 주 하느님 의 오른 편에 서 계심 을 뵙고 있습니다." 하자

gemu den jilgan i sureme · šan be gidame · uhei hūsun nukcime[38] dosime·
모두 높은 소리 로 외치며 귀 를 막고 일제히 힘을 발하며 들어와

imbe hoton i tule bašame tucibufi · wehe fahahai imbe tūme deribuhe ·
그를 성 밖으로 몰아 내고 돌을 던지며 그를 치기 시작했다.

siden i niyalma beyei etuku be sume · emu asihan gebu Saūlo[39] i bethei
증인이 자기의 옷 을 벗어 한 젊은이 (이름) 사울 의 발의

fejile sindaha [hū]· jing Sudefano be wehe fahahai tūrede · i jalbarime
아래 두었다. 바로 스테파노를 돌 던져 칠 때 그가 기도하기를,

ejen Yesu mini sure fayangga be bargiyarao sembihe · amala niyakūrafi ·
"주 예수님, 저의 영혼 을 거두어 주소서." 하였고, 그 후 무릎을 꿇고

amba jilgan i hūlame · ejen · si ceni ere weile be guwebureo /35b/ sehede ·
큰 소리 로 외치기를, "주님, 당신은 저들의 이 죄 를 용서해 주소서." 말하며

abkai ejen i jakade elhei dubehe ·
하느님 의 옆에서 평안히 죽었다.

---

37 이 '스테파노'라는 이름은 사도행전 제6장에 처음 나오는데 제6장에는 'Sutefano'라고 표기되다가, 제7장에는 'Sudefano'로 표기된다. 라틴어 표기가 'Stephanus'인 만큼 만주어 표기로는 'Sutefano'가 옳은 것인데 왜 여기서부터 'Sudefano'로 바뀌는지 알 수 없다.

38 'uhei hūsun nukcime (일제히 힘을 발하며)'에 해당하는 라틴어는 'impetum fecerunt unanimiter in eum (일제히 그를 공격했다, 일제히 그에게 덤벼들다)'이다.

39 사람 이름인 'Saūlo'에 비음소적(非音素的) 문자인 'ū'가 사용되고 있다. 'Deus(하느님, ← 라틴어 Deus)'에는 'u'가 사용됨과 비교해 보면 번역자인 루이 드 푸와로 신부는 만주 글자의 모음조화 표기법을 잘 알고 있었던 듯하다. 즉 여성 모음 글자인 'e' 뒤에는 'u'가, 남성 모음 글자인 'a' 뒤에는 'ū'가 와야 한다는 것이 만주어의 모음조화 형식인 것이다. 같은 음가인 [u]를, 앞에 오는 모음이 남성 글자냐 여성 글자냐에 따라 다른 글자로 표기한 것은, 한글에서 같은 [w]음을 '와, 워'처럼 연결되는 글자에 따라 다른 글자 '오, 우'와 적는 것과 같은 논리라 할 수 있다. 또 이 점은 당시 모음 글자 'ū'가 비(非)음소적이었음을 말해 주는 증거가 되는 것이다.

Saūlo i gūnin Sudefano be wara geren   ursei   gūnin de acanaha bihe ‥[40]
사울 의 생각은 스테파노 를 죽이는 많은 사람들의 생각 과   일치해 있었다.

---

40 "Saūlo i gūnin Sudefano be wara geren ursei gūnin de acanaha bihe (사울의 생각은 스테파노를 죽이는
많은 사람들의 생각과 일치해 있었다.)"에 해당하는 라틴어는 "Saulus autem erat consentiens neci ejus (그
런데 사울은 그의 죽음에 동의하고 있었다.)"이므로 만주어에서 설명을 덧붙이고 있음을 알 수 있다.《공
동번역 성서》를 비롯하여 많은 현대어 번역 성경에서 이 구절은 제8장 1절로 편집되어 있는데, 그것은 그
리스어 성경이 그러하기 때문이고, 라틴어 성경은 7장 끝(사본에 따라 7장 59절 또는 60절)에 수록되어
있다.

SURE GISUN
풀이　　말

[a] ere　gurun · Esido gurun inu ··
　　이　나라가 이집트　국　이다.

[e] adarame abkai ejen Esido gurun i wang Farao · ba i irgese be
　　어떻게　하느님께서 이집트 나라 의 왕　파라오와 지방 의 백성들 을

isebuhengge bici · tucin i nomun bithe[41] debi ··
벌하셨던 것　인지 탈출의　경전　책　에 있다.

[i] Abaram ·　Isak ·　 Yakob Heberon de umbuha　bihe · juwan juwe mukūn i
　　아브라함과 이사악과 야곱은　헤브론 에 묻혔던 것 이고,　열　두　지파 의

da　　 tuktan Sikem bade umbufi · amala Heberon de guribuhe ·· dade Eferon i
으뜸이 처음은 세겜　땅에 묻었고,　그 후　헤브론 으로 옮겨졌다.　원래 에브론 의

ama　　Seor kemuni Hemor seme gebulembihe · Hemor oci · Sikem i jui
아버지 소할은 또　하몰 이라고 불리었는데,　하몰 은　세겜 의 아들

ombihe · usin be Yakob de uncaha Sikem · ere Sikem waka · encu emu
이었다.[42] 밭 을 야곱 에게 판　세겜이　이 세겜이 아니라 다른 한

---

41 푸와로 신부는 구약성경의 'Exodus (그리스어 ἔξοδος)'를 'tucin i nomun (탈출의 경전)'으로 번역하고 있다. 푸와로 신부의 중국어역 성경에서는 이 경전의 이름을 '救出之經' 또는 '救世之經'으로 번역하고 있다. 1996년 7월 31일에 출간된 한국 천주교 중앙 협의회 발간 〈구약성서 새 번역 9〉에서, 과거의 '출애급기' 또는 '출애굽기'로 불리던 이 경전을 '탈출기'로 고쳐 부르고 있는데, 이 경전의 이름을 '탈출기'로 부르자는 주장은 필자 김동소에 의해 1995년 최초로 제기된 것이다. (1995년 12월 10일자 〈가톨릭 신문〉 1982호 제10면에 실린 김동소 "공동 번역 성서 개정의 소식을 듣고 …[4]"에서). 그 후 한국 천주교 주교회의에서 이를 받아들여 이 성경 이름을 '탈출기'로 정한 것이다. 그런데 사실은 그보다 200년 전에 이미 푸와로 신부에 의해 그런 이름이 사용되었음을 알 수 있다.

42 아브라함과 이사악과 야곱이 헤브론에 묻혔다는 이야기와 에브론, 소할, 하몰, 세겜 등에 관한 이야기는 구약성경 창세기 23장, 25장, 33장, 35장, 50장 등의 다음 구절들을 참조할 것. "아브라함은 일어나 그 땅에 사는 헷 사람들에게 절하며 말하였다. '내 아내를 안장하도록 허락해 주시니 하나 더 청을 올리겠습니

niyalma　bihe ··
　사람　　이었다.[43]

[o] tucin i　nomun bithe de　ere　baita narhūšame arahabi ··
　탈출 의　경전　책 에　이　사실이　자세히　적혔다.[44]

[u] Moises　abka ejen i　hese be dahame　tere weilengge niyalma be　waha ··
　모세는　하느님 의　명령을 따라　그　죄지은　사람　을 죽였다.

[na] Moises　ini　beyei　yabuha　baita　algimbuha be /36a/ serefi · Farao de
　모세는　그 자신이　행한　일이　소문났음 을　　깨닫고 파라오 가

geleme[45]　jailahabi ··
　두려워　도망하였다.

[ne] ere　juse　　Zersan · Eliyedzer inu ··
　이 아이들이 게르솜과　엘리에젤　이다.[46]

다. 소할의 아들 에브론에게 말해 그의 밭머리에 있는 막벨라 동굴을 나에게 양도하도록 해 주십시오……'"
(23장 7-9절). "아브라함은 백칠십오 년을 살았다. 아브라함은 백발이 되도록 천수를 누리다가 세상을 떠났
다. 아들 이사악과 이스마엘이 그를 막벨라 동굴에 안장하였다. 그 동굴은 헷 사람 소할의 아들 에브론의 밭
에 있었는데, 이 밭은 마므레 동쪽에 있었다. 아브라함은 헷 사람들에게서 사들인 이 밭에 아내 사라를 안장
했었는데 이제 자신이 그 옆에 눕게 된 것이다." (25장 7-10절). "야곱은 바딴아람을 떠나 마침내 가나안 땅
세켐 마을에 무사히 이르러 그 앞에 천막을 쳤다. 야곱은 자기가 천막 친 땅을 세켐의 아버지 하몰의 아들들
에게서 은 백 냥을 주고 샀다. 그리고 거기에 제단을 쌓고 그 제단을 '이스라엘의 하느님 엘'이라 불렀다." (33
장 18-20절). "야곱은 마침내 아버지를 찾아 키럇아르바라고도 불리는 마므레에 이르렀다. 그 곳은 아브라
함과 이사악이 몸 붙여 살던 헤브론이다. 이사악은 백팔십세나 살았다. 이사악이 이렇게 명이 다하여 숨을 거
두고 죽어 세상을 떠나 선조들 곁으로 가자, 아들 에사오와 야곱이 그를 안장하였다." (35장 27-29절). "나는
이제 세상을 떠나게 되었다. 나를 헷 사람 에브론의 밭에 있는 굴, 내 선조들 옆에 묻어 다오. 그 굴은 가나안
땅 마므레 앞 막벨라 밭에 있다. 그것은 아브라함께서 묏자리로 쓰려고 헷 사람 에브론에게서 밭째 사둔 것이
다. 거기에는 아브라함과 사라 두 분이 묻혀 있고, 이사악과 리브가 두 분도 묻혀 있고, 나도 레아를 거기에다
묻었다. 그 밭과 거기에 있는 굴은 헷 사람들에게서 산 것이다.' 야곱은 이렇게 아들들에게 분부하고 나서 침
상에 바로 누워 마지막 숨을 거두고 세상을 떠났다." (50장 29-33절). 또 여호수아기 24장 32절의 다음 구절
도 참고할 것. "이스라엘 백성은 이집트에서 모셔 온 요셉의 유해를 세켐에 묻었다. 그곳은 야곱이 백 냥을 주
고 세켐의 조상 하몰의 후손에게서 산 밭, 요셉 후손의 유산이 된 곳이었다."

43 '밭을 야곱에게 판 세켐'의 이야기는 위에서 인용한 구약성경 창세기 33장 18-20절 참조.
44 구약성경 탈출기 제1장 참조.
45 'gele-(두려워하다)'의 목적어는 격조사 'be(-을, -를)'나 'de(-에)'를 취한다.

[ni] abkai ejen amba kesi isibure oci · duibulen i gisun de · ini beye
　　 하느님께서　큰 은혜를　주시 면　　　비유 의　말 로　당신 스스로

enggelenjihe sembi ··
강림하셨다　한다.

[no] ere abkai enduri abkai ejen i hese be Moises de selgiyembihe · geli
　　 이 하늘의 천사가　하느님 의 뜻 을　모세 에게　전하였고,　　또

inde aisilambihe[47] ··
그를　도와 주었다.

[nu] isan i geren niyalma Sudefano be wakalame · i Moises i fafun gisun
　　 모임 의 많은 사람들이 스테파노 를 비난하여, "그가 모세 의 법과 말을

donjirakū · urušerakū sembihe · Sudefano elemangga Moises be fusihūlara ·
듣지 않고 옳지 않다." 고 했으며, 스테파노는,　도리어　"모세 를 경멸하고,

terei gisun iletu i jurcerengge ceni beye seme gisurembi · Moises i
그의 말을 확실히 어기는 자는 그들 자신 이라." 고 말한다.　모세 의

gisun de amaga inenggi dekdeci acara saisa we ni · uthai Yesu inu ·
말 에서 뒷　날 일어나야 할 현자가 누구 인가? 바로 예수 이다.

enduringge nomun be baicaci · Yesu i yabuha ferguwecuke baita be amcame
거룩한　경전[48] 을 조사하고 예수 께서 행하신　기이한　일 을 뒤좇아

gūnici · funcetele temgetu bikai · abkai ejen Israel i omosi be Farao i
생각하면 넘칠만한 증거가 있는 것이다. 하느님께서 이스라엘 의 자손들 을 파라오 의

gala ci tuciburede · Moises be da obuha bihe · tere fon i urse murime
손 에서 나오게 하실 때 모세 를 지도자로 삼으셨던 것이나, 그 때 의 사람들이 고집하여

imbe gaiki serakū · te abkai ejen tumen tumen jalan i niyalma be ehe hutu i
그를 받아들이려 하지 않았고, 이제 하느님께서 만 만　세대 의 사람들 을 악한 마귀 의

---

46 '게르솜'과 '엘리에젤'에 관해서는 구약성경 탈출기 제2장 22절 및 제18장 3-4절을 참조할 것.
47 타동사 'aisila-'는 그 목적어 표지로 'be(-를, -을)'과 'de(-에)' 두 가지를 다 취하나 'de(-에)'를 더 많이 취한다.
48 '거룩한 경전'은 곧 구약성경을 두고 한 말이다.

gala ci　　ukcaburede · Moises i /**36b**/ joriha Yesu be jalan i aitubure da　ilibuha ·
손 에서 벗어나게 하실 때 모세 가　　언급한　예수 를 세상 구하는 지도자로 세웠으나

suwe　acun cacun de[49]　imbe takara　ba　akū ·　ere gese　yabun　de　Moises be
너희는　어긋나서　　그를 인정하는 일이 없었다. 이 같은　행동 에서　모세 를

fudarara　anggala ·　geli　ejen Deus be　fudarame　bi　seme　wakalaha · ·
거역함은 물론이고 또한　주 하느님 을　거역하고 있다 고　나무랐다.

[**ka**] enteheme　banjire　fafun　serengge ·　abkai ejen i　juwan targacun　inu ·
　　　　영원히　　사는　율법 이라는 것은　하느님 의　십　계명　이다.

niyalma　erebe　hing seme　tuwakiyaci ·　abkai tanggin de　enteheme　banjire
사람들이 이것을　성실히　지키면　　　천당 에서　영원히　사는

hūturi　sebjen[50] be　bahambi · ·
복과　즐거움 을　얻는다.

[**ga**] abkai　cooha · uthai　šun ·　biya ·　geren　usiha　inu ·　erebe　enduri
　　　하늘의 군대는　곧　태양과 달과　많은　별들　인데, 이것을 천사로

obufi　kundulehe · ·
여겨　공경하였다.

[**ha**] ere　jidere undengge be sara saisa i　gebu　Amos　sembihe · · Molok
　　　이　오지　않은 일　을 아는 현자 의 이름을 아모스　라 했다.　　몰록

serengge ·　boihon usiha ·　Remfam oci　aisin usiha ·　　Israel　i　omosi　ere　emu
이라 함은　토성(土星),　레판　은 금성(金星)이다. 이스라엘 의 자손들이 이　한

hūlhi mentuhun　bade　isinaha · modo　usihai　maikan be　yangsangga　arbun
　　　우매한　　곳에 이르러 우둔한　별의　장막 을　잘 꾸민　형상으로

tukiyere　gojime[51] ·　sarkūngge　akū ·　muterakūngge　akū　ejen Deus i
받들었다　해도,　모르시는 것이 없고 하실 수 없는 것이 없는 주 하느님 의

---

49 'acun cacun de (어긋나서)'는 과거 만주어 문헌에서는 흔히 'acun de cacun'으로 표기했다.
50 'hūturi sebjen (복과 즐거움)'은 '복락(福樂, beatitudo)'이라는 한자말을 직역한 것이다.
51 'gojime(-이라 하더라도)'는 원문에는 'kojime'로 되어 있다. 잘못으로 보아 교정한다.

maikan be   daburakū ··
　장막　을　상대하지 못한다.

[ko] ce   encu demun i   ursei ūren be sabufi · ceni gala de dursuleme
　그들이 다른 이단 의 무리들의 우상 을 보고　그들의 손 으로　본떠

araha   bihe ··
만들었던 것이다.

[go] enduringge guise i maikan Moises i   arahangge · abkai ejen
　거룩한　　　궤 의 장막은　모세 가 만든 것으로, 하느님께서

Israel   i /37a/ omosi i emgi hūwaliyambuha amala · enduringge guise be ere
이스라엘 의　자손들과 함께　화해한　후　거룩한　궤 를 이

hūwaliyasun doroi temgetu obuhabi ··
　화해　예식의 증거로　삼았다.

[ho] abkai ejen babade bicibe · damu ini beyei eldengge horonggo
　하느님은　곳곳에 계시지만 오직 당신 자신의　명성과　위엄과

ambalinggū be abka de   iletu sabubure teile ··
　위대함　을 하늘 에서 분명히　볼　따름이다.

[kū] ere gisun abkai ejen i cohotoi hesei gisurehengge inu ··
　이　말은　하느님 의 특별한 명령으로　말한 것　이다.

[gū] yala Isaiyas · Yeremiyas · jergi saisa be erei turgun bucebuhe ··
　과연 이사야와 예레미아　등의 현자들 을 이로　인해 죽게 하였다.

[hū] Yesu muse niyalma be abkai ejen i jurgangga juse   obuha ci
　예수께서 우리 사람 을 하느님 의 의로운 자식으로 삼으셨

tetendere · musei jurgangga ejen seme tukiyecembi ·· tere fon i kooli de
으므로, 우리의 의로운 주 로　칭송된다.　그 시절의 법 으로

siden niyalma wehe be fahame deribuci acambihe ··
　증인이　돌 을 던지기 시작해야　했다.

JAKŪCI FIYELEN
제8   장

Tere emu inenggi[1] Yerusalem de bisire enduringge tacihiyan i niyalma[2]
그 같은 날   예루살렘 에 있는   거룩한   가르침 의 사람들이

ambarame jobobufi[3] · gemu Yudeya · Samariya i   babade samsihabi ·
크게   박해 받아   모두 유다와   사마리아 의 곳곳으로 흩어졌는데

šabisa oci · jailara ba akū ·[4] abkai ejen be halhūn mujilen i kundulere
사도들 은 피하는 일 없었다.   하느님 을 뜨거운 마음 으로 공경하는

mangga[5] emu udu niyalma[6] Sudefano i /37b/ giran be umbuha bime · geli
착한   몇몇   사람이 스테파노 의   시체 를   묻었으며   또한

eifu i juleri gasahabi[7] ·· taka Saūlo enduringge tacihiyan i niyalma be
무덤 앞에서 애도했다.   한편 사울은 거룩한   가르침 의 사람들 을

jocibuki[8]   seme · ceni boo de dosime · hahasi hehesi be balai ušafi ·
파멸하고자 하여 그들의 집 으로 들어가 남자들과 여자들 을 함부로 끌어

horin de horimbihe ··
감옥 에 가두었다.

---

1 'tere emu inenggi (그 같은 날)'에 해당하는 라틴어는 'in illa die (그 날에)'이다.

2 'enduringge tacihiyan i niyalma (거룩한 가르침의 사람들)'은 예수의 가르침을 믿는 사람들을 지칭한다. 이에 해당하는 라틴어는 단순히 'ecclesia(교회)'일 뿐이다.

3 'ambarame jobobufi (크게 박해 받아)'에 해당하는 라틴어는 'facta est persecutio magna (큰 박해가 이루어졌다)'이다.

4 'šabisa oci jailara ba akū (사도들은 피하는 일 없었다)'에 해당하는 라틴어는 'præter apostolos (사도들을 제외하고)'이다.

5 'mangga(착한)'에 해당하는 라틴어는 'timoratus(경외심 있는, 두려워하는)'이다. 만주어 'mangga'를 '착한'으로 번역한 다음 예문 참조. "bi simbe gaime muterakū oci ere jalan i mangga haha waka kai (내 너를 어르기를 이로지 못ᄒᆞ면 이 싱의 착ᄒᆞ 스나회가 아니라)"《삼역총해》1권 17장.

6 'abkai ejen be halhūn mujilen i kundulere mangga emu udu niyalma (하느님을 뜨거운 마음으로 공경하는 착한 몇몇 사람)'에 해당하는 라틴어는 'viri timorati (경외심 있는 사람들이)'일 뿐이다.

7 'gasahabi(애도했다)'에 해당하는 라틴어는 'fecerunt planctum magnum (큰 통곡을 했다)'이다.

8 'jocibu-(파멸하다)'에 해당하는 라틴어는 'devasto(유린하다, 파괴하다)'이다.

samsihala niyalma ya bade isinaci **[a]** Ewanzelio be selgiyembihe ·
흩어진   사람들은 어느 곳에 이르더라도   복음   을   전파하였다.

Filipo oci **[e]** · Samariya i hoton de dosifi · hoton i irgese de Yesu Girisdo be
필립보 는   사마리아   성 에 들어가 성 의 백성들 에게 예수 그리스도 를

giyangnara dabala ·   ba i   urse uhei acafi · Filipo i yabuha ferguwecuke baita be
강론할 뿐이었는데, 그곳 의 사람들이 함께 모여 필립보 가 행한   기이한   일 을

sabume · gūnin werišehei⁹ terei gisun be donjimbihe · dade ehe hutu
보고   생각을 기울여   그의 말 을 들었다.   처음에 악한 마귀가

beye de bisire ududu niyalma¹⁰ emgeri Filipo i juleri jifi¹¹ · miosihon hutu sa
몸 에 있는   많은 사람들은   한번 필립보의 앞에 오면   사악한 마귀 들이

den jilgan i kaicame tucimbihe · beyei gubci jadahalaha · dohošoro niyalma¹²
높은 소리 로 아우성치며 나갔고,   몸 전체가 불구되고, 절룩거리는 사람들이

aitubuhangge kemuni labdu bihe · uttu ohode tere hoton i irgese alimbaharakū
나은 자   또한   많이 있었다. 그리 하여 그   성 의 백성들이 참지 못하고

urgunjembihe¹³ · ·
기뻐했다.

emu haha gebu Simon ubade tembihe · i /38a/ neneme ibagan fa de kicefi ·
한 남자가 (이름 시몬) 그곳에 살았는데 그는   일찍이 괴상한 요술 에 힘써

beyebe tukiyeceme · amba enduri seme algimbufi · Samariya hoton i
자기를 추켜세워   큰   영(靈) 이라고 소문내며 사마리아   성 의

niyalma be ebderembihe · asihata ci sakdasa de   isitala gemu imbe dahame ·
사람들 을   해롭게 했다. 젊은이들 에서 원로들 에게 이르도록 모두 그를 따르며,

---

9 'gūnin werišehei (생각을 기울여)'에 해당하는 라틴어는 'unanimiter(일치하여, 한 마음으로)'이다. 이 만주
어 'gūnin weriše-'는 'gūnin wereše-'로 적기도 한다.

10 'niyalma'는 원문에는 'iyalma'로 잘못 표기되어 있다.

11 'jifi'는 'jici(오면)'으로 수정함이 더 좋을 듯하다.

12 'beyei gubci jadahalaha · dohošoro niyalma (몸 전체가 불구되고 절룩거리는 사람들)'에 해당하는 라틴
어는 'paralytici et claudi (중풍 든 이와 절룩거리는 이)'이다.

13 'alimbaharakū urgunjembihe (참지 못하고 기뻐했다)'에 해당하는 라틴어는 'factum est gaudium magnum
(큰 기쁨을 만들었다. 크게 기뻐했다)'이다.

i yala ejen Deus i wesihun erdemu bi seme gisurenumbihe[14] · i utala
그는 참으로 주 하느님 의 높은 덕이 있다 고 서로 말하였고, 그는 여러

aniya ci cembe ibagan i fa de hūlimbuha ofi · tuttu ce imbe kundulembihe ·
해 동안 그들을 괴상한 요술 로 미혹시켰 으므로, 그래서 그들이 그를 공경했던 것이다.

damu Filipo abkai ejen i gurun i doro be giyangnaha manggi hahasi hehesi
그러나 필립보가 하느님 의 나라 의 진리 를 강론한 후에 남자들과 여자들이

gisun be akdafi · Yesu Girisdo i ilibuha mukei obocun be bireme alirede ·
말씀 을 믿고 예수 그리스도 께서 세우신 물의 세례 를 전부 받자

Simon kemuni akdame · mukei obocun be alifi · Filipo be dahalambihe ·
시몬 또한 믿어 물의 세례 를 받고 필립보를 따랐고

terei yabuha colgoropi amba baita be tuwame · absi ferguwembihe ·
그가 행한 뛰어나고 큰 일 을 보고 매우 놀랐다.

taka Yerusalem de bisire šabisa Samariya i uksurangga Ewanzelio be dahambi
그때 예루살렘 에 있는 사도들이, 사마리아 의 일족이 복음 을 따른다

sere mejige donjime · Betoro · Zowangne se be tubade unggihe · jihe
는 소식을 듣고 베드로와 요한 들 을 그곳에 보냈는데, 온

amala · ce geli /**38b**/ enduringge enduri be bahame mutekini ceni funde
후에 그들 또한 성령 을 받을 수 있도록 그들을 위하여

jalbarihabi · enduringge enduri yala ceni ujui dergide enggelenjire unde ·
기도하였다. 성령은 사실 그들 머리 위에 내려오지 않았고,

damu ejen Yesu i obocun be aliha bihe teile ·[15] šabisa jalbarime baiha
다만 주 예수의 세례 를 받았을 뿐이었다. 사도들이 기도하고 구한

manggi teni beyei gala be ceni uju de sindafi · ce uthai enduringge enduri be
후 바로 자기 손 을 그들 머리 에 두자 그들이 곧 성령 을

baha [i] · ·
받았다.

---

14 원문에는 'gisuranumbihe'로 잘못 표기되어 있다.

15 'damu ejen Yesu i obocun be aliha bihe teile (다만 주 예수의 세례를 받았을 뿐이었다.)'에 해당하는 라틴
어는 'sed baptizati tantum erant in nomine Domini Jesu (그러나 다만 주 예수의 이름으로만 세례 받았을
뿐이다.)'이다. 만주어의 경우 '예수의 세례'만으로는 성령을 받을 수 없는 것처럼 오해될 수 있다.

Simon oci · šabisa emgeri gala be niyalma i uju de sindarade ·
시몬 은, 사도들이 한번 손 을 사람들 의 머리 에 두자

enduringge enduri enggelenjire be tuwafi · menggun[16] be cende alibume
성령이 내려오심 을 보고 은 을 그들에게 바치며

hendume · suwe kemuni ere muten be minde bureo · bi ya emu niyalma de
말하기를, "당신들은 또한 이 힘 을 내게 주소서. 내가 어느 한 사람 에게

gala sindaci · i uthai enduringge enduri be bahakini sehe ·· Betoro jabume ·
손을 두면 그가 즉시 성령 을 받게 하소서." 하였다. 베드로가 대답하기를,

sini menggun sini beyei emgi enteheme ufarakini · si abkai ejen i kesi be
"당신 은이 당신 자신과 함께 영원히 망할 것이니, 당신이 하느님 의 은혜 를

menggun de bahaki seme ofi kai · ere baita de [o] heni ubu sinde akū ·
은 으로 얻으려 하기 때문 이오. 이 일 에서 약간의 몫도 당신께 없소.

sini mujilen yala abkai ejen i baru tondo waka · sini /39a/ ehe weile be
당신 마음이 참으로 하느님 을 향해 바르지 않으니, 당신의 나쁜 죄 를

aliyame jabaca · ejen Deus de baisu · ainci sini mujilen i fudashūn
뉘우치고 회개하여 주 하느님 께 구하시오. 아마도 당신 마음 의 거역하는

gūnigan be guwebumbidere · bi tuwaci · absi gosihon silhi i muke sini
생각 을 용서하실 것이오. 내가 보니 매우 쓴 쓸개 의 물이 당신

dorgide bime · geli ujen aburi weile i futa simbe hūwaitara canggi[17]
안에 있으며 또한 무겁고 흉악한 죄 의 노끈이 당신을 얽어맬 뿐이오."

sehede [u] · Simon šabisa de hendume · bi suweni gisurehe jobolon ci
하자 시몬이 제자들 에게 말하기를, "내가 당신들이 말 한 재앙 에서

guweme mutekini · suwe mini funde abkai ejen de baireo [na] sehe ·· Betoro ·
벗어날 수 있도록 당신들이 나를 위해 하느님 께 청해 주소서." 하였다. 베드로와

---

16 'menggun(은[銀])'에 해당하는 라틴어는 'pecunia(돈, 화폐)'이다.

17 "bi tuwaci · absi gosihon silhi i muke sini dorgide bime · geli ujen aburi weile i futa simbe hūwaitara canggi (내가 보니 매우 쓴 쓸개의 물이 당신 안에 있으며 또한 무겁고 흉악한 죄의 노끈이 당신을 얽어맬 뿐이오.)"에 해당하는 라틴어는 "in felle amaritudinis et obligatione iniquitatis video te esse (쓴 맛의 쓸개와 불의의 사슬에 당신이 있음을 나는 봅니다.)"이다. '쓴 맛의 쓸개'는 계약 파기나 우상 숭배의 결과를 묘사하기 위해 사용되는 표현이고, 이 말과 '불의의 사슬'은 죄의 상태를 가리키는 은유적 표현이라 한다. 정태현 (1995: 105) 참조.

Zowangne ejen Yesu i doro giyangnaha temgetulehe manggi · Yerusalem de
요한이 　주 예수 의 진리를 강론하고 　증언한 　후 　예루살렘 으로

bederere ildun de · Samariya i harangga ududu bade Ewanzelio be selgiyembihe ·
돌아가는 편 에 사마리아 에 속한 여러 곳에서 　복음 을 전파하였다.

abkai ejen i takūrabuha · emu enduri[18] Filipo de hendume · si ilifi ·
하느님 이 보내신 　한 천사가 필립보 에게 말하기를, "너는 일어나

julergi ergi i baru genefi · Yerusalem ci Gadza de tuhenere jugūn deri
남 쪽 을 향하여 가서 예루살렘 에서 가자 로 내려가는 길 을 따라

yabu · 　ere uthai susubuha Gadza hoton inu[19] sehe · Filipo ilime genehe ·
걸어가라. 이것은 곧 황폐한 가자 성 이다." 하였다. 필립보가 일어나 가서

tuwaci · Etiyobiya gurun de amba toose bisire emu haheri /39b/ wang heo
보니 에티오피아 나라 에서 큰 권력이 있는 한 환관이자, 　왕후

Kandaše[20] i ulin i da[21] ejen Deus be kundulere gūnin Yerusalem de jifi
간다케 의 재정관이 주 하느님 을 공경할 생각으로 예루살렘 에 왔고,

sejen de teme amasi marimbihe · i jidere undengge be sara Isaiyas i
수레 에 앉아 뒤로 되돌아가고 있었다. 그는 오기 　전 일 을 아는 이사야 의

nomun bithe be hūlambihe · enduringge enduri Filipo de hendume [ne] ·
경전 책 을 읽고 있었는데, 　성령께서 필립보 에게 말하시기를

si ibene · ere sejen de hanci oso serede · Filipo sujume · baita be
"네가 나아가 이 수레 에 가까이 가라." 하시자 필립보가 달려가 　일 을

---

18 ʿabkai ejen i takūrabuha · emu enduri (하느님이 보내신 한 천사)ʾ에 해당하는 라틴어는 ʿangelus Domini (주님의 천사)ʾ이다.

19 "ere uthai susubuha Gadza hoton inu (이는 곧 황폐한 가자 성이다.)"에 해당하는 라틴어는 "hæc est deserta (이는 황폐했다, 이는 무인지경이다.)"이다.

20 ʿKandašeʾ의 라틴어형은 ʿCandaceʾ이다. 이 ʿ간다케ʾ라는 낱말은 본디 고유 명사가 아니라, 이집트 임금 ʿ파라오ʾ처럼, 에티오피아 여왕을 일컫는 칭호였다고 한다. 임승필 (2002: 80) 참조.

21 ʿulin i da (재정관)ʾ에 해당하는 라틴어는 ʿqui erat super omnes gazas ejus (그녀의 모든 재물을 관장하는 이)ʾ이다. 이 만주어 ʿulin i da (재정관)ʾ은 《漢淸文鑑》 2권 29장에 다음과 같이 나온다. 司庫 : 各衙門掌庫之官(각 관청에서 재정을 맡은 관리). ulin i da : yaya namun i baita be dara hafan. 여러 재정의 일을 맡은 관리.

doigonde hafure saisa[22] Isaiyas i bithe hūlara be donjifi[23] fonjime · sini
미리 통달한 현자 이사야의 책을 읽는 것 을 듣고 묻기를, "당신의

gūnin ai · hūlaha gisun be ulhimbio sefi · jabume · niyalma sume
생각이 어떻습니까? 읽으신 말 을 깨닫습니까?" 하자, 대답하기를, "누가 풀어

giyangnarakū oci · bi adarame ulhime mutermbini sehe manggi · solime ·
설명하지 않으 면 내가 어찌 깨달을 수 있겠습니까?" 한 후 초대하여

juwe nofi sejen de adame tecehe ·· hūlara nomun bithei gisun uthai i emu
둘이 함께 수레 에 나란히 앉았다. 읽은 경전 책의 말은 곧 '그가 한

honin i adali wara bade benebuhe · honin adarame da funiyehe be hasalara
양 과 같이 죽이는 곳으로 보내졌는데, 양이 그렇게 자기 털 을 가위질하는

niyalma i juleri jilgan tuciburakū · i geli beyei angga be neihe ba akū ·
사람 의 앞에서 소리를 내지 않고 그가 또한 자기의 입 을 연 일이 없다.

ini gocishūn i fonde aliha beiden yooni geterembuhe[24] [ni]· jalan ci /40a/
그의 겸양 의 때에 받은 재판이 모두 없어져 버렸으니 세상 에서

aljabuha amala ini banjin[25] be we alame mutembi sere gisun inu [no]·
떠난 후 그의 삶 을 누가 말할 수 있는가?' 하는 말 이었다.

tere haheri Filipo de fonjime · Isaiyas we be jorime gisurembini · ini beye be
그 환관이 필립보에게 묻기를, "이사야가 누구 를 가리켜 말합니까? 그 자신 을

jorime gisurembio · gūwa emu niyalma be jorime gisurembio sehede ·
가리켜 말합니까? 다른 어떤 사람 을 가리켜 말합니까?" 하자

Filipo angga neifi ere nomun i gisun ci deribume · Yesu be inde
필립보가 입을 열어 이 경전 의 말 에서 시작하여 예수 를 그에게

---

22 'baita be doigonde hafure saisa (일을 미리 통달한 현자)'에 해당하는 라틴어는 'propheta(예언자)'이다. 몇 줄 위에 있는 'jidere undengge be sara (오기 전 일을 아는)'에 해당하는 라틴어도 'propheta'이다.

23 마차는 이 재정관이 책을 읽을 수 있을 정도로 천천히 가고 있었고, 재정관은 고대의 관습대로 혼자 있을 때라도 소리를 내어 성경을 읽고 있었기 때문에 필립보가 그 내용을 들을 수 있었다. 정태현 (1995: 107) 참조.

24 'ini gocishūn i fonde aliha beiden yooni geterembuhe (그의 겸양의 때에 받은 재판이 모두 없어져 버렸으니)'에 해당하는 라틴어는 'in humilitate judicium ejus sublatum est (겸양 안에서 그의 재판은 사라져 버렸다.)'이다.

25 'banjin(삶, 생계, 생애)'에 해당하는 라틴어는 'generatio(출생, 생식, 혈통, 세대)'이다.

giyangnaha **[nu]** · jugūn yaburede · muke bisire emu bade isinafi ·
강론하였다.　　길을　가는데　물　있는　한　곳에 이르러

haheri hendume · muke beleni bi · ya we mini obocun be tookabumbini[26]
환관이 말하기를, "물이　이미 있으니 어느 누가 나의　세례 를 지체시키겠습니까?"

serede · Filipo jabume · aika si yongkiyan mujilen de akdaci · tookabure
하자　필립보가 대답하기를, "만약 당신이 온전한　마음 으로 믿으면 지체시킬

ba akū sehe · i hendume · Yesu Girisdo abkai ejen i jui seme unenggi
것이 없소." 하였고, 그는 말하기를, "예수 그리스도가 하느님 의 아들 이라고 진실한

gūnin i akdame bi sefi · sejen be ilibuha amala juwe nofi muke de ebume ·
마음 으로 믿고 있다." 하자 수레 를 세운　후　두 명이 물 로 내려가

Filipo haheri be obohobi · sasa muke ci tucire nergin · abkai ejen i enduri[27]
필립보가 환관 을 세례했다. 함께　물 에서 나올 때　하느님 의 성령이

Filipo be gamaha · haheri imbe saburakū oho · damu urgunjeme jugūn **/40b/**
필립보 를 데려갔다. 환관은　그를 보지 못하게 되었으나 그러나 기쁘게　길을

yabure dabala · Filipo oci · ini beye Adzoto hoton i dolo bisire be
갈　뿐이었다. 필립보 는 그 자신 아스돗 성　안에 있음 을

sabuhabi **[ka]** · julesi ibeneme · geren hoton i urse Ewanzelio be
알아채고,　앞으로 나아가　많은 성 의 사람들에게 복음 을

selgiyembihe · teni Šesareha hoton de isinaha ··
전파하였으며, 마침내 가이사리아 성 에 이르렀다.

---

26 'tookabumbini(지체시키다)'에 해당하는 라틴어는 'prohibeo(막다, 말리다, 금하다, 억제하다)'이다.
27 여기서 이 'abkai ejen i enduri'에 해당하는 라틴어는 'Spiritus Domini (주님의 영[靈])'이다. 앞(주 18 참조)에서는 'angelus Domini (주님의 천사)'가 필립보에게 나타났던 것으로 되어 있는데, 여기서는 'Spiritus Domini (주님의 영[靈])'이 그를 데려갔다고 한다. 그러나 만주어로는 둘 다 'abkai ejen i enduri'로 번역되어 있다.

SURE GISUN
풀이   말

[a] Ewanzelio hūdun i ba bade   selgiyekini · abkai ejen cohome baita be
    복음을   빨리   곳 곳으로 전파하고자   하느님께서 특별히   일 을

uttu   belhehebi ··
이렇게 준비하셨다.

[e] ere   Filipo Yesu i   šabi waka · enduringge Sutefano i emu adali jergi i
    이 필립보는 예수 의 사도가 아니라   거룩한   스테파노 와 동일한 등급 의

niyalma bihe ··
  사람   이었다.[28]

[i] tere fonde enduringge enduri tuwai ilenggu i arbun de enggelenjimbihe ··
    그 때   성령이   불의 혀 의 모습 으로   내려왔다.[29]

[o] ememu enduringge enduri i kesi be alirede · ememu enduringge enduri be
    혹   성령   의 은혜 를 받을 때나   혹   성령   을

bure tušan de   sini ubu akū · sinde   ehe gūnin   ofi kai ··
주는 일 에 당신의 몫은 없다. 당신에게 나쁜 생각 (이 있기) 때문 이다.

[u] ere gemu duibulere gisun bi · terei gūnin uthai sini silhingga[30]
    이 모두 비유하는   말 이다. 그 뜻은 곧 '너의 시기하는

---

28 사도들을 돕기 위한 일곱 보조자들 중의 한 사람이었다. 사도행전 제6장(이 책 93쪽) 참조.
29 사도행전 제2장 (이 책 42쪽) 참조.
30 만주어 'silhi'에는 '쓸개'라는 뜻과 '질투, 시기'라는 뜻이 있다. 따라서 'silhingga'는 '시기하는'이라는 뜻과
    함께 '쓸개의'라는 뜻도 가지게 된다. 푸와로 신부는 만주어의 이런 양의성(兩義性)을 이용해 성경을 풀이
    하고 있는데, 라틴어 'fel(쓸개)'에는 물론 그런 의미는 없다.

mujilen sini sure fayangga i erdemu be yooni efulehe bime· geli sini
마음이 너의 영혼 의 덕 을 모조리 허물고 있으며, 또한 너의

aburi ehe weile futa i gese simbe huthufi simbe /41a/ ušahai na i gindana de
흉악히 나쁜 죄가 밧줄 처럼 너를 결박하고 너를 끌면서 지옥 으로

tuhebumbi sere gūnin inu··
떨어진다.' 라는 뜻 이다.

[na] ini ere gisun holo gisun inu· yala tucifi· baba i niyalma be
그의 이 말은 거짓 말 이다. 실제로 나가서는 곳곳 의 사람들 을

miosihon fa de hūlimbume nakarakū··
사악한 요술 로 미혹시켜 멈추지 않는다.

[ne] hendume sehengge uthai inde ulhibume sere gisun gisurere adali··
'말하시기를' 이라 한 것은 곧 그에게 '깨우치게 하는 말을 하심' 과 같다.

[ni] abkai ejen enduringge ama i enduringge jui niyalma i banin be gaiha
하느님이신 거룩한 아버지 의 거룩한 아들은[31] 사람 의 모습 을 가진

amala· gocishūn mujilen i bucere beiden be cihanggai aliha bihe· damu
후 겸손한 마음 으로 죽는 재판 을 기꺼이 받으신 것이다. 그러나

dasame banjifi· ere beiden i girucun be ini beye ci geterembuhe· ini
다시 살아나 이 재판 의 부끄러움 을 당신 몸 에게서 사라지게 하시어, 당신

bata i beye de yooni isibuha· i yala abkai ejen seme iletu tuwabuhabi··
원수 의 몸 에 모조리 보내시고, 그분이 참으로 하느님 이시라고 분명히 보게 하셨다.

[no] adarame abkai ejen enduringge ama imbe enteheme ci banjiha·
어떻게 하느님이신 거룩한 아버지께서 그분을 영원 으로부터 살리셨고,

geli i ini bucere gungge de ududu niyalma be enduringge ama i
또한 그분이 당신의 죽으시는 공 으로 많은 사람들 을 거룩한 아버지 의

---

31 '거룩한 아버지의 거룩한 아들'이란 말은 '성부(聖父)의 아들이신 성자(聖子)'란 뜻이다.

jurgangga   juse   obuhabi ·   we giyangname mutembini · ·
의로운 자식들로 삼으셨는지, 누가   강론할   수 있겠는가?

[nu] Yesu uthai jalan be aitubure ejen seme giyangnafi · ice iliha
      예수께서 곧   세상 을 구하시는 주님 이라고   강론하여, 새로 세운

tacihiyan i kooli be cun cun i alahabi · ·
가르침 의 법 을 차츰차츰 알렸다.

[ka] Adzoto[32] Gadza ci emu tanggū ba i   otolo sandalabuha bihe · · /41b/
      아스돗은   가자 에서 일 백   리 가 되도록   떨어져   있다.

---

32 원문에는 'Adzuto'라고 잘못 기록되어 있다.

UYUCI FIYELEN
제9   장

Taka   Saūlo ejen Yesu i tacihiyan i niyalma[1] be šerihei · cembe
얼마 후 사울이 주 예수의 가르침 의 사람   을 위협하며 그들을

mukiyere turgun · wecen i dalaha da be[2] acaha · Damasko ba i geren
전멸하기 위해   대제사장   을 만나 다마스쿠스 지방 의 많은

acin[3] de bure bithe be ini baru gaiki sembihe · aika ice tacihiyan i hahasi
교회 에 보낼 글 을 그쪽에서 얻고자 하였는데, 만약 새 가르침 의 남자들과

hehesi[4] be tubade ucaraci · tesebe huthufi · gemu Yerusalem de benjime
여자들 을 그곳에서 만나면 그들을 결박하여 모두 예루살렘 으로 데려올

mutekini ·   i jugūn yaburede · Damasko hoton de hanci oho · gaitai abka ci
수 있게 했다. 그가 길을 가는데   다마스쿠스 성 에 가까이 되니 갑자기 하늘 에서

fosoko genggiyen elden ini beyei šurdeme gerišehe ofi · i na de tuheke ··
빛나는   밝은   빛이 그의 몸을 둘러싸 번쩍이 니 그가 땅 에 엎드렸다.

kemuni Saūlo · Saūlo · si ainu minde koro isibumbini sere gisun gisurere
그리고 "사울아, 사울아, 네가 어찌 나에게 고통을 주는가?" 라고   말   하는

---

1 'ejen Yesu i tacihiyan i niyalma (주 예수의 가르침의 사람)'에 해당하는 라틴어는 'discipulus Domini (주님의 제자들)'이다.

2 'wecen i dalaha da be (제사장을)'에 해당하는 라틴어는 'principem sacerdotum (사제들의 으뜸을)'인데, 이 라틴어는 그리스어 'ἀρχιερεύς(대사제, the High-priest)'를 번역한 말이다.

3 'acin(교회)'에 해당하는 라틴어는 'synagoga(교회당, 유다인의 회당, 교회)'인데, 이 만주어는 과거의 전통 만주어 문헌이나, 지금까지 나온 어떤 만주어 사전에 나오지 않는 낱말이다. BFBS(The British and Foreign Bible Society, 영국 성경 공회)에서 고용한 러시아 출신의 만주어 통역관인 Stepan Vasil'evich Lipovcov 와 George H. Borrow에 의해 1835년 Sankt Peterburg에서 출판된 사도행전에는 'sinagoga'라고 음역(音譯)되어 있다. 'acin'이라는 만주어 낱말은 'acan(모임, 법회)'라는 만주어 낱말을 푸와로 신부가 변형하여 만든 말인 듯하다.

4 'ice tacihiyan i hahasi hehesi (새 가르침의 남자들과 여자들)'에 해당하는 라틴어는 'hujus viæ viros ac mulieres (이 길의 남자들과 여자들을)'이다.

jilgan be donjiha ·· Saūlo fonjime · ejen⁵ · si   ai   ni serede · jabume · bi
소리 를 들었다.   사울이 묻기를, "주님, 당신은 누구 십니까?" 하자 답하기를, "나는

Yesu inu · si yala minde koro isibuki sembi · damu šorgikū i baru
예수 이다. 너는 사실 내게 고통을 주고자 하는데, 그러나 송곳 을 향해

feshelehei sinde mangga kai sefi ·· i beyei gubci dargime · /42a/
발길질해서 너에게 어려운 것 이다." 하니 그가 몸 전체를 떨며

bekdereke   gese hendume · ejen · si minde ainame yabubuki
어쩔 줄 모르는 것 처럼   말하기를, "주님, 당신이 나에게 어떻게 행하게 하려고

sembio · fonjirede · ejen Yesu   jabume ·   si ilifi · hoton de dosina · ubade
하십니까?" 묻자   주 예수께서 답하시기를, "너는 일어나 성 으로 들어가라. 거기서

sini yabuci acara babe donjimbi sehe ·· imbe dahalara urse gūwacihiyalafi
네가 해야 할 것을 들으리라." 하셨다. 그를 따르는 사람들은 깜짝 놀라며

jilgan be donjire gojime · gisurerengge be saburakū ·   Saūlo na ci ilime ·
소리 를 들었 으나   말하는 이 를 보지 못했다. 사울이 땅 에서 일어나

yasa neicibe · heni sabume muterakū · ini gala be jafafi Damasko hoton de
눈을 떠도   조금도 볼 수없어 그의 손 을 잡고 다마스쿠스 성 으로

dosimbuha · ubade bifi ilan inenggi i sidende saburakū bime · geli jetere
들어가게 했다. 그곳에 있은지 3   일   동안 보지 못하고 있었으며 또한 먹고

omire ba akū · Damasko de emu saisa gebu Ananiyas   bihe · tuwabun⁶ i
마신 일이 없었다. 다마스쿠스 에 한   현자 (이름 아나니아)가 있었는데, 환상

dolo abkai ejen ini gebu be hūlame Ananiyas serede · i jabume · ejen ·
중에서 하느님께서 그의 이름 을 부르시기를, "아나니아야" 하자 그가 답하기를, "주님,

mini beye ubade bi   sefi · abkai ejen hendume · hasa   ili · tondo⁷   sere
저의 몸이 여기 있습니다." 하니, 하느님께서 말하시기를, "어서 일어나 '공정(公正)' 이라는

---

5 'ejen'에 해당하는 라틴어는 'Domine(주님이시여)'인데, 이 라틴어는 하느님을 포함하여 상대를 높여 부르
는 경우에 사용되지만, 만주어 'ejen'은 '주인, 주인님'이라는 뜻밖에 없고, 상대를 높여 부르는 경우에 사용
되지는 않는다. 여기서 만주어 번역은 라틴어의 영향을 받은 것으로 생각된다.

6 'tuwabun(보기, 경치)'에 해당하는 라틴어는 'visum(본 것, 광경, 환상)'이다. 만주어 'tuwabun'에는 '환상'
이란 의미는 없는데, 라틴어 'visum'을 번역하기 위해 이 낱말을 사용한 듯하다. 이런 용례가 만주어 마태오
복음 27장에도 한 번 나온다.

7 'tondo(공정)'에 해당하는 라틴어는 'rectus(곧은, 올바른)'이다.

giyai de gene · Yuda i boo de　Tarso　ba i Saūlo be baisu ·　i　ne jalbarime
거리 로　가서,　유다 의　집 에서 다르소 땅 의 사울 을 찾아라. 그는 지금　기도하고

bi ·　abkai ejen　jing ere gisun gisurerede Saūlo sure /42b/ fayanggai yasa de[8]
있다." 하느님께서　바로 이 말씀을 말하실 때 사울은　영혼의　　　　　 눈 으로

emu niyalma gebu Ananiyas dosire · yasai genggiyen bahakini ·　ini　uju de
한　사람이　(이름 아나니아) 들어와　눈의　밝음을　얻게 하려고 그의 머리 에

gala sindarangge be tuwaha ·· Ananiyas　jabume · ejen · mini donjiha gisun ·
손을　두는 것　을　보았다.　아나니아가 대답하기를, "주님,　제가 들은 말은,

ere haha　sini geren enduringge niyalma be Yerusalem de absi　jobobuha ·
이 남자가 주님의 많은　거룩한　사람들 을 예루살렘 에서 매우 괴롭혔으며,

geli ujulaha wecen i da sa[9] ci　toose　alifi · ubade　sini　gebu be　hūlarangge
또한　대제사장들　에게서 권력을 받아 여기서 당신의 이름 을　부르는 이

bici ·　i　gemu　hūwaitaki　sembi ·· abkai ejen hendume ·　si gene · hacin
있으면 그가 모두 묶으려 합니다." 했다.　하느님께서 말씀하시기를, "너는 가라.　가지

hacin i　mukūn uksura · wang sa ·　Israel　i omosi i jakade mini gebu be
가지 의　민족 지파와　왕 들과 이스라엘 의 자손들 앞에서 나의 이름 을

eldembure　algimbure jalin · imbe　cohome　sonjohobi[10] · i amaga inenggi
빛나게 하고 떨치게 하기 위해　그를 특별히　선택했다.　그가 뒷　날

mini turgun ai mangga jobolon de tušabuci acara babe inde ulhibuki　sehe ··
나 때문에 어떤 어려운　재앙 에 맞닥뜨려야 할　지를 그에게 알게 하겠다." 하셨다

---

8 라틴어 성경에는 'et vidit virum Ananiam nomine, introeuntem (아나니아라는 이름의 사람이 들어오는 것을 보았다.)'라고만 되어 있어 만주어의 'sure fayanggai yasa de (영혼의 눈으로)'에 해당하는 말이 없다. 이 구절에 대한 R. P. de Carrières 신부의 프랑스어 번역 성경(1819년판)에도 'Saul voyoit *en vision* un homme nommé Ananie, qui entroit (사울은 아나니아라는 사람이 들어오는 것을 환상으로 보았다.)'라고 되어 있다.

9 'ujulaha wecen i da sa (대제사장들, 직역: 으뜸가는 제사의 머리들)'에 해당하는 라틴어는 위의 'wecen i dalaha da (직역: 제사의 으뜸이 되는 머리)'와 마찬가지로 'princeps sacerdotum (사제들의 으뜸)'이다.

10 "hacin hacin i mukūn uksura · wang sa · Israel i omosi i jakade mini gebu be eldembure algimbure jalin · imbe cohome sonjohobi (가지 가지의 민족 지파와 왕들과 이스라엘의 자손들 앞에서 나의 이름을 빛나게 하고 떨치게 하기 위해 그를 특별히 선택했다.)"에 해당하는 라틴어는 "quoniam vas electionis est mihi iste ut portet nomen meum coram gentibus et regibus et filiis Israel. (그는 이방인들과 왕들과 이스라엘의 아들들 앞에서 나의 이름을 전하기 위해 나에게 선택된 그릇이기 때문이다.)"로서 만주어는 상당히 의역된 것임을 알 수 있다.

Ananiyas genefi · boo de dosika · gala be ini　uju de sindafi hendume ·
아나니아가 가서　집 에 들어가　손 을 그의 머리 에　두고　말하기를

Saūlo mini　deo[11] ·　si jugūn yaburede · sini juleri iletu tucinjihe ejen
"사울, 나의 동생이여, 당신이 길　갈 때　당신 앞에 분명히 나타나신 주

Yesu　　sini yasa aitubukini · simbe enduringge enduri de jalumbukini /43a/
예수께서 당신의 눈을 치료하고 당신을　　성령　으로 채우시고자

mimbe unggihebi　sehe manggi · nergin de nimaha i esihe i gese　Saūlo i
나를　보내셨습니다." 라고 하　니　그때 에　물고기 의 비늘 과 같은 것이 사울 의

yasa ci tuhefi ·　i yasai genggiyen elden be dasame baha · jai　ilime ·
눈 에서 나와 그가 눈의　밝은　빛 을 다시　얻었다. 그리고 일어나

enduringge obocun be aliha ·　teni jefi omifi beye da an i　akdun oho ·
거룩한　세례 를 받았고 그제야 먹고 마셔 몸이 원래대로 건강해 졌다.

udu inenggi Damasko de bisire tacihiyan i niyalmai[12] emgi tehe · amala fe
몇 날을　다마스쿠스 에 있는　가르침 의 사람과　함께 머물고 후에 옛

tacihiyan i　urse　uhei acara bade[13] Yesu yargiyan i abkai ejen i jui seme
가르침 의 사람들이 모여 만나는 곳에서 예수는 진실로　하느님 의 아들 이라고

giyangnambihe ·· donjirele niyalma ferguweme · Yesu be kundulere　hahasi
강론하였다.　듣는 사람들이　놀라　"예수 를 공경하는　남자들과

hehesi be Yerusalem de jobobuhangge ere Saūlo wakao ·　i geli cohome
여자들 을 예루살렘 에서 괴롭힌 자가　이 사울이 아닌가? 그는 또 특별히

enteke tacihiyan i niyalma be hūwaitara · wecen i dalaha da sa i baru benere
이렇게 가르침 의 사람들 을　묶어　제사장　들 을 향해 보낼

gūnin　meni ubade　jihekūnio sembihe · Saūlo oci šuwe gisurerede · akdun
생각으로 우리의 이곳으로 오지 않았나?" 하였다.　사울 이 바로　말할 때　굳건한

temgetu tucibuhei · jalan aitubure de unggici acarangge[14] damu Yesu　inu
증거를 나타내면서 "세상을 구함 에　보내야 마땅한 이가　오직 예수 이시다."

---

11 'Saūlo mini deo (사울, 나의 동생이여)'에 해당하는 라틴어는 'Saule frater (형제 사울이여)'이다.

12 'tacihiyan i niyalma (가르침의 사람)'에 해당하는 라틴어는 'discipulus(제자, 학생)'이다.

13 'fe tacihiyan i urse uhei acara ba (옛 가르침의 사람들이 모여 만나는 곳)'에 해당하는 라틴어는 'synagoga(교회당, 유대인의 회당)'이다.

14 'jalan aitubure de unggici acarangge (세상을 구함에 보내야 마땅한 이)'에 해당하는 라틴어는

seme · Damasko de tehe Israel i omosi be mohobumbihe ·
라 하여 다마스쿠스 에 사는 이스라엘 의 자손들 을 당황케 하였다.

inenggi labdu oho manggi Israel i omosi[15] uhei[16] acame · imbe wara
날이   많이   된   후 이스라엘 의 자손들이 함께 만나 그를 죽일

/43b/ arga be hebešehe · Saūlo tesei butu arga be bahafi sara ·   ce   imbe
계략 을 의논하였고, 사울이 그들의 숨은 계략 을 얻어 알았다. 그들이 그를

bucebukini · hoton i geren duka be tuwakiyame ofi · gucuse terebe saksu de
죽이고자   성 의 많은   문 을   지켰으 므로 친구들이 그를 광주리 에

tebume fu deri hoton i tule ebubuhe · Yerusalem de jihede · šabisai emgi
담아 담을 따라 성 의 밖에 내렸다.   예루살렘 에 오자 사도들과 함께

amasi julesi yabuki[17] sembihe · damu geren   inde gelefi[18] jailambihe · i
뒤로 앞으로 다니고자   했지만 그러나 많은 이가 그를 두려워하여 피하였다. 그가

enduringge tacihiyan i niyalma[19] seme · akdarangge komso ·· Barnaba oci
거룩한   가르침 의 사람   이라고 믿는 자는 적었다.   바르나바 는

Saūlo be gaifi šabisa i jakade benjime · i adarame jugūn de ejen Yesu be
사울 을 데리고 사도들 의 앞에 오게 해서 그가 어떻게   길 에서 주 예수 를

sabuha · Yesu   ai gisun be ini baru gisurehe · geli Saūlo Damasko de bifi
보았는지, 예수께서 어떤 말씀 을 그 에게 말했는지, 또한 사울이 다마스쿠스 에 있으며

adarame Yesu i gebu be eldembure jalin fafuršame yabuha sere baita be
어떻게   예수 의 이름 을 빛내기 위해 분발하여 행동했는가 하는 일 을

cende   alahabi · uttu ohode Yerusalem i dolo golmika[20] gucu i adali cihai
그들에게 알렸고, 그렇게 되자 예루살렘 안에서 오랜   친구 처럼 마음대로

'Christus(그리스도, 구세주)'이다.

15 'Israel i omosi (이스라엘의 자손들)'에 해당하는 라틴어는 'Judæi(유다인들)'이다.

16 'uhei'에 해당하는 라틴어는 'in unum (하나로, 한 곳으로)'이다.

17 'amasi julesi yabu- (뒤로 앞으로 다니다)'는 '왕래하다'라는 뜻이다. 이 낱말에 해당하는 라틴어는 'jungere(연결하다, 맺다, 동맹하다, 결속하다)'이다.

18 'inde gelefi (그를 두려워하여)'에서 보듯 만주어 동사 'gele-'는 그 목적어에 격표지(格標識) '-de(-에)'를 흔히 취한다.

19 'enduringge tacihiyan i niyalma (거룩한 가르침의 사람)'에 해당하는 라틴어는 단순히 'discipulus(제자, 학생)'일 뿐이다.

20 'golmika(조금 긴, 조금 오랜)'는 원문에는 '*golika'로 적혀 있지만 이런 만주어 낱말은 없기에 문맥을 보

šabisa de acambihe · heni gelere ba akū · Yesu i gebu be algimbure dabala ·
사도들 을 만났다. 조금도 두려울 것 없이 예수 의 이름 을 찬양할 뿐이며

encu demun[21] i urse be tacibumbihe · Geresiya baingge Israel i omosi i emgi
다른 이단 의 무리 를 가르쳤고, 그리스 출신의 이스라엘 자손들 과 함께

uru waka be /44a/ temšeme leolembihe[22] · ere jergi urse gemu jili eterakū[23] ·
옳고 그름 을 다투며 토론하였는데, 이 들 무리는 모두 화를 못 이겨

imbe waki sembihe · ahūta deote tesei gūnin be serefi Saūlo be Šesareha
그를 죽이고자 하였다. 형들과 아우들이 그들의 생각 을 알고 사울 을 가이사리아

hoton de beneme · teni Tarso bade unggihe · enduringge tacihiyan i acin[24]
성 으로 데려갔고 그리고 타르소 지방으로 보냈다. 거룩한 가르침 의 교회가

Yudeya · Galiyeya · Samariya i gubci bade taifin bime[25] · geli inenggidari
유다와 갈릴래아와 사마리아 의 전 지역에서 평온하 였고, 또한 날마다

badarambihe · acin i niyalma abkai ejen de geleme ofi · tuttu enduringge
퍼져나갔다. 교회 의 사람들은 하느님 을 두려워해 서 그래서 거룩한

enduri[26] i selabure kesi be jalutala bahambihe ·· [27]
성령 의 기쁘게 하시는 은혜 를 가득히 받았다.

tere ucuri Betoro tacihiyan i geren gucuse be tuwanaki seme · Litda
그 즈음 베드로가 가르침 의 여러 친구들 을 보러 오고자 하여 리따

아 교정한 것이다.

21 'encu demun (다른 이단)'에 해당하는 라틴어는 'gens(종족, 민족, 이방인, 이교도)'이다.

22 'temšeme leolembihe (다투며 토론하였다)'에 해당하는 라틴어는 'disputabat(토론하였다, 논쟁하였다.)'이다.

23 'jili eterakū (화를 못 이기다)'는 라틴어 성경에는 없는 말이다.

24 'enduringge tacihiyan i acin (거룩한 가르침의 교회)'에 해당하는 라틴어는 단순히 'ecclesia(교회)'일 뿐이다.

25 'taifin bime (평안하였고)'에 해당하는 라틴어는 'habebat pacem (평화를 가졌다)'이다.

26 'enduringge enduri (거룩한 성령)'은 앞에서 그냥 '성령'으로 번역하였는데, 여기서는 글줄[行]의 바뀜으로 인한 불편이 있을 듯하여 직역 형태인 '거룩한 성령'으로 번역해 둔다.

27 "acin i niyalma abkai ejen de geleme ofi · tuttu enduringge enduri i selabure kesi be jalutala bahambihe ·· (교회의 사람들은 하느님을 두려워해서, 그래서 거룩한 성령의 기쁘게 하시는 은혜를 가득히 받았다.)" 에 해당하는 라틴어는 "ædificabatur ambulans in timore Domini et consolatione Sancti Spiritus replebatur (주님의 두려움 안에서 걸으며 세워지고, 성령의 위안으로 넘치게 되었다.)"로서, 만주어는 상당히 의역된 것이다.

hoton de isinafi · ubade tehe enduringge se be acaha[28] **[a]**· ba i emu
성 에 이르러 이곳에 사는 거룩한 이 들 을 만났다. (그) 땅 의 한

haha gebu Enehas[29] be sabuha · i jakūn aniya ci   edulere nimeku de tušabufi
남자 (이름 애네아) 를 보았는데 그는 여덟 해 동안 반신불수된 병 에 걸려

beserhen de debumbihe · Betoro ini baru hendume ·   Enehas · ejen Yesu
침대 에 누워 있었다. 베드로가 그 에게 말하기를, "애네아, 주 예수

Giristo   simbe aitubume bi ·   si   ilifi · sini sishe jibehun be bargiya
그리스도께서 당신을 치료하고 계십니다. 당신은 일어나 당신의 요와 이불 을 걷으시오."

sehede · Enehas nergin de ilihabi · Litda · Sarona juwe hoton i niyalma
하자 애네아가 즉시 일어났다. 리따와 사론, 두 성 의 사람들이

ere haha be tuwafi · **/44b/** gemu ejen Yesu be dahaha ·· Yope hoton de
이 남자 를 보고 모두 주 예수 를 따랐다. 요빠 성 에

kemuni emu hehe   tehe · dade enduringge tacihiyan i dolo dosika bihe[30] ·
또 한 여자가 살았는데, 원래 거룩한 가르침 안에 들어와 있었고,

ini   gebu Tabita inu · ere gebu be sume gisureci · argali[31] sembi · ini
그녀의 이름이 다비타 였다. (이 이름을 풀어 말하면 '암양' 이다.) 그녀가

yabuha sain baita · yadahūn   urse de aisilame šelehe menggun absi labdu
행한 착한 일과, 가난한 사람들 을 도와 희사한 은이 매우 많이

ombihe[32] · jabšan akū[33] tere inenggide nimeku bahafi dubehe · boo i niyalma
있었는데, 운이 없어 그 날에 병을 얻어 죽었다. 집 사람들이

---

28 "Betoro tacihiyan i geren gucuse be tuwanaki seme · Litda hoton de isinafi · ubade tehe enduringge se be acaha (베드로가 가르침의 여러 친구들을 보러 오고자 하여 리따 성에 이르러 이곳에 사는 거룩한 이들을 만났다.)"에 해당하는 라틴어는 "Petrum dum pertransiret universos devenire et ad sanctos qui habitabant Lyddae (베드로가 모든 곳으로 두루 다니다가 리따에 사는 성도들에게도 내려가게 되었다.)"이다. 만주어의 'enduringge se (거룩한 이들)'은 신도들을 지칭하는 말이다.

29 'Enehas'의 라틴어는 'Ænea'이고 그리스 어형은 Aἰνέα인데 'Enehas'처럼 제3 음절이 'has'로 된 것은 어떤 언어의 전통에 의한 것인지 알 수 없다. 사도행전 제10장에 나오는 'Sesareha'의 경우도 마찬가지이다.

30 "dade enduringge tacihiyan i dolo dosika bihe (원래 거룩한 가르침 안에 들어와 있었다.)"는 라틴어 "fuit quædam discipulus (그녀는 제자의 한 사람이었다.)"를 번역한 말이다.

31 'argali(암양)'에 해당하는 라틴어는 'dorcas(영양[羚羊], 노루)'이고, 다시 이 라틴어는 같은 의미의 그리스어 δορκάς로부터 온 것이다.

32 "ini yabuha sain baita · yadahūn urse de aisilame šelehe menggun absi labdu ombihe (그녀가 행한 착한 일과, 가난한 사람들을 도와 희사한 은이 매우 많이 있었다.)"에 해당하는 라틴어는 "hæc erat plena

kooli i songkoi ini giran be oboho manggi · taktu boo de sindaha[34] · Litda
율법　대로　그　시신　을　씻은　후　다락　방　에　두었다.　리따가

Yope de hanci ofi · tacihiyan i gucuse[35] Betoro Litda i dolo bi seme donjihade ·
요빠　에　가까워　서　가르침　의　친구들이　베드로가　리따　안에 있다　고　듣자

juwe niyalma be ini baru ungginehe hendume · ume elhešere · hūdun i
두　사람　을　그　에게　보내며　말하기를　"(말라) 지체 말고　서둘러

meni bade jidereo sehe ·· Betoro uthai tesei emgi jurame · isinjiha
우리　쪽에　오소서."　하였다.　베드로가　곧　그들과 함께　떠나　도착한

amala · imbe taktu boo de benehe · geren anggasi juwe ergide ilifi
후,　그를　다락　방　으로　데려갔다.　많은 과부들이　양　쪽에　서서

songgocohoi · beyei etuhe etuku adu[36] be Betoro de tuwabume · ere gemu
함께 울며　자기가 입은　옷　을　베드로 에게　보이면서　"이것이　모두

Tabita i mende araha · buhengge inu sembihe[37] ·· Betoro geren be tule
다비타 가 우리에게 만들어서　준 것 입니다."고 하였다.　베드로가 많은 이 를 밖으로

/45a/ tucibufi niyakūrame jalbariha manggi · giran be forome · Tabita ilicina
내보내고　꿇어　기도한　후　시신 을 향해　"다비타, 일어나시오."

sehe · i beye yasa be neihe · Betoro be sabufi tehebi · Betoro gala be
하였다. 그녀가 자기　눈 을 뜨고　베드로 를　보며 앉았다.　베드로는 손 을

---

operibus bonis, et eleemosynis quas faciebat. (그녀는 착한 일과 자선 행위를 많이 하였다.)"이다.

33 'abšan akū (운이 없어)'에 해당하는 라틴어는 없다.

34 "boo i niyalma kooli i songkoi ini giran be oboho manggi · taktu boo de sindaha (집 사람들이 율법대로 그 시체를 씻은 후 다락방에 두었다.)"에 해당하는 라틴어는 "uam cum lavissent, possuerunt eam in cœnaculo (그들이 그녀를 씻긴 후 위층 방에 두었다.)"이므로 'boo i niyalma kooli i songkoi (집 사람들이 율법대로)'에 해당하는 말은 라틴어에는 없다.

35 'tacihiyan i gucuse (가르침의 친구들)'에 해당하는 라틴어는 'discipuli(제자들)'이다.

36 만주어의 'etuku'와 'adu'는 모두 '옷, 의복'의 뜻인데, 이 둘을 합친 'etuku adu'도 '의복, 옷'이라 번역한다. 그러나 엄밀히 구별한다면 'etuku'는 '속옷', 'adu'는 '겉옷'이라 할 수 있겠는데, 이 'etuku adu'에 해당하는 라틴어는 'tunicas et vestes (속옷과 겉옷)'으로 되어 있어 정확한 번역이라 하겠다.

37 "beyei etuhe etuku adu be Betoro de tuwabume · ere gemu Tabita i mende araha · buhengge inu sembihe (자기가 입은 옷을 베드로에게 보이며 "이것이 모두 다비타가 우리에게 만들어서 준 것입니다." 고 하였다.)"에 해당하는 라틴어는 "ostendentes ei tunicas et vestes, quas faciebat illis Dorcas (도르가가 그들에게 만들어 준 속옷과 겉옷을 그에게 보여주었다.)"이다.

inde   bume imbe ilibuha · teni   gucuse anggasi[38] be hūlame gajifi · weihun
그녀에게 주어 그녀를 일으켰다. 그리고 친구들과 과부들   을   불러 데려와   산이

be cende   afabuha · Yope de bisirele niyalma ere baita be saha · ejen Yesu be
를 그들에게 맡겼다.   요빠 에 있는 사람들이 이 사실 을 알고   주 예수 를

akdarangge labdu oho · Betoro utala inenggi Yope de bifi ·   uyere   faksi
따르는 자가 많아 졌다. 베드로가 여러   날   요빠 에 있으며 가죽 다듬는 기술자

gebu Simon i   boo de tembihe · ·
(이름 시몬) 의 집 에   머물렀다.

---

38 'gucuse anggasi be (친구들과 과부들을)'에 해당하는 라틴어는 'sanctos et viduas (성도들과 과부들을)'이
다.

SURE GISUN
풀이　　말

[a] ejen Yesu i   ilibuha tacihiyan umesi enduringge bime · geli tacihiyan de
　　주 예수 께서 세우신 가르침이　　매우 거룩한 것　이며　　또한　가르침 에

dosika niyalma tuktan fonde tacihiyan i kooli be hing seme tuwakiyambihe ofi ·
들어온 사람들이　　첫 시기에　가르침 의 계명 을　　성실히　　　　지켰으　　므로

tuttu　　geren　cembe enduringgese seme tukiyecembihe · ·
따라서 많은 이가 그들을　　거룩한 이들　이라고　　칭송하였다.

JUWANCI FIYELEN
제10 장

Sesareha[1]　de emu niyalma bihe ·　gebu　K'ornelio[2] ·　Italiya　ba　i[3]
가이사리아 에　한　사람이　있었는데, 이름은 고르넬리오이고, 이탈리아 지방 의

niru i janggin[4]　inu ·　i /45b/ ini　booi　anggala i emgi[5]　halhūn mujilen i
백인대장　　이었다. 그는　그의　집의　가족들 과 함께　뜨거운　마음 으로

abkai ejen be　kundulere[6] ·　yadahūn　urse[7]　de aisilame šelere mangga saisa ·
하느님　을　공경하고　가난한　사람들 을　도와 회사하는 착한 현자로서

urui jalbarime　bairede[8] amuran ofi[9] ·　tuttu emu inenggi uyuci
항상 기도하 며　간구하기를 좋아했 는데, 그런데 어떤　날　아홉째

---

1 'Šesareha'는 라틴어로 'Cæsarea'이고 그리스어로는 Καισαρεία인데 만주어에서 제4 음절에 'h'가 들어가는 이유를 알 수 없다. 사도행전 제9장의 'Enehas'도 마찬가지이다. 이 책 131쪽 주 29 참조.

2 'K'ornelio'의 라틴어형은 'Cornelius'이고 그리스어형은 Κορνήλιος이다. 일반적으로 만주어 표기에 사용되는 문자가 아닌 'k''자를 여기서 사용한 이유를 알기 어렵다. 푸와로 신부의 만주어 성경에서 이 문자를 써서 외국어를 표기한 예로 'k'orbona(헌금함, 헌금궤)'를 들 수 있다. 만주어 마태오 복음 제27장 (김동소 2011a: 436) 참조.

3 'Italiya ba i (이탈리아 지방의)'에 해당하는 라틴어는 'quæ dicitur Italica (이탈리아 [보병대]라 불리는)'이다.

4 'niru i janggin (백인대장)'에 해당하는 라틴어는 'centurio cohortis (보병대의 백인대장)'이다. 만주어 'niru i janggin (백인대장)'은 청나라 시대의 군대 조직인 'niru(300명의 군인으로 이루어진 군대 단위. 한문 문헌에서 '佐領'으로 번역하거나 '牛彔'으로 음역[音譯]함)'의 책임자를 말했다. '3백인 대장'으로 번역함이 정확하겠지만 편의상 백인대장으로 번역해 둔다.

5 'ini booi anggala i emgi (그의 집의 가족들과 함께)'에 해당하는 라틴어는 'cum omni domo sua (그의 온 집과 함께)'이다.

6 'halhūn mujilen i abkai ejen be kundulere (뜨거운 마음으로 하느님을 공경하다)'에 해당하는 라틴어는 'religiosus et timens Deum (하느님을 경외하고 두려워하는)'이다.

7 'yadahūn urse de (가난한 사람들을)'에 해당하는 라틴어는 'multas plebi (많은 빈민들에게)'이다.

8 'bairede amuran (간구하기를 좋아하는)'에서처럼 'amuran'은 그 의미상의 대상이 되는 낱말 뒤에 격조사 'de'를 붙인다.

9 'urui jalbarime bairede amuran ofi (항상 기도하고 간구하기를 좋아했는데)'에 해당하는 라틴어는 'deprecans Deum semper (항상 하느님께 간청하면서)'이다.

jungken[10] i erin i otolo tuwabun[11] i dorgide abkai ejen i emu enduri[12] iletu
　시 의 때[13] 가 되어 환상　　속에서 하느님 의 한 천사가 뚜렷이
tucinjire be sabuha ·
나타남 을 보았다.

donjici · abkai enduri ini baru hendume · K'ornelio sehede · i terebe
들으니, 하늘의 천사가 그 에게 말하기를, "고르넬리오!" 하자, 그가 그를

šame gūwacihiyalafi · ejen[14] · ai baita　nio　sehe ·· enduri jabume · sini
보고　　놀라　　"주님, 무슨 일이십 니까?" 하였다. 천사가 대답하기를, "너의

jalbarire · yadahūn urse de　šelere sain gungge[15] abkai ejen i jakade isinafi ·
기도와,　가난한 이들 에게 베푸는 좋은 공이　　하느님 의 앞에 이르러

abkai ejen inu　sini ere gungge de karulaki[16] sembi · si ne niyalma be
하느님 께서도 너의 이　공 을 갚고자　하신다. 너는 이제 사람 을

Yope de takūra · Simon · tukiyehe gebu Betoro[17] be solime　gaju · i
요빠 로 보내어 시몬　　(별명)　베드로 를 초대해 오너라. 그는

uyere　　　faksi gebu Simon i boo de tembi · terei boo mederi i dalin debi ·
가죽 다듬는 기술자 (이름 시몬) 의 집 에 사는데, 그의 집은　바닷　가 에 있다.

---

10 'jungken'은《한청문감》3권 악기류에서 '쇠북. 以銅爲之 形如覆瓮 懸簴而擊之 (구리로 만들고, 모양은 항아리를 엎어 둔 것과 같다. 악기 틀에 매달아 두드린다.). sele teišun be anggara i durun bime dergi de sengken sindame hungkerefi lakiyafi foringge. (쇠와 황동으로 [만든다.] 항아리 모양이고 위에 틀을 두어 내리 늘어뜨려 두드린다.)'라고 풀이하고 있다. 후대에 서양에서 종(鐘)이 들어오자 이를 지칭하는 낱말로도 쓰였다. 그러나 이 낱말이 여기서처럼 '시간'을 나타내는 경우도 가끔 있었다.

11 'tuwabun(환상)'에 관해서는 앞 45쪽 주 13 참조.

12 'enduri'에 해당하는 라틴어는 'angelus Dei (주님의 천사)'이다. 이 'enduri'를 '천사'로 번역한 데 대해서는 이 책 39쪽의 주 29 참조.

13 '아홉 시의 때'란 당시 유다인들의 시간 계산법에 따르면, 그들은 낮을 열둘로 나누고 해가 뜬 뒤 한 시간 이 지난 시를 첫째 시라고 불렀으므로, '아홉째 시의 때'는 현재의 오후 3시 무렵이 된다. 이 시간에 예루살렘 성전에서는 오후 제사를 드렸다고 한다. 정태현 (1995: 55) 참조.

14 'ejen(주님)'에 해당하는 라틴어는 'domine(주인님, 하느님)'이다.

15 'yadahūn urse de šelere sain gungge (가난한 이들에게 베푸는 좋은 공)'에 해당하는 라틴어는 'eleemosyna(희사, 자선)'이다. 이 라틴어는 그리스어 ἐλεημοσύνη (giving money to a needy person; money given to a needy person, gift)에서 왔다.

16 'karula-(보답하다, 갚다)'의 목적어는 격조사 'de'를 취한다.

17 'Simon · tukiyehe gebu Betoro be (시몬, 별명 베드로를)'에 해당하는 라틴어는 'Simonem quemdam qui cognominatur Petrus (별명이 베드로인 시몬을)'이다.

i　uthai sini yabuci acara babe alara dabala　sefi saburakū　oho · 　enduri
그는 곧 네가　해야　할　일을 알려줄 것이다.” 하고 안 보이게 되었다. 천사가

gisureme　wajiha · amasi bederehe[18]　amala · K'ornelio /46a/ juwe ahasi[19] ·
말하기를 마치고 뒤로 물러간　후　고르넬리오가　두 종과

jai abkai ejen de　gelere[20] emu harangga cooha be hūlame gaifi · baita be
또　하느님 을 두려워하는 한　부하　군사 를 불러 와 사실 을

cende　donjibufi · Yope de ungginehe · cimaha inenggi ilan nofi　jing jugūn
그들에게 들려주고 요빠 로 보냈다.　다음　날　세 명이 바로 길을

yaburede · hoton de　hanci ome hamika · Betoro　jalbarime baire[21]　gūnin
가는데,　마을 에 가깝게 되어　갔을 때 . 베드로는 기도하여 간구할 생각으로

ningguci jungken i erin[22] taktu boo de　wesike ·　amala yadahūšame jeki
여섯째　시 의 때에 다락 방 으로 올라갔고,　그후　시장해서 먹고자

sembihe · jemengge be dagilara erin · gaitai　ini sure fayangga i yasa amba
했다.　먹을것 을 준비할 때, 갑자기 그의　영혼　의 눈이,　큰

wadan i　gese · duin hošo de　abka ci wasihūn i baru　ebubure　be sabuha · [23]
보자기 와 같은 것이　4 각(角) 으로 하늘 에서　아래 를 향해 내려오는 것 을　보았다.

wadan i　dolo hacingga na i　gurgu meihe · abkai gasha[24] bihe · kemuni
보자기 의 안에는 여러 가지 땅 의 짐승과 뱀과　하늘의 새가　있었다.　또

---

18 'amasi bederehe (뒤로 물러갔다)'는 '되돌아갔다'라는 뜻이다. 라틴어로는 'discessisset(헤어졌다, 떠났다, 물러갔다)'이다.

19 'ahasi(종들, 하인들)'에 해당하는 라틴어는 'domesticus(시종, 하인)'이다.

20 'gele-(두려워하다)'의 목적어는 그 조사로 'de' 또는 'be'를 취한다.

21 'jalbarime baire (기도하여 간구하다)'에 해당하는 라틴어는 'orare(기도하다)'인데 이를 중국 천주교회에서 흔히 '祈求'로 번역했고, 만주어는 이 중국어를 직역한 것이다.

22 'ningguci jungken i erin (여섯째 시의 때)'란 말은 지금의 정오 무렵이다. 정태현 (1995: 126) 및 임승필 (2002: 92) 참조.

23 "gaitai ini sure fayangga i yasa amba wadan i gese · duin hošo de abka ci wasihūn i baru　ebubure be sabuha · (갑자기 그의 영혼의 눈이, 큰 보자기와 같은 것이 4각[角]으로 하늘에서 아래를 향해 내려오는 것을 보았다.)"에 해당하는 라틴어는 "cecidit super eum mentis excessus et videt cælum apertum et descendens vas quoddam velut linteum magnum quattuor initiis submitti de cælo in terram. (정신의 이탈이 그에게 내려와, 하늘이 열리고 네 입구의 큰 수건 같은 그릇이 하늘에서 땅으로 내려오는 것을 보았다.)"이다.

24 'hacingga na i gurgu meihe · abkai gasha (여러 가지 땅의 짐승과 뱀과 하늘의 새)'에 해당하는 라틴어는 'omnia quadrupedia et serpentia terrae et volatilia cæli (땅의 모든 네발짐승과 뱀과 하늘의 날짐승)'이다.

jilgan be donjiha · jilgan i hendurengge · Betoro · si ilifi · terebe wafi
소리 를 들었는데, 소리 가 말한 것은, "베드로야, 너는 일어나 그것을 죽여서

jekini ·· Betoro jabume · ejen ere durun i yabuci ombio[25] · bi bolgo akū ·
먹어라." 베드로가 대답하기를, "주님, 이런 식 으로 행하면 됩니까? 저는 깨끗하지 않고

nantuhūn jaka be umai jekekū serede · jai emu jilgan hendume ·
더러운 것 을 결코 먹지 않았습니다." 하자 또 한 소리가 말하기를,

abkai ejen i bolgobuha jaka be si ume nantuhūn seme gisurere sehe · ere
"하느님 께서 깨끗이 하신 것 을 네가 (말라) 더럽다 고 말하지 말라." 하였다. 이

baita ilanggeri uttu ohode [a] · wadan /46b/ teni abka de bargiyahabi ·
일이 세 번 이렇게 되자 보자기가 그제야 하늘 에서 거두어졌다.

Betoro tathūnjame · mini sabuha arbun aibe jorimbini seme gūninarade ·
베드로가 망설이며 "내가 본 광경이 무엇을 가리킬까?" 하고 생각할 때

lokdori K'ornelio de takūrabuha urse Simon i boo be fonjihai duka de
마침 고르넬리오 에게서 보내진 사람들이 시몬 의 집 을 물어서 문 에

isinjiha · niyalma be hūlafi · Simon · tukiyehe gebu Betoro ubade bio akūn
이르렀고 사람 을 불러 "시몬 (별명) 베드로가 여기에 있는지, 없는지?"

sehe ·· taka Betoro tuwabun be kimcime gūnimbihede · enduringge enduri
하였다. 잠시 베드로가 환상 을 자세히 생각하고 있는데, 성령께서

inde hendume · ne ilan niyalma simbe baime bi · hasa ili · ebufi · ceni
그에게 말하시기를, "지금 세 사람이 너를 찾고 있다. 어서 일어나 내려가 그들과

sasa gene · ume kenehunjere · bi cembe ungginjihe sefi ·· Betoro tere
함께 가고, (말라) 의심하지 말라. 내가 그들을 보냈다." 하셔서 베드로가 그

ilan niyalma be acame · suweni bairengge mini beye inu · ai turgun
세 사람 을 만나 "당신들이 찾는 사람이 내 몸 이오. 무슨 까닭으로

jiheni serede · jabume · K'ornelio sere niru janggin · Yudeya ba i
오셨소?" 하자 대답하기를, "고르넬리오 라는 부대장은 유다 지방 의

geren niyalma i gisun de jurgangga saisa · ejen Deus de gelerengge inu ·
많은 사람들 의 말 로 의로운 현자요, 주 하느님 을 두려워하는 이 입니다.

---

25 "ere durun i yabuci ombio (이런 식으로 행하면 됩니까?)"에 해당하는 라틴어는 'absit(없다, 안 된다)'이다.

emu enduringge enduri[26] be sabuha · abkai enduri i hesei songkoi i simbe
한　거룩한　천사　를 보았는데, 하늘의　성령 의 명령　대로 그가 당신을

ini boo de solime bi · sini tacibure be donjiki sehede · Betoro cembe
그의 집 으로 청하였 고 당신의 가르침 을 들으려 합니다." 하자　베드로가 그들을

dosimbufi jiramin i tuwaha[27] · jai inenggi /47a/ jurame tesei emgi genehe ·
들어오게 하여 후하게　보살피고 다음　날　　　출발하여 그들과 함께　갔다.

Yope ci emu udu deote imbe dahalaha · cimaha inenggi Šesareha hoton de
요빠 에서　몇몇　동생들이 그를 따랐고,　　다음　날　가이사리아 마을 에

dosika · K'ornelio oci hūncihisa · gucuse be isabufi · cembe aliyambihe ·
들어갔다. 고르넬리오 는　친척들과　친구들 을 모으고　그들을　기다렸는데,

Betoro dosime hamikade · K'ornelio imbe okdome · hujufi hengkilehe ·
베드로가 들어가 가까이 가자 고르넬리오가 그를　맞아　엎드려　절하였다.

Betoro terebe tukiyerede hendume · iliki · bi kemuni niyalma kai ·
베드로가 그를 일으키면서　말하기를, "일어나시오. 나　또한　사람 입니다."

terei emgi gisureme · teni dosika · utala niyalma uhei acaha be sabufi ·
그와 함께　말하고 그제야 들어갔는데, 많은 사람들이 같이 모인 것 을　보고

ceni baru hendume · Yudeya ba i niyalma encu mukūn i niyalma be ubiyame ·
그들 에게 말하기를, "유다 지방 의 사람들이 다른　민족 의 사람들 을 미워하여

gelhun akū amasi julesi yaburakū · hono ini boo de dosirakū · suwe erebe
　감히　뒤로 앞으로 다니지 않고 또한 그의 집 에 안 들어갑니다. 여러분은 이것을

bahafi sara · naranggi abkai ejen i minde tuwabuhangge ai ai mukūn i
　능히 알지만, 마침내　하느님 께서 내게　보여주신 것은 어떤 민족 의

niyalma ememu bolgo akū · ememu nantuhūn seci ojorakūngge [e] · erei
사람들이 혹 깨끗하지 않거나 혹　더럽다 해서는 안 된다는 것입니다. 이

turgun suwe mimbe solifi · bi heni henehunjarakū uthai jihe · ne fonjime
때문에 여러분이 나를 불렀고 내가 조금도 의심하지 않고 즉시 왔습니다. 이제 묻고

---

26 'enduringge enduri'는 흔히 '성령'을 뜻하지만, 여기서 이 말에 해당하는 라틴어는 'angelus sanctus (거룩한 천사)'이다.

27 'jiramin i tuwaha (후하게 보살폈다)'에 해당하는 라틴어는 'recepit hospitio (우호적으로 맞아들였다)'이다.

bi ·   ai gūnin i mimbe solinjihani   sefi · K'ornelio jabume ·   duin /47b/
있는데, 무슨 생각 으로 나를   불러왔습니까?" 하자 고르넬리오가 대답하기를, " 4

inenggi i onggolo uyuci jungken i otolo mini boo i dolo jalbarime
   일   전   아홉째   시 가 되어 저의   집 안에서 기도하며

baimbihede[28] · gaitai šanyan etuku etuhe emu niyalma mini juleri ilifi
구하고 있는데 갑자기 흰   옷을 입은 한   사람이   제 앞에 서서

hendume · K'ornelio · abkai ejen sini baire gisun de acabuha · si adarame
말하기를, '고르넬리오, 하느님께서 네가 간구하는 말 에 응하셨다. 네가 어떻게

yadahūn urse be jilaha · jiha menggun šelehe be i kemuni ejehebi ·   te
  가난한 사람들 을 동정했고 돈과   은을   보시했음 을 그분은 또한 기억하셨다. 지금

Yope i baru takūrsi be unggine · Simon · tukiyehe gebu Betoro be solime gaju ·
요빠 를 향해 일꾼 을 보내어 시몬   (별명)   베드로 를 불러 오너라.

i   uyere   faksi Simon i boo de tembi · boo geli mederi i cikin debi
그는 가죽 다듬는 기술자 시몬 의 집 에 산다.   집은 또   바닷   가 에 있다.'

sehe ofi · bi nerginde simbe solire jalin niyalma be takūraha · si jabšande
하셨 기에 제가 그때   당신을 부르기 위해 사람 을 보냈는데, 당신이 다행히

jihe ·   be gemu sini jakade bi · abkai ejen sinde afabuhala doroi gisun be
오셨고, 우리 모두 당신 옆에 있습니다. 하느님께서 당신에게 맡기신 진리의 말씀 을

meni geren cihanggai donjiki   sembi ·· Betoro teni angga neime · ejen Deus
우리 모두 기꺼이 듣겠습니다." 하였다. 베드로가 그때 입을 열어 "주 하느님

de   yala   urhu gūnin akū · elemangga ya mukūn i inde geleci   tondoi
께는 진실로 불공평한 뜻이 없고, 도리어 어떤 민족 이 그분을 두려워하고 충의롭게

yabuci · ere niyalma abkai ejen de icangga seme · bi getuken i   saha ·
행하면 이 사람은   하느님 께 맞는 자 라고 제가 분명히 알았습니다.

ejen   Deus Ewanzelio be /48a/ Israel i omosi de giyangnara jalin ini enduringge
주 하느님께서 복음 을   이스라엘 의 자손들 에게 강론하시기 위해 그분의 거룩하신

jui   be unggihe · Yesu Giristo be baitalame ceni emgi elhei hūwaliyambuki
아드님 을 보내셨고, 예수 그리스도 를 이용하여 그들과 함께 평안하게 어울리고자

---

28 ˈjalbarime baimbihede (기도하며 구하고 있는데)ˈ에 관해서는 이 책 137쪽 주21)을 보라.

sembihe · Yesu Girisdo[29] serengge uthai abka · na bisirele hacin i ejen inu ·
하셨습니다. 예수 그리스도 라는 분은 곧 하늘과 땅에 있는 만물 의 주님 입니다.

Nadzaret hoton i Yesu Yohangnes i oboro be aliha amala · adarame Galileya ci
나자렛 마을 의 예수께서 요한 의 세례 를 받으신 후 어떻게 갈릴래아 에서

deribufi · Yudeya i gubci bade doro be giyangnaha · adarame abkai ejen
시작하여 유다 의 모든 지방에서 진리 를 강론하시고, 어떻게 하느님께서

inde enduringge enduri i fulehun · ferguwecuke muten be salgabuha [i] · i
그분에게 성령 의 은혜와 놀라우신 능력 을 부여하셨고, 그분이

adarame baba deri dulefi niyalma de kesi isibumbihe · geren be ehe hutu i
어떻게 곳곳 으로 지나며 사람들 에게 은혜를 주셨으며, 많은 이 를 악한 마귀 의

jobolon ci aitubumbihe · ejen Deus ini emgi bihe ofi kai [o] · suwe ere
재앙 에서 구하셨던가? 주 하느님께서 그이와 함께 계셔 서 입니다. 여러분은 이런

baita be urahilame donjihabi [u] · Yesu ai baita be Yudeya bade · Yerusalem
사실 을 소문으로 들었지만, 예수께서 어떤 일 을 유다 지방과 예루살렘

hoton i dolo yabuha · be beyei yasa de sabufi · siden niyalma ojoro
성 의 안에서 행하셨는지 우리 자신의 눈 으로 보고 증인이 될

dabala · · ba i urse imbe erun i moo de lakiyame bucebuhede · ejen Deus
뿐입니다. (이)땅 의 사람들이 그분을 형벌 의 나무 에 매달아 죽였을 때 주 하느님은

imbe ilaci inenggi dasame weijubuhe bime · geli /48b/ weihun be tuwabuha ·
그분을 셋째 날에 다시 살아나게 하셨 고 또 부활 을 보게 하셨습니다.

geren irgese weijuhe be sabuha ba akū · damu ejen Deus i neneme
많은 백성들이 부활 을 본 것이 아니라, 다만 주 하느님 께서 이전에

toktobuhe emu udu siden niyalma bahafi sabure teile · ere uthai meni beye
정하신 몇몇 증인이 능히 볼 뿐인데, 이는 곧 우리 자신들

inu · Yesu bucen ci dasame banjiha amala · be ini emgi jeke omihabi ·
입니다. 예수께서 죽음 에서 다시 살아나신 후 우리는 그분과 함께 먹고 마셨으며,

29 'Giristo(그리스도)'의 표기가 여기와 이 아래에서는 'Girisdo'로 되어 있다. 푸와로 신부의《만주어 마태오 복음》과 이 《만주어 사도행전》에서 '그리스도'의 표기가 주로 'Kiristo'와 'Giristo'로 나오고 드물게 'Girisdo'가 있다.《만주어 마태오 복음》에서는 'Kiristo'가 가장 많고,《만주어 사도행전》에서는 주로 'Giristo'로 표기된다.

i   hono mende afabume ·   suwe   irgese de giyangname ala ·   bi abkai ejen
그분은 또한 우리에게 명하시기를 '너희는 백성들 에게 강론하여 알려라. 내가 하느님

de ilibuha bucehele banjirele [na] niyalma i beidesi inu   sehe ·   jidere unde
께서 세우신, 죽은 이와 살아난   사람들 의 심판자 이다.' 하셨습니다. 오지 않은

baita be doigomšome sara geren saisai³⁰ gisun anaci ·   Yesu be akdara
 일 을   미리   아는 많은 현자들의 말로 미루어 보면, 예수 를 믿는

niyalma damu Yesu i gunggei turgun de beyei ehe weile i guwebure
 사람은 오직 예수 의 공   때문 에 자기의 나쁜 죄악 을 용서 받게 되는

kesi be bahara teile   sehebi · Betoro jing doro giyangnarade ·
은혜 를 받을 뿐이오." 라 하였다. 베드로가 마침 진리를 강론할 때

enduringge enduri doroi gisun be donjirele ursei dergide enggelenjihe [ne] ·
   성령께서   진리의 말 을 듣는 사람들 중에   강림하셨다.

fe tacihiyan ci ice tacihiyan de dosika· Betoro i emgi jihe gucuse³¹ tuwame ·
옛 가르침 에서 새 가르침 에 들어와 베드로 와 함께 왔던 동료들이 보니

enduringge enduri ini doshon be encu mukūn i niyalma de šangnaha ofi ·
   성령께서   당신의 은총 을 다른   민족 의 사람들 에게 내려 주시 므로

absi /49a/ ferguwembihe · donjici ·   ce   yala hacingga ba i gisun de
매우   놀랐다.   들으니, 그들은 과연 여러 지방 의 말 로

abkai ejen Deus be³² eldembumbihe³³ · Betoro teni hendume · ere utala
하느님이신 주님 을 빛나게 했던 것이다. 베드로가 그때 말하기를, "이 많은

niyalma meni beyei adali enduringge enduri be aliha ci tetendere · ne
사람들이 우리 자신들 처럼   성령   을 받았으면 됐으니 지금

---

30 'jidere unde baita be doigomšome sara geren saisa (오지 않은 일을 미리 아는 많은 현자들)'에 해당하는 라틴어는 'omnes prophetæ (모든 예언자들)'이다.

31 'fe tacihiyan ci ice tacihiyan de dosika · Betoro i emgi jihe gucuse (옛 가르침에서 새 가르침에 들어와 베드로와 함께 왔던 동료들)'에 해당하는 라틴어는 'ex circumcisione fideles qui venerant cum Petro (베드로와 함께 왔던 할례[割禮]받은 신자들)'이다.

32 'abkai ejen Deus be (하느님이신 주님을)'에 해당하는 라틴어는 'Deum(하느님을)'일 뿐이다. 만주어의 정확한 우리말 번역은 '하느님이신 데우스를'이 되겠다.

33 'eldembumbihe (빛나게 했던 것이다)'에 해당하는 라틴어는 'magnificantes(찬양했다)'이다.

cembe mukei oburakū   doro   bio   sefi · afabume hasa   tesebe ejen Yesu
그들을 물로 세례하지 않을 길이 있는가?" 하고 지시하기를, 서둘러 그들을 주 예수

Girisdo   i   ilibuha obocun i kooli de   obokini sehe · baita wajiha manggi   si
그리스도 께서 세우신   세례 의 예식 으로 세례 주라 하였다. 일이   끝난 후, "당신은

emu udu inenggi meni   bade   indereo seme baiha · ·
　한두　 날을　 우리 지방에서 머무소서." 하며 청하였다.

SURE GISUN
풀이   말

[a] Betoro wadan i ilanggeri wasire wesire arbun be tuwaha · jilgan i
　　베드로는 보자기 가   세 번   내려오고 올라가는 모습 을   보았고,   소리 의

gisun be inu ilanggeri donjihabi · ·
　말   을 또한 세 번   들었다.

[e] encu mukūn i niyalma tere fonde abka na i unenggi ejen be takarakū ·
　　다른   민족 의 사람들이 그 때 하늘과 땅의   참된   주인 을   몰라보고

elemangga miosihon enduri sa be kundulefi balai cihai banjimbihe · Israel   i
　도리어   사악한   영(靈) 들 을 공경하여 멋대로 즐기며   지냈다.   이스라엘 의

omosi   erei turgun cembe   bolgo akū · nantuhūn obufi · gelhun akū ceni
자손들이 이 때문에 그들을   깨끗하지 않고   더럽게   여겨서   감히   그들과

emgi amasi julesi   yaburakū · ·
함께   뒤로 앞으로 다니지 않았다.

[i] Yesu de bisire abkai ejen i   banin ·   ini niyalmai banin de hacin hacin i
　　예수 께 있는   하느님 의 성정(性情)과 그분의 사람의   성정 으로³⁴ 가지가지 의

/49b/ fulehun erdemu muten be   salgabuha   bihe · ·
　　은혜와   덕과   능력 을 부여하게 하신 것이다.

[o] Yesu de juwe banin bifi ·   tuttu   i yargiyan i abkai ejen · yargiyan i
　　예수 께는 두 성정 이 있고, 따라서 그분은 진정한   하느님,   진정한

---

34 '예수께 있는 하느님의 성정과 그분의 사람의 성정'이란 말은 예수가 가진 양성(兩性), 즉 신성(神性,
natura Divina)과 인성(人性, natura humana)을 지칭하는 말이다.

niyalma inu · juwe banin ishunde gulhuken i acabume falifi · emke emken ci
사람 이시다. 두   성정이 서로   완전히   맺어 합해서 하나가 하나 에서

aljara   ba akū ··
분리되는 일이 없다.

[u] K'ornelio · terei boo i anggala Yudeya bade teme ofi · urunakū Yesu i
고르넬리오와   그 집 의 식구가   유다 지방에 살기 때문에 반드시 예수 의

ferguwecuke baita be murušeme donjiha bihe · damu encu demun i   ursei
기이한   일 을   대충   듣고 있었다. 다만 다른 이단 의 무리들과

songkoi   asuru   baicarakū · gūnin inu werišerakū ··
마찬가지로 충분히 조사하지 않고 생각 또한 깊지 않았다.

[na] jalan   deribuheci   bucehe · jalan dubeme hamika banjire geren
세상이 시작되면서부터 죽은 이와, 세상이 끝나게 되었을 때 살아난 많은

niyalma i dolo ejen Yesu i beiden be alirakūngge akū · ambarame beidere
사람들 중에 주 예수의 심판 을 받지 않는 자 없다.   크게   심판하는

inenggi[35] i onggolo tuwa untuhun ci wasifi kemuni tere erin de banjire
날   이전에 불이   허공 에서 내려와 아직   그   때 에 살아있는

niyalma be bucebumbi
사람들 을 죽게 한다.

[ne] tuwa i ilenggu i arbun de tesei uju i ninggude enggelenjihe ··
불 이 혀 의 모습 으로 그들 머리의   위에   내려왔다.

---

35 'ambarame beidere inenggi (크게 심판하는 날)'은 'judicium universale (공심판[公審判], 세상 종말 때 모
든 사람들이 심판 받는 일)'의 날, 즉 세상 종말의 날을 말한다.

JUWAN EMUCI FIYELEN
제11   장

S abisa ·   jai Yudeya bade bisire deote encu uksura i niyalma[1] i
제자들과 또   유다 땅에 있는 형제들은 다른 민족 의 사람들

dorgici Ewanzelio[2] be /50a/ dahahangge bi sere   mejige baha ·   Betoro
중에서 복음 을   따르는 이들이 있다 는 소식을 얻었다. 베드로가

Yerusalem de isinjiha manggi · fe tacihiyan ci ice tacihiyan de dosika   urse[3]
예루살렘 에 도착한   후   옛 가르침 에서 새 가르침 에 들어온 사람들이

imbe wakalame ·   si ainu encu mukūn i niyalma[4] be acaha · ceni emgi
그를 비난하기를, "당신은 왜 다른 민족 의 사람들 을 만나 그들과 함께

budalahani serede · Betoro ilhi aname[5] baita be   uttu giyangnaha[6] · bi Yope
식사를 했소?" 하자 베드로가 차근차근   사실 을 이렇게 강론했다.   "내가 요빠

hoton de bifi · jalbarire erin · mini sure fayanggai yasa i emu amba wadan i
마을 에 있어 기도할 때 나의 영혼의   눈으로 한 큰 보자기 와

gese   duin hošo de abkai ci   ebubure be sabuha ·   ere wadan mini hanci
같은 것이   사각 으로 하늘 에서 내려오는 것 을 보았습니다. 이 보자기가 내 가까이

ohode · cincilame tuwaci · dorgide ulha · gurgu · meihe · abka i gasha[7]
되었을 때 자세히   보니   안에 가축과 짐승과 뱀과 하늘 의 새가

---

1 'encu uksura i niyalma (다른 민족의 사람들)'에 해당하는 라틴어는 'gentes(이방인들)'이다. 만주어
'uksura'는 흔히 '지파(支派)'의 뜻으로 사용되지만 여기서는 라틴어를 보고 '민족'으로 번역한다. 만주어로
'민족'이란 말은 본문에 나오듯이 'mukūn'을 쓰는 것이 옳다.

2 'Ewanzelio(복음)'에 해당하는 라틴어는 'verbum Dei (하느님의 말씀)'이다.

3 'fe tacihiyan ci ice tacihiyan de dosika urse (옛 가르침에서 새 가르침에 들어온 사람들이)'에 해당하는 라
틴어는 'qui erant ex circumcisione (할례[割禮]로부터 있었던 사람들이, 할례를 받은 사람들이)'이다.

4 'encu mukūn i niyalma (다른 민족의 사람들)'에 해당하는 라틴어는 'viros præputium habentes (포피[包皮]
를 갖고 있는 남자들, 할례를 받지 않은 남자들)'이다.

5 'ilhi aname (순서를 따라, 차근차근)'에 해당하는 라틴어는 'ordinem(차례로, 순서 있게)'이다.

6 'giyangnaha(강론했다)'에 해당하는 라틴어는 'exponebat(내놓았다, 설명했다, 진술했다)'이다.

7 'ulha · gurgu · meihe · abka i gasha (가축과 짐승과 뱀과 하늘의 새)'에 해당하는 라틴어는 'quadrupedia

bisire teile · geli jilgan be donjiha · jilgan i gisun · uthai Betoro ·
있을 뿐이었고, 또 소리 를 들었는데 소리 의 말이 곧 '베드로야,

si   ilifi · terebe wafi jekini sehengge inu ··   bi jabume · ejen · bi
너는 일어나 그것을 죽여 먹어라.' 하는 것 이었습니다. 내가 대답하기를, '주님, 저는

gelhun akū ere durun i   yaburakū ·   bolgo akū · nantuhūn jaka be umai mini
감히 이런 식 으로 행하지 않습니다. 청결하지 않고 더러운 것 을 결코 제

angga de isibuhakū[8] ofi   sehe ·· abka ci jihe jai emu jilgan hendume ·
입 에 대지 않았기 때문입니다.' 하니, 하늘 에서 온 또 한 소리가 말하기를

ejen Deus i /50b/ bolgobuha jaka be · si ume nantuhūn seme gisurere ·
'주 하느님 께서 깨끗하게 하신 것 을 네가 (말라) 더럽다 고 말하지 말라.'

ere baita ilanggeri uttu ohode · wadan i dorgi bisirele hacin · gemu dahūn i
이 일이 세 번 이러 했는데 보자기 안에 살아있는 것 모두 다시

abka de bargiyahabi · nergin de Šesareha hoton ci unggihe ilan hahasi mini
하늘 로 거두어졌고 그때 에 가이사리아 마을 에서 보낸 세 남자들이 내가

tehe boo i duka de iliha · enduringge enduri oci · mimbe tacihiyame · si
머문 집 문 에 멈췄습니다. 성령 께서는 나를 가르치시기를, '너는

ume   tathūnjara ·   sasa gene sehe · ere ninggun deote kemuni mimbe
(말라) 망설이지 말고 함께 가라.' 하셨고, 이 여섯 동생들 또한 나를

dahalaha ·   be tere niru janggin i boo de dosika · tere niyalma adarame ini
따랐습니다. 우리가 저 백인대장 의 집 으로 들어가, 그 사람이 이렇게 그의

boo de emu abkai enduri be iletu sabuha · adarame[9] abkai enduri inde
집 에서 한 하늘의 천사 를 분명히 보았고, 이렇게 하늘의 천사가 그에게

---

terræ et bestias et reptilia et volatilia cæli (땅의 네발짐승과 들짐승과 길짐승과 하늘의 날짐승들)'이다.

8 'angga de isibuhakū (입에 대지 않았다)'에 해당하는 라틴어는 'numquam introivit in os meum (한번도 나의 입에 들어오지 않았다)'이다.

9 이 문장 속에 나오는 'adarame …… adarame (어떻게, 이렇게 …… 이렇게)'와 같은 구문은 전통 만주어 문헌이나 조선 사역원(司譯院)의 만주어 문헌에서는 찾아볼 수 없다. 그러나 푸와로 신부의 이 만주어 성경에는 자주 등장한다. 《만주어 마태오 복음》 제5장 끝(김동소 2011: 129)의 'uttu ohode abka de bisire suweni ama **adarame** yongkiyame sain bi ·· suwe inu **adarame** yooni sain okini ··(그러므로 하늘에 계신 너희의 아버지께서 그렇게 완전히 선한 분이시니 너희도 그렇게 모두 선하게 되어라.)' 참조. 이 구절은 푸와로 신부의 중국어 성경인 《古新聖經》에는 '是怎 …… 是怎'으로 되어 있다. '在天你們的父 是怎全善 你們也該是怎全善' 참조. 이 밖에도 《만주어 마태오 복음》에는 이런 예가 1회 더 나온다. niyalmai mujilen

afabuha · si niyalma be Yope de unggine · Simon · tukiyehe gebu Betoro be
명했는데, '너는 사람 을 요빠 로 보내어 시몬   (별명)   베드로 를

solinju · Simon esi sini beye · sini boo i gubci i anggala be aitubure
불러오너라. 시몬은 당연히 네 자신과 너의 집   온   식구 를 구하는

gisun gisureci · sere baita be mende   alahabi · bi doro be giyangname
말을 하리라.' 라는 일 을 우리에게 알렸습니다. 내가 진리 를   강론하기

deribuhede · enduringge enduri tuktan meni ujui dergide enggelenjihe
시작했을 때   성령이   처음 우리 머리 위에   내려온 것

songkoi /51a/ inu ceni ujui ninggude enggelenjihe · bi teni ejen i gisun be
그대로   또한 그들 머리 위에   내려왔고,   내가 그때 주님 의 말씀 을

ejehe ·   i dade meni baru hendume · Yohangnes niyalma be muke de
기억했는데, 그분께서 원래 우리 에게 말씀하시기를, '요한은 사람들 을 물 로

oboho · suwe enduringge enduri de obobumbi sehe bihe · be Yesu Girisdo
씻었으나, 너희는   성령   으로 씻기리라.' 하신 것 입니다. 우리가 예수 그리스도를

akdaha ofi · doshon baha · damu aika abkai ejen emu adali doshon be
믿어 서 은총을 받았는데, 그러나 만약 하느님께서   동일한   은총 을

kemuni cende šangnaki seci · bi ai toosei niyalma · abkai ejen be ilinjame
또한 그들에게 상주고자 하시면 내가 무슨 권력으로 사람과   하느님 을 멈추게

---

adarame enduringge doshon be dahaci · enduringge doshon i acabun inu **adarame** bi ·· (사람의 마음이 그렇게 거룩한 은총을 따르면, 거룩한 은총의 보답도 그렇게 있다.) [마태오 복음 제13장 풀이말. 김동소 (2011: 261)]. 또《만주어 에스텔기》제9장에도 이런 용례가 있는 것을 보아 전체 만주어 성경을 다 분석해 보면 상당히 많이 나오리라 생각된다. 'kimungge urse **adarame** ceni baru yabuki sembihe · ce kimungge urse i baru inu **adarame** yabuha bi · (원수의 무리들이 그렇게 그들을 향해 행동하려 하였고, 그들은 원수의 무리들을 향해 또한 그렇게 행하였던 것이다)' [김동소 (2013:101) 참조]. 이것과 같은 의미로 사용된 'ainame ······ ainame'도 중국의 전통 만주어 문헌이나 조선의 만주어 문헌에서 찾아볼 수 없는 것인데 만주어 성경에 여러 번 출현한다. 'sini hese abkai dergide **ainame** yabubuci · geli abkai fejergide **ainame** yabubureo · (당신의 뜻이 하늘 위에서 그렇게 이루어지니 또한 하늘 아래에서 그렇게 이루어지소서). [마태오 복음 제6장. 김동소 (2011; 141)]. yala **ainame** weri be beideci · **ainame** beidebure · (진실로 어떻게 남을 심판하면 그렇게 심판받고). [마태오 복음 제7장. 김동소 (2011: 158)].《만주어 에스텔기》제9장에 또 다음과 같은 용례도 있다. "enenggi **adarame** Susan i dolo yabuha · cimari inu **emu adali** durun i cembe yabubureo · (오늘 그렇게 수사의 안에서 행했으니, 내일도 동일한 방식으로 그들이 행하게 하소서.)" [김동소 (2013: 102) 참조].

mutembini ‥ [10] geren   ini ere gisun be donjifi · wakalara ba akū · nememe
하겠습니까?" 많은 이가 그의 이   말 을 듣고   비난하는 일이 없이   도리어

abkai ejen be eldembuhei · uttu ohode ejen Deus   encu mukūn i   urse[11]
　하느님 을 찬양하였는데, 그리하여 "주 하느님께서 다른 민족 의 사람들이

enteheme banjire hūturi be bahakini · cende aliyara   jabcara kesi
영원히   사는   복   을 얻게 하시고 그들에게 뉘우치고 회개하는 은혜를

šangnaha sembihe ‥
상주셨다." 하였다.

Sutefano be waha tere jobocuka erin de samsihala gucuse hergime
스테파노 를 죽인 그 고통스러운 때 에   흩어진 친구들이 배회하고

yabuhai · Fenisiya · Šiboro · Antiyokiya jergi bade isinatala encu mukūn i
다니면서, 페니키아와 키프로스와 안티오키아   등 지에 이르도록 다른 민족 의

niyalma Ewanzelio i doro be giyangnahakū · Israel i omosi de giyangnara
사람들은   복음 의 진리 를 강론하지 않고 이스라엘 의 자손들 에게   강론할

canggi ·[12] damu tesei dorgici emu udu[13] /51b/ Šiboro · Širene baingge
뿐이었다. 그러나 그들 중에서   몇몇   키프로스와 키레네 지방인들은

Antiyokiya hoton de dosika amala · Keresiya ba i   ursei emgi gisurerede ·
안티오키아 성 에 들어간 후   그리스 지방 의 사람들과 함께   말할 때

ejen Yesu be giyangnaha · abkai ejen i cohotoi kesi cende aisilame ofi ·
주 예수 를 강론하였고,   하느님 의 특별한 은혜가 그들을 도우시 므로,

akdara · tacihiyan be dahara niyalma i ton kejine labdu · Yerusalem de
믿고   가르침 을 따르는 사람들 의 수가 매우 많았다. 예루살렘 에

---

10 "niyalma · abkai ejen be ilinjame mutembini ‥ (사람과 하느님을 멈추게 하겠습니까?)"에 해당하는 라틴어는 "qui possem prohibere Deum (어떻게 하느님을 막을 수 있겠습니까?)"이다. 즉 'niyalma(사람)'이란 말은 없다.

11 'encu mukūn i urse (다른 민족의 사람들)'에 해당하는 라틴어는 'gens(민족, 이방인)'이다.

12 "encu mukūn i niyalma Ewanzelio i doro be giyangnahakū · Israel i omosi de giyangnara canggi · (다른 민족의 사람들은 복음의 진리를 강론하지 않고 이스라엘의 자손들에게 강론할 뿐이었다.)"에 해당하는 라틴어는 "nemini loquentes verbum nisi solis Iudæis (유다인들만을 제외하고 아무에게도 말씀을 말하지 않았다.)"이다.

13 'emu udu(한두, 몇몇)'에 해당하는 라틴어는 'quidam(어떤 사람)'이다.

bisire acin i geren niyalma ere baita be donjifi · Barnaba be Antiyokiya de
있는 교회 의 많은 사람들이 이 사실 을 듣고 바르나바 를 안티오키아 로

unggihe · i isinjifi · abkai ejen i enduringge doshon i acabun[14] be tuwahade ·
보냈다. 그가 도착하여 하느님 의 거룩한 은총 의 깊으심 을 보았을 때

urgunjehe bime · geli geren be huwekiyeme · ejen be uilere gūnin ele
기뻐 하였고 또한 많은 이 를 격려하며 주님 을 섬길 뜻을 더욱

akdula   sembihe · Barnaba unenggi saisa · enduringge enduri i fulehun be
굳게 하라고 하였다. 바르나바는 진정한 현자요 성령 의 은혜 를

jalu baha ofi · tacihiyan i gucusei ton ambula nonggihabi ·[15] i Tarso bade
가득히 받았 으므로 가르침 의 친구들의 수가 크게 늘어났다. 그가 타르소 땅에

genehe · Saūlo be gajiki sembihe · terebe ucarahade · Antiyokiya de benjihe ·
갔는데, 사울 을 데려가려 하였고, 사울을 만나 안티오키아 에 데려왔다.

ubade emu aniya hūsime[16] tacihiyan i gucusei emgi tefi[17] · ududu niyalma be
거기서 일 년 내내 가르침 의 친구들과 함께 살며 많은 사람들 을

tacibuha · ceni yabun kooli ere gese sain · tacihiyan i niyalma Antiyokiya
가르쳤다. 그들의 행동과 규범이 이 같이 좋아, 가르침 의 사람들이 안티오키아

de   Girisdo   ci Girisdiyani /52a/ seme tuktan gebulehebi ·[18]
에서 '그리스도'(라는 말) 로부터 크리스천 이라고 처음 불렸다.

tere inenggi baita be doigomšome sara udu mergese[19] Yerusalem ci
그 때, 일 을 미리 아는 몇몇 현자들이 예루살렘 에서

---

14 'abkai ejen i enduringge doshon i acabun (하느님의 거룩한 은총의 깊으심)'에 해당하는 라틴어는 'gratia Dei (하느님의 은총)'이다.

15 "tacihiyan i gucusei ton ambula nonggihabi · (가르침의 친구들의 수가 크게 늘어났다.)"에 해당하는 라틴 어는 "apposita est multa turba Domino (많은 무리들이 주님께로 보태졌다.)"이다.

16 'emu aniya hūsime (1년 내내)'에 해당하는 라틴어는 'annum totum (온 1년을)'이다.

17 'tacihiyan i gucusei emgi tefi (가르침의 친구들과 함께 살며)'에 해당하는 라틴어는 'conversati sunt in ecclesia (교회에서 교제하였다)'이다.

18 "tacihiyan i niyalma Antiyokiya de Girisdo ci Girisdiyani seme tuktan gebulehebi (가르침의 사람들이 안 티오키아에서 '그리스도'[라는 말]로부터 그리스도인이라고 처음 불렸다.)"에 해당하는 라틴어는 "ita ut cognominarentur primum Antiochiæ discipuli Christiani (이렇게 안티오키아에서 제자들이 처음으로 크 리스천이라 불리게 되었다.)"이다. 즉, 'Girisdo ci (그리스도라는 말로부터)'라는 구절이 라틴어에는 없다.

19 'baita be doigomšome sara udu mergese (일을 미리 아는 몇몇 현자들)'에 해당하는 라틴어는 'prophetæ (예언자들)'이다.

Antiyokiya de jihe **[a]**· ceni dolo emu bifi · gebu Agabo · i
안티오키아 로 왔다.   그들 중 한명이 있어, 이름이 하가보로서, 그가

enduringge enduri i yaruhan be dahame · mangga omin[20] abkai fejergide
　　성 령 　　의 인도 를 따라 　지독한 가뭄이 하늘 아래에서

dekdere be alambihe ·[21] yala Roma gurun i han Kalaudio i fonde ohobi ·
　일어남 을 알렸는데, 　과연 로마 　국 의 황제 글라우디오 의 때에 이루어졌다.

gucuse[22] uthai meimeni hūsun be aname ·[23] Yudeya bade tehe ahūta deote be
친구들이 곧 　각자의 힘 을 따라 　　유다 지방에 사는 형들과 아우들 을

ujikini sere jalin menggun beneme toktoho · Barnaba Saūlo se be
살리려 하기 위해 은을 　보내기로 결정했고, 바르나바와 사울 들 을

baitalame · šufaha menggun be Yerusalem i sakda sa de benehe[24] **[e]** ··
이용하여 모은 은 을 예루살렘 의 원로 들 에게 보냈다.

---

20 'mangga omin (지독한 가뭄)'에 해당하는 라틴어는 'fames magna (큰 가뭄)'이다.

21 "enduringge enduri i yaruhan be dahame ······ alambihe (성령의 인도를 따라 ······ 알렸다)"에 해당하는
라틴어는 'significabat per Spiritum (성령에 의해 예언했다)'이다.

22 'gucuse(친구들)'에 해당하는 라틴어는 'discipuli(제자들)'이다.

23 'meimeni hūsun be aname (각자의 힘을 따라)'에 해당하는 라틴어는 'prout quis habebat (가진 것을 따
라)'이다.

24 "gucuse uthai meimeni hūsun be aname · Yudeya bade tehe ahūta deote be ujikini sere jalin menggun
beneme toktoho · Barnaba Saūlo se be baitalame · šufaha menggun be Yerusalem i sakda sa de benehe
(친구들이 곧 각자의 힘을 따라 유다 지방에 사는 형들과 아우들을 살리려 하기 위해 은을 보내기로 결정
했고, 바르나바와 사울들을 이용하여, 모은 은을 예루살렘의 원로들에게 보냈다.)"에 해당하는 라틴어는
"discipuli autem prout quis habebat proposuerunt singuli eorum in ministerium mittere habitantibus in
Iudæa fratribus quod et fecerunt mittentes ad seniores per manus Barnabæ et Sauli (제자들은 각각 가진
것에 따라 보조금을 거두어 유다의 형제들에게 보내기로 결정하고 그대로 하여 바르나바와 사울의 손에
맡겨 교회의 어른들에게 보냈다.)"로 되어 있어 만주어는 상당히 의역한 것임을 알 수 있다.

SURE GISUN
풀이 말

[a] šabisa Antiyokiya i gucusei akdacun be ele   bekileki seme ere jergi
제자들이 안티오키아의 친구들의   믿음   을 더 굳게 하고자 하여 이 들

saisa   be unggihe bihe ··
현자들 을 보냈던 것 이었다.

[e] wecen i da sa · Fariseo · Satušeo sere duwalingga Yesu i tacihiyan de
제사장 들과   바리사이와 사두가이 라는   부류가   예수 의 가르침 에

dosika niyalma i boo · boigon be   talafi · cembe umesi yadahūn bade
들어온 사람들 의 집과   재산 을 몰수하여 그들을 매우 곤궁한 처지에

isibumbihe ofi · tuttu gūwa ba i   gucuse /52b/ cende aisilambihe ··
이르게 했으므로 그래서 다른 지방 의 친구들이   그들을   도와주었다.

JUWAN JUWECI FIYELEN
제12　　　　장

Tere erin wang Herode enduringge acin[1] i emu udu niyalma be
그 때　　왕　헤로데가　거룩한　　교회 의 한두　　사람들 을

jobobume deribuhe · yala Zowangne i ahūn[2] Yakobo be lohoi waha · ini ere
괴롭히기 시작했다.　실제로　요한 의 형　야고보 를 칼로 죽였다. 그의 이

baita Yudeya ba i　urse　de icangga　seme tuwafi · Betoro be jafara gūnin
일이　유다 땅 의 사람들 에게 마음들어 한다고 보아　베드로 를 잡을 생각을

toktohobi · tere ucuri uthai huhu　lala[3]　acabuhakū efen be jetere inenggi
정했다.　그 무렵은 곧 누룩과 좁쌀밥을 섞지 않은 떡 을 먹는　때

bihe[4] [a] · · Betoro be jafaha manggi · imbe gindana de horifi · juwan
이었다.　베드로 를 잡은 후　그를　감옥 에 가두고　열

ninggun cooha de　duin duin i　halanjame terebe tuwakiya seme afabuha[5] · i
여섯　군사 에게 네 명 네 명 으로 교대하여 그를　지키라 고　맡겼다. 그가

---

1 'enduringge acin (거룩한 교회)'에 해당하는 라틴어는 'ecclesia(교회, 집회)'이다.

2 'ahūn(형)'에 해당하는 라틴어는 'frater(형제, 형, 동생)'이다.

3 'huhu lala'는 직역하면 '누룩과 좁쌀밥'인데, 자하로프의 《만로 사전》(Иван Ильич Захаров(1939) : Полный маньчжурско-русскій словарь.)에 'хуху лала ; жидкія дрожжи(묽은 누룩)'이 있고, 安双成의 《滿漢大辭典》에 'huhu lala arara hacin 曲糵一端(누룩 만드는 것)'이 나온다. 따라서 'huhu lala'는 '누룩'의 한 종류인 듯하다.

4 "tere ucuri uthai huhu lala acabuhakū efen be jetere inenggi bihe (그 무렵은 곧 누룩과 좁쌀밥을 섞지 않은 떡을 먹는 때였다.)"에 해당하는 라틴어는 "erant autem dies azymorum (그런데 누룩 없는 빵의 날이었다, 무교절[無酵節]이었다.)"이다. 이 라틴어 구절을 P. de Carrières 신부는 다음과 같이 풀이하고 있다. "Or, c'étoit durant les jours de l'octave de Pâques, où l'on ne mangeoit que des pains azymes et sans levain. (그런데 과월절[過越節]의 8일 기간 동안이었다. 이 때에는 누룩 없는 빵만을 먹었다.)"

5 "juwan ninggun cooha de duin duin i halanjame terebe tuwakiya seme afabuha (열여섯 군사에게 네 명 네 명으로 교대하여 그를 지키라고 맡겼다.)"에 해당하는 라틴어는 "tradens quattuor quaternionibus militum custodire (네 명 군사를 네 패로 하여 지키게 맡겼다.)"이다. 따라서 만주어의 '열여섯 군사'란 말은 라틴어 원문 성경에 없는 것이다.

Baska kumungge dorolon i amala geren irgen i juleri terebe isebuki sembihe ‥
과월절 성대한 예식 의 후에 많은 백성들 의 앞에서 그를 처벌하려 한 것이었다.

jing Betoro gindana i dolo tuwakiyaburede · acin i geren gucuse[6] lakcan akū
바로 베드로가 감옥 안에서 감시당할 때 교회 의 많은 친구들이 끊임 없이

terei turgun /53a/ abkai ejen jalbarime baimbihe ‥ Herode Betoro be irgese de
그를 위해 하느님께 기도하며 구하였다. 헤로데가 베드로 를 백성들 에게

tuwabure inenggi ome hamika[7] · tere emu dorori Betor o juwe sele i futa de
보일 날이 되어 갔다. 그 어느 밤 베드로가 두 개의 쇠 줄 에

hūwaitalabufi · juwe coohai dulimbade bifi amgambihe · funcehe cooha oci ·
묶여 두 군사 사이에 있으며 잠잤고, 나머지 군사 는

gindana i juleri duka tuwakiyara dabala · gaitai abkai ejen i emu enduri[8]
감옥 의 앞 문을 지킬 뿐이었는데, 갑자기 하느님 의 한 천사가

iletu tucinjime · genggiyen elden i horin[9] i boo be eldembume · Betoro i
뚜렷이 나타나 밝은 빛 으로 감금 의 방 을 비추고 베드로 의

dara be forifi imbe getebuhe · hasa ili sehe · sele i futa ini gala ci sufi
허리 를 두드리며 그를 깨워 "어서 일어나라." 하였다. 쇠 줄이 그의 손 에서 풀려

tuheke · abkai enduri jai hendume · sini sabu be mampi[10] · etuku etume
떨어지고, 하늘의 천사가 또 말하기를, "너의 신 을 신어라. 옷을 입고

mimbe dahala serede · i uttu yabuha · tucifi enduri be dahalambihe ·
나를 따라라." 하자 그가 그렇게 했고, 나와서 천사 를 따랐는데,

enduri i yabuha baita be yargiyan baita oburakū · sure fayanggai yasa de
천사 가 한 일 을 실제 일로 여기지 않고 영혼의 눈 에

---

6 'acin i geren gucuse (교회의 많은 친구들이)'에 해당하는 라틴어는 'ecclesia(교회, 집회)'이다.

7 'ome hamika'를 '되어갔다'로 번역했지만 글자대로 옮긴다면 '되기 가까웠다, 거의 되었다'이다.

8 'abkai ejen i emu enduri (하느님의 한 천사)'에 해당하는 라틴어는 'angelus Domini (하느님의 천사)'이다.
만주어 'enduri'는 푸와로 신부의 이 성경에서 '영[靈], 영혼, 신[神], 천사' 등의 의미로 사용된다.

9 'horin'의 원래의 뜻은 '새장[鳥籠], 관[棺]'이지만 'horimbi(가두다, 감금하다)'의 명사형으로도 쓰인다.

10 'mampi(신어라, 끈을 매어라)'는 원문에는 'manpi'로 되어 있다. 이 형태는 'mampi'의 고형(古形)일지, 아니면 'mampi'를 잘못 적은 것일지에 대해서는 더 연구가 필요하다.

tuwabure arbun seme gūnimbihe[11] · tuwakiyara cooha bisire juwe ba[12] deri
보이는   모습 이라고 생각했다.   지키는   군사가 있는   두 곳 을

duleme · hoton de hafunara sele i duka de isinjiha · ere /53b/ uthai ini cisui
지나   마을 로 곧바로가 철   문 에 이르니 이것이   곧   저절로

neihebi · sasa tucifi · ibeneme · emu giyai be akūnafi · abkai enduri
열렸고, 함께 나와서 나아가   한   거리 를 닿자   하늘의 천사가

nerginde inci aljaha ·· Betoro teni   sureke gese · dolo hendume[13] · yala
그때   그에게서 떠났다. 베드로가 그제서야 깨어난 듯이 속으로 말하기를,   '참으로

abkai ejen ini enduri be takūraha · mimbe Herode i gala ci   ukcabuha · geli
하느님께서 당신 천사 를 보내셔서   나를 헤로데 의 손 에서 벗어나게 하셨고, 또

Yudeya ba i irgesei ehe gūnin be selabuki   serakū   be ne bahafi sara[14] sehe
유다 지방 백성들의 나쁜 생각 을 만족시키려 하지 않으심 을 지금 능히 알겠다.' 고 한

amala · gūninjame · šuwe Mariya i boo i baru genehe · ere Mariya uthai
후   생각하면서   바로 마리아 의 집 으로 갔는데,   이 마리아는 곧

Yohangnes jai gebu Marko i   eme bihe · tacihiyan i utala gucuse[15] ini boo de
요한   (다른 이름 마르코) 의 어머니 였다.   가르침 의 많은 친구들이 그의 집 에

isafi jalbarime baimbihe ·   Betoro duka be toksirede emu sargan jui gebu Rode
모여 기도하며 구하고 있었다. 베드로가 문 을 두드리자   한   여자 아이 (이름 로데)가

---

11 ˝sure fayanggai yasa de tuwabure arbun seme gūnimbihe (영혼의 눈에 보이는 모습이라고 생각했다.)˝에
해당하는 라틴어는 ˝existimabat autem se visum videre (그러나 자기가 환상을 본다고 생각했다.)˝이다.

12 'tuwakiyara cooha bisire juwe ba (지키는 군사가 있는 두 곳)'에 해당하는 라틴어는 'prima et secunda
custodia (첫째와 둘째 초소)'이다.

13 'Betoro teni sureke gese · dolo hendume (베드로가 그제서야 깨어난 듯이 속으로 말하기를)'에 해당하는
라틴어는 'Petrus ad se reversus dixit (베드로가 자신에게 돌아와 말했다, 베드로가 정신 차리며 말했다)'
이다.

14 ˝mimbe Herode i gala ci ukcabuha · geli Yudeya ba i irgesei ehe gūnin be selabuki serakū be ne bahafi
sara (나를 헤로데의 손에서 벗어나게 하셨고, 또 유다 지방 백성들의 나쁜 생각을 만족시키려 하지 않으
심을 지금 능히 알겠다.)˝에 해당하는 라틴어는 ˝nunc scio vere, quia misit Dominus angelum suum, et
eripuit me de manu Herodis, et de omni expectatione plebis Iudæorum (나는 이제야 참으로 깨닫는다. 주
님께서 당신 천사를 보내시어 헤로데의 손과 유다 민족의 모든 기대에서 빠져 나오게 하셨다.)˝이다.

15 'tacihiyan i utala gucuse (가르침의 많은 친구들)'에 해당하는 라틴어는 단순히 'multi(군중, 많은 이들)'이
다.

dacilame genehe · i Betoro i jilgan be donjifi · ini urgun jaci amba ohode ·
알아보러 갔는데, 그녀가 베드로 의 소리 를 듣고 그녀의 기쁨이 아주 크게 되니

duka neire anggala[16] · sujuhei dorgi bisire urse de alanjime · Betoro dukai
문 열기 전 달려가며 안에 있는 사람들 에게 알리기를 "베드로님께서 문

juleri bi sehe · gemu jabume · sini gisun fudasihūlara niyalma i gisun
앞에 있다." 하였다. 모두 대답하기를, "너의 말은 정신 잃은 사람 의 말이

wakao[17] secibe · i elemangga baita uttu kai seme gisurembihe · ce
아닌가?" 하자 그녀가 도리어 사실이 이러 하다 고 말하였고, 그들은

hendume · terei /54a/enduri bi sembihe ·· Betoro oci duka be forime nakarakū ·
말하기를, "그분의 천사 이리라." 하였다. 베드로 가 문 을 두드리기를 그치지 않아,

duka be neihede imbe sabufi · alimbaharakū ferguwehebi · i galai jorime ·
문 을 열었을 때 그를 보고 참을 수 없이 놀랐다. 그가 손으로 가리키며

ekisaka oso sefi · adarame abkai ejen imbe gindana ci tucibuhe · cun cun i
조용히 하라고 하고, 어떻게 하느님이 그를 감옥 에서 나오게 하셨는지 차근차근

alaha manggi · suwe erebe Yakobo · jai deote de donjibu sehe [e]·
말한 후 "너희가 이를 야고보와 또 동생들 에게 들려주라." 고 했다.

dahanduhai hoton be waliyame gūwabsi genehe ·· inenggi ohode[18] · cooha
뒤이어 마을 을 버리고 다른 곳으로 갔다. (다음) 날이 되자 군사들이

Betoro be saburakū ofi · ceni dolo amba facuhūn dekdehebi · Herode
베드로 를 보지 못하 여서 그들 내부가 크게 소란해지기 시작했다. 헤로데가

hesei Betoro be babade baihai baharakūci tetendere · tuwakiyan i cooha de
칙령으로 베드로 를 곳곳으로 찾아도 찾지 못할 뿐이라, 경비 의 군사 에게

eruleme fonjifi[19] · cembe wa sehe[20] · amala Yudeya ci jurame · Šesareha
형벌하며 묻고 그들을 죽이라 하고, 그 후에 유다 에서 출발하여 가이사리아

---

16 'duka neire anggala (문을 열기 전)'에 해당하는 라틴어는 'non aperuit januam (대문을 열지 않았다)'이다.

17 "sini gisun fudasihūlara niyalma i gisun wakao (너의 말은 정신 잃은 사람의 말이 아닌가?)"에 해당하는
라틴어는 단순히 'insanis(너는 미쳤다)'일 뿐이다.

18 'inenggi ohode ([다음]날이 되자)'에 해당하는 라틴어는 'facta die (날이 밝자)'이다.

19 'eruleme fonjifi (형벌하여 묻고)'에 해당하는 라틴어는 'inquisitione facta (수사하고, 심문하고)'이다.

20 'cembe wa sehe (그들을 죽이라 했다)'에 해당하는 라틴어는 'jussit eos duci (그들을 끌어내라고 명했다,
그들을 연행하라고 명했다)'이다. 이 구절에 대한 P. de Carrières 신부의 프랑스어 번역은 'Il commanda

hoton de genehe · ubade²¹ tehe ·   i dade Tiro · Sidon juwe ba i urse be
마을 로 가   거기 머물렀다. 그는 원래 띠로와 시돈   두 곳의 사람들 을

ushambihe²² [i]· ce emu gūnin i wang i dedure boo be kadalara Balasto i
미워했는데,   그들이 한 마음 으로 왕 의 잠자는 집 을 관할하는 블라스토 와

emgi gisurefi · ulin i dahabufi²³ · Herode i jakade jihe · taifin be baimbihe ·
함께 이야기하고 재물 로 설득하여   헤로데 쪽으로 와   평화 를 구하였다.

yala Tiro · /54b/ Sidon i niyalma banjirede · damu Yudeya ba i jeku de
실은 띠로와   시돈 의 사람들은   살면서   오직   유다 지방의 식량에

akdara   teile · emu toktoho inenggi Herode wang i etuku etufi · soorin teku de
의존했던 것이다. 한 정한 날   헤로데는 왕 의 옷을 입고   옥좌   에

tefi tesei baru giyangnambihe · geren haldabašame²⁴ ere uthai ejen Deus i
앉아 그들 에게 강론하였는데, 군중이 아첨하기를, "이것은 곧 주 하느님 의

gisun bi · niyalma i gisun waka serede · ilihai ejen Deus i emu enduri imbe
말 이지 사람 의 말이 아니다." 하자 즉시 주 하느님 의 한 천사가 그를

isebuhe · umiyaha ini yali sukū be manabume jefi ergen yadaha²⁵ · i
벌하여 벌레가 그의 살과 가죽 을 갈아 먹어 목숨이 다하였다. 그가

abkai ejen be eldembuhe ba akū ofi kai²⁶ [o] ·· taka Ewanzelio i doro
하느님 을 찬양한 일이 없기 때문 이다.   차차   복음 의 진리가

babade yabumbihe · akdara niyalma i ton ele nongimbihe [u]· Barnaba ·
곳곳에서 행해져   믿는 사람 의 수가 더욱 증가했다.   바르나바와

---

qu'ils fussent menés au supplice. (그들이 처형될 것을 명령했다.)'이다.

21 'ubade'는 본문에는 'obade'로 되어 있다. 실수로 권점이 빠진 것으로 보아 교정한다.

22 "i dade Tiro · Sidon juwe ba i urse be ushambihe (그는 원래 띠로와 시돈 두 곳의 사람들을 미워했다.)"
에 해당하는 라틴어는 "erat autem iratus Tyriis et Sidoniis (그는 띠로와 시돈 사람들에게 화를 내고 있었
다.)"이다.

23 'ulin i dahabufi (재물로 설득하여)'에 해당하는 말은 라틴어 성경에는 없다. 푸와로 신부가 번역한 중국어
성경인《古新聖經》에도 이 말은 없고, 이 구절에 '善言轉達(좋은 말로 전하다)'란 말이 덧붙어 있다.

24 'haldabašame(아첨하기를)'에 해당하는 라틴어는 'acclamabat(외쳤다, 환호했다)'이다.

25 "umiyaha ini yali sukū be manabume jefi ergen yadaha (벌레가 그의 살과 가죽을 갈아 먹어 목숨이 다하
였다.)"에 해당하는 라틴어는 "consumptus a vermibus exspiravit (벌레들에게 먹혀 그가 숨졌다.)"이다.

26 "i abkai ejen be eldembuhe ba akū ofi kai (그가 하느님을 찬양한 일이 없기 때문이다.)"에 해당하는 라틴
어는 "eo quod non dedisset honorem Deo (그가 하느님께 영광을 바치지 않았기 때문이다.)"이다.

Saūlo juwe nofi afabuha baita be icihiyaha manggi[27] Yerusalem ci amasi
사울 두 명이 맡은 일 을 처리한 후 예루살렘 에서 되

marinjiha · ce Yohangnes · gūwa gebu Marko be sasa gaiha bihe · ·
돌아갔다. 그들은 요한 (다른 이름 마르코) 을 함께 데려갔 었다.

---

27 'manggi(후)'는 본문에 'menggi'로 잘못 씌어 있다. 실수로 옆에 점이 찍힌 것이라 보고 고친다.

SURE GISUN
풀이 말

[a] abkai ejen i   cira i targacun de · Israel i   omosi Baska kumungge dorolon i
하느님 께서 엄중한 경계   로, 이스라엘 자손들은 과월절 성대한   예식 의

jakūn inenggi hūsime · huhu akū efen be jetere teile · /55a/ Herode gelhun akū
8   일   내내 누룩 없는 떡 을 먹을 뿐이다.   헤로데는 감히

ere amba dorolon i inenggide Betoro be   warakū · ·
이 큰   예식 의 날에   베드로 를 죽이지 못한다.

[e] ere Yakobo Alfeo[28] i   jui bihe · Yerusalem de bisire tacihiyan i
이 야고보는 알패오 의 아들 인데, 예루살렘 에 있는   가르침 의

niyalma be kadalambihe · ·
사람들 을 관할하였다.

[i] ememu gisurehengge Betoro   ukafi ·   ere juwe hoton de emu udu
어떤 이가 말한 것은, 베드로가 도망하여 이 두   성 에   한두

inenggi tehengge inu · Herode baita be safi · hoton i irgese be dailame
날   머문 것 이다.[29] 헤로데가 사실 을 알고 성 의 백성들 을 정벌하려

afaki   sembihe · ·
싸우고자 했던 것이다.

---

28 'Alfeo(알패오)'란 사람은 그 이름이 복음서에 두 번 나오는데, 한 사람은 사도 야고보의 아버지이고(마태오 10장 4절) 다른 한 사람은 사도 레위(다른 이름은 마태오)의 아버지이다(마르코 2장 14절), 여기서 야고보가 알패오의 아들이라는 설명을 붙인 이유는 사도행전 12장 2절에서 헤로데에 의해 칼로 죽임을 당한 '요한의 형 야고보, 즉 제베대오의 아들 야고보'와 구별하기 위함인 듯하다.

29 한국어로는 다소 어색한 문장인 '어떤 이가 말한 것은, 베드로가 도망하여 이 두 성에 한두 날 머문 것이다.'의 뜻은 '어떤 이는 말하기를 베드로가 도망하여 이 두 성에 하루 이틀 머물렀다고 한다.'이다. 만주어 문장에 맞추기 위해 한국어 표현이 이렇게 되었다. 그리고 베드로가 도망하여 띠로와 시돈에 머물렀다는 이야기는 어떤 전승(傳承)에서 온 것인지 알 수 없다.

[o] cokto mujilen dekdebume · ere gese bengsen be abkai ejen i kesi
　　교만한 마음이　　일어나　　이 같은　　재능 을　　하느님 의 은혜로

oburakū ·　　beyengge obufi · uttu　nimecuke girucuke arbun i　isebuhebi ··
여기지 않고 자기 것으로 여겨, 그래서 고통스럽고 부끄러운　모습 으로 징벌되었다.

[u] ainci tere erin geren šabisa abkai fejergi i babade Ewanzelio be
　　아마 그 때　많은 제자들이 하늘　아래 곳곳에서　　복음　을

selgiyere gūnin ishunde fakcame samsiha dere ··
　전파할 생각으로 서로　　갈라져 흩어진 것 이리라.

JUWAN ILACI FIYELEN
제13   장

Antiyokiya i acin de ememu jidere undengge be doigomšome gisure[1] ·
안티오키아의 교회 에,   혹   오지   않은일 을   미리   말하거나,

ememu doro be šumilame taciha saisa[2] bihe ·   tesei dorgi uthai Barnaba ·
혹   진리 를   깊이   배운 현자가 있었는데,   그들 중에는 곧 바르나바와,

Simon /55b/ colo sahaliyan ningge[3] · Širene ba i Lušio · Manahen · ere ·
시므온과   (별명이 '검은   자'),   키레네 지방 의 루기오와, 마나엔과 (이이는

Herode Tetararka[4] i emgi huhun i ulebuhe bi[5] [a]· jai Saūlo inu · jing
헤로데 테타라르카 와 함께   젖 으로 자랐던 이다.)   또 사울 이다. 마침

geren gucuse uhei jalbarire · šayoo[6] šayolarade · enduringge enduri cende
많은 친구들이 함께 기도하고   단식할 때   거룩한 성령이 그들에게

alame ·   Saūlo · Barnaba se be faksalame tucibu[7] [e] bi ai baita be
알리기를, "사울과 바르나바 들 을   따로따로 내세워라.   내가 어떤 일 을

---

1 'jidere undengge be doigomšome gisure …… saisa (오지 않은 일을 미리 말하는 현자)'에 해당하는 라틴어
는 'prophetæ (예언자들)'이다.

2 'doro be šumilame taciha saisa (진리를 깊이 배운 현자)'에 해당하는 라틴어는 'doctores (선생들, 박사들,
학자들)'이다.

3 'sahaliyan ningge (검은 자, 검은 이)'의 라틴어는 'Niger(흑색, 검은, 검둥이)'로서, 이 라틴어는 그리스어
Νίγερ의 음역어인데, 이 그리스어는 사람 이름인 듯하다. 결국 고유명사인 그리스어 Νίγερ를 라틴어로 음
역하면서 라틴어의 의미를 만주어로 나타낸 것인가?

4 'Tetararka (테타라르카)'는 사람 이름인 것처럼 쓰이고 있으나, 라틴어는 일반 명사 'tetrarcha'로서 이 낱말
은 그리스어 τετράρχης (분봉왕[分封王], 사분 영주[四分領主])를 차용한 것이다.

5 "Herode Tetararka i emgi huhun i ulebuhe bi (헤로데 테타라르카와 함께 젖으로 자랐다.)"에 해당하는 라
틴어는 "qui erat Herodis tetrarchæ conlactaneus (사분 영주 헤로데와 같은 젖 먹고 자란 이였다.)"이다.

6 'šayoo'는 푸와로 신부의 만주어 성경에만 나타나고 다른 전통 만주어 문헌이나 만주어 사전에서는 'šayo'
로 표기된다. 자하로프의《만주어-러시아어 대사전》(1875)에도 이 'šayoo'라는 표기는 등재되어 있지 않지
만 표제어 'šayo'를 'ɯaiɔ̄'처럼 'o' 위에 줄표가 있는 장음 표기 'ɔ̄'로 되어 있음이 흥미롭다.

7 "Saūlo · Barnaba se be faksalame tucibu (사울과 바르나바 들을 따로따로 내세워라.)"에 해당하는 라틴어
는 "separate mihi Barnabam et Saulum (바르나바와 사울을 나를 위해 분리하여라, 따로 내세워라.)"인데
만주어에는 'mihi(나에게, 나를 위해)'란 말은 빠져 있다.

tesede   afabuha · hūdun i icihiyakini[8] sehede · teni šayolame jalbarime ·
그들에게 맡겼으니, 서둘러 처리하여라.” 하시며, 그때 단식하고 기도하고

gala be ceni uju de sindafi cembe   jurambuha [i]·   juwe nofi enduringge
손 을 그들 머리 에 두어   그들을 길 떠나게 하셨다. 둘이 함께 거룩하신

enduri i hese de unggifi · Seleūsiya[9] de genehe · tereci   jahūdai de tafame
성령 의 뜻 으로 보내져 셀류기아 로 갔고, 거기서부터 배 에 올라

Šiboro   tun de isinaki sembihe· Salamina[10] hoton de dosifi abkai ejen i doro be
키프로스 섬 에 이르고자 했다. 살라미스   성 에 들어가 하느님 의 진리 를

Israel   omosi uhei isara bade[11] giyangnambihe·Yohangnes·gūwa gebu Marko
이스라엘 자손들이 함께 모이는 곳에서   강론했는데, 요한이 (다른 이름 마르코)

cende   aisilambihe[12] · tun be akūname yabuhade · Bafos de jifi · Yudeya i emu
그들을   도왔다.   섬 에 닿아 걸어가서 바포 에 와 유다 의 한

haha·gebu Bar Yesu · fangga bime · geli jidere unde baita balai tulbišere de
남자 (이름 바르 예수, 마술가 이며 또한 오기 전 일을 함부로 예측하기 를

amuran ningge be ucaraha· /56a/ i uheri kadalara da[13] Serjio Boolo mergen
좋아하는 자) 를 만났는데, 그는 총독 세루기오 바울로 (지혜로운

saisa i emgi tembihe · ere uheri kadalara da Ewanzelio i gisun be donjiki seme·
현자) 와 함께 살았다. 이 총독이   복음 의 말씀 을 듣고자 하여

---

8 “bi ai baita be tesede afabuha · hūdun i icihiyakini (내가 어떤 일을 그들에게 맡겼으니 서둘러 처리하여라.)”에 해당하는 라틴어는 'in opus ad quod assumpsi eos (내가 그들에게 맡긴 일에)' 뿐으로, 'hūdun i icihiyakini (서둘러 처리하여라)'에 해당하는 라틴어는 없다.

9 'Seleūsiya'의 라틴어 형은 'Seleucia'이고 그리스어 형은 Σελεύκεια인데, 세 번째 모음에 비음소적 문자인 'ū'를 쓴 것은 이 문자로 반모음 [w]를 표하고자 한 듯하다.

10 'Salamina'는 라틴어 'Salamina'를 적은 것인데, 이 낱말의 그리스어 형은 원래 Σαλαμίς이다. 이 그리스어 낱말이 격변화할 때 어간 끝에 n음이 덧붙기 때문에 라틴어에서 이와 같이 되었다.

11 'Israel omosi uhei isara bade (이스라엘 자손들이 함께 모이는 곳에서)'에 해당하는 라틴어는 'in synagogis Iudæorum (유다인들의 회당에서)'이다.

12 “Yohangnes · gūwa gebu Marko cende aisilambihe · (요한이[다른 이름 마르코] 그들을 도왔다.)”에 해당하는 라틴어는 “habebant autem et Iohannem in ministerio (그리고 또 요한을 봉사자로 데리고 있었다.)”이다. 라틴어 성경에는 요한의 다른 이름이 마르코라는 말은 없는데, R. L. de Carrières의 프랑스어 번역에는 “et ils avoient Jean surnommé Marc, pour leur servir d'aide et de ministre. (그리고 그들은 자신들을 위해 도움과 직무에 봉사하기 위해 마르코라고 별명이 있는 요한을 데리고 있었다.)”로 되어 있다.

13 'uheri kadalara da (총독, 모두를 관할하는 어른)'에 해당하는 라틴어는 'proconsul(지방총독, 주지사)'이다.

Barnaba· Saūlo be solinjiha · Elimas sere fangga niyalma · ba i gisun de
바르나바와 사울 을 불렀다. 엘리마 라는 마술인은   (지방 의 말 로

ini   gebu uttu sume gisurembihe · Barnaba Saūlo de bakcilame· ceni gisun be
그의 이름을 이렇게 풀어   말했다.)   바르나바와 사울 에게 대항하여 그들의 말 을

wakalahai · uheri kadalara da i baru ume gisun akdara sembihe · Saūlo · kemuni
비난하며   총독   을 향해 (말라) 말을 믿지 말라고 했다.   사울은 (또

Boolo sehengge [o] enduringge enduri de jalumbuha terebe yasalafi hendume ·
바울로 라고도 함)   거룩한   성령 으로 가득해서 그를 눈여겨보며 말하기를

holtoro eiterere mangga · ehe aburi hoki· ehe hutu i jui · ai ai sain saikan
"거짓과 속임수가 능하고   악독한 무리며 악한 귀신 의 자식아, 온갖 좋고 아름다운

erdemu i ebdere · abkai ejen i   tondo jugūn be [u] efuleme nakarakūn ·   ne
 덕 을 해치고 하느님 의 공정하신 길 을   허물어 그치지 않느냐? 이제

abkai ejen i gala sini beye debi · si   dogo bifi · toktoho erin de isitala [na]
 하느님 의 손이 너의 몸 에 있다. 네가 눈멀게 되어 정한   때 에 이르도록

šun i elden be saburakū   sehede · ilihai fangga niyalma i yasa farhūn helmen de
태양의 빛 을 보지 못하리라." 하자   즉시 마술   인 의 눈이 어두운 그늘 로

gaibuhabi¹⁴ · i šurdeme yabume · galai mimbe yaru seme baimbihe ·¹⁵
끌려갔다. 그가 빙빙 돌아 다니면서 손으로 나를 인도하라 고   청하였다.

uheri kadalara¹⁶ /56b/ ere baita be tuwafi · Ewanzelio i doro be ferguweme
  총독이   이 일 을 보고   복음 의 진리 를 놀라워하며

akdahabi [ne]· Boolo· sasa bisire niyalma Bafo ci jurame · mederi i jugūn be
믿었다.   바울로와 함께 있는 사람이 바포 에서 길 떠나   바다 의 길 을

---

14 "ilihai fangga niyalma i yasa farhūn helmen de gaibuhabi (즉시 마술인의 눈이 어두운 그늘로 끌려갔다.)"
에 해당하는 라틴어는 "et confestim cecidit in eum caligo et tenebræ (즉시 안개와 암흑이 그에게 떨어졌
다.)"이다.

15 "i šurdeme yabume · galai mimbe yaru seme baimbihe · (그가 빙빙 돌아 다니면서 손으로 나를 인도하라
고 청하였다.)"에 해당하는 라틴어는 "circumiens quærebat qui ei manum daret (돌아다니며 그에게 손을
줄 사람을 찾았다.)"이다.

16 'uheri kadalara (모두를 관할하는)'은 'uheri kadalara da (모두를 관할하는 어른)'에서 'da(어른, 두목)'를
생략한 형태인 듯하다.

gaifi Bamfiliya ba   i Berze hoton de   jihe · Yohangnes oci · ceni   hokome ·
취하여 밤필리아 지방 의 베르게 성 으로 갔고,   요한 은 그들과 헤어져

Yerusalem de bederehe · Berze hoton be dulekede · Bisidiya   ba i Antiyokiya
예루살렘 으로 돌아왔다. 베르게 성 을 지났을 때 비시디아 지방 의 안티오키아

hoton de isinjiha · emu Sapato inenggi isan i deyen de dosime tehe · enduringge
성 에 이르러 한 안식일 날 모임 의 전당 에 들어가 앉았다.   거룩한

fafun jai jidere unde baita be doigonde sara saisai nomun bithe[17] hūlaha manggi·
율법 과, 오지 않은 일 을 미리 아는 현자들의 경전 책을   읽은 후

fe tacihiyan i acin da sa niyalma be ceni baru unggifi hendume · ahūta[18] ·
옛 가르침 의 교회 장 들이 사람 을 그들 에게 보내   말하기를, "형들,

aika ba i irgese be tacibure gisun suwende bici · giyangnarao sehe · ·
혹시 이곳의 백성들 을 가르칠 말이 그대들에게 있으면 강론하시오." 하였다.

Boolo   ilime · galai jorime · ekisaka oso   sefi hendume · Israel i omosi ·
바울로가 일어나 손으로 가리키며 "조용히 하시오." 하고 말하기를 "이스라엘 의 자손들과,

jai ejen Deus de   gelere ai ai niyalma gemu donjiki · Israel i irgesei
또 주 하느님 을 두려워하는 모든 사람들은 모두 들으시오. 이스라엘 의 백성들의

ejen Deus   meni mafari be sonjoho ·   tesei juse omosi be jing Esido
주 하느님은 우리 조상 을 선택하시고, 그들의 아들과 손자들 이 바로 이집트

gurun de bisirede /57a/ ini beyei irgen mukdembuhe · geli ini sabta[19] i etuhun
나라 에 있을 때   당신 자신의 백성을 흥하게 하셨으며, 또 당신 팔뼈 의 강한

hūsun de[20] cembe tere baci   tucibuhe ·   dehi aniya gobi de ceni fudasihūn
힘 으로 그들을 그 지방에서 나오게 하셨습니다. 사십 년을 사막 에서 그들의 패역한

---

17 "jidere unde baita be doigonde sara saisai nomun bithe hūlaha (오지 않은 일을 미리 아는 현자들의 경전 책을 읽었다.)"에 해당하는 라틴어는 'lectio prophetarum (예언자들의 독서, 예언서들의 독서)' 뿐으로, 만 주어는 상당히 풀어 번역한 것이다.

18 'ahūta(형들)'에 해당하는 라틴어는 'viri fratres (형제님들)'이다.

19 'sabta'는 《漢淸文鑑》에 의하면 '풀아릿동 쎠, absalan de latume banjiha narhun giranggi (팔 윗동 뼈에 붙 어서 생긴 가는 뼈)'인데, 이에 해당하는 라틴어는 'brachium(팔뚝, 팔)'이다.

20 'sabta i etuhun hūsun de (팔뼈의 강한 힘으로)'에 해당하는 라틴어는 'in brachio excelso (우뚝한 팔에서)' 이다.

yabun be kirime · Ganan   bade nadan uksura be mukiyefi · teni   Isak
행위 를 참으시며 가나안 지방에서 일곱 족속 을 멸하시고, 그리고 이사악의

banjiha ci duin tanggū susai aniya i amala · ere uksura i ba na be sibiya
출생 이후 사 백   오십 년 후   이 족속 의 지방 땅을 제비

tatahai cende dendeme buhe **[ni]** · sirame beidesi²¹ be doigomšome sara²²
뽑아서 그들에게 나누어 주셨습니다. 이어서 판관들 을,   미리   아는

Samūel de isitala ilibuha · ce   eimefi²³ · wang be bairede · Deus uthai Šis i
사무엘 에 이르도록 세웠고, 그들이 싫증내어   왕 을 청할 때 하느님은 곧 키스의

jui Saūl · Beniyamin i mukūn i niyalma be cende   šangnaha · i dehi aniya
아들 사울 (베냐민   지파 의 사람) 을 그들에게 주셨습니다. 그가 사십 년

soorin de tehe · erebe jalan ci   aljabuha²⁴ manggi · Taweit be dekdebume ·
왕위 에 있었고, 이를 세상 에서 떠나게 한   후   다윗 을 들어 올려

ceni   wang obuha · Deus imbe saišarade hendume · bi Yesse i jui Taweit be
그들의 왕으로 삼고, 하느님이 그를 칭찬할 때 말하시기를 '내가 이새 의 아들 다윗 을

baha ·   i tob seme mini mujilen de acabumbi · geli mini hesei songkoi
얻었는데, 그가 꼭 나의 마음 에 맞고. 또 나의 뜻 대로

yabure teile   sehe · Deus angga aljaha gisun de acabume · ere Taweit i
행할 것이다.' 하셨습니다. 주께서 약속하신 말씀 에 맞추어   이 다윗 의

omosi i dorgici Israel i /**57b**/ aitubure ejen Yesu be sonjome tucibuhe·
자손들 중에서 이스라엘 을   구원하실 주 예수 를 택하여 내셨습니다.

Yesu   jidere onggolo **[no]** · Yohangnes Israel i geren irgese be mukei
예수께서 오시기   전   요한이 이스라엘 의 모든 백성들 을 물로

obofi · geren de waka babe aliya seme giyangnambihe · Yohangnes
세례하며 많은 이 에게 잘못한 일을 뉘우치라 고   강론하였습니다.   요한이

Yesu i jugūn belhere de tušan be akūmburede daruhai hendume · suwe
예수의 길을 예비할 때 임무를 극진히 하며 항상 말하기를 '너희는

---

21 'beidesi(판관들)'에 해당하는 라틴어는 'iudices (← iudex, 판관, 재판관)'이다.

22 'doigomšome sara (미리 아는)'에 해당하는 라틴어는 'propheta(예언자)'이다.

23 'eimefi(싫증내어)'에 해당하는 라틴어는 불가타 성경에 없다.

24 "erebe jalan ci aljabuha (이를 세상에서 떠나게 하다.)"에 해당하는 라틴어는 "amoto illo (그를 멀리했다, 치워버렸다.)"이다.

mimbe ai   ni ·   bi suweni gūnihangge waka[25] · goidarakū mini amala
나를 무어라 하느냐? 나는 너희가 생각하는 자가 아니다.   머잖아   내   뒤에

jiderengge bi ·   bi hono gelhun akū terei bethei sabu be surakū sembihe [nu] · ·
오시는 이가 있다. 나는 조금도   감히   그분의 발의 신   을 못 벗긴다.' 하였습니다.

mini ahūta[26] · Abraham i mukūn i omosi · suweni dolo abkai ejen de   gelere
나의 형님들, 아브라함 의 일족 의 자손들,   여러분 중   하느님   을 두려워하는

niyalma ·   ere Yesu suwembe aitubure jalin unggihe kai ·   Yerusalem de
사람들이여, 이 예수는 여러분을   구하기 위해 보내진 것 입니다. 예루살렘 에

tehe   urse · tesei   da sa imbe takarakū · geli jidere undengge doigomšome sara
사는 사람들과 그들의 지도자 들이 그분을 몰랐으며, 또한 오지 않은 것을   미리   아는

saisa   nomun bithe be Sapato deri hūlacibe · nomun i gūnin ulhirakū ofi · imbe
현자들이 경전   책 을 안식일 마다 읽어도   경전 의 뜻을 이해하지 못 해, 그이를

beiderede · nomun i gisurehe gisun de acabuha [ka] · imbe bucebure turgun
판단할 때 경전 의 한   말 에 맞추었고,   그분을 죽일   이유가

akū seme getuken i safi · /58a/ naranggi Bilato de baihai terebe waha ·
없다 고 명백히 알면서   마침내 빌라도 에게 청하여 저이를 죽였는데,

enduringge nomun imbe leoleme gisurehele hacin de acabuha manggi ·
 거룩한   경전이 그분을 논하여   말한   조목 에 맞게 한 후,

niyalma ini giran be erun i moo[27] ci ebubume · eifu de sindaha · damu ejen
사람들이 그분 시신 을 형벌 의 나무 에서 내려서   무덤 에 두었지만, 그러나 주

Deus   imbe ilaci inenggi bucen ci dasame banjibuha · ini   emgi Galileya
하느님은 그분을 셋째 날   죽음 에서 다시 살리셨습니다. 그이와 함께 갈릴래아

baci Yerusalem de jihe tere geren niyalma imbe ududu inenggi sabuha · ere
땅에서 예루살렘 으로 온 저 많은 사람들이 그분을 여러   날   보았고, 이

niyalma ertele   bi · baita be irgesei juleri temgetulembi · uttu ohode be meni
사람들이 지금까지 있어 사실 을 백성들의 앞에서 증명했습니다.   그러므로 우리는 우리

---

25 "suwe mimbe ai ni · bi suweni gūnihangge waka (너희는 나를 무어라 하느냐? 나는 너희가 생각하는 자
가 아니다.)"에 해당하는 라틴어는 "quem me arbitramini esse non sum ego (나는 너희가 나에 관해 생각
하는 자가 아니다.)"이다.

26 'mini ahūta (나의 형들)'에 해당하는 라틴어는 'viri fratres (형제님들)'이다.

27 'erun i moo (형벌의 나무)'에 해당하는 라틴어는 단순히 'lignum(나무)'이다.

mafari de angga aljaha kesi be suwende alame   bi · ejen Deus   Yesu be
조상들 에게   약속하신   은혜 를 여러분께 알리고 있는데, 주 하느님은 예수 를

weijubufi yala ere kesi be ceni juse   de šangnaha ·[28] jaici irgebun[29] de
다시 살려 참으로 이 은혜 를 그들 아들들 에게 상주셨고,   제2   시편   에

abkai ejen enduringge ama   Yesu i baru hendume·[30] si uthai mini jui inu ·
하느님이신 거룩한   아버지가 예수 를 향해 말하시기를, '네가 곧   나의 아들 이니

bi enenggi simbe banjiha sehe [ga]   abkai ejen Yesu be bucen ci   jai
내가 오늘   너를 낳았다.' 하셨습니다. 하느님께서 예수 를 죽음 에서 다시

banjibuhade · imbe umai niyaha niyasure de isibuburakū[31] ofi · tuttu
살리셨을 때 그이를 전혀 썩고   곪음 에 이르지 않게 하여, 따라서

hendume ·   bi Taweit i baru angga aljaha enduringge /58b/ baita be akdun i
말하시기를, '내가 다윗 을 향해   약속한   거룩한   일 을 믿음으로

suwende bahabuki [ha] · nomun i gūwa bade kemuni hendume · sini
너희에게 얻게 하리라.'   경전 의 다른 곳에서   또   말하시기를, '너의

enduringge jui i beye be niyaha niyasurede isibume jenderakū   sehe [ko] ·
거룩한 아들 의 몸 을 썩고   곪음에   이르게 하지 못하리라.' 하셨습니다.

ne   gūnici · Taweit ini emu jalan de Deus i hese be songkolome[32] hacin
지금 생각하면 다윗은 그의 한 평생 에 하느님 의 뜻 을 그대로 따라   가지

hacin i baita yabufi · urihe · da mafari[33] acabuha · ini beye eifu i dorgi
가지 의 일을 행하고 죽어서 본 조상을 만났으며 그의 몸은 무덤 의 안에서

---

28 "ejen Deus Yesu be weijubufi yala ere kesi be ceni juse de šangnaha · (주 하느님은 예수를 다시 살려 참
으로 이 은혜를 그들 아들들에게 상주셨다.)"에 해당하는 라틴어는 "quoniam hanc Deus adimplevit filiis
nostris resuscitans Iesum (왜냐하면 하느님은 이를 우리 자식들에게 이행하려고 예수를 부활케 하셨다.)"
로서, 만주어는 상당히 의역한 것이다.

29 'jaici irgebun (제2 시편)'의 라틴어는 'psalmus secundus (시편 제2)'인데, 구약성경의 시편 제2장을 말한
다.

30 'abkai ejen enduringge ama Yesu i baru hendume · (하느님이신 거룩한 아버지가 예수를 향해 말하시기
를)'에 해당하는 구절은 라틴어 성경에는 없다.

31 'isibuburakū(이르지 않다)'에 해당하는 라틴어는 'non reversurum (돌아가지 않음)'이다.

32 'songkolome(그대로 따라)'에 해당하는 라틴어는 'administrasset(관리하다, 보좌하다, 섬기다)'이다.

33 'da mafari (본 조상)'에 해당하는 라틴어는 'pater suus (자기의 조상, 자기의 아버지)'이다.

niyaha niyasukabi · ejen Deus i dahūme weijubuhe Yesu oci · niyaha niyasure
썩고 곪았습니다. 주 하느님 이 다시 살아나게 하신 예수 는 썩고 곪은

ba akū · mini ahūta · ne gemu sakini · ere emu Yesu i turgun de suweni
바 없으니, 나의 형들이여, 지금 모두 깨달으소서. 이 한 예수 의 덕분 에 여러분

beyei weile · ujen unun be suwaliyame [go] · guwebure anggala · geli suwe
자신의 죄와 무거운 짐 을 아울러 용서 받을 뿐 아니라, 또 여러분이

Moises i fafun i mangga kooli dorolon be tuwakiyahai bahame mutehekū
모세 의 율법의 어려운 법과 예절 을 지켜서는 얻을 수 없었던

enduringge doshon[34] be bahara · ere Yesu be akdarala niyalma · abkai
거룩한 사랑 을 얻어 이 예수 를 믿는 사람들이 하늘의

ejen[35] de icangga gosicuka ojoro dabala · abkai ejen suwende alarangge uttu · ·
주인 께 마음에 맞고 사랑받게 될 것입니다. 하느님이 여러분께 고하시는 것은 이렇습니다.

jidere undengge be sara saisai [ho] doigomšome gisurehe jobolon suweni beyede
오지 않은 일 을 아는 현자들이 미리 말한 재앙이 여러분 자신에게

tuhenjire ayoo seme guwelke · saisai gisun uthai /59a/ yohindarakū urse
떨어져 올 까 하고 조심하시오. 현자들의 말이 곧 '교만한 무리들아,

yasai tuwa · mujilen i dolo ferguweme bekterekini · bi baita be suweni jalan de
눈으로 보아라. 마음 속으로 놀라고 질겁하라. 내가 일 을 너희 세대 에

yabume hamika · ere baita entekengge · aika gūwa niyalma suwende alaci ·
행하여 마치리니, 이 일은 이런 것이다. 만약 다른 사람들이 너희에게 알려도

suwe umai akdarakū sehengge inu · · ce fakcarade · jidere Sapato inenggi de
너희는 전혀 믿지 말 라는 것 이다." 그들이 흩어질 때 "오는 안식일 날 에

jai meni baru ere doro be giyangnarao seme baimbihe isaha niyalma
다시 우리 에게 이 진리 를 강론하소서." 하며 청하였고, 모였던 사람들은

meimeni bade bederefi · Isarael i omosi i dolo · abkai ejen be kundulere
각자의 집으로 돌아갔다. 이스라엘 자손들 가운데 하느님 을 공경하는

---

34 'enduringge doshon (거룩한 사랑)'은 한자어 '성총(聖寵, gratia)'을 번역한 말이다. 풀이하면 '하느님의 거룩하신 사랑' 정도가 되겠다.

35 'abkai ejen'을 다른 곳에서는 모두 '하느님'으로 번역했으나, 여기서는 줄의 바뀜 때문에 '하늘의 주인'으로 직역한다.

encu mukūn i ursei dorgici Boolo · Barnaba se be dahalarangge labdu bihe ·
　다른　일족 의 사람들 중에서 바울로와 바르나바 들 을　따르는 자가　많이 있었다.

juwe nofi cembe huwekiyeme · abkai ejen i wehiyen i kesi be saikan i
　두 명이 그들을　격려하기를　하느님 의 도우심 의 은혜를　잘

taksibu sembihe ·· jai Sapato inenggi hoton i niyalma Ewanzelio i doro be
간직하라 고 했다. 다음 안식일 날　마을 사람들이　복음 의 진리 를

donjire gūnin feniyeleme jihe · Israel i   omosi ere gese amba feniyen be sabufi
들을 생각으로 무리지어 왔다. 이스라엘 자손들이 이 같이 큰　무리 를 보고

silhidame · firure gisun de Boolo i giyangnaha doro be wakalambihe · Boolo ·
시기하여 저주하는 말 로 바울로가 강론한　진리 를 비난하였다. 바울로와

Barnaba se teni kang sere arbun i[36] cende hendume · Ewanzelio be neneme
바르나바 들이 그때 소리치는　모습 으로 그들에게 말하기를, "복음　을　먼저

suwende /59b/ selgiyeci acambihe · damu   suwe erebe gairakū · enteheme
여러분에게　전해야 하는데도　그러나 여러분은 이를 갖지 않고 영원한

banjin i hūturi be inu   aliki serakū ohode ·   be encu mukūn[37] i niyalma de
　생명 의　복 을 또한 받고자 하지 않으므로 우리가 다른　민족 의 사람들 에게

selgiyeneki ·   dade ejen Yesu   mende uttu hesei afabuha · geli mini baru
전파하러 갑니다. 원래　주 예수께서 우리에게 이런 뜻으로 맡기셨으며, 또한 나 에게

hendume   bi simbe suwaliyata uksuranggai[38] genggiyen elden obuha · na i juwe
말하시기를, '내가 너를　뒤섞인　민족의　밝은　빛으로 삼으니, 땅의 두

ujan[39] de isitala   cembe aitubukini sehe ·· encu mukūn[40] i urse erebe donjifi
　끝 에 이르기까지 그들을 구하라.' 하셨습니다." 다른 민족　의 사람들이 이를 듣고

urgunjehe · Ewanzelio i doro be saišambihe · enteheme banjin i hūturi be bahara
기뻐하며　복음 의 진리 를 찬양했고,　영원한　삶 의 복 을 얻기

---

36 'kang sere arbun i (소리치는 모습으로)'에 해당하는 라틴어는 'constanter(한결같이, 용감하게, 담대히)'
　　이다.

37 'encu mukūn (다른 민족)'에 해당하는 라틴어는 'gens(민족, 외국인, 이교도)'이다.

38 'suwaliyata uksurangga (뒤섞인 민족)'에 해당하는 라틴어는 'gens(민족, 외국인, 이교도)'이다.

39 'na i juwe ujan (땅의 두 끝)'에 해당하는 라틴어는 'extremum terræ (땅의 끝)'이다.

40 'encu mukūn (다른 민족)'에 대해서는 위 주 37) 참조.

jalin doigomšome toktobuhala niyalma · gemu akdame tacihiyan de dosika⁴¹ [kū]
위해 미리 결정된 사람들은 모두 믿어 가르침 에 들었다.

Ewanzelio · ba i babaci de ele badarame yendembihe · Israel i omosi oci
복음이 지방의 곳곳 으로 더욱 퍼져나가 흥하였다. 이스라엘 의 자손들 은

meimeni tacihiyan i kooli tuwakiyarade jai memerekū bime · geli wesihun
각자 가르침 의 법을 지키면서 또 고집하고 있었고, 또한 높은

jergi i hehesi be šusihiyefi · jai hoton i ujulaha niyalma⁴² i mujilen be aššafi·
계급 의 여자들 을 부추기며 다시 성 의 머리되는 사람들 의 마음 을 움직여

Boolo · Barnaba se be jobobume · cembe ba i jecen ci bašame tucibuhe [gū]
바울로와 바르나바 들 을 괴롭히고 그들을 그곳 의 경계 에서 쫓아 냈다.

ce bethe be /60a/ fesheme · toron buraki be tesei baru maktaha amala⁴³ [hū]
그들이 발 을 털어 먼지와 티끌 을 그들을 향하여 던진 후

Ikonio hoton de jihe · enduringge tacihiyan de ice dosika gucuse⁴⁴ jobocun
이고니온 성 으로 왔다. 거룩한 가르침 에 새로 들어온 친구들은 박해를

alicibe· dolo ambula selame urgunjembihe · enduringge enduri i kesi de ele
받아도 속으로 크게 즐겁고 기뻐했으며, 거룩한 성령 의 은혜 를 더욱

akdun ombihe ··⁴⁵
믿게 되었다.

---

41 'tacihiyan de dosika (가르침에 들었다)'에 해당하는 라틴어는 'crediderunt(믿었다)'이다.

42 'hoton i ujulaha niyalma (성의 머리되는 사람들)'에 해당하는 라틴어는 'primus civitas (으뜸가는 시민)'이다.

43 'fishime(털어, 떨어)'는 원문에는 'fesheme(괴롭혀)'로 되어 있다. 원문에 잘못이 있는 것으로 생각되어 교정한다. 'bethe be fishime · toron buraki be tesei baru maktaha amala(발을 털어 먼지와 티끌을 그들을 향해 던진 후)'에 해당하는 라틴어는 'excusso pulvere pedum (발에서 먼지를 떨고서)'이다.

44 'enduringge tacihiyan de ice dosika gucuse (거룩한 가르침에 새로 들어온 친구들은)'에 해당하는 라틴어는 단순히 'discipuli(제자들은)'일 뿐이다.

45 "enduringge tacihiyan de ice dosika gucuse jobocun alicibe · dolo ambula selame urgunjembihe · enduringge enduri i kesi de ele akdun ombihe ·· (거룩한 가르침에 새로 들어온 친구들은 박해를 받아도 속으로 크게 즐겁고 기뻐했으며, 거룩한 성령의 은혜를 더욱 믿게 되었다.)"에 해당하는 라틴어는 "discipuli quoque replebantur gaudio et Spiritu Sancto (그리고 제자들도 기쁨과 성령으로 가득 찼다.)"일 뿐이다.

SURE GISUN
풀이   말

[a] Yudeya i gurun ilan ubu de dendeme · faksalafi · emu ubui ejen   tetararka[46]
　　유다 　나라를 세 부분 으로 나누어 　분리했는데 한 부분의 군주를 테타라르카

seme gebulehebi ·· ere Manahen yala derengge boo i niyalma ombihe ··
라고 　불렀다. 　　　이 마나엔은 실로 명망 있는 집 의 　사람 　이었다.

[e] enduringge enduri ere baita be acin i da sa de   dolo   ulhibuhebi ··
　　성령께서 　　　이 　일 을 교회 장 들 에게 마음으로 깨우치게 했다.

[i] gala be niyalma i uju de sindara·enduringge nimenggi i   ijurengge · uthai
　　손 을 사람 의 머리 에 놓고 　거룩한 　　　기름 으로 바르는 것은, 　곧

niyalma be fungnefi · inde tacihiyan i dorgi wesihun tušan·amba toose be
　사람 을 봉하여 그에게 가르침 의 안에서 존귀한 임무와 큰 　권한 을

afaburengge inu ··
　맡기는 것 　이다.

[o] Saūlo ere uheri kadalara da be enduringge tacihiyan de dosimbuha amala·
　　사울이 이 　　　총독 　을 거룩한 　　가르침 에 들어오게 한 　후

Roma gurun i urse be ele ja i wembure gūnin · Saūlo sere Yudeya ba i gebu
로마 　나라 의 사람들 을 더 쉽게 교화할 생각으로 '사울'이라는 유다 지방 의 이름을

halafi · Boolo sere Roma ba i gebu be gaiha ··
고쳐 　'바울로' 라는 로마 땅 의 이름 을 취했다.

---

46 'tetararka'에 관해서는 앞의 주 4) 참조.

[u] /60b/ niyalma be aitubure turgun · abkai ejen i belhebuhe nashūn ·
사람들 을 구원하기 위해 하느님 께서 준비시킨 기회와

wehiyen aisilan i kesi · abkai ejen i jugūn inu · ·
도와주심 의 은혜가 하느님 의 길 이다.

[na] beyei waka babe unggifi · sain de bederebuki sembihe · ·
자신의 잘못된 바를 보내고 선 으로 돌아오게 했다.

[ne] akdaha bime · geli tušan be waliyafi enduringge niyalma oho · ·
믿었으며 또한 직책 을 버리고 거룩한 사람이 되었다.

[ni] ere uksura uthai Heteo·Jerseseo·Amorreo·Gananeo·Ferezeo·Heweo·
· 이 일족이 곧 헷, 기르가스, 아모리, 가나안, 브리즈, 히위,

Yebuseo sere niyalma i uksura inu · ·
여부스 라는 사람들 의 일족 이다.[47]

[no] doro be geren i juleri giyangnara onggolo · ·
진리 를 대중 의 앞에서 강론하기 전이다.

[nu] yala Yesu yargiyan i abkai ejen ofi · Yohangnes ini jakade aha i gese
사실 예수는 진정한   하느님 이시므로 요한은 그분 옆에서는 종 과 같이

ojoro teile · · ahasi tere fonde ejetei sabu be sumbihe · ·
될 뿐이다. 종들은 그 시절 주인들의 신 을 벗겨 주었다.

[ka] jidere unde baita be doigomšome sara saisa · amaga jalan i niyalma
오지 않은 일 을 미리 아는 현자들은 뒷 세대 의 사람들이

tašarara ayoo seme seremšefi · cembe tacibume · ce ja i Yesu be takakini
잘못 알까 염려 하여 방비하고, 그들을 가르쳐 그들이 쉽게 예수 를 인정하고

---

47 이 일곱 민족의 이름은 구약성경 신명기 7장 1절에 나온다.

ilgakini   sere   gūnin · tutala temgetu be tucibume nomun de ejehebihe ·· damu
분별하게 하려는 뜻으로 많은   증거   를 찾아내어   경전 에 기록했다.   그러나

wecen i da sa · geren irgen i   ejete   cokto silhingga mujilen de hūlimbufi ·
제사장 들과   많은 백성 의 군주들이 교만하고 시기하는   마음 에   미혹되어

ere temgetu be fuhali   herserakū · elemangga Yesu be beideme wara de ·
이   증거   를 도무지 고려하지 않고   도리어   예수 를 심판하고 죽일 때,

nomun i gisun i songkoi ya hacin i gosihon be /**61a**/ Yesu   alici   acambihe ·
경전 의 말   대로 어떤 종류 의   고통   을   예수께서 받아야 옳은지

yooni inde   isibuha ··
모조리 그에게 실현되었다.

[ga] enduringge Boolo i gūnin ere nomun i gisun be tuciburede · uthai jalan
     거룩한   바울로 의 뜻은, 이   경전 의 말 을 드러낼 때   곧 세상을

aitubure turgun unggici acarangge · Abraham · Taweit de angga aljahangge · Yesu
구하기   위해   보내어 마땅한 이는 아브라함과 다윗 에게   약속한 분인   예수

seme getuken i ulhibuki sembi · Yesu   udu niyalma bicibe · yargiyan i abkai ejen
라고 분명히 깨닫게   한다. 예수는 비록 사람 이시지만   진정한   하느님

inu · yala abkai ejen enduringge ama   terei baru hendume · si mini jui
이시다. 사실 하느님이신   거룩한   아버지께서 그분을 향해 말하시기를, "너는 나의 아들

inu · bi enenggi simbe banjiha sehe ·· abkai ejen enduringge ama   ini enduringge
이다. 내가 오늘   너를 낳았다." 하셨다. 하느님이신   거룩한 아버지는 당신의 거룩한

jui be enteheme ci banjiha bihe · damu enteheme de nende · amala akū ·
아들 을   영원 에서 낳으셨 는데, 그러나 영원 에는 먼저와 나중이 없다.

enteheme inu umai dulerakū   ofi · tuttu nomun de · enenggi de duibulehebi ··
영원   또한 전혀 지나가지 않 으므로 따라서 경전 에서   오늘 에 비유한 것이다.

[ha] Yesu be šangnara · imbe bucen ci dasame weijubure · ini amba gungge
     예수 를   상주어   그이를 죽음 에서 다시   살리고 그이의 큰   공

de abkai gurun i duka be neire enduringge baita inu ·· abkai ejen enduringge
에 하늘 나라 의 문 을 여는   거룩한   일 이다.   하느님이신   거룩한

ama   erebe angga aljaha bihe · erebe geli gisun i songkoi ne i erin de
아버지께서 이를   약속하신 것   이고, 이를 또한   말   그대로 지금 의 시점 에서

yabuha · ·
행하셨다.

[ko] ere nomun i gisun dade abkai ejen enduringge jui i   gisun   ini
     이   경전 의   말은   원래   하느님이신   거룩한   아들 의 말로서, 그분의

enduringge ama   i baru gisurehengge · ·
  거룩한   아버지 를 향해   하신 것이다.

[go] Moises i /61b/ fafun de utala kooli dorolon bihe · ere   udu tuwakiyarade
    모세 의   율법 에   많은 법도와 예식이 있었다. 이것이 아무리   지키기에

mangga bicibe · gemu enduringge doshon⁴⁸ be bume muterakū · Yesu   ice
힘들다   해도   모두   거룩한   사랑 을 줄   수 없다.   예수께서 새

tacihiyan be ilibufi · fe kooli dorolon be nakame · yarurede ja ·   geli enduringge
가르침 을   세워   옛 법도와 예식 을 폐하시고, 행하기 쉬우며, 또한   거룩한

doshon ini   cisu i banjibure enduringge baita i songko⁴⁹ be toktobuha · ·
사랑이 그의 마음에서 생기는,   성사(聖事) 의 비적(秘蹟) 을 정하시었다.

[ho] ere saisa Habakuk inu · terei fonde Israel i   omosi tacibure sain
     이 현자가 하바꾹 이다. 그의 시대에 이스라엘 의 자손들이 가르치는 좋은

gisun be fusihūlaha ofi · tuttu abkai ejen Kaldeya ba i wang be baitalame·ceni
  말 을   멸시했으 므로 따라서 하느님이 갈데아 지방의 왕 을 이용하여 그들의

gurun be mukiyehe · gurun i niyalma be gemu olji gamabuhabi · ere jobolon
나라 를   멸하시고,   나라 의 사람들 을 모두 포로로 데려가게 하셨다. 이   재앙이

---

48 'enduringge doshon (거룩한 사랑)'은 신학적 개념으로 라틴어 'gratia sancta (거룩한 은총)'을 번역한 한
   자어 '성총(聖寵)'에서 온 말이다.

49 'enduringge baita i songko (성사의 비적)'은 라틴어 sacramentum(성사[聖事])의 번역어인데, 처음에
   중국에서 이 라틴어를 '비적(秘蹟, 또는 秘迹)'이라 번역했고, 이 한자어를 다시 만주어에서 'enduringge
   baita i songko (거룩한 일의 자취, 성사의 비적)'로 번역한 것이다.

suweni beyei tušabume hamika jobolon be　jorišambikai · 　suwe　ujui
‘너희 스스로 만나게　될　재앙’ 을 가리키는 것이다. “너희가 머리로

yohindarakū · tafulara gisun gairakū oci ·　abkai ejen esi suwembe waliyaci ·
교만하여,　충고하는 말을 취하지 않으면　하느님은 당연히 너희를　버리시고

suwembe suweni baci geterembufi · abkai fejergide samsifi · geren uksura de
너희를　너희 땅에서 쓸어내어　하늘 아래로 흩뜨리고, 많은 부족 에게

ubiyabure　basubure　dabala · ·　yala uttu ohobi · ·
미움 받고 비웃음당하게 하실 것이다.” 과연 이렇게 되었다.

[kū] abkai ejen sarkūngge　akū ofi · tuttu amaga inenggi ya we ini šangnaha
하느님은 모르시는 것이 없으 므로 따라서 뒷　날　어느 누가 그분이 상주신

doshon i yaruhan i ici yabuki seci ·　ya we　yabuki serakū be /62a/ doigomšome
총애 의 인도 를 따라 행하려 하거나, 어느 누가 행하려 하지 않는지 를　미리

bahafi sara ·　getuken i saha be dahame · doshon de cihanggai acabure saisai
능히 아시고, 명백히 아셨음 을 따라　은총 에　즐겨 맞추는 현자들의

enteheme hūturi be belhehe ·　acabuki serakū fudasihūn ursei enteheme
영원한　복 을 준비하셨으며, 맞추려 하지 않고 거역하는 무리의 영원한

jobolon be inu tere erin ci　toktohobi · ·
재앙 을 또한 그　때 부터 결정하셨다.

[gū] ereci tuwame ohode ·　Israel i omosi i hūlimbuha hehesi　amba dulin
여기서 보게　되면, 이스라엘 의 자손들 의　미혹된 여자들은 태반(太半)이

encu mukūn · encu demun i　hehesi bisirengge inu · ·
다른 민족과　다른 이단 의 여자들 이었던 것 이다.

[hū] Ewanzelio be gairakū ba　abkai ejen i　seyecuke ba seme ulhikini ·
복음 을 가지지 않는 것이 하느님 을 싫어하는 것　임을 깨닫고

genere erin de bethe be seshembihe · gelhun akū tere ba　i toron buraki be
갈 때에 발 을 털어서　감히 그 지방 의 티끌과 먼지 를

sabu de　biburakū · ·
신 에 남기지 않았다.

JUWAN DUICI FIYELEN
제14   장

Juwe nofi[1] Ikonio de isinjifi fe tacihiyan i niyalma isara deyen[2] de sasa
두 명이 이고니온 에 이르러 옛 가르침 의 사람들이 모이는 전당 에 함께

dosime Ewanzelio i doro be giyangnaha[3] · Yudeya· Keresiya juwe duwali i
들어가 복음 의 도리 를 강론하였다. 유다와 그리스 두 부류

dorgici akdahangge umesi labdu bihe · akdaki serakū Israel i omosi oci ·
중에서 믿는 자가 매우 많이 있었다. 믿으려 하지 않는 이스라엘 의 자손들 은

facuhūrame · encu /62b/ mukūn i urse be šabisa de batalakini sere jalin
충동질하여 다른 민족 의 사람들 을 제자들 에게 원수 되게 하기 위해

acinggiyahabi · ubade goidatala tefi · hoo hio seme geren be tacibumbihe ·
선동했다. 이곳에서 오래도록 머물며 용감하게 많은 이 를 가르쳤고,

abkai ejen geli encu hacin i ferguwecuke baita yabure muten be cende
하느님께서는 또한 다른 종류 의 기이한 행적을 행할 권능 을 그들에게

salgabufi · ceni gisun yargiyan seme temgetulembihe · erei turgun hoton i
내리시어 그들의 말이 진실하다 고 증명하셨다. 이로 인해 마을 의

irgesei gūnin fakcashūn oho · emu ubu fe tacihiyan i niyalma de dayanambihe ·
백성들의 생각이 나뉘게 되어, 일부는 옛 가르침 의 사람들 에게 붙고

emu ubu Boolo Barnaba se be dahambihe · encu demun i urse · fe tacihiyan i
일부는 바울로와 바르나바 들 을 따랐다. 다른 이단 의 무리와 옛 가르침 의

---

1 'juwe nofi (두 명이)'에 해당하는 라틴어는 'simul(함께, 같이)'이다.

2 'fe tacihiyan i niyalma isara deyen (옛 가르침의 사람들이 함께 모이는 전당)'에 해당하는 라틴어는 'synagoga Iudæorum (유다인들의 회당)'이다.

3 'Ewanzelio i doro be giyangnaha (복음의 도리를 강론하였다.)'에 해당하는 라틴어는 'loquor(말하다, 이야기하다)'일 뿐이다.

niyalma[4]· meimeni da sa be gaifi šabisa be uhei hūsun i   derakūlaki · wehe
사람들은   각자의 지도자 들 을 데리고 사도들 을 모든   힘 으로 모욕하고   돌을

fahahai cembe waki serede · Boolo· Barnaba ulhifi · jailame Likaoniya ba i
던져 그들을 죽이려 하자,   바울로와 바르나바가 알고   피하여 리가오니아 지방 의

Listara ·   Derben sere hoton i baru genehe · ba na be šurdeme yabuhai
리스트라와 데르베 라는 마을 을 향해 가서   지방 을 돌아 다니면서

Ewanzelio be selgiyehe ·
  복음 을 전하였다.

Listara i dorgi emu haha tembihe · terei bethe de jadahan   bihe · ini eme i
리스트라 안에 한 남자가 살았는데, 그의 발 에 불구의 병이 있었다. 그 어머니 의

hefeli ci   doholon ofi · umai oksome yabuhakū ·   jing /63a/ Boolo doro
배 에서부터 절름발이 여서 전혀 걸어 다니지 못했다. 마침 바울로가 도리를

giyangnarade ere haha ini gisun be donjiha · Boolo terebe yasalame· terei
강론할 때 이 남자가 그의 말 을 들었다. 바울로가 그를 눈여겨보며 그의

mujilen de yebe ome mutere akdacun dekdere[5] be tuwafi [a] · den jilgan i
마음 에 나아 질 수 있는 믿음이 생김 을 보고 큰 소리 로

hendume · hasa bethe de nikefi tondoi   ilicina   sehe · tere haha nerginde
말하기를, "어서 발 에 의지하여 똑바로 일어나시오." 하였다. 그 남자가 즉시

fekume · okson okson i yabumbihe · irgese Boolo i ferguwecuke baita be
뛰어 한 걸음 한 걸음 걸어 다녔다. 백성들이 바울로의 기이한 일 을

sabufi · kaicame Likaoniya   ba i gisun de hendume · enduri sa niyalma i
보고 아우성치며 리가오니아 지방 의 말 로 말하기를, "신 들이 사람 의

arbun be gaifi · meni bade enggelenjihe sembihe · Barnaba be Yubiter ·
모습 을 취하고 우리 지방에 내려왔다." 하였고, 바르나바 를 제우스,

Boolo be Merkūrio obume gebulembihe · yala Boolo gisurere da   ombihe [e]·
바울로 를 헤르메스로 삼아 이름 불렀다. 사실 바울로는 말하는 지도자가 되어,

---

4 'encu demun i urse · fe tacihiyan i niyalma (다른 이단의 무리와 옛 가르침의 사람들)'에 해당하는 라틴어
는 'gentiles et Judæi (이방인들과 유다인들)'이다.

5 'akdacun dekdere (믿음이 생김)'에 해당하는 라틴어는 'haberet fidem (믿음을 가지고 있었음)'이다.

hoton i hanci bisire Yubiter i wecen i da emu udu tukšan · ilha i muheliyengga
마을 가까이 있는 제우스의 제사장이 한두 송아지와 꽃 의 둥근

miyamigan be booi duka i juleri benjime [i] · geren irgen i emgi cende
장식 을 집의 문 앞에 보내며 많은 백성 과 함께 그들에게

weceki sembihe · šabisa Boolo Barnaba erebe donjifi · beyei etuku be
제사지내려고 했다. 사도들인 바울로와 바르나바가 이것을 듣고 자기의 옷 을

tatarafi · irgesei feniyen de nukcime dosime · suweni /63b/ yaburengge ai ni ·
찢고 백성들의 무리 로 격렬하게 들어가 "여러분이 행하는 일이 무엇 이오?

be suweni adali buceci acara niyalma bikai · be suwende alame
우리는 여러분 처럼 죽어 마땅한 사람 입니다. 우리가 여러분께 고하니,

ere gese untuhun enduri be waliya · enteheme banjire ejen Deus be
이 같이 헛된 신 을 버리고 영원히 사시는 주 하느님 을

kundule · i abka · na · mederi · dorgide bisirele hacin be banjibuha ·
공경하시오. 그분은 하늘과 땅과 바다와 그 안에 있는 물류 를 만드셨습니다.

i nenehe geren jalan i uksura be meni meni gūnihan i ici balai yabukini
그분은 전에는 많은 세상의 민족 을 각자의 생각 에 따라 함부로 행동하도록

cihai sindaha bicibe · naranggi abka ci kesi fulehun be šangnahai · ememu
멋대로 버려두고 있었지만, 끝내는 하늘에서 은총 을 상 주시며 혹은

erin de acabure aga be wasibume · ememu jeku · tubihe usere bargiyara
때 에 맞추어 비 를 내리시거나, 혹은 곡식과 과일을 씨뿌리고 거두어 들일

forhon be ilgame faksalame · hacin hacin i jemengge de niyalma i mujilen be
계절 을 구별하여 나누고 가지 가지 의 음식 으로 사람들 의 마음 을

urgunjebume · i damu unenggi ejen Deus seme getuken i iletulebuhebi ·
기쁘게 하시니, 그분은 오직 진정한 주 하느님 으로 명백히 드러내신 것입니다."

ere gisun de naraka seme feniyelehe ursei wecen be bahafi tookabume
이 말로 간신히 운집한 사람들의 제사 를 능히 지연시켜

iliburengge[6] · taka Antiyokiya · Ikonio de bisire Israel i omosi i dorgici
멈추게 했다. 마침 안티오키아와 이고니온 에 있는 이스라엘 자손들 중에서

---

6 "ere gisun de naraka seme feniyelehe ursei wecen be bahafi tookabume iliburengge (이 말로 간신히 운
집한 사람들의 제사를 능히 지연시켜 멈추게 했다.)"에 해당하는 라틴어는 "hæc dicentes vix sedaverunt

emu udu niyalma jifi · ba i irgese be šusihiyame · wehe fahahai Boolo be
한두 사람들이 와서 지방의 백성들 을 선동하여 돌을 던져 바울로를

tuhebuhe manggi[7] · bucehe be obufi · hoton i tule /64a/ušahabi · tacihiyan i
쓰러뜨린 후 죽은 줄 로 여기고 마을 밖으로 끌어냈다. 가르침 의

gucuse[8] terei šurdeme isahade [o] · i gaitai ilifi · sasa hoton de dosika [u] ·
친구들이 그의 둘레에 모였을 때 그가 즉시 일어나 함께 마을 로 들어갔다.

jai inenggi Barnaba i emgi Derben i baru genehe · ere hoton de Ewanzelio be
다음 날 바르나바 와 함께 데르베 로 향하여 가서 이 마을 에서 복음 을

selgiyehe · ududu niyalma be tacibuha amala · Listara · Ikonio · Antiyokia
전파했고, 많은 사람들 을 가르친 후 리스트라, 이고니온, 안티오키아

sere ilan bade bederenjime · tacihiyan de ice dosika niyalma[9] i mujilen be
의 세 지방으로 돌아와 가르침 에 새로 들어온 사람들 의 마음 을

bekilefi · huwekiyeme akdacun i erdemu be saikan i taksibu · urui gūnikini
굳게 지키게 격려하기를 "믿음 의 덕 을 잘 간직하고, 항상 생각하시오.

damu jobocun suilacun be labdukan i aliha manggi · teni abkai ejen i gurun de
오직 재앙과 고통 을 많이 받은 후 그제야 하느님 의 나라 로

isinaci ombi sembihe · ceni acin be kadalara da sa[10] be ilibuha amala ·
이르게 됩니다." 고 했다. 그들의 교회 를 관장할 장상(長上)들 을 세운 후

šayoo šayolame · jalbarime baime[11] · ce abkai ejen be akdaha ci tetendere ·
단식하고 기도하고 구하며, 그들이 하느님 을 믿을 뿐 아니라

cembe abkai ejen i gala de afabuhabi ·
그들을 하느님 의 손 에 맡겼다.

---

turbas ne sibi immolarent (이를 말하여 겨우 군중을 가라앉히고 자신들에게 제사 지내지 않게 했다.)"이다.

7 'wehe fahahai Boolo be tuhebuhe manggi (돌을 던져 바울로를 쓰러뜨린 후)'에 해당하는 라틴어는 'lapidantesque Paulum (바울로를 돌로 치고)'이다.

8 'tacihiyan i gucuse (가르침의 친구들)'에 해당하는 라틴어는 'discipuli(제자들)'이다.

9 'tacihiyan de ice dosika niyalma (가르침에 새로 들어온 사람들)'에 해당하는 라틴어는 'discipuli(제자들)'이다.

10 'acin be kadalara da sa (교회를 관할할 장상)'에 해당하는 라틴어는 'presbyter(원로, 장로, 사제)'이다.

11 'jalbarime baime (기도하고 구하며)'에 해당하는 라틴어는 'orare(청하다, 기도하다)'이다. 이 라틴어의 중국어 번역어 '祈求'를 만주어로 직역한 것이다.

Bisidiya deri dulefi · Bamfiliya de jihe · Berze[12] hoton i dolo doro be
비시디아 를 거쳐 밤필리아 로 가. 베르게 마을 안에서 진리 를

giyangnafi · Ataliya i baru genehe · tereci jahūdai de tafame · Siriya ba i
강론하고 아딸리아 를 향하여 갔다가, 거기서 배 에 올라 시리아 지방 의

Antiyokiya de /64b/ amasi mariki sembihe · yala Antiyokiya i acin i da sa
안티오키아 로 되 돌아가려 고 했다. 사실 안티오키아 의 교회 의 장상 들이

cembe abkai ejen i doshon de afabume · ubaci Ewanzelio selgiyerede unggihe ·
그들을 하느님 의 은총 에 맡기고 거기서 복음을 전파하러 보냈는데,

ce geli tušan i baita be icihiyame wajiha bihe · isinjiha manggi acin i
그들이 또 임무 의 일 을 처리하여 끝낸 것 이었다. 도착한 후 교회 의

niyalma be isabume · abkai ejen cembe baitalafi ai amba baita yabuha
사람들 을 모아 하느님께서 그들을 이용하여 어떤 큰 일을 행하셨고,

jai ainame akdacun i duka be encu mukūn i urse de neihe bihe geren i
또 어떻게 믿음 의 문 을 다른 민족 의 사람들 에게 열고 계신지, 많은 이 의

juleri alahabi · ubade tacihiyan i gucusei[13] emgi tehe erin komso akū ··
앞에서 알렸다. 거기서 가르침 의 친구들과 함께 머문 시간이 적지 않았다.

---

12 'Berze(베르게)'에 해당하는 라틴어는 'Perge'인데, 'ge'를 만주어 표기에서 'ze'로 한 것은 어떤 언어의 전통을 따른 것인지 알 수 없다.

13 'tacihiyan i gucuse (가르침의 친구들)'에 해당하는 라틴어는 'discipuli(학생들, 제자들)'이다.

SURE GISUN
풀이 말

[a] enduringge enduri cohotoi kesi de ere haha i mujilen i gūnihan be
　　　　성령께서　　　특별한 은혜 로 이 남자들의 마음 의　생각 을

Boolo de ulhibuhe ‥
바울로 에게 알렸다.

[e] ere juwe miosihon enduri · fucihi¹⁴ i jergingge inu · Barnaba beye
　이는 두　사악한　귀신인데, 부처 와 동등한 것 이다. 바르나바는 몸이

den · arbun geli fujurungga ofi · tuttu imbe Yubiter obumbihe · dade
크고 용모가 또　당당했 기에 그래서 그를 제우스로 여겼는데,　본래

Yubiter geren fucihi sa i 　da bihe · Merkūrio oci · leoleme gisurere mangga
제우스는 많은　부처 들의 우두머리 였다.　헤르메스 는　토론하고 말하기를 잘하는

niyalma i enduri ofi · tuttu Boolo be Merkūrio obumbihe ‥
사람 의　신 이므로 따라서 바울로 를 헤르메스로 여겼다.

[i] ere miyamigan be /65a/ wecen i ulha i uju de sindambihe ‥
　이　장식 을　제사 의 희생물의 머리 에　두었다.

[o] Boolo be gasame songgoro · terei giran be umbure turgun isaha bihe ‥
바울로 를 애도하고 울며　그 시신 을 매장하기 위해　모였던 것이다.

[u] abkai ejen i yongkiyaha muten de ilihai yebe oho · Boolo inu abkai ejen
　　　하느님 의　　전능　으로 곧　낫게 되었고, 바울로 도　하느님

de akdafi heni gelere ba akū · hoton de dosika ‥
을 믿어 조금도 두려울 바 없이　마을 로 들어갔다.

---

14 여기서 'fucihi(부처)'라는 말은 아마 '잡신(雜神)'이란 뜻으로 사용된 듯하다.

TOFOHOCI FIYELEN
제15 　　　　　장

Tere erin emu udu gucuse[1] Yudeya　baci　Antiyokiya hoton de　jifi ·
그 때　　한두 친구들이　유다 지방에서 안티오키아　성　으로 와서

deote[2] be tacibume · aika　suwe Moises i fafun kooli i songkoi šurdeme
동생들 을 가르치기를, "만약　너희가　모세 의　　　율법　대로　빙 둘러

faitarakū[3] oci · sure fayangga be aitubume muterakū sembihe ·　acin i dolo
자르지 않 으면,　　　영혼　을 구원하기 불가능하다."고 하였다. 교회 의 안이

amba　facuhūn dekdehe · Boolo · Barnaba se ceni　ere gisun be wakalarade ·
크게 혼란해지기 시작했고, 바울로와 바르나바 들이 그들의 이　말 을　　나무라자,

geren　i　gūnin · uthai Boolo　Barnaba gūwa gucuse[4] i emgi Yerusalem de genefi ·
많은 이 의 생각은,　곧 바울로와 바르나바가 다른 친구들 과 함께 예루살렘 으로 가서

ere baita be šabisa ·　ilhi da[5] sa de　fonjiki seme toktobuhangge inu [a] · ·
이　일 을 사도들과 버금 으뜸 들에게 묻자　라고　결정했던 것 이다.

Boolo　　Barnaba · jergi　fudere[6] doro alifi[7] · jugūn yabume · /65b/ Feniše ·
바울로와 바르나바가 차례로 송별하는 예를 받고　길을 가는데　　　페니키아와

Samariya deri　dulerede · encu mukūn[8] i ududu niyalma kemuni tacihiyan de
사마리아 를 따라 지나면서　다른 민족　의 허다한 사람들이　떳떳이　가르침 에

---

1 'emu udu gucuse (한두 친구들)'에 해당하는 라틴어는 'quidam(어떤 이들)'이다.

2 'deote(동생들)'에 해당하는 라틴어는 'fratres(형제들)'이다.

3 'šurdeme faita- (빙 둘러 자르다)'는 '할례(割禮)하다(circumcido)'라는 종교 예식을 의역한 말이다. 이에 해당하는 라틴어 'circumcido'는 원래 '주위를 베다, 포피[包皮]를 도려내다'라는 뜻이다.

4 'gūwa gucuse (다른 친구들)'에 해당하는 라틴어는 'quidam alii ex illis (그들 가운데 다른 몇)'이다.

5 'ilhi da (버금 으뜸)'에 해당하는 라틴어는 'presbyter(원로, 장로)'이다. 만주어 'ilhi da'의 원래 의미는 '부관(副管)'이다.

6 'fudere'는 원문에는 'fudera'로 되어 있다. 잘못으로 보고 교정한다.

7 'jergi fudere doro alifi (차례로 송별하는 예를 받고)'에 해당하는 라틴어는 'deduco(인도하다, 내보내다)'이다.

8 'encu mukūn (다른 민족)'에 해당하는 라틴어는 'gens(민족, 이방인, 이교도)'이다.

dosika⁹ seme alambihe · ere gisun geren ahūta deote i mujilen be alimbaharakū
들어왔다 고 알렸다.   이 말은 많은 형들과 아우들 의 마음 을 참을 수 없이

selabumbihe¹⁰ · Yerusalem hoton de isinjifi · geren gucuse¹¹ · šabisa ·
기쁘게 했다.   예루살렘 성 에 도착하자 많은 친구들과 사도들과

ilhi da¹² sa cembe sain i tuwaha · ce geli tesei baru abkai ejen cembe
버금 으뜸 들이 그들을 좋게 보았고, 그들은 다시 저들을 향해 하느님께서 그들을

baitalafi ai gese amba baita yabuha bihe   giyan giyan i gisurehe amala ·
이용하여 무엇 처럼 큰   일을 행하셨던 것 인지 조목 조목 이 이야기한 후

hendume · damu tacihiyan de dosika¹³ Fariseo tacikū i udu niyalma dekdefi ·
말하기를 "그러나 가르침 에 들어온 바리사이 학파 의 몇 사람이 일어나

encu mukūn i urse be šurdeme faitaci¹⁴ · Moises i fafun be cende
'다른 민족 의 사람들 을 빙둘러 자르고   모세 의   법 을 그들에게

tuwakiyabuci acambi sehe · ofi · be suweni tacibure be alime jihe ·· šabisa ·
지키게 해야   한다.' 고 했으 므로 우리가 여러분의 가르침 을 받으러 왔습니다." 사도들과

ilhi da sa ere baita be baicame getukelere jalin uhei acanuha · narhūn
버금 으뜸 들이 이 일 을 조사하여 밝히기 위해 함께 모여서   자세히

narhūn i baicahade · Betoro teni ilifi hendume · mini deote¹⁵ · suweni
자세히   조사했는데, 베드로가 그때 일어나 말하기를, "나의 아우님들, 여러분들이

sarangge abkai ejen ududu inenggi i onggolo¹⁶ meni dorgici mimbe encu
알듯이 하느님께서는 허다한   날   이전에   우리 가운데서 나를, 다른

---

9 'tacihiyan de dosika (가르침에 들어왔다)'에 해당하는 라틴어는 'conversio(개심[改心]하다, 개종[改宗]하다)'이다.

10 "geren ahūta deote i mujilen be alimbaharakū selabumbihe (많은 형들과 아우들의 마음을 참을 수 없이 기쁘게 했다.)"에 해당하는 라틴어는 "faciebant gaudium magnum omnibus fratribus (모든 형제들에게 큰 기쁨을 갖게 했다.)"이다.

11 'geren gucuse (많은 친구들)'에 해당하는 라틴어는 'ecclesia(교회)'이다.

12 'ilhi da (버금 으뜸)'에 해당하는 라틴어는 'senior(장로, 원로)'이다.

13 'tacihiyan de dosika (가르침에 들어온)'에 해당하는 라틴어는 'crediderant(믿는, 신앙하는)'이다.

14 'šurdeme faitaci (빙둘러 자르고)'에 해당하는 라틴어는 'circumcido(주위를 베다, 포피[包皮]를 도려내다, 할례[割禮]를 베풀다)'이다. 따라서 여기서의 이 말의 뜻은 '할례를 베풀고'이다.

15 'mini deote (나의 아우들)'에 해당하는 라틴어는 'viri fratres (형제님들이여)'이다.

16 'ududu inenggi i onggolo (허다한 날 이전에)'에 해당하는 라틴어는 'ab antiquis diebus (옛날부터, 이전의 날들부터)'이다.

mukūn i   urse   de[17]   doro giyangnara[18] · cembe akdacun i   baru   yarurede[19] /66a/
민족 의 사람들 에게 진리를 강론하며   그들을   믿음 으로 향해 인도하는 데에

cohome baitalahangge [a] · niyalma i mujilen be bulekušere[20]   abkai ejen   ceni
특별히 이용하신 것입니다.   사람 의   마음 을 거울같이 보시는 하느님께서 그들의

akdacun unenggi seme temgetulekini · enduringge enduri be mende šangnaha
믿음이 진실하다 고   증거하시려고   성령   을 우리에게   상주신

songkoi · geli cende   šangnahabi · i muse be cembe emu adali durun i
그대로   또한 그들에게도 상주셨습니다. 그분은 우리 를 그들과 동일한   모양 으로

tuwafi · ilgabure ba fuhali akū · tesei sure fayangga be akdacun de bolgobure
보아   차별하신 적이 전혀 없으니 그들의   영혼   을 믿음 으로 깨끗이

dabala ·   te ainu abkai ejen be balai cendeme bi · musei mafari · meni
할 것입니다. 이제 어찌   하느님 을 함부로 시험하고 있으며, 우리 조상들과 우리

beyei tukiyeme hamirakū unun be tacihiyan i gucuse de[21] gurineki sembini ·
자신이 지고서 견딜 수 없는 짐 을 가르침 의 친구들 에게 옮겨 주려 하십니까?

musei ejen Yesu Giristo i enduringge doshon adarame muse be aitubure
 우리 주 예수 그리스도 의 거룩하신   은총이   어떻게 우리 를 구원하실

teile · inu cembe aituburengge be akdambi sehe ·· geren angga mimifi
것이며 또한 그들을 구원하실지 를 믿습니다." 하였다. 많은 이가 입을 다물고

gisurerakū oho · Barnaba Boolo i gisun be donjire canggi · juwe nofi
말하지 않게 되어 바르나바와 바울로 의 말 을 들을 뿐이었다. 두 사람이

ainame abkai ejen cembe baitalafi amba ferguwecuke baita[22] encu mukūn i
어떻게 하느님께서 그들을 이용하여 큰   기적을   다른 민족 의

---

17 'encu mukūn i urse de (다른 민족의 사람들에게)'에 해당하는 라틴어는 'gentes(이민족들에게)'이다.

18 'encu mukūn i urse de doro giyangnara (다른 민족의 무리에게 진리를 강론하며)'에 해당하는 라틴어는 'per os meum audire gentes verbum evangelii (내 입을 통하여 이방인들이 복음의 말씀을 듣다)'이므로, 만주어는 상당히 의역한 것이다.

19 'akdacun i baru yarurede (믿음을 향해 인도하는 데에)'에 해당하는 라틴어는 단순히 'credere(믿기 위해)'이다.

20 'bulekušere(거울같이 보시다)'에 해당하는 라틴어는 단순히 'novit(알고 있다, 잘 알다)'이다.

21 'tacihiyan i gucuse de (가르침의 친구들에게)'에 해당하는 라틴어는 'super cervicem discipulorum (제자들의 목 위에)'이다.

22 'amba ferguwecuke baita (큰 기적)'에 해당하는 라틴어는 'signa et prodigia (표징들과 기적들을)'이다.

ursei   dolo yabuha bihe cun cun i alambihe · alame wajiha manggi · /66b/
사람들 중에서 행하셨는지   자세히   알렸다.   알리고   난   후

Yakobo   hendume [i]· ahūta deote mimbe donjireo · abkai ejen adarame encu
야고보가 말하기를,   "형제들, (내 말을) 들으시오. 하느님께서 어떻게   다른

mukūn i urse be   jilame ·   tesei dorgici ini gebu be eldembure ·   ini
민족 의 사람들 을 불쌍히 여기시어 그들 중에서 당신 이름 을 빛나게 하시고 당신

tacihiyan de   dosimbure   jalin ududu niyalma be sonjome deribuhe babe
가르침 으로 들어오게 하기 위해 허다한 사람들 을 가려내기 시작하셨는 지를

Simon teniken giyangnahabi · jidere undengge be doigomšome sara saisai gisun
시몬이 지금   강론했습니다. 오지 않은 일 을   미리   아는 현자의 말이

yala   ini gisun de tob seme acanambi · nomun de ejehengge [o]· uthai erei
참으로 그의 말 에   바로   맞으니   경전 에 기록된 것이   곧 '이

amala bi   jai jifi · Taweit i ulejehe boo be jai sahaki · garjaha babe
뒤에 내가 다시 와서 다윗 의 무너진 집 을 다시 쌓고 황폐한 것을

dasatafi ·   terebe   ilibuki · funcehele niyalma · mini gebu doro be donjiha ·
정리하여 그것을 세우리라. 살아남은 사람들은 내 이름과 진리 를 듣고,

mini doshon i wehiyen de aisilabuha geren mukūn uksura abkai ejen be
나의 은총 의 도움 으로 구원된   모든 민족과 씨족은 하느님 을

baikini sere gūnin · ere songkoi yabure abkai ejen ere gisun gisureme
찾으려 할 것이다. 이 대로 행하시는 하느님께서 이 말씀을   하시는

bikai [u] · · abkai ejen ini beye yabuki sere baita be enteheme ci   saha [na]·
것이다.' 하느님께서는 당신 자신이 하고자 하시는 일 을 영원 으로부터 아셨습니다.

uttu ohode encu mukūn ci enduringge tacihiyan de dosirele urse[23] jobobuci
그러므로 다른 민족 에서 거룩한   가르침 에 들어온 사람들을 괴롭히면

만주어 'ferguwecuke baita'를 다른 곳에서는 '기이한 일'로 직역했지만 여기서는 문맥의 어색함 때문에 그
냥 '기적'으로 번역한다.

23 'encu mukūn ci enduringge tacihiyan de dosirele urse (다른 민족에서 거룩한 가르침에 들어온 사람들)'
에 해당하는 라틴어는 'qui ex gentibus convertuntur ad Deum (이교도에서 하느님께로 돌아온 이들)'이다.
만주어 'enduringge tacihiyan (거룩한 가르침)'은 'Sancta Ecclesia (거룩한 교회)'의 중국어 聖敎를 번역
한 말이다.

ojorakū /67a/ seme gūnimbi · damu cende bithe bufi[24] · ume miosihon
안 된다　고　생각합니다. 다만 그들에게 글을 주어　'(말라) 사악한

ūren de doboho jemengge be jetere[25] · ume gise hehe · sargan jui de
우상 에 바친　음식 을 먹지 말고　(말라) 창녀와　여자 아이 에게

hayadame lature[26] · jai hahūrame bucebuhe ulha gasha · terei senggi de
음행하지 말며,　또 목 졸라 죽인　짐승과 새,　그 피 를

targaci wajiha[27] [ne] sekini ·· dade julgei fon ci geren hoton i dolo isan i
경계해야 한다.'　하십시오.　원래 옛 시절 부터 많은 이가 마을 안 모임 의

deyen de[28] Moises be kundulere saišarangge bi · tubade Sapato deri ini
전당 에서　모세 를 경배하고 찬양하는 일이 있고, 거기서 안식일 마다 그의

nomun bithe hūlara dabala sefi ·· šabisa · ilhi da sa · acin i geren gucuse[29]
경전　책을 읽는 것입니다." 하자 사도들과 버금 으뜸 들과 교회 의 많은 친구들이

gisun urušeme[30] · emu udu niyalma be ceni dorgici sonjoki · Antiyokiya i
말을 옳게 여겨　한두　사람들 을 그들 중에서 뽑아 안티오키아 를

baru unggineki seme toktoho · yala Yudas gūwa gebu Barsabas · jai Silas
향해 보내자 고 정했다. 실제로 유다 (다른 이름 바르나바) 와 또 실라

ujulaha　deote be Boolo · Barnaba de adaha bime · geli bithe arafi ·
(으뜸가는 동생들) 를 바울로와 바르나바 에게 따르게 했고　또 글을 써서

---

24 'bithe bufi (글을 주어)'에 해당하는 라틴어는 'scribere(쓰다, 편지 보내다)'이다.

25 'ume miosihon ūren de doboho jemengge be jetere (사악한 우상에 바친 음식을 먹지 말라)'에 해당하는 라틴어는 'ut abstineant se a contaminationibus simulacrorum (우상의 더러운 것들로부터 자신을 멀리하기를)'이다.

26 'ume gise hehe · sargan jui de hayadame lature (창녀와 여자 아이 에게 음행하지 말라)'에 해당하는 라틴어는 단순히 'ut abstineant …… fornicatione (간음을 금하기를)'뿐이다.

27 'jai hahūrame bucebuhe ulha gasha · terei senggi de targaci wajiha (또 목 졸라 죽인 짐승과 새, 그 피를 경계해야 한다.)'에 해당하는 라틴어는 'ut abstineant …… et suffocatis et sanguine (목 졸라 죽인 것과 피를 금하기를)'이다.

28 'hoton i dolo isan i deyen de (마을 안 모임의 전당에서)'에 해당하는 라틴어는 'in synagogis (회당들에서)'이다.

29 'šabisa · ilhi da sa · acin i geren gucuse (사도들과 버금 으뜸들과 교회의 많은 친구들이)'에 해당하는 라틴어는 'apostolis et senioribus cum omni ecclesia (사도들과 원로들은 온 교회와 함께)'이다.

30 'gisun urušeme (말을 옳게 여겨)'에 해당하는 말은 라틴어 원문에는 없다.

tesei gala de afabuha · bithei gisun · uthai šabisa · jai ilhi da sa Antiyokiya ·
그들 손 에 맡겼는데, 글의 말은 곧 '사도들과 또 버금 으뜸 들은 안티오키아와

Siriya · Silisiya jergi bade bisire · encu mukūn ci tacihiyan de dosika
시리아와 길리기아 등 지에 있는, 다른 민족 으로부터 가르침 에 들어온

deote de³¹ sain be /67b/ fonjime bi · donjici · aika niyalma meni baci
동생들 에게 안부 를 묻습니다. 들으니, 어떤 사람이 우리 지방에서

suweni   bade genefi³² · gisun gisurefi · suweni sure fayanggai koro de [ni] ·
여러분의 지방으로 가서 말 하기를, 여러분의 영혼의 상처 로

suweni gūnin be farfabuha · be ere baita umai cende   afabuhakū ·
여러분의 생각 을 어지럽혔으나, 우리는 이 일을 전혀 그들에게 맡기지 않았습니다.

ne   uhei acafi · gucuse be sonjome · meni haji gosiha deote Boolo ·
지금 함께 모여 친구들 을 뽑아 우리가 지극히 사랑하는 동생들을 바울로 ·

Barnaba i emgi suweni baru unggime toktohobi · Boolo · Barnaba serengge ·
바르나바 와 함께 여러분을 향해 보내기로 결정했는데, 바울로와 바르나바 라는 이들은

musei ejen Yesu i gebu be eldembure turgun ergen šeleme marahakūngge³³
우리 주 예수의 이름 을 빛내기 위해 목숨 버리기를 거부하지 않은 이들

inu · Yudas · Silas be unggime bi · juwe nofi emu adali gisun be suwende
입니다. 유다와 실라 를 보낼 것 인데, 두 명은 동일한 말 을 여러분들께

gisurere dabala · enduringge enduri i hesei geli meni beyei toktobuhangge ·
말할 것입니다. 성령 의 뜻이고 또 우리 자신의 결정한 바인데

ere oyonggo hacin ci tulgiyen · suwembe gūwa unun de unubure ba
이 중요한 사항 외에 여러분께 다른 짐 으로 부담되게 할 일은

akū · suwe damu miosihon ūren de doboho jaka · senggi · hahūrame
없으니, 여러분은 다만 사악한 우상 에게 바쳤던 것들과, 피와, 목 졸라

---

31 'encu mukūn ci tacihiyan de dosika deote de (다른 민족으로부터 가르침에 들어온 동생들에게)'에 해당하는 라틴어는 'fratribus ex gentibus (이방인들로부터 온 형제들에게)'이다.

32 'aika niyalma meni baci suweni bade genefi (어떤 사람이 우리 지방에서 여러분의 지방으로 가서)'에 해당하는 라틴어는 'quidam ex nobis exeuntes (우리들 중 몇몇이 나가서)'이다.

33 'ergen šeleme marahakūngge (목숨 버리기를 거부하지 않은 이들)'에 해당하는 라틴어는 'hominibus qui tradiderunt animas suas (그들의 목숨을 버린 사람들)'이다.

bucebuhe ulha gashan i yali · gise hehe · sargan jui de latuke hayan baita de
죽인 짐승과   새 의 고기, 창녀와   여자 아이 에게 음행하는   일 을

targa³⁴ · ere targacun be tuwakiyara oci · unenggi i   yabumbi³⁵ · /68a/
삼가시오. 이 훈계 를   지킨다 면   참되게 행동하는 것입니다.

beye sain mujilen sulakan oso³⁶ · sehengge inu [no] ··
몸이 좋고 마음   편안 하소서.' 라고 한 것 이다.

takūraha niyalma jurafi · Antiyokiya i baru genehe · geren be isabufi ·
파견된 사람들이 길 떠나 안티오키아 를 향해 가서   많은 이 를   모아

bithe be alibuha · bithe hūlame · šabisa   geren i gūnin be selabuha ofi ·
글 을   전하니, 글   읽고 사도들과 많은 이 의 마음 을 기쁘게 했으므로

gemu ambula urgunjehe · Yudas · Silas juwe gucuse jidere undengge be
모두   크게 즐거워했다. 유다와 실라 두 벗들은 오지 않은 일 을

sara niyalma³⁷ ofi · ududu gisun i deote be necihiyeheken ele akdun
아는 사람 이므로 많은 말 로 동생들 을 위로했고   더욱 믿게

obuhabi · udu inenggi ubade tefi · tere acin i   gucuse Yudas · Silas be
하였다. 몇 날 이곳에 머물고 그 교회 의 친구들이 유다와   실라 를

elhei   šabisai baru amasi bederebuhe · yala šabisa cembe unggihe bihe ·
편안히 사도들의 쪽으로 되 돌아가게 했는데, 사실 사도들이 그들을 보내었던 것이다.

Silas   bodome · ubade kemuni bici   sain   sehede · Yudas emhun beye
실라가 생각하기를 '이곳에 아직 있으면 좋겠다.' 하여서 유다가 혼자 몸으로

Yerusalem de genehe · Boolo · Barnaba oci Antiyokiya de tefi · utala
예루살렘 으로 갔다. 바울로와 바르나바 는 안티오키아 에 머물며   많은

---

34 이 구절에 관해서는 위의 각주 26)과 27)을 참고할 것.

35 "ere targacun be tuwakiyara oci · unenggi i yabumbi (이 훈계를 지킨다면 참되게 행동하는 것입니다.)"
에 해당하는 라틴어는 "a quibus custodientes vos bene agetis (당신들을 그것에서 지키면 잘 행동하는 것
입니다.)"이다.

36 'beye sain mujilen sulakan oso (몸이 좋고 마음 편안하소서)'에 해당하는 라틴어는 'valete (안녕히, 잘 계
시기를)'이다.

37 'jidere undengge be sara niyalma (오지 않은 일을 아는 사람)'에 해당하는 라틴어는 'prophetæ(예언자들)'
이다.

gucusei   emgi niyalma be tacibume · ejen Yesu i Ewanzelio i doro be
친구들과 함께 사람들 을 가르치며   주   예수의   복음   의 진리 를

giyangnambihe · udu inenggi oho manggi · Boolo   Barnaba de   hendume · be
강론하였다.   몇   날   된   후   바울로가 바르나바 에게 말하기를, "우리가

amasi mariki ·   ai ai hoton de Ewanzelio be selgiyehe /**68b**/ bihe · tere hoton i
되 돌아갑시다. 여러 마을 에   복음 을   전파하   였는데, 그 마을 의

deote i arbun be tuwakini sehe ·   Barnaba ini gūnin de acanacibe damu
동생들 의 모습 을 봅시다." 하였다. 바르나바가 그의   뜻   에 맞추었지만 다만

Yohangnes be sasa   gaiki sembihe · ere Yohangnes de geli Marko sere
요한   을 함께 데려가려 했다.   (이   요한 에게는 또 마르코 라는

gebu bihe · Boolo elemangga inde baime · ere niyalma Bamfiliya bade
이름이 있었다.) 바울로는 도리어   그에게 청하기를 "이 사람이   밤필리아 땅에서

menci aljafi · be Ewanzelio selgiyerede · membe dahalahakū ofi ·   tuttu   ne
우리를 떠나, 우리가 복음을 전파할 때에   우리를 따르지 않았 으니, 그래서 지금

gaici   ojorakū sehei tafulambihe[38] · inemene ceni gūnin   encu ohode ·
데려가면 안 되오." 라고 하며 거부했다.   어쨌든 그들의 생각이 달랐 기에

ishunde hokohobi ·· Barnaba Marko be gajifi · mederi i jugūn yabume Šiboro
서로   헤어졌다.   바르나바가 마르코 를 데리고   바닷   길로 행해 키프로스

tun i   baru genehe · Boolo oci · Silas be sonjofi · geren deote abkai ejen i
섬 을 향하여 갔고,   바울로 는 실라 를 택하여   많은 아우들이 하느님 의

karmara doshon be inde   baihanjiha manggi · teni juraka [**nu**] ·· i   Siriya ·
보호하시는 은총 이 그에게 찾아오게 한 후   그제야 떠났다.   그가 시리아와

Silisiya jergi babe ijime wekjime yabuhai[39] · tere utala acin i gucusei mujilen be
길리기아 등 지를 돌보며 다니면서   저 많은 교회의 벗들의 마음 을

ele akdun de isibumbihe · šabisa · ilhi da sa i toktobuha kooli targacun[40] be
더욱 믿음 에 이르게 했고, 사도들과 버금 으뜸 들이 규정한   법   규   를

---

38 'gaici ojorakū sehei tafulambihe (데려가면 안 된다고 하면서 거부했다)'에 해당하는 라틴어는 'non
debere recipi eum (그를 받아들이면 안 된다.)'이다..

39 'ijime wekjime yabuhai (돌보며 다니면서)'에 해당하는 라틴어는 'perambulabat(돌아다녔다, 순방했다)'
이다.

40 'kooli targacun (법규)'에 해당하는 라틴어는 'præcepta(규정들, 가르침들)'이다.

saikan tuwakiya seme cende   afabumbihe[41] · · [42] **/69a/**
잘   지키라   고   그들에게 지시하였다.

---

41 'afabumbihe(지시하였다)'에 해당하는 라틴어는 'præcepio(명하다, 지시하다)'이다.

42 'šabisa · ilhi da sa i toktobuha kooli targacun be saikan tuwakiya seme cende afabumbihe (사도들과 버금 으뜸들이 규정한 법규를 잘 지키라고 그들에게 지시했다.)'에 해당하는 말은 불가타 라틴어 성경에만 있고 그리스어 성경에는 들어있지 않다.

SURE GISUN
풀이　　말

[a] tere erin Yerusalem de bisire šabisa damu Betoro · Yakobo · Zowangne
　　그　때　예루살렘 에 있는 사도들은 다만 베드로와 야고보와　　요한

se i teile · gūwa oci meimeni bade Ewanzelio be selgiyeme genehe bihe · ·
들　뿐　다른이 는　각각　지방으로　복음　을　전파하러　　갔었다.

[e] yala juwan duin aniya i cala abkai ejen encu mukūn i niyalma　Kornelio·
　　실제로　십　사　년　전에 하느님께서 다른　민족　　사람인 코르넬리오와

tere booi anggala be enduringge tacihiyan[43] de dosimbure　jalin · cohome
그　집의　식구　를　거룩한　　가르침　에 들어오게 하기 위해　특별히

Betoro be baitalaha · ·
베드로 를 이용하셨다.

[i] Yakobo Yerusalem de bisire acin i da ofi · Betoro i amala gisureci
　　야고보는　예루살렘 에 있는 교회의 으뜸 이므로 베드로의 뒤에　말해야

acambihe · ·
　했다.

[o] jidere unde baita be doigomšome sara Amos i nomun i bithe de ere
　　오지 않은 일 을　미리　아는 아모스의 경전 의 책 에 이

gisun bi · · [44]
말이 있다.

---

43 'enduringge tacihiyan (거룩한 가르침)'은 한자어 '聖敎(=聖敎會)'를 직역한 말이다.
44 구약성경의 아모스서(Prophetia Amos) 9장 11-12절이다.

[u] musei ejen Yesu Taweit i omolo enduringge tacihiyan i acin[45] i da bime ·
우리   주 예수께서 다윗 의 자손이고 거룩한   가르침 의 모임 의 으뜸 이시며,

geli terebe salifi   kadalame ofi · tuttu enduringge tacihiyan i acin be Taweit i
또 그것을 관장하여 다스리시 므로 따라서 거룩한   가르침 의 모임 을 다윗 의

boo de duibulembi ·· jalan de enggelenjihe Yesu be   takara   Israel i
집 에 비유한다.   세상 에   강림하신   예수 를 인정하는 자가 이스라엘 의

omosi i dorgici umesi komso · geren murime imbe takarakū · erei turgun
자손들 의 중에서   매우 적고, 많은 이가 억지로 그이를 부인한다. 이   때문에

tacihiyan i acin de /69b/ amba ekiyehun oho · abkai ejen ere ekiyehun de
가르침 의 모임 에   큰   모자람이 생겼다. 하느님께서 이   모자람 에

niyecere gūnin · ini doshon i wehiyen de encu mukūn i niyalma i mujilen be
보충하실 생각으로 그분 은총 의 도우심 으로 다른 민족 의 사람들 의   마음 을

aššame · cembe enduringge tacihiyan i acin de   dosimbuha ··
움직여   그들을   거룩한   가르침 의 모임 에   들어오게 하셨다.

[na] encu mukūn i   urse ·   Israel i omosi i oron de niyecere baita be
다른   민족 의 사람들과 이스라엘 의 자손들 의 부족함 에 보충하는   일 을

be   ne damu bahafi sara · abkai ejen ere baita be enteheme ci   saha ·
우리는 지금 다만 알 수 있지만, 하느님께서는 이   일 을 오래전 부터 아셨고,

i   enteheme ci   uttu   toktoho kai ··
그분은 오래전 부터 이렇게 결정하신 것이다.

[ne] tere fonde encu demun i   urse   tašarafi · aika sargan akū   haha ·
그 시절에 다른 이단 의 무리가 착각하여, 어떤 아내 없는 남자가

eigen akū hehe de   lature oci · weile akū seme gūnimbihe · uttu ofi ere
남편 없는 여자 에게 음행하 면 죄가 없다 고   생각했다. 그러므로 이

hayan baita de targa   seme cira i fafulambi ·· gūwa targacun oci · damu
음행   일 을 경계하라 고   엄히 금하신다.   다른   훈계 는   다만

---

45 'enduringge tacihiyan i acin (거룩한 가르침의 모임)'은 한자어 '聖教會'를 직역한 말이다.

tere   emu temšen i erin de acabume · juwe duwali gucuse ja i ishunde
그것은 한   분쟁 의 때 를   만나   두   부류의 벗들을 쉽게 서로

hūwaliyambukini sere turgun toktobuhangge inu ··
화해시키려   하기 위해   결정한 것   이다.

[ni] ce   suweni mujilen i elhe taifin be mukiyerede · suwe urunakū
그들이 너희의   마음 의 평안함 을   멸할 때   너희는 반드시

Ewanzelio be suwende selgiyehe saisai   waka   babe balai gisurehe ··
복음   을 너희에게   전파한 현자들의 잘못한 바를 함부로 말했다.

[no] enduringge enduri i hesei · geli meni beyei toktobuhangge sere
성령   의 뜻으로, 또 우리 자신이 결정한 것   이라는

gisun · **/70a/** uthai be enduringge enduri i cohotoi elden be alifi · terei
말은,   곧 우리가   성령   의 특별한 빛 을 받아 그

hese be ulhifi · baita be   uttu lashalame toktombi sehe gisun i adali ··
뜻 을 깨닫고 일 을 이렇게 결단하고   정한다 고 한   말 과 같다.

[nu] Boolo · Barnaba de   giyan bifi · asuru · waka ba akū · ainci
바울로는 바르나바 에게 이론이 있고, 아주 잘못한 바는 없었다. 아마

niyalma tome encu bade   doro giyangname · ele labdu hoton be wembukini ·
사람   마다 다른 지방에서 진리를   강론하여   더 많은   마을 을 교화하고자

abkai ejen ere gese fakcara nashūn be belhehe dere ··
하느님께서 이 같이 헤어질   기회 를 준비하신 것이리라.

JUWAN NINGGUCI FIYELEN
제16 장

Boolo   Derbe · jai Listara sere hoton de isinjifi · ubade tacihiyan i
바울로는 데르베와 또 리스트라 라는 마을 에 도착하여 거기서 가르침 의

emu gucu gebu Timodeo be ucaraha · ini   eme   Israel i mukūn i niyalma
한 친구 (이름 디모테오)를 만났다. 그의 어머니는 이스라엘 민족 의 사람으로

enduringge tacihiyan de dosika bihe · ini ama oci · encu demun niyalma oho ·[1]
거룩한 가르침 으로 들어왔으나 그의 아버지 는 다른 이단의 사람 이었는데,

Listara ·   Ikonio de bisire ahūta deote gemu ini sain yabun be maktambihe ·
리스트라와 이고니온 에 있는 형들과 아우들 모두 그의 착한 행실 을 칭찬하였다.

Boolo   imbe gaiha · sasa jugūn yabuki sehe · damu tere ba i Israel i
바울로가 그를 데리고 함께 길을 가고자 했는데, 다만 그 지방 의 이스라엘 의

omosi i turgun · imbe šurdeme /70b/ faitaha[2] · ini   ama   encu demun i niyalma
자손들 때문에 그를 빙둘러   잘랐다. 그의 아버지가 다른 이단 의 사람

seme   arkūngge akū   ofi   kai [a] · ai ai hoton deri duleci · hoton i deote be
이라고 모르는 자가 없기 때문인 것이다. 모든 마을을 거쳐 지나며 마을 의 동생들 을

tacibume · Yerusalem de tehe šabisa · ilhi da sa i toktobuha kooli targacun be
가르치고 예루살렘 에 사는 사도들과 버금 으뜸 들이 정한 규율과 훈계 를

tuwakiya sembihe ·· yaya acin i gucusei akdacun i erdemu ele akdun bime · [3]
지키라 고 했다. 모든 교회 의 벗들의 믿음 의 덕이 더욱 견고해 지고

---

1 "ini eme Israel i mukūn i niyalma enduringge tacihiyan de dosika bihe · ini ama oci · encu demun
niyalma oho · (그의 어머니는 이스라엘 민족의 사람으로 거룩한 가르침으로 들어왔으나 그의 아버지는
다른 이단의 사람이었다.)"에 해당하는 라틴어는 "filius mulieris Iudææ fidelis, patre gentili ([디모테오는]
믿음의 유다인 여인의 아들이고, 아버지는 이방인이었다.)"이다.

2 'šurdeme faitaha (빙둘러 잘랐다)'에 해당하는 라틴어는 'circumcidit(할례하였다)'이다.

3 'yaya acin i gucusei akdacun i erdemu ele akdun bime (모든 교회의 벗들의 믿음의 덕이 더욱 견고해지고)'
에 해당하는 라틴어는 'ecclesiæ quidem confirmabantur fide (교회들이 과연 믿음에 의하여 견고하여졌다.)'
이다. 'acin i gucuse (교회의 벗들)'이란 표현은 중국어 '教友'를 번역한 말이다.

geli ceni ton inenggidari ele unggibumbihe ·· Firišiya · Galadziya i babe
또한 그들의 수가 날마다 더욱 증가하였다.   프리기아와 갈라디아 의 지방을

yabume dulefi · enduringge enduri cende fafulame · ume Asiya de Ewanzelio be
다니며 지나는데   성령께서   그들에게 명하시기를 '(말라) 아시아 에서 복음   을

selgiyere   sehede [e] · Misiya de jihe · ubaci Bitiniya i baru geneki sembihe ·
전하지 말라.' 하시자   미시아 로 왔다. 여기서 비티니아 를 향해 가고자 하였는데

damu Yesu i enduri kemuni cembe heturehebi⁴ [i] · Misiya ci aljafi ·
그러나 예수 의 성령이   또   그들을 가로막으셨다.   미시아 에서 떠나

Torohade i bade isinjiha · Boolo dobori erin emu hacin i tuwabun⁵ be
 트로아스 지방에 이르렀다. 바울로가 밤 시간에 한 가지의 환상   을

sabuha · Mašedoniya ba i emu haha ini juleri iletu tucinjime · baire gisun
보았는데, 마케도니아 지방의 한 남자가 그의 앞에 훤히 나타나 청하는 말로

inde hendume · si Mašedoniya de jio · membe aitubu sembihe [o] · tuwabun
그에게 말하기를, "당신은 마케도니아 에 와서 우리를 구해주소서." 하였다.   환상

be sabuha manggi · be⁶ ilihai Mašedoniya de /71a/ genere jalin en jen i belhehe ·
을 본   후 우리는 즉시 마케도니아 로   가기 위해 이미 잘 준비했다.

getuken i sarangge · Ewanzelio be tere ba i niyalma de selgiyere gūnin meni
 분명히   안 것은,   복음 을 그 지방 사람들 에게 전하려는 생각은 우리

cisu   gūnin waka · abkai ejen i cohotoi gūnin bisire dabala · mederi i jugūn
사사로운 생각이 아니고   하느님 의 특별한 생각 일 뿐이었다. 바닷 길을

yabume Torohade ci šuwe Samotarašiya de jihe · jai inenggi Nehaboli
 가서   트로아스 에서 바로 사모드라게 로 왔고, 다음 날   네아폴리스

hoton de dosika · tereci Filipo de isinjiha · ere hoton Mašedoniya i jase de
마을 로 들어가 거기서 필립비 에 이르렀다. 이 마을은 마케도니아 의 변경 에

---

4 'heturehebi(가로막았다)'에 해당하는 라틴어는 'non permisit (허락하지 않았다)'이다.

5 'tuwabun(봄, 경치, 환상)'에 해당하는 라틴어는 'visio(봄, 환상)'이다. 만주어와 라틴어 낱말의 의미로 보면 이 두 낱말이 잘 맞을 것 같지만, 사실 과거의 만주어 문헌에서 'tuwabumbi(보다)'의 동명사형인 'tuwabun'이 '환상, 환영'이라는 의미로 쓰인 예는 없다. '환상, 환영'을 뜻하는 만주어는 'melken, melketu' 였는데, 이 낱말들은 원래 하늘에 나타나는 '신기루, 오로라' 같은 것을 지칭했다.

6 그리스 원문의 사도행전에서부터 여기 이른바 '복수 일인칭 서술 단락'이 나온다. (임승필 2002: 134 참조). 이 '복수 일인칭 서술 단락'은 만주어에서도 정확히 번역되어 있다.

bi · Roma gurun ci tutala niyalma ubade guribuhe ofi · hoton i urse gemu
있어, 로마 나라 에서 많은 사람들이 그곳으로 이주했으 므로 마을 의 사람들은 모두

Roma i fafun kooli be dahambihe ·⁷ ere hoton de udu inenggi teme doro be
로마 의 율법 을 따랐다. 이 마을 에서 몇 날 머물며 진리 를

leoleme gisurembihe · ⁸ Sapato dorolon i emu inenggi hoton i duka ci tucifi ·
논하여 말하였다. 안식일 예식 의 어떤 날 성 문 에서 나와

birai dalin dalirame yabuhai · ainci nomun hūlara ba · ere ba dere dolo
강 가를 따라서 가다가, '혹시 경전 읽는 곳이 이 곳 일까?.' 속으로

gūnime⁹ [u] · yala tecehe · isaha hehesi de doro giyangnambihe · fulgiyan
생각하고, 바로 앉아서 모인 여자들 에게 진리를 강론하였다. 붉은

nunggasun be uncara emu hehe¹⁰ gebu Lidiya · Tiyatira ba i niyalma ·
모직물 을 파는 한 여자가 (이름 리디아, 티아디라 지방 의 사람)

abkai ejen be kunduleme ofi · doroi gisun be /71b/ donjiha · abkai ejen terei
하느님 을 공경하 여서 진리의 말 을 들었다. 하느님께서 그녀의

mujilen be aššafi · ulhisu be neifi · i uthai Boolo i gisun urušeme dahaha ·
마음 을 움직여 오성(悟性) 을 여시니 그녀가 곧 바울로 의 말을 옳게 여기고 따랐다.

ini beye · ini boo i niyalma gemu enduringge obocun be aliha manggi · ¹¹
그녀 자신과 그녀 집 의 사람들이 모두 거룩한 씻음 을 받은 후

---

7 "ere hoton Mašedoniya i jase de bi · Roma gurun ci tutala niyalma ubade guribuhe ofi · hoton i urse gemu Roma i fafun kooli be dahambihe · (이 마을은 마케도니아의 변경에 있어, 로마 나라에서 많은 사람들이 그곳으로 이주했으므로 마을의 사람들은 모두 로마의 율법을 따랐다.)"에 해당하는 라틴어는 "quæ est prima partis Macedoniæ civitas colonia (그것은 마케도니아의 첫번째 지방의 도시요 식민지였다.)"로서 만주어 문장이 어떤 다른 사본을 보고 번역한 것인지, 아니면 푸와로 신부가 쉽게 풀어 설명한 것인지 알 수 없다. 어쨌든 만주어와 라틴어는 상당히 다르다. 또 푸와로 신부가 크게 참조한 R. L. de Carrières 신부의 프랑스어 번역에도 이 만주어와 같은 구절이 없다.

8 "ere hoton de udu inenggi teme doro be leoleme gisurembihe · (이 마을에서 몇날 머물며 진리를 논하여 말하였다.)"에 해당하는 라틴어는 "eramus autem in hac urbe diebus aliquot conferentes (그래서 우리는 몇 날 이 도시에서 논의하고 있었다.)"로서 'doro be leoleme gisurembihe (진리를 논하여 말하였다.)'에 해당 하는 라틴어는 없다.

9 'ainci nomun hūlara ba · ere ba dere dolo gūnime (혹시 경전 읽는 곳이 이곳일까 속으로 생각하고)'에 해 당하는 라틴어는 'ubi videbatur oratio esse (기도소가 있을 것처럼 보이는 곳에)'이다.

10 'fulgiyan nunggasun be uncara emu hehe (붉은 모직물을 파는 한 여자)'에 해당하는 라틴어는 'purpuraria (자홍색 의류 파는 여자)'이다.

11 'ini beye · ini boo i niyalma gemu enduringge obocun be aliha manggi · (그녀 자신과 그녀 집의 사람들

baime · aika bi suweni gūnin de abkai ejen be tondoi uileme muteci
청하기를, "만약 제가 당신들의 뜻 에 하느님 을 충실히 섬길 수 있겠다면

suwe mini boo de dosinju · ubade tekini sehe · membe hono hafirame
당신들께서 저의 집 으로 들어와 여기서 머무소서." 하며 우리를 끝내 억지로

dosimbuha ·¹² be emu inenggi nomun hūlara bade¹³ generede · emu nehū de
들어오게 했다. 우리가 어떤 날 경전 읽는 곳에 갔을때 한 여종 과

teisulebuhe · ehe hutu ini dolo bifi¹⁴ · i jidere unde baita be gisurembihe · ¹⁵
마주쳤다. 악한 귀신이 그녀 안에 있어 그녀는 오지 않은 일 을 말하였고

erei turgun terei ejete i baha jiha menggun komso akū¹⁶ [na] · ere nehū
이 때문에 그의 주인들 이 얻은 돈과 은이 적지 않았다. 이 여종이

Boolo · meni geren be dahalafi hūlame · ere gemu ten i wesihun abkai ejen i
바울로와 우리 무리 를 따르며 외치기를, "이 모두 지극히 높으신 하느님 의

niyalma¹⁷ inu · ce suwembe aitubure jingkini arga¹⁸ be suwende jorišame
사람들 이다. 그들이 너희를 구원할 진정한 계책 을 너희에게 가리켜

alambi sehe [ne] · i ududu inenggi ere durun i yabumbihe · emu inenggi¹⁹
알린다." 하였다. 그녀가 여러 날 이 모양으로 행동했는데, 어느 날

이 모두 거룩한 씻음을 받은 후)'에 해당하는 라틴어는 'cum autem baptizata esset et domus eius (그리고 그녀와 그녀의 집이 세례를 받은 후)'이다.

12 "membe hono hafirame dosimbuha (우리를 끝내 억지로 들어오게 했다.)"에 해당하는 라틴어는 "coegit nos (우리를 강제했다, 우리를 억지로 하게 했다.)"이다.

13 'nomun hūlara bade (경전 읽는 곳에)'에 해당하는 라틴어는 'ad orationem (기도하러, 기도소에)'이다.

14 'ehe hutu ini dolo bifi (악한 귀신이 그녀 안에 있어)'에 해당하는 라틴어는 'quandam habentem spiritum pythonem (점쟁이의 영[靈]을 가지고 있어서)'이다.

15 'i jidere unde baita be gisurembihe · (그녀는 오지 않은 일을 말하였다.)'에 해당하는 라틴어는 'divino (점 치다)'로 표현되어 있다.

16 "erei turgun terei ejete i baha jiha menggun komso akū (이 때문에 그의 주인들이 얻은 돈과 은이 적지 않 았다.)"에 해당하는 라틴어는 "questum magnum præstabat dominis suis (그녀의 주인들에게 큰 이익을 가 져다 주었다.)"이다.

17 "ere gemu ten i wesihun abkai ejen i niyalma inu (이 모두 지극히 높으신 하느님의 사람이다.)"에 해당하 는 라틴어는 "isti homines servi Dei (이 사람들은 하느님의 종들이다.)"이다.

18 'suwembe aitubure jingkini arga (너희를 구원할 진정한 계책)'에 해당하는 라틴어는 'via salutis (구원의 길)'이다.

19 'emu inenggi (어느 날)'에 해당하는 라틴어는 텍스트에 없다.

Boolo   cihakūšarade²⁰ · uju marifi ehe hutu de fafulame · Yesu Girisdo i
바울로가 불쾌히 여겨   머리를 돌리며 악한 귀신 에게 명하기를, "예수 그리스도 의

/72a/ gebu de   si ere nehū i beye ci   tucine sehede · ehe hutu nergin de
          이름 으로 너는 이 여종 의 몸 에서 나가라." 하자   악한 귀신은 그때 에

tucike · nehū i   ejete   aisi bahara erecun ufaraha be tuwafi · Boolo · Silas be
나갔다. 여종 의 주인들이 이익 얻을   희망이 없어짐 을 보고 바울로와 실라 를

jafame · hoton i baita icihiyara da sa i yamun²¹ de benehe · hafasai juleri
잡아   마을의 일 처리하는 장상 들의 관청   으로 데려갔다. 관원들 앞으로

ušafi hendume · ere jergi urse meni hoton be facuhūrara teile · ce gemu
끌어 말하기를, "이 들 무리가 우리 마을 을 어지럽혔던 것인데, 그들은 모두

Yudeya ba i niyalma · ceni selgiyere doro · tacibure kooli be   be Roma
 유다 땅 의 사람들로, 그들이 전하는 도리와 가르치는   법 을, 우리가 로마

gurun i niyalma ofi · alime dahame   muterakū   sehe · irgese nukcishūn i
나라 의 사람 이므로 받아   따르기 불가능합니다." 하였다. 백성들이 격렬하게

dosime · cende koro isibuki serede · hafasa ceni etuku be tatarafi sibsikai
들어가 그들에게 해를 가하려 할 때 관원들이 그들의 옷 을   찢고 막대기로

tanta seme fafulaha · niorotolo tantabuha manggi · gindana de horiha ·
때리라 고 명하였다. 멍들도록   때린   후   감옥 에 가두고

gindana i   da²² de afabume · cembe saikan i tuwakiya sehe ·· gindana i kūwaran
    감옥 의 대장 에게 맡기며, "그들을 잘   지키라." 하였다.   감옥 의 병영

da²³   ere gese cira fafun be alifi · cembe ele šumin boode horiha bime ·
대장이 이 같이 엄한 법 을 받아 그들을 더욱 깊숙한 방에 가두어 놓고

geli ceni bethe guwangse i etubuhe²⁴· dobori dulin Boolo Silas juwe nofi
또한 그들의 발을   족쇄 로 채웠다.   밤 중에 바울로와 실라 두 명이

---

20 'cihakūšarade(불쾌히 여겨)'에 해당하는 라틴어는 'dolens(아파하며, 참지 못하여)'이다.

21 'hoton i baita icihiyara da sa i yamun (마을의 일 처리하는 장상들의 관청)'에 해당하는 라틴어는 'forum(법정)'이다.

22 'gindana i da (감옥의 대장)'에 해당하는 라틴어는 'custodia(경비, 간수)'이다.

23 'gindana i kūwaran da (감옥의 병영 대장)'에 해당하는 라틴어는 'custos(경비, 간수)'이다.

24 'guwangse i etubuhe(족쇄로 채웠다)'에 해당하는 라틴어는 'strinxit in ligno (나무에 결박했다)'이다. '족쇄'를 뜻하는 라틴어는 'compes'이다.

jalbarime · abkai ejen be saišambihe · /72b/ gindana de bisire weilengge urse
기도하며   하느님 을 찬양하였고,   감옥 에 있는   죄지은 무리들이

gemu cembe donjimbihe ·· gaitai na i amba aššan gindana i ten[25] be aššabuha ·
모두 그들을 들었다.   갑자기 땅 의 큰 움직임이 감옥 의 바닥 을 흔들었고,

ilihai geren boo i duka neihe · geren i selei futa · guwangse ini cisui suhebi ·
즉시 많은 방들 의 문이 열렸다. 많은 이 의 쇠 사슬과 족쇄가 제 스스로 풀렸다.

gindana be tuwakiyara da[26]   getefi · horin i booi duka neihe be sabufi ·
감옥 을 지키는 대장이 깨어 감옥 의 방 문이 열린것 을 보고

weilengge urse gemu ukaka seme gūnifi · loho be gocime · beye beyebe
죄지은 사람들이 모두 도망했다 고 생각하여 칼 을 뽑아 자신이 자신을

waki sembihe · Boolo den jilgan i hūlame · ume beye de heni koro
죽이고자 했다. 바울로가 큰 소리 로 외치기를, "(말라) 자신 에게 조금도 상처를

arara[27] ·   be gemu ubade bi sehe ·· gindana i da dengjan be benjibume ·
만들지 마시오. 우리 모두 여기에 있소." 하였다. 감옥 의 대장이 등잔 을 갖고 오게 하고

i uthai dolo dosika · šurgehei Boolo Silas sei jakade niyakūraha amala ·
그가 곧 안으로 들어와 떨면서 바울로와 실라 들의 앞에 꿇어앉은 후

cembe   tule gamafi fonjime · ejete[28] mini sure fayangga be aitubure jalin ·
그들을 밖으로 데려가 묻기를 "주인님들, 내   영혼 을 구하기 위해

yabuci acarangge ai ni sehede · jabume musei ejen Yesu be akdaci ·
해야 할 것이 무엇 입니까?" 하자 답하기를 "우리 주 예수 를 믿으면

sini beye · sini booi niyalma[29] bireme aitubumbi sefi · teni[30] ejen Yesu i
당신 자신과 당신 집 사람들이 전부 구원됩니다." 하고 비로소 주 예수 의

---

25 'ten(바닥, 기초)'에 해당하는 라틴어는 'fundamentum(기초, 바탕)'이다.

26 'gindana be tuwakiyara da (감옥을 지키는 대장)'에 해당하는 라틴어는 'custos(경비, 간수)'이다.

27 'koro arara (상처를 만들다)'에 해당하는 라틴어는 'facio mali (상해를 만들다)'이다.

28 'ejete (주인님들, 주인들)'에 해당하는 라틴어는 'domini(주님들)'이다. 라틴어의 'dominus, domini'는 상대를 높여 부르는 말로 쓰이지만 만주어 'ejen(주인), ejete(주인들)'은 그런 의미로는 쓰이지 않는다. 푸와로 신부는 이 성경에서 라틴어의 용법을 따른 것으로 보인다.

29 'sini booi niyalma (당신 집의 사람들)'에 해당하는 라틴어는 'domus tua (너의 집, 너의 가족)'이다.

30 'teni(비로소)'에 해당하는 라틴어는 텍스트에 없다.

doro³¹ be ini baru booi anggala i juleri³² giyangnahabi ·· gindana i /73a/ da
진리 를 그에게와 집 식구들 의 앞에서 강론하였다. 감옥 의 대장은

tere emu erin dobori de³³ ceni feye be oboho · i kemuni booi gubci
그 같은 때 밤 에 그들의 상처 를 씻고, 그는 또 집의 모든

niyalma i emgi enduringge obocun be nerginde alihabi · amala cembe ini
사람들 과 함께 거룩한 세례 를 즉시 받았다. 후에 그들을 그의

boo de benefi · booha³⁴ sogi be waidafi³⁵ · i booi niyalma i emgi ambula
집 으로 데려가 반찬과 나물 을 대접하고 그가 집 사람들 과 함께 크게

urgunjehe · gerendere erin hafasa³⁶ yamun i takūrsi³⁷ be unggime · gindana i
기뻐했다. 동틀 때 관원들이 관청 의심부름꾼들 을 보내어 감옥 의

kūwaran da de afabume · tere niyalma be sinda sehe · gindana i da ere
병영 대장 에게 지시하기를 그 사람들 을 석방하라고 했다. 감옥 의 대장이 이

gisun i songkoi Boolo de alame · hafasa yamun i urse be unggifi · suwembe
말 대로 바울로 에게 알리기를, "관원들이 관청 의 사람들 을 보내어 당신들을

sindacina seme minde afabuha · uttu ohode ne tucireo · elhei genereo sehe ·
석방하라 고 내게 지시했습니다. 그러므로 지금 나와서 편히 가십시오." 하였다.

Boolo yamun i takūrsi i baru hendume · be Roma gurun i niyalma inu ·
바울로가 관청 의심부름꾼들 을 향해 말하기를, "우리는 로마 나라 의 사람들 이다.

hafasa membe beidere undede · geren i yasai juleri sibsika i tantabufi ·
관원들이 우리를 재판하기 전에 많은 이 의 눈 앞에서 막대기 로 때리고

---

31 'doro(진리, 도리)'에 해당하는 라틴어는 'verbum(말, 말씀)'이다.

32 'ini baru booi anggala i juleri (그에게와 집의 식구들 앞에서)'에 해당하는 라틴어는 'ei cum omnibus qui erant in domo eius (그에게와 그의 집에 있는 모든 이와 함께)'이다.

33 'tere emu erin dobori de (그 같은 때 밤에)'에 해당하는 라틴어는 'in illa hora noctis (밤의 그 시간에)'이다.

34 'booha'는 흔히 '반찬'이라고 번역하지만 《漢清文鑑》에 보면 'jetere omire de dagilaha yali sogi (먹고 마실 때에 준비하는 고기와 나물)'로 풀이하고 있어서, 원래 뜻은 '생선 · 육류 · 채소류 등의 요리'를 말하는 듯하다. 특히 여기서는 뒤에 'sogi(나물)'이 나오는 것으로 보아 '생선이나 육류 반찬'을 뜻하는 듯하다.

35 'booha sogi be waidafi (반찬과 나물을 대접하고)'에 해당하는 라틴어는 'adposuit eis mensam (그들에게 음식을 차려주었다)'이다.

36 'hafasa(관원들)'에 해당하는 라틴어는 'magistratus(높은 관리들, 관원들)'이다.

37 'takūrsi(심부름꾼들)'에 해당하는 라틴어는 'lictores(길나장이들을, 심부름꾼들을)'이다.

gindana de   horiha · te butui membe gindana ci tucibumbio ·   baita uttu ome
  감옥 에 가두었고, 이제 몰래 우리를   감옥 에서 나오게 하는가? 일이 이렇게 될

muterakū · ceni beye jifi ceni beye membe tucibume sindakini   sehe · ·
  수 없다.   그들 자신이 와서 그들 스스로 우리를 나오게 하여 석방하라.” 하였다.

yamun i   takūrsi   ere gisun be hafasa de /73b/ alame · Roma gurun i niyalma
  관청 의 심부름꾼들이 이   말   을 관원들 에게   알려   로마 나라 의 사람들

bisire   be donjifi gelehe golohoi jihe · baire gisun de tule   gaifi meni hoton ci
이었음 을 듣고   두렵고 놀라며   와서 청하는 말 로 밖에 데려가 “우리 마을 에서

tucireo   sembihe · · gindana ci tucime · Lidiya i boo de   genehe · deote be
나가소서.” 하였다.   감옥 에서   나와 리디아 의 집 으로 가   동생들 을

saburede · cembe torombume nacihiyaha · teni   jurakabi · ·
  보자   그들을   위로하고   격려했으며 그리고 떠났다.

SURE GISUN
풀이   말

[a] Israel i omosi Timoteo be wesihulekini · terei gisun be dahakini   sere
이스라엘 의 자손들이 디모테오 를   존경하고   그의   말 을 따르게 하고자 하기

jalin   Boolo imbe šurdeme faitaha[38] · tere erin · tere turgun i canggi ere baita
위해 바울로가 그를 빙둘러 잘랐는데,   그 때는   그 이유 로 만   이 일을

kemuni yabuci ombihe ··
늘   행해야   했다.

[e] enduringge enduri Asiya babe enduringge šabi Jowangne de   bibuki
성령께서는   아시아 지방을 거룩한   사도   요한 에게 머무르게

sembihe · i   yala ubade doro be ambarame giyangnaha ··
하셨다. 그는 과연 거기서 진리 를   크게   강론하였다.

[i] enduringge enduri kemuni ceni genere be tookabuha · Bitiniya   babe
성령께서   또 그들이 갈 것 을 결정하셨던 비티니아 지방을

enduringge Lukas[39] de   bibumbihe ·· enduringge enduri · abkai ejen enduringge
거룩한   루가 에게 머무르게 하셨다.   성령은,   하느님이신   거룩한

ama · abkai ejen enduringge jui juwe ilinin[40]   ci   tucime ofi · tuttu
아버지와, 하느님이신   거룩한   아들의 두 위격(位格) 으로부터 나오 므로 따라서

nomun de enduringge enduri geli Yesu i enduri seme gisurehebi ··
성경[41] 에는   성령   또한 예수의 영(靈) 이라고 말한 것이다.

---

38 'šurdeme faitaha (빙둘러 잘랐다)'는 할례(割禮, circumcisio)를 행했음을 뜻한다.

39 'enduringge Lukas (거룩한 루가)'는 동양권에서 흔히 '성(聖) 루가'로 번역한다. 그러나 이 성경 역주에서 는 '거룩한 루가'로 직역해 둔다.

40 'ilinin'은 '세움, 머뭄'이라는 뜻의 'ilin'에서 만들어낸 말로서, 기독교 신학 용어인 '위격(位格, persona)'을 뜻하는 말로 쓰였다.

41 만주어 'nomun'을 이 책에서 모두 '경전'으로 번역했지만 여기서는 '성경'으로 의역한다.

[o] Mašedoniya babe /**74a**/ karmara   abkai enduri sukdun i beye be gajifi ·
　　마케도니아 지방을 　　수호(守護)하는 하늘의 천사가 기(氣)로 몸 을 취하고

tere ba i niyalma i arbun arafi · tolgin i dolo Boolo i juleri iletu tucinjime ·
그 지방 사람 의 모습을 만들어 꿈 속에서 바울로의 앞에 훤히 나타나

ini baru gisurehe ··
그 에게 말하였다.[42]

[u] Israel   i omosi i nomun hūlara deyen udunggeri hoton i tule ·
　　이스라엘 의 자손들 의 경전   읽는 전당은 종종   마을 의 밖,

niyalma   yaburakū bigan i bade bihe ··
사람들이 다니지 않는 들판 의 땅에 있었다.

[na] ehe hutu jidere unde baita be seme muterakū · damu faksidame
　　　악한 귀신은 오기 전   일 을 알 수없다.   다만 교묘히

gisurefi niyalma be holtoro dabala · gūwa ba i baita oci · udu ba umesi
말하여 사람들 을 속일 뿐이다. 다른 지방의 일 은 비록 지방이 매우

goro bicibe · udu butu bade yabuha sehe seme · ne   ubade šuwe alame
멀리 있고, 비록 은밀한 곳에서 행했다 고 하더라도,지금 이곳에서 곧 말할

mutembi ··
수 있다.

[ne] ehe hutu ini ere jalingga arga de Boolo jergi saisa be   beleki
　　　악한 귀신이 그의 이 간교한   꾀 로 바울로 들과 현자들 을 무해하고자

sembihe · yala nehū i beye ci tucifi · nehū i ejete be yarkiyame amba
했다.   과연 여종의 몸 에서 나와 여종 의 주인들 을 유혹하여 큰

baita be dekdebuhe ··
일 을 일으켰다.

---

42 이 부분은《古新聖經》에 다음과 같이 한문으로 번역되어 있다. "瑪舌多尼亞的護守神 借氣成形 現保祿 也
　　 請他去."

JUWAN NADACI FIYELEN
제 17   장

Amfiboli · Abolloniya juwe hoton be dulefi · Tessalonika de jihe ·
암피볼리스와 아폴로니아 두 도시 를 지나 데살로니카 에 왔는데,

ubade fe tacihiyan i ursei isan i deyen[1] bihe · Boolo an kooli i songkoi ·
여기 옛 가르침 의 사람들의 모임 의 전당이 있었고, 바울로는 통상 습관 대로

deyen de dosika /74b/ emu ikiri ilan Sapato inenggi[2] nomun be cende sume
전당 에 들어가 잇달아 세 안식일 날 경전 을 그들에게 풀어

giyangnahai · Girisdo [a] jobolon alici · amala dasame banjici acara doro be
강론하면서, 그리스도는 고난을 받고 후에 다시 살아나야 한다는 도리 를

leolembihe · ini wajima gisun[3] · mini gisurehe Yesu uthai Girisdo inu
논하였다. 그의 마지막 말로 "내가 말한 예수가 곧 그리스도 이십니다."

sembihe ·· Israel i omosi i dorgici emu udu niyalma akdame Boolo Silas de
라 하였다. 이스라엘 의 자손들 중에서 몇몇 사람들이 믿고서 바울로와 실라 에게

dayaha · abkai ejen be kundulere encu mukūn i ursei dolo hahasi hehesi
의지했다. 하느님 을 공경하는 다른 민족 의 사람들 중 남자들과 여자들이

tacihiyan i doro be daharangge umesi labdu[4] · wesihun booi hehesi i ton be
가르침 의 진리를 따르는 이가 매우 많고, 고귀한 집의 여자들의 수 를

---

1 'fe tacihiyan i ursei isan i deyen (옛 가르침의 사람들의 모임의 전당)'에 해당하는 라틴어는 'synagoga Iudæorum (유다인들의 회당)'이다.

2 'emu ikiri ilan Sapato inenggi (잇달아 세 안식일 날)'에 해당하는 라틴어는 'per sabbata tria (세 안식일을 통해, 세 안식일 동안)'이다.

3 'ini wajima gisun (그의 마지막 말로)'에 해당하는 말은 라틴어 원문에 없다.

4 'abkai ejen be kundulere encu mukūn i ursei dolo hahasi hehesi tacihiyan i doro be daharangge umesi labdu (하느님을 공경하는 다른 민족의 사람들 중 남자들과 여자들이 가르침의 진리를 따르는 이가 매우 많고)'에 해당하는 라틴어는 'de colentibus gentilibusque multitudo magna (경건한 사람들과 이교도들 중에서 많은 군중이)'이므로, 만주어는 다소 의역된 것이다.

bodoci komso akū⁵ · fe tacihiyan i kooli be dabali memerere Israel i omosi⁶
헤면 적지 않았다. 옛 가르침 의 법규 를 과하게 고집하는 이스라엘 의 후손들은

buya irgese ci ele aburi ehe duwali be gajifi guwanggušame deiburede ·
천한 백성들 중에서 더 지독히 악한 패거리 를 데려와 광포히 행동하기 시작하면서

hoton be facuhūrabuha · Yason i [e] boo be game · Boolo Silas be baimbihe ·
성 을 혼란시켰고, 야손 의 집 을 에워싸 바울로와 실라 를 찾아

irgese de afabuki sembihe [i] · cembe baihai baharakū ofi · Yason · jai
백성들 에게 넘기고자 하였는데, 그들을 찾았으나 얻지 못하였 으므로 야손과 또

tacihiyan i emu udu gucuse be⁷ jafame · hoton i hafasa i jakade benjifi
가르침 의 한두 백성들 을 잡아 성 의 관원들 의 앞에 데려가

hendume · ere jergi urse meni /75a/ hoton be facuhūrambi · ubade cohome
말하기를, "이 들 무리가 우리의 성 을 어지럽힙니다. 이곳에 일부러

jihe · Yason cembe ini boo de gaiha · ere duwalingga gemu Roma gurun i
왔고 야손이 그들을 그의 집 에 데려갔는데, 이 패거리는 모두 로마 나라 의

han i hese be jurcembi · encu emu wang gebu Yesu seme giyangnambi⁸
황제 의 명령 을 어기고 다른 한 왕의 이름이 예수 라고 강론합니다."

sehede · geren irgen · hoton i hafasa ere gisun be donjifi · ambula jili
하자 많은 백성들과 성 의 관원들이 이 말 을 듣고 크게 화를

banjiha · damu Yason · gūwa niyalma baita be getukeleme gisurefi · elhei
냈다. 다만 야손과 다른 사람들이 사실 을 명백히 말하여 무사히

boo de bederebuhe⁹ ·· deote [o] Boolo Silas be gaime · Bereha i baru genekini ·
집 으로 되돌아갔다. 동생들이 바울로와 실라 를 데리고 베레아 를 향하여 가려고

---

5 "wesihun booi hehesi i ton be bodoci komso akū (고귀한 집의 여자들의 수를 헤면 적지 않다.)"에 해당하는 라틴어는 "mulieres nobiles non paucæ (고귀한 여자들이 적지 않다.)"이다.

6 'fe tacihiyan i kooli be dabali memerere Israel i omosi (옛 가르침의 법규를 과하게 고집하는 이스라엘의 후손들)'에 해당하는 라틴어는 'zelantes Iudæi (질투하는 유다인들, 열성적인 유다인들)'이다.

7 'tacihiyan i emu udu gucuse be (가르침의 한두 백성들을)'에 해당하는 라틴어는 'quosdam fratres (어떤 형제들을)'이다.

8 "encu emu wang gebu Yesu seme giyangnambi (다른 한 왕의 이름이 예수라고 강론합니다.)"에 해당하는 라틴어는 'regem alium dicentes esse Iesum (다른 왕이 예수라고 말하며)'이다.

9 "damu Yason · gūwa niyalma baita be getukeleme gisurefi · elhei boo de bederebuhe (다만 야손과 다른 사람들이 사실을 명백히 말하여 무사히 집으로 되돌아갔다.)"에 해당하는 라틴어는 "et accepto satisfactione

dobori erin cembe hoton i duka ci   tucibuhe ·· Bereha de isinjiha manggi ·
밤 무렵 그들을   성 의 문 에서 나오게 했다.   베레아 에   도착한   후

Israel i omosi isara deyen de dosika · ere ba i Israel i omosi Tessalonika de
이스라엘 자손들이 모이는 전당 으로 들어갔다. 이 지방 의 이스라엘 자손들은 데살로니카 에

tehe Israel i omosi ci   derengge[10] ombihe · ce Ewanzelio i doro be donjirede
사는 이스라엘 자손들 보다 훌륭한 자   였다. 그들은   복음 의 도리 를 듣고서

absi amuran bime · geli inenggidari nomun be fuhašame baicambihe ·
매우 좋아하 였고 또   날마다   경전 을 자세히   연구하였는데,

Boolo i gisurehe gisun baita nomun de acanara acanarakū be yargiyalaki
바울로 가 한   말과 사실이 경전 에 맞는지 맞지 않는지 를 명백히 하고자

sembihe · tesei dorgici akdarangge labdu bihe · /75b/ encu mukūn ci
하였다. 그들 중에서 믿는 이들이 많이 있었고,   다른 민족 에서

enduringge tacihiyan de dosika wesihun boo i hahasi hehesi komso inu
   거룩한   가르침 에 들어온 고귀한 집 의 남자들과 여자들이 적지 도

akū[11] · Tessalonika de bisire Israel i   omosi dacilame · Boolo Bereha hoton de
않았다. 데살로니카 에 있는 이스라엘 자손들이 캐물어 바울로가 베레아 성 에서

Ewanzelio selgiyehe be donjifi · ubade jihe · facuhūn deribuki seme · geren be
복음을   전파했음 을 듣고 이곳에 와서 소란을 일으키고자 하여 많은 이 를

šusihiyembihe · tacihiyan i gucuse ebuhu sabuhū[12] Boolo be sindame · mederi i
선동하였다.   가르침 의 친구들이 허둥지둥   바울로 를 놓아 바다 를

baru genereo sehe · Silas · Timoteo oci · ubade tehe ·   Boolo be jigūn de
향해 가시라고 했다. 실라와 디모테오 는 이곳에 머물렀고, 바울로 를 길 에서

---

ab Iasone et a ceteris dimiserunt eos (그리고 야손과 다른 이들로부터 보증을 받고 그들을 돌려보냈다.)"이다.

10 'derengge(훌륭한 자)'에 해당하는 라틴어는 'nobilis(유명한, 고상한, 훌륭한)'이다.

11 "encu mukūn ci enduringge tacihiyan de dosika wesihun boo i hahasi hehesi komso inu akū · (다른 민족에서 거룩한 가르침에 들어온 고귀한 집의 남자들과 여자들이 적지도 않았다.)"에 해당하는 라틴어는 "multi quidem crediderunt ex eis et gentilium mulierum honestarum et viri non pauci (그들 중에서 많은 사람들과, 고귀한 이교도 여인들과, 적지 않은 남자들이 믿었다.)"이다.

12 'ebuhu sabuhū (허둥지둥)'에 해당하는 라틴어는 'statimque(곧, 그리고 바로)'이다.

yarure   deote Atene de isitala   benehe manggi · Silas · Timoteo hūdun i
인도하는 동생들이 아테네 에 도착하도록   보낸   후,   실라와 디모테오는 서둘러

mimbe ubade   acanju sere gisun be alifi · teni juraka · Boolo   Atene de
나를 그곳에 가서 만나라 는   말 을 전하고 그제야 떠났다. 바울로가 아테네 에서

cembe aliyarade · hoton i niyalma encu demun de ere gese amurangga[13] be
그들을 기다릴 때   성 의 사람들이 다른 이단 에 이 처럼   미혹함   을

tuwame · dolo elhe akū · absi fathašambihe[14] · nomun hūlara deyen[15] de fe
보고   속이 편치 않고 매우 불안하여,   경전   읽는   전당 에서 옛

tacihiyan i niyalma[16] · ere tacihiyan de ice dosika encu mukūn i   ursei[17]
가르침 의 사람들과   이   가르침 에 새로 들어온 다른 민족 의 사람들과

emgi doro leoleme giyangnambihe · inenggidari kemuni amba giyai[18] de
함께 진리를 논하며 강론하였고,   날마다   또   큰 거리 에서

ucarahala[19] /76a/ hahasi hehesi be[20] tacibumbihe[21] · emu udu bithei niyalma[22]
만난   남자들과 여자들 을   가르쳤다.   몇몇, 글의 사람들인

---

13 'encu demun de …… amurangga(다른 이단에 …… 미혹함)'에 해당하는 라틴어는 'idolatria(우상 숭배)'
이다.

14 'dolo elhe akū · absi fathašambihe (속이 편치 않고 매우 불안하였다)'에 해당하는 라틴어는 'incitabatur
(격발되었다, 격분하였다)'이다.

15 'nomun hūlara deyen (경전 읽는 전당)'에 해당하는 라틴어는 'synagoga(회당)'이다.

16 'fe tacihiyan i niyalma (옛 가르침의 사람들)'에 해당하는 라틴어는 'Iudææ(유다인들)'이다.

17 'ere tacihiyan de ice dosika encu mukūn i urse (이 가르침에 새로 들어온 다른 민족의 사람들)'에 해당
하는 라틴어는 'colentes(경건한 이들)'이다. R. L. de Carrières 신부에 의한 이 구절의 프랑스어 번역
(*Sainte Bible en latin et en Français*, contenant l'ancien et le nouveau Testament, avec un commentaire
littéral inséré dans la traduction française, par le R. L. de Carrières, Prêtre de l'Oratoire de Jésus. tome
neuvième, contenant les Évangiles de Saint Matthieu, de Saint Marc, de Saint Luc et de Saint Jean, et les
Actes des Apôtres. nouvelle édition, augmantée de notes. Chez Rusand, Libraire, Imprimatur du clergé,
1819. p. 626)은 'ceux d'entre les gentils qui craignoient Dieu (이방인들 중에서 하느님을 믿는 이들)'로
되어 있다. 따라서 만주어 번역은 이 프랑스어 번역에 따른 것임을 알 수 있다.

18 'amba giyai (큰 거리)'에 해당하는 라틴어는 'forum(시장, 광장)'이다.

19 'ucarahala(만난)'에 해당하는 라틴어는 'aderant (← adsum 그 자리에 있다, 참석하다, 와 있다)'이다.

20 'hahasi hehesi be (남자들과 여자들을)'에 해당하는 라틴어는 'eos(그들을, 사람들을, ← is)'이다.

21 'tacibumbihe(가르쳤다)'에 해당하는 라틴어는 'disputabat(토론했다, 논쟁했다)'이다.

22 'bithei niyalma (글의 사람들)'은 《漢淸文鑑》 5권 29장에 '文人, 글ᄒᆞᆫ 사름, bithe taciha niyalma (글 배
운 사람)'이라고 풀이되어 있다. 이에 해당하는 라틴어는 'philosophi(철학자들)'이다.

Ebikūreo · Sutoiko sere juwe tacikū i šabisa **[u]** Boolo de bakcilame doro i
에피쿠로스와 스토아 라는 두 학파 의 제자들이 바울로 에게 맞서서 진리 의

uru waka be leolendumbihe · ceni dorgici ememu ishunde fonjime · ere gese
옳고 그름 을 서로 토론하였는데, 그들 중에서 어떤 이들은 서로 묻기를, "이 처럼

gisun fulu niyalma²³ gisureki serengge ai ni · ememu jabume · tuwaci · i
말이 많은 사람들이 말하고자 하는 것이 무엇 인가?" 누가 대답하기를, "보니 그가

ice enduri sa²⁴ be giyangnambihe sembihe · dade Yesu · jai dasame banjire
새로운 신(神) 들 을 강론하였다." 하였다. 원래 예수가 또 다시 살아난

doro²⁵ be cende alambihe · imbe hono jafafi · Areobago yamun de benjifi
진리 를 그들에게 알린 것이다. 그를 다시 잡아 아레오파고 관청 으로 데려가

hendume · sini beyei selgiyehe ice doro be be getuken i donjime mutembio ·
말하기를, "당신 자신이 전한 새 진리 를 우리가 분명히 들을 수 있는가?

si yala encu hacin i baita be gisurere teile ·²⁶ be terei giyan turgun be
당신은 진실로 다른 종류의 일 을 말하는 것인데 우리가 그 이치와 연고 를

saki sembi **[na]** ·· tere fonde Atene hoton i niyalma · jihe antahasa²⁷ gemu
알고자 한다." 그 때 아테네 성 의 사람들과 온 손님들은 모두

gūwa baita de kicerakū²⁸ · damu eici encu hacin i baita be gisurere · eici
딴 일 에는 힘쓰지 않고 다만 혹 다른 종류의 일 을 말하거나 혹

donjirede amurangga bihe²⁹ ·· Boolo Areobago yamun i dulimbade ilifi
듣기를 좋아하는 자들 이었다. 바울로가 아레오파고 관청 의 중앙에 서서

---

23 'gisun fulu niyalma (말이 많은 사람들)'에 해당하는 라틴어는 'seminiverbius(수다쟁이, 떠버리)'이다.

24 'enduri sa (신들)'에 해당하는 라틴어는 'dæmonii(악마들, 귀신들)'이다.

25 'dasame banjire doro (다시 살아난 진리)'에 해당하는 라틴어는 'resurrectio(부활)'이다.

26 "si yala encu hacin i baita be gisurere teile (당신은 진실로 다른 종류의 일을 말하는 것이다.)"에 해당하는 라틴어는 "nova enim quædam infers auribus nostris (사실 당신은 우리 귀에 새로운 것을 가져온다.)"이다.

27 'jihe antahasa (온 손님들)'에 해당하는 라틴어는 'advenæ hospites (외국인 손님들)'이다.

28 'gūwa baita de kicerakū (딴 일에는 힘쓰지 않고)'에 해당하는 라틴어는 'ad nihil aliud vacabant (다른 아무것에도 시간 보내지 않고)'이다.

29 "damu eici encu hacin i baita be gisurere · eici donjirede amurangga bihe (다만 혹 다른 종류의 일을 말하거나 혹 듣기를 좋아하는 자들이었다.)"에 해당하는 라틴어는 "nisi aut dicere aut audire aliquid novi (새로운 어떤 것을 말하거나 들을 뿐이었다.)"로서, 약간 다르게 번역되어 있다.

hendume · Atene i niyalma · /76b/ arbun be tuwaci · yaya hacin de suweni
말하기를, "아테네 의 사람들이여.　　 상황 을 보니 모든 것 에 여러분의

ginggun kundu dabali sere gese[30] · bi jakan duleme · suweni enduri sai
공경함과 존경이 넘친다 는 것 같소. 내가 최근 지나면서 여러분의 신(神) 들의

ūren be yasalarade · emu mukdehun be sabuha · dergide foloho gisun ·
우상 을 잠깐 보았는데, 한 제단 을 보니, 위에 새긴 말이,

niyalma i sarkū enduri i mukdehun[31] inu ·· suweni sarkū abkai ejen be ·
'사람들 이 모르는 신 의 제단' 이었소. 여러분이 모르는 하느님 을

bi ne suwende alaki sembi · jalan · terei dorgide bisirele hacin be
내가 지금 여러분께 알리고자 합니다. 세상과 그 안에 있는 것 을

banjibuha Deus abka na i ejen ofi · niyalma i galai araha tanggin de
만드신 하느님은 하늘과 땅 의 주인 이므로 사람들 의 손으로 만든 전당 에는

terakū · niyalma imbe uilekini · tesei gala be baiburakū · inde
살지 않으시고, 사람들이 그분을 섬기게 하려고 그들의 손 을 구하지 않습니다. 그분께는

eden ekiyehun fuhali akū · elemangga geren niyalma i banjire[32] · ergen gaire[33] ·
불완전과 부족함이 전혀 없고, 도리어 많은 사람들 의 삶과 숨을 가진 것,

baitalara jaka · gemu ini salgabuhangge kai · emu haha ci [ne] niyalma i
사용하는 물건은 모두 그분이 정하신 것 입니다. 한 남자 에게서 사람 의

duwali be banjibufi · na i gubci dere de tebufi · meimeni niyalma de banjire
동류 를 낳게 하여 땅의 모든 지역 에 살게 하시고, 각각의 사람들 에게 살아갈

se · meimeni uksura de tomoro ba i jecen be toktoho · jalan be uttu saikan i
나이와 각각의 민족 에게 거주할 지방 의 경계 를 정하셨습니다. 세상 을 이렇게 아름답게

belhere gūnin · ainci niyalma hemhime yabuhai · Deus be /77a/ baime · imbe
준비하시는 뜻은, 혹시라도 사람들이 더듬어 가면서 하느님 을 찾아 그분을

---

30 'ginggun kundu dabali sere gese (공경함과 존경이 넘친다는 것 같소)'에 해당하는 라틴어는 'quasi
superstitiosiores (더욱 맹신적인 듯, 더욱 미신적인 듯)'이다.

31 'niyalma i sarkū enduri i mukdehun (사람들이 모르는 신의 제단)'에 해당하는 라틴어는 'ignoto Deo (알
려지지 않은 신에게)'이다.

32 'banjire(삶)'에 해당하는 라틴어는 'vita(생명)'이다.

33 'ergen gaire (숨을 가진 것)'에 해당하는 라틴어는 'inspiratio(숨 들이쉼, 호흡)'이다.

bišure gese bahambidere **[ni]** · ejen deus yala ai ai niyalma ci　goro　akū ·
쓰다듬 듯 얻게 하심입니다.　　주 하느님은 사실 모든 사람들 로부터 멀지 않습니다.

musei banjire ·aššara · bisirengge　ini dorgi debi ·· suweni ba i irgebun irgebure
우리가 살고, 움직이고, 존재하는 것이 그분 안에 있습니다. 여러분 땅의　시를　　짓는

niyalma i dolo emu gebungge saisa kemuni hendume³⁴ · be uthai Deus i
사람들　중　한　유명한　현자가　일찌기　말하기를, '우리는 곧　하느님 의

duwalingga inu　sehe **[no]** · Deus i duwalingga ojoro be dahame · foloro
　동료　이다.' 하였습니다. 주님 의 동료가　됨 에 따라,　새겨

colire faksisai araha aisin menggun wehei arbun be · Deus de adalingga
깎는 장인들이 만든 금과　은과　돌의　형상 을 주님 과 같은 것

seme　gūnici ojorakū · ejen Deus duleke aniyai hūlibun be darakū　gese
이라고 생각하면 안 됩니다. 주 하느님은 지난　해의　미혹됨 을 간여 않으시 듯

waliyafi · jilame ·　ne geren niyalma de　suwe waka　babe unggi· sain be yabu
버려두고, 사랑하시어, 지금 많은 사람들 에게 '너희는 잘못하는 것을 없애고 선 을 행하라'

seme alame · i　yala abkai fejergi i tumen tumen irgen³⁵ be tondoi beidere
고 하시며 그분은 실로 하늘 아래 의　수만　백성 을 공정히 심판하시기

jalin emu inenggi toktoho · beidere niyalma be inu toktohobi · terebe bucen ci
위해 한 날을 정하셨고, 심판할　사람들 을 또한 정하셨으며, 그분을 죽음 에서

dasame weijubufi · terebe　geren　i jakade temgetulehe **[nu]** ·· Areobago yamun
다시　살려　그것을 많은 이들 의 앞에서 증명하셨습니다.　아레오파고 관청

i　ambasa³⁶ bucehe niyalma **/77b/** dasame banjimbi sere gisun donjifi · ememu
의 대신들이 '죽은 사람이　다시 살아난다.' 는 말을 듣고　혹

basurengge bihe · ememu baita de oci · simbe jai　donjiki　gisurengge bihe ·
비웃는 자도 있고　혹 "그 일 에 관해서 너에게 다시 듣고 싶다." 고 말하는 자도 있었다.

---

34 'suweni ba i irgebun irgebure niyalma i dolo emu gebungge saisa kemuni hendume (여러분 땅의 시를
　 짓는 사람들 중 한 유명한 현자가 일찌기 말하기를)'에 해당하는 라틴어는 'quidam vestrum poetarum
　 dixerunt (여러분의 시인들 중의 어떤 이들이 말하기를)'이다.

35 'abkai　fejergi i tumen tumen irgen be (하늘 아래의 수만 백성을)'에 해당하는 라틴어는 단순히 'orbem
　 (세상을, 지구를, 세계를)'일 뿐이다.

36 'Areobago yamun i ambasa (아레오파고 관청의 대신들이)'에 해당하는 라틴어는 제시되어 있지 않고, 그
　 동사형만 'inridebant …dixerunt (비웃었다 … 말했다)'와 같이 3인칭 복수형으로 되어 있다.

Boolo   uttu ceni dulimbaci tucike · emu udu niyalma ini gisun be akdame ·
바울로가 이렇게 그들 가운데서 나오니   한두   사람이 그의 말 을 믿고

inde   dayaha · tesei dorgi Areobago yamun i amban Diyonisio[37] · emu hehe
그를 따랐는데, 그들 중 아레오파고 관청 의 대신인 디오니시오와, 한 여성과,

gebu Damaris · gūwa kemuni bihe ··
(이름 다마리스) 다른 이가 더   있었다.

---

37 'Areobago yamun i amban Diyonisio (아레오파고 관청의 대신인 디오니시오)'에 해당하는 라틴어는
  'Dionisius Areopagita (아레오파고 최고법정 판사 디오니시오)'이다.

SURE GISUN
풀이   말

[a] enduringge nomun de gisurehe · Abraham · Taweit · jergi enduringgesei
성경   에서   말했다, 아브라함과   다윗   등   거룩한 이들이

aliyaha jalan be aitubure   ejen   geren niyalmai turgun jobolon alici acara
기다린, 세상 을 구원하실 주께서는 많은   사람들로 인해   고통 받아야 할

babe leolefi · ere uthai Yesu seme · nomun i gisun · utala temgetu de iletu
것을 논하고, 이가 곧   예수 라고.   경전 의 말을 많은   증거 로 분명히

tuwabumbihe ··
보여 주셨다.

[e] ere Yason aifini enduringge tacihiyan de dosika bihe ·   Boolo Silas se   ini
이 야손은 이미   거룩한   가르침 에 들어와 있어서 바울로와 실라 들이 그의

boo de tembihe ··
집 에 머물렀다.

[i] wabukini sere gūnin   cembe irgesei gala de sindaki sembihe ··
죽이려 하는 생각으로 그들을 백성들   손 에   두고자 하였다.

[o] tacihiyan i niyalma ishunde ahūta   deote   seme gebulembihe ··
가르침 의 사람들은   서로   형들과 아우들 이라고   불렀다.

[u] ere juwe /78a/ tacikū be neihe niyalma Ebikūro ·   Zeno inu · Ebikūro oci ·
이 두   학파 를 연 사람이 에피쿠로스와 제노 이다. 에피쿠로스 는

niyalma i hūturi beyei jirgacun sebjen de bi seme tacibumbihe · uttu ohode
사람 의 행복이 몸의 편안함과 즐거움 에 있다 고 가르쳤는데   이렇게 되면

niyalma be ulgiyan ci ilagame faksalara ba akū ·· Zeno oci · niyalmai hūturi
사람 을 돼지 로부터 구별하여 분리할 수가 없다. 제노 는 사람의 행복이

banin i giyan be daharade bi seme tacibumbihe · juwe nofi hesebun be
본능 의 도리 를 따르는데 있다 고   가르쳤다.   두 명은   운명 을

wesihuleme · niyalma i baita be gemu hesebun de toktobuha · abkai ejen sehe
존중하고   사람들 의 일 을 모두 운명 으로 규정하여, 하느님   이라

seme terebe halame muterakū sembihe · absi mentuhun kai ··
해도 그것을 바꿀 수 없다고 한 것이다. 매우 어리석은 것이다.

[na] Areobago i ambasa Boolo Silas be isebuki seme · cohotoi gūnin uttu
   아레오파고 의 대신들이 바울로와 실라 를 징벌하고자 하여   특별한 생각으로 이렇게

fonjimbi · damu abkai ejen i karmara kesi de ce gelhun akū Boolo Silas be
묻는다. 그러나 하느님 께서 보호하시는 은혜 로 그들이 감히   바울로와 실라 를

iseburakū · elemangga ceni dorgici Boolo i gisun be daharangge bihe ··
벌하지 못하고 도리어 그들 중에서 바울로의 말 을 따르는자 있었다.

[ne] ere haha uthai musei ikengge mafa Adam inu ··
   이 남자가 곧 우리의 첫째 할아버지 아담 이다.

[ni] ere gemu duibulere gisun bi · abkai ejen jalan be uttu saikan i
   이 모두 비유하는 말 이다. 하느님께서 세상 을 이렇게 아름답게

banjibure gūnin · uthai niyalma jalan de bifi · abkai ejen i enduri beye be
만드신 뜻은, 곧 사람들이 세상 에 있어 하느님 의 성령 당신 을

yasai sabume muterakūci tetendere · dogo urse hemhime yabure · galai /78b/
눈으로 볼 수 없는 것이라, 눈먼 사람들이 더듬어 가면서 손으로

bišušara songkoi · tumen jaka i arbun · yangse · ilhi be emgeri tuwarade ·
쓰다듬는 대로   만물 의 모양과 아름다움과 질서 를 한번 보고서

abka · na · jaka be banjibuha enduri ejen be takakini uilekini sere gūnin inu ··
하늘, 땅, 물건 을 만드신 신이신 주님 을 인식하여 깨닫게 하려는 뜻 이다.

[no] ere irgebun irgebure niyalma Arato[38] inu ·· abkai ejen babade bisirebe
　　　이　시를　　지은　　사람은　아라토　이다.　하느님이　곳곳에　계심을

dahame · niyalma ya bade bici · abkai ejen i dorgide bi · abkai ejen ci　ukcaci
인하여　사람들이 어떤 곳에 있어도　하느님　의　안에　있어,　하느님 에게서　벗어날

ojorakū kai ·　abkai ejen geli niyalma be erindari karmame aisilame ofi · tuttu
수 없는 것이다.　하느님　또한 사람들 을 시간마다　보호하며　도우시 므로 그래서

bibumbime ·　gala bethe aššame mutembi ·· abkai ejen gulu enduri　bi ·
머물러 계시니, 손과 발이　움직일　수 있다.　　하느님은　순수한　신　이시고,

niyalma i sure fayangga inu　gulu enduri ofi ·　tuttu　niyalma abkai ejen i
사람들 의　영혼　또한 순수한　신 이므로, 그래서 사람들은　하느님　의

duwalingga seme gisurehebi ··
동료　라고　말하였다.

[nu] niyalma tumen jalan i　urse　beiderengge be sakini · abkai ejen cohome
사람들은　만　세대 의 사람들이 심판자임　을　알라.　하느님께서　특별히

Yesu be bucen ci　weijubufi · ere ferguwecuke baita be Yesu i　horonggo
예수 를 죽음에서 살리시고 이　기이한　일 을 예수 의 위엄있는

tušan i temgetu obuhabi ··
임무 의　증표로 삼으셨다.

---

38 'Arato'는 고대 그리스 시인인 아라토스(Ἄρᾱτος ὁ Σολεύς; ca. 315 BC/310~240 BC)를 말한다. 그의 시
　Phænomena (Φαινόμενα, 현상)에 'πάντη δὲ Διὸς κεχρήμεθα πάντες, τοῦ γὰρ καὶ γένος εἰμέν. (Everywhere
　everyone is indebted to Zeus. For we are indeed his offspring)'란 구절이 있다.

JUWAN JAKŪCI FIYELEN
제18   장

Ere baita i amala Atene ci tucifi Korinto de jihe · ubade Israel i
이 사건 후 아테네 에서 나와 고린토 에 왔고, 여기서 이스라엘

mukūn i /79a/ emu niyalma be ucaraha · ere niyalma i gebu Akuila · tesu ba
민족 의   한 사람 을 만났는데, 이 사람 의 이름이 아퀼라고 고향은

Bonto ombihe · Roma gurun i han Kalaūdio Israel i geren omosi be[1] Roma
본도 였다.   로마 나라 의 황제 글라우디오가 이스라엘 의 많은 자손들 을   로마

ci bašame tucibuhe ofi · i Italiya be waliyame · ini sargan Birišilla i emgi
에서 쫓아 냈으 므로, 그가 이탈리아 를 버리고   그의 아내 브리스킬라 와 함께

jakan Korinto de isinjiha bihe [a] · Boolo tesebe acaha · emu adali faksisai
얼마 전 고린토 에 도착해 있었다.   바울로가 그들을 만났는데, 동일한 장인들의

erdemu be taciha ofi · terei boode teme · sasa keibisu be weilembihe · fe
기술 을 배웠 으므로 그의 집에서 머물며 함께 천막 을 만들었고, 옛

tacihiyan i urse nomun be sume giyangnara deyen de[2] Sapato deri doro be
가르침 의 사람들이 경전 을 풀어 강론하는 전당 에서 안식일 마다 진리 를

leolehei · ejen Yesu i gebu be jorimbihe · Israel i mukūn · encu mukūn i
논하면서 주 예수의 이름 을 지적했고, 이스라엘 민족과 다른 민족 의

niyalma be huwekiyere dabala · damu Silas · Timoteo juwe nofi Mašedoniya
사람들 을 격려할 따름이었다. 그리고 실라와 디모테오 두 명이 마케도니아

baci jihe manggi · Boolo ele akdun temgetu de Israel i omosi be[3]
지방에서 온 후 바울로는 더욱 믿음의 증거 로 이스라엘 의 자손들 을

---

1 'Israel i geren omosi be (이스라엘의 많은 자손들을)'에 해당하는 라틴어는 'omnes Iudæos (모든 유다인들을)'이다.

2 'fe tacihiyan i urse nomun be sume giyangnara deyen de (옛 가르침의 사람들이 경전을 풀어강론하는 전당에서)'에 해당하는 라틴어는 'in synagoga (회당에서)'이다.

3 'Israel i omosi be (이스라엘의 자손들을)'에 해당하는 라틴어는 'Iudæis(유다인들에게)'이다.

mohobume · jalan aituburengge unggici acarangge be Yesu seme cende getuken i
꾸짖고 세상을 구하는 이로 보내져야 마땅한 이 를 예수 라고 그들에게 분명히

tuwabumbihe⁴ · ce Boolo i gisun be uruševi serakū · elemangga /79b/
보여 주었다. 그들이 바울로의 말 을 옳게 여기려 하지 않고 도리어

felehudeme gisurerede · Boolo beyei etuku be fisihiyefi hendume ·
모독하여 말하니 바울로는 자신의 옷 을 털며 말하기를,

suweni senggi suweni uju de bisu · bi bolgo kai [e] ereci juleri Ewanzelio be
"여러분의 피가 여러분의 머리 에 있으라. 나는 결백하다. 이제부터 앞으로 복음 을

encu mukūn i urse de selgiyere teile sefi · Akuila i booci tucime · emu
다른 민족 의 사람들 에게 전파할 것이다." 하고 아퀼라 의 집에서 나와 어떤

niyalma gebu Dito · colo jurgangga boode dosika · ere Dito udu encu
사람 (이름 디디오, 별명은 의로운 자) 집에 들어갔다. 이 디디오는 비록 다른

mukūn i niyalma bicibe · abkai ejen be kundulembihe [i] · ini boo fe
민족 의 사람 이지만 하느님 을 공경하였다. 그의 집은 옛

tacihiyan i ursei deyen⁵ de adambihe · Israel i omosi i acin be kadalara
가르침 의 사람들 의 전당 에 붙어 있었다. 이스라엘 자손들 의 교회 를 관할하는

da⁶ Kirisbo naranggi ejen Yesu be akdaha · ini boo i anggala gemu imbe
으뜸인 그리스보가 마침내 주 예수를 믿었고, 그의 집 의 식구 모두 그를

dahame tacihiyan de dosika ·⁷ Korinto hoton i tutala niyalma Ewanzelio be
따르며 가르침 에 들어왔다. 고린토 성 의 많은 사람들이 복음 을

---

4 "Boolo ele akdun temgetu de Israel i omosi be mohobume · jalan aituburengge unggici acarangge be Yesu seme cende getuken i tuwabumbihe (바울로는 더욱 믿음의 증거로 이스라엘의 자손들을 꾸짖고 세상을 구하는 이로 보내져야 마땅한 이를 예수라고 그들에게 분명히 보여 주었다.)"에 해당하는 라틴어는 "Paulus testificans Iudæis esse Christum Iesum (바울로는 유다인들에게 그리스도가 예수라고 증언하면서)"일 뿐이다.

5 'fe tacihiyan i ursei deyen (옛 가르침의 사람들의 전당)'에 해당하는 라틴어는 'synagoga(유다인의 교회, 회당)'이다.

6 'Israel i omosi i acin be kadalara da (이스라엘 자손들의 교회를 관할하는 으뜸)'에 해당하는 라틴어는 'archisynagogus(유다교 대회당장)'이다.

7 "Kirisbo naranggi ejen Yesu be akdaha · ini boo i anggala gemu imbe dahame tacihiyan de dosika · (그리스보가 마침내 주 예수를 믿었고, 그의 집의 식구 모두 그를 따르며 가르침에 들어왔다.)"에 해당하는 라틴어는 "Crispus autem credidit Domino cum omni domo sua (그러나 그리스보는 그의 모든 식구와 함께 주님을 믿었다.)"이다.

donjifi · akdambihe geli enduringge obocun be alimbihe · abkai ejen dobori i
들고   믿었으며 또한 거룩한   세례 를 받았다. 하느님께서 밤 의

tolgin i dolo[8] Boolo de hendume · si ume gelere ·   ume angga mimire ·
꿈 속에서 바울로 에게 말하시기를, "너는 (말라) 두려워 말며, (말라) 입을 다물지 말고,

doro be giyangna · bi suweni emgi bifi · sinde koro isibume muterengge akū[9] · ere
진리 를 강론하라. 내가 너희와 함께 있으니 너에게 해를   줄   수 있는 자는 없다.   이

hoton i niyalma ci mini sonjobuhangge labdu /80a/ inu   sehe ·· uttu ohode
성 의 사람들 중에 내가   선택한 자   많이   있다." 하셨다. 이리 하여

Boolo   emu aniya · ninggun biya hūsime · ubade tehe · cembe tacibumbihe ·
바울로가 일 년   6   개월 동안   그곳에 머물며 그들을   가르쳤다.

Akaya   golo i uheri kadalara da[10] · Galliyone tušan de bisire erin · Israel i
아카이아 지방 의 모두를 관할하는 으뜸인   갈리오가   임직 에 있을   때 이스라엘 의

omosi[11] emu gūnin Boolo i baru ambula jilidame · imbe yamun de benjifi
후손들이 한 뜻으로 바울로 를 향해   크게 화를 내며 그를   관아 에 데려가

wakalame[12] · ere niyalma geren be huwekiyeme · fafun necire durun i
꾸짖기를,   "이 사람이 많은 이 를   선동하여   법을 범하는 방식 으로

abkai ejen be kunduleci acarangge sembi · Boolo   ceni   ere gisun be
하느님 을 공경해야   한다고   합니다." 바울로가 그들의 이   말 을

donjifi jing   jabuki   serede · Galliyone Israel i   mukūn i urse de hendume ·
들고 바로 대답하려고 할 때   갈리오가 이스라엘 민족 의 사람들 에게 말하기를,

Israel i   omosi · aikabade ere niyalma aburi ehe weile be necihe bici · bi   esi
"이스라엘 의 후손들,   만약 이   사람이 지독히 악한 죄 를 짓고 있다면 내가 당연히

suweni   habšan be alici · aika suweni baita damu gisun · gebu i   baita · geli
여러분의 고발 을 맡지만 만약 여러분의 일이 단지 말과 명목의 일이고 또

---

8 'dobori i tolgin i dolo (밤의 꿈 속에서)'에 해당하는 라틴어는 'nocte per visionem (밤에 환상을 통해)'이다.

9 "sinde koro isibume muterengge akū (너에게 해를 줄 수 있는 자는 없다.)"에 해당하는 라틴어는 "nemo adponetur tibi ut noceat te (아무도 너를 해치기 위해 너에게 붙지 않는다.)"이다.

10 'uheri kadalara da (모두를 관할하는 으뜸)'에 해당하는 라틴어는 'proconsul(지방총독, 주지사)'이다. 이 만주어 낱말은《漢淸文鑑》(2권 43장)에 '總兵, 提督之次'로 풀이되어 있다.

11 'Israel i omosi (이스라엘의 후손들)'에 해당하는 라틴어는 'Iudæi(유다인들)'이다.

12 'wakalame(꾸짖기를)'에 해당하는 라틴어는 'dicentes(말하면서)'이다.

suweni fafun de daljingga oci · suwe   cihai   icihiyakini · bi   erebe lashalaki
여러분의   법 에 관계된 것 이면 여러분 마음대로 판단하시오. 내가 이것을 판결하고자

serakū   gisurehe manggi cembe yamun ci   jailabuha [o] · yamun i   takūrsi[13]
않습니다." 말한   후   그들을 관아 에서 떠나게 했다.   관아 의 일꾼들이

fe tacihiyan i acin i da[14] Sostene be jafame · yamun i juleri imbe tantambihe
옛 가르침 의 교회장   소스테네 를 잡아   관아 앞에서 그를   때렸는데,

/80b/[u] · Galliyone fuhali dara ba akū ··   Boolo kemuni ududu inenggi
            갈리오는   전혀 간여하는 바 없었다. 바울로가 아직   여러   날을

ubade   tehe · teni deote be[15] acafi · fakcara   doro arafi · jahūdai de Siriya i
그곳에 머물렀고, 막 동생들 을 만나 작별하는 인사를 하고   배   로 시리아를

baru genehe · Birišilla   Akuila imbe dahalahabi · Boolo neneme   gashūn
향해 갔는데 브리스킬라와 아퀼라가 그를   따랐다.   바울로가 이전에 서원(誓願)을

gashūha ofi · tuttu Šengkiri bade uju i funiyehe be hasalaha · Efeso hoton de
하였으 므로 그래서 겐크레아 지방에서 머리   털   을 깎았다.[16] 에페소 성 에

isinjihade · Akuila   Birišilla se be ubade bibuhe · ini beye fe tacihiyan i niyalma
도착했을 때 아퀼라와 브리스킬라 들 을 이곳에 두고   그 자신은 옛 가르침 의 사람들이

an i isara deyen[17] de dosifi · tesei emgi doro be leoleme gisurembihe[18] · ce
평소 모이는 전당   에 들어가 그들과 함께 진리 를 논하며 이야기했는데, 그들이

inde   baime · goidatala indereo sehede · i gisun gairakū · hokoro nergin
그에게 청하기를 "오래도록 머무소서." 하자 그는 말을 듣지 않고   떠날 즈음

---

13 'yamun i takūrsi (관아의 일꾼들)'에 해당하는 라틴어는 'omnes(모든 이들)'이다.

14 'fe tacihiyan i acin i da (옛 가르침의 교회장)'에 해당하는 라틴어는 'princeps synagogæ (회당의 으뜸)'이다.

15 'deote be(동생들을)'에 해당하는 라틴어는 'fratribus(형제들에게)'이다.

16 "'겐크레아'는 '에게'해 쪽으로 난 '고린토'의 외항이다. 자신을 주님께 봉헌하는 '나지르인 서원'을 하게 되면 그 봉헌 기간이 끝날 때까지 머리를 잘라서는 안 된다(레위 6,1-21). 그러나 이 구절의 이야기는 이러한 나지르인 서원 규정과 정확히 일치하지는 않는다. 그래서 여러 가지로 해석된다." 임승필 (2002) :《신약성서 새 번역 5, 사도행전》(한국천주교중앙협의회), 150쪽 참조.

17 'fe tacihiyan i niyalma an i isara deyen (옛 가르침의 사람들이 평소 모이는 전당)'에 해당하는 라틴어는 'synagoga (회당, 교회)'이다.

18 "doro be leoleme gisurembihe (진리를 논하며 이야기했다.)"에 해당하는 라틴어는 "disputavit(토론했다, 논쟁했다.)"이다.

hendume · abkai ejen i gūnin bici · jai suwembe tuwame jimbi sefi · uthai
말하기를, "하느님 의 뜻이 있다면 다시 여러분을   보러 옵니다." 하고 곧

Efeso   ci juraka · Šesareha de genehe · tereci Yerusalem de wesime¹⁹ acin i
에페소 에서 떠나 가이사리아 로 갔다. 거기서 예루살렘 에 올라가 교회 의

da   sa · gucuse²⁰ be dorolome acaha manggi · on gaifi²¹ Antiyogiya de isinaha ·
으뜸 들과 친구들 에게 인사하고 만난 후   길을 잡아 가서 안티오키아 에 이르렀다.

udu inenggi ubade tefi · /**81a**/ ilhi aname Galadziya · Firišiya i geren babe
몇 날 거기서 머물고 차례를 따라 갈라디아와 프리기아 의 많은 지방을

hergime yabuhai · tacihiyan i niyalma i mujilen be ele   akdun obumbihe ·²²
돌아 다니며   가르침 의 사람들 의 마음 을 더욱 신실하게 하였다.

Israel i   mukūn ci tucike emu niyalma · gebu Abollo · Aledzandiriya baingge²³ ·
이스라엘 의 민족 에서 나온 한 사람, (이름 아폴로, 알렉산드리아 지방인)

leolen gisuren de mangga bime²⁴ · geli nomun bithe de hafu²⁵ saisa Efeso²⁶ de
토론과 언술 에 강하 였고   또한 경전 책 에 정통한 현자가 에페소 에서

jihe ·   i dade ejen Yesu doro be taciha bihe ·²⁷ kemuni haji mujilen i²⁸
왔는데, 그는 본래 주 예수의 도리 를 배웠 고,   또한 사랑의 마음으로

---

19 'tereci Yerusalem de wesime (거기서 예루살렘에 올라가)'에 해당하는 라틴어는 없다. 라틴어 성경과 그리스어 성경에는 바울로가 예루살렘에 갔다는 언급이 없지만 내용상 여기 나오는 교회가 예루살렘 교회로 인정되기 때문에 각국어 번역본에서 '예루살렘'이라는 말을 추가한다. 이 구절의 라틴어 원문은 "et descendens Cæsaream ascendit et salutavit ecclesiam (그리고 가이사리아에 내렸다가 올라가 교회에 인사했다.)"이다.

20 'acin i da sa · gucuse be dorolome acaha (교회의 으뜸들과 친구들에게 인사하고 만났다.)"에 해당하는 라틴어는 'salutavit ecclesiam (교회에 인사했다.)'이다.

21 'on gaifi (길을 잡아 가서)'에 해당하는 라틴어는 없다.

22 "tacihiyan i niyalma i mujilen be ele akdun obumbihe · (가르침의 사람들의 마음을 더욱 신실하게 하였다.)"에 해당하는 라틴어는 "confirmans omnes discipulos (모든 제자들을 격려하였다.)"이다.

23 'Aledzandiriya baingge (알렉산드리아 지방인)'에 해당하는 라틴어는 'Alexandrinus genere (알렉산드리아 출신)'이다.

24 'leolen gisuren de mangga bime (토론과 언술에 강하였다)'에 해당하는 라틴어는 'vir eloquens (말 잘하는 남자)'이다.

25 'nomun bithe de hafu (경전 책에 정통한)'에 해당하는 라틴어는 'potens in scripturis (성경에 능통한)'이다.

26 'Efeso(에페소)'는 원문에는 'Efesu'로 잘못 씌어 있다.

27 'i dade ejen Yesu doro be taciha bihe (그는 본래 주 예수의 도리를 배웠다.)"에 해당하는 라틴어는 "hic erat edoctus viam Domini (이 사람은 주님의 길을 교육 받았다.)"이다.

28 'haji mujilen i (사랑의 마음으로)'에 해당하는 라틴어는 'fervens spiritu (열렬한 마음으로)'이다.

Yesu be giyangname · terebe jalan aituburengge seme tukiyecembihe · damu
예수를   강론하며   그분을 세상 구하는 이   라고   찬양하였으나   다만

Yohangnes i obocun be sara teile ·   i   heni gelere ba akū · fe tacihiyan i
요한   의   세례를   알 뿐인데, 그는 조금도 두려울 것이 없이 옛   가르침 의

ursei   isara deyen de ere durun i gisureme deribuhe · Birišilla · Akuila juwe
사람들이 모이는 전당 에서 이런 모습으로 말하기 시작했다. 브리스킬라와 아퀼라 두

nofi   ini ere gisun be donjihade · imbe boode gajifi · ejen Yesu i   doro be
명이 그의 이런 말을   듣고서   그를 집으로 데려가 주 예수의 진리 를

inde   narhūn narhūn i alame tacibuha · i   Akaya i   baru geneki serede · ini
그에게   자세히   말하여 가르쳤다. 그가 아카이아 를 향해 가려고 하자 그의

ere gūnin be saišaha gucuse tere ba i gucuse de bithe arafi · suwe   imbe
이   뜻 을 찬성하는 친구들이 그 지방의 친구들 에게 글을 써서 "여러분이 그분을

/81b/ sain i tuwašatarao sehe ·[29] yala Akaya de isinaha manggi[30] · tacihiyan de
잘 보살피소서." 하였다. 과연 아카이아 에 도착한 후   가르침 에

ice dosika niyalma[31] ambula tusa baha · i fe tacihiyan i urse be[32] geren
새로 들어온 사람들이   크게 도움을 얻었다. 그가 옛 가르침 의 사람들 을   많은

niyalma i juleri[33] mohobumbihe[34] · enduringge nomun bithei gisun be
사람들 의 앞에서   꾸짖었고,   거룩한   경전   책의   말씀 을

temgetu obufi[35] · jalan aitubure turgun unggici acarangge[36] gūwa akū[37] ·
증거 삼아   세상을 구하기 위해 파견되어 마땅한 이는   다름 아닌

---

29 "tere ba i gucuse de bithe arafi · suwe imbe sain i tuwašatarao sehe · (그 지방의 친구들에게 글을 써서 '여
러분이 그분을 잘 보살피소서.' 하였다.)"에 해당하는 라틴어는 "scripserunt discipulis ut susciperent eum
(제자들에게 그이를 환영하라고 편지했다.)"이다.

30 'yala Akaya de isinaha manggi (과연 아카이아에 도착한 후)'에 해당하는 라틴어는 'cum venisset (와서,
도착하자)'이다.

31 'tacihiyan de ice dosika niyalma (가르침에 새로 들어온 사람들)'에 해당하는 라틴어는 'qui crediderant
(믿었던 사람들)'이다.

32 'fe tacihiyan i urse be (옛 가르침의 사람들을)'에 해당하는 라틴어는 'Iudæos (유다인들을)'이다.

33 'geren niyalma i juleri (많은 사람들의 앞에서)'에 해당하는 라틴어는 'publice (공공연히, 드러내놓고)'이다.

34 'mohobumbihe (꾸짖었다)'에 해당하는 라틴어는 'vehementer … revincebat (강하게 … 반박하였다)'이다.

35 'enduringge nomun bithei gisun be temgetu obufi (거룩한 경전 책의 말씀을 증거 삼아)'에 해당하는 라틴
어는 'ostendens per scripturas (성경을 통해 드러내며, 성경으로 밝히며)'이다.

36 'jalan aitubure turgun unggici acarangge (세상을 구하기 위해 파견되어 마땅한 이)'에 해당하는 라틴어는

Yesu   inu   seme   cende   getuken i   tuwabumbihe[38] ‥
예수 이시다 라고 그들에게   분명히   보여주었다.

‘Christus(그리스도)’이다.

37 ‘gūwa akū (다름 아닌)’에 해당하는 라틴어는 원문 성경에 없다.

38 ‘getuken i tuwabumbihe (분명히 보여주었다)’에 해당하는 라틴어는 ‘ostendens(보이며, 드러내며, 밝히며)’이다.

SURE GISUN
풀이   말

[a] ice tacihiyan i niyalma Yesu be jalan aitubure abkai ejen seme akdafi ·
새 가르침 의 사람들이 예수 를 세상 구하는   하느님 이라고 믿고

fe tacihiyan i urse be wembukini sere gūnin · cembe an i tafulambihe · ce
옛 가르침 의 무리 를 교화하고자 하는 뜻으로 그들을 늘 권면하였다. 그들은

doro   giyangnarakū · damu jamarara toore teile ·   Kalaūdio ere temšen ci
진리를 강론하지 않고   다만 말다툼하고 욕할 뿐이라, 글라우디아가 이   다툼 으로부터

facuhūn dekdere ayoo seme gelefi ·   Israel   i omosi be nisihai Roma ci
반란이   일어날   까 하여 두려워서 이스라엘 의 후손들 을 모조리   로마 로부터

bašame tucibuhe · ·
쫓아   내었다.

[e] ere dekdeni gisun i gūnin uthai bi niyalma i sure fayangga aitubume
이   속담 의 뜻은 곧 '내가 사람들 의   영혼을   구할

mutere doro be suwende giyangnacibe · suwe umai donjirakū · acun de cacun
수 있는 진리 를 너희에게 강론하는데도 너희는 전혀 듣지 않아,   마침내

na i gindana i enteheme gosihon be   aliki sembi · /82a/ enteke jobolon
지옥   의 영원한   고통 을 받으려 한다.   이런 재앙은

suweni beyei baihanjihangge kai · minde dalji³⁹ akūngge bi · ketuken i
너희 스스로   취한것   이고 내게는 관계   없는것 임'을 분명히

alahabi · ·
알리고 있다.

---

39 원문에는 'dalji(관계)'에 붙어 있는 왼쪽 점이 빠져 있어 '*talji'처럼 보이지만 잘못된 것이므로 고친다.

[i] ainci Israel i   omosi i emgi amasi julesi yaburede⁴⁰ · damu emu abkai ejen
아마 이스라엘 의 자손들 과 함께 뒤로 앞으로 다닐 때   오직   한   하느님이

bisire be bahafi   sara ·   uttu ofi miosihon enduri sa be kundulerakū · inu fe
계심 을 능히 알았으리라. 그러므로 사악한   신   들 을 공경하지 않고. 또 옛

tacihiyan de   dosirakū ··
가르침 에 들어가지 않는다.

[o] Boolo i   gisun · nomun de gisurehe unggici acara enduringge wang
바울로 의 말은, '경전 에서 말한, 보내져야 할   거룩한   왕이

aifini jalan de enggelenjihe · i uthai Yesu inu ·· Israel i   omosi i gisun ·
이미 세상 에 내려오셨고, 그가 곧 예수 이시다.' 이스라엘 자손들 의 말은

unggici acara enduringge wang kemuni jidere unde · geli Yesu   waka
'보내져야 할   거룩한   왕은   아직   오지 않았고 또 예수는 아니다.'

sembihe ofi · tuttu   Galliyone ere oyonggo baita be untuhun gisun gebu i
라고 했 으므로, 그래서 갈리오는 이 중요한   일 을 공허한   말과 명목의

baita tašarame obuhabi ··
일로   잘못   여겼다.

[u] Israel   omosi yamun ci tuciki   serakūde · yamun i takūrsi cembe
이스라엘 자손들이 관아 에서 나오려 하지 않자   관아 의 일꾼들이 그들을

gelebure jalin · ceni   da   Sostene be jafafi tantaha ··
겁주기   위해 그들의 으뜸 소스테네 를 잡아서 때렸다.

---

40 'amasi julesi yabure (뒤로 앞으로 다니다)'의 뜻은 '왕래하다, 내왕하다, 사귀다'이다.

JUWAN UYUCI FIYELEN
제19   장

J ing Abollo Korinto de bisirede · Boolo Asiya i dergi babe[1]
마침 아폴로가 고린토 에 있을 때 바울로는 아시아 의 위쪽 지방을

akūname /82b/ yabufi · Efeso de jihe · emu udu gucuse be ucarafi · cende
지나   가서 에페소 에 왔다. 한두 친구들 을 만나 그들에게

fonjime · suwe tacihiyan de dosika amala[2] enduringge enduri be alihao akūn
묻기를, "당신들이 가르침 에 들어온 후   성령   을 받았소, 아니오?"

serede · jabume · enduringge enduri bisire be umai donjihakū sehe · i jai
하자 대답하기를,   "성령이   있음 을 전혀 듣지 못했소." 했다. 그가 또

fonjime · uttu oci ai hacin i obocun be alihani · jabume · Yohangnes i
묻기를,   "그러면 어떤 종류의 세례 를 받았소?" 대답하기를,   "요한 의

obocun be aliha sefi · Boolo hendume · Yohangnes damu weile aliyara
세례 를 받았소." 하니 바울로가 말하기를   "요한은   다만 죄를 뉘우치고

jabcara obocun be irgese de buhe teile · i yala mukei oboro onggolo
회개하는 세례 를 백성들 에게 주었을 뿐이오. 그는 사실 물로 씻기 전에

geren de alambihe · suwe mini amala jiderengge be akdacina sehe bihe ·
많은 이 에게 알렸습니다. '당신들은 내 뒤에 오시는분 을 믿으시오.' 하였던 것입니다.

Yohangnes i amala jiderengge Yesu inu ·· ere gisun be donjifi · gemu ejen
요한 의 뒤에 오는이가 예수 입니다." 이 말 을 듣고 모두 주

Yesu i ilibuha obocun be alihabi[3] · Boolo beyei gala be tesei uju de
예수 께서 세우신   세례 를 받았다. 바울로가 자기의 손 을 그들의 머리 에

---

1 'Asiya i dergi babe (아시아의 위쪽 지방을)'에 해당하는 라틴어는 'superioribus partibus (위쪽 지방을 따라)'이다. 즉 '아시아'라는 말이 들어 있지 않다.

2 'tacihiyan de dosika amala (가르침에 들어온 후)'에 해당하는 라틴어는 'credentes(믿으면서, 믿은 후)'이다.

3 "ere gisun be donjifi · gemu ejen Yesu i ilibuha obocun be alihabi (이 말을 듣고 모두 주 예수께서 세우신

sindaha manggi [a] · enduringge enduri uthai ceni dergide enggelenjihe ·
놓은   후   성령이   곧   그들 위로   내려오셔서

teisu teisu encu ba i gisun /83a/ gisurembihe · jidere unde baita be
각각   다른 지방 의 말을   했고,   오기   전   일 을

doigomšome alambihe · ere gemu juwan juwe otolo niyalma bihe ·· tereci
미리   말했다. 이는 모두   열   둘   되는   사람들 이었다. 그때부터

Boolo   Israel i omosi i isan i bade⁴ dosifi · ilan biya i sidende Ewanzelio i
바울로가 이스라엘 자손들 의 모임 의 장소에 들어가 석 달   동안   복음 의

doro⁵ be sure giyangname · geren be huwekiyembihe · Israel i   omosi i dolo
진리 를 풀어 강론하고   많은 이 를   격려하였다.   이스라엘 의 자손들 중

murikū gūnin i akdarakūngge bihe · ere gesengge hono geren i juleri ejen
완고한 생각 으로 믿지 않는 자 있었는데, 이 같은 자가 또한 많은 이 앞에서   주

Yesu i doro be⁶ firumbihe ofi ·   tuttu   Boolo   cembe waliyame · dahashūn
예수 의 도리 를 저주하였으므로 그래서 바울로가 그들을   버리고   순종하는

ningge be   cenci aljabufi⁷ · šabisa be emu niyalma gebu Tirangno i tacikū de
이들 을 그들에게서 떼어   제자들 을 어떤 사람   (이름 티란노) 의 학원 에서

inenggidari tacibumbihe · juwe aniya hūsime uttu yaburede · Asiya de bisirele
날마다   가르쳤다.   두   해   동안 이렇게 하자 아시아 에 있는

urse ·   Israel i mukūn i niyalma ocibe · encu mukūn i niyalma ocibe⁸ ·
사람들은 이스라엘 민족 의 사람 이거나 다른 민족 의 사람   이거나

gemu ejen Yesu i doro be⁹ bahafi donjire · ¹⁰
모두 주   예수의 도리 를   얼어 들었다.

세례를 받았다.)"에 해당하는 라틴어는 "his auditis baptizati sunt in nomine Domini Iesu (이것을 듣고 그
들은 주 예수의 이름으로 세례를 받았다.)"이다.

4 'Israel i omosi i isan i ba (이스라엘 자손들의 모임의 장소)'에 해당하는 라틴어는 'synagoga(회당)'이다.

5 'Ewanzelio i doro (복음의 진리)'에 해당하는 라틴어는 'regnum Dei (하느님의 나라)'이다.

6 'ejen Yesu i doro be (주 예수의 도리를)'에 해당하는 라틴어는 'viam Domini (주님의 길을)'이다.

7 'dahashūn ningge be cenci aljabufi (순종하는 이들을 그들에게서 떼어)'에 해당하는 라틴어는 'ab eis
segregavit discipulos (그들로부터 제자들을 분리하였다)'이다.

8 'Israel i mukūn i niyalma ocibe · encu mukūn i niyalma ocibe (이스라엘 민족의 사람이거나 다른 민족의
사람이거나)'에 해당하는 라틴어는 'Iudæi atque gentiles (유다인들과 그리고 이방인들이)'이다.

9 'ejen Yesu i doro be (주 예수의 도리를)'에 해당하는 라틴어는 'verbum Domini (주님의 말씀)'이다.

10 'bahafi donjire (얻어 들었다)'의 뜻은 '능히 들었다, 들을 수 있었다'이다.

abkai ejen　geli　an　ci tucike[11]・ferguwecuke baita i songko[12] banjibure
하느님께서는　또　여느 보다 뛰어난　　기이한　일 의 자취를　만드는

muten be /83b/ Boolo de salgabuha bihe・yala ememu fungku・ememu dusihi[13]
능력 을　　바울로 에게 주셨 는데, 사실 혹 수건이나 혹　띠

be Boolo i beye ci　gamafi・nimekulere・ehe　hutu bisire urse de beneci・ai
를 바울로의 몸 에서 가져와　병들거나　악한 마귀가 있는 사람들 에게 보내면 어떤

hacin i nimeku・ehe hutu sa　nergin de tucimbihe・ehe hutu sa be irgesei
종류의 병과　악한 마귀 들이 그때 에　나갔다.　악한 마귀 들 을 백성들의

beye ci　bašakini sere jalin hergime yabure emu udu fe tacihiyan i　niyalma[14]
몸 에서 쫓아내려 하기 위해 배회하며 다니는　몇몇　옛　가르침 의 사람들이

cendeme tuwaci　ehe　hutu　bašarade・Yesu i gebu be hūlame deribuhe・
시험해　보기를, 악한 마귀를 쫓아낼 때 예수 의 이름 을 부르기　시작하며

ehe　hutu i baru hendume・Boolo i giyangnara Yesu i muten de　si　tucine
악한 마귀 를 향해 말하기를, "바울로 가 강론하는　예수 의　권능 으로 너는 나가라."

sembihe [e]・ere durun i　yaburengge・uthai Israel i　omolo Šewa i nadan
하였다.　　(이런　식 으로 행하는 자들이　곧 이스라엘 의 자손인 스큐아 의 일곱

haha　juse　inu・Šewa oci・wecen i da sai emu mukūn i ejen ombihe [i]・[15]
남자 아이들 이고, 스큐아 는　　제사장 들의 한　지파 의 으뜸 이었다.)

---

11 'an ci tucike (여느보다 뛰어난)'에 해당하는 라틴어는 'non quaslibet (예사 아닌)'이다.

12 'ferguwecuke baita i songko (기이한 일의 자취를)'에 해당하는 라틴어는 'virtutes(덕성들을, 능력들을, 영 적들을)'이다.

13 'dusihi'에 대한 라틴어는 'semicintia(가는 띠, 작은 띠)'이다. 이 만주어 낱말 'dusihi'에는 몇 가지 의미가 있는데,《漢清文鑑》에 의하면 ①甲裙, 갑옷 아릿동, juwe farsi burgiyen de jergi jergi hilteri hadame arafi du de hūwaitarangge (두 조각 겉옷에 차례차례 미늘을 박아 만들고 허리에 매는 것) (5권 3장ㄱ), ②男裙, 사마치, sukū boso i jergi jaka be juwe farsi obume deisun sindame arafi hahasi hūwaitarangge (가죽과 베 등등의 물건을 두 조각으로 되게 하여 허리 끝에 놓게 만들어 남자들이 매는 것) (11권 5장), ③衣前 襟, 압셥, etuku i julergi šala (옷의 앞 끝) (11권 7장ㄱ)으로 풀이되어 있음을 보아 이 만주어 낱말은 '허리 띠'의 의미인 듯하다.

14 'ehe hutu sa be irgesei beye ci bašakini sere jalin hergime yabure emu udu fe tacihiyan i niyalma (악한 마귀들을 백성들의 몸에서 쫓아내려 하기 위해 배회하며 다니는 몇몇 옛 가르침의 사람들)'에 해당하는 라틴어는 'Iudæis exorcistis (유다인 구마자[驅魔者]들)'이다.

15 "ere durun i yaburengge・uthai Israel i omolo Šewa i nadan haha juse inu・Šewa oci・wecen i da sai emu mukūn i ejen ombihe (이런 식으로 행하는 자들이 곧 이스라엘의 자손인 스큐아의 일곱 남자 아이 들이고, 스큐아는 제사장들의 한 지파의 으뜸이었다.)"에 해당하는 라틴어는 "erant autem quidam Scevæ

ehe hutu cende jabume · bi Yesu be saha · geli Boolo be takambi · damu
악한 마귀가 그들에게 답하기를, "내가 예수 를 알고 또 바울로 를 잘 안다. 그러나

suwe ai niyalma ni   sefi · ehe hutu bisire niyalma nushume dosime · juwe
너희는 어떤 사람 이냐?" 하고 악한 마귀가 있는 사람이   달려   들어   두

juse be nambufi · ere gese feshelehei ujalahai tantaha¹⁶ · ce   niohušun /84a/
아들 을 잡아   이 같이 발로 차고 주먹질하며 때렸다.   그들이 발가벗은

beye ·   feye baha manggi · teni tere booci tucime mutehebi [o] · Efeso de
몸으로 상처를 얻은 후   그제야 그 집에서 나올 수 있었다.   에페소 에

tehe Israel i omosi · encu mukūn i   urse¹⁷ gemu ere baita be saha ·
사는 이스라엘 의 자손들과 다른   민족 의 사람들 모두 이   일 을 알았고,

uttu ofi   gelerakūngge   akū · ejen Yesu i gebu ele algimbure dade · geli
따라서 두려워하지 않는 자 없었다. 주 예수 의 이름이 더욱 떨치는 위에 또

algimbumbihe¹⁸ tacihiyan i tutala gucuse¹⁹ beyei waka babe sume   alara
떨치게 되었다.   가르침 의 많은 친구들이 자기의 잘못한 바를 속죄하고 알리기

turgun jimbihe · ibagan i fa i jergi somishon ferguwecuke tacin de kicehe
위해 왔고,   마술사 의 술법 등등이 숨겨진   기이한   가르침 으로 공부한

ududu niyalma²⁰ · ceni bithe be benjifi · geren i yasai juleri terebe deijihe ·
많은 사람들이 그들의 책 을 가지고와 많은 이 의 눈 앞에서 그것을 불태웠다.

Iudæi principis sacerdotum septem filii qui hoc faciebant (그런데 이것을 행한 자들은 유다인의 제관장인 스큐아의 일곱 아들들이었다.)"이다.

16 "ehe hutu bisire niyalma nushume dosime · juwe juse be nambufi · ere gese feshelehei ujalahai tantaha (악한 마귀가 있는 사람이 달려들어 두 아들을 잡아 이같이 발로 차고 주먹질하며 때렸다.)"에 해당하는 라틴어는 "dominatus amborum invaluit contra eos ita (둘을 제압하고 이렇게 그들을 상대해 습격하였다.)"이다.

17 'Israel i omosi · encu mukūn i urse (이스라엘의 자손들과 다른 민족의 사람들)'에 해당하는 라틴어는 'Iudæis atque gentilibus (유다인들에게, 또 이방인들에게)'이다.

18 "ejen Yesu i gebu ele algimbure dade · geli algimbumbihe (주 예수의 이름이 더욱 떨치는 위에 또 떨치게 되었다.)"에 해당하는 라틴어는 "magnificabatur nomen Domini Iesu (주 예수의 이름이 찬양되었다.)"이다.

19 'tacihiyan i tutala gucuse (가르침의 많은 친구들)'에 해당하는 라틴어는 'multique credentium (많은 신자들)'이다.

20 'ibagan i fa i jergi somishon ferguwecuke tacin de kicehe ududu niyalma (마술사의 술법 등등이 숨겨진 기이한 가르침으로 공부한 많은 사람들)'에 해당하는 라틴어는 'multi ex his qui fuerant curiosa sectati (열심히 따라다니던 자들 중에서 많은 사람들)'이다.

ere bithei hūda be bodoci · sunja tumen jiha menggun be salimbihe[21] ·
이 책의 가격 을 헤아리면 오 만 돈의 은 을 값하였다.

Ewanzelio[22] absi badarambumbihe · terei doro ele akdun i geren niyalma i
복음이 매우 넓혀졌고, 그 진리가 더욱 믿음 의 많은 사람들 의

mujilen de akdambihe ··
마음 에서 신뢰되었다.

ere baita uttu icihiyame wajiha amala[23] · enduringge enduri Boolo i dolo
이 일이 이렇게 처리되어 끝난 후 성령께서 바울로의 마음에

ere gūnin be dekdebuhe[24] · uthai Mašedoniya · Akaya juwe ba deri dulefi
이 생각 을 떠올리게 하셨는데, 곧 마케도니아와 아카이아 두 지방 으로 지나

Yerusalem de wesire /84b/ gūnin inu · ini gisun · bi Yerusalem de genehe
예루살렘 에 올라갈 생각 이었다. 그의 말이 "내가 예루살렘 에 간

manggi · Roma be hono sabuci acambi[25] sembihe · inde aisilara Timoteo ·
뒤 로마 를 또한 봐야 한다." 하였다. 그를 돕는 디모테오와

Erasto juwe niyalma be Mašedoniya i baru unggineme · i taka Asiya de
에라스도, 두 사람 을 마케도니아 로 향해 보내고 그는 잠시 아시아 에

indehebi ·· tere erin Ewanzelio i turgun de[26] amba facuhūn[27] dekdehe ·
머물렀다. 그 무렵 복음 때문 에 큰 혼란이 일어났다.

---

21 "ere bithei hūda be bodoci · sunja tumen jiha menggun be salimbihe (이 책의 가격을 헤아리면 오만 돈의 은을 값하였다.)"에 해당하는 라틴어는 "conputatis pretiis illorum invenerunt pecuniam denariorum quinquaginta milium (그것들의 가격을 계산하면 5만 은화의 돈이 되었다.)"이다.

22 'Ewanzelio(복음)'에 해당하는 라틴어는 'verbum Dei (하느님의 말씀)'이다.

23 'ere baita uttu icihiyame wajiha amala (이 일이 이렇게 처리되어 끝난 후)'에 해당하는 라틴어는 'his autem expletis (그리고 이것이 끝나고)'이다.

24 "enduringge enduri Boolo i dolo ere gūnin be dekdebuhe (성령께서 바울로의 마음에 이 생각을 떠올리게 하셨다.)"에 해당하는 라틴어는 "proposuit Paulus in spiritu (바울로가 성령 안에서 생각했다.)"이다.

25 "bi Yerusalem de genehe manggi · Roma be hono sabuci acambi (내가 예루살렘에 간 뒤 로마를 또한 봐야 한다.)"에 해당하는 라틴어는 "quoniam postquam fuero ibi oportet me et Romam videre (그곳에 간 후 나는 또한 로마를 봐야 한다.)"이다.

26 'Ewanzelio i turgun de (복음 때문에)'에 해당하는 라틴어는 'de via Domini (주님의 길에 대해서, 주님의 도리에 관해서)'이다.

27 'amba facuhūn (큰 혼란)'에 해당하는 라틴어는 'turbatio non minima (작지 않은 혼란)'이다.

aisin menggun be dushure emu niyalma · gebu Demetirio bihe ·　i　Diyana[28]
금과　은　을 세공하는 한　사람이　(이름 데메드리오) 있었는데, 그는 아르데미스

sere fusa[29] i juktehen[30] i arbun menggun ningge be weileme ofi · geren
라는 보살 의 사당　의 상(象)　(은으로 된 것) 을 만들기 때문에 많은

weilere faksisai baha tusa komso akū · i ere faksisa · jai emu adali erdemu
일하는 기술자들이 얻은 이익이 적지 않았다. 그가 이 기술자들과 또 동일한　재능을

taciha urse be suwaliyame isabufi hendume · mini gucuse · suweni sarangge
배운 무리 를　아울러　모아 말하기를, "나의 벗들이여, 여러분이 아는 것은

meni baha aisi gemu ere weilen ci tucinjirengge inu · ne geli suweni
우리가 얻은 이익이 다　이　일 에서 나왔다는 것　입니다. 이제 또 여러분이

tuwara donjirengge adarame Boolo Efeso i niyalma sere anggala · Asiya i
보고　들은 것은,　어떻게 바울로가 에페소 의 사람들 뿐 아니라 아시아 의

gubci ba i hahasi hehesi be[31] tafulahai ceni ginggun mujilen be yooni
모든 지역 의 남자들과 여자들 을　설득하여 그들의 경건한　마음 을 모두

mukiyembi[32] · /85a/ ini gisun · faksisai　gala de weilehengge · enduri waka
없애고,　　　그의 말이 기술자들의 손 으로　만든 것은　신이 아니라

sembi ·· uttu ohode　geren　meni erdemu be fusihūlara anggala · kemuni
고 합니다. 이리 하여서 많은 이가 우리의　재주 를　경멸할　뿐 아니라　또

amba　　Diyana　i juktehe akū de isibure · Asiya · abkai fejergi i gubci i
위대하신 아르데미스 의　사당이 무(無) 로 보내지고 아시아와 하늘　아래 의 전체 의

---

28 'Diyana'의 라틴어 표기는 'Diana'이지만 그리스어 표기는 Ἄρτεμις이다. 만주어 성경은 라틴어식 표기를 따랐고, 한국어 성경인《공동번역 성서》는 그리스어식 표기를 따른 것이므로 만주어 표기와 한국어 표기가 아주 다른 모습이 되었다.

29 'fusa(보살)'은 '여신'이란 뜻으로 사용한 듯하다. 그러나 이 낱말에 해당하는 라틴어는 없다. 'Diyana'를 설명하기 위해 추가한 것이다.

30 'juktehen(사당, 묘당[廟堂])'에 해당하는 라틴어는 'ædes(신전, 감실[龕室])'이다.

31 'Efeso i niyalma sere anggala · Asiya i gubci ba i hahasi hehesi be (에페소의 사람들뿐 아니라 아시아의 모든 지역의 남자들과 여자들을)'에 해당하는 라틴어는 'non solum Ephesi sed pene totius Asiæ (에페소 뿐만 아니라 거의 모든 아시아의 [사람들을])'이다.

32 "ceni ginggun mujilen be yooni mukiyembi (그들의 경건한 마음을 모두 없앤다.)"에 해당하는 라틴어는 "suadens avertit multam turbam (많은 군중들을 설득하여 돌아서게 했다.)"이다.

niyalma[33] i kundulehe Diyana i eldengge horongggo efuleme deribure geleci
사람들 이 공경하는 아르데미스의 명성과 위엄이 허물어지기 시작하여 두렵게

ombi sehe ·· faksisa ere gisun be donjifi · ambula jili banjifi · den jilgan i
됩니다." 하였다. 기술자들이 이 말 을 듣고 크게 화 내며 높은 소리 로

hūlame · Efeso hoton i amba Diyana inu[34] sehe · jing hoton farfaburede ·
외치기를, "에페소 성 의 위대한 아르데미스 이도다!" 하였다. 마침 성이 혼란해지자

ce emu gūnin sujuhei jucungge karan[35] de dosika · Mašedoniya ba i Kayo ·
그들이 한 마음으로 달려가 연극 관람장 으로 들어가서 마케도니아 지방 의 가이오와

Aristarko se be jafafi ušambihe[36] · ere juwe niyalma Boolo be jugūn de
아리스타르고 들 을 잡아 끌었는데, 이 두 사람은 바울로를 길 에서

dahalaha bihe[37] · Boolo irgesei feniyen de dosiki serede · tacihiyan i niyalma[38]
따랐던 것이었다. 바울로가 백성들 무리 로 들어가려 하자 가르침 의 사람들이

imbe ilinjaha · Asiya i emu udu ejete[39] [u] Boolo i gucuse ofi · niyalma be
그를 제지했다. 아시아 의 몇몇 주인들이 바울로 의 친구들 이어서, 사람 을

takūrame · si ume jucungge karan i bade /85b/ genere sehe · isaha geren
시켜 '당신은 (말라) 연극 관람장 의 장소에 가지 마시오.' 하였다. 모인 많은

---

33 'Asiya · abkai fejergi i gubci i niyalma (아시아와 하늘 아래의 전체의 사람들)'에 해당하는 라틴어는 'tota
Asia et orbis (모든 아시아와 세상)'이다.

34 'Efeso hoton i amba Diyana inu (에페소 성의 위대한 아르데미스이도다!)'에 해당하는 라틴어는 'magna
Diana Ephesiorum (에페소 인들의 위대한 디아나여!)'이다. P. de Carrières 신부의 *Sainte Bible en latin
et en Français* (1819)에서 프랑스어는 'Vive la grande Diane des Ephésiens! (에페소인들의 위대한 디아
나 만세!)'로 되어 있다.

35 'jucungge karan (연극 관람장)'에 해당하는 라틴어는 'theatrum(극장)'이다.

36 "Mašedoniya ba i Kayo · Aristarko se be jafafi ušambihe (마케도니아 지방의 가이오와 아리스타르고들
을 잡아 끌었다.)"에 해당하는 라틴어는 "rapto Gaio et Aristarcho Macedonibus (마케도니아 출신의 가이
오와 아리스타르고를 끌어내었다.)"이다.

37 "ere juwe niyalma Boolo be jugūn de dahalaha bihe (이 두 사람은 바울로를 길에서 따랐던 것이었다.)"에
해당하는 라틴어는 단순히 'comitibus Pauli (바울로의 동반자)'일 뿐이다. 이 라틴어 성경의 구절을 R. L.
de Carrières 신부의 *Sainte Bible en latin et en Français*에는 프랑스어로 'qui avoient accompagné Paul
dans son voyage (바울로의 여행 중에 그를 동반했던 이들)'로 번역하고 있다.

38 'tacihiyan i niyalma (가르침의 사람들)'에 해당하는 라틴어는 'discipuli(제자들)'이다.

39 'Asiya i emu udu ejete (아시아의 몇몇 주인들)'에 해당하는 라틴어는 'quidam autem et de Asiæ
principibus (그리고 또 아시아의 장관들 중 몇몇이)'이다.

irgesei dolo ememu uttu   sureme gisurembihe · ememu tuttu balai
백성들 중   어떤 자는 이렇게 소리치며 말하였고,   어떤 자는 저렇게 함부로

gisurembihe[40] · isan facuhūn kai · ai turgunde acahangge bici · kemuni
  말하여   모임이 혼란했던 것이며, 무슨 이유로   모인 것 인지 조차도

sarkūngge labdu · Israel i omosi[41] Alezander be anahai feniyen ci aljabufi ·
모르는 자가 많았다. 이스라엘 의 자손들이 알렉산더 를 떼밀어 군중 에서 떨어지게 해서

geren   i juleri sindaha [na] · Alezander galai jorime · ekisaka ojoro sefi ·
사람들 의 앞에 두었는데,   알렉산더가 손으로 가리키며 조용히 하라고 하고

irgesei jakade uru waka babe ilgame faksalaki serede · gemu imbe fe
백성들 앞에서 옳고 그른 바를 분별하여 가르고자 하자   모두 그가 옛

tacihiyan i niyalma[42] seme takafi · uhei gūnin · juwe erin i otolo kaicame ·
 가르침 의 사람   이라고 알고 모두의 뜻으로   두 시 가 되도록 아우성치며

Efeso   ba i amba Diyana inu[43] sembihe · yamun i šudesi[44] cembe necihiyehe
'에페소 지방의 위대한 아르데미스 이도다!' 하였다.   관청 의 서기가   그들을 진정시킨

manggi hendume · Efeso i irgese[45] · meni hoton i niyalma i hing seme
  후   말하기를, "에페소 의 백성들,   우리 성 의 사람들 이 진정으로

kundulehengge[46] uthai Yupiter [ne] i sargan jui   amba Diyana
공경하는이는   곧   제우스   의 여자 아이인 위대한 아르데미스 입니다. 이것을

we sarkū ni · gemu uttu gisurere be dahame[47] · suwe   elhe oci acambi · balai
누가 모릅 니까? 모두 이렇게   말함 을 따라   여러분은 조용히 함이 마땅하고 함부로

---

40 "ememu uttu sureme gisurembihe · ememu tuttu balai gisurembihe (어떤 자는 이렇게 소리치며 말하였고, 어떤 자는 저렇게 함부로 말하였다.)"에 해당하는 라틴어는 "alii aliud clamabant (저마다 다르게 외쳤다.)"이다.

41 'Israel i omosi (이스라엘의 자손들)'에 해당하는 라틴어는 'Iudæi(유다인들)'이다.

42 'fe tacihiyan i niyalma (옛 가르침의 사람)'에 해당하는 라틴어는 'Iudæus(유다인)'이다.

43 'Efeso ba i amba Diyana inu (에페소 지방의 위대한 아르데미스이도다!)'에 해당하는 라틴어는 'magna Diana Ephesiorum (에페소 인들의 위대한 디아나여!)'이다. 위의 각주 34) 참조.

44 'šudesi(서기)'에 해당하는 라틴어는 'scriba(서기관, 기록관)'이다.

45 'Efeso i irgese (에페소의 백성들)'에 해당하는 라틴어는 'viri Ephesii (에페소 사람들 여러분)'이다.

46 'hing seme kundulehengge (진정으로 공경하는 자)'에 해당하는 라틴어는 'cultrix(숭배 받는 여자)'이다. 프랑스어 번역에는 'rendre un culte particulier (특별한 숭배를 함)'으로 되어 있다.

47 'gisurere be dahame'는 직역하면 '말함을 따라'이지만 사실은 '말하므로'라는 뜻이다. 예컨대 다음 인용 참조. si muse gemu emu bade hūdašame genere **be dahame** (너와 우리 다 같은 곳에 장사하러 가므로)《淸

yabuci ojorakū · ere juwe niyalma be ubade benjihe · ce umai suweni
행하면 안 됩니다. 이 두 사람 을 여기로 데려왔는데, 그들은 전혀 여러분의

enduri be /86a/ fusihūlahakū · inu tooha ba akū · aika Demetirio · terei emgi
신 을 경멸하지 않았고 또 욕한 적이 없습니다. 만약 데메드리오나 그와 함께

bisire faksisa de niyalma i baru korsocun bici · meimeni jurgan yamun de
있는 기술자들 에게 사람들 을 향한 원한이 있다면 각각의 부원(部院)과 아문(衙門) 에

hafasa i acan bi · kadalara da sa inu bi · ishunde habšakini[48] · aika suwe
관리들 의 모임이 있고 관할하는 으뜸 들 또한 있으니 서로 고소하시오. 만약 여러분이

gūwa emu hacin be fonjiki seci · ere baita unenggi isan[49] de ja i wajici
다른 한 사항 을 묻고자 한다면 이 일은 진실한 회합 에서 쉽게 끝내게

ombi · enenggi i isan i emu jingkini turgun tucibume muterengge akū be
됩니다. 오늘 의 회합의 한 진정한 이유가 나올 수 있는 것이 아님 을

dahame · membe ubašaha weilengge urse obufi fafun de gamara ayoo seme ·
따라, 우리를 반역한 죄인들로 여겨 법 으로 조치할까 하며

gelere babi ·· ere gisun gisurehe amala · geren[50] be fakcabuha ··
두려워하는 것입니다." 이 말을 한 후 군중 을 해산시켰다.

語老乞大》1권 11장.

48 "meimeni jurgan yamun de hafasa i acan bi · kadalara da sa inu bi · ishunde habšakini(각각의 부원과
아문에 관리들의 모임이 있고 관할하는 으뜸들 또한 있으니 서로 고소하시오.)"에 해당하는 라틴어는
"conventus forenses aguntur et proconsulibus sunt accusent invicem (법정의 모임이 열리고 총독들도 있
으니 서로 고소하라.)"이다.

49 'unenggi isan (진실한 회합)'에 해당하는 라틴어는 'legitima ecclesia (그리스의 합법적인 국민회의)'이다.

50 'geren(군중)'에 해당하는 라틴어는 'ecclesia(집회, 교회)'이다.

𝔖𝔘𝔕ℭ 𝔊𝔍𝔖𝔘𝔑
풀이   말

[a] ere uthai jaici enduringge baita i songko[51] inu · tacihiyan i acin be
　　이것은 곧 두번째　　성사(聖事) 의 자취　　이다. 가르침 의 교회 를

kadalara　da[52] niyalmai šenggin be enduringge nimenggi[53] de ijubuha · beyei
관할하는 으뜸이 사람들의　이마 를　거룩한　기름　으로 칠하고 자기

gala be terei uju de sindahade · niyalma i mujilen akdun bime · geli /86b/
　손 을 그의 머리 에 얹으면　사람들 의 마음이 신실해 지고 또한

enduringge enduri i hacingga fulehun be bahambihe ··
　　성령　　의 여러 가지 은혜 를　얻었다.

[e] ceni gūnin ehe ofi · tuttu koro baha[54] ··
　　그들의 생각이 나쁘 므로 그래서 상처를 입었다.

[i] wecen i da sai orin duin mukūn　bihe · Šewa uthai emu mukūn i ejen
　　제사장 들의 스물 네 지파가 있었는데, 스큐아는 곧　한　지파 의 주인

ombihe ··
이었다.

---

51 'jaici enduringge baita i songko (두 번째 성사의 자취)'를 《古新聖經》에는 '第二次該領的聖事跡 (두 번째 받은 성사의 자취)'로 번역하고 있다. '두 번째'라는 말은 요한의 세례를 받고 또 받은 세례라는 뜻인 듯하다.

52 'tacihiyan i acin be kadalara da (가르침의 교회를 관할하는 으뜸)'은 주교(主教, episcopus)를 지칭하는 말인 듯하다. 《古新聖經》에는 '司教'로 되어 있다.

53 'enduringge nimenggi (거룩한 기름, 聖油)'은 'chrisma(크리스마 기름), olea sacra (거룩한 기름)'를 번역한 말이다.

54 'tuttu koro baha (그래서 상처를 입었다)'에 해당하는 《古新聖經》의 구절은 '故魔傷他們 (그래서 마귀가 그들을 해쳤다)'로 되어 있다.

[o] gūwa sunja juse ainci tubade akū   dere ··
　　다른 다섯 아들은 아마 거기에 없었을 것이다.

[u] irgese be karmara · ishunde hūwaliyambure turgun · wesihun bayan
　　백성들 을 보호하고 서로 　화합시키기 　위해 　귀하고 부유한

boo ci sonjobuha niyalma inu ··
집 에서 선택된 　사람들 이다.

[na] Israel i omosi encu demun be wakalame ofi · tere ucuri de kemuni
　　이스라엘 의 자손들이 다른 이단 을 　비난하 므로 그 무렵 에 　항상

gelembihe · gisurere mangga niyalma de afabume · hasa cembe   torombu
두려워해서, 　말하기 잘하는 사람들 에게 맡기어 서둘러 그들을 타이르라고

sehe · Boolo de aisilaki serakū · beye beyebe gūnire dabala ··
했다. 바울로 를 도우려 하지 않고 자기 자신을 생각할 뿐이다.

[ne] tere hūlhi fon i ujulaha fucihi ·   niyalma i fungnehengge bihe ··
　　그 우매한 시절 의 으뜸가는 신으로, 　사람들 이 받들어 모신 자 이었다.

ORICI FIYELEN
제20　　　장

Facuhūn emgeri nakahade · Boolo tacihiyan i gucuse be[1] solinjime ·
소동이　　일단　　멈추자　　바울로가　가르침 의　친구들　을　　　불러

cembe huwekiyehe manggi · teni fakcara doro arafi · Mašedoniya i baru
그들을　　격려한　　　후　　곧　작별 인사를 하고　마케도니아 를 향하여

genehebi · ere babe ijime wekjime /87a/ yabuhai[2] · ba i niyalma be utala
갔다.　　이 곳을　　종횡으로　　　　다니면서 지방 의　사람들 을 많은

gisun de tafulahai · Keresiya de isinaha · ilan biya hūsime ubade bifi ·
말 로　권면하며　　그리스 에　도착했다. 석 달이 지나도록 이곳에 있으면서

mederi i jugūn de[3] Siriya i baru yabuki sembihe · damu Israel i omosi[4]
바닷　길　로 시리아 를 향하여 가고자　했다.　그러나 이스라엘 자손들이

imbe jugūn i andala hūbin de tuhebuki sere mejige donjifi · Mašedoniya deri
그를　길　도중에 계략 에 빠지도록 한다는 소문을　듣고　마케도니아를 거쳐

amasi marime toktohobi [a] · Berohe ba i Birro i jui Sobater · Tessalonika
뒤로　돌아가기로 결정했으며,　　베레아 지방 의 비로의 아들 소바드로와, 데살로니카

hoton i Aristarko · Sekondo · Derbeingge Kayo · Timoteo · Tišiko · Torofimo se
성 의 아르스다르코와 세군도,　데베르사람 가이오, 디모테오, 디키고, 드로피모 들이

Boolo be dahalaha · Tišiko Torofimo juwe nofi Asiya ba i niyalma ombihe ·
바울로 를　따랐다. 디키고와 드로피모,　두 명은 아시아 지방의 사람들　이었다.

---

1 'tacihiyan i gucuse be (가르침의 친구들을)'에 해당하는 라틴어는 'discipulis(제자들을)'이다.

2 'ere babe ijime wekjime yabuhai (이 지방을 종횡으로 다니면서)'에 해당하는 라틴어는 'perambulasset partes illas (그 지역들을 순방했다.)'일 뿐이다. 따라서 만주어 'ijime wekjime (종횡으로)'에 해당하는 라틴어가 없는 셈인데, 이 'ijime wekjime'는《漢淸文鑑》6권 24장에 'ijimbi wekjimbi'가 나오고 그 뜻이 '經綸, largin facuhūn be giyan fiyan i dasame muterengge (번잡하고 혼란함을 질서 정연히 다스릴 수 있음)'으로 되어 있다.

3 'mederi i jugūn de (바닷길로)'에 해당하는 라틴어는 'navigaturo(배를 타고)'이다.

4 'Israel i omosi (이스라엘의 자손들)'에 해당하는 라틴어는 'Iudæi(유다인들)'이다.

ce   gemu neneme jurafi · Torohade bade   membe aliyaha · meni beye oci ·
그들이 모두   먼저   길떠나 드로아 지방에서 우리를 기다렸고, 우리 자신 은

huhu akū efen i dorolon i inenggi[5] i amala jahūdai de tafame · sunja inenggi de
누룩 없는 떡 의 예식 의 날 의 뒤에   배 에 올라   5   일 에

Filipi   ci Torohade de isinafi · cembe acaha · nadan inenggi ubade tehe [e] ·
필립비 에서 드로아 에 도착하여 그들을 만났고,   7   일을 거기서 머물렀다.

Sapato i jai inenggi [i] gemu enduringge efen be udu ubui dendeme
안식일 다음 날   모두   거룩한   떡 을 몇 몫으로 나누어

faksalakini sere gūnin[6] /87b/ isafi [o] · Boolo cimaha inenggi geneci acambihe
가르고자 할 생각으로 모였고, 바울로가   내일   가야 했으

ofi · tuttu doro giyangname dobori i dulin de isitala gisurehe · meni isan i
므로 그래서 도리를 강론하며   밤   중 에 이르도록 말했다. 우리 모임 의

deyen de ududu dengjan bihe · emu asihan niyalma gebu Eūtiko[7] fa de tefi ·
전당 에는 많은   등잔이 있었다. 한   젊은 사람이 (이름 유디코) 창 에 앉고

jing   Boolo šolo golmin giyangnarade · amu šaburame hiri amgafi · ilaci
마침 바울로가 시간 오래 강론하자   잠이 쏟아져서 깊이 자다가 셋째

taktu booci[8] wasihūn i tuheke · imbe tukiyeki seci · aifini bucehe bihe ·
다락 방에서 아래 로 떨어졌다. 그를 일으키려 했으나 벌써 죽어 있었다.

Boolo   giran i bade wasifi · ninggude dedume · terebe tebeliyehe manggi ·
바울로가 시체 의 장소로 내려가 그 위에 엎드려 그를   안은   후

geren i baru · ume mujilen be farfabure ·   ini sure fayangga ini beye de bi
많은 이 를 향하여 "(말라) 마음 을어지럽히지 말라. 그의   영혼이   그의 몸 에 있다."

---

5 'huhu akū efen i dorolon i inenggi (누룩 없는 떡의 예식의 날)'에 해당하는 라틴어는 'dies azymorum (무
교절[無酵節], 누룩 없는 빵을 먹는 날)'이다.

6 'enduringge efen be udu ubui dendeme faksalakini sere gūnin (거룩한 떡을 몇 몫으로 나누어 가르고자 할
생각으로)'에 해당하는 라틴어는 'ad frangendum panem (빵을 쪼개기 위해서)'이다.

7 'Eūtiko(유디코)'의 라틴어 철자는 'Eutychus'인데 이 이름의 'Eu-'를 비음소적 문자인 'ū'를 써서 'Eū'라고
적은 것은, 아마도 부음(副音) /w/를 나타내기 위함인 듯하다.

8 'ilaci taktu booci (셋째 다락방에서)'에 해당하는 라틴어는 'de tertio cœnaculo (제3의 맨 위층 방으로부
터)'인데 '3층 방'을 나타내는 듯하다.

sehe **[u]** · amala wesime · enduringge efen be faksalafi jekede **[na]** · jai
한　　　후　올라가　거룩한　　떡　을　쪼개어　먹으며　　또

gucuse be geretele huwekiyehe · teni juraka · taka weijubuhe asihan niyalma be
친구들 을 날이 밝도록 격려하고　그리고 출발했다. 이어 다시 살아난 젊은　사람　을

benjifi · geren i gūnin ambarame selabuha · ·
데려가자 많은 이 의 마음이　크게　　기뻤다.

be jahūdai de tafame Asson i baru genehe · Boolo i gisun i songkoi
우리가　배　에　올라　아쏘　를 향하여 갔는데 바울로의　말　을 따라

imbe ubade gaici acambihe · /88a/ ini gūnin yafahalame yabuki sembihe **[ne]** ·
그를 여기서 데려가야　했고,　　그의　뜻은　걸어서　　가고자 하는 것이었다.

i membe Asson de amcame guilefi · be imbe gaiha · sasa Mitilene de
그가 우리를　아쏘 에서 뒤따라 만났고, 우리가 그를 데리고 함께 미딜레네 에

isinaha · tereci mukei jugūn yabuhai[9] · jai inenggi de Giyo[10] i ishun jihe ·
도착했다. 거기서　물　길로 가다가 다음　날　에 키오스 를 향해 왔고,

gūwa inenggi Samo de ebufi · ilaci inenggi Mileto de dosika · Boolo dade
다른　날　사모스 에 내렸으며 셋째　날　밀레도스 에 들어갔다. 바울로가 원래

Efeso ci jailame toktobuha bihe · imbe Asiya de goidatala bibure ayoo seme
에페소 를 피하기로 결정했던 것 이었는데, 그를 아시아 에　오래　머무르게 할까 하여

gelembihe · ekšeme saksime · aika muteci · Bentekoste i kumungge dorolon i
걱정하였다.　서둘러서,　　만약 할 수 있다면 오순절 의　축제　예식 의

inenggi be[11] Yerusalem de doroloki sembihe · ·
날　을　예루살렘 에서 첨례(瞻禮)하고자 했던 것이다.

Mileto ci niyalma be takūrafi · Efeso de bisire acin i dergi fejergi da sa[12] be
밀레도스 에서 사람　을　시켜　에페소 에 있는 교회 의 위　아래 으뜸 들　을

---

9 'tereci mukei jugūn yabuhai (거기서 물길로 가다가)'에 해당하는 라틴어는 'inde navigantes (거기서부터 배를 타고)'이다.

10 지명 'Giyo'의 라틴어 표기는 'Chius'인데, 이렇게 라틴어의 유기음(有氣音) 'ch [k]'를 만주문자 'g'로 적은 것은 당시의 이 만주문자 /g/가 기식(氣息)을 갖고 있는 무성음(無聲音)이라는 증거가 될 수 있겠다.

11 'Bentekoste i kumungge dorolon i inenggi be (오순절의 축제 예식의 날을)'에 해당하는 라틴어는 'diem pentecostes (오순절 날을)'이다.

12 'dergi fejergi da sa (위 아래 으뜸들)'에 해당하는 라틴어는 'maiores natu (나이든 원로들)'이다.

solinjiha[13] · ce   gemu jihe · uhei acahade ·   i[14] tese i   juleri hendume · bi
불렀다. 그들이 모두 와서 함께 만났는데, 그가 그들 의 앞에서 말하기를, "내가

Asiya de dosika tere emu inenggi ci adarame suweni baru daruhai yabuha be
아시아 에 들어간 그 어느 날 부터 어떻게 여러분들 께 항상   행했는지 를

suwe   getuken i sara · beye beyebe fusihūlame · yasai muke eyebume · ai ai
여러분들은 분명히 압니다. 자기 자신을   낮추고   눈 물을 쏟으며, 가지 가지

jobolon be /88b/ Israel i omosi minde isibuhangge bici · cihangga i kirime ·
고초 를   이스라엘 의 자손들이 내게 주었던 적이 있더라도, 기꺼이   참고

abkai ejen be uilehe   kai ·   aika suwende tusangga baita oci · bi heni daldara
하느님   을 섬겼던 것입니다. 만약 여러분들께 유익한 일 이라면 나는 조금도 숨기는

ba akū · šuwe alafi · ememu suweni geren be   ilgatu   bade · ememu booi
것 없이 바로 알려, 때로는 여러분 모두 를 드러내는 곳에서, 때로는 집의

dorgide[15] emke emken be   tacibuha[16] · Israel i mukūn · encu mukūn i
안에서 하나씩 하나씩 을 가르쳤습니다. 이스라엘 민족과 다른 민족 의

niyalma be biretei huwekiyeme · ehe be unggi · abkai ejen de bedere[17] ·
사람들 을 모두 권면하기를,   악 을 보내고 하느님 께 돌아오며,

jai musei ejen Yesu Kiristo be akda[18] seme giyangnambihe[19] · ne
또 우리 주 예수 그리스도 를 믿으라   고 강론하였습니다. 이제

---

13 'solinjiha(불렀다)'의 주어가 나타나 있지 않다. 라틴어 문장도 그러한데 내용상 '바울로'임에 틀림없다.

14 'i(그가)'도 바울로를 뜻한다.

15 'ememu suweni geren be ilgatu bade · ememu booi dorgide (때로는 여러분 모두를 드러내는 곳에서, 때로는 집의 안에서)'에 해당하는 라틴어는 'publice et per domos (공공연히, 그리고 집들에서)'이다.

16 "emke emken be tacibuha (하나씩 하나씩을 가르쳤습니다.)"에 해당하는 라틴어는 "docerem vos (여러분을 가르쳤습니다.)"일 뿐으로 '하나씩 하나씩'에 해당하는 말은 없는 셈이다. 또 위 주 15)와 관련하여 만주어 "ememu suweni geren be ilgatu bade · ememu booi dorgide emke emken be tacibuha (때로는 여러분 모두를 드러내는 곳에서, 때로는 집의 안에서 하나씩 하나씩을 가르쳤습니다.)"에 해당하는 라틴어는 "docerem vos publice et per domos (공공연히, 그리고 집들에서 여러분을 가르쳤습니다.)"이다. 라틴어 문장의 'vos(여러분들을)'가 'docerem(가르쳤습니다)'의 목적어로 되어있는데, 만주어에서는 이를 'publice(공공연히)'와 관련지어 'suweni geren be ilgatu (여러분 모두를 드러내는)'으로 번역한 것이다.

17 'ehe be unggi · abkai ejen de bedere (악을 보내고 하느님께 돌아오라)'에 해당하는 라틴어는 'in Deum pœnitentiam (하느님으로 회개할 것을)'이다.

18 "jai musei ejen Yesu Kiristo be akda (또 우리 주 예수 그리스도를 믿으라.)"에 해당하는 라틴어는 'et fidem in Dominum nostrum Iesum Christum (그리고 우리 주 예수 그리스도에 대한 믿음을)'이다.

19 'giyangnambihe(강론하였다)'에 해당하는 라틴어는 'testificans(증언하다)'이다.

enduringge enduri de hūwaitabuha gese[20] **[ni]** Yerusalem de geneme bi ·
　　성령　　　께　매인 것　　처럼　　　　예루살렘 으로 가고 있는데,

tubade mini baita ainci ojoro be fuhali sarkū · damu ya　　 hoton deri duleci ·
거기서 나의 일이 어떻게 될지 를 전혀 모릅니다. 다만 어떤 마을 을 따라 지나든

enduringge enduri minde ulhibume · selei futa · hacin hacin i jobocun be
　　성령께서　　　　내게 깨우치시기를, 쇠의 사슬과 가지 가지 의　고통　을

Yerusalem i dolo minde belhebure[21] dabala · uttu bicibe gelere ba akū ·
예루살렘 의 안에서 나에게 준비하신　것인데, 이렇게 하여도 두려운 바는 없고

mini ergen be minci wesihun oburakū **[no]** · mini ere jalan de banjire
나의　목숨 을 나보다　높게　여기지 않으며,　　나의 이 세상 에서 살아온

erin be sain i wajici · ejen Yesu i **/89a/** minde afabuha doro giyangnara
때 를　잘　끝내고 주 예수 께서　나에게 맡기신 도리　강론하는

tušan be akūmbuci · abkai ejen i hacingga doshon i sekiyen Ewanzelio be
임무 를 극진히 하며　하느님 의 여러 가지 은총 의 근원인　복음　을

selgiyeci · uthai isika ·
전파하면　곧　족합니다.

ne　　mini sarangge · bi ya bade duleme abkai ejen i gurun i doro be
이제 나는　압니다, 내가 어떤 곳을 지나며　하느님 의 나라의 진리 를

giyangnaha bihe · tere geren　ba i niyalma ereci　julesi mini cira be bahafi
강론했더랬는지.　그　많은 지방 의 사람들은 지금부터 앞으로 나의 얼굴 을　얻어

saburakūngge[22] ·　 uttu ohode enenggi suwende alame bi · suweni dolo
보지 못할 것입니다.　그러므로　오늘　여러분에게 알리는데, 여러분 중에

---

20 'enduringge enduri de hūwaitabuha gese (성령께 매인 것처럼)'에 해당하는 라틴어는 'ecce alligatus ego Spiritu (문득 성령에게 매여)'일 뿐이다. P. de Carrières 신부의 *Sainte Bible en latin et en Français*, 1819 에 의하면 이 구절이 'étant comme lié par le Saint-Esprit qui me conduit (나를 이끄시는 성령에 의해 묶인 것처럼 되어)'로 번역되어 있는데, 푸와로 신부는 이 프랑스어 번역을 따라 '……처럼'이란 말을 집어넣은 듯하다.

21 'minde belhebure (나에게 준비하다)'에 해당하는 라틴어는 'me manent (나를 기다린다, 나에게 닥친다)' 인데, P. de Carrières 신부의 프랑스어 번역은 'm'y sont préparées (나에게 준비되어 있다)'이다.

22 'bahafi saburakūngge (얻어 보지 못할 것이다)'에 해당하는 라틴어는 'non videbitis (안 볼 것이다, 못 볼 것이다)'로서, 만주어의 뜻은 '볼 수 없을 것이다'이다.

sure fayangga be ufarangge bici · mini turgunde waka · bi suwembe tacihiyame
영혼　을 잃는 자가 있다면　나　때문이 아닙니다. 나는 여러분들께 가르치기를

marahakū · elemangga abkai ejen i gūnin hese be yooni suwende getuken i
마지않았고　도리어　하느님 의 뜻과 명령 을 모두 여러분들께 명백히

ulhibuhe · abkai ejen Yesu i senggi i hūda de baha acin be kadalara jalin ·
깨닫게 했습니다. 하느님께서 예수 의 피 의 값 으로 얻은 교회 를 맡기시기 위해서

enduringge enduri suwembe da sa²³ ilibuha ci tetendere · suwe saikan olhošo ·
성령께서　여러분들을 으뜸 들로 세우심 으로부터 하셨으니, 여러분은 잘 조심해서

suweni beye · suweni harangga urse be gemu tuwakiyakini²⁴ [nu] · bi emgeri
여러분 자신과 여러분에 소속된　사람들 을 모두　돌보시오.　　　내가 한번

genehede · durire mangga niohe²⁵ suweni adun de²⁶ [ka] /89b/ dosire ·
가면　노략질하는 사나운 늑대가 여러분의 무리 에　　　　들어와

i honin de koro isibure²⁷ · kemuni hasutai doro i gisun gisurere²⁸ · šabisa be
그가 양 에게 상처를 주며,　또 사교(邪敎)의 도리 의 말을　말하여　제자들 을

labdukan i isabure emu udu niyalma suweni dorgici tucirengge be sambi ·
많이　모으는　한두　사람들이 여러분 중에서　나타날 것 을 압니다.

erei turgun kimcikū oso²⁹ · bi adarame ilan aniya i otolo · inenggi ocibe ·
이 때문에　조심 하시오. 내가 어떻게　3 년 이 되도록　낮　이나

dobori ocibe umai jalarakū · yasai muke tuhebuhei · meni meni niyalma be
밤　이나 오로지 끊임없이　눈 물　흘리며　각 각의 사람들 을

---

23 'da sa (으뜸들)'에 해당하는 라틴어는 'episcopi(주교들, 감독들)'이다.

24 "suweni beye · suweni harangga urse be gemu tuwakiyakini (여러분 자신과 여러분에 소속된 사람들을 모두 돌보시오.)"에 해당하는 라틴어는 "adtendite vobis et universo gregi (여러분들과 모든 무리들에게 주의를 기울이시오.)"이다.

25 'durire mangga niohe (노략질하는 사나운 늑대)'에 해당하는 라틴어는 'lupi rapages (강탈하는 이리들)'이다.

26 'suweni adun de (여러분의 무리에)'에 해당하는 라틴어는 'in vos (여러분들 안에)'이다.

27 'i honin de koro isibure (그가 양에게 상처를 주며)'에 해당하는 라틴어는 'non parcentes gregi (무리를 아끼지 않으며)'이다.

28 'hasutai doro i gisun gisurere (사교의 도리를 말하여)'에 해당하는 라틴어는 'loquentes perversa (잘못된 것을 말하여)'이다.

29 'kimcikū oso (조심하시오)'에 해당하는 라틴어는 'vigilate(깨어 있으시오, 경계하시오)'이다.

huwekiyehe be amcame gūni · ne suwembe abkai ejen i gala de sindame ·
격려했는지 를 뒤좇아 생각하시오. 이제 여러분을 하느님 의 손 에 두고

ini doshon de afabume bi · i esi suweni deribuhe amba kicen be [ga] ja i
그분 은총 에 맡깁니다. 그분은 응당 여러분이 시작한 큰 노력 을 알맞게

šangname · geli ini hethei ubu be geren enduringge sei emgi suwende
상주시며 또한 그분 재산의 몫 을 많은 거룩한 이 들과 함께 여러분에게

šangname muteci · bi weri i menggun aisin etuku be buyehe ba akū ·
상주실 수 있습니다. 내가 남 의 은과 금, 옷 을 탐한 적이 없으니

suwe erebe sara · mini beye de aika jaka i eden bici · mini sasa bisire
여러분이 이것을 압니다. 나 자신 에게 만약 물건 의 부족이 있고, 나와 함께 있는

niyalma de ai hacin i ekiyehun oci · mini ere gala weilen weileme · yaya
사람들 에게 어떤 것 이 결핍된다 면 나의 이 손으로 일 하여 모든

eden ekiyehun de niyecehebi · eiterecibe suwende /90a/ tuwabuha · akdacun
부족과 결핍함 에 보충하였습니다. 대체로 여러분께 보였으니, 믿음이

eberi niyalma be giljame · tesei baru uttu yabuci acambime · geli ejen
약한 사람들 을 보살펴 그들 에게 이렇게 행해야 마땅하며, 또한 주

Yesu i gisun be onggoci ojorakūngge · i dade hendume · burengge ·
예수의 말씀 을 잊으면 안 되는 것입니다. 그분은 원래 말씀하시기를, '주는 것이

gairengge ci ele hūturingga bi sehe bihe ·· Boolo gisureme wajihade ·
가지는 것 보다 더 행복한 것 이다.' 하셨습니다. 바울로가 말하기를 끝내고

niyakūrafi geren i emgi jalbarime baiha · geren uthai ambarame songgocoho ·
꿇어앉아 많은 이들 과 함께 기도하며 청하였다. 많은 이들은 곧 크게 울었으며,

Boolo i meifen be tebeliyeme angga ojombihe · suwe ereci julesi mini
바울로의 목 을 안고 입을 맞추었다. '너희가 이제부터 앞으로 나의

cira be bahafi saburakū sehe gisun i turgun de gemu dolo ambula
얼굴 을 능히 보지 못하리라.' 한 말 때문 에 모두 마음이 크게

gingkambihe · teni fudeme · jahūdai i tehe bade imbe benehebi ··
아팠던 것이다. 그리고 전송하여 배 가 머무는 곳으로 그를 데려갔다.

SURE GISUN
풀이   말

[a] fe tacihiyan i   urse   emderei   ceni   bata Boolo be jugūn i andala waki ·
옛 가르침 의 사람들이, 한편으로는 그들의 원수인 바울로 를   길 의 중도에서 죽이거나,

emderei   Yerusalem i yadahūn gucuse de aisilara menggun · Boolo de cohome
한편으로는 예루살렘 의 가난한   친구들 을 도울   돈   (바울로 에게 특별히

afabuhangge be gamaki sembihe ··
맡겨 둔 것) 을 가져가려   했다.

[e] huhu akū efen i dorolon i inenggi uthai /90b/ Baska i kumungge dorolon i
누룩 없는 떡 의 예식 의 날은   곧   과월절 의 축제   예식 의

inenggi inu · damu ice tacihiyan i gucuse ere huhu akū efen i fe kooli be
날 이다. 그러나 새 가르침 의 친구들은 이 누룩 없는 떡 의 옛 법 을

waliyafi · musei ejen Yesu   bucen ci dasame banjiha tere emu inenggi be
버리고   우리 주 예수께서 죽음 에서 다시   살아난 그 한   날 을

Baska seme gebulefi · terebe ambarame dorolombihe ··
과월절 이라고 이름 붙여 그것을   크게   경축하였다.

[i] ere inenggi · ejen i inenggi[30] inu ··
이   날이   주님 의 날   이다.

[o] Boolo tere inenggi misa   misalaki[31] geren inu Yesu i enduringge beyebe
바울로가 그 날   미사를 행하려 했고, 많은 이 또한 예수 의   거룩한   몸을

---

30 ‘ejen i inenggi (주님의 날)’은 ‘주일(主日, dies Dominica)’을 번역한 말이다.

31 ‘misa misalaki (미사를 행하려 하다)’라는 말은 라틴어 ‘Missa(미사)’를 음역하고, 다시 그 동사형 ‘misalambi(미사를 거행하다, 行彌撒)’까지 만들어낸 것이다.

aliki³² sembihe ·· asihan i giran i ninggude³³ dedure · terebe tebeliyere turgun ·
받고자 했다.   젊은이 의 시신 위에 엎드리고 그를 안는 까닭은

ini   jilara mujilen be   tuwabuki ·   Eliyas   Eliseo juwe julgei fon i
그의 자비로운 마음 을 보이려 한 것으로, 엘리야³⁴와 엘리세오³⁵ 두 전   시대 의

enduringge saisai   durun be alhūdame songkoloki sere turgun inu ··
거룩한   현자들의 모습 을 본받아 그대로 하려 하는 까닭 이다.

[u] ere gisun · uthai asihan   banjimbi sere gisun i   adali bi ··
    이 말은   곧 젊은이가 살아난다 는 말 과 같은 것 이다.

[na] tere erin huhu bisire³⁶ efen be enduringge de isibuha manggi farsi
    그 때 누룩 있는   떡 을   거룩함 에 이르게 한 후 조각

farsi obufi · geren de alibumbihe ··
조각 내어 사람들 에게 주었다.

[ne] jugūn de bisire gašan · tokso i urse be tacibure gūnin emhun beye
    길 에 있는 촌락과 마을 의 사람들 을 가르칠 생각에서 혼자 몸으로

yabuha ··
다녔다.

[ni] enduringge enduri mimbe ušara gese Yerusalem de benembi · bi
    성령께서   나를 이끄시 듯이 예루살렘 으로 보내신다. 내가

---

32 ˈYesu i enduringge beyebe ali- (예수의 거룩한 몸을 받다)ˈ는 라틴어 ˈcommunio eucharistica (聖體 拜領, 領聖體)ˈ를 번역한 말이다.

33 ˈasihan i giran i ninggude (젊은이의 시신 위에)ˈ 이하의 풀이말은 여기 올 것이 아니고 이보다 조금 아래에 있는 청년 ˈ유디코ˈ의 죽음과 관계있는 내용이다.

34 ˈ엘리야ˈ는 기원전 9세기 북왕국 이스라엘의 위대한 예언자 Elijah이다. 구약성경 열왕기 상 17:17-24에서 엘리야는 한 과부의 죽은 아들을 살리는 기적을 행하는데, 여기 ˈ아이를 안고ˈ (열왕기 상 17장 19절)라는 구절이 나온다.

35 ˈ엘리세오ˈ는 엘리야의 뒤를 이어 북왕국 이스라엘의 예언자가 된 사람. 《공동번역 성서》에는 ˈ엘리사(Elisha)ˈ로 표기되어 있다. 구약성경 열왕기 하 4장에서도 엘리세오가 과부의 죽은 아들을 살리는 이야기가 나오는데, 이 때 죽은 아이의 ˈ위에 엎드리는ˈ 장면이 있다(열왕기 하 4장 34절).

36 ˈhuhu bisire efen (누룩 있는 떡)ˈ은 ˈhuhu bisirakū efen (누룩 없는 떡)ˈ의 잘못인 듯하다.

hūwaitaha niyalma i adali generakū ome muterakū ··
매인   사람   처럼 가지 않게 될 수 없다.

[no] mini beye be yooni abkai ejen de alibuhaci /91a/ tetendere ·
     나 자신 을 전부   하느님 께   바칠   뿐이지

mini ergen be dabali hairafi ainambi · erebe kemuni Ewanzelio i turgun
나의 생명 을 지나치게 아껴 무엇하랴? 이것을 또한   복음 을 위해

šelekini ··
바치리라.

[nu] Timoteo tere erin de Boolo be dahalambihe · i Efeso i acin be salifi
     디모테오가 그 때 에 바울로 를   따랐고,   그가 에페소 의 교회 를 혼자

kadalambihe · solime gajihangge gemu adaki hoton i acin be kadalara dergi
관할하였다.   청하여 데려온이들 모두 이웃 마을 의 교회 를 관할하는 위

fejergi da sa inu ··
아래의 으뜸 들 이다.

[ka] aburi ehe urse be niohe de duibulembi · nomhon sain gucuse i
     극히 악한 사람들 을 늑대 에   비유했다. 선량하고 좋은 친구들 의

acin be honin i adun de duibuleme bi ··
모임을   양 의 무리 에 비유하고 있다.

[ga] ere kicen · uthai sure fayangga be aitubure ten i amba oyonggo
     이 공로가 곧   영혼   을 구하는 지극히 크고 중요한

kicen inu ··
공로 이다.

ORIN EMUCI FIYELEN
제21   장

enci   fakcafi · mukei jugūn yabume[1] · tondoi Goho[2] de jihe · jai
그들로부터 떠나 물 길을 가   똑바로 코스 로 왔고, 다음

inenggi Roto de isinjiha [a] · tereci Batara hoton de genehe · Fenišiya i baru
날   로도스 에 도착했다.   거기서 바다라 마을 로 가서   페니키아 를 향하여

yabure jahūdai be ucarafi · ere jahūdai de tafaka · goidarakū   Šibiro tun be
가는   배   를 만나 이   배 에 올랐고, 오래지 않아 키프로스 섬 을

sabuha · tun be hashū ergide waliyame[3] · Siriya   ba i jugūn be gaime ·
보았다. 섬 을 왼   쪽에 버려두고   시리아 지방의 길 을 취하여

Tiro de /91b/ ebufi majige indehebi[4] · tacihiyan i emu udu gucuse be acaha ·
띠로 에   내려서 잠시 머물며,   가르침 의 한두 친구들 을 만났다.

nadan inenggi tesei emgi tehe ·   ce enduringgge enduri i kesi de   Boolo
7   일을 그들과 함께 지냈는데, 그들이   성령   의 은혜로 바울로가

Yerusalem i dolo ai mangga jobolon de tušabuci ojoro be sabufi · cisu
예루살렘   안에서 어떤 어려운   재앙 에 부딪히게 될지 를 알고   개인

gūnin i   Boolo be tafulame [e] · ume Yerusalem de   genere sembihe · nadan
생각 으로 바울로 에게 충고하기를,   (말라) 예루살렘 에 가지 마시라고 하였다.   7

---

1 'mukei jugūn yabume (물길을 가다)'에 해당하는 라틴어는 'navigaremus(우리가 항해하였다, 배로 가고 있었다)'이다.

2 'Goho(코스 [섬 이름])'의 라틴어형은 'Cos'이고 라틴어 문장 안에서는 문헌에 따라 'Coum, Cho [대격형]' 등으로 표기된다. 이 낱말의 첫 자음인 'c/ch'를 만주어에서 'g'로 표기한 것은 전술했듯이 당시 만주어 자음 'g'의 음가에 대해 시사하는 바가 크다.

3 'tun be hashū ergide waliyame (섬을 왼쪽으로 버려두고)'에 해당하는 라틴어는 'relinquentes eam ad sinistram (그것을 왼쪽에 남겨두고 떠났고)'이다.

4 라틴어 성경은 'Tiro de ebufi majige indehebi (띠로에 내려서 잠시 머물며)' 뒤에 'ibi enim navis erat expositura onus (실은 거기서 짐을 부리게 되었다)'라는 문장이 있는데, 만주어 번역에는 이 번역이 빠져 있다.

inenggi jalukade · fakcafi yabumbihe · ce meimeni sargata · juse i emgi
일이 차자 헤어져 갔는데, 그들이 각자의 아내들과 아이들 과 함께

hoton i tulergide isitala membe fudehe · gemu mederi i dalin de niyakūrame
마을 의 밖에 까지 우리를 배웅했다. 모두 바다 의 가 에서 무릎 꿇고

jalbariha · ishunde elhe baiha manggi · be meni jahūdai de tafaka · ce ceni
기도하였다. 서로 평안을 구한 후 우리는 우리 배 에 오르고 그들은 그들의

boode bederehe · mukei jugūn de ibenehei Tiro ci Tolemaida de jihe[5] · deote de
집으로 되돌아갔다. 물 길 로 나아가 띠로 에서 프톨레마이스로 와서 동생들에게

dorolofi · emu inenggi tesei boode tataha · jai inenggi on gaime · Šesareha de
인사하고 하루를 그들의 집에서 머물렀다. 다음 날 길을 잡아 가이사리아 에

isinaha · Ewanzelio be selgiyere Filibo i boode de dosime · sasa tehe · Filibo
도착해서 복음 을 전파하는 필립보의 집 에 들어가 함께 지냈는데, 필립보는

uthai nadan aisilakū[6] i tušan de bihe /92a/ inde duin sargan juse ombihe ·
곧 일곱 보조자 의 임무 에 있었다. 그에게 네 여자 아이들이 있었는데,

gemu jekdun beye[7] bime · geli jidere unde baita be doigomšome alarangge[8] inu ·
모두 정숙한 몸 이며 또한 오지 않은 일 을 미리 말하는이 였다.

be udu inenggi ubade terede · emu niyalma · gebu Agabo Yudeya baci
우리가 몇 날 거기서 머물때 한 사람이 (이름 하가보) 유다 땅에서

jihe · i membe acafi · Boolo i umiyesun be jafafi · beyei bethe gala be
와서 그가 우리를 만나 바울로 의 허리띠 를 가지고 자기의 발과 손 을

hūwaitaha · geli hendume · enduringge enduri i hesei gisun · ere umiyesun
묶고는 또 말하기를, "성령 의 명령의 말씀이, 이 허리띠가

---

5 "mukei jugūn de ibenehei Tiro ci Tolemaida de jihe (물길로 나아가 띠로에서 프톨레마이스로 왔다.)"에 해
당하는 라틴어는 'nos vero navigatione explicita a Tyro descendimus Ptolomaida (그리고 우리들이 띠로에
서부터 항해하여 프톨레마이스에 하륙하고)'이다.

6 'nadan aisilakū (일곱 보조자)'에 해당하는 라틴어는 'septem(일곱)'일 뿐이다. 이 일곱 보조자는 사도행전
6장 5절에 나오는 '봉사자, 보조자, 부제'를 의미한다. 이 만주어 낱말 'aisilakū'는《漢淸文鑑》2권 28장에
'aisilakū hafan (員外郎)'이라는 관명(官名)으로 등재되어 있지만, 만주어 동사 'aisilambi (돕다, 보좌하다)'
에서 파생된 것이다.

7 'jekdun beye (정숙한 몸)'에 해당하는 라틴어는 'virgines(처녀들)'이다.

8 'jidere unde baita be doigomšome alarangge (오지 않은 일을 미리 말하는 이)'에 해당하는 라틴어는
'prophetantes(예언하는, 예언자들)'이다.

ya emu niyalma i umiyesun bici · Yudeya ba i   Israel   i omosi tere niyalma be
어떤 한   사람 의 허리끈 이지만, 유다 땅의 이스라엘 의 자손들이 그   사람 을

uttu   hūwaitambime · geli encu mukūn i ursei gala de afabumbi sehe ·   meni
이렇게   묶고   또한 다른 민족 의 무리의 손 에 맡기리라.” 하였다. 우리

beye ·   ubade bisirele niyalma · gemu ume Yerusalem de   wesire seme   inde
자신들과 여기에 있는 사람들은 모두 (말라) 예루살렘 에 올라가지 말라 고 그에게

baimbihe·· Boolo jabume · suwe ainu songgohoi mini mujilen be jobobumbini ·
청하였다. 바울로가 대답하기를, “여러분은 어찌 울며 나의 마음 을 괴롭힙니까?

bi ejen Yesu i gebu i turgunde cihanggai hūwaitabui sere anggala · hono
나는 주 예수 의 이름 으로 인해   기꺼이   묶이려   할 뿐 아니라 또한

Yerusalem i dolo   ergen šeleme buyembi sehe ·· imbe dahabure /92b/ arga
 예루살렘 의 안에서 목숨을 바치기 원합니다.” 하였다. 그를 굴복시킬   방법이

akū ofi · tuttu tafulara be nakaha · ejen i hesei songkoi yabukini · sembihe ··
없으 므로 그래서 권고하기 를 그만두고 “주님 의 뜻 대로   행하소서.” 하였다.

ere inenggi duleke manggi · be en jen ningge[9] Yerusalem de wesimbihe ·
 이 날이 지난 후 우리는 준비된 채로   예루살렘 에 올라갔다.

Šesareha   ci emu udu gucuse[10] membe dahalaha · ce geli tacihiyan i emu
가이사리아 에서 몇몇 친구들이 우리를 따랐고, 그들 또한 가르침 의 한

fe gucu Šibiro tun i niyalma · gebu Manason be sasa gaiha bihe · be   ini
엣 친구인 키프로스 섬 의 사람   (이름 므나손) 을 함께 데려왔다. 우리는 그의

boo de teci acambihe[11] Yerusalem de dosika manggi · deote[12] gemu amba
 집 에 머물러야 했다.   예루살렘 에 들어온 후 동생들 모두 큰

urgun i   membe tuwaha[13] · jai inenggi Boolo meni emgi Yakobo be [i] baime
기쁨 으로 우리를 보았다. 다음 날 바울로가 우리와 함께 야고보 를   찾아

---

9 'en jen ningge (준비된 채로)'에 해당하는 라틴어는 'præperati(준비하여)'이다.《古新聖經》의 이 구절 한문
  번역은 '預備'로 되어 있다.

10 'emu udu gucuse (몇몇 친구들)'에 해당하는 라틴어는 'ex discipulis (제자들 중에서)'이다.

11 'teci acambihe (머물러야 했다)'에 해당하는 라틴어는 'hospitaremur(우리가 머무르게 된다)'이다.

12 'deote(동생들)'에 해당하는 라틴어는 'fratres(형제들)'이다.

13 'tuwaha(보았다)'에 해당하는 라틴어는 'exceperunt(맞아들이다, 받아들이다)'이다. 그러나 만주어 'tuwa-
  (보다)'에도 '맞이하다, 접대하다'의 의미가 있다.

genehe · tacihiyan i baita be icihiyara da sa[14] terei boode isahabi · Boolo
갔는데, 가르침 의 일 을 처리하는 으뜸 들이 그의 집에 모였다. 바울로가

cende dorolofi · adarame abkai ejen imbe baitalaha · ai ferguwecuke baita be
그들에게 인사하고, 어떻게 하느님께서 그를 부리셨는지, 어떤 기이한 일 을

encu mukūn i ursei dolo yabuhangge bici · giyan giyan i alahabi[15] · geren
다른 민족 의 무리들 안에서 행하신 것이 있는지 일일이 말하니 모두가

donjifi abkai ejen be saišambihe · geli Boolo de hendume · meni deo[16] · Israel i
듣고 하느님 을 찬양하며 또한 바울로 에게 말하기를, "우리 아우님, 이스라엘 의

omosi i dorgici udu minggan niyalma tacihiyan de /93a/ dosika[17] be si tuwame
자손들 중에서 몇 천 명이 가르침 으로 들어왔는지 를 당신은 볼

mutembi · ere kemuni fafun i kooli[18] de urhufi waliyame jenderakū · ceni
수 있으며, 이 또한 율법 에 기울여져 버리기를 힘들어 합니다. 그들이

donjiha gisun uthai si encu mukūn i ursei dolo tehe Israel i mukūn i
들은 말은, 곧 당신은 다른 민족 의 무리 안에서 사는 이스라엘 민족 의

niyalma be taciburede · Moises be lashala · suweni haha juse be šurdeme
사람들 을 가르칠 때, '모세 를 끊으라, 여러분의 남자 아이들 을 빙둘러

faitaci[19] · fe kooli i songkoi yabuci ojorakū seme giyangnambi ·· ai arga ni ·[20]
자르거나 옛 율법 대로 행하면 안 된다.' 고 강론하셨다는데 무슨 의도 인가요?

---

14 'tacihiyan i baita be icihiyara da sa (가르침의 일을 처리하는 으뜸들)'에 해당하는 라틴어는 'seniores(원로들)'이다.

15 "adarame abkai ejen imbe baitalaha · ai ferguwecuke baita be encu mukūn i ursei dolo yabuhangge bici · giyan giyan i alahabi · (어떻게 하느님께서 그를 부리셨는지, 어떤 기이한 일을 다른 민족의 무리들 안에서 행하신 것이 있는지 일일이 말했다.)"에 해당하는 라틴어는 "narrabat per singula quæ fecisset Deus in gentibus per ministerium ipsius (하느님께서 바울로 자신의 봉사를 통하여 이민족들에게 하신 것들을 하나씩 말하였다.)"이다.

16 'meni deo (우리 아우님)'에 해당하는 라틴어는 'frater(형제, 형, 동생, 친구)'인데, 여기서는 'meni ahūn(우리 형님)'으로 번역함이 더 좋을 듯하다. 한국 천주교 옛 번역인《宗徒行傳》(京城府明治町天主教堂, 1922)에는 '형아'로 번역되어 있다.

17 'tacihiyan de dosika (가르침으로 들어왔다)'에 해당하는 라틴어는 'crediderunt(그들이 믿었다)'이다.

18 'fafun i kooli (율법)'은 이 만주어 사도행전 2장 11a를 비롯한 모든 만주어 성경에는 'fafun kooli'로 되어 있다. 아마도 이 'fafun i kooli'는 'fafun kooli'의 잘못인 듯하다.

19 'šurdeme faitaci (빙둘러 자르거나)'에 해당하는 라틴어는 'circumcidere(주위를 베다, 할례[割禮]를 베풀다)'이다. 15장 66a의 각주 3(이 책 182쪽) 참조.

20 'ai arga ni (무슨 의도인가요?)'에 해당하는 라틴어는 'quid ergo est (그래서 무슨 뜻이냐?, 왜냐?)'이다.

ere jergi gucuse sini beye jihe mejige be bahafi · urunakū uhei acanjiki [o] ·
이들 친구들은 당신의 몸이 오신 소식 을 파악해서 반드시 함께 만나려 합니다.

uttu ohode   si meni gisun be daha ·   Nadzareo sere gashūn gashūha²¹ duin
이러 하므로 당신은 우리 말 을 따르시오. 나자레오 의 서원을 행한 네

niyalma meni dorgide bi ·   si cembe jafafi · sasa beye bolgomibu ·   hono
사람이 우리 중에 있는데, 당신이 그들을 데리고 함께 몸 재계(齋戒)하고 또한

ceni funde uju fusire menggun be bucina · ere ci gemu sini turgun de
그들 대신 머리 자르는 돈 을 주십시오. 이러면 모두 당신 사정 에 대해

donjihala gisun be holo tašan obumbime · geli sini beye fafun i ici yabure be
들은 말 을 거짓으로 여기고 또한 당신 자신이 율법 을 따라 행함 을

sambi ·· tacihiyan de dosika encu mukūn i niyalma²² oci · ce   sini ere baita i
알고, 가르침 에 들어온 다른 민족 의 사람들 은 그들이 당신의 이 일 로

turgun heni kenehunjere ba   akū ·   be aifini cende /93b/ bithe unggime ·
인해 조금도 의심하는 바 없을 것입니다. 우리가 이미 그들에게 글을 보내어

ume   miosihon ūren de doboho jemengge be jetere ·   ume eici gise hehe de ·
(말라) 사악한 우상 에게 바친 음식 을 먹지 말고, (말라) 혹 창녀 에게나

eici sargan jui de   lature²³ · jai hahūrame bucebuhe ulha gashan terei
혹 여자 아이 에게 간음하지 말며 또 목 졸라 죽인 짐승과 새와 그것의

senggi de²⁴ targa²⁵ sere toktobuhabi · gisun wajinggala · Boolo tere niyalma be
피 를 경계하라 고 결정했습니다." 말이 끝나자 바울로가 그 사람 을

---

21 'Nazareo sere gashūn gashūha (나자레오의 서원을 한)'에 해당하는 라틴어는 'votum habentes super se (자신에 대해 서원을 하는)'이다. 이 라틴어 성경을 번역한 프랑스어 번역은 'fait le vœu des Nazaréens (나지르의 서원을 한)'으로 되어 있어 푸와로 신부는 이 프랑스어 번역을 참고했음을 알 수 있다. '나지르의 서원 (the Nazirite vow)'은 평생 혹은 한시적으로 세상과 단절하고 스스로를 구별하여 하느님께 자신을 봉헌하겠다는 서원이다.

22 'tacihiyan de dosika encu mukūn i niyalma (가르침에 들어온 다른 민족의 사람들)'에 해당하는 라틴어는 'qui crediderunt ex gentibus (이방인으로부터 믿었던 사람들, 이방인이었다가 믿은 사람들)'이다.

23 'ume eici gise hehe de · eici sargan jui de lature (혹 창녀에게나 혹 여자 아이에게 간음하지 말라)'에 해당하는 라틴어는 'abstinent se ab fornicatione (간음을 금하기를)'일 뿐이다.

24 동사 'targa- (경계하다)'는 그 목적어 표시 조사로 'be'와 'de' 두 가지 모두 사용한다.

25 'hahūrame bucebuhe ulha gashan terei senggi de targa (목 졸라 죽인 짐승과 새와 그것의 피를 경계하라)'에 해당하는 라틴어는 'abstineant se ab ······ sanguine et suffocato (피와 질식된 것을 금하기를)'일 뿐이다.

gajifi · beye bolgomifi · jai inenggi tesei emgi tanggin de wesike · ai inenggi
데리고 몸을 씻고 다음 날 그들과 함께 성전 에 올라가, 어떤 날

ceni beye bolgomire dorolon wajimbi · ai inenggi meimeni niyalma i dobocun
그들 몸을 정결히 하는 예식을 행하며, 어떤 날 각각 사람들 의 예물을

alibuci acambi seme wecen i da sa de alaha ·
바쳐야 마땅한가 라고 제사장 들 에게 말했다.

enteke dorolon i nadan inenggi[26] jalume hamika de · Asiya baci jihe
이렇게 예식 의 7 일이 다되어 갈 때 아시아 지방에서 온

Israel i omosi Boolo be tanggin i dolo sabufi · geren irgen be šusihiyeme
이스라엘 자손들이 바울로 를 성전 안에서 보고 많은 백성들 을 선동하고

facuhūrabufi · imbe jafaha · geli den jilgan i hendume · Israel i mukūn i
소란케 하여 그를 잡고서는 다시 큰 소리 로 말하기를, "이스라엘 민족 의

niyalma · gemu mende aisilarao · ere haha ba ba i niyalma be taciburede ·
사람들, 모두 우리를 도와주오. 이 남자가 곳곳의 사람들 을 가르칠 때

musei uksura · fafun · tanggin be fusihūlambime · /94a/ hono encu demun i
우리 족속과 율법과 성전 을 경멸하고 또한 다른 이단 의

duwalingga be tanggin de dosimbume · enduringgge babe nantuhūraha sehe ·
부류 를 성전 에 들어오게 하여 거룩한 곳을 더럽혔소." 하였다.

ere jergi urse Efeso ba i Torofimo be Boolo i emgi hoton de sabuha ofi ·
이 들 무리가 에페소 지방의 드로피모 를 바울로와 함께 성 에서 보았으므로

ne Boolo imbe tanggin de dosimbuha seme balai gūnimbihe · hoton i niyalma
지금 바울로가 그를 성전 에 들어가게 했다 고 함부로 생각한 것이다. 성 의 사람들은

facuhūn arbun i gemu isabufi · Boolo be jafame · imbe ušahai tanggin ci
소란한 모습 으로 모두 모여 바울로 를 잡아 그를 끌어서 성전 에서

tucibuki sembihe · emgeri tucibuhede · duka be yaksiha · irgese Boolo be waki
내쫓으려 했고, 일단 나오게 하고서 성문 을 닫았다. 백성들이 바울로 를 죽이려고

seme ofi · emu jalan i coohai da[27] de alarangge bi · hoton i urse ambula
하 므로 한 부대장 에게 말한 자가 있었는데, 성 의 무리들이 크게

---

26 'dorolon i nadan inenggi (예식의 7일)'에 해당하는 라틴어는 'septem dies (7일)'일 뿐이다.
27 'jalan i coohai da (부대장)'은 직역하면 '부대의 군인의 우두머리'이다.

facuhūrambi serengge inu · i nerginde cooha · janggisa be gaifi ceni baru
소란 피운다 라고 한 것 이다. 그가 때 맞추어 군대와 무관들 을 데리고 그들 에게

sujume jihe · ce cooha · jalan i [u] da be sabufi · Boolo be tantame nakaha ·
달려 왔고, 그들이 군대와 부대 장 을 보고 바울로 를 때리기를 그쳤다.

jalan i coohai da teni ibenjime · Boolo be jafafi · cooha de afabume · suwe
부대 장이 그때 나아와 바울로 를 잡아 군사 에게 맡기며 "너희가

juwe selei futa de terebe hūwaita sehe · jai fonjici · ere ai niyalma · ini
두 쇠 사슬 로 그를 묶어라." 하였다. 또 묻기를, "이자가 어떤 사람이며 그가

yabuha ba ai ni serede · feniyelehe ursei dolo ememu uttu · ememu /94b/
행한 것이 무엇 인가?" 하자 모여든 사람들 중 어떤 이는 이렇다, 어떤 이는

tuttu jaburengge bihe · facuhūn i turgunde · baita i uru waka ilgaci
저렇다 대답하는 것 이었다. 소란 때문에 일 의 옳고 그름이 분별되지

ojorakū be dahame · taka imbe coohai kūwaran[28] i bade benebuhe · tafukū i
않음 에 따라 잠시 그를 군사의 병영 의 장소로 압송하게 했다. 층층대 의

jergi de isinafi · fihetele isaha geren urse Boolo be nungnere ayoo · cooha
계단 에 이르러 가득 모인 많은 무리가 바울로 를 해칠까 걱정하여 군사가

umainarakū imbe tukiyembihe · niyalmai feniyen dahalame · terebe bucebu
할 수 없이 그를 짊어졌는데, 사람들의 무리가 따르며 그를 죽이라

seme hūlambihe ·· Boolo coohai hūwaran de dosime deriburede · jalan i coohai
고 외쳤다. 바울로가 군사의 병영 에 들어가기 시작할 때 부대

da de fonjime · emu udu gisun sinde gisureci ombio sefi · jabume · Keresiya
장 에게 묻기를, "한두 말을 당신에게 말해도 됩니까?" 하니 답하기를, "그리스

ba i gisun be bahambio · tere Esido[29] ba i haha udu inenggi i cala irgese be
지방 의 말 을 아는가? 저 에집트 지방 의 남자로 며칠 전에 백성들 을

facuhūrabuha · ceni dorgici duin minggan hūlhatu[30] be gobi[31] de benehengge ·
소란케 하고 그들 중에서 4 천의 도적 을 사막 으로 데려간 자가

---

28 'coohai kūwaran (군사의 병영)'에 해당하는 라틴어는 'castra (군막, 병영)'이다.
29 'Esido(에집트)'는 본문에는 'Esito'로 표기되어 있으나 잘못으로 보고 고친다.
30 'hūlhatu(도적)'에 해당하는 라틴어는 'vir sicarius (살인자, 암살자, 흉악한 사람)'이다.
31 'gobi(사막)'에 해당하는 라틴어는 'desertum'인데 이 라틴어는 성경에서 흔히 '광야, 황야'로 번역된다.

aimaka sini beye wakao serede **[na]** Boolo hendume · bi Israel i mukūn i
혹시 당신 자신이 아닌가?" 하자, 바울로가 대답하기를, "나는 이스라엘 민족 의

omolo bicibe · Šilisiya golo i gebungge hoton Tarso de banjiha ofi Roma
자손 이지만 길리기아 주 의 유명한 성 다르소 에서 태어났 으므로 로마

gurun i niyalma seci ombi[32] · bairengge si mimbe[33] /95a/ irgesei jakade
나라 의 사람이 라 해야 됩니다. 청컨대 당신은 나를 백성들 앞에서

gisurebureo sehe ·· cihai gisure serede · Boolo tafukū i jergi de ilifi ·
말하게 하시오." 하였다. "마음대로 말하라." 하자, 바울로가 층층대 의 계단 에 서서

irgesei baru galai jorifi · heni asuki akū ohode · Heber i gisun
백성들을 향하여 손으로 지시하여, 전혀 소리가 없게 되었을 때, 히브리 말로

gisureme deribuhe **[ne]** ··
말하기 시작했다.

---

32 "bi Israel i mukūn i omolo bicibe · Šilisiya golo i gebungge hoton Tarso de banjiha ofi Roma gurun i
niyalma seci ombi (내가 이스라엘 민족의 자손이지만 길리기아 주의 유명한 성 다르소에서 태어났으므
로 로마 나라의 사람이라 해야 합니다.)"에 해당하는 라틴어는 "ego homo sum quidem Iudæus a Tarso
Ciliciæ non ignotæ civitatis municeps (나는 사실 길리기아의 유명한 다르소 사람으로 자유 시민입니다.)"
이다. 이 라틴어 문장 끝의 'civitatis municeps (자유 시민)'은 로마 시민권을 가진 사람을 말한다.

33 'mimbe'는 '나를'이라는 대격형(對格形)이지만 여기서는 주격으로 해석할 수도 있다.

SURE GISUN
풀이   말

[a] Geho · Roto serengge juwe mederi i tun inu ··
코스, 로도스 라는것은 두   해도(海島) 이다.

[e] ce   Boolo i Yerusalem de genere gūnin · cohome enduringge enduri ci
그들은 바울로 의 예루살렘 으로 가려는 생각이, 특별히   성령   에게서

tucinjihengge be fuhali sarkū   bihe · enduringgge enduri Boolo be Yerusalem
나온것   임을 전혀 몰랐던 것이다.   성령께서는   바울로 를 예루살렘

ci   Roma de unggineki sembihe ··
으로부터 로마 로 보내고자 하셨다.

[i] ejen Yesu i   šabi Yakobo · Yerusalem de bisire acin i   dalaha da inu ··
주 예수 의 제자 야고보는   예루살렘 에 있는 교회 의 으뜸가는 수장 이다.

[o] sini   baita · gūnin be   baicakini sere turgun uhei acanjiki sembi ··
당신의 일과   생각 을 조사하고자 하는 이유로 함께 만나고자 한다.

[u] Yerusalem i   irgese   facuhūn deribure   ayoo · Roma gurun i amba
예루살렘 의 백성들이 반란을 일으킬까 염려하여 로마 나라 의 대

jiyanggiyūn Antonio enduringge tanggin i dalbade den · akdun subarhan be
장군   안토니오가   성당   의 옆에 높고 튼튼한   탑 을

iliha ·   udu tanggū cooha be   dolo sindaha /95b/ bihe ··
세우고, 수백의   군사 를 안에 두었던   것이다.

[na] dade ilan aniya i onggolo emu guwanggun Esido   baci   tucifi · duin
원래 3 년   전에 어떤 무뢰한이 에집트 지방에서 나와 4

minggan hūlatu be   gaifi Yudeya bade   jihe bihe · i beye beyebe tukiyeceme ·
천의   도둑 을 데리고 유다 지방에 왔었 는데, 그가 자기 자신을   추켜세우며,

jidere unde baita be sara saisai   arbun   arbušame · Yerusalem i irgese be
오지 않은 일 을 아는 현자의 모습으로 행동하고,   예루살렘 의 백성들 을

hūlimbufi · sunja tumen niyalma be gobi de isabuha · emu hūsun i   Roma
미혹시켜   5   만   사람들 을 사막 에   모아   한   세력 으로 로마

gurun i han be cashūlame ubašaki sembihe ·· damu   uheri kadalara   da[34]
나라 의 황제 를 배반하여 뒤엎으려   하였다.   그러나 전부를 관할하는 수령인

Feliše[35]   moringga yafahan cooha[36]de tesei feniyen de ushume dosifi · wahai ·
펠리스가, 말타고   걷는   군사들 에게 그들   무리 로 돌진해 들어가 죽이고

geren be samsibuha · Esido ba i guwanggun ukame   jailaha · aibide genehe
전부 를 해산케 하였다. 에집트 지방 의   무뢰한은   도망하여 피했는데, 어디로 갔는지

be gemu sarkū ·· ne cooha jalan i da ainci Boolo · ere niyalma dere seme
를 모두 몰랐다. 지금   부대장은   아마 바울로가 이 사람 이리라 하고

gūnimbihe ··
생각했던 것이다.

[ne] Abraham i goro mafa   Heber i baitalaha gisun inu ··
아브라함 의   먼   조상인 히브리인 이 사용한   말 이다.

---

34 ʻuheri kadalara da (전부를 관할하는 수령)'은 라틴어 ʻpræfector(총독)'을 번역한 말이다. 이 만주어 낱말
은 원래 ʻ總兵, 提督之次'로 번역되는 청나라의 관직이었다. 《漢淸文鑑》 2권 43장 참조. 《만주어 에스델기》
(지식과 교양, 2017) 56쪽도 참조.

35 ʻFeliše'는 당시의 로마 총독 Marcus Antonius Felix (5/10-?, 총독 재위 52-60)를 말한다.

36 ʻmoringga yafahan cooha (말 타고 걷는 군사)'는 '기병(騎兵)과 보병(步兵)'을 의미한다.

ORIN JUWECI FIYELEN
제22   장

A mata ·   ahūta · suwe mini arbušara yabure durun turgun[1] be
"아버지들, 형님들, 여러분은 내가 움직이고 행하는 모습과 이유 를

donjikini /96a/ [a] · ne suwende getuken i alaki sembi ·· i Heber i gisun
들으시오.   지금 여러분들께 명백히 알리고자 합니다." 그가 히브리 말로

geren i baru[2] gisurerebe tuwafi · šan waliyatala gūnin werišeme[3] imbe
많은 이 를 향하여 말하는것을 보고   귀   기울일 생각으로 주의하여 그를

donjimbihe ·· Boolo hendume · bi uthai Israel i   omolo inu · Šilisiya golo i
들었다.   바울로가 말하기를, "나는 곧 이스라엘 의 자손 입니다. 길리기아 주의

Tarso de banjiha · ere hoton i dolo Gamaliyel i bethei fejile[4] [e] hūwašabuha ·
타르소 에서 태어나   이   성   안의 가믈리엘 의 발 아래서   양육되어.

musei mafari i fafun i unenggi doro dorolon be   taciha · suwe enenggi
우리   조상 의 율법 의 진정한 진리와 예식 을 배웠습니다. 여러분들이 오늘

fafun be eldembure jalin faššara adali · bi inu   faššaha bihe · bi yala ere
율법 을 빛나게 하기 위해 힘쓰는것 처럼   나 또한 힘썼던 것 입니다. 나는 사실 이

tacihiyan i niyalma be[5] bucetele jobobuha · hahasi hehesi be bireme hūwaitafi ·
가르침 의   사람 을 죽도록   괴롭혔고, 남자들과 여자들 을 모두 묶어

horin de horibuha · wecen i amba da[6] · geren irgen i unggasa · gemu ere
감옥 에 가두었는데, 제사 의 큰 수령과 많은 백성 의 장로들이   모두   이

---

1 'arbušara yabure durun turgun(움직이고 행하는 모습과 이유)'의 라틴어는 'ratio(이유, 까닭, 근거)'일 뿐이다.

2 'geren i baru (많은 이를 향하여)'의 라틴어는 'ad illos (그들에게)'이다.

3 'šan waliyatala gūnin werišeme (귀 기울일 생각으로 주의하여)'의 라틴어는 'magis præstiterunt silentium (더 침묵을 드러냈다.)'이다.

4 'Gamaliyel i bethei fejile (가믈리엘의 발 아래서)'의 라틴어는 'secus pedes Gamalihel (가믈리엘의 발들 가까이에서, 발들 곁에서)'이다.

5 'ere tacihiyan i niyalma be (이 가르침의 사람을)'의 라틴어는 'hanc viam (이 길을)'이다.

6 'wecen i amba da (제사의 큰 수령)'의 라틴어는 'princeps sacerdotum (사제들의 으뜸, 대제관, 대제사장)'

baitai siden niyalma ojoro dabala · bi   ceni bithe be gaime · Damasko i   deote
일의   증인이   될 것입니다. 내가 그들의 편지 를 가지고 다마스커스 의 동생들

i baru genembihe · ice tacihiyan i urse be huthhuki · cembe isebure turgun
을 향해 갔는데,   새 가르침 의 사람들 을 결박하고 그들을   벌하기 위해

Yerusalem de benjiki   sembihe · jugūn yabume · Damasko /96b/ hoton i hanci
예루살렘 으로 보내고자 한 것입니다. 길을   가서   다마스쿠스   성   가까이

ohode · inenggi i dulin · abka ci fosoko amba elden ilihai mini beyei šurdeme
되었는데   정오에   하늘 에서 찬란한 큰 빛이 갑자기 내 몸   주위로

gerišehe · bi na de tuhefi · mini baru hūlara jilgan be donjiha · jilgan i gisun
번쩍였고, 내가 땅 에 쓰러지자 나를 향해 부르는 소리 를 들었는데 소리 의 말은

uthai Saūlo · Saūlo ainu mimbe nungneki sembini [i] sehengge inu ·   bi
곧 '사울아, 사울아 어찌 나를   해치려   하느냐?'   한 것 이었습니다. 내가

jabume · ejen   si   ai   serede · hendume · bi Nadzaret i Yesu inu · si
대답하여 '주님, 당신은 무엇입니까?' 하자, 대답하기를, '나는 나자렛 의 예수 이다. 너는

mimbe nungneki sembikai · mimbe dahalara niyalma genggiyen elden be sabuha
나를 해치려고 한다.' 하십니다. 나를 따르는 사람들은   밝은   빛 을 보았

gojime · mini emgi gisurere Yesu i jilgan be bahafi donjirakū ·   bi hendume ·
지만   나와 함께 말하는 예수 의 소리 를 능히 듣지 못했습니다. 내가 말하기를

ejen · mini yabuci acarangge ai   sefi · ejen minde jabume · ilifi · Damasko
'주님, 제가 행해야 할 일이 무엇입니까?' 하자 주께서 나에게 답하시기를 '일어나 다마스쿠스

de dosina · ubade sini yabuci acara hacin hacin i baita be sinde alarangge
로 들어가라. 거기에 네가 해야   할   가지 가지 의 일 을 너에게 알리는 자가

bi   sehe ·· tere genggiyen elden i turgun yasai sabume muterakū ofi ·
있으리라.' 하셨습니다. 그   밝은   빛 때문에 눈으로 볼   수 없었 기에

hokisa   mini gala be jafame · mimbe Damasko de   benehe ·   Damasko i dolo
동료들이 나의 손 을 잡고   나를 다마스쿠스 로 데려갔습니다. 다마스쿠스 의 안에

emu niyalma bihe · gebu Ananiyas inu /97a/ fafun be hing seme tuwakiyame
한 사람이 있었는데 이름이 아나니아 이고   율법 을   열심히   지키

이다.

ofi · tuttu　tubai　Israel i　omosi i　dorgici　imbe　saišarakūngge　akū ·　i
므로　따라서　그곳의　이스라엘　자손들　중에서　그를　자랑하지 않는 자 없는데, 그가

mimbe　acame　jihe ·　mini　jakade　ilifi　hendume ·　mini　deo[7]　Saūlo ·　si　yasai
나를　만나러 왔고,　내　앞에 서서　말하기를, '나의　동생　사울, 당신 눈으로

tuwa　sehede ·　bi　nerginde　imbe　sabuha ··　i　geli　hendume ·　musei　mafari i
보시오.' 하자　내가 그때　그를 보았습니다. 그가 또 말하기를,　'우리　조상 의

ejen　Deus　simbe　neneme　sonjoho　gūnin ·　si　ini　hese be　sakini ·　jai
주 하느님께서 당신을　먼저　선택하신　뜻은, 당신이 그분 뜻 을 알고　또

jurgangga　be [o] sabukini ·　terei　anggai　gisun be　donjikini　sere　gūnin inu ·
의로움 을　보고　그　입의　말씀 을 들으라 는 뜻 입니다.

si　terei　siden　niyalma ofi ·　tumen　tumen　irgen i　juleri[8]　sini　sabuhala ·
당신은 그분의　증인 이므로 만 만 백성들의 앞에서 당신이 보고

donjihala　hacin be　temgetuleci　acambi [u] ·　ne　elhešefi　ainambi[9] ·　hasa　ilime ·
들은 것 을 증거해야 합니다.　이제 지체하여 어찌하겠소? 어서 일어나

enduringge　mukei　obocun[10]　be　ali ·　ejen　Yesu i　gebu be　hūlafi　beyei　weilen be
거룩한 물로 씻음 을 받고 주 예수의 이름 을 부르며 자신들의 죄 를

geterembu ··
깨끗이 하시오."

bi　amala　Yerusalem　de　bederenjihe ·　emu　inenggi　tanggin[11] i　dolo
"나는 그 뒤에 예루살렘 으로 돌아갔습니다. 어떤 날 회당 의 안에서

nomun　hūlarade[12] ·　gaitai　gūnin　waliyabuha[13] ·　sure　fayangga i　yasa de
경전을 읽을 때 갑자기 생각이 잃어버려져,　영혼 의 눈 으로

---

7 'deo(동생)'의 라틴어는 'frater(형제)'이다.

8 'tumen tumen irgen i juleri(만만 백성들의 앞에서)'의 라틴어는 'ad omnes homines(모든 사람들에게)'이다.

9 'ne elhešefi ainambi (이제 지체하여 어찌하겠소?)'의 라틴어는 'nunc quid moraris (이제 왜 지체하느냐?)' 이다.

10 'obocun(씻음)'이란 만주어 낱말은 과거 문헌에 나오지 않는다. 'obocun be ali (세례를 받으시오)'의 라틴 어는 'baptizare(세례주다, 세례 받다)'인데 이 '세례(baptismus)'라는 말을 위해 만주어 'obombi(씻다)'라 는 동사 어간에 명사 형성 접미사 '-cun'을 붙여 새 낱말을 만든 것이다.

11 'tanggin(회당)'의 라틴어는 'templum(성전, 회당)'이다.

12 'nomun hūlarade (경전을 읽을 때)'의 라틴어는 'oranti(말할 때, 기도할 때)'이다. 이 라틴어 성경의 프랑 스어 직역도 역시 "lorsque j'étois en prières (내가 기도하고 있었을 동안)'이다.

13 "gūnin waliyabuha (생각이 잃어버려졌다.)"의 라틴어는 "fieri me in stupore mentis (내가 정신의 마비 상

terebe **[na]/97b/** sabuha · ini   ere gisun be kemuni donjiha · hūdun hūdun i
그분을   뵈었고, 그분의 이런 말씀 을   또한   들었습니다. '속히   속히

Yerusalem ci tucine · si ainame mimbe temgetuleci · ce umai gisun gairakū
예루살렘 에서 나오너라. 네가 아무리 나를   증명해도 그들은 전혀 말을 안 듣는다.'

sehede · bi jabume · ejen · ce gemu mimbe saha · simbe akdara niyalma
하시자 내가 대답하기를, '주님, 그들은 모두   저를   압니다. 당신을 믿는   사람

bici ·   bi ememu horibuha · ememu acan i bade sibsikai tantabuha bihe · sini
이라면 제가 혹은 가두거나   혹은 모임 의 장소에서 회초리로 때린 일이 있습니다. 당신

siden Sutefano i senggi eyeburede · bi ilifi dahacambime · hono terebe wara
증인 스테파노의 피가 흐르게 할 때 제가 즉시 찬성했고   또한   그를 죽이는

ursei etuku be tuwakiyaha sere baita be ejerakū ome muterakū   sehe ·   i
무리의 옷 을   지켰다   는 일 을 기억하지 않을 수 없습니다.' 했습니다. 그분은

hendume · gene · bi goro bade tehe uksura i baru simbe unggiki   sembi ··
이르시기를, '가라, 내가 먼 곳에 사는 민족 을 향해 너를 보내리라.' 하셨습니다."

Boolo i ere gisun i ebsihe geren   imbe donjimbihe · holkonde den
바울로의 이   말 의 끝에 많은 이가 그것을   듣고   갑자기 높은

jilgan kaicame · ere jergi haha be jalan ci geterembu · jalan de bibuci ojorakū
소리로 외치기를 "이 따위 놈 을 세상 에서 없애라.   세상 에 두면 안 된다."

sehe · emderei surerede · emderei beyei etuku · buraki be untuhun i baru
하였다. 한편으로 소리 치고 한편으로 자기 옷과   먼지 를   하늘 을 향해

maktarade · jalan janggin Boolo be kūwaran i dolo dosimbuha · jai geren
 던질 때   부대장이   바울로 를   병영   안에 들어가게 했다. 또 많은 이가

imbe uttu jilidafi **/98a/** ere durun i   kaicara turgun be sakini · imbe šusihala ·
그에게 이렇게 화내고   이 모습 으로 아우성치는 이유 를 알고자 그를 채찍질하고

erule   seme afabuha · Boolo be sukū i uše de huthuhe manggi · i hacin
형벌하라 고   하였다. 바울로 를 가죽 띠 로 묶었   는데, 그는 가까이

bisire niru i janggin[14] de fonjime · weile beideme toktobure unde de · suwe
 있는 백인 대장 에게 묻기를, "죄를 심문하여 판정하기 전 에 너희가

태에 있었다.)"이다.

14 'niru i janggin (백인 대장)'의 라틴어는 'centurio(백인 대장, 백부장)'이다.

Roma i niyalma be šusihalame mutembio sehe · tanggū coohai da[15] ere gisun be
로마 의 사람 을 채찍질 할 수 있는가?" 하였다. 백 명의 군사 대장이 이 말 을

donjifi · jalan i janggin[16] be acame hendume · sini   yabure   ai baita ni · ere
듣고 부대장 을 만나 말하기를, "당신이 행한 것이 어떤 일 이오? 이

niyalma · Roma i niyalma inu sefi · jalan i janggin Boolo i jakade jihe ·
사람은 로마 사람 이오." 하여 부대장이 바울로의 앞으로 와서

fonjime si Roma i niyalma bio serede · inu sehe ·· jalan i janggin hendume ·
묻기를, "당신이 로마 사람 인가?" 하자 '그렇다'고 했다. 부대장이 말하기를,

bi   utala menggun de Roma i niyalma i tukiyecun be baha[17]   sehe · Boolo
"나는 상당한 은 으로 로마 사람 의 명예 를 얻었다." 하였다. 바울로가

jabume ·   bi Roma i niyalma banjihabi[18] sehede · imbe eruleki   sere urse
답하기를, "나는 로마 의 사람으로 태어났소." 하자 그를 벌하고자 하는 무리가

ilihai [ne] jailabuha · jalan i janggin oci · Boolo Roma i niyalma seme saha
즉시 피하였고, 부대장 은 바울로가 로마 의 사람 임을 안

manggi · absi   gelehe · imbe hūwaitabuha ofi kai · jai inenggi Israel i
후 매우 두려워했는데, 그를 묶었기 때문 이다. 다음 날 이스라엘 의

omosi[19] Boolo be habšara /98b/ turgun getuken i ulhiki seme · ini futa be
후손들이 바울로 를 고소하는 이유를 명백히 알고자 하여 그의 밧줄 을

sufi · wecen i da · jergi sakda sa[20] be uhei   acabufi · Boolo be benjime · ceni
풀고 제사장과 일반 원로 들 을 일제히 소집했고, 바울로 를 데려와 그들

dulimba ilibuha ··
가운데 세웠다.

---

15 'tanggū coohai da (백 명의 군사 대장)'의 라틴어는 'centurio(백인 대장, 백부장)'이다.

16 'jalan i janggin (부대장)'의 라틴어는 'tribunus(호민관)'이다.

17 "bi utala menggun de Roma i niyalma i tukiyecun be baha (나는 상당한 은으로 로마 사람의 명예를 얻었다.)"의 라틴어는 "ego multa summa civitatem hanc consecutus sum (나는 많은 돈을 들여 이 시민권을 얻었다.)"이다.

18 "bi Roma i niyalma banjihabi (나는 로마의 사람으로 태어났다)"의 라틴어는 "ego autem et natus sum (그러나 나는 출생되었다.)"이다. 이의 프랑스어 번역은 "je l'ai par ma naissance même. (나는 그것을 바로 내 출생과 함께 갖고 있다.)"이다.

19 'Israel i omosi (이스라엘의 후손들)'의 라틴어는 'Iudæus(유다인들)'이다.

20 'wecen i da · jergi sakda sa (제사장과 일반 원로들)'의 라틴어는 'sacerdotes et omne concilium (사제들과 모든 공의회를)'이다.

SURE GISUN
풀이   말

[a] wecen i ujulaha   da   sa be kundulere gūnin · cembe amata sere wesihun
　　제사 의 으뜸 우두머리 들 을 공경하는 뜻에서 그들을 아버지 라고 높이는

tukiyecun de   tukiyecembi ··
칭송   으로 찬양하였다.

[e] ere gocishūn gisun i gūnin uthai bi Gamaliyel gebungge sefu i   šabi
　　이   겸손한   말 의 뜻은 곧 내가 가마리엘 (이름 있는 선생) 의 제자가

oho   sere gūnin inu ··
되었다 는   뜻 이다.

[i] musei gosingga ejen Yesu ini tacihiyan i niyalmai tusa koro be ini
　　우리의 어지신   주 예수는 당신 가르침 의 사람들의 이익과 손해 를 당신

beyei   tusa koro obume bi ··
자신의 이익과 손해로 여기고   계신다.

[o] beye ten i   jurgangga bime · geli eiten jurgan erdemu i sekiyen
　　자신은 지극히 의로운이 이시며 또한 온갖 의로운 덕행 의 근원이

ojorongge uthai Yesu inu ··
되시는이, 곧   예수 이시다.

[u] yala   Boolo ejen Yesu i hūturingga beye be sabuha · enduringgge
　　참으로 바울로는 주 예수의 복되신   몸 을 보았고,   거룩한

tacihiyan i amba doro be Yesu i angga ci donjiha · jergi hacin be babade
가르침 의 큰 진리 를 예수의   입 에서 들은, 등등의 사항 을 곳곳으로

selgiyeci acambihe ‥
전파해야 했던 것이다.

[na] ejen Yesu   inu ‥
　　주　 예수 이시다.

[ne] ya   we i niyalma i tukiyecun be bahangge bici · i ahasi i   erun   alici
　　어느 누가 사람들 의　 명예　를　 얻은 것이 있다면 그는 종들 의 형벌을 받아선

ojorakū ‥²¹ /99a/
안 된다.

---

21 로마 시민권을 가진 사람들은 종들의 형벌을 받지 않는다는 뜻이다.

ORIN ILACI FIYELEN
제23   장

Boolo   isaha wecen i da · sakda sa be tuwarade hendume · mini
바울로가 모여 있는 제사장과   원로 들 을   보고   말하기를, "나의

ahūta[1] · bi abkai ejen i juleri enenggi de isitala[2] doroi mujilen be dahafi ·
형님들, 나는 하느님 의 앞에서   오늘 에 이르도록 진리의   마음 을 따르며

unenggi gūnin i   yabuha[3] [a] ·· gisun wajinggala · wecen i dalaha   da[4] Ananiyas
진실한   뜻 으로 행동했습니다." 말을 끝내기 전에   제사를 관할하는 으뜸 아나니아가

hanci bisire niyalma de   afabume · terebe šasihala sehe ··   Boolo   teni inde
가까이 있는 사람 에게 지시하기를, "그를   때려라." 하였다. 바울로가 그때 그에게

hendume · cifaha fajiran [e] · abkai ejen esi imbe isebuci ·   si ubade tefi
말하기를, "회칠한 담장아,   하느님께서 응당 그를 벌하시리라. 당신이 여기에 앉아

mimbe fafun i ici beideki serede · elemangga fafun be fudarame mimbe
나를   법 에 따라 심판하려 하면서   도리어   법 을   어기고   나를

šasihalabumbi sehe ·· adara niyalma Boolo be wakalame · si wecen i ujulaha
때리게 하는가?" 하였다. 따르는 사람들이 바울로 를 나무라기를, "네가 제사 의 머리되는

da[5] be firumbio sefi ·· Boolo   jabume · ahūta[6] · si uthai wecen i dalaha   da[7]
으뜸 을 꾸짖느냐?" 하자 바울로가 대답하기를, "형들, 당신이 곧   제사 를 관할하는 으뜸

---

1 'mini ahūta (나의 형님들)'에 해당하는 라틴어는 'viri fratres (형제님들)'이다.

2 'enenggi de isitala (오늘에 이르도록)'에 해당하는 라틴어는 'usque in hodiernum diem (오늘 날에까지)'이
다.

3 "doroi mujilen be dahafi · unenggi gūnin i yabuha(진리의 마음을 따르며 진실한 뜻으로 행동했습니다.)"에
해당하는 라틴어는 "omni conscientia bona conversatus sum(모든 좋은 양심으로 나는 처신했습니다.)"이다.

4 'wecen i dalaha da (제사를 관할하는 으뜸)'에 해당하는 라틴어는 'princeps sacerdotum (대제사장, 사제들
의 으뜸)'이다.

5 'wecen i ujulaha da (제사의 머리되는 으뜸)'에 해당하는 라틴어는 'summum sacerdotem Dei (하느님의 으
뜸가는 사제)'이다.

6 'ahūta(형들)'에 해당하는 라틴어는 'fratres(형제들)'이다.

7 'wecen i dalaha da (제사를 관할하는 으뜸)'에 해당하는 라틴어는 주4)와 같이 'princeps sacerdotum (대제

seme · bi fuhali sarkū bihe[8] [✠][9] · yala ume sini uksura i ejen be firure
인지 내가 전혀 모르고 있었소 . 사실 (말라) '너의 족속 의 주인 을 욕하지 말라.'

sehe gisun enduringgge nomun debi ··
란 말이 거룩한 경전 에 있소."

Boolo isaha niyalma i emu ubu **/99b/** Satušeo · gūwa ubu Fariseo
바울로가 모인 사람들 의 한 파 사두가이와 다른 파 바리사이

duwalingga bisirebe safi **[i]** · isan i bade den jilgan i hūlame · mini ahūta[10] ·
무리가 있음을 보고 모임 의 장소에서 높은 소리 로 외치기를, "나의 형들,

bi kemuni Fariseo · Fariseo ama i jui inu · bi bucehe amala dasame
나도 또한 바리사이이며 바리사이 아버지 의 아들 이오. 나는 죽은 후 다시

banjire kesi be ereme ofi · suwe ne mimbe cira i beidembi sehe[11] · ere
살아날 은혜 를 바라 므로 여러분이 지금 나를 엄하게 심판합니다." 하였다. 이

gisun emgeri gisurehede · Fariseo Satušeo sere juwe tacikū i niyalma uthai
말을 한번 말하자 바리사이와 사두가이 의 두 학파 의 사람들은 곧

ishunde acuhūn akū · geren i gūnin fakcashūn oho ·· dade Satušeo ursei
서로 분란이 일어나 많은 이 의 생각이 분열되어 버렸다. 원래 사두가이 무리의

hasutai doro leolen · niyalma bucefi dasame banjirakū · abkai enduri akū ·
사악한 이론은, 사람이 죽어 다시 살아나지 않고, 하늘의 천사는 없으며,

gūwa enduri[12] beye inu akū sembi ··[13] Fariseo niyalma oci · juwe hacin
별도의 영의 실체 도 없다 고 한다. 바리사이 사람들 은 두 가지가

사장, 사제들의 으뜸)'이다.

8 'bi fuhali sarkū bihe (내가 전혀 모르고 있었다)'에 해당하는 라틴어는 'nesciebam(나는 몰랐다)' 뿐이다. 즉 'fuhali(전혀)'에 해당하는 말은 라틴어에 없다.

9 이 자리에 들어올 인주(引註) 부호는 〔i〕가 되어야 하는데 〔i〕는 다음 쪽(100a)에 가 있다. 이 주석(註釋)은 아마 이 원고를 다 쓴 후에 보충한 것인 듯하다.

10 'mini ahūta (나의 형들)'에 해당하는 라틴어는 'viri fratres (형제님들)'이다.

11 "bi bucehe amala dasame banjire kesi be ereme ofi · suwe ne mimbe cira i beidembi sehe · (나는 죽은 후 다시 살아날 은혜를 바라므로 여러분이 지금 나를 엄하게 심판합니다.)"에 해당하는 라틴어는 "de spe et resurrectione mortuorum ego iudicor (죽을 이들의 희망과 부활 때문에 나는 심판 받습니다.)"이므로 만주어는 의역되어 있다.

12 'enduri(神)'는 이 만주어 성경에서 '성령, 영혼, 천사' 등의 의미로 사용되고 있다.

13 "dade Satušeo ursei hasutai doro leolen · niyalma bucefi dasame banjirakū · abkai enduri akū · gūwa enduri beye inu akū sembi ·· (원래 사두가이 무리의 사악한 이론은 사람이 죽어 다시 살아나지 않고 하

yargiyan i bi seme tacibumbi ·· tereci amba jamaran dekdehebi · emu udu
진실 로 있다 고   가르친다. 거기서 큰   논쟁이   일어났는데,   한두

Fariseingge ilicafi temšehei hendume gūnin de heni waka ba ere niyalma de
바리사이인이 일어나 다투며 말하기를, "생각 컨대 조금의 잘못한 바가 이 사람 에게

akū[14] · ememu enduri [o] · ememu yamaka abkai enduri erebe inde
없소.   혹은 성령이나   혹은   아마도 하늘의 천사가 이것을 그에게

alahanggeo · we same mutembini sembihe · facuhūn /100a/ ele nonggibure
알린 것인지 누가 알 수 있겠는가?" 하였다.   혼란이   더욱   더해졌기

jakade · jalan i da   gelefi · ce   Boolo i yali beye be garmime wara   ayoo
때문에 부대장이 걱정하고 그들이 바울로 의   육신 을   찢어 죽일 까 염려하여

cooha be hūlame gajifi · imbe ceni dulimbaci uksalabu · kūwaran i dolo
군사 를 불러 데려가서 그를 그들 가운데서 빼내어   병영 의 안으로

bene   sehe ·· jai dobori de ejen Yesu Boolo i juleri iletu tucinjifi hendume ·
데려가라 했다. 다시   밤 에 주 예수께서 바울로 의 앞에 뚜렷이 나타나 말씀하시기를,

hoo seme yabu[15] · si adarame mini beyebe[16] Yerusalem de temgetulehe · inu
"용감히 행하라. 네가 그렇게 내 몸을   예루살렘 에서 증명했고,   또

Roma de mimbe temgetuleci acambi sehe [u] ·· inenggi ohode · Israel i
로마 에서 나를   증명해야   한다." 하셨다.   낮이   되자 이스라엘 의

omosi i dorgici udu niyalma uhei acafi · gashūn gashūfi hendume · Boolo be
자손들 중에서 몇몇 사람들이 함께 만나 맹세 하여   말하기를, "바울로 를

waha de isitala · be gemu jeterakū   omirakū   sehe · Boolo be belere gūnin i
죽일 때 까지 우리 모두는 먹지 않고 마시지 않는다." 하였다. 바울로 를 해칠 생각 으로

hūkilahangge dehi ningge funceme bihe ·   ce geli wecen i dalaha da · sengge
공모한 자가 사십 명이   넘어 있었는데 그들이 또   제사장 으뜸과 나이든

늘의 천사는 없으며 별도의 영의 실체도 없다고 한다.)"에 해당하는 라틴어는 "Sadducæi enim dicunt non
esse resurrectionem neque angelum neque spiritum (즉 사두가이들은 부활도, 천사도, 성령도 없다고 말
한다.)"이다.

14 "gūnin de heni waka ba ere niyalma de akū (생각컨대 조금의 잘못한 바가 이 사람에게 없소.)"에 해당하
는 라틴어는 "nihil mali invenimus in homine isto (우리는 이 사람에게서 악한 것을 전혀 찾지 못한다.)"
이다.

15 'hoo seme yabu (용감히 행하라)'에 해당하는 라틴어는 'constans esto (용감하라, 당당하라)'이다.

16 'mini beyebe (내 몸을)'에 해당하는 라틴어는 'de me (나에 대해서, 나에 관해서)'이다.

sakda sa be[17] tuwame genefi[18] hendume · Boolo be waha de isinahai · be
원로 들을   보러   가서   말하기를, "바울로 를 죽일 때 까지 우리는

ser sere jaka be fuhali amtalarakū seme · gashūn gashūha · ne suwe geren
조그마한 것 을 전혀 맛보지 않는다 고   맹세하였습니다. 이제 여러분은 많은

hebei niyalma i funde[19] jalan i coohai janggin[20] de ere /**100b**/ mejige isibu ·
의회   사람들 대신에 부대 군인의 장군 에게 이   소식을 보내십시오.

Boolo i baita be getuken i sara jalin · inde emu udu gisun kemuni fonjirengge
'바울로의 일 을 명백히 알기 위해 그에게 한두   말을 좀   물을 것이

bi ·   terebe tucibufi · meni jakade benjibureo se ·· meni beye oci · terei
있으니 그를 나오게 하여 우리 앞으로 보내 달라.' 하소서. 우리   자신 은 그의

isinjire onggolo ja i terebe wambi[21]   sehe ·· Boolo i non i   jui ceni ere
도착   전에 쉽게 그를 죽이겠습니다." 하였다. 바울로 의 누이 의 아들이 그들의 이

arga be donjifi · coohai kūwaran i dolo dosime · Boolo de alanjiha · Boolo
계획 을 듣고   군대의   병영 안으로 들어가 바울로 에게 알리니 바울로가

emu nirui janggin[22] be solime gaifi[23] hendume · bairengge ere asihan niyalma be
한   부대장   을 불러 가지고 말하기를, "청컨대 이 젊은 사람 을

jalan i coohai da[24] i jakade benereo · inde gisurere gisun bi   sehe ·· nirui janggin
부대 의 군인 대장 앞으로 데려가시오. 그에게 할   말이 있다고 했습니다." 부대장이

---

17 'sengge sakda sa be (나이든 원로들을)'에 해당하는 라틴어는 'seniores(원로들을, 장로들을)'이다.

18 'tuwame genefi (보러가서)'에 해당하는 라틴어는 'accesserunt(가까이 갔다)'이다.

19 'geren hebei niyalma i funde (많은 의회 사람들 대신에)'에 해당하는 라틴어는 'cum concilio (의회원과 함께)'이다.

20 'jalan i coohai janggin de (부대 군인의 장군에게)'에 해당하는 라틴어는 'tribuno(호민관에게, 보병대장 에게)'이다.

21 "ja i terebe wambi (쉽게 그를 죽이겠다.)"에 해당하는 라틴어는 "parati sumus interficere illum (우리는 그를 죽일 준비가 되어 있다.)"이다.

22 'nirui janggin (부대장)'에 해당하는 라틴어는 'centurio(백인대장, 백부장)'이다. 'nirui janggin (부대장)' 은 《漢淸文鑑》 2권 35장에 '佐領'이라고 번역되어 있고, '領一隊之官, emu nirui baita be kadalara hafan (한 牛彔의 일을 管轄하는 官吏)'라고 설명하고 있다. 한 우록(牛彔)이 100인의 군사로 편성되어 있으므로 'nirui janggin'은 '백인대장, 백부장'이 된다.

23 'emu nirui janggin be solime gaifi (한 부대장을 불러 가지고)'에 해당하는 라틴어는 'vocans ad se unum ex centurionibus (자신에게 백부장 중의 한 명을 불러서)'이다.

24 'jalan i coohai da (부대의 군인 대장)'에 해당하는 라틴어는 'tribunus(호민관, 보병대장)'이다.

asihan be yarume · jalan i da i juleri benjifi hendume · horibuha Boolo
젊은이 를 인도하여 부대장 앞에 데려와 말하기를, "감금된 바울로가

minde baime · ere asihan be jalan i coohai janggin i juleri[25] benereo · inde
저에게 청하기를 '이 젊은이 를 부대 군인의 장군 의 앞으로 보내 주소서. 그분께

alara gisun bi   sehe · jalan i janggin[26] ini gala be jafame · enggici bade[27]
아뢸 말씀이 있습니다.'고 했습니다. 부대장이   그의 손 을 잡고   뒤 쪽으로

genefi fonjime · minde alaki serengge   ai   sefi · i hendume · ba i niyalma[28]
가서 묻기를, "나에게 알리고자 하는 것이 무엇인가?" 하자 그가 대답하기를, "이곳 의 사람들이

emu hacin be sinde baime toktoho[29] · bairengge /101a/ si cimaha inenggi
한 가지 를 당신께 청하기로 정했는데,   청컨대,   당신께서   내일

Boolo be ceni hebei ambasai juleri[30] benereo · terei baita i uru wakabe ele
바울로 를 그들의 의회 관리들의 앞으로 데려가 그   일 의 옳고 그름을 더욱

getuken i ilgame faksalaki sere kanagan arambi[31] ·· damu   si   ume ceni
명백히 분별하여 판단하자 는 핑계를 댈 것인데, 그러나 당신은 (말라) 그들의

gisun be akdara · ceni dorgici dehi funceme urse Boolo be waki sembi · ere
말 을 믿지 마시오. 그들 중 사십 여 사람들이 바울로 를 죽이려고 합니다. 이

jergi hahasi imbe bucebuhede isitala umai jeteraku omiraku seme gashuhabi ·
무리의 남자들은 그를 죽일 때   까지 전혀 안 먹고 안 마신다 고 맹세했습니다.

arga en jen ningge · ne si   ceni gunin de acabure be aliyame   bi[32] sehe
계획을 준비하고 이제 당신이 그들의 뜻 에 맞추기 를 기다리고 있습니다." 하고

---

25 'jalan i coohai janggin i juleri (부대 군인의 장군의 앞으로)'에 해당하는 라틴어는 'ad te (너에게, 당신에 게)'이다.

26 'jalan i janggin (부대장)'에 해당하는 라틴어는 'tribunus(호민관, 보병대장)'이다.

27 'enggici bade (뒤쪽으로)'에 해당하는 라틴어는 'seorsum(따로, 떨어져)'이다.

28 'ba i niyalma (이곳의 사람들이)'에 해당하는 라틴어는 'Iudæi(유다인들이)'이다.

29 'toktoho(정했다)'에 해당하는 라틴어는 'convenit(합의했다)'이다.

30 'ceni hebei ambasai juleri (그들의 의회 관리들 앞으로)'에 해당하는 라틴어는 'in concilium (의회 안으로, 공회 안으로)'이다.

31 "terei baita i uru wakabe ele getuken i ilgame faksalaki sere kanagan arambi (그 일의 옳고 그름을 더욱 명백히 분별하여 판단하자는 핑계를 댈 것이다.)"에 해당하는 라틴어는 "quasi aliquid certius inquisituri sint de illo (그것에 관해 마치 좀 더 자세히 물어볼 듯이 하고)"이다.

32 "ne si ceni gunin de acabure be aliyame bi (이제 당신이 그들의 뜻에 맞추기를 기다리고 있습니다.)"에 해당하는 라틴어는 "expectantes promissum tuum (당신의 언질을 기다리고)"이다.

manggi · jalan i janggin asihan be sindafi afabume   si mimbe acaha · sini alaha
나니   부대장이   젊은이 를 보내며 지시하기를, "네가 나를 만났음과 너의 한

gisun be ume firgembure   sefi · juwe fejergi janggisa[33] be hūlame gajifi
말 을 (말라) 누설하지 말라." 하고 두   아래   무관들 을 불러 가지고

hendume · dobori i ilaci erin Šesareha i baru genere juwe tanggū yafahan[34] ·
말하기를, "밤   세 시에 가이사리아 를 향해   갈   2   백   보병과

nadanju moringga cooha[35] · jai gida jafara juwe tanggū haha be[36] belhe ·
일흔   말 탄 군사와 또 창 잡는 2   백   남자 를 준비하라.

Boolo i yalure morin[37] · Boolo be elhei kadalara amban[38] Feliše i jakade
바울로 가 탈   말과,   바울로 를 평안을 관할하는 대신   펠릭스 의 앞으로

benere[39] ursei morin gemu en jen /101b/ okini sehe ·· Yudeya ba i irgese[40]
데려갈 사람들의 말을 모두 준비해   두라." 하였다.   유다 지방 의 백성들이

talu de emgeri Boolo be hūsutuleme gamafi waha amala · ini beye ceni
혹시   한번 바울로 를 힘들여   데려가 죽인 후 그의 몸과 그들의

menggun gaiha sere ehe gebu be alirede   gelembihe · emu bithe be araha
은을   얻었다 는 나쁜 이름 을 받는 데 두려워해서 한   편지 를 썼는데,

gisurerengge uttu · Kalaūdiyo Lisiyas umesi sain kadalara da[41] Feliše de   elhe
말한 것이 이렇다. "글라우디오 리시아는 지극히 좋으신   총독   펠릭스 님께 평안을

---

33 'fejergi janggisa (아래 무관들)'에 해당하는 라틴어는 'centuriones(백인대장들, 백부장들)'이다.

34 'yafahan(보행, 걷기)'에 해당하는 라틴어는 'milites(군인들, 보병들)'로 되어 있다.

35 'moringga cooha (말 탄 군사)'에 해당하는 라틴어는 'eques(기병, 기사)'이다.

36 'gida jafara juwe tanggū haha be (창 잡는 2백 남자를)'에 해당하는 라틴어는 'lancearios ducentos (200명의 창기병[槍騎兵]들을)'이다.

37 'morin(말)'에 해당하는 라틴어는 'iumenta(소 · 말 · 나귀 · 노새 · 낙타 등 일을 시키거나 탈것으로 쓰이는 짐승의 총칭)'이다.

38 'elhei kadalara amban (평안을 관할하는 대신)'에 해당하는 라틴어는 'præses(총독, 지방장관)'이다. 그러나 푸와로 신부의 이 만주어 성경(마태오 복음 27장 180a, 사도행전 21장 96a, 에스델 1장 2b 등 참조)에서 '총독'을 의미하는 'præses', 또는 'præfectus, præfector'는 'uheri kadalara da (전부를 관할하는 수령)'으로 번역하고 있다. 여기 나오는 'elhei kadalara amban'이라는 어형은 이 만주어 성경은 물론 과거 청나라의 어떤 만주어 문헌이나 사전에도 나오지 않는다. 아마도 'elhei'는 'uheri'를 잘못 적은 것이 아닌가 한다. 그러나 우선 원문대로 적어 둔다.

39 'benere(데려갈, 보낼)'에 해당하는 라틴어는 'inponentes(올려놓을, 태울)'이다.

40 'Yudeya ba i irgese (유다 지방의 백성들이)'에 해당하는 라틴어는 'Iudæi(유다인들이)'이다.

41 'kadalara da (관할하는 으뜸, 총독)'에 해당하는 라틴어는 'præses(총독)'이다.

bairengge · ba i urse ere haha be jafafi jing wame deriburede · bi Roma i
청합니다. 이 지방의 무리들이 이 남자 를 잡아 바로 죽이려 할 때 '나는 로마 의

niyalma seme safi · cooha gaime · feniyen de nushume dosika · terebe
사람이라.' 하여 알고서 군대를 데리고 군중 속에 짓쳐 들어가 그를

aitubuha · ce   uttu imbe ubiyara turgun[42] · ini weile be bi ulhiki serede ·
구했습니다. 그들이 이렇게 그를 증오하기 때문에   그의 죄 를 제가 알고자 하여서

imbe ceni hebei niyalma i jakade[43] benehe · baicaha baicahai[44] geren i
그를 그들 의회 사람들 의 앞으로 데려가 조사하고 조사했는데 많은 이들이

habšara gisun damu ceni cisu fafun holbobure teile · umai bucebure ·
고소하는 말이 다만 그들 개인적 법에 관련될 뿐 전혀 죽이거나

horibure weilen inde akū · jakan kimungge urse[45] ini ergen joribukini
 가둘 죄가 그에게 없습니다. 근래 원수 무리가 그의 목숨을 해치고자

hūbin be belhehe sere mejige minde isibuhaci tetendere · bi imbe sini baru
음모 를 준비한다 는 소식이 저에게 보내졌기 때문에 제가 그를 당신 에게

unggire dabala · habšara urse de /102a/ kemuni alahabi · aika ce   baita be
보내는 것 입니다. 고소하는 자들 에게   또 알렸으니 만약 그들이 사실 을

getuken i yargiyalaki seci · sini jakade yargiyalakini ·   elhe ojoroo[46] ·· cooha
명백히 밝히고자 한다면 당신 앞에서 밝히게 하십시오. 평안 하소서." 군사들은

fafun i songkoi[47] Boolo be gaime · dobori erin de imbe Antibatiride hoton i
 법   대로 바울로를 데리고 밤 때 에 그를 안티바드리스 성 의

ebsi   benehe · jai inenggi Boolo be moringga cooha de dahalabufi · ceni beye
쪽으로 데려갔다. 다음 날 바울로 를 말탄 군사 에게 따르게 하고 그들 자신은

---

42 'ce uttu imbe ubiyara turgun (그들이 이렇게 그를 증오하기 때문에)'에 해당하는 말은 라틴어 성경에는 없다.

43 'ceni hebei niyalma i jakade (그들 의회 사람들의 앞으로)'에 해당하는 라틴어는 'in concilium eorum (그들의 의회로)'이다.

44 'baicaha baicahai (조사하고 조사했는데)'에 해당하는 말은 라틴어 성경에는 없다.

45 'kimungge urse (원수 무리)'에 해당하는 라틴어는 원문에 없다. 다만 문맥으로 보아 앞에 나오는 'Iudæus(유다인)'으로 생각할 수 있다.

46 'elhe ojoroo (평안하소서)'에 해당하는 라틴어는 'vale(안녕히, 잘 있어라)'이다.

47 'fafun i songkoi (법대로, 법의 그대로)'에 해당하는 라틴어는 'secundum præceptum sibi (그의 명령에 따라)'이다.

da kūwaran[48] de amasi marihabi · moringga cooha Šesareha de isinjime ·
본   병영   으로 되 돌아갔다.   말 탄 군사가 가이사리아 에 이르러

bithe be uheri kadalara da de alibuha bime · geli Boolo be inde tuwabuha ·
편지를   총독   에게   주었고,   또 바울로 를 그에게 보여주었다.

kadalara da bithe be hūlafi · ai   golo i niyalma nio   seme fonjiha · Šilisiya
총독이   편지 를 읽고 "어느 지방 의   사람 인가?" 하며 물었다. 길리기아

ba i niyalma bi seme jabuhade · hendume · sini bakcingga[49] jihe manggi ·
땅의   사람   이라 고 대답하자 말하기를, "너의   상대자가   온   후

bi   teni simbe donjiki ·· cooha de afabume terebe Herode i gurung i dolo
내가 그때 너에게 물으리라." 군사들 에게 맡기며   그를 헤로데 의   궁   안에서

tuwakiya sehe ··
지키라   고 했다.

---

48 'da kūwaran (본 병영)'에 해당하는 라틴어는 'castrum(병영, 성채)'이다.
49 'bakcingga(상대자)'에 해당하는 라틴어는 'accusator(고발자)'이다.

𝔖𝔘ℜ𝔈 𝔊ℑ𝔖𝔘ℜ
풀이   말

[a] Boolo ice tacihiyan de dosire onggolo · ice tacihiyan de dosika amala
바울로가 새   가르침 에 들어오기 전과,   새   가르침 에 들어온 후,

doroi   mujilen be dahahabi · senggi halhūn · sukdun nukcishūn /102b/ ofi ·
진리의   마음 을   따랐다.   피가   뜨겁고   기운이   격렬하   므로

baita be asuru kimcirakū · baicarakū · enduringge tacihiyan i niyalma be
일 을   크게 따지지 않고 살피지 않고,   거룩한   가르침 의 사람들 을

jobobuha bicibe   ini gūnin damu abkai ejen be eldembure gūnin bihe ··
괴롭힘이 있었지만, 그의   뜻은   다만   하느님   을 빛나게 하려는 뜻 이었다.

[e] holo   miyamišakū Ananiyas be cifaha fajiran de duibuleme bi · oilori
거짓으로   꾸민   아나니아 를 회칠한   담장 에 비유하고 있다. 겉의

arbun sain · dolori gūnin yabun aburi ehe ningge ··
모습은 좋고   안의 생각과 행동은 지극히 악한 자이다.

[✙] dade Ananiyas ice wesihun tušan be aliha bihe · jai gūwa wecen i da
원래 아나니아는 새로 높은   직책 을 맡아 있었고, 또 다른   제사장

sa i emgi coohai kūwaran i dolo fumereme tembihe · ini sooringga teku[50]
들 과 함께 군대의   병영   안에서   뒤섞여   앉았는데, 그의   정식 좌석은,

eici tanggin de · eici hebei deyen de bisire teile ·· Boolo Yerusalem be utala
혹은   성전 에, 혹은 의회의 전당 에 있을 뿐이다. 바울로가 예루살렘 을 여러

---

50 'sooringga teku (정식 좌석)'이란 말은 대제사장이 앉는 권위 있는 좌석을 의미하는 듯하다. 'sooringga'란
말은 어떤 만주어 사전에서도 찾아볼 수 없는 단어인데, 'soorin(왕위 · 제위, 또는 어좌 · 옥좌)'란 단어에
파생접미사 '-ngga'를 붙여 만든 것이다. 'sooringga teku'는 직역하면 '옥좌의 자리'가 되겠으나 여기서는
'대제사장의 (권위를 보이는) 좌석'을 말하는 듯하다.

aniya ci waliyafi · ne arkan seme jihede · adarame imbe takame mutembini ··
해 동안 떠나서 지금　　막　　왔으니　어떻게　그를　알　수 있겠는가?

[i] udu Satušeo Fariseo sere juwe tacikū i holo saisa daruhai
　비록 사두가이와 바리사이 라는 두　　학파 의 거짓 현자들은 항상

kimungge bata i adali ishunde temšecibe · ice tacihiyan i gucuse be mukiyere
원한있는 적 처럼 서로 다투지만, 새 가르침 의 친구들 을 멸하기

jalin　　emu gūnin · uhei hūsun i acaha bihe ·· Boolo enduringge tacihiyan i
위해서는 한 뜻으로, 공동의 힘 으로 합쳐 있었다. 바울로는 거룩한 가르침 의

niyalma be karmara turgun · juwe sidende jakanabure · Satušeo Fariseo
　사람들 을 보호할 이유로 둘 사이를 불화하게 해서 사두가이가 바리사이

urse　be acuhiyadara mergen arga be baitalambi ·· /103a/
무리들 을 헐뜯게 하는 지혜로운 계획 을 사용한다.

[o] abkai ejen enduringge enduri inu ··
　하느님이　　　　성령　　　이시다.

[u] si utala temgetu be tucibufi · mini beye uthai jalan be aitubure
　네가 많은 증거 를 보이고 나의 몸이 곧 세상 을 구하기

turgun jalan de enggelenjihe abkai ejen seme temgetuleci acambi ··
위해 세상 에 내려온 하느님 이라고 증명해야 한다.

ORIN DUICI FIYELEN
제24   장

unja inenggi i amala wecen i dalaha   da[1] Ananiyas emu udu
5   일   뒤,   제사를 관할하는 으뜸인 아나니아가   한두

sengge sakdasa[2] i emgi Tertullo sere niyalma[3] be gaifi · Boolo be habšara
나이든 원로들   과 함께 데르딜로 라는   사람 을 데리고 바울로 를 고소할

gūnin ·   uheri kadalara amban[4] i jakade jihe · Boolo be geren i juleri benjihede ·
생각으로 전체를 관할하는 대신   앞으로 왔다.   바울로 를 많은 이 의 앞으로 데려갔을 때

Tertullo   uttu gisureme deribuhe · umesi sain amban Feliše · sini beye ofi[5]
데르딜로가 이렇게 말하기 시작했다. "가장 좋으신 대신이신 펠릭스 님, 당신 덕분 으로

be gemu[6] elhe taifin ningge[7] · yala   sini mergen bodogon de utala hacin i
우리 모두   평안합니다.   진실로 당신의 지혜로운   계획 으로 많은 종류 의

ehe kooli · fudasihūn baita nakabume bi[8] ·   ne sini ere kesi be hukšekei ·
나쁜 율령과 혼란한   일이 물러가고 있습니다. 지금 당신의 이 은혜 를 감격하며

---

1 'wecen i dalaha da (제사를 관할하는 으뜸)'에 해당하는 라틴어는 'princeps sacerdotum (대제사장, 사제들의 으뜸)'이다.

2 'sengge sakdasa (나이든 원로들)'에 해당하는 라틴어는 'seniores(연장자들, 늙은이들, 원로들)'이다.

3 'Tertullo sere niyalma (데르딜로라는 사람)'에 해당하는 라틴어는 'Tertullo quodam oratore (변호인인 데르딜로)'이다.

4 'uheri kadalara amban (전체를 관할하는 대신)'에 해당하는 라틴어는 'præses(총독, 지방장관)'이다.

5 'umesi sain amban Feliše · sini beye ofi (가장 좋으신 대신이신 펠릭스 님, 당신 덕분으로)'에 해당하는 라틴어는 'per te ……optime Felix (가장 좋으신 펠릭스 님 ……당신 도움으로, 당신 덕분으로)'이다.

6 'gemu'는 원문에는 오른쪽의 점이 빠져 'kemu'로 되어 있지만, 잘못된 것으로 보고 수정한다.

7 "be gemu elhe taifin ningge (우리 모두 평안합니다.)"에 해당하는 라틴어는 "in multa pace (우리는 많은 평화 안에 있습니다.)"이다.

8 "yala sini mergen bodogon de utala hacin i ehe kooli · fudasihūn baita nakabume bi (진실로 당신의 지혜로운 계획으로 많은 종류의 나쁜 율령과 혼란한 일이 물러가고 있습니다.)"에 해당하는 라틴어는 "multa corrigantur per tuam providentiam (당신의 배려로 많은 것이 바로잡아집니다.)"이다.

ambula baniha bumbi · damu simbe ubade goidatala biburakū   okini ·[9]
크게   감사해 합니다. 그러나 당신을 여기에   오래 머물지 않도록 하겠습니다.

bairengge si   sini funiyahangga mujilen de acabume · membe majige donjireo ·[10]
청컨대 당신은 당신의 관대하신   마음 에 맞추어 우리를 조금 들어주소서.

/103b/ ere kokirakū niyalma[11] be ucaraha · i Nadzareo sere   fudasi hokisai da
              이 남 해치는   사람   을 만났는데 그는 나자렛 이라는 패악한 도당들의 두목

ofi · abkai fejergide[12] bisirele   Israel i omosi be[13] šusihiyeme facuhūrabumbi ·
으로 하늘 아래에   있는 이스라엘 의 자손들 을   선동하여   혼란시켰습니다.

i   kemuni tanggin be nantuhūraki sehe · be imbe jafafi meni fafun i ici
그가 또   성전 을 더럽히고자 하니 우리가 그를 잡아 우리의 법 에 따라

beideme isebuki serede · jalan i janggin[14] Lisiyas   gaitai jihe · ergeletei imbe
판단해 벌주려 할 때   부대장   리시아가 갑자기 와서   강제로 그를

meni gala ci tucibuhe bime · geli alame imbe habšarangge bici · cingkai
우리 손 에서 벗어나게 했 으며, 또한 알리기를, 그를 고소할 자가 있다면 마음대로

sini jakade habšanakini sehe ·   si ere weilengge haha be emgeri fonjirede ·
당신 앞에서 고소하라 했습니다. 당신이 이 죄지은   남자 를 일단 심문하시면

meni habšan i gisun yargiyan seme ja i   bahafi   sara · Tertullo gisureme
우리 고소 의 말이 사실 이라고 쉬이 능히 아실 것입니다." 데르딜로가 말하기를

wajiha manggi · Yudeya ba i niyalma ere gisun be nonggime · baita yala
끝낸   후   유다 지방의 사람들이 이   말 에 덧붙여 '일이 참으로

---

9 "damu simbe ubade goidatala biburakū okini (그러나 당신을 여기에 오래 머물지 않도록 하겠습니다.)"에
해당하는 라틴어는 "ne diutius autem te protraham (그리고 더 오래 당신을 강요하지 않겠습니다.)"이다.

10 "bairengge si sini funiyahangga mujilen de acabume · membe majige donjireo · (청컨대 당신은 당신의
관대하신 마음에 맞추어 우리를 조금 들어주소서.)"에 해당하는 라틴어는 "oro breviter audias nos pro tua
clementia (당신의 관대함 덕분에 당신이 우리를 잠깐 들어주시기를 빕니다.)"이다.

11 'ere kokirakū niyalma be (이 남 해치는 사람을)'에 해당하는 라틴어는 'hunc hominem pestiferum (이 페
스트 병을 퍼뜨리는 사람을)'이다.

12 'abkai fejergide (하늘 아래에)'에 해당하는 라틴어는 'in universo orbe (온 세상에, 모든 땅에)'이다.

13 'Israel i omosi be (이스라엘의 자손들을)'에 해당하는 라틴어는 'omnibus Iudæis (모든 유다인들에게)'이
다.

14 'jalan i janggin (부대장)'에 해당하는 라틴어는 'tribunus(호민관, 보병대장)'이다.

uttu　bi　sehe ·· uheri kadalara da　Boolo i baru forofi · gisure sehede[15] · Boolo
그러 하다.' 고 했다. 전부를 관할하는 수령이 바울로 의 쪽으로 향해 '말하라' 고 하자 　바울로가

hendume ·　si　ududu aniya ci ere golo i kadalara da seme　donjihade[16] · esi
이르기를, "각하께서 여러　해 동안 이　성 의　　총독　이시라고 들었으니　　응당

cihanggai sini jakade mini muribuha babe getukeleme tucibuci ·　bi damu
　기꺼이　각하 앞에서 제가 주장하는 바를　명백히　드러냅니다. 저는 다만

juwan juwe inenggi ci /**104a**/ abkai ejen be　tanggin i　dolo hengkilere turgun
　열　두　날　이래　　　　하느님 을　성전 의 안에서 경배하기　위해

Yerusalem de jihe ·　si　erebe ja i same mutere dabala ·　ce mimbe eici
　예루살렘 에 왔으니, 각하가 이를 쉽게 아실　수 있을 것입니다.　그들이 나를　혹

tanggin de ·　eici isan i　　bade[17] ·　eici hoton de[18] ucaraha bicibe · umai gūwa
　성전 에서나, 혹 모임 의 장소에서나, 혹　성 에서　만났더 라도, 전혀　딴

niyalma i emgi temšere · buya　urse i baksan uhei acabure[19] be　sabuhakū
　사람들 과 함께 다투거나, 적은 무리들 의 떼와　함께　만남 을 보지 못했으니

ceni　habšan i gisun be unenggi temgetu i temgeteleme muterakū ·　ne　emu
　그들의 고소 의 말 을　참된　근거 로　증거 댈　수 없습니다. 이제 한 가지

yargiyan gisun sinde　gisureki ·　bi dade ice tacihiyan i niyalma ·　ce
　진실한　말을 각하께 하겠습니다. 저는 원래 새　가르침 의 사람인데 그들은

tašarame enteke tacihiyan i doro be hasutai doro　obufi　wakalambi ·[20] damu
　잘못하여　이런　가르침 의 진리 를 사악한 진리로 여기고　비난합니다.　그러나

---

15 'uheri kadalara da Boolo i baru forofi · gisure sehede (전부를 관할하는 수령이 바울로의 쪽으로 향해 '말하라'고 하자)'에 해당하는 라틴어는 'annuente sibi præside dicere (총독이 눈짓하여 자기들에게 말하게 하니)'이다.

16 'si ududu aniya ci ere golo i kadalara da seme donjihade (각하께서 여러 해 동안 이 성의 총독이라고 들었으니)'에 해당하는 라틴어는 'ex multis annis esse te iudicem genti huic sciens (나는 각하께서 여러 해 이래 이 민족의 심판관이심을 압니다.)'이다.

17 'isan i bade (모임의 장소에서)'에 해당하는 라틴어는 'in synagogis (유다교 회당에서)'이다.

18 'hoton de (성에서)'에 해당하는 라틴어는 'in civitate (도시에서)'이다.

19 'buya urse i baksan uhei acabure (적은 무리들의 떼와 함께 만남)'에 해당하는 라틴어는 'concursum facientem turbæ (무리들이 모여드는 것을 만들기)'이다.

20 'bi dade ice tacihiyan i niyalma · ce tašarame enteke tacihiyan i doro be hasutai doro obufi wakalambi (저는 원래 새 가르침의 사람인데 그들은 잘못하여 이런 가르침의 진리를 사악한 진리로 여기고 비난합니다.)"에 해당하는 말은 라틴어 성경에는 없다.

bi mini ere tacihiyan be dahame meni mafari i ejen Deus be uilembime ·
저는 저의 이 가르침 을 따라 우리 조상 의 주 하느님 을 섬기며,

geli fafun i bithe de[21] ejehele · jidere unde baita be sara saisai nomun de[22]
또 율법 의 책 에 기록되었고 오지 않은 일 을 아는 현자의 경전 에

arahala hacin be gemu akdambi · bi hono ceni adali · abkai ejen i
쓴 것 을 모두 믿습니다. 저는 또한 그들 처럼 하느님 께서

angga aljaha geren sain ehe niyalma i yali beye bucen i amala jai
약속하신 많은 선하고 악한 사람들 의 육신이 죽음 의 뒤에 다시

weijure be erehunjefi aliyame bi · erei jain mini doroi mujilen[23] /104b/
살아날 것 을 바라며 기다리고 있으며, 이 때문에 저의 진리의 마음이

abkai ejen i jakade · niyalma i juleri gūtubure ayoo seme · daruhai olhome
하느님 의 곁에서나 사람들 의 앞에서, 악에 물들까 걱정 하여 항상 조심하고

seremšembi · utala aniya oho manggi · mini uksura i yadahūn urse de
방비했는데, 많은 해가 지난 후 제 민족 의 가난한 사람들 에게

aisilame šelere · abkai ejen de gingguleme baire · dobocun[24] be inde alibure
도움 주며 희사하고, 하느님 께 삼가 구하고 예물 을 그분께 바칠

gūnin jihe · bi jing beye bolgomifi tanggin[25] i dolo meterede · mini emgi
뜻으로 왔습니다. 제가 바로 몸을 깨끗이 하여 성전 안에서 제사지낼 때 저와 함께

hokisa[26] akū · facuhūn baita minde inu akū de · Asiya ba i emu udu
도당들이 없었고 혼란한 일이 저에게 또한 없었는 데, 아시아 지방 의 한두

Israel i omosi[27] balai jamarame mimbe jafaha · ere jergi urse aika yala
이스라엘 자손들이 함부로 다투며 저를 잡았습니다. 이 들 무리는 만약 정말로

---

21 'fafun i bithe de (율법의 책에)'에 해당하는 라틴어는 'in lege (법률에, 율법에)'이다.

22 'jidere unde baita be sara saisai nomun de (오지 않은 일을 아는 현자의 경전에)'에 해당하는 라틴어는 'in prophetis (예언서들에)'이다.

23 'doroi mujilen (진리의 마음)'에 해당하는 라틴어는 'conscientia(양심)'이다.

24 'dobocun(예물)'에 해당하는 라틴어는 'oblatio(봉헌, 선물, 예물, 봉헌물)'이다. 이 'dobocun(예물)'이라는 만주어는 과거 만주어 문헌에는 없던 낱말로, Poirot 신부가 'dobombi(바치다, 봉헌하다)'라는 동사 어간에 명사 형성 접미사 '-cun'을 붙여 만든 것이다.

25 'tanggin(성전)'에 해당하는 라틴어는 'templum(성전)'이다. 실제로 이 만주어 성경에서 'tanggin'은 '성전'과 '(유다교) 회당' 두 가지 의미로 사용된다.

26 'hokisa(도당, 동료)'에 해당하는 라틴어는 'turba(군중, 소란한 무리, 민중)'이다.

27 'Asiya ba i emu udu Israel i omosi (아시아 지방의 한두 이스라엘 자손들)'에 해당하는 라틴어는 'quidam

minde waka bici · giyan i mimbe sini juleri habšanjici acambihe · ceni
저에게 잘못이 있다면 이치 로 저를 각하 앞에 고소하러 와야 했는데, 그들

dorgici emke inu   jihekū ·   ne mimbe habšara niyalma šuwe gisurekini · bi
중 한명 도 오지 않았습니다. 지금 나를 고소하는 사람은 바로 말하시오. 내가

tesei isan i dulimbade bifi [a] · naranggi ai ehe weile be mini beye de
그들 모임 의 가운데 있으면서   과연 무슨 나쁜 죄 를 내 몸 에서

bahabi ·   bi tere erin den jilgan i hūlame ·   akūha gemu jai banjire doro be
얻었는지? 나는 그 때 큰 소리 로 외치기를, 죽은 자들이 모두 다시 살아나는 진리 를

akdaha ofi ·   suwe mimbe beidefi isebuki sembi ·· mini ere gisun · aimaka
믿었 으므로 여러분은 나를 심판하여 벌하려 합니다. 나의 이 말이 아마

mini weile dere /105a/ sehe manggi · Feliše ice tacihiyan i doro be[28] unenggi
나의 죄 일 것입니다." 라고 하니, 펠릭스는 새 가르침 의 도리 를   참되다

seme getuken i safi[29] · baita be lashalarakū · gūwa inenggide anatame · geren i
고 분명히 알아, 일 을 결정하지 않고 다른 날로 미루며 군중 을

baru hendume · jalan i janggin Lisiyas jihede · jai   suwembe donjiki sehe ·
향해 말하기를, "부대장 리시아가 왔을 때 다시 너희 (말)을 듣자." 하고

tanggū coohai da[30] de afabufi imbe tuwakiya · ume jobobure · imbe tuwanjiki
백인 군사의 대장 에게 내주며 "그를 지키되 (말라) 괴롭히지 말라. 그를 보러 오거나

tuwašataki serengge bici · ume ilinjara sehe · udu inenggi i amala Feliše
돌보고자 하는 자가 있다면 (말라) 막지 말라." 하였다. 몇 날 후 펠릭스가

beyei sargan Turusilla[31] i emgi jifi · Boolo be hūlame gajiha · Yesu Girisdo be
자기의 아내 드루실라 와 함께 와서 바울로 를 불러 데려와 예수 그리스도 를

akdara doro i gisun donjihabi · dade Turusilla [e] Israel i omolo sargan jui
믿는 교리 의 말을 들었다. 원래 드루실라는 이스라엘 의 자손 딸

---

ex Asia Iudæi (아시아에서 온 유다인들 누군가가)'이다.

28 'ice tacihiyan i doro be (새 가르침의 도리를)'에 해당하는 라틴어는 'de via hac (이 길에 관해서)'이다.

29 'unenggi seme getuken i safi (참되다고 분명히 알아)'에 해당하는 라틴어는 'certissime sciens (가장 확실히 알고서)'이다.

30 'tanggū coohai da (백인 군사의 대장)'에 해당하는 라틴어는 'centurio(백인대장, 백부장)'이다.

31 'Turusilla(드루실라)'에 해당하는 라틴어는 'Drusilla'인데 그 첫 자음 'd'를 만주문자 't'로 표기한 것은 좀 이상하다. 혹시 잘못해서 점을 빠뜨렸다고 생각할 수도 있지만 다음 행에서도 역시 그러하므로 원문대로 둔다.

ombihe³² · jing Boolo teisu teisu giyan be meni meni niyalma de bahabure³³ ·
이었다. 마침 바울로가 각각의 권리 를 각자 사람들 에게 얻게 하고

miosihon boco be lashalara erdemu³⁴ · jalan mohome hamika · abkai fejergi i
사악한 여색(女色) 을 끊는 덕과 세상이 끝남에 이르러 하늘 아래 의

tumen tumen irgen i alici acara cira beiden³⁵ be giyangnarade · Feliše gelehe
만 만 백성들이 받아야 할 엄한 심판 을 강론하자 펠릭스가 두렵고

golohoi³⁶ hendume · ne isika³⁷ · si genefi · bi šolo baha · jai simbe /105b/
겁내며 말하기를, "이제 족하다. 너는 가고, 내가 여가를 얻어 다시 너를

soliki sehe · Boolo i baru jiha menggun be gaiki seme ofi · tuttu imbe
부르리라." 하였다. 바울로 에게서 은과 돈 을 취하고자 하여, 그래서 그를

mudandari solime ini emgi gisurembihe ·· juwe aniya jaluka manggi ·
매번 불러 그와 함께 이야기하였다. 두 해가 지난 후

Feliše i sirame kadalara da Bortsio Fesdo³⁸ jihe · Feliše Yudeya ba i
펠릭스를 이어 총독 보르기오 페스도가 왔는데, 펠릭스는 유다 지방 의

ursei gūnin de acabuki seme · Boolo be horin de bibuhe ··
사람들 뜻 에 맞추고자 하여 바울로를 감옥 에 두었다.

---

32 'dade Turusilla Israel i omolo sargan jui ombihe (원래 드루실라라는 이스라엘의 자손 딸이었다.)'에 해당하
는 라틴어는 'Drusilla quae erat Iudæa (유다 여자인 드루실라)'이다.

33 'jing Boolo teisu teisu giyan be meni meni niyalma de bahabure ····· erdemu (마침 바울로가 각각의 권
리를 각자 사람들에게 얻게 하는 ····· 덕)'에 해당하는 라틴어는 'iustitia(正義)'이다. '정의(正義)'라는 개
념을 만주어로 설명하려 한 듯하다. 이 말은 賀淸泰 신부(P. de Poirot)가 만든 한문 성경인《古新聖經》에
는 '公義'로 번역되어 있다.

34 'miosihon boco be lashalara erdemu (사악한 여색을 끊는 덕)'에 해당하는 라틴어는 'castitas(순결, 貞德)'
이다.

35 'jalan mohome hamika · abkai fejergi i tumen tumen irgen i alici acara cira beiden (세상이 끝남에 이르
러 하늘 아래의 만 만 백성들이 받아야 할 엄한 심판)'에 해당하는 라틴어는 'iudicium futurum (미래의 심
판)'이다.

36 'gelehe golohoi (두렵고 겁내며)'에 해당하는 라틴어는 'timefactus(놀란, 공포에 질린)'이다.

37 'isika(족하다)'에 해당하는 라틴어는 'adtinet(다다르다, 알맞다)'이다.

38 'Bortsio Fesdo (보르기오 페스도)'의 라틴어식 표기는 'Porcius Festus (포르키우스 페스투스)'이고 그리
스어식 표기는 'Πόρκιος Φῆστος (포르키오스 페스토스)'인데, 'Porcius'의 '-ci-'를 '-tsi-'로 표기한 것은
특이한 일이다. 또 'Festus'의 '-tus'를 만주어 표기로 '-do'로 한 것도 어떤 이유인지 알 수 없다.

SURE GISUN
풀이   말

[a] ere isan uthai Yerusalem i isan inu ·   Lisiyas wecen i da · sakdasa be
    이 모임이 곧   예루살렘 의 모임 이다. 리시아가   제사장과   원로들 을

coohai kūwaran de solime gaifi ·   Boolo be ceni dulimbade sindaha bihe ··
군대   병영 으로 불러 데려와 바울로 를 그들   가운데   두었던 것이다.

[e] ere miosihon hehe   Herode Agiriba wang i sargan jui bihe ··
    이 사악한   여자가 헤로데 아그리빠 왕 의 여자 아이 였다.

i   da eigen be waliyafi · Feliše be dahaha ··
그녀는 본 남편 을   버리고 펠릭스를 따랐다.

ORIN SUNJACI FIYELEN
제25   장

ᡄesdo   golo   de [a] isinjifi[1] · ilan inenggi i amala Šesareha ci
페스도가 성[省]에   이르고   3   일   후   가이사리아 에서

Yerusalem de /106a/ wesike · wecen i dalaha da[2] · Yudeya ba i sengge sakdasa[3]
예루살렘 으로   올라갔다. 제사를 관할하는 으뜸과 유다 지방 의 나이든 장로들이

kadalara amban be acame[4] · Boolo be wakalahai[5] · terebe Yerusalem de
     총독   을 만나   바울로 를 비난하며   그를   예루살렘 으로

benjibureo seme baimbihe · ceni gūnin uthai imbe jugūn de   butu   argai
보내달라   고   청하였다. 그들의 생각은 곧   그를   길 에서 은밀한 계획으로

wara gūnin inu ·· Fesdo   jabume ·   Boolo Šesareha de horin i dolo bi · mini
죽일 생각 이었다. 페스도가 대답하기를, "바울로는 가이시리아 에서   감옥   안에 있고, 나

beye oci · goidarakū jurambi · suweni dorgici wesihun derengge[6] mini emgi
자신 도   머잖아   출발하니, 여러분들 중에서   높고   명망 있는 자가 나와 함께

jifi · inde yamaka weile bihede · imbe habšakini   sehe · ememu jakūn ·
와서, 그에게 만약   죄   있으면   그를   고소하시오." 하였다. 혹은   여드레,

---

1 'golo de isinjifi (성[省]에 이르고)'에 해당하는 라틴어는 'venire in provinciam (지방에 오다, 관할지에 오
다, 부임하다)'이다.

2 'wecen i dalaha da (제사를 관할하는 으뜸)'에 해당하는 라틴어는 'principes sacerdotum (제사장들 중의 으
뜸을)'이다.

3 'Yudeya ba i sengge sakdasa (유다 지방의 나이든 장로들)'에 해당하는 라틴어는 'primi Iudæorum (유다인
들의 유지들, 유다인들의 으뜸들)'이다.

4 'kadalara amban be acame (총독을 만나)'에 해당하는 말은 라틴어 원문 성경에 없다.

5 'Boolo be wakalahai (바울로를 비난하며)'에 해당하는 라틴어는 'adversus Paulum (바울로에 반대하여)'
이다.

6 'wesihun derengge (높고 명망 있는 자)'에 해당하는 라틴어는 'qui potentes sunt (능력 있는 자들, 세력 있
는 자들)'이다.

ememu juwan inenggi i teile[7] ceni bade indefi[8] · Šesareha i baru genehe · jai
혹은   열   흘   만에 그들 곳에 머무르고 가이시리아 를 향해 갔다. 다음

inenggi beiden i yamun de teme · Boolo be benju sehe ·· Boolo be benjihe
날   재판소   에 앉아 바울로 를 데려오라 했다. 바울로 를 데려온

manggi · Yerusalem ci   jihe Yudeya ba i niyalma šurdeme ilicafi · ududu
후   예루살렘 에서 온 유다 지방 사람들이 둘러   서서 수많은

hacin i weilen · ujen ningge be tucibume imbe habšambihe · damu ceni
종류의 죄를, 중대한 것 을 드러내며 그를 고소하였는데, 그러나 그들의

gisun de temgetu fuhali akū ·   Boolo elemangga getuken i /**106b**/ gisureme[9] ·
말 에   증거가 전혀 없었다. 바울로가 도리어   명백히   말하기를,

bi   Yudeya ba i fafun[10] · Yerusalem i tanggin[11] · Roma gurun i han Šesare[12] be
"나는 유다 지방 의 율법과   예루살렘 의 성전,   로마 나라 의 황제 카이사르 를

heni tani fusihūlaha[13] ba akū   sembihe ·· Fesdo Yudeya ba i urse de baili
조그만큼도 모욕한 적이 없소." 하였다. 페스도가 유다 땅 의 사람들 에게 은정을

isibuki[14] seme · Boolo i baru hendume · si Yerusalem de wesiki ·   sini ere
베풀고자 하여 바울로 를 향해 말하기를, "당신이 예루살렘 에 올라가 당신의 이

baita be tubade mini juleri icihiyabuki sembio serede ·· Boolo jabume · ne
일 을 거기 나의 앞에서 처리하고자 하는가?" 하자 바울로가 대답하기를, "지금

Šesar   i yamun de bi · mini baita ubade beideme lashalabuci acambi ·
카이사르 의 관청 에 있으니 나의 일은 여기서 심판하여 결정되어야 합니다.

Yudeya ba i niyalma be nungnehekū · si   erebe tengkime sara · aika bi
유다 땅 의 사람 을 해치지 않았고, 각하는 이것을 확실히 아십니다. 만약 내가

---

7 'ememu jakūn · ememu juwan inenggi i teile (혹은 여드레, 혹은 열흘만에)'에 해당하는 라틴어는 'dies
non amplius quam octo aut decem (여덟 혹은 열보다 많지 않은 날들을)'이다.

8 'ceni bade indefi (그들 곳에 머무르고)'에 해당하는 라틴어는 'demoratus inter eos (그들 사이에 머무르고)'
이다.

9 'getuken i gisureme(명백히 말하기를)'에 해당하는 라틴어는 'rationem reddente(해명하며, 보고하며)'이다.

10 'Yudeya ba i fafun (유다 지방의 율법)'에 해당하는 라틴어는 'lex Iudæorum (유다인들의 법률)'이다.

11 'Yerusalem i tanggin (예루살렘의 성전)'에 해당하는 라틴어는 'templum(신전, 성전)'이다.

12 'Roma gurun i han Šesar (로마 나라의 황제 카이사르)'에 해당하는 라틴어는 'Cæsar(황제)'일 뿐이다.

13 'fusihūlaha(모욕했다)'에 해당하는 라틴어는 'peccavi(죄지었다, 악행을 했다)'이다.

14 'baili isibuki (은정을 베풀고자 하다)'에 해당하는 라틴어는 'gratiam præstare (은혜를 드러내다)'이다.

cembe nungnehe bici · ememu bucere weile minde oci · mimbe bucebukini ·
그들을 해쳤다 거나 혹 죽을 죄가 내게 있다면 나를 죽이시오.

bi marara ba akū · ceni habšara gisun laidara gisun ohode · mimbe ceni
내가 물러서는 일 없으나, 그들이 고소한 말이 무고한 말 이면 나를 그들

gala de sindame muterengge emke inu akū[15] · mini ere baita be Šesare de
손 에 둘 수 있는것이 하나 도 없소. 나의 이 일 을 카이사르 에게

bederebume bi[16] sefi · Fesdo hebei ambasai gūnin be donjiha[17] amala · teni
돌아가게 하고 있소." 하자 페스도가 의정 대신들의 생각 을 들은 후 그제야

hendume · sini baita be Šesare de bederebuki seci /**107a**/ tetendere · Šesare be
말하기를, "당신의 일 을 카이사르 에게 돌아가게 하면 그만이니, 카이사르 를

hargašame[18] genembi[19] sehe ··
알현하러 가리라." 하였다.

udu inenggi dulekede · wang Agiriba beyei non Bereniše i emgi Fesdo de
몇 날 지났을 때 왕 아그리빠가 자기 누이 베르니게 와 함께 페스도 에게

doroloro jalin · Šesareha de jihe · inenggi labdu sasa bifi[20] · Fesdo Boolo be
인사하기 위해 가이사리아 에 왔다. 날이 많게 함께 있고, 페스도가 바울로 를

jorime wang de hendume · Feliše emu haha be horin de bibuhe · bi
가리키며 왕 에게 말하기를, "펠릭스가 한 남자 를 감옥 에 두었는데, 내가

Yerusalem de bisire erin · wecen i dalaha da · Yudeya ba i sengge sakdasa
예루살렘 에 있을 때 제사장과 유다 지방 의 나이든 장로들이

gemu mimbe acafi · inde bucere weile tuhebureo seme baiha · bi jabume ·
모두 나를 만나 '그에게 죽일 죄를 내리소서.' 라고 청했는데, 내가 대답하기를,

---

15 "mimbe ceni gala de sindame muterengge emke inu akū (나를 그들 손에 둘 수 있는 것이 하나도 없소.)"
에 해당하는 라틴어는 "nemo potest me illis donare (아무도 나를 그들에게 줄 수 없소.)"이다.

16 'bederebume bi (돌아가게 하고 있다)'에 해당하는 라틴어는 'appellere(호소하다, 상소하다)'이다.

17 "hebei ambasai gūnin be donjiha (의정 대신들의 생각을 들었다.)"에 해당하는 라틴어는 "cum consilio
locutus (평의회와 말했다.)"이다.

18 'haragašame(알현하러)'는 원문에 'haragasame'로 표기되어 있는데, 잘못으로 보고 고친다.

19 'Šesare be haragašame genembi (카이사르를 알현하러 간다.)'에 해당하는 라틴어는 'ad Cæsarem ibis (카
이사르에게 너는 갈 것이다.)'이다.

20 'inenggi labdu sasa bifi (날이 많게 함께 있고)'에 해당하는 라틴어는 'cum dies plures ibi demorarentur
(많은 날을 그곳에 머문 후에)'이다.

ere uthai Roma gurun i kooli²¹ waka · neneme habšabuha niyalma habšara
'이는 곧 로마 나라 의 법이 아니니, 먼저 소송당한 사람과 소송한

niyalma ishunde acabufi · jai beyei muribuha babe getukeleme tucibure
사람이 서로 만나 다시 자기가 주장할 것을 명백히 드러낼

šolo buhe manggi · teni weile toktoci ombi sehe ·· ce ubade isanjifi · bi jai
말미를 준 후 그때 죄를 정해야 한다.' 고 했소. 그들이 여기에 모여 내가 다음

inenggi ilihai beidere yamun²² de teme · ere haha be dosimbuha · habšara
날 즉시 재판 관아 에 앉아 이 남자 를 들어오게 하니, 소송하는

urse inde bakcilame ilifi · ini waka babe gisurecibe · bi utala hacin i emu
자들이 그에게 맞서서 일어나 그의 잘못한 바를 말했으나 내가 많은 것 중 하나도

/107b/ ehe weile sehe seme toktome muterakū · ce ceni tacihiyan²³ de
나쁜 짓 하였다 고 결정할 수 없었고, 그들은 그들의 가르침 에

holbobure baita i turgun ini baru temšenumbihe · jai emu bucehe Yesu be
관련된 일 때문에 그를 향해 다투었소. 또 하나, 죽은 예수 를

jondofi · Boolo i gisun de · ere Yesu banjimbi [e] sembihe ·· ere gese baita
지칭하며 바울로의 말 로는 이 예수가 살아난다 하였는데, 이 같은 일을

adarame lashalaci ombini seme · dolo gūninarade · Boolo de fonjime · si
어떻게 결단해야 되는지 하며 속으로 생각하면서 바울로 에게 묻기를, '당신은

Yerusalem de geneki · sini baita be tubade wajiki sembio sehe · i ini baita be
예루살렘 으로 가서 당신 일 을 거기서 끝내고자 하는가?' 하니, 그가 그의 일 을

Šesare²⁴ de bederebume25 ofi · bi imbe Šesare de ungginetele · horin i dolo
카이사르 에게 돌리 므로 내가 그를 카이사르 에게 보낼 때까지 감옥 안에서

tuwakiyabumbi ·· Agiriba Fesdo de hendume · bi dade ere niyalma i gisun be
지키게 했소." 아그리빠가 페스도 에게 말하기를, "내가 원래 이 사람 의 말 을

---

21 'kooli(법)'에 해당하는 라틴어는 'consuetudo(습관, 관습법)'이다.
22 'beidere yamun (재판 관아)'에 해당하는 라틴어는 'tribunal(법관석, 법정)'이다.
23 'tacihiyan(가르침)'에 해당하는 라틴어는 'superstitio(미신, 맹신)'이다.
24 여기서 'Šesare(카이사르)'에 해당하는 라틴어는 'Augustus(로마 황제)'이다.
25 'bederebume(돌리다)'에 해당하는 라틴어는 'appellere(호소하다, 상고하다)'이다.

donjiki sembihe[26] · jabume · cimari esi donjici sehe · cimaha inenggi Agiriba ·
들고자 했소." 대답하기를, "내일 당연히 듣습니다." 하였다.   다음날   아그리빠가

Bereniše i emgi kumungge simengge arbun yangsei[27] jihe ·· yamun i amba
베르니게 와 함께   화려한   모습으로   왔다.   관청 의 큰

deyen[28] de dosika · jalan i janggisa[29] · hoton i ujulaha niyalma[30] juwe ergide
전당 에 들어왔고, 부대장들과   성 의 으뜸가는 사람들이 양 편에

bisirede · Fesdo yamun i urse de afabume[31] · ce uthai Boolo be benjihe ·
있을 때 페스도가 관청 의 사람들 에게 명령하여 그들이 곧 바울로 를 데려왔다.

/108a/ Fesdo geli hendume · wang Agiriba · jai meni ubade bisirele niyalma ·
    페스도가 또 말하기를, "왕 아그리빠와 또 우리 이곳에 있는 분들,

suwe ere haha be tuwa · Yudeya ba i geren niyalma Yerusalem de mimbe
여러분은 이 남자 를 보시오. 유다 땅의 많은 사람들이   예루살렘 에서 나를

acafi baihai erebe bucebureo · i goidame banjici ojorakū sembihe · mini
만나 청하기를 '이자를 죽이소서. 그는 오래 살아서는 안 되오.' 라 했습니다. 나

beye oci · bucere weile inde akū seme bahafi sara · i ini baita be
자신 은 죽을 죄가 그에게 없다 고   잘 압니다. 그가 그의 일 을

Šesare de lashalabuki seme ofi · imbe Šesare i jakade unggime toktohobi ·
카이사르 에게 판결하게 하고자 하 므로 그를 카이사르 에게로 보내기로 결정했습니다.

damu ere niyalma be leoleci · bi tomorhon i ejen de wesibume muterakū · [32]
다만 이   사람 을 논한다면 내가 명백히 주인 에게 올릴 수 없습니다.

---

26 "bi dade ere niyalma i gisun be donjiki sembihe (내가 원래 이 사람의 말을 듣고자 했다.)"에 해당하는 라틴어는 "volebam et ipse hominem audire (나 자신도 그 사람을 듣기를 원했다.)"이다.

27 'kumungge simengge arbun yangsei (화려한 모습으로)'에 해당하는 라틴어는 'cum multa ambitione (온갖 화려함과 함께)'이다.

28 'amba deyen (큰 전당)'에 해당하는 라틴어는 'auditorium(강당, 법정, 회견실)'이다.

29 'jalan i janggisa (부대장)'에 해당하는 라틴어는 'tribunus(호민관, 부대장)'이다.

30 'hoton i ujulaha niyalma (성의 으뜸가는 사람들)'에 해당하는 라틴어는 'viri principalis civitatis (성의 주요한 사람들)'이다.

31 'Fesdo yamun i urse de afabume (페스도가 관청의 사람들에게 명령하여)'에 해당하는 라틴어는 'iubente Festo (페스도가 명하여)'뿐이다.

32 "damu ere niyalma be leoleci bi tomorhon i ejen de wesibume muterakū · (다만 이 사람을 논한다면 내가 명백히 주인에게 올릴 수 없습니다.)"에 해당하는 라틴어는 "de quo quid certum scribam domino non habeo (주인께 확실한 어떤 것에 관해 써 보낼 것을 나는 갖고 있지 않습니다.)"이다. 이 라틴어 문장을 R.

uttu ohode · wang Agiriba · cohome imbe sini jakade · kemuni suweni geren i
그리 하여   왕 아그리빠님, 특별히 그를 전하 앞으로,   또   여러분 많은 이 의

juleri   benjibuhe · suwe narhūšame inde fonjiha manggi · urunakū minde
앞으로 데려왔으니, 여러분은 자세히 그에게 물은 후   반드시 나에게

wesimbuci ojoro babi · mini gūnin de huthuhe niyalma be unggire · terei
상주해야   될 것이오. 내 생각 으로는 결박한   사람 을 보내는데 그

turgun be getuken i alarakūngge oci · doro   akū   kai[33] ··
이유 를   명백히   알리지 않는다 면 사리에 안 맞는 것입니다."

L. de Carrières 신부는 *Sainte Bible en latin et en Français*, contenant l'ancien et le nouveau Testament
tome neuvième (Chez Rusand, Libraire, Imprimatur du clergé, 1819)에서 "cependant je n'ai rien de
certain à écrire de lui à l'Empereur (그러나 나는 그에 관해 황제에게 써 보낼 확실한 아무것도 갖고 있지
않다.)"로 번역하고 있다. 즉 'domino(주인에게)'를 'à l'Empereur (황제에게)'로 번역한 것이고, 만주어는
이 프랑스어 번역을 따르고 있지 않다.

33 'doro akū kai (이치가 없는 것이다, 사리에 안 맞는 것이다)'에 해당하는 라틴어는 'sine ratione mihi
videtur (이치가 없는 것으로 나에게는 보인다)'이다.

𝔖𝔘𝔯𝔢 𝔊𝔦𝔰𝔲𝔫
플이   말

[a] tere fonde Yudeya ba Roma gurun i /**108b**/ emu golo   obuha bihe ··
　　 그 때　　 유다 땅은 로마 나라 의　　 한 성으로 되어 있었다.

[e] dade　 Boolo i gisun uthai ere　Yesu bucehe amala ilaci inenggi dasame
　　 원래 바울로의 말은 곧 이 예수가 죽은 후 셋째 날　 다시

banjiha　 sehengge inu · Fesdo encu demun[34] i niyalma bime · geli ice jihe
살아났다 고 하는 것 이다. 페스도는 다른 이단 의 사람 이며 또한 새로 왔으

ofi · enteke ferguwecuke baita[35] be　 ulhirakū · ere Yesu　banjimbi sembi ··
므로 이런　　 기이한　　 일　 을 깨닫지 못하여 이 예수가 살아난다고 한다.

---

34 'encu demun (다른 이단)'은 라틴어 'hæresis'를 번역한 말인데, 'demun'만으로 '이단(異端)'이란 뜻이 되
　　지만 'encu(다른)'이란 말이 덧붙여 있으므로 어색한 대로 직역해 둔다.
35 'ferguwecuke baita (기이한 일)'은 'miraculum(기적)'을 말한다.

ORIN NINGGUCI FIYELEN
제26   장

A giriba   Boolo de hendume · sini ergen be karmara jalin[1] gisureki
아그리빠가 바울로 에게 말하기를, "너의 목숨 을 보호하기 위해   말하고자

seci · sini cihai okini · šuwe gisure sehede · Boolo   teni gala be saniyafi [a] ·
한다면 너 마음대로 하라."   바로 말   하자 바울로가 그때 손 을   뻗쳐

beyei muribuha babe getuken i tucibume deribuhe[2] · wang Agiriba · bi
자신의 억울한 바를 명백히   드러내기 시작했다. "왕이신 아그리빠님, 제가

enenggi Yudeya ba i niyalmai holo gisun · mini beyei unenggi yabun be
   오늘   유다 지방 사람들의 거짓 말과   나 자신의 진실한   행동 을

sini   jakade getukeleme muteci · ere uthai mini hūturi jabšan inu ·   yala
전하 앞에서 명백히 할 수 있다면 이는 곧   저의 복과   행운 입니다. 진실로

si   Israel i   omosi i hacingga kooli leolen[3] be bahafi sara ·   uttu ohode
전하는 이스라엘 자손들 의 여러   관습과 논리 를 능히 아십니다. 그러므로

bairengge · ne kirime mimbe donjireo[4] · bi mini asihan /109a/ se ci adarame
청컨대   지금 참으시고 저를 들으소서. 내가 나의 젊은   나이 부터 어떻게

mini mukūn i dolo Yerusalem de banjiha be Yudeya ba i niyalma gemu
나의   민족 가운데서 예루살렘 에서 살았는지 를   유다 지방 의 사람들은 모두

sambi · aika ce yargiyan gisun gisureki seci · mini beye ajige jui i fonde
압니다. 만약 그들이 진실한   말을   하고자 한다면, 나 자신이 어린 아이 의 때에

---

1 'sini ergen be karmara jalin (너의 목숨을 보호하기 위해)'에 해당하는 라틴어는 'pro temet ipso (너 자신을
위해)'이다.

2 "beyei muribuha babe getuken i tucibume deribuhe (자신의 억울한 바를 명백히 드러내기 시작했다.)"에
해당하는 라틴어는 "coepit rationem reddere (해명을 말하기 시작했다.)"이다.

3 'kooli leolen (관습과 논리)'에 해당하는 라틴어는 'consuetudo et quæstio (습성과 논점)'이다.

4 "bairengge · ne kirime mimbe donjireo (청컨대 지금 참으시고 저를 들으소서.)"에 해당하는 라틴어는
"obsecro patienter me audias (참으시고 저를 들으시기를 간청합니다.)"이다.

Fariseo   ofi · meni tacihiyan i ere emu jingkini boo i kooli be dahaha[5] seme
바리사이 였기에, 우리의 가르침 이 이 한   엄정한 집의 법 을 따랐다 고

gisureci acambihe · ne ejen Deus meni mafari de angga aljaha gisun be erehe
말해야 합니다. 지금, 주 하느님께서 우리 조상 에게 약속하신   말씀 을 바랐기

turgun [e] · weilengge niyalma i adali beiden be alime bi · wang Agiriba[6] ·
때문에   죄지은   사람 처럼 재판 을 받고 있습니다. 왕이신 아그리빠님,

musei juwan juwe mukūn inenggi dobori akū abkai ejen be uilehei baime ·
우리 열 두 지파가 낮과   밤 없이 하느님 을 섬기며 구하는데,

meni ererengge · si sini angga aljaha gisun be baita de acabureo sembi[7] ·
우리가 바라는 것은 '당신이 당신께서 약속하신   말씀 을 사실 에 맞춰주시기를' 입니다.

bi ejen Deus i angga aljaha gisun yala baita de acabuhabi seme ofi ·
내가 주 하느님 께서 약속하신 말씀이 과연 사실 에 맞춰졌다고 하 여서

tuttu Yudeya ba i niyalma de habšabumbi[8] [i] · abkai ejen bucehe niyalma be
그래서 유다 지방 사람들 에게서 고소당했습니다. 하느님께서 죽은 사람 을

dasame weijubure baita · akdaci ojorakū baita semeo[9] [o] · bi tuktan de
다시 살아나게 하신 일을 믿으면 안되는 일 이라 하겠습니까? 내가 처음 에는

Nadzaret hoton i Yesu i gebu be ubiyame[10] · terei tacihiyan i niyalma be hon
나자렛 성 의 예수의 이름을 미워하여   그 가르침 의 사람들 을 매우

---

5 "Fariseo ofi · meni tacihiyan i ere emu jingkini boo i kooli be dahaha (바리사이였기에 우리의 가르침이
   이 한 엄정한 집의 법을 따랐다.)"에 해당하는 라틴어는 "secundum certissimam sectam nostræ religionis
   vixi Pharisæus (우리 종교의 가장 엄격한 분파에 따라서 바리사이로 살아 왔다.)"이다.

6 'wang Agiriba (왕이신 아그리빠님)'에 해당하는 라틴어는 'rex(임금님)'일 뿐이다.

7 "baita de acabureo sembi ('사실에 맞춰주시기를'입니다.)"에 해당하는 라틴어는 'sperant devenire (실현되
   기를 희망하면서)'이다.

8 "bi ejen Deus i angga aljaha gisun yala baita de acabuhabi seme ofi · tuttu Yudeya ba i niyalma de
   habšabumbi (내가 주 하느님께서 약속하신 말씀이 과연 사실에 맞춰졌다고 하여서 그래서 유다 지방 사람
   들에게서 고소당했습니다.)"에 해당하는 라틴어는 "de qua spe accusor a Iudaeis (그 희망 때문에 저는 유
   다인들에게서 고소당했습니다.)"이다.

9 "abkai ejen bucehe niyalma be dasame weijubure baita · akdaci ojorakū baita semeo (하느님께서 죽은 사
   람을 다시 살아나게 하신 일을 믿으면 안 되는 일이라 하겠습니까?)"에 해당하는 라틴어는 "quid incredibile
   iudicatur apud vos si Deus mortuos suscitat (하느님께서 죽은 이를 부활시키시면 너희에게는 왜 믿을 수
   없다고 판단되느냐?)"이다.

10 "Nazaret hoton i Yesu i gebu be ubiyame (나자렛 성의 예수의 이름을 미워하여)"에 해당하는 라틴어는
   "existimaveram me adversus nomen Iesu Nazareni (나는 나자렛의 예수의 이름에 반대했다.)"이다.

/109b/ jobobuci acambi seme gūniha bihe · yala ere durin i Yerusalem de
괴롭혀야 한다 고 생각해 왔습니다. 정말 이런 식 으로 예루살렘 에

yabume · ududu enduringge se be jafafi horiha · amba wecen i da sa enteke
가서 많은 거룩한 이 들 을 잡아 가두었는데, 대 제사장 들이 이런

toose be minde afabuha bihe · ya emke de bucere weile tuhebuhengge bici ·
권력 을 나에게 맡겼던 것입니다. 누구 한 명 에게 죽일 죄가 결정됨이 있다면

bi temgetu bithe be erun i urse de benembihe[11] · babai acin de udunggeri[12]
내가 증명서 를 형벌 의 사람들 에게 주었습니다. 곳곳의 교회 에서 몇 번이나

tere tacihiyan i niyalma be[13] isebufi · Yesu i gebu be firukini seme
그 가르침 의 사람들 을 벌하고 예수의 이름 을 저주하라 고

hacihiyambihe ·[14] hono fudasihūlara arbun i cembe tulergi gurun i hoton de[15]
강권했습니다. 또한 격노한 모습 으로 그들을 밖의 나라 의 성 에

isitala amcaname gidašambihe · emu inenggi[16] wecen i dalaha da sai[17] toose ·
이르기까지 쫓아가 핍박하였습니다. 어떤 날, 제사 를 관할하는 으뜸 들의 권력과

hese be alifi · Damasko i baru generede · wang Agiriba[18] · bi inenggi dulin ·
명령 을 받아서 다마스쿠스 를 향해 갈 때, 왕이신 아그리빠님, 내가 정오에

jugūn de emu hacin i elden abka ci tucinjire be sabuha · ere elden šun i
길 에서 한 종류 의 빛이 하늘 로부터 나타남 을 보았는데, 이 빛은 태양의

elden ci ele genggiyen ombihe · geli mini beye · mini emgi bisire ursei
빛 보다 더 빛났던 것 이었습니다. 그리고 나 자신과 나와 함께 있는 사람들

---

11 "ya emke de bucere weile tuhebuhengge bici · bi temgetu bithe be erun i urse de benembihe · (누구 한 명에게 죽일 죄가 결정됨이 있다면 내가 증명서를 형벌의 사람들에게 주었습니다.)"에 해당하는 라틴어는 "cum occiderentur detuli sententiam (그들이 죽일 때에는 내가 선고를 했습니다.)"이다.

12 'udunggeri(몇 번이나)'에 해당하는 라틴어는 'frequenter(자주, 종종)'이다.

13 'tere tacihiyan i niyalma be (그 가르침의 사람들을)'에 해당하는 라틴어는 'eos(그들을)'이다.

14 "Yesu i gebu be firukini seme hacihiyambihe (예수의 이름을 저주하라고 강권했습니다.)"에 해당하는 라틴어는 "conpellebam blasphemare (저주하기를 내가 강요했다. 모욕하기를 내가 강박했다.)"이다. 'Yesu i gebu be (예수의 이름을)'에 해당하는 말이 라틴어 성경에는 없다.

15 'tulergi gurun i hoton de (밖의 나라의 성에)'에 해당하는 라틴어는 'in exteras civitates (외국의 도시에)'이다.

16 'emu inenggi (어떤 날, 하루는)'에 해당하는 라틴어는 'in quibus (이러한 일들을 하는데)'이다.

17 'wecen i dalaha da sai (제사를 관할하는 으뜸들의)'에 해당하는 라틴어는 'principum sacerdotum (사제들의 으뜸들의, 대제관들의)'이다.

18 'wang Agiriba (왕이신 아그리빠님)'에 해당하는 라틴어는 'rex(왕, 임금님)'이다.

šurdeme absi gerilembihe · be gemu na de tuheke · bi kemuni mini baru
주위로 아주 번쩍였고 우리는 모두 땅 에 엎드렸습니다. 나는 또 나를 향해

Heber i gisun de **[u]** /**110a**/ gisurerengge be donjiha · terei gisun uthai Saūlo ·
히브리 말 로 말하는 것 을 들었는데, 그 말이 곧 '사울아,

Saūlo · ainu minde koro isibumbini[19] · šorgikū i baru feshelerede mangga kai[20]
사울아, 어찌 나에게 고통을 주는가? 송곳 을 향해 차면 힘드는 것 이다.'

sembihe **[na]** · bi fonjime · ejen si we nio serede · abkai ejen jabume ·
하였습니다. 내가 묻기를, '주인님, 당신은 누구 십니까?' 하자 하느님이 대답하시기를,

si nungneki sere[21] Yesu uthai mini beye inu · si bethe de nikefi ili · bi
'네가 가해하고자 하는 예수가 곧 나 자신 이다. 네가 발 에 의지해 서라. 내가

sini yasai juleri iletuleme tucinjire turgun · simbe sabuha · amala jai sinde
너의 눈 앞에 나타 난 이유는, 너에게 보였고 뒤에 다시 너에게

sabure hacin i siden niyalma obuki sere turgun inu[22] · bi sini mukūn i
보여줄 것 의 증인이 되도록 하려는 때문 이다. 내가 너의 민족 의

ursei gala ci uksalabuki · ai ai uksura i baru simbe unggineci · simbe
무리의 손 에서 풀려나게 하여 모든 지파 를 향해 너를 보내니, 너를

kemuni karmame aitubiki · hacingga uksura i niyalma encu demun i holo
항상 보호하며 구하고, 모든 지파 의 사람들이 다른 이단 의 거짓과

farhūn be waliyame · Ewanzelio i genggiyen elden be hargašakini · Satanas i
암흑 을 버리고 복음 의 밝은 빛 을 우러르게 하며, 사탄 의

toose be efuleme · cihanggai abkai ejen be dahakini[23] · gemu mimbe akdarade
권세 를 쳐부수고, 기꺼이 하느님 을 따르게 하리라. 모두 나를 믿을 때

---

19 'koro isibumbini (고통을 주는가?)'에 해당하는 라틴어는 'persequeris(너는 박해하느냐?)'이다.

20 "šorgikū i baru feshelerede mangga kai (송곳을 향해 차면 힘드는 것이다.)"에 해당하는 라틴어는 "durum est tibi contra stimulum calcitrare (송곳을 행해 발길질하면 너에게 힘들다.)"이다. 그런데 이 구절은 라틴어 성경에는 나오지만 그리스어 성경에는 나오지 않는 사본이 더 많다.

21 'si nungneki sere (네가 가해하고자 하는)'에 해당하는 라틴어는 'quem tu persequeris (네가 괴롭히는)'이다.

22 "siden niyalma obuki sere turgun inu (증인이 되도록 하려는 때문이다.)"에 해당하는 라틴어는 'ut constituam te ministrum (너를 일꾼으로 삼기 위해)'이다. 라틴어 'ministrum(일꾼, 하인)'을 만주어 'siden niyalma(증인)'로 의역한 것이다. 이 구절의 프랑스어 번역이 'afin de vous établir ministre et témoin (네가 대리자와 증인이 되게 하기 위해서)'이다.

23 "bi sini mukūn i ursei gala ci uksalabuki · ai ai uksura i baru simbe unggineci · simbe kemuni karmame

ceni　ehe weile i　še²⁴ · jai enduringge saisai　hūturi be bahakini ·　si　doro
그들의 나쁜　죄 의 사람과　또　거룩한　현자들의　복 을 얻게 하리라. 네가 진리를

giyangnahai　ceni /110b/ ulhisu　i　yasa be neicina²⁵　sehe ·
강론하면서　그들의　　오성(悟性) 의　눈 을 뜨게 하라.' 고 하셨습니다.

wang　　Agiriba²⁶ · bi　enteke tuwabun²⁷ be tuwafi · gelhun akū
왕이신 아그리빠님, 내가 이렇게　환상 을 보고　감히

abkai ejen i hese be　fudararakū · neneme Damasko de　dosika · amala
　하느님 의 명령 을 거역할 수 없어　먼저　다마스쿠스로 들어갔고, 그 후

Yerusalem · Yudeya i　geren bade genehei　Israel i　omosi · encu demun i
예루살렘과　유다 의 많은 곳에 가면서 이스라엘 의 자손들과 다른 이단 의

urse be huwekiyeme · suwe waka be halafi jabca · abkai ejen de bedere · sain
무리 를 격려하고, '너희는 잘못 을 고쳐 뉘우치고　하느님 께 돌아가 좋은

gungge ilifi · ehe weile de niyece sembihe · ere i turgun Yudeya ba i
공을 세우며 나쁜 죄 를 기워라.' 고 했습니다. 이 때문에 유다 지방

niyalma mimbe tanggin i dolo jafaha · hono waki sehe ·　damu abkai ejen i
사람들이 저를　성전 안에서 잡아　또 죽이려고 했습니다. 그러나　하느님 께서

---

aitubiki · hacingga uksura i niyalma encu demun i holo farhūn be waliyame · Ewanzelio i genggiyen
elden be hargašakini · satanas i toose be　efuleme · cihanggai abkai ejen be dahakini (내가 너의 민족의
무리의 손에서 풀려나게 하여 모든 지파를 향해 너를 보내니, 너를 항상 보호하며 구하고, 모든 지파의 사람들
이 다른 이단의 거짓과 암흑을 버리고 복음의 밝은 빛을 우러르게 하며, 사탄의 권세를 쳐부수고, 기꺼이 하느
님을 따르게 하리라.)"에 해당하는 라틴어는 "eripiens te de populo et gentibus, in quas nunc ego mitto te,
aperire oculos eorum, ut convertantur a tenebris ad lucem, et de potestate Satanae ad Deum, ut accipiant
remissionem peccatorum, et sortem inter sanctos, per fidem quæ est in me. (나는 너를 이 백성과 이방인들
에게서 구원하여낼 것이요, 지금은 내가 너를 저들에게 보내니, 그들의 눈을 뜨게 하여서 어두움으로부터 빛
으로 돌아오게 하며, 사탄의 권세로부터 하느님께 돌아와서, 죄들의 사함을 받고, 내 안에 있는 것을 믿음으
로써 성인 가운데에서 상속을 받게 하리라.)"이다. 따라서 만주어는 상당히 의역된 것임을 알 수 있다.

24 'še'는 한자 '敕(용서할 사)'의 만주어 음이다. 이에 해당하는 라틴어는 'remissio(사면, 용서)'이다.

25 "si doro giyangnahai ceni ulhisu i yasa be neicina (네가 진리를 강론하면서 그들의 오성(悟性) 의 눈을 뜨
게 하라.)"에 해당하는 라틴어는 본문에는 없는 것인데, 주 22)의 라틴어 인용문 속에 있는 'aperire oculos
eorum (그들의 눈을 뜨게 하여서)'를 떼어내어 의역해 넣은 것이다.

26 'wang Agiriba (왕이신 아그리빠님, 아그리빠 전하)'에 해당하는 라틴어는 'rex Agrippa (아그리빠 전하)'
이다.

27 'tuwabun(환상)'에 해당하는 라틴어는 'cælestis visioni (천상의 환시에, 하늘의 계시에)'이다. 이 만주어
낱말은 동사 'tuwambi(보다)'에서 파생한 명사인데, 전통 만주어 문헌에서는 '봄, 보기, 경치'의 뜻으로만
사용되었고, '환상, 환시'의 의미를 갖는 일은 푸와로 신부의 성경에서만 그러했던 듯하다.

aisilara   kesi de ertele banjime bi ·   bi wesihun fusihūn niyalma i jakade[28]
도와주시는 은혜 로 지금까지 살아 있습니다. 내가 높고   낮은 사람들 의 앞에서

Yesu be giyangnarade · mini gisun · damu jidere undengge be sara geren
예수 를 강론할 때   나의 말은   오직 오지 않은 것 을 아는 모든

saisa[29] ·   Moises i anggai gisurehe gisun i teile · gūwa gisun minde fuhali
현자들과 모세 의 입으로   한   말 일 뿐 다른 말은 내게 전혀

akū ·   yala Girisdo bucere jobolon be alici acara · bucen ci dasame banjire
없습니다. 과연 그리스도는 죽는   고통 을 받아야 하고   죽음 에서 다시   살아난

niyalma i i sucungga ojoro · kemuni Israel i   omosi · encu demun i **/111a/**
사람들 중 그가 첫 번째가 되시며, 또한 이스라엘 의 자손들과 다른 이단의

uksura uksura be wembukini · eldengge Ewanzelio be ini beye   selgiyere jergi
지파와 지파 를 이끄시고   영광의   복음 을 그 자신이 전파하신다는 등의

gisun · gemu ere saisai gisurehengge inu ·· [30]
말은   모두 이 현자들이 말한 것 입니다."

jing Boolo uttu   beyei uru be iletu tuciburede[31] · Fesdo den jilgan i
막 바울로가 이렇게 자기의 옳음 을 분명히 드러내자   페스도가 큰 소리 로

hendume · Boolo · si basunggiyame bi[32] · tacihangge dabali ofi · sini uju
말하기를, "바울로, 그대는 헛소리하고 있다 배운 것이   넘쳐 서 너의 머리가

---

28 'wesihun fusihūn niyalma i jakade (높고 낮은 사람들의 앞에서)'에 해당하는 라틴어는 'minori atque maiori (높은 이들과 낮은 이들에게)'이다.

29 'jidere undengge be sara geren saisa (오지 않은 것을 아는 모든 현자들)'에 해당하는 라틴어는 'prophetæ (예언자들)'이다.

30 "yala Girisdo bucere jobolon be alici acara · bucen ci dasame banjire niyalma i i sucungga ojoro · kemuni Israel i omosi · encu demun i uksura uksura be wembukini eldengge Ewanzelio be ini beye selgiyere jergi gisun · gemu ere saisai gisurehengge inu ·· (과연 그리스도는 죽는 고통을 받아야 하고 죽음에서 다시 살아난 사람들 중 그가 첫 번째가 되시며 또한 이스라엘의 자손들과 다른 이단의 지파와 지파를 이끄시고 영광의 복음을 그 자신이 전파하신다는 등의 말은 모두 이 현자들이 말한 것입니다.)"에 해당하는 라틴어는 "si passibilis Christus si primus ex resurrectione mortuorum lumen adnuntiaturus est populo et gentibus (그리스도께서는 고난을 받으시고 죽은 자 중에서 먼저 부활하시어 이 백성과 및 이방인들에게 빛을 전하실 분이십니다.)"이다.

31 'jing Boolo uttu beyei uru be iletu tuciburede (막 바울로가 이렇게 자기의 옳음을 분명히 드러내자)'에 해당하는 라틴어는 'hæc loquente eo et rationem reddente (그가 이 말을 하여 변명하자)'이다.

32 'Boolo · si basunggiyame bi (바울로, 그대는 헛소리하고 있다)'에 해당하는 라틴어는 'insanis Paule (바울로여, 너는 미쳐 있다, 미쳤다)'이다.

farfabuha sefi · Boolo jabume · umesi sain Fesdo[33] · bi basunggiyarakū[34] ·
혼란해졌다." 하니 바울로가 답하기를, "가장 좋으신 페스도님, 나는 헛소리하지 않습니다.

nememe getuken genggiyen niyalma i yargiyan gisun be gisurembi[35] · wang
오히려 분명하고 맑은 사람 의 진실한 말 을 하고 있습니다. 임금님

Agiriba esi erebe saci · mini gūnin de · i ere gese baita be tengkime saha
아그리빠께서 응당 이것을 아시고, 내 생각 에는 저분이 이 같은 일 을 깊이 아시

ofi · tuttu bi ini juleri hoo seme[36] gisurembi · dade ere utala baita i emu
므로 따라서 내가 그이 앞에서 늠름히 말합니다. 원래 이 많은 일 의 한

hacin enggici yabuhangge waka · gemu iletu bade yabuhabi · wang Agiriba ·
가지도 몰래 행한일이 없고 모두 밝은 곳에서 행했습니다. 임금님 아그리빠시여,

si amaga baita doigomšome alara saisai gisun be akdambio[37] · si akdara be
전하는 뒷 일을 미리 아는 현자들의 말 을 믿으십니까? 전하께서 믿으심 을

getuken i sambi serede · Agiriba Boolo i baru hendume · sini gisun Yesu i
분명히 압니다." 하자 아그리빠가 바울로 를 향해 말하기를, "당신의 말은 예수 의

tacihiyan de dosire gūnin be /111b/ eleki minde bahabumbi[38] sehe ·· Boolo
가르침 에 들어가자는 뜻 을 약간 내게 갖게 했소." 하였다. 바울로가

jabume · sini ere gūnin bahaburede ja ocibe · mangga ocibe · abkai ejen de
답하기를, "전하께서 이 뜻을 갖게 되실 때, 쉽게 든 어렵게 든 하느님 께

bairengge · wang i beye sere anggala · geli donjirele niyalma gemu mini
구하는것은, 전하 자신 뿐 아니라 또 듣는 사람들 모두 나

---

33 'umesi sain Fesdo (가장 좋으신 페스도님)'에 해당하는 라틴어는 'optime Feste (가장 훌륭하신 페스도님)'이다.

34 "bi basunggiyarakū (나는 헛소리하지 않습니다.)"에 해당하는 라틴어는 "non insanio (나는 미치지 않았다.)"이다.

35 "nememe getuken genggiyen niyalma i yargiyan gisun be gisurembi (오히려 분명하고 맑은 사람의 진실한 말을 하고 있습니다.)"에 해당하는 라틴어는 "sed veritatis et sobrietatis verba eloquor (오직 진실하고 맑은 정신의 말을 한다.)"이다.

36 'hoo seme (늠름히)'에 해당하는 라틴어는 'constanter(굳건히, 당당히)'이다.

37 "si amaga baita doigomšome alara saisai gisun be akdambio (전하는 뒷일을 미리 아는 현자들의 말을 믿으십니까?)"에 해당하는 라틴어는 "credis prophetis (당신은 예언자들을 믿으십니까?)"이다.

38 "sini gisun Yesu i tacihiyan de dosire gūnin be eleki minde bahabumbi (당신의 말은 예수의 가르침에 들어가자는 뜻을 약간 내게 갖게 했소.)"에 해당하는 라틴어는 "in modico suades me Christianum fieri (그대는 나에게 크리스천이 되기를 조금 권하는구나.)"이다.

adalingga ojoroo · damu mini ere selei futa be cende   etubuki serakū[39] ··
같은 이가 되기를.   다만 나의 이   쇠 사슬 을 그들에게 하게 하지 않겠습니다."

gisun wajinggala · wang · uheri kadalara   da[40] · Bereniše · juwe ergide tehe
말을 마치자   왕과, 전부를 관할하는 수령과, 베르니게와, 양   쪽에 앉았던

janggisa ambasa gemu ilicaha · baci   aljafi ishunde gisurenume · ere
장군들과 대신들이 모두 일어났다. 거기서 떠나며 서로   이야기하기를, "이

niyalma de bucere weile akū · horin de inu sindaci acarakū sembihe ·
사람 에게 죽을   죄가 없다. 감옥 에 도 두어서는 안 된다." 하였다.

Agiriba   kemuni Fesdo de hendume · aika ere haha beyei baita be Šesare   de
아그리빠 또한 페스도 에게 말하기를, "만약 이 남자가 자신의 일 을 카이사르 에게

bederebuhekū bihe bici[41] · cihai genekini tucibuci ombihe   sehe ··
심판하게 하지 않았다면   마음대로 가거나 석방해도 되겠습니다." 하였다.

---

39 "damu mini ere selei futa be cende etubuki serakū (다만 나의 이 쇠사슬을 그들에게 하게 하지 않겠습니다.)"에 해당하는 라틴어는 'exceptis vinculis his (이 쇠사슬을 제외하고)'이다.

40 'uheri kadalara da (전부를 관할하는 수령)'에 해당하는 라틴어는 'præses(총독)'이다.

41 'aika ere haha beyei baita be Šesare de bederebuhekū bihe bici (만약 이 남자가 자신의 일을 카이사르에게 심판하게 하지 않았다면)'에 해당하는 라틴어는 'si non appellasset Caesarem (카이사르에게 상소하지 않았다면)'이다. 만주어 'bederebuhekū bihe bici (심판하게 하지 않았다면)'을 직역하면 '심판하게 하지 않았음이 있다면'이다.

𝕾𝖀𝕽𝕰 𝕲𝕴𝕾𝖀𝕹
풀이   말

[a] geren i juleri šolo golmin i giyangnara niyalma · neneme emu gala be
많은 이 앞에서 시간 오래   강론할   사람은   먼저 한 손 을

tesei   baru saniyambihe · ere uthai suwe ekisaka mimbe donjireo seme
그들을 향해   펼쳤다.   이것은 곧 너희가 조용히   나를   들으라   고

/112a/ anggai gisurere adali obumbihe ··
       입으로 말하는 것 같이   여겼다.

[e] abkai ejen Abraham · Isak · Yakob jergi saisa de jalan aituburengge be
    하느님께서 아브라함, 이사악, 야곱 등 현자들 에게 세상   구원할 이 를

unggiki seme angga aljaha bihe · ere uthai jalan de enggelenjihe Yesu inu ··
보내려 하여 약속하셨던 것 이다. 이가 곧 세상 에 강림하신   예수 이시다.

[i]⁴² bi musei fafun i nomun⁴³ de akdafi · jalan aituburengge aifini jihe ·
      내가 우리의 법 의 경전   에 의지해, 세상 구원하실 이가 이미 오셨고,

ere Yesu inu seme ofi · Yudeya ba i urse fafungga nomun i gisun be
이가 예수 이시다 라고 하니, 유다 지방의 사람들이 법의   경전 의 말 을

alaburakū · elemangga mimbe habšame · fafun be mukiyere weile mini beye de
말하게 하지 않고, 도리어   나를   고소하여   법 을 멸하는 죄를   나 자신 에게

isibumbi ··
적용한다.

---

42 이 설명은 예수가 말하는 것처럼 서술하고 있다. 《古新聖經》에는 이와 같은 의미의 구절이 처음부터 끝까지 인용부「」안에 들어 있다.

43 'fafun i nomun (법의 경전)'은 《古新聖經》에는 〈法度經〉으로 되어 있는데, 아마도 유다 교회의 율법서를 두고 한 말인 듯하다.

[o] abkai ejen de yongkiyaha muten bifi ·   i   ja i   bucehe niyalma be
　　하느님 께는   완전한   능력이 있어 그분은 쉽사리   죽은   사람   을

dasame weijubume mutembi ··
다시   살리실   수 있다.

[u] Heber uthai Abraham i goro mafa inu · ini   booi gisun Yudeya i
　　히브리는 곧   아브라함의 먼 조상 인데, 그의 집의 말이   유다 의

bade   taksihabi ·· 44
지방에서 존속되었다.

[na] uyuci fiyelen de   ere dekdeni gisun be sume giyangnahabi ·· 45
　　제9　　장 에서 이   속담   을 풀어   논하였다.

---

44 '히브리'가 아브라함의 먼 조상이라는 말은 어떤 근거에서 나온 것인지 알 수 없지만, 일반적으로 '히브리
　족'은 아브라함의 후손을 지칭하는 것으로 생각하고 있다. '아브라함'과 '히브리'라는 말의 어원이 같은 것
　일까? 《古新聖經》에는 이 대목이 없다.
45 그러나 사도행전 제9장에 이 속담이 나오기는 하지만 그 풀이는 없다.

DRIN NADACI FIYELEN
제27   장

Boolo mederi i jugūn de Italiya i baru genere · jai ini beye · **/112b/**
바울로가 바닷   길   로 이탈리아 를 향해 가는 일과, 또 그 자신 및

ini   emgi bisire udu weilengge urse be Aūgūsda jalan i janggin · gebu Yulio de
그와 함께 있는 몇몇 죄지은 사람들 을 아우구스토 부대 의 무관인 (이름) 율리오 에게

afabure baita toktobuha manggi[1] · Adurumeto hoton i emu jahūdai de tafafi ·
맡기는 일을 결정한   후   아드라미티움 성 의 한   배 에 올라타

ninggiya sele be tukiyefi[2] · Asiya i   dalin dalirame yabuha · Mašedoniya ba i
    닻   쇠 를 올리고   아시아 의 해안을 따라서   갔다.   마케도니아 지방의

Tessalonika hoton i niyalma   Aristarko   membe dahalambihe · jai inenggi
데살로니카   성 의 사람 아리스다르코가 우리를   따랐다.   다음 날

Sidon de isinjiha ·   Yulio   Boolo be sain i tuwame · sini gucuse be acaki · aika
시돈 에 도착했는데, 율리오가 바울로 를 좋게   보고   "당신 친구들 을 만나고, 만약

jaka be   belheki[3] seci · cihai gene sehe ·· ninggiya sele be tukiyeme · tereci
물건 을 준비하고자 하면 마음대로 가라." 하였다.   닻   쇠 를   올려   거기서

---

1 "jai ini beye · ini emgi bisire udu weilengge urse be Aūgūsda jalan i janggin · gebu Yulio de afabure baita
toktobuha manggi (또 그 자신과 그와 함께 있는 몇몇 죄지은 사람들 을 아우구스토 부대 의 무관인 [이름]
율리오에게 맡기는 일을 결정한 후)"에 해당하는 라틴어는 "tradi Paulum cum reliquis custodiis centurioni
nomine Iulio cohortis Augustae (바울로를 다른 구속자들과 함께 아우구스토 보병대의 율리오라는 이름의
백부장에게 맡겼다.)"이다. 만주문의 'jalan'은 청나라 시대의 군사 단위로서, 5 niru(牛錄)로 이루어진다. 1
niru는 300명의 군인으로 구성되므로 1 jalan은 결국 1,500명의 부대를 말한다. 라틴어의 'cohors(보병대)'
는 legio의 10분의 1이고, 또 legio는10개 보병부대와 3개 기병대로 이루어졌는데 그 군인 수는 6천 명에서
1만 명 정도였다고 하니, 1 cohors의 군인 수는 600~1,000명 쯤 되겠다. 따라서 만주어 1 jalan의 군인 수와
거의 비슷해진다.

2 'ninggiya sele be tukiyefi (닻쇠를 올리고)'에 해당하는 라틴어는 'sustulimus(우리는 들어올렸다)'이다. 라틴
어는 무엇을 들어 올렸는지 말하고 있지 않지만 문맥으로 보아 '닻을 들어 올림'을 알 수 있겠다. 만주어 'ninggiya
sele (닻쇠)'는 원래 '상대 편 말[馬]을 막기 위해 땅에 흩뜨려 두는 마름모꼴의 쇠못인 철질려(鐵蒺藜)'를 말하
는데, '쇠로 만든 닻'이란 뜻으로도 사용되었다. 프랑스어 번역에는 'ancre(닻)'으로 되어 있다.

3 'jaka be belheki (물건을 준비하고자)'에 해당하는 라틴어는 'curam sui agere (그의 돌봄을 행하다)'이다.

Šibiro   tun be biturame yabuha · ishun edun ofi kai · Šilisiya · Bamfiliya i
키프로스 섬 을 돌아서 간 것은   맞 바람 때문 이다. 길리기아와, 밤필리아 의

mederi be dulefi · Lišiya golo i Listara[4] hoton de jihe ·· niru janggin Italiya i
바다 를 지나 리키아 주 의 미라   성 으로 왔다.   부대장이 이탈리아 를

baru genere Eledzandiriya ba i emu jahūdai be ubade ucarafi · membe
향해 가는 알렉산드리아 지방의 어떤 배 를 여기서 만나 우리를

terede guribuhe · ududu inenggi manda yaburede · arkan seme bahafi
그것에 옮겼다. 여러 날 천천히 가는데   겨우   능히

Kinito   de bakcilara · fudasihūn edun i turgun[5] /113a/ Salamone i hanci
크니도스 에 마주했으나 거스르는 바람 때문에   살모네 가까운

Kereda tun be jakaraha · manggašahai ibeneme · teni Boniborto sere bade
그레타 섬 으로 항해했다. 어려워하며 나아가 간신히 보니보르도 라는 땅에

isinaha · Talassa[6] hoton ubaci goro akū bihe · baibuha erin labdu · jugūn
닿았는데 라새아 성이 거기서 멀지 않았다.   걸린 시간이 많아 배가

yabure forgon olgocuka de · yala šayoo [a] aifini wajiha bihe[7] · Boolo jahūdai
가는 시기가 위험한 데 사실 단식이   벌써 끝나 있었다. 바울로가 배의

niyalma be nacihiyame hendume · gucuse · bi tuwaci · ne mukei jugūn
사람들 을 달래며 말하기를. "친구들, 내가 보니 지금 물 길을

yaburede · ainci jahūdai · juwehe jaka sere anggala · geli meni geren
가는데, 아마도 배와 나르는 물건 뿐만 아니라 또한 우리 많은

niyalma koro bahambidere sehe · niru janggin oci jahūdai i ejen · šuruci
사람들이 고통을 얻을 것입니다." 하였다.   부대장 은   배 의 주인과 뱃사공

이 프랑스어 번역은 'pourvoir luimême à ses besoins (그에게 필요한 것을 마련하다)'이다.

4 'Listara'는 라틴어 성경에는 'Lystra'로, 그리스어 성경에는 Μύρα(뮈라)로 되어 있다. 프랑스어 번역 성경에는 'à Lystre, ou à Myrre(리스트라, 즉 미라에)'로 되어 있다.

5 'fudasihūn edun i turgun (거스르는 바람 때문에)'에 해당하는 라틴어는 'prohibente nos vento (바람이 우리를 방해해서)'이다.

6 'Talassa'는 라틴어 성경에는 'Thalassa'로, 그리스어 성경에는 Λασαία(라새아)'로 되어 있다. 이 두 지명이 같은 곳의 다른 이름인지, 아니면 다른 곳의 이름인지 아직 알 수 없다.

7 "šayoo aifini wajiha bihe (단식이 벌써 끝나 있었다.)"에 해당하는 라틴어는 "ieiunium iam praeterisset (단식도 이미 지나갔다.)"인데, 여기서 말하는 '단식'은 '(종교적인) 단식일'을 말하는 것으로 대충 9월 말에서 10월 초까지의 기간을 말한다. 이 무렵부터 바다 날씨가 나빠지므로 항해를 하지 않았다고 한다.

hūsun i da i gisun be akdambihe⁸ · Boolo i gisun be asuru   akdarakū ·⁹
일꾼의 으뜸의 말 을 믿었고,   바울로의 말 을 크게 믿지 않았는데,

tuweri de elhei tomoro ba   akū ofi · ududu niyalma ubaci jailame · jugūn
겨울 에 편히 거주할 곳이 없으므로, 많은 사람들이 여기서 떠나   길을

yabume toktohobi · Kereta i Feniše sere dalda   wai¹⁰ de isinaki · tere bade
가기로   결정했다.   그레테 의 페닉스 라는 은신할 굽이 에 이르러   그 곳에서

tuweri be hetubuki sembihe · ere dalda   wai   wargi amargi forobume bi ·¹¹
겨울 을 보내기로 하였다.   이 은신할 굽이는 서쪽과 북쪽으로   향하여 있다.

julergi edun dame deribuhede · baita mutebumbi seme /113b/ gūnifi ·
남쪽 바람이 불기 시작했을 때 일을 할 수 있다   고   생각하여

Asson baci ninggiya sele be tukiyeme · Kereda i dalin dalirambihe ·
아손 지방에서 닻   쇠 를 올리고   그레테 해안을 따라갔는데

goidarakū · dergi amargi ergici su   edun¹² dekdehe tun i baru darangge inu ·
오래지 않아 동   북 쪽에서 회오리 바람이 일어나서 섬 을 향해 부는 것 이었다.

jahūdai edun de balai anabufi · niyalma i hūsun sujame muterakūci tetendere ·
배가 바람 에 멋대로 밀려   사람 의 힘이 지탱할 수 없었을 뿐 아니라

ai ai   edun i ici yabubuha · eyehei emu ajige tun · gebu Kaūdan i fejergide
갖가지 바람 을 따라 가게 되니. 흘러서 한 작은 섬, (이름) 가우다 아래로

genembihe · ubade bifi teni weihu be ambuha · weihu be emgeri bargiyahade ·
갔는데   거기 에서 겨우 거룻배 를 바로잡았다. 거룻배 를 일단   수습하고

---

8 "niru janggin oci jahūdai i ejen · šuruci hūsun i da i gisun be akdambihe (부대장은 배의 주인과 뱃사공 일
꾼의 으뜸의 말을 믿었다.)"에 해당하는 라틴어는 "centurio autem gubernatori et nauclerio magis credebat
quam his quae a Paulo dicebantur (그런데 백부장은 바울로가 이르는 말보다 조타수와 선주의 말을 더 믿
었다.)"이다.

9 'Boolo i gisun be asuru akdarakū · (바울로의 말을 크게 믿지 않고)'에 해당하는 라틴어는 위 주 8)에서 말
한 대로 앞의 문장 'quam his quæ a Paulo dicebantur (바울로가 이르는 말보다)'에 들어 있다.

10 'dalda wai (은신할 굽이)'에 해당하는 라틴어는 'portus(항구, 포구, 피난처)'이다.'

11 "ere dalda wai wargi amargi forobume bi · (이 은신할 굽이는 서쪽과 북쪽으로 향하여 있다.)"에 해당하
는 라틴어는 "portum respicientem ad Africum et ad Corum (항구는 아프리카 쪽과 코라 쪽을 바라보고
있었다.)"이다. 아프리카와 코라(Cora, 이탈리아 중부의 도시)는 모두 이곳의 서쪽 또는 북쪽이므로 만주
어에서 이렇게 의역한 듯하다.

12 'su edun (회오리바람)'에 해당하는 라틴어는 'ventus typhonicus (태풍, 선풍[颶風])'이다. 그러나 그리스
어 성경에는 ἄνεμος τυφωνικὸς ὁ καλούμενος Εὐρακύλων (유라퀼론이라는 광풍)으로 되어 있다.

šuruci sa meni geren aisilame · jahūdai yonggan wehe i tan[13] de tunggalafi
사공 들과 우리 많은 이가 도와,   배가   모래와 돌 의 여울턱 에   부딪혀

efujere ayoo · terebe hūwaitaha · siltan be dedubuhe · kotoli be suhe manggi ·
부서질까 하여 그것을 묶었다.   돛대 를 눕히고   돛 을 푼 후

be   ainame ušabumbihe[14]· amba edun boljon lakcan akū musebe aššabume ofi ·
우리가 그렇게 끌려갔는데,   큰 바람과 물결이 끊임없이 우리들을 흔들어 서

jai inenggi hūdai jaka gemu mederi de maktabuha · ilaci inenggi šuruci sa
둘째 날   장사 물건들을 모두 바다 에 내던졌고, 셋째 날에는   사공 들이

beyei gala de jahūdai i agūra be maktame waliyaha · šun usiha udu
자기 손 으로 배 의 도구 를 던져서 버렸다. 해와 별이 몇

inenggi ci /114a/ iletu tucirakū ·   edun i hūsun i heni tani ebererakū ohode ·
날 동안   분명히 나타나지 않고 바람 의 힘 이 조금도 쇠하지 않게 되자

meni beye be aitubure erecun fuhali akū · dade geren niyalma erin
우리 자신을   구할   희망이 전혀 없었다. 원래 많은 사람들이 시간이

goidame bahafi jeterakū · Boolo giljame · ceni dulimbade ilifi hendume ·
오래도록 능히 먹지 못하니, 바울로가 살펴보고 그들 가운데   서서 말하기를,

gucuse · suwe Kereda de bifi · mini gisun i songkoi jurarakū oci ·   ne i
"벗들이여, 여러분이 그레데 에 있으며 내   말   대로 출발하지 않았다 면 지금

beyebe uttu   jobobure · utala jaka be ufararade isinarakū bihe ·   te
몸을 이렇게 고생시키고 많은 물건 을 잃는 데에 이르지 않았을 것이오. 이제

suwembe huwekiyeme bi · mujilen be sulakan sinda · suweni dorgici
여러분들을   격려하고 있으니, 마음 을 여유롭게 두시오. 여러분들 중에서

bucerengge emke inu akū · damu jahūdai efulere teile · bi abkai ejen i
죽는 자는   하나 도 없고, 다만   배가   부서질 뿐이오. 나는 하느님 의

niyalma · imbe uileme ofi · ini emu enduri[15] ere dobori mini juleri iletuleme
사람으로 그분을 섬기 므로 그분의 한 천사가 이 밤에 나의 앞에 분명하게

---

13 'tan'은 한자 '灘'의 차용인 듯한데, '강물이 말라서 돌이나 모래로 덮인 곳, 즉 여울턱'이다. 라틴어로는
'Syrtis(땅이름, 유사[流砂] 지역)'이다.

14 'be ainame ušabumbihe (우리가 그렇게 끌려갔다)'에 해당하는 라틴어는 'sic ferebantur (그렇게 우리는
끌려가게 되었다)'이다.

15 'ini emu enduri (그분의 한 천사가)'에 해당하는 라틴어는 'angelus Dei (하느님의 천사가)'이다. '

tucinjifi hendume · Boolo · ume   gelere ·   si   Šesare de tuwabuci acambi ·
나타나 말하기를, '바울로, (말라) 두려워 하지 말라. 너는 카이사르에게 보여야   한다.

ne   abkai ejen sini   emgi mukei jugūn yabure niyalma i ergen be sinde
이제 하느님은 너와 함께   물   길   가는   사람 의 목숨 을 너에게

šangnaha sehe · uttu   be dahame · suwe   elhei oso · abkai ejen de akdame ·
주셨다.' 하였소. 이렇게 우리가 따르니 여러분은 편히 되시오.   하느님 께 신뢰하고

bi   minde alaha gisun /114b/ urunakū baita de acabumbi · meni jahūdai esi
있으니 내게 알리신 말씀이   반드시   사실 에 맞을 것이고, 우리   배는 응당

emu tun i dalin i baru bašabuci   sehe ·· juwan duici dobori isinjifi · jing
한 섬 의 해안을 향해 내쳐집니다." 하였다.   열   나흘   밤이 이르러 마침

Adiriya [e] i mederi de yaburede · dobori i dulin i otolo šuruci sa na be
아드리아   바다 에 갔는데   밤   중 이 되어 사공 들이 땅을

tuwara gese kenehunjeme · tarcan be futa de hūwaitafi mukei šumin
본 것 처럼 의심하여   납 을 노끈에 묶어   물의 깊고

micihiyan babe miyalifi · mukei šumin ba juwan juda[16] de isinara be saha ·
얕은 곳을 재니, 물의 깊은 곳이 열 길 에 이름 을 알았다.

majige ibenehede · šumin ba nadan juda · sunja jušuru[17] de isinambihe ofi ·
조금 나아가니 깊은 곳이 일곱 길   다섯 자 에 이르렀으 므로

gemu geleme golome · jahūdai wehe de tara   ayoo seme seremšefi · jahūdai i
모두 두렵고 놀라며, 배가   돌 에 걸릴까 두려워 하고 방비하러   배 의

amargi ci   duin ninggiya sele be mederi de maktaha · gerendere be aliyara
뒤쪽 에서 네 개의   닻   쇠 를 바다 로 던지고,   날 밝기 를 기다릴

dabala · taka šuruci sa ukaki sembihe · ninggiya sele be saniyara kanaha
뿐이었다. 곧 사공 들이 도망하려 했는데,   닻   쇠 를 편다는 핑계를

arame · weihu be mederi de ebubuhe bihe · Boolo ceni gūnin be ulhifi · niru i
만들어 거룻배 를 바다 로   내렸다.   바울로가 그들의 생각 을 알고 부대 의

---

16 'juwan juda (열 길)'에 해당하는 라틴어는 'passus viginti (20파수스)'로 되어 있다. 1파수스는 약 150cm
라 하니 20파수스(＝30미터)는 만주어의 10길(＝100자, 30.3미터)과 대충 비슷하다.

17 'nadan juda · sunja jušuru (일곱 길 다섯 자)'에 해당하는 라틴어는 'passus quindecim (15파수스)'이다.
만주어의 '7길 5자'는 대략 22.7미터이고, 라틴어의 15파수스는 대략 22.5미터이다.

janggin · geren cooha de hendume · šuruci hūsun be[18] jahūdai de biburakū oci ·
장군과   여러 군사들 에게 말하기를,   "뱃사공들 을   배 에 있게 하지 않으면

/115a/ suweni ergen be karmame muterakū sehede · cooha uthai weihu i
여러분의 목숨 을 보호할 수 없습니다." 하자 군사들이 곧 거룻배 의

futa be sacifi · weigu[19] be mederi de waliyaha · inenggi genggiyen ome hamika ·
노끈 을 끊어 거룻배 를 바다 에 버렸다.   날이   밝아 져 왔다.

Boolo   geren be tafulame · suwe buda be jefu · juwan duin inenggi ci ertele
바울로가 많은 이 를 권하기를, "여러분은 밥 을 먹으시오. 십 사 일   이래 지금까지

aliyahai · jaka be jeterakū adali kai[20] · suwe beyebe aitubuki seci · bairengge
기다리면서 음식 을 먹지 않은 것과 같습니다. 여러분이 자신을 구하려 한다면 청컨대

jetereo ·   suweni uju i emu funiyehe sehe seme hono siharakū · emderei
식사하시오. 여러분의 머리 의 한   터럭   이라도 조금도 안   빠집니다." 한편으로

gisureme · emderei efen[21] be gaime · geren i yasai juleri abkai ejen de jalbarifi ·
  말하고   한편으로 떡 을 잡고 많은 이 의 눈 앞에서   하느님 께 기도하며

efen be moksolome · jeme deribuhe · ere gisun de gemu amtan hūsun be
떡 을   잘라   먹기 시작했다. 이 말 에 모두 맛과 힘 을

bahafi[22] · teni ebibume jeke · jahūdai de bisirele niyalma uheri juwe tanggū
얻어   그제야 배불리 먹었다.   배 에   있는 사람들은 모두 이   백

---

18 원문에는 'ba'로 되어 있으나 잘못으로 보고 교정한다. 'šuruci hūsun be jahūdai de biburakū oci (뱃사공
들을 배에 있게 하지 않으면)'에 해당하는 라틴어는 'nisi hi in navi manserint(이들이 배에 머물지 않으
면)'이다.

19 '거룻배'를 뜻하는 만주어 낱말은 만주어 본문 바로 앞에 나오듯이 'weihu'이다. 그런데 여기 나오는
'weigu'는 권점(圈點)을 잘못 찍은 것인지, 아니면 이런 형태가 당시 만주어 방언에 존재했던 것인지 아
직 알 수가 없다. 지금까지의 만주어 문헌에 'weigu'와 같은 표기는 나온 적이 없는 듯하지만, 그러나 있을
가능성은 충분히 있다. 자하로프의 〈만주어-러시아어 대사전〉 (Иван Ильич Захаров (1939) : Полный
маньчжурско-русскій словарь. Peking.) 1112쪽에 вэйку (weiku)가, 하우어의 〈만주어-독일어 사전〉
(Hauer, Erich (1952) : Handwörterbuch der Mandschusprache. Wiesbaden, Kommmissionsverlag Otto
Harrassowitz.) 994쪽에 'weiku'가 등재되어 있다.

20 "jaka be jeterakū adali kai (음식을 먹지 않은 듯하다.)"에 해당하는 라틴어는 "nihil accipientes (아무것도
취하지 않았다.)"이다.

21 'efen be gaime (떡을 잡고)'에 해당하는 라틴어는 'sumens panem (빵을 잡고서)'이다.

22 'amtan hūsun be bahafi (맛과 힘을 얻어)'에 해당하는 라틴어는 'animaequiores facti omnes (모든 이가 안
심하여)'이다. 만주어 'amtan(맛)'이라는 말에는 '흥미, 흥'이란 뜻도 있는데, 여기서는 이 의미인 듯하다.

nadanju ninggun niyalma ombihe · beye ulebuhe amala²³ · jahūdai be weihuken
일흔 여섯 사람 이었다. 몸을 먹인 후 배 를 가볍게

obure jalin · maise be²⁴ mederi de maktambihe · inenggi genggiyen ohode
하기 위해 밀 을 바다 로 던졌다. 날이 밝게 되었는데

ere babe takarakū · mederi i emu wai be /115b/ sabufi · muterei teile
이 곳을 알 수 없었다. 바다 의 한 물굽이 를 보고 할 수 있는 한

jahūdai be wai i alin de hūfubuki sembihe · ninggiya sele be biretei tukiyehe ·
배 를 물굽이 의 언덕 에 대려고 하여 닻 쇠 를 모두 올렸으며

tuwancihiyakū be hūwaitara futa be suhede · mukei eyen be dahambihe ·
배키 를 묶은 노끈을 풀고 물의 흐름 을 따라

jahūdai i uncehen i ajige wadan be sarafi · edun i ici dalin i baru
배 의 꼬리 의 작은 휘장 을 펴서 바람 을 따라 해안 의 쪽으로

genembihe · yala emu jubki be ucarahade · ce jahūdai be ubade ainahai
갔다. 그러자 한 모래톱 을 만났는데 그들은 배 를 이곳에 겨우

bašahabi · jahūdai i hongko yonggan de dosifi · heni aššame muterakū ·
몰아갔으나, 배 의 머리가 모래 에 들어가 조금도 움직일 수 없었고,

hude oci · amba boljon i hūsun de garjabumbihe · coohai gūnin · ceni
뱃고물은 큰 물결 의 힘 에 깨어졌다. 군사들의 생각은 그들이

tuwakiyabuha weilengge urse selbifi ukame jailara ayoo · tesebe waki
지키는 죄지은 무리들이 헤엄쳐 도망해 피할까 걱정하여 그들을 죽이려고

sembihe · damu niru janggin Boolo i ergen be karmaki serede · cembe
했으나, 오직 부대장이 바울로의 목숨 을 보호하려고 하여 그들을

ilibuha · selbime bahanarangge de afabume · suwe muke de feku · geren ci
막았다. 헤엄칠 수 있는 자들 에게 전하기를, "너희가 물 로 뛰어들어 많은 이 보다

neneme dalin de isina sehe · funcehe niyalma be ememu undehen · ememu
먼저 해안 에 도착하라." 하였다. 남은 사람들 을, 혹 판자나 혹

garjabuha jahūdai i /116a/ moo · agūra i dergide guribuhe · uttu ohode
부서진 배 의 나무와 도구 의 위로 옮겼다. 그렇게 하여서

---

23 'beye ulebuhe amala (몸을 먹인 후)'에 해당하는 라틴어는 'satiati cibo (배불리 먹고)'이다.
24 'maise be (밀을)'에 해당하는 라틴어는 'triticum(곡식을)'이다.

bisirele niyalma gemu elhei   dalin de tafakabi ··
있는   사람들   모두 무사히 해안 에   올랐다.

SURE GISUN
풀이   말

[a] ere uthai tuweri forgon i šayoo inu ··
  이는 곧   겨울 철 의 단식 이다.[25]

[e] Adiriya sere julgei fonde iliha hoton i gebu ci tere mederi be
  '아드리아' 라는, 이전 시대에 세운 성 의 이름에서 그   바다 를

Adiriyatiko[26] seme gebulembihe ··
아드리아티코   라고   불렀다.

---

25 이 단식은 9월에서 10월 사이의 속죄일 무렵에 행하던 것으로, 이 단식일이 지나면 겨울이 되고 항해를 하
기 위험해진다.

26 'Adiriyatiko'는 도시 이름 'Adiriya'의 라틴어 형용사형인 'Adriaticus'에 'mare(바다)'가 붙은 'mare
Adriaticum (아드리아 바다, 아드리아틱 바다)'에서 온 것인 듯하다.

ORIN JAKŪCI FIYELEN
제28   장

Bucere jobolon ci guwehe manggi[1] teni tun i gebu be Melida seme
죽을 재앙 에서 벗어난 후 그제서야섬 의 이름 을 멜리데 라고

bahafi sara ·[2] ba i niyalma[3] musebe sain i tuwame · aga bime · geli beikuwen ofi·
능히 알았다. 지방 의 사람들이 우리를 좋게 보아서, 비 있고 또한 추우 므로

moo be ambula muhaliyame tuwa dabuha · hono jemengge i ulebumbihe ·
나무 를 많이 쌓아 불을 붙이고, 또 음식 으로 대접하였다.

Boolo mucu moo i udu gargan be tomsoho bihe · jing tuwai dolo maktarade ·
바울로가 포도 나무 의 많은 가지 를 주워 모았 는데, 마침 불 속에 던지자

emu narhūn meihe [a] /116b/ halhūn ci jailame · terei gala be saiha · ba i
한 가느다란 뱀이 뜨거움 에서 피하며 그의 손 을 물었다. (그) 땅 의

urse Boolo i gala de akdaha meihe be sabufi · ishunde gisurenume · ere
사람들이 바울로의 손 에 매달린 뱀 을 보고 서로 말하기를, "이

haha urunakū niyalma be wara de amuran ningge bi[4] · mederi i jobolon ci
남자는 반드시 사람 을 죽이기 를 좋아하는 자 이다. 바다 의 재앙 에서

guwehe bicibe · abkai ejen i jurgangga jili · tondo karui imbe jalan de
벗어났더라도 하느님 의 의로우신 분노가 공정하신 갚음으로 그를 세상 에

---

1 'bucere jobolon ci guwehe manggi (죽을 재앙에서 벗어난 후)'에 해당하는 라틴어는 'cum evasissemus (우리들이 빠져나온 후에)'이다.

2 'bahafi sara · (능히 알았다)'에 해당하는 라틴어는 'cognovimus(우리는 깨달았다, 알아보았다)'이다. 만주어는 '알 수 있었다'라는 뜻이다.

3 'ba i niyalma (지방의 사람들)'에 해당하는 라틴어는 'barbari(야만인들)'이다.

4 "ere haha urunakū niyalma be wara de amuran ningge bi · (이 남자는 반드시 사람들을 죽이기를 좋아하는 자이다.)"에 해당하는 라틴어는 "utique homicida est homo hic (이 사람은 필경 살인자이다.)"이고, 프랑스어 번역도 "Cet homme est sans doute un meurtrier. (이 사람은 분명 살인자이다.)"인데, 만주어 번역은 좀 다르게 되어 있다.

bibume jenderakū   sembihe · i meihe be lasihire teile · tuwa de tuhebuhe ·
머물게 하지 않으시리라." 하였다. 그가 뱀 을 떨어 버리 면서   불 에 던졌는데,

ini beye heni koro baha ba akū ·   geren i gūnin · i beyei gubci   aibiha
그 몸은 조금도 해   입은 바가 없었다. 많은 이 의 생각은, 그가 몸 전체가 부어오른

manggi · nergin de tuhefi bucembi sembihe · goidatala aliyame · beyei gubci
   후   즉시 쓰러져 죽는다 하였지만 오래도록 기다려도 몸 전체가

da an i sain ojoro be tuwafi ·⁵ gūnin be halame ·⁶ imbe enduri⁷ seme
예사처럼 좋게 있는 것 을 보고   생각 을 바꾸어   그를 신   이라고

tukiyecembihe⁸ ··
   찬양하였다.

tun de emu bayan wesihun niyalma bihe · ini gebu Bubilio · ini
섬 에 한 부유하고 고귀한 사람이 있었는데 그의 이름이 푸블리오이고, 그의

hacingga usin ubade tembihe ·⁹ i musebe boo de dosimbuha bime · geli
여러   밭이 여기에 놓여 있었다. 그가 우리를   집 에 들어오게 하 였고 또

ilan inenggi jiramilame tuwašataha ·¹⁰ Bubilio i   ama tere fonde /117a/
 3 일을 후대하여 돌봐주었다.   푸블리오 의 아버지가 그 때

indehen · ilhi sere juwe hacin i nimeku de tušabufi dedumbihe · ¹¹ Boolo
학질과 이질 이라는 두 가지 의 병 에   걸려 누웠는데,   바울로가

---

5 "goidatala aliyame · beyei gubci da an i sain ojoro be tuwafi · (오래도록 기다려도 몸 전체가 예사처럼 좋
게 있는 것을 보고)"에 해당하는 라틴어는 "diu autem illis sperantibus et videntibus nihil mali in eo fieri (오
래 기다려도 그에게 나쁜 일이 아무것도 이루어지지 않음을 보고)"이다.

6 'gūnin be halame · (생각을 바꾸어)'에 해당하는 라틴어는 'convertentes(개심[改心]하여)'이다.

7 'enduri(신[神])'에 해당하는 라틴어는 'Deus(하느님, 신)'이다.

8 'tukiyecembihe(찬양하였다, 칭찬하였다)'에 해당하는 라틴어는 'dicebant(말하였다)'이다.

9 "tun de emu bayan wesihun niyalma bihe · ini gebu Bubilio · ini hacingga usin ubade tembihe · (섬에 한
부유하고 고귀한 사람이 있었는데 그의 이름이 푸블리오이고, 그의 여러 밭이 여기에 놓여 있었다.)"에 해
당하는 라틴어는 "in locis autem illis erant prædia principis insulae nomine Publii (그런데 그곳에는, 푸블
리오라는 이름의, 섬에서 첫째가는 이의 농장이 있었다.)"이다.

10 "i musebe boo de dosimbuha bime · geli ilan inenggi jiramilame tuwašataha · (그가 우리를 집에 들어가
게 하였고 또 3일을 후대하여 돌봐주었다.)"에 해당하는 라틴어는 "nos suscipiens triduo benigne exhibuit
(우리를 환영하여 3일 동안 친절하게 대하였다.)"이다.

11 "indehen · ilhi sere juwe hacin i nimeku de tušabufi dedumbihe · (학질과 이질이라는 두 가지의 병에 걸
려 누웠는데,)"에 해당하는 라틴어는 "febribus et dysenteria vexatum iacere (학질과 이질로 고생하며 누
웠다.)"이다.

imbe tuwame genehe · abkai ejen de jalbarime baiha amala · beyei gala be
그를 보러 가서 하느님 께 기도하며 청한 후 자기의 손 을

ini uju de emgeri sindarade · i uthai yebe oho · ere baita i turgun · tun i
그의 머리 에 한번 얹자 그가 곧 낫게 되었다. 이 일 로 인해 섬 의

dolo nimeku bisirele urse gemu Boolo i jakade jifi · Boolo geren be
안에 병 있는 사람들이 모두 바울로의 옆에 오고 바울로는 많은 이 를

aitubumbihe · ba i niyalma absi musebe kundulehe · jugūn de baitalara
치료하였다. 지방 사람들이 매우 우리를 공경해서 여행 에 필요한

jaka be jahūdai de tebuhe ··
물건 을 배 에 실었다.

ilan biyai amala · Aledzantiriya hoton i emu jahūdai de tafafi · mukei
석 달 후 알렉산드리아 성 의 한 배 에 올라타 물

jugūn yabuha · ere jahūdai i niyalma ere tun de tehei · tuweri be
길을 갔는데, 이 배 의 사람들은 이 섬에서 머물며 겨울 을

hetumbihe bihe · jahūdai i kiru de niruhangge Kastorei arbun inu[12] [e] ·
지냈던 것이다. 배 의 깃발 에 그린 것이 디오스구로이의 모습 이었다.

Siragūsa de jifi · ubade ilan inenggi indehe · tereci dalin dalirame[13] · Rešio de
시라쿠사 에 와서 여기서 3 일을 머물렀고, 거기서 해안가를 따라 레기움 에

isinjiha · jai inenggi juleri edun dame ofi · gūwa inenggide Buteholi de jihe ·[14]
도착했다. 다음 날 남 풍이 불 어서 다른 날에 보디올리 에 왔고,

---

12 "ilan biyai amala · Aledzantiriya hoton i emu jahūdai de tafafi · mukei jugūn yabuha · ere jahūdai i niyalma ere tun de tehei · tuweri be hetumbihe bihe · jahūdai i Kiru de niruhangge Kastorei arbun inu · (석 달 후 알렉산드리아 성의 한 배에 올라타 물길을 갔는데, 이 배의 사람들은 이 섬에서 머물며 겨울을 지냈던 것이다. 배의 깃발에 그린 것이 디오스구로이의 모습이었다.)"에 해당하는 라틴어는 "post menses autem tres navigavimus in nave Alexandrina quæ in insula hiemaverat cui erat insigne Castorum (그리고 석 달 후에 그 섬에서 겨울을 지낸 알렉산드리아 배로 항해하니, 그 배는 디오스구로이의 표를 하고 있었다.)"이다. 라틴어 성경의 'Castor'는 그리스어 성경에는 Διοσκούροις로 표기되어 있어서, 여기서의 그 한글 표기(그리스어 표기를 음역한《공동번역 성서》의 표기를 따른 것임)가 만주어 성경의 본문 표기와 아주 다르게 되었다. 'Castor'와 Διοσκούροις는 모두 같은 인물로서, 로마 신화에 나오는 제우스 신과 레다(Leda)와의 사이에서 태어났다 한다. 아래 풀이말의 **[e]** 참조.

13 'dalirame(따라)'는 'talirame'로 잘못 씌어 있어 고쳤다.

14 "jai inenggi juleri edun dame ofi · gūwa inenggide Buteholi de jihe · (다음날 남풍이 불어서 다른 날에 보디올리에 왔다.)"에 해당하는 라틴어는 "post unum diem flante austro secunda die venimus Puteolos (하

tacihiyan i /**117b**/ gucuse[15] be ucarahade · be ceni baire gisun de acabume ·
가르침 의 친구들 을 만났으며, 우리는 그들의 청하는 말 에 따라

nadan inenggi ceni boo de tehe · amala olhon jugūn deri Roma i baru
7 일을 그들 집 에 살았다. 그후 뭍의 길을 따라 로마 로 향해

yabumbihe · Roma i gucuse mejige bahafi Apio sere hūda i ba i ebsihe ·[16]
갔는데, 로마 의 친구들이 소식을 얻어, 아피오 라는 시장 까지,

jai ilan tatan i boo de isitala[17] [i] membe okdome jihe ·[18] be teni Roma de
또 세 주막 의 집 에 까지 우리를 맞으러 왔다. 우리는 그제야 로마 로

dosika ·· Boolo ya bade teki sehe · ini ciha de sindaha ·[19] damu emu cooha
들어갔다. 바울로가 어느 곳에 머물려 하니 그의 뜻 에 두었고, 다만 한 군사가

sasa bifi imbe tuwakiyambihe ·
함께 있으며 그를 지켰다.

ilan inenggi dulekede · Israel i omosi i dorgici ujulaha niyalma be solime
3 일이 지났을 때, 이스라엘 의 자손들 중에서 으뜸가는 사람들 을 초청해

gajiha · gemu jihe manggi i cende hendume · mini ahūta[20] · bi udu mini
데려왔다. 모두 온 후 그가 그들에게 말하기를, "나의 형님들, 내가 비록 나의

uksurangga · musei mafari i kooli be necihekū bicibe · naranggi Yerusalem i
민족과 우리 조상들 의 율법 을 범하지 않았 는데 끝내는 예루살렘

루를 지내고 남풍이 불므로 그 다음날 보디올리에 왔다.)"이다. 라틴어 'secunda die (그 다음날)'을 만주어로 'gūwa inenggide (다른 날에)'로 번역하고 있다.

15 'tacihiyan i gucuse (가르침의 친구들)'에 해당하는 라틴어는 'fratri(친구들)'이다.

16 'Apio sere hūda i ba i ebsihe · (아피오라는 시장까지)'에 해당하는 라틴어는 'usque ad Appii Forum (아피오 광장까지)'이다.

17 'ilan tatan i boo de isitala (세 주막의 집에까지)'에 해당하는 라틴어는 'Tribus Tabernis (세 주점에)'이다. 라틴어의 이 'Tres Tabernæ (세 주점)'은 Via Appia(로마 남쪽의 국도[國道])에 있는 유명한 술집 이름으로, 로마에서 49킬로미터 떨어져 있다 한다. 위의 Appia Forum은 로마에서 65킬로미터 떨어져 있다 한다. 임승필 (2002: 208) 참조.

18 라틴어 성경은 이곳에 "quos cum vidisset Paulus gratias agens Deo accepit fiduciam (바울로가 그들을 보고 하느님께 감사를 드리고 믿음을 얻었다.)"라는 말이 있는데, 무슨 이유인지 만주어 성경에는 이 구절이 빠져 있다.

19 "Boolo ya bade teki sehe · ini ciha de sindaha · (바울로가 어느 곳에 머물려 하니 그의 뜻에 두었고,)"에 해당하는 라틴어는 "permissum est Paulo manere sibimet (바울로에게 스스로 머무는 것이 허락되다.)"이다.

20 'mini ahūta (나의 형님들)'에 해당하는 라틴어는 'viri fratres (형제님들)'이다.

dolo huthubufi · Roma gurun i hafasa de afabuha ·   hafasa minde fonjihai ·
안에서 결박되어   로마 나라 의 관리들 에게 맡겨졌습니다. 관리들이 내게 물었는데,

bucere weile fuhali akū ofi · imbe sindaki sembihe Yudeya ba i   niyalma
죽일   죄가 전혀 없으므로 '그를 놓아주자.' 하였으나   유다 지방 의 사람들이

temšeme · ojorakū · /118a/ ojorakū serede ·²¹ bi hafirabufi mini baita be
 다투어   '안 된다,   안 된다.' 하니,   내가 할수없이 나의 일 을

Šesare   de bederebuhe ·²² uttu yabure gūnin · mini mukūn be habšara gūnin
카이사르 에게 돌렸습니다.   이렇게 하는 의도는 나의 민족 을 고소할 생각이

waka · erei jalin suwembe sabuki · suweni emgi gisureki seme · geren be
아닙니다. 이 때문에 여러분을 뵙고   여러분과 함께 말하고자 하여 많은 이 를

solinjiha ·   Israel i   omosi i erecun i [o] turgun de bi ere sele i futa be
모신 것입니다. 이스라엘 의 자손들 의   바램   때문 에 내가 이   쇠사슬 을

ušame ofi kai²³ [u] sehe · gemu jabume · be   simbe jondoro bithe²⁴ Yudeya
끄는 것입니다."   하였다. 모두 대답하기를, "우리가 당신을 말하는 편지를   유다

baci   alihakū bime · geli jihe deote i dorgici emke inu simbe meni jakade
땅에서 받지 않았 으며 또 온 동생들 중에서 한 명 도 당신을 우리 옆에서

wakalaha ba akū ·²⁵ damu bairengge · ne sini gūnin be mende getukeleme
 비난한   적이 없소.   다만 청하는 것은, 지금 당신의 생각 을 우리에게 명백히

alarao · ere tacihiyan i waka be babade gisurerengge labdu seme · be bahafi
말하시오. 이   가르침 의 잘못 을 곳곳에서   말하는 자들이 많다   고 우리가 능히

---

21 "Yudeya ba i niyalma temšeme · ojorakū · ojorakū serede · (유다 지방의 사람들이 다투어 '안 된다, 안
된다.' 하니,)"에 해당하는 라틴어는 'contradicentibus Iudæis (유다인들이 반대하여)'이다.

22 "bi hafirabufi mini baita be Šesare de bederebuhe · (내가 할 수 없이 나의 일을 카이사르에게 돌렸
다.)"에 해당하는 라틴어는 "coactus sum appellare Cæsarem (나는 카이사르에게 항소할 수밖에 없다.)"이
다.

23 "bi ere sele i futa be ušame ofi kai (내가 이 쇠사슬을 끄는 것입니다.)"에 해당하는 라틴어는 "catena hac
circumdatus sum (이 사슬에 내가 휘감겨 있습니다.)"이다.

24 'simbe jondoro bithe (당신을 말하는 편지)'에 해당하는 라틴어는 'littera de te (너에 관한 편지)'이다.

25 "jihe deote i dorgici emke inu simbe meni jakade wakalaha ba akū · (온 동생들 중에서 한 명도 당신
을 우리 옆에서 비난한 적이 없소.)"에 해당하는 라틴어는 "neque adveniens aliquis fratrum nuntiavit aut
locutus est quid de te malum (형제들 중에서 누구도 와서 당신에 관해 나쁜 것을 고하거나 말하지 않았
다.)"이다.

sara ·²⁶ gisun wajinggala · jai dere acara inenggi be toktobuha ·²⁷ yala ududu
압니다.” 말을 마치기 앞서 다시 얼굴 만날 날 을 정했는데, 실로 많은

niyalma terei boode²⁸ feniyeleme jifi · i erde ci yamjitala cende giyangname ·
사람들이 그의 집에 무리지어 와서, 그는 아침 부터 밤까지 그들에게 강론하며

Moises i fafun i bithe · jidere undengge be sara saisai nomun²⁹ ci /118b/ ice
모세 의 법률 책과 오지 않은 일 을 아는 현자들의 경전 에서 새

tacihiyan · uthai abkai ejen i gurun i jugūn · julgei enduringgesei erehe
가르침, 곧 하느님 의 나라 의 길과 이전의 거룩한 이들이 바라며

aliyaha jalan be aituburengge · damu Yesu seme getuken šetuken i
기다린, 세상 을 구하는 이는 오직 예수 라고 명명백백히

temgetulembihe ·³⁰ Boolo i gisun be akdara niyalma bihe · akdarakū niyalma
증명하였다. 바울로 의 말 을 믿는 사람들이 있었고 믿지 않는 사람들

---

26 "ere tacihiyan i waka be babade gisurerengge labdu seme · be bahafi sara · (이 가르침의 잘못을 곳곳에서 말하는 자들이 많다고 우리가 능히 압니다.)"에 해당하는 라틴어는 "de secta hac notum est nobis quia ubique ei contradicitur (이 교파에 관해 어디서든지 그것이 배척 받음을 우리는 안다.)"이다.

27 "gisun wajinggala · jai dere acara inenggi be toktobuha · (말을 마치기 앞서 다시 얼굴 만날 날을 정했다.)"에 해당하는 라틴어는 'cum constituissent illi diem (저들이 날짜를 정한 후에)'이다.

28 'boode(집에)'에 해당하는 라틴어는 'in hospitium (숙소에, 머무는 곳에)'이다.

29 'jidere undengge be sara saisai nomun (오지 않은 일을 아는 현자들의 경전)'에 해당하는 라틴어는 'prophetia(예언서)'이다.

30 "Moises i fafun i bithe · jidere undengge be sara saisai nomun ci ice tacihiyan · uthai abkai ejen i gurun i jugūn · julgei enduringgesei erehe aliyaha jalan be aituburengge · damu Yesu seme getuken šetuken i temgetulembihe · (모세의 법률 책과 오지 않은 일을 아는 현자들의 경전에서 새 가르침, 곧 하느님의 나라의 길과, 이전의 거룩한 이들이 바라며 기다린, 세상을 구하는 이는 오직 예수라고 명명백백히 증명하였다.)"에 해당하는 라틴어는 "quibus exponebat testificans regnum Dei, suadensque eis de Iesu ex lege Moysi et prophetis (하느님의 나라를 증거하고, 또한 모세의 율법과 예언서들에서 예수에 관하여 그들을 설득하면서, 설명을 하고 있었다.)"이다. 만주어 번역은 상당히 설명하는 말이 되었는데, 그것은 이 성경의 프랑스어 번역인 R. L. de Carrières 신부의 다음과 같은 해설을 크게 참고했기 때문이라 생각한다. "et il leur prêchoit la nécessité de croire en Jésus-Christ, pour obtenir le royaume de Dieu, leur confirmant ce qu'il leur disoit par plusieurs témoignages de l'Ecriture. Et il tâchoit de leur persuader la foi de Jésus, leur montrant par la loi de Moyse, et par les prophètes, qu'il étoit le Christ et le Messie. (그리고 그는 예수 그리스도를 믿어야 하는 필요성을 그들에게 강론하였는데, 그것은 하느님의 왕국을 얻고 그들이 성경의 많은 증언들을 통하여 그들에게 말한 것을 그들이 믿게 하기 위함이었다. 그리고 그는 모세와 예언자들을 통해 그들에게 드러내신, 그리스도이시고 메시아이신 예수에 대한 믿음을 그들이 받아들이도록 노력하였다.)"

inu bihe · ceni gūnin ishunde acanarakū ofi fakcambihe · Boolo teni hendume ·
도 있었는데, 그들의 생각이 서로 맞지 않 아 흩어졌다. 바울로가 그때 말하기를,

enduringge enduri baita be doigomšome sara[31] Isaiyas i angga ci musei
"성령께서 일 을 미리 아는 이사야의 입 으로 우리

mafari de gisurehe gisun goicuka[32] kai · yala enduringge enduri i Isaiyas de
조상들 에게 하신 말씀은 지당한 것 입니다. 참으로 성령 께서 이사야 에게

afabuha gisun · si genefi ere irgesei baru hendu · suwe šan de donjire gojime ·
주신 말씀, '너는 가서 이 백성들 에게 말하라. 너희가 귀 로 들어 도

ulhirakū · yasai sabure gojime · getuken i ilgarakū · ere irgesei mujilen absi
알지 못하고 눈으로 보아 도 분명히 분별하지 못한다. 이 백성들의 마음이 아주

hūlimbuha · tesei šan dutui gese · beyei yasa be nicuha · aika yasai sabuci ·
미혹되어, 그들의 귀는 귀머거리 같고, 자기의 눈 을 감았다. 만약 눈으로 보고,

šan i donjici · mujilen i dolo ulhici ce aliyame jabcara · bi ceni jadahan be
귀 로 듣고, 마음 안에서 깨달으면, 그들은 후회하고 뉘우쳐, 내가 그들의 장애 를

dasara /119a/ ayoo seme gelehengge inu[33] sehebi ·· uttu ohode sakini · abkai ejen
치료해 주 리라 하고 두려워함 이다.' 하셨습니다. 이러므로 아십시오. 하느님께서

suwembe aitubure gūnin suwende šangnaki sere kesi be encu mukūn i
여러분을 구할 생각으로 여러분에게 상주고자 하시는 은혜 를 다른 민족 의

niyalma de isibure dabala · ce gisun donjimbime · geli dahambi sehe manggi ·
사람들 에게 주실 것이며, 그들은 말씀을 듣고 또 따를 것입니다." 하였더니

Israel i omosi ishunde je ja seme · uru waka be temšeme jamarahai[34] Boolo i
이스라엘 자손들이 서로 시끌시끌하게 옳고 그름 을 다투고 토론하면서 바울로 의

boo ci tucike ··
집 에서 나갔다.

Boolo oci · juwe aniya hūsime turihe boode tehe · ai ai niyalma imbe
바울로 는 2 년 내내 세든 집에서 살았다. 온갖 사람들이 그를

---

31 'baita be doigomšome sara (일을 미리 아는)'에 해당하는 라틴어는 'propheta(예언자인)'이다.

32 'goicuka(지당하다)'에 해당하는 라틴어는 'bene(좋다, 잘 되었다)'이다.

33 'gelehengge inu (두려워함이다)'에 해당하는 라틴어는 'ne forte (아마도 … 아닐지 모른다)'이다.

34 'ishunde je ja seme · uru waka be temšeme jamarahai (서로 시끌시끌하게 옳고 그름을 다투고 토론하면서)'에 해당하는 라틴어는 'multam habentes inter se quæstionem (서로 격렬한 토론을 하면서)'이다.

baime jici · i terebe dosimbufi · abkai ejen i gurun i Ewanzelio be
찾아 오면 그는 그를 들어오게 하여 하느님 의 나라 의 복음 을

selgiyembihe · musei ejen Yesu Girisdo de holbobure hacin hacin i doro be
선포했으며, 우리 주 예수 그리스도 에 관련된 가지 가지 의 진리 를

hoo seme giyangnambihe · targara tookaburengge emke inu akū ··³⁵
늠름하게 강론하였는데, 거리끼고 방해되는 것은 하나 도 없었다.

---

35 "ai ai niyalma imbe baime jici · i terebe dosimbufi · abkai ejen i gurun i Ewanzelio be selgiyembihe
· musei ejen Yesu Girisdo de holbobure hacin hacin i doro be hoo seme giyangnambihe · targara
tookaburengge emke inu akū ·· (온갖 사람들이 그를 찾아오면 그는 그를 들어오게 하여 하느님의 나라
의 복음을 선포했으며, 우리 주 예수 그리스도에 관련된 가지가지의 진리를 늠름하게 강론하였는데, 거
리끼고 방해되는 것은 하나도 없었다.)"에 해당하는 라틴어는 "et suscipiebat omnes, qui ingrediebantur
ad eum, prædicans regnum Dei, et docens quæ sunt de Domino Iesu Christo, cum omni fiducia, sine
prohibitione. (그에게 찾아오는 사람들을 다 접대하고 하느님의 나라를 설교하며 주 예수 그리스도에 관
한 것을 굳은 믿음으로 가르쳤는데, 방해받는 것이 없었다.)"이다.

𝕾𝖀𝕽𝕰 𝕲𝕴𝕾𝖀𝕹
풀이　말

[a] ere meihe gebu Weibera[36] inu · terei ehe horon umesi nimecuke · udu
　　이　뱀 이름이 웨이베라 이다. 그것의 나쁜 독이　아주　지독해서　몇

fuwen i andande niyalma be bucebumbi ·· abkai ejen /119b/ enduringge Boolo i
　분　사이에　사람 을　죽게 한다.　　하느님은　　　　　거룩한　바울로 가

baire gisun de acabume · ere gese meihe be Melida tun ci yooni geterembuhe ·
청하는 말 에 응하시어　이 같은　뱀 을 멜리데 섬 에서 전부 없애버리셔서

ertele　yala emke inu akū · aika gūwa baci benjirengge bici · tun de
지금까지 참으로 하나 도　없다.　만약 다른 곳에서 가져온 것이 있다면 섬 에

isinafi · uthai ehe horon　akū ··
도착해서는 곧　나쁜 독이 없어졌다.[37]

[e] Kastore　Bolluše se ten i julgei fon i juwe deote[38] inu · ishunde
디오스구로이와 볼루셔 들은 아득한 이전 시대 의　두 동생들 이었다.　서로

šar seme gosimbihe hūwaliyambihe ofi · amaga jalan i　urse　balai cembe
자애롭게 사랑하고　화합하였으 므로　뒷 세대 의 사람들이 망령되게 그들을

enduri fungnefi kundulehe ··[39]
신으로 봉하고 공경하였다.

---

36 'Weibera'는 라틴어 'vipera'를 음역한 것인 듯하다. 'vipera'는 흔히 '살무사'로 번역한다.

37 이 뱀이 섬에서 사라지고, 또 다른 곳에서 뱀을 이 섬에 가져오면 독이 없어진다는 이야기는 어디서 온 것인지 알 수 없다.

38 'deote(동생들)'은 아마도 '형제들'이란 뜻으로 쓰인 듯하다. 실제로 이 만주어 성경에서 'deote'를 '형제들'로 번역하는 것이 더 문맥에 맞는 일이 있다.

39 'Kastore Bolluše (카스토르와 볼루셔)'는 그리스 로마 신화에 나오는 이복 형제의 이름이다. 영어권에서는 'Castor and Pollux' 또는 'Kastor and Polydeuces'로, 그리스어로는 Κάστωρ 또는 Διόσκουροι와 Πολυδεύκης로 표기한다. 위의 만주어 성경 본문에는 'Kastore'만 나오고 라틴어 성경 본문에도 'Castor'만 나오지만, 이 구절의 프랑스어 번역에는 'Castor et Pollux'라고 되어 있다. 따라서 푸와로 신부는 프랑

[i] enduringge Lukas šošome gisureki serede · Sirakūsa · Rešio · Butekoli jergi
　　거룩한　루가가 종합하여　말하고자 하면서, 시라쿠사, 레기움, 보디올리 등의

hoton de Boolo i yabuha ferguwecuke baita · wembuhe ton akū niyalma be
　성　에서 바울로가　행한　　기이한　일들과,　교화한,　수 없는 사람들 을

fuhali jondorakū ·　damu ere hoton i fe bithe · iliha temgetu wehe[40] be tuwaci ·
전혀 언급하지 않는다. 다만 이　성 의 옛 책과 세워둔 증거 비석　을　보면

enteke baita labdu colgoropi amba seme getuken i saci ombi ··
이렇게 사건이 많았고,　탁월하고 위대했다 고　분명히　알게 된다.

[o] Israel i　omosi　jalan aituburengge be ereme aliyambihe · Boolo
　이스라엘 의 자손들은 세상을　구할 이　를 바라며 기다렸지만,　바울로는

elemangga terebe　aliyakū ·　aifini jalan de enggelenjihe · ere uthai Yesu　inu
　도리어　그를 기다리지 않고 '이미 세상 에　강림하셨고, 이분이　곧　예수 이시다.'

seme giyangnambihe ··
라고　강론하셨다.

[u] ainci niru janggin /120a/ Yulio　Boolo be kunduleme terei jalin gisurefi ·
　아마　부대장　　율리오가 바울로 를 존경해서　그를 위해 말하여,

geren weilengge ursei emgi horin de sindahakū · turihe boo de tomoro
여러　죄 있는 무리와 함께　감옥 에　두지 않고,　세낸　집 에 머무르고

salihan salibuhabidere · damu i　ukara ayoo seme seremšefi · emu cooha de
값을　치른 것이리라.　다만 그가 도망할까 걱정 하여　수비하되,　한　군사 에게

tuwakiyabumbihe · ini galai mayan ci selei futa tuhebumbihe · aika tule
지키게 하였고　그의 손의　팔 에서 쇠사슬을　늘어뜨렸다.　만약 밖에

tucici · cooha imbe dahalame · futai gūwa ujan be jafambihe ··
나가면 군사가 그를　뒤따르며 사슬의　다른　끝 을　잡았다.

스어 번역만 보고 이 풀이말을 붙인 듯하다. "nous nous embarquâmes sur un vaisseau d'Alexandrie, ……
qui portois pour enseigne Castor et Pollux. (우리는 카스토르와 폴룩스라고 표시된 알렉산드리아의 선박
에 승선했다.)" [프랑스어 사도행전 28장 11절]. 이 형제들이 서로 사랑했다는 이야기도 그 신화에 나오는
말이다.

40 'temgetu wehe (증거 비석)'은 '기념비'를 뜻한다.

만주어 사도행전
본문 영인

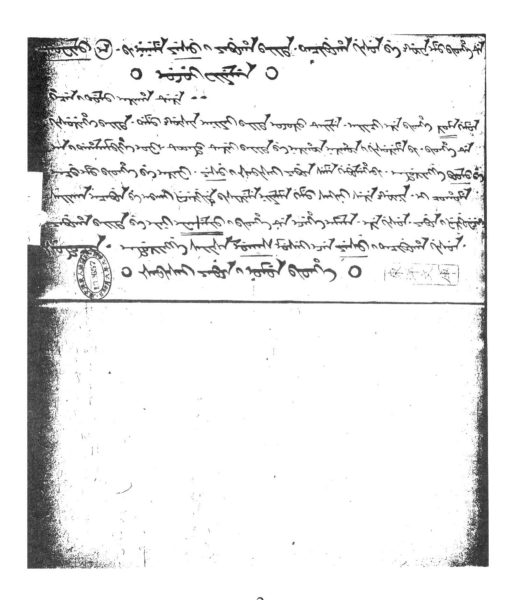

3

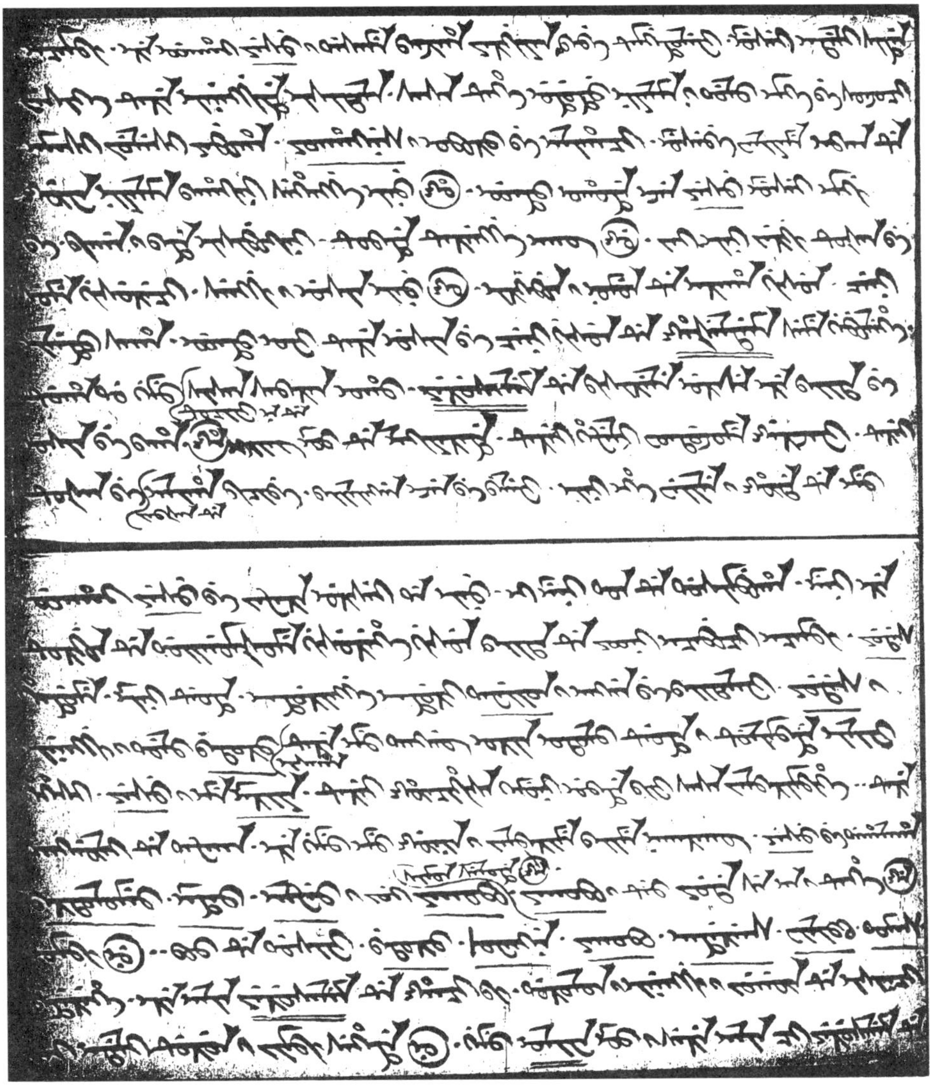

4

5

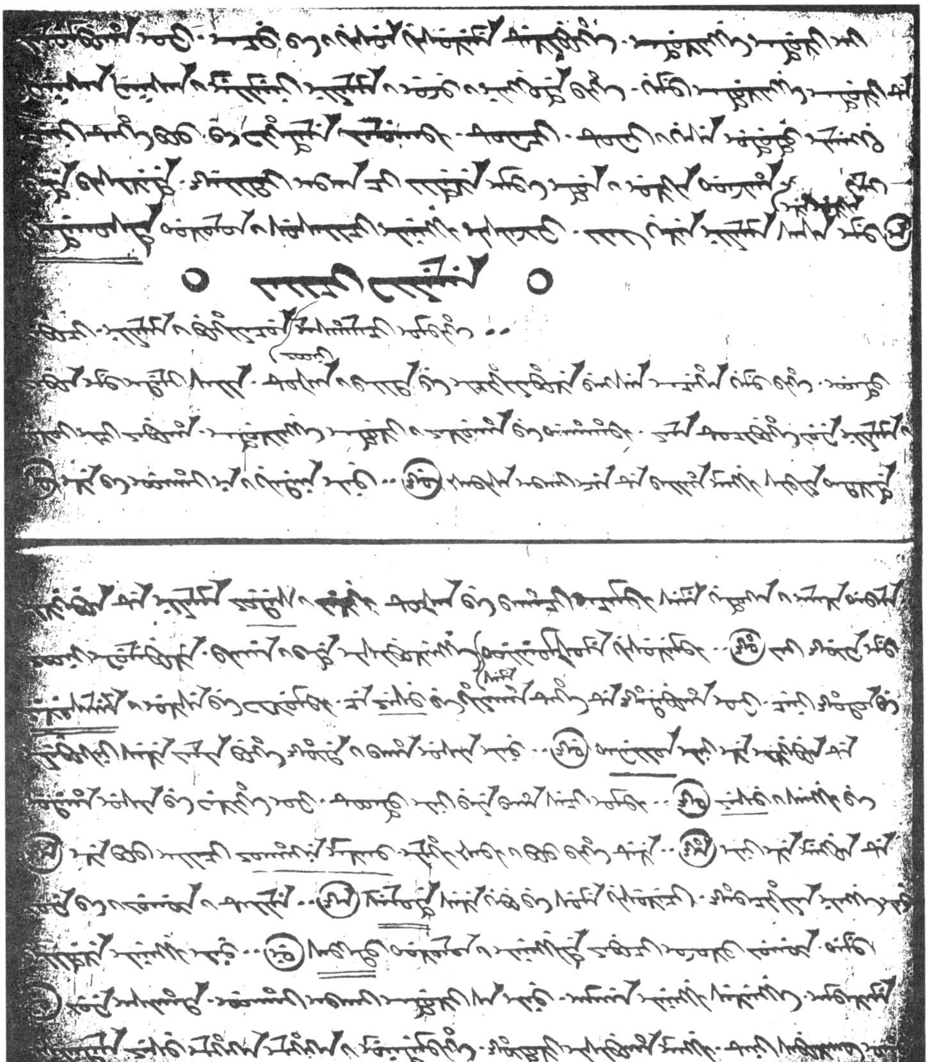

6

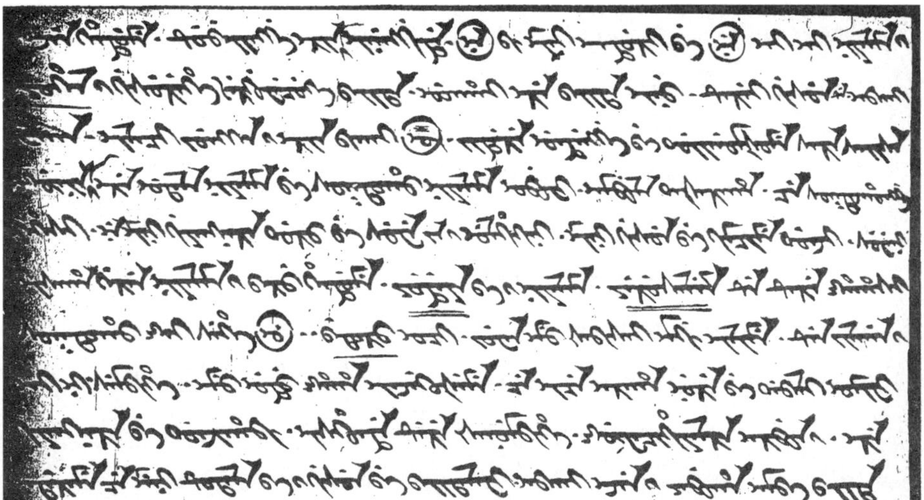

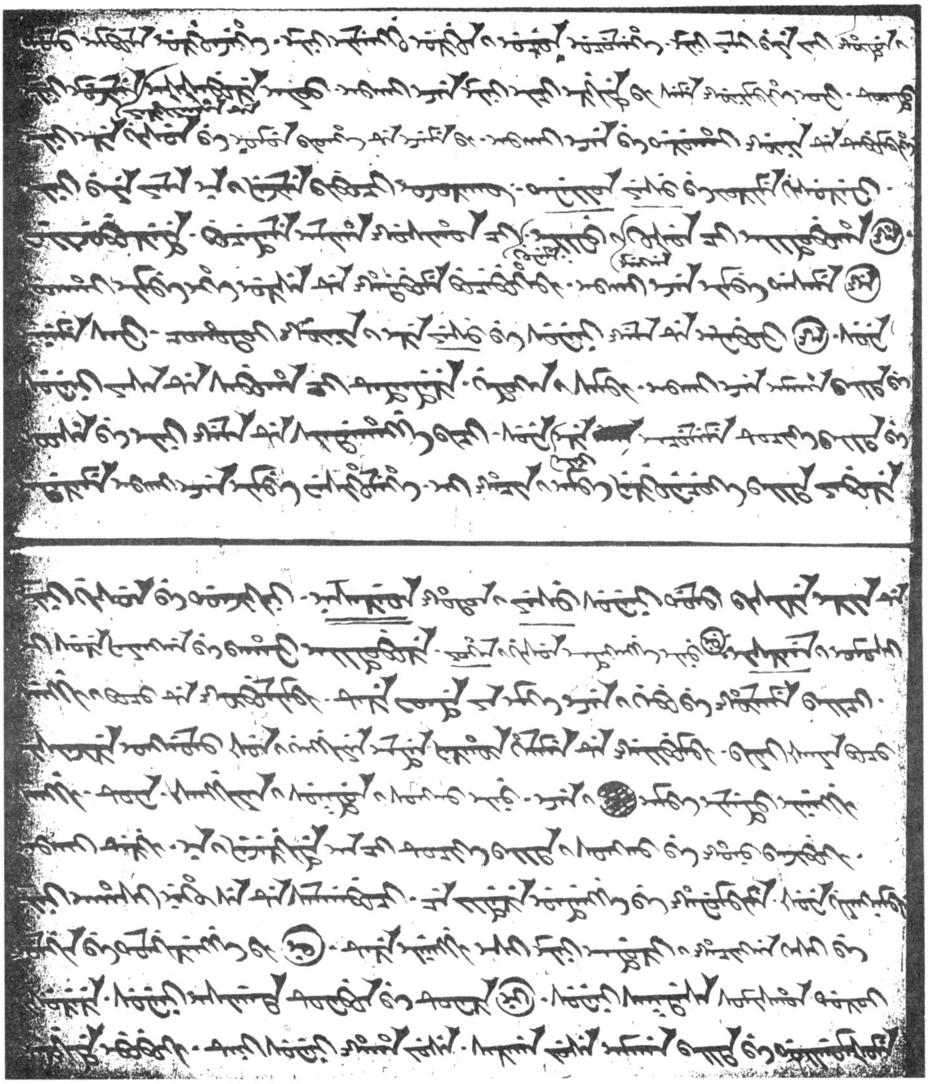

8

9

11

12

13

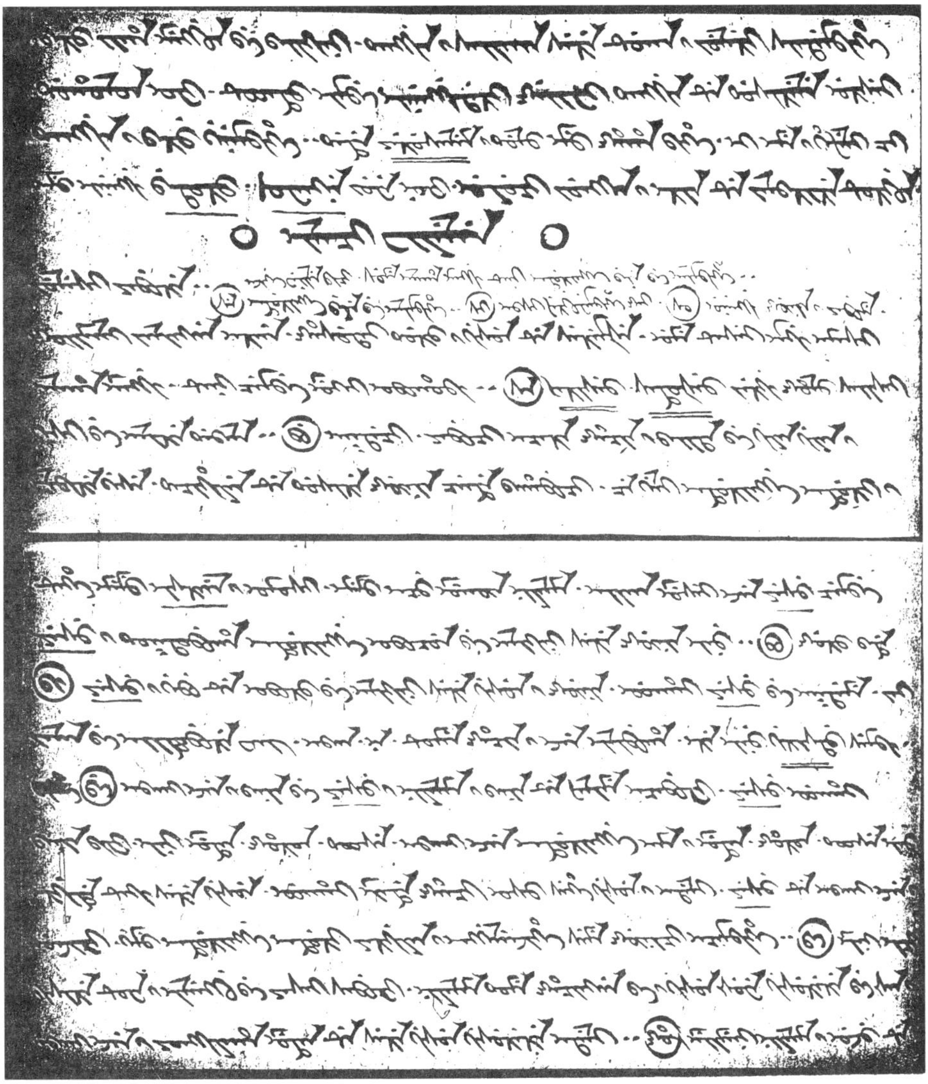

14

15

16

17

18

19

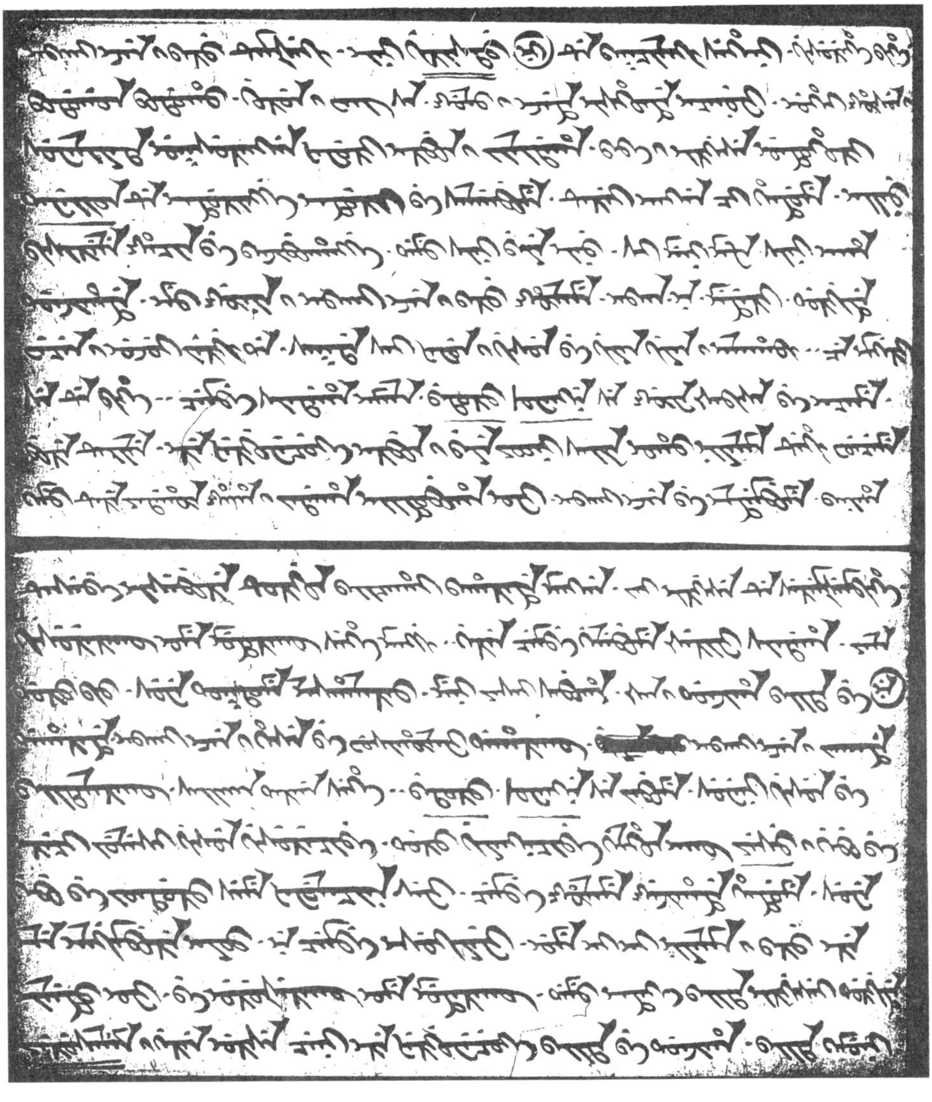

20

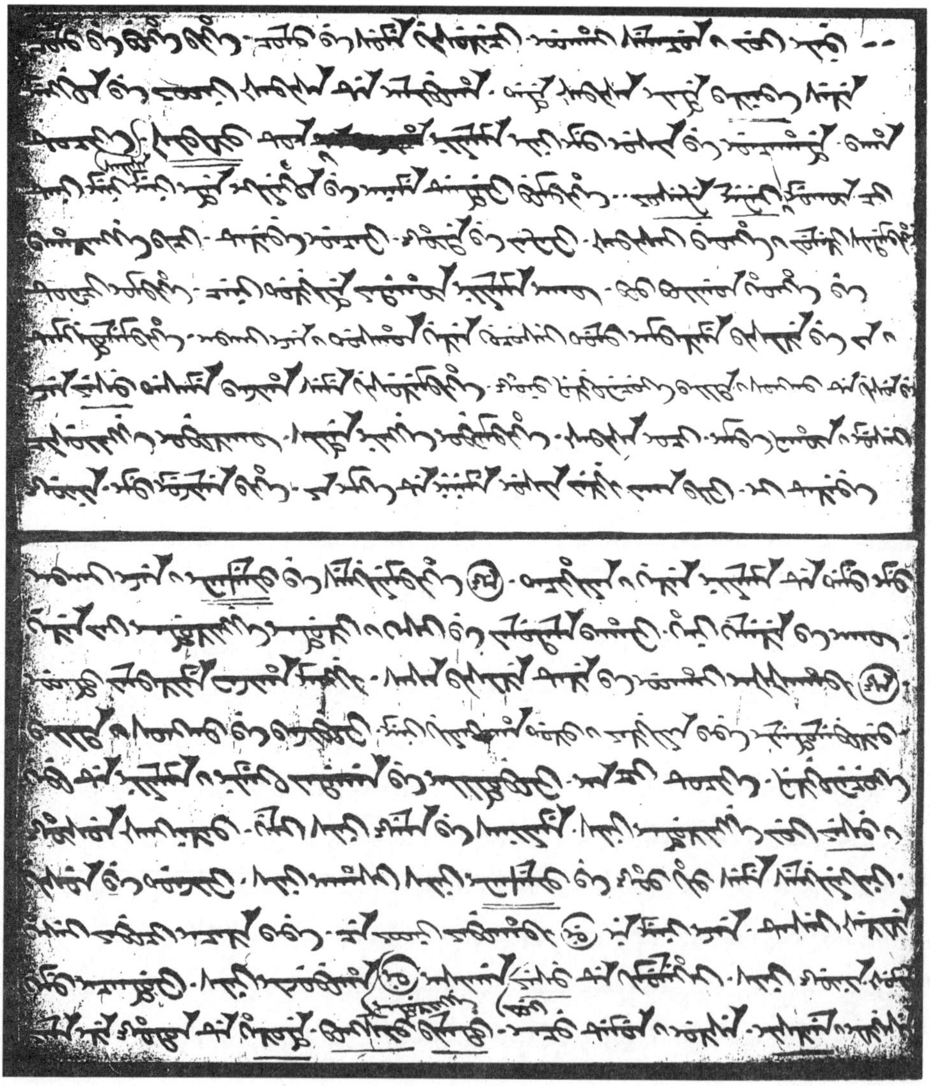

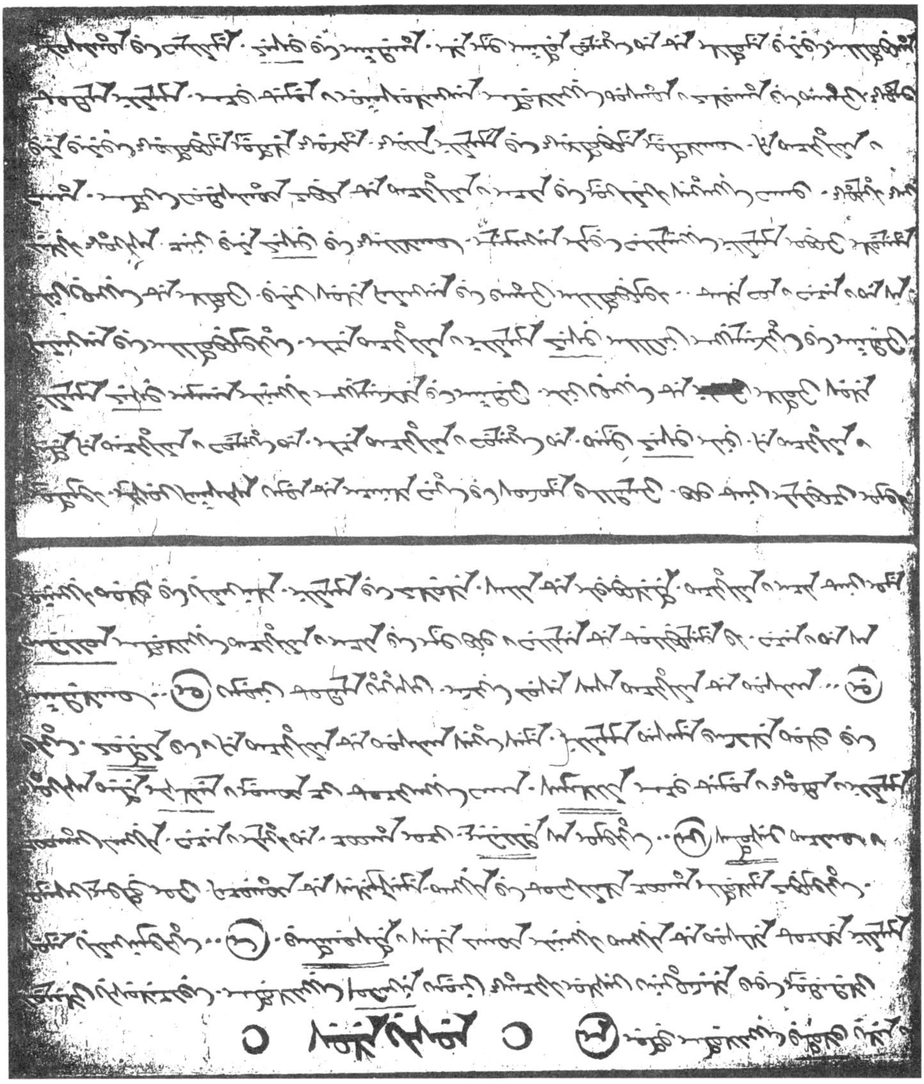

22

23

24

25

26

27

28

29

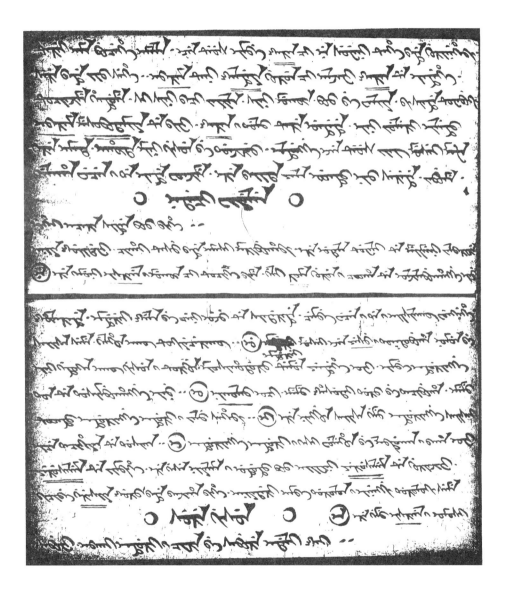

31

33

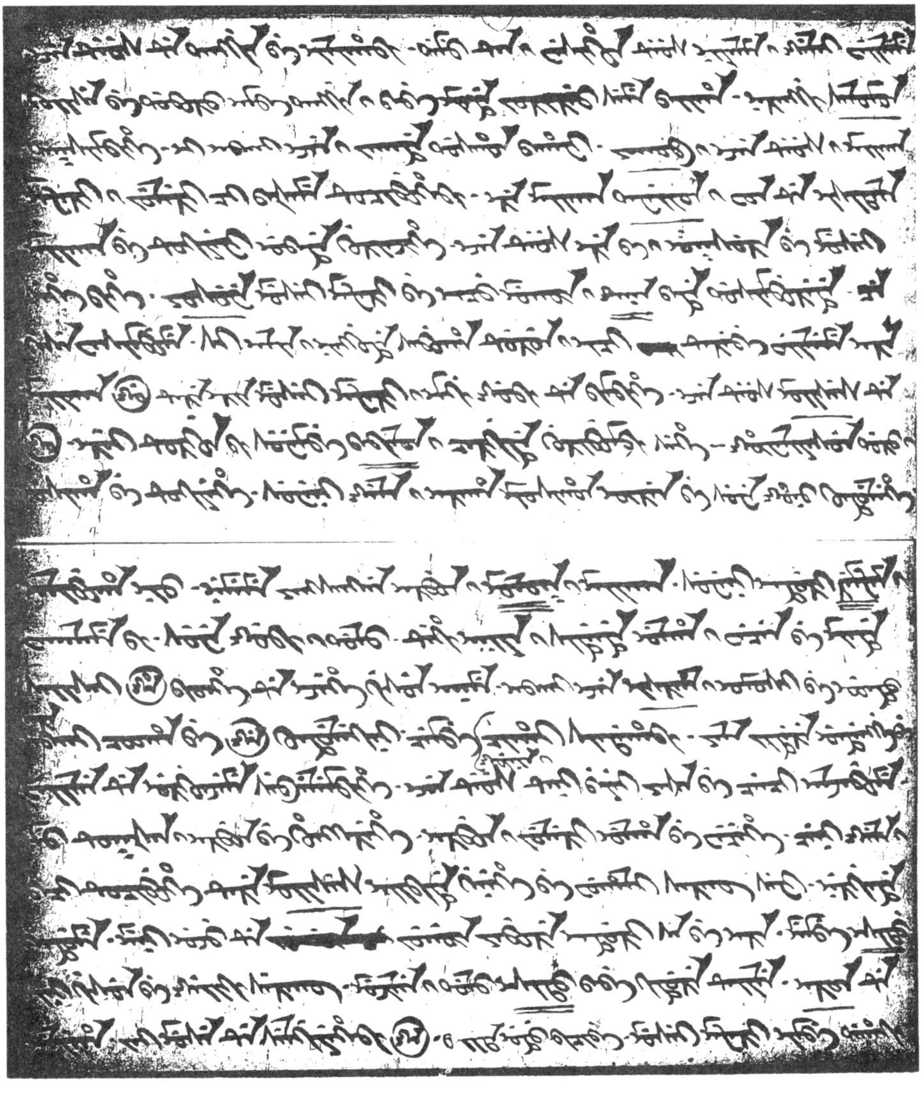

34

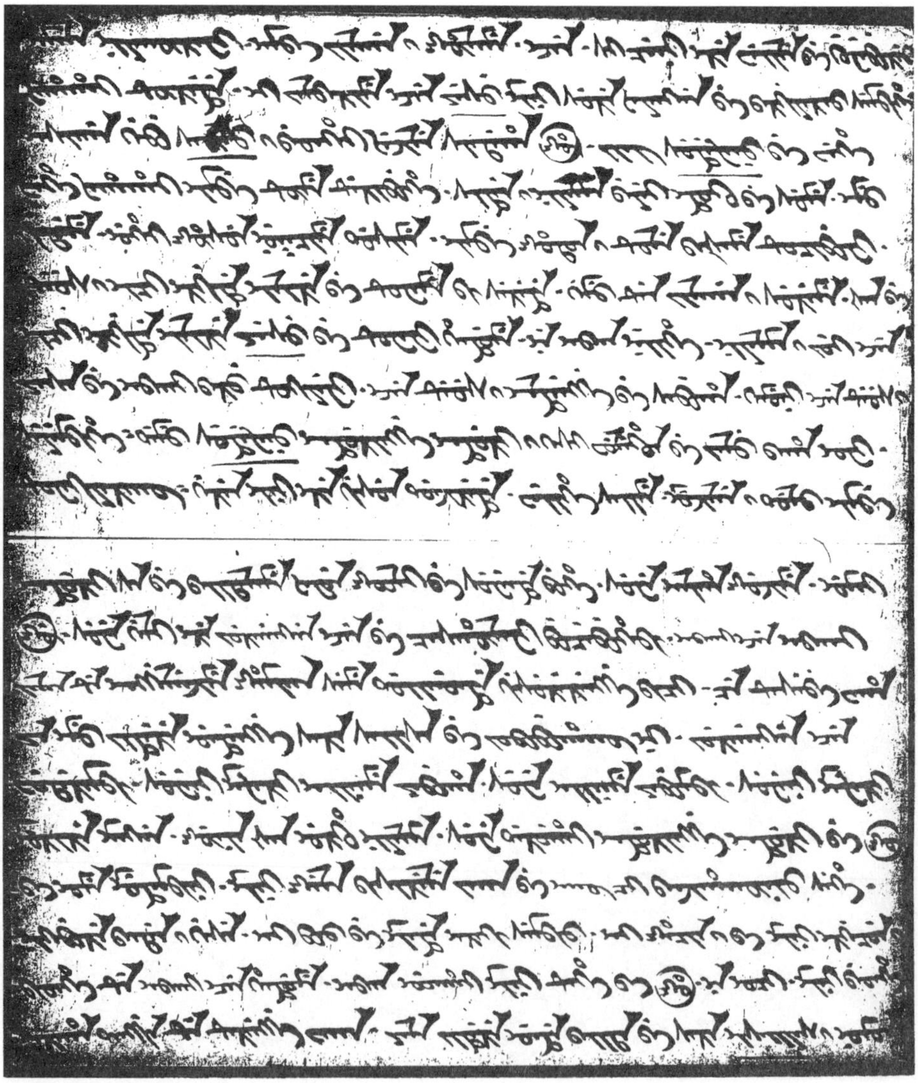

35

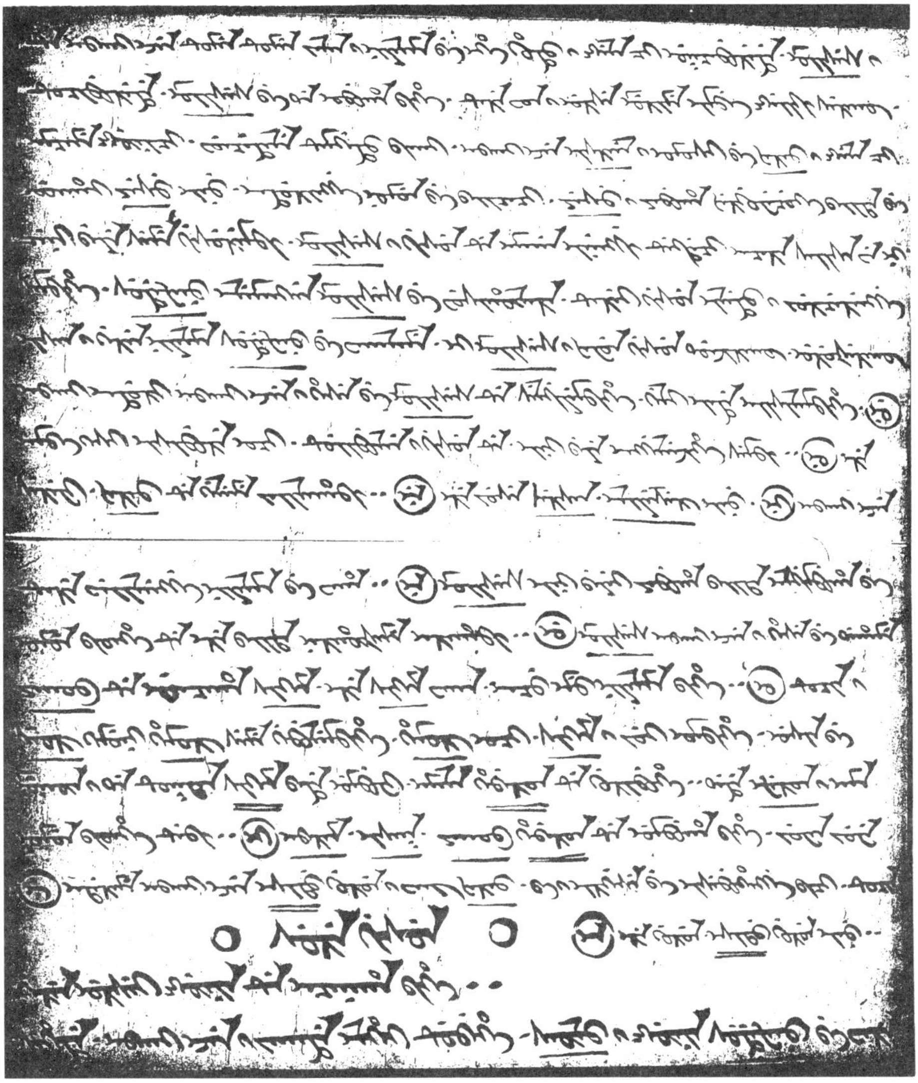

36

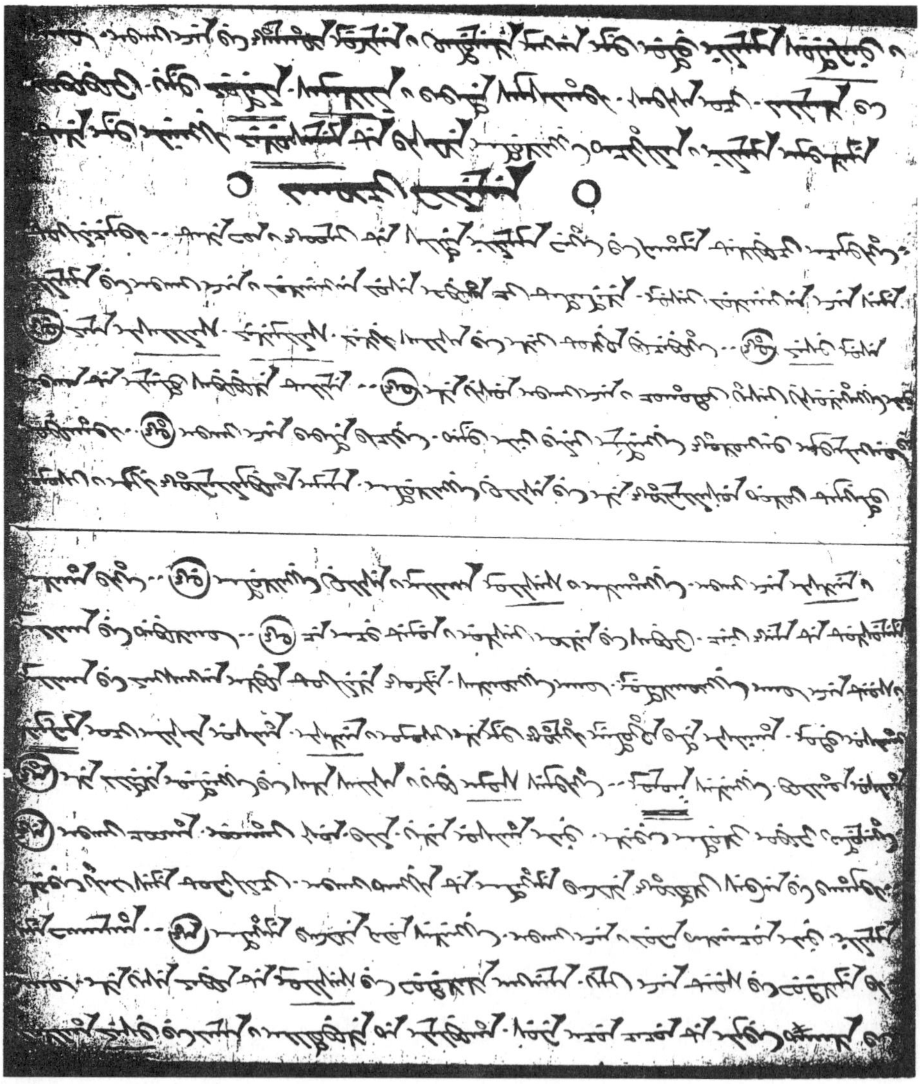

37

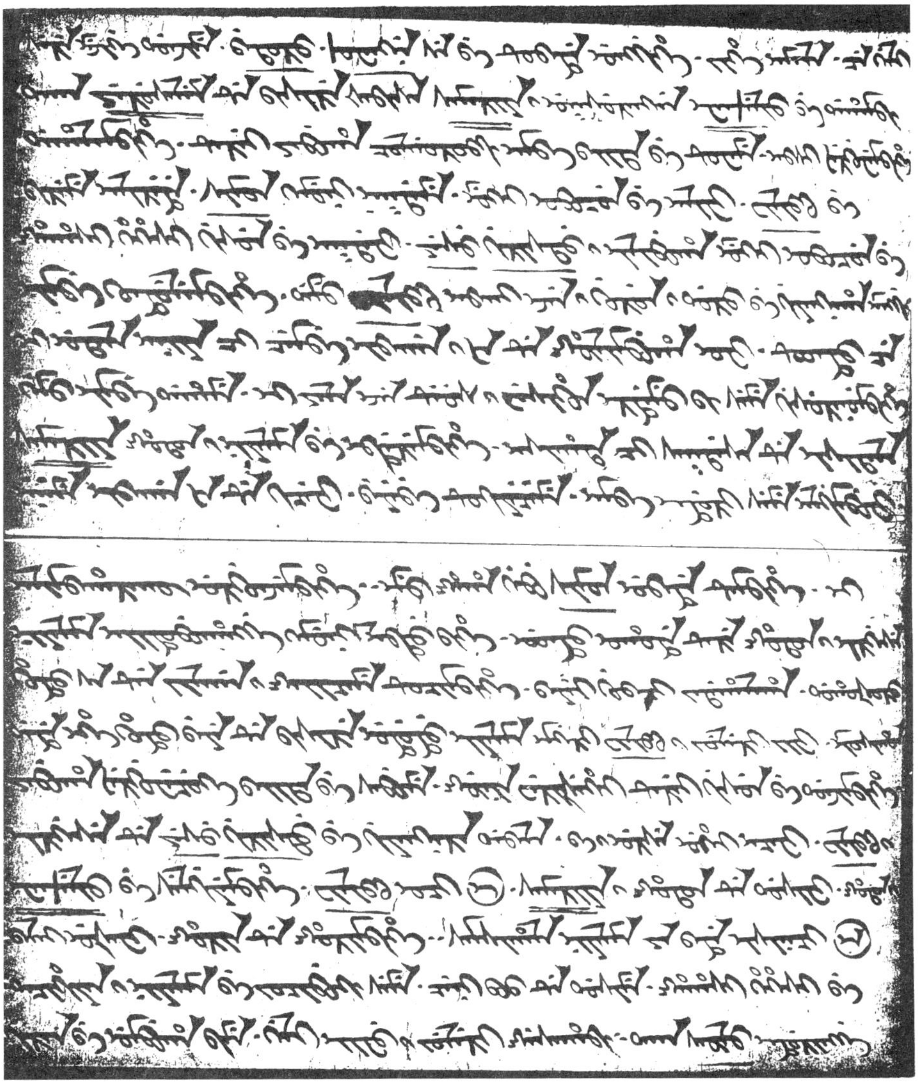

38

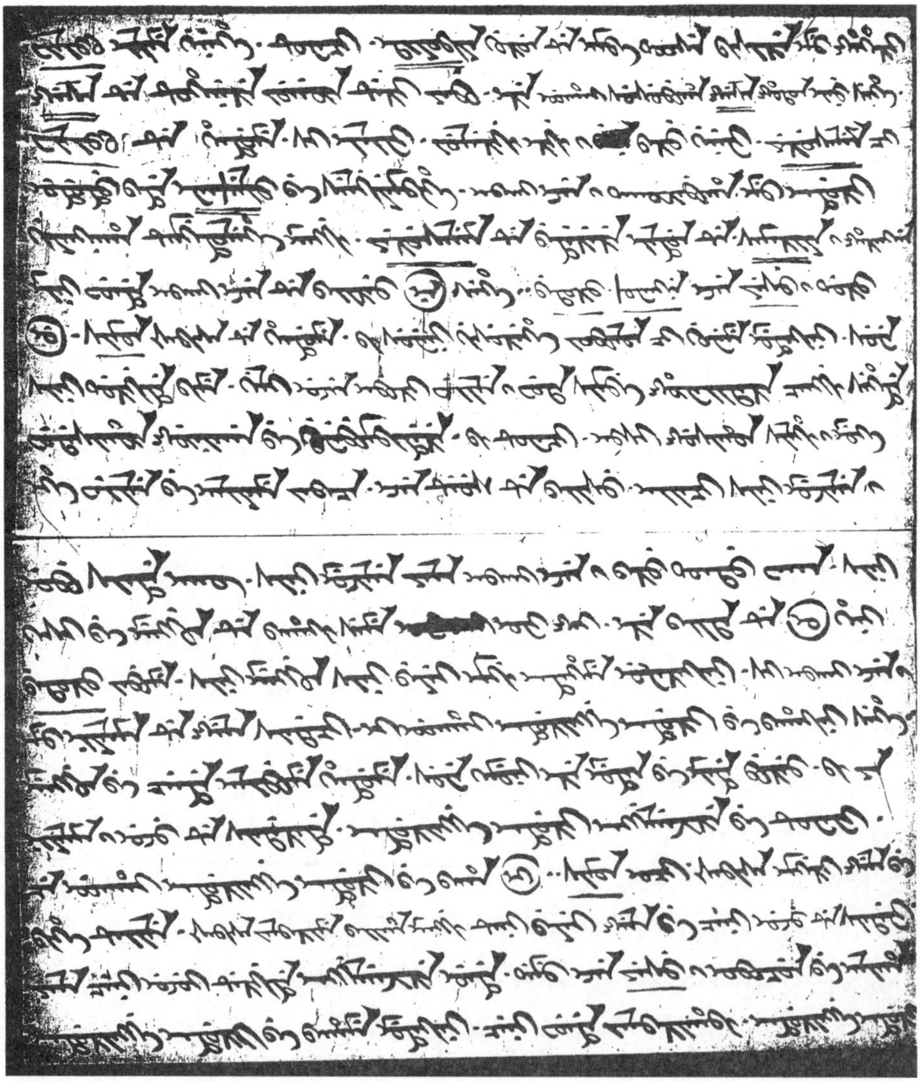

39

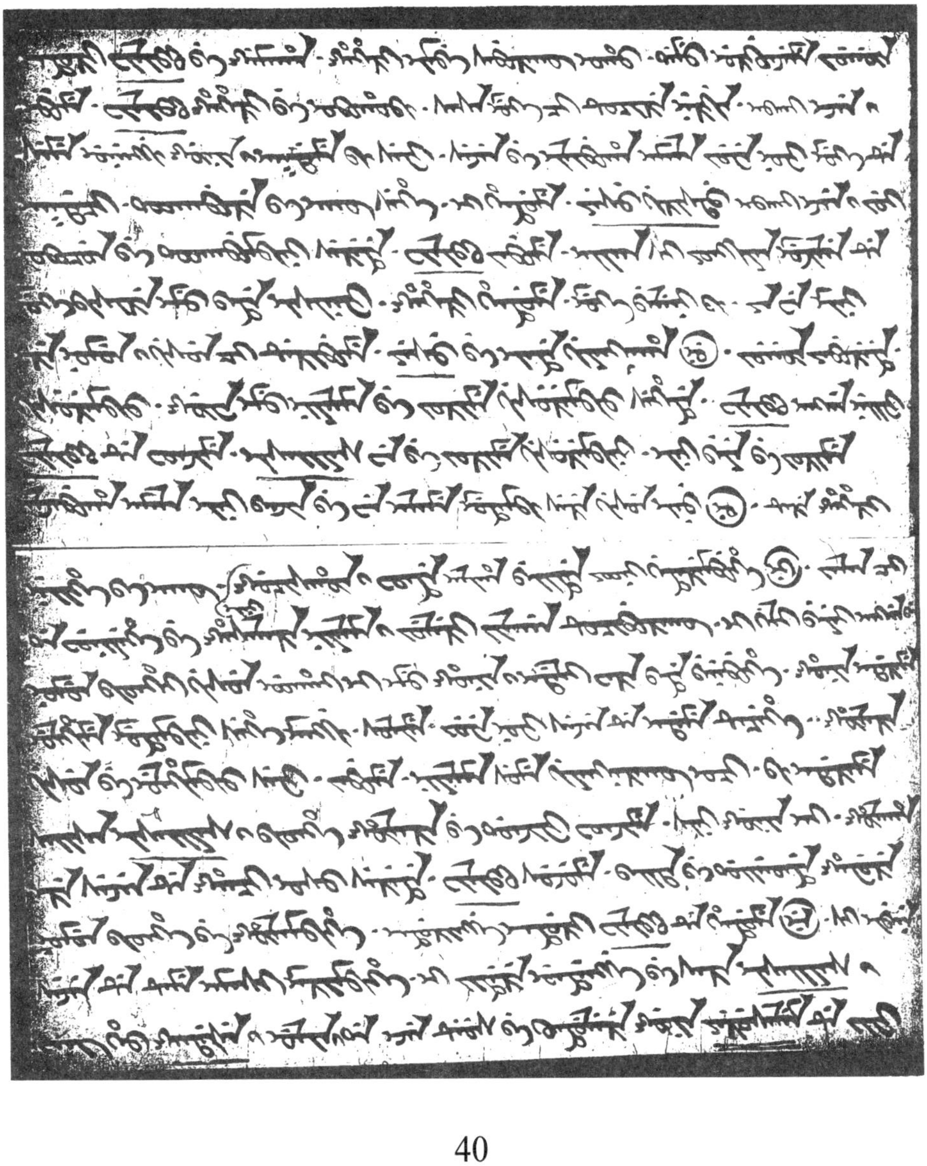

40

41

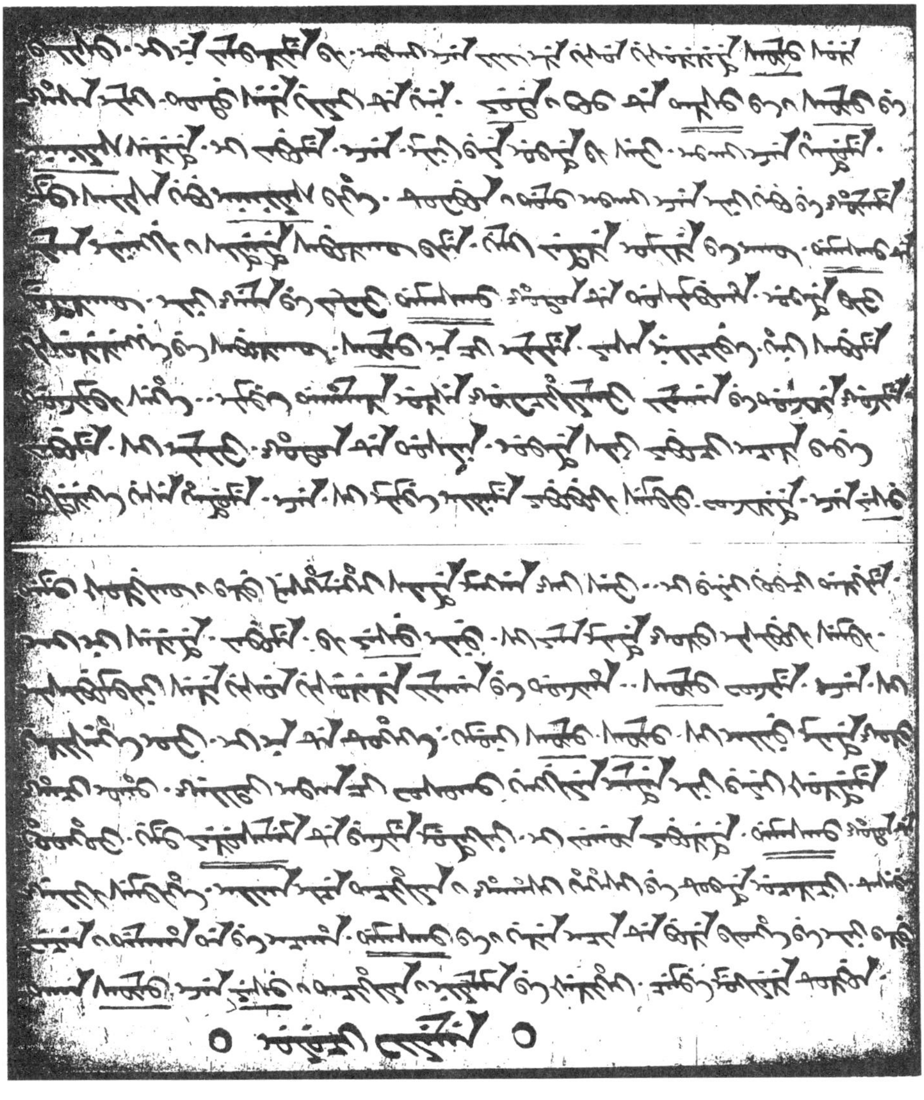

42

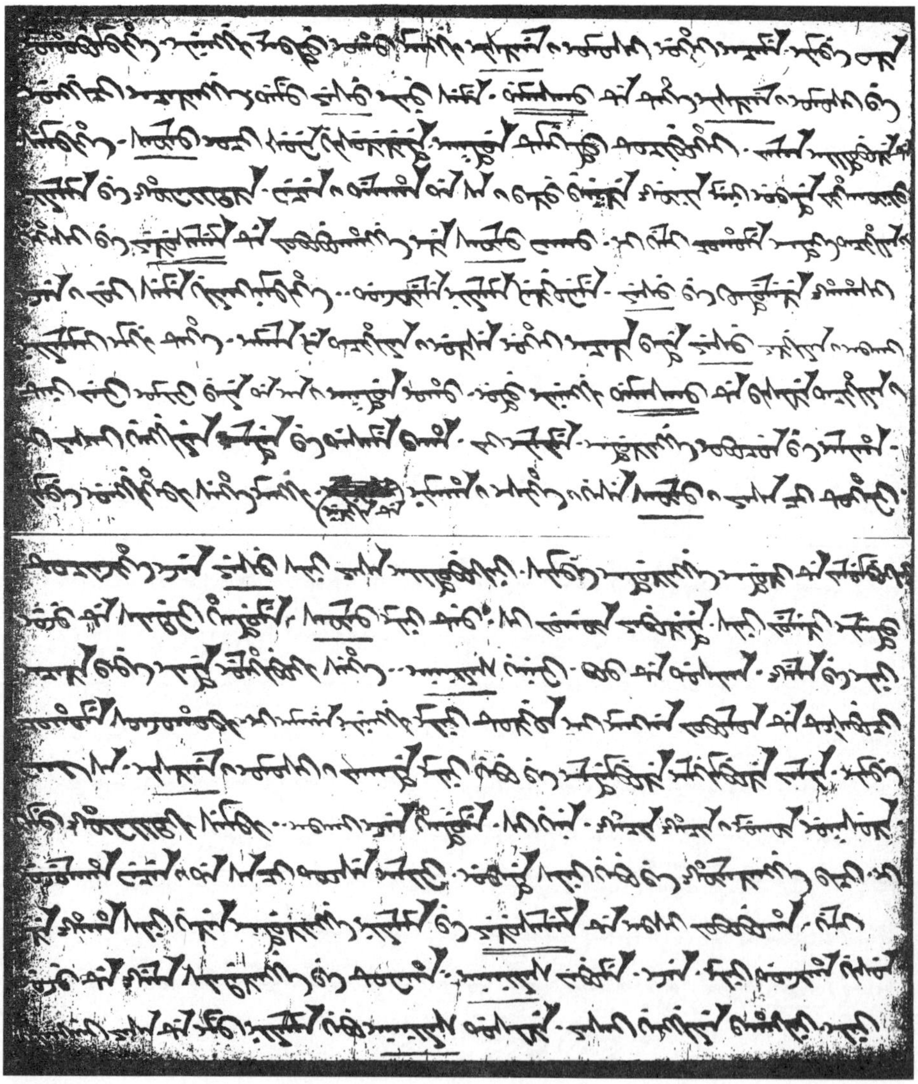

43

45

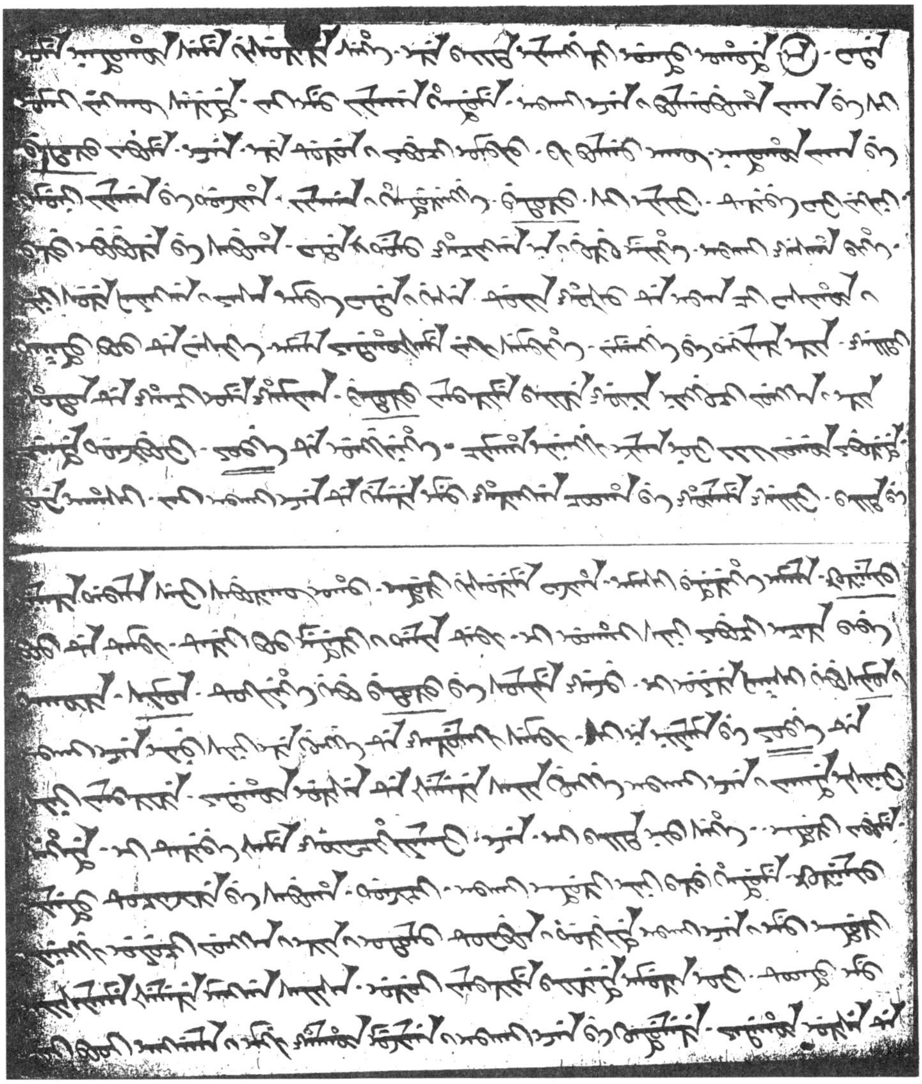

47

48

49

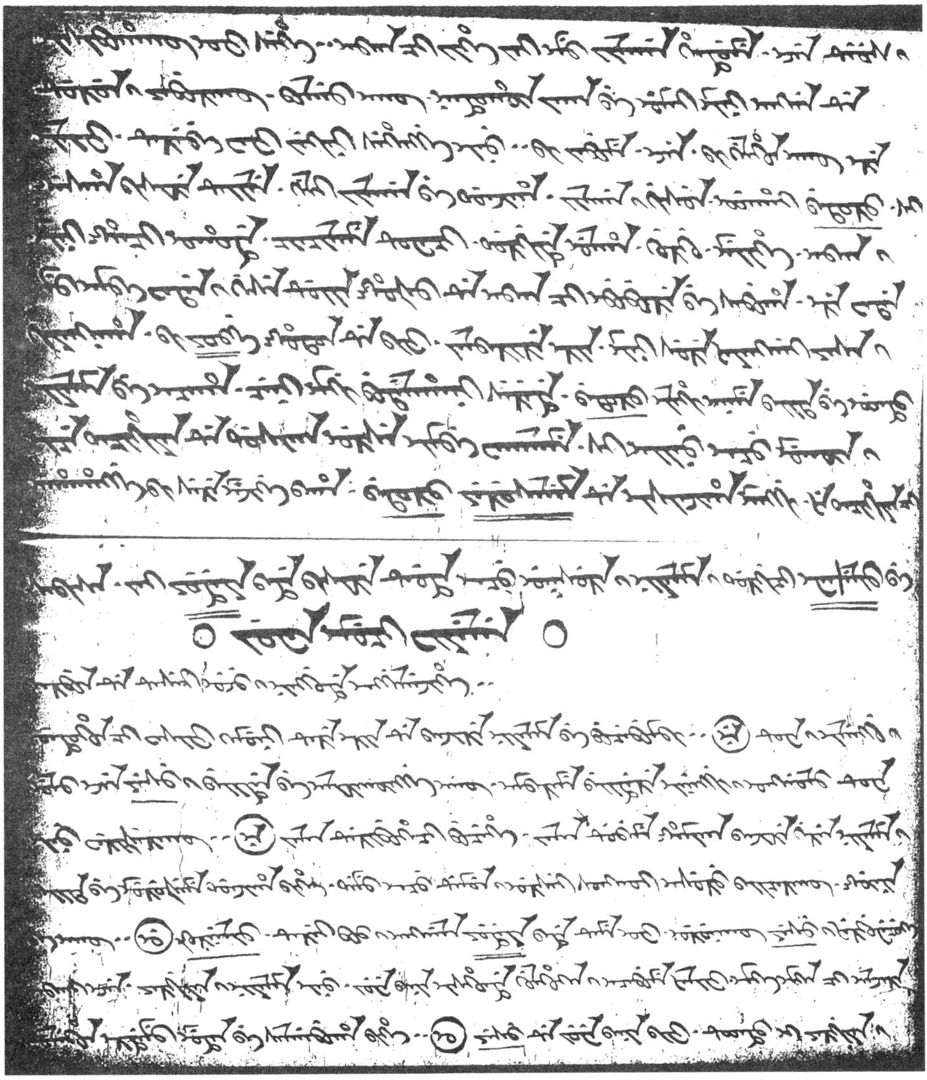

50

51

52

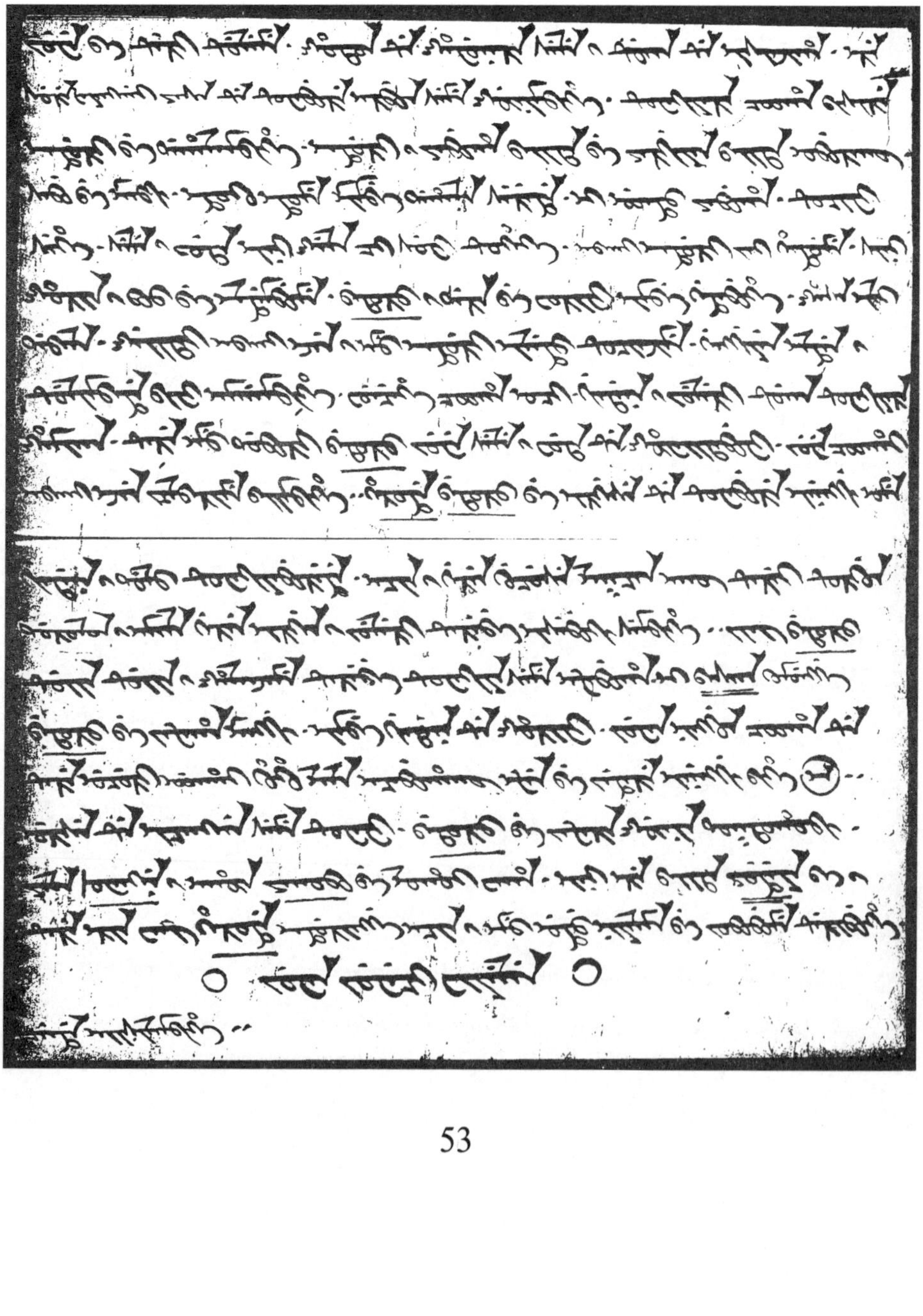

53

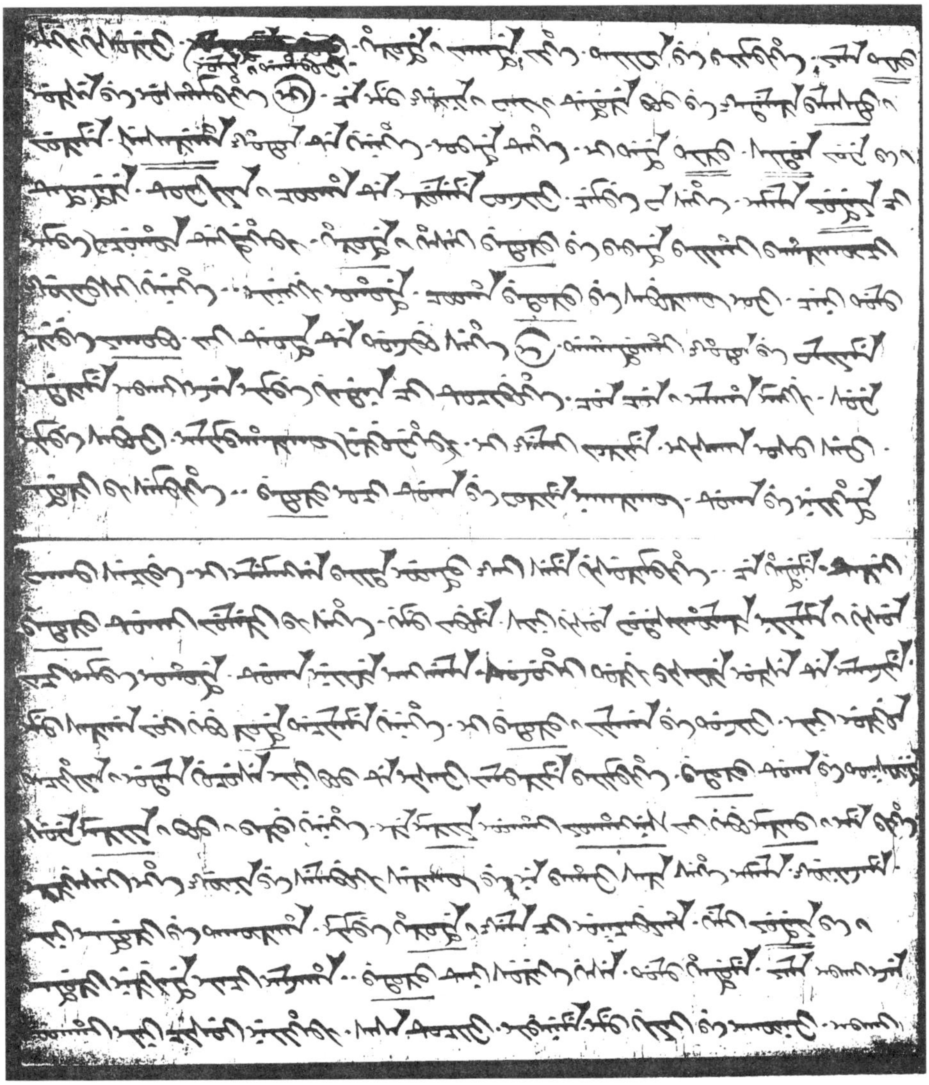

54

55

56

57

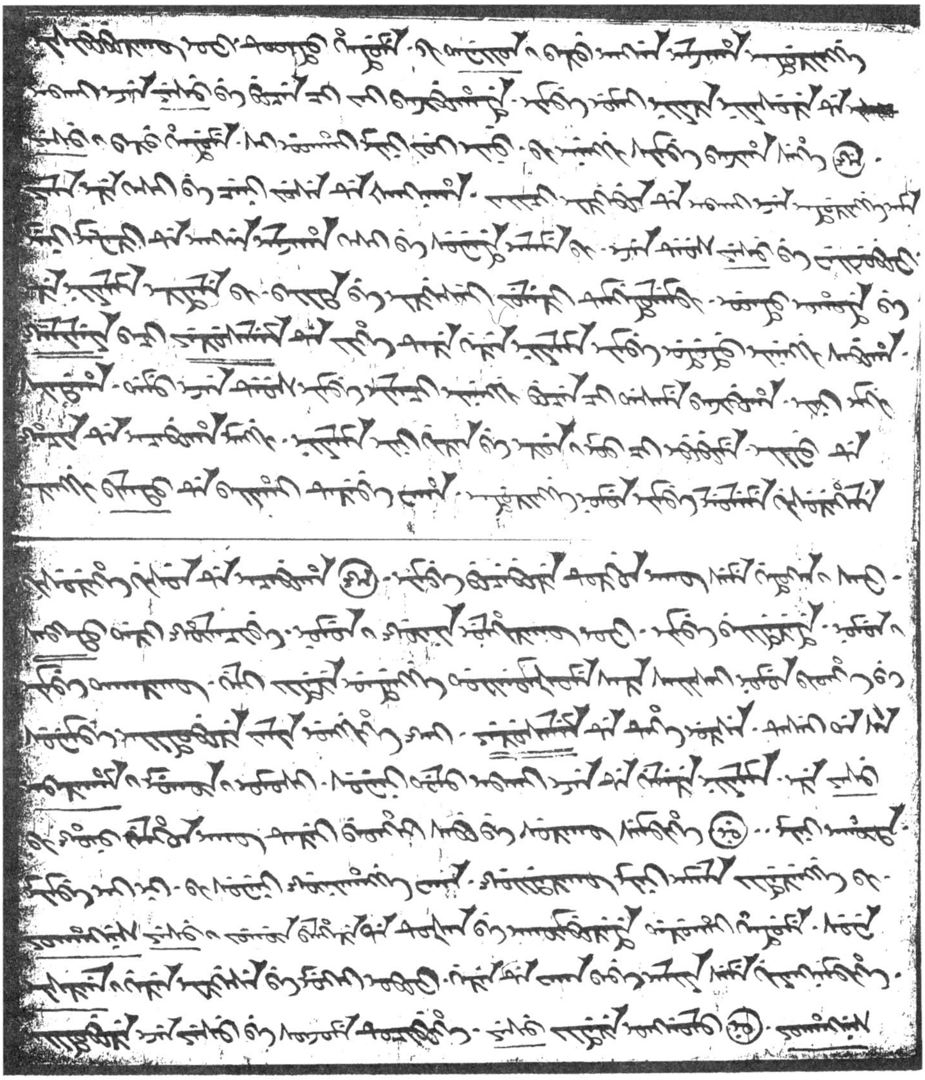

58

59

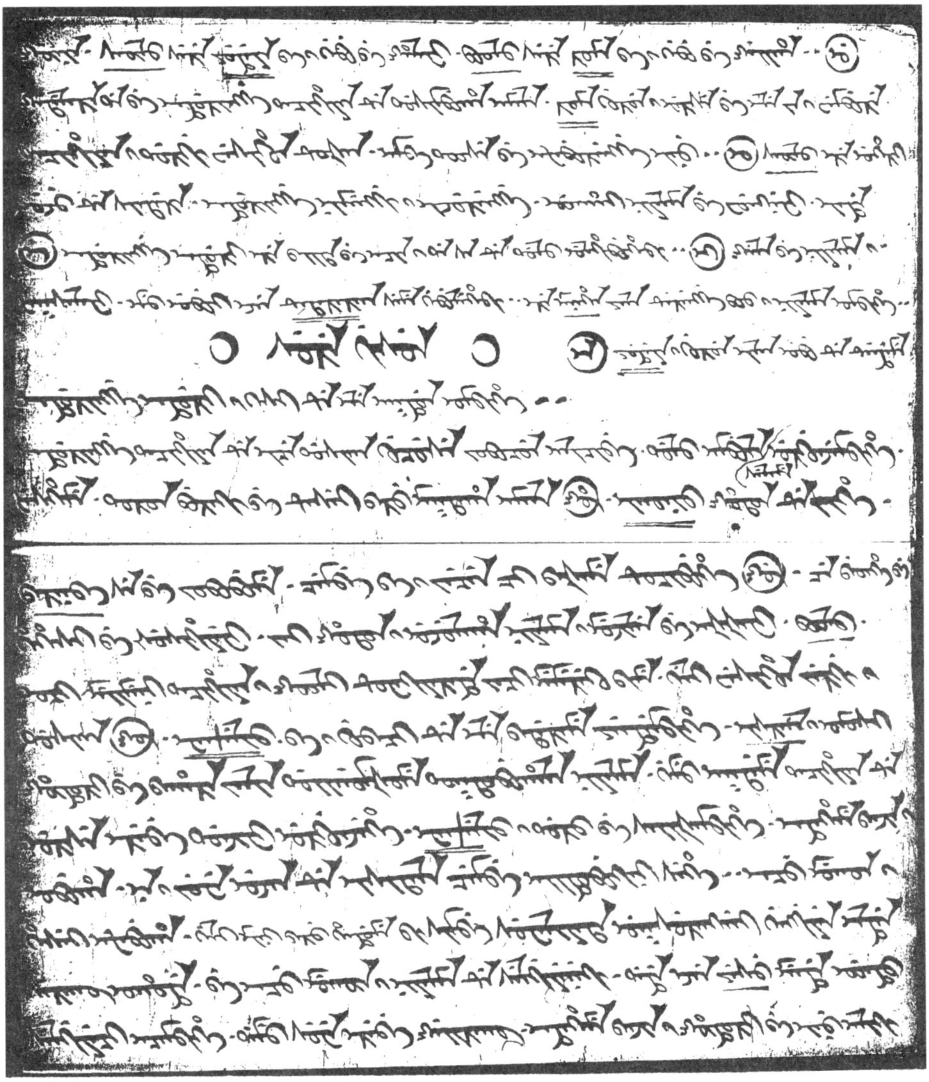

60

61

[illegible]

62

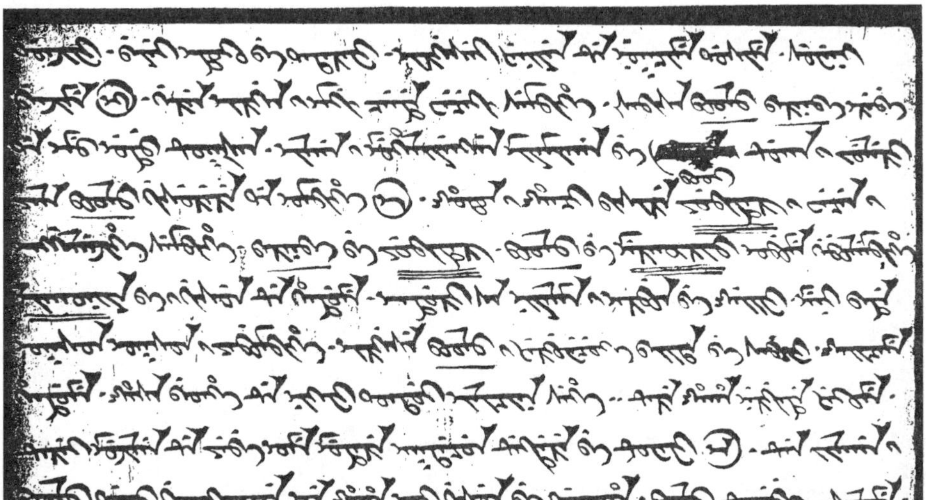

63

64

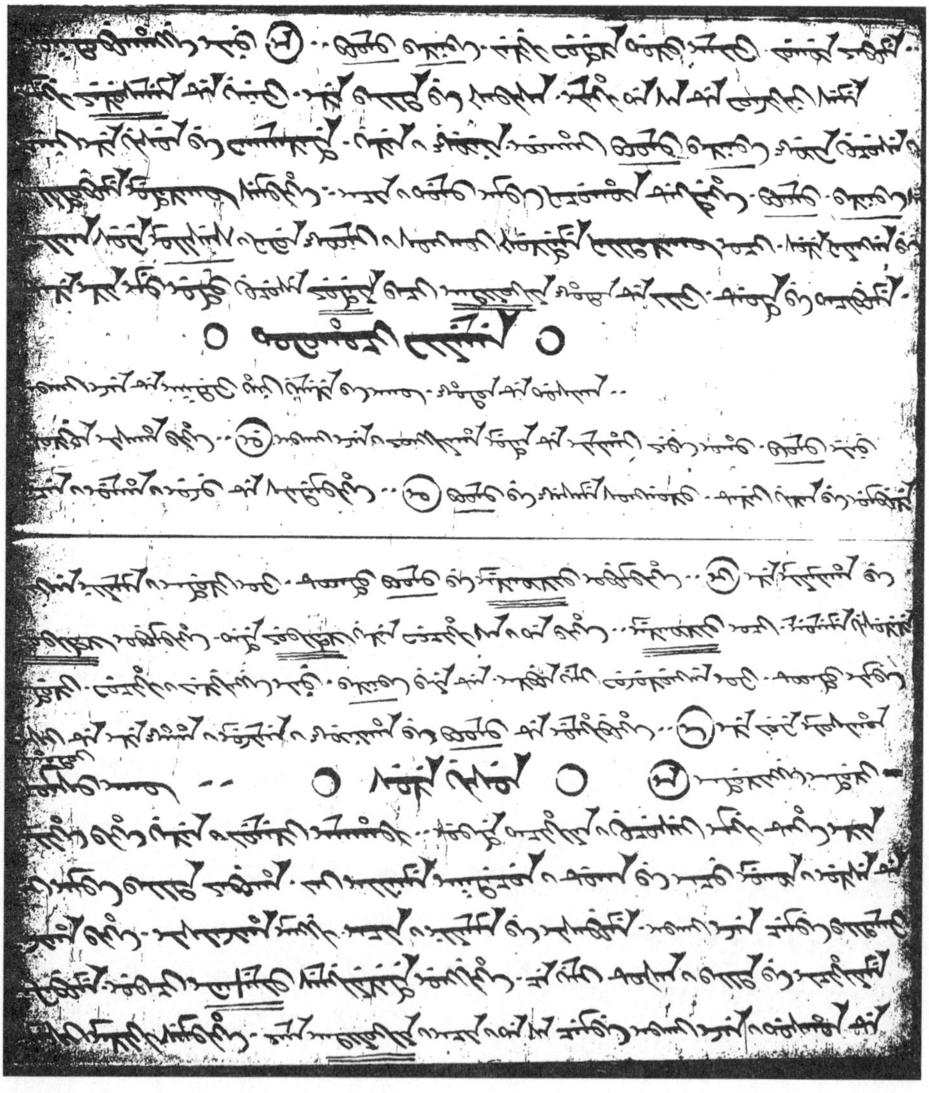

66

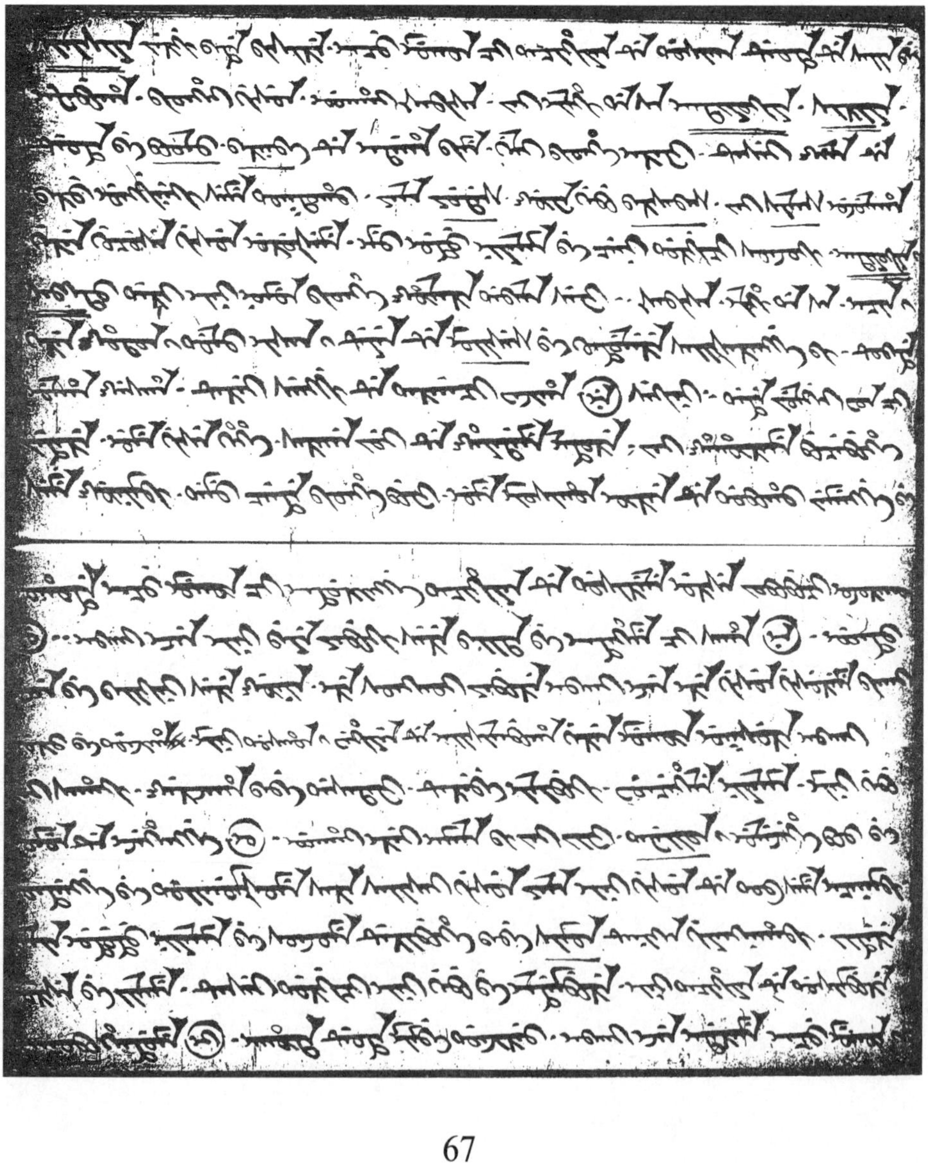

67

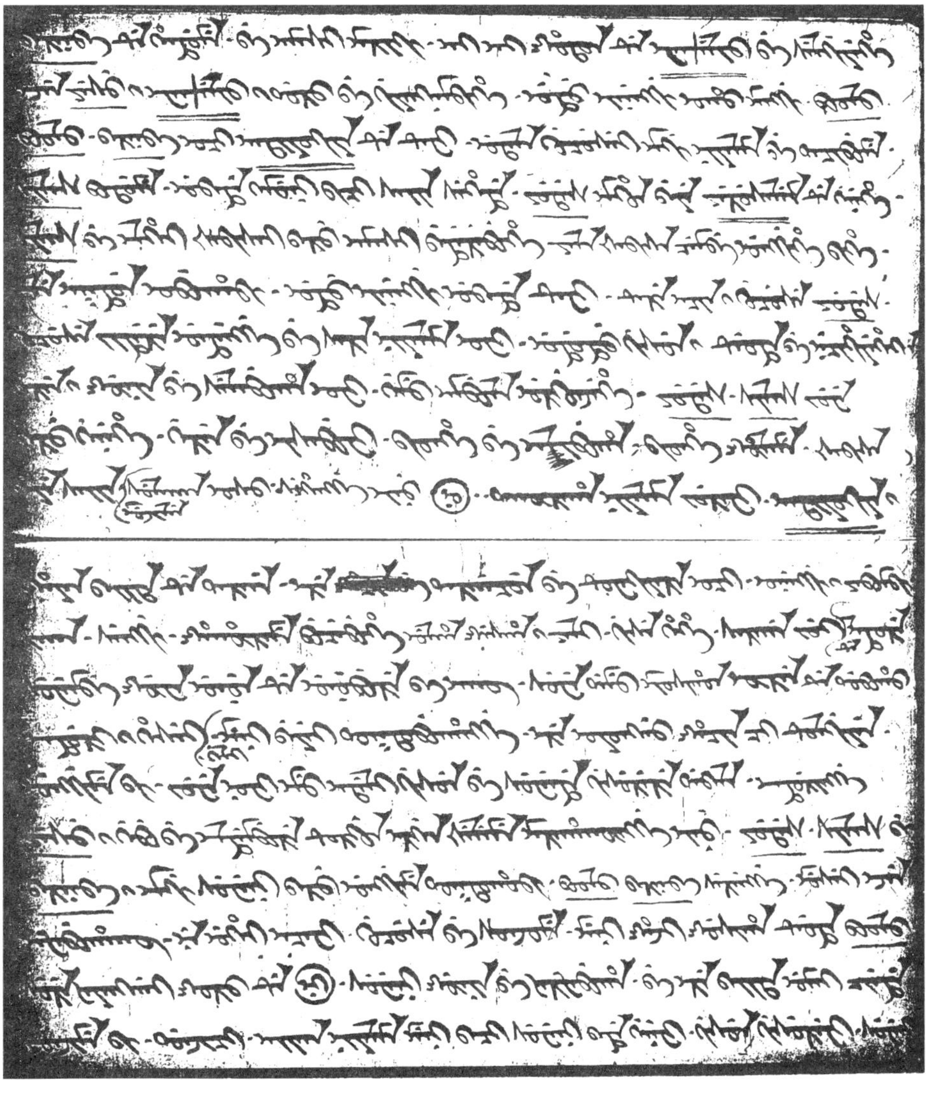

68

69

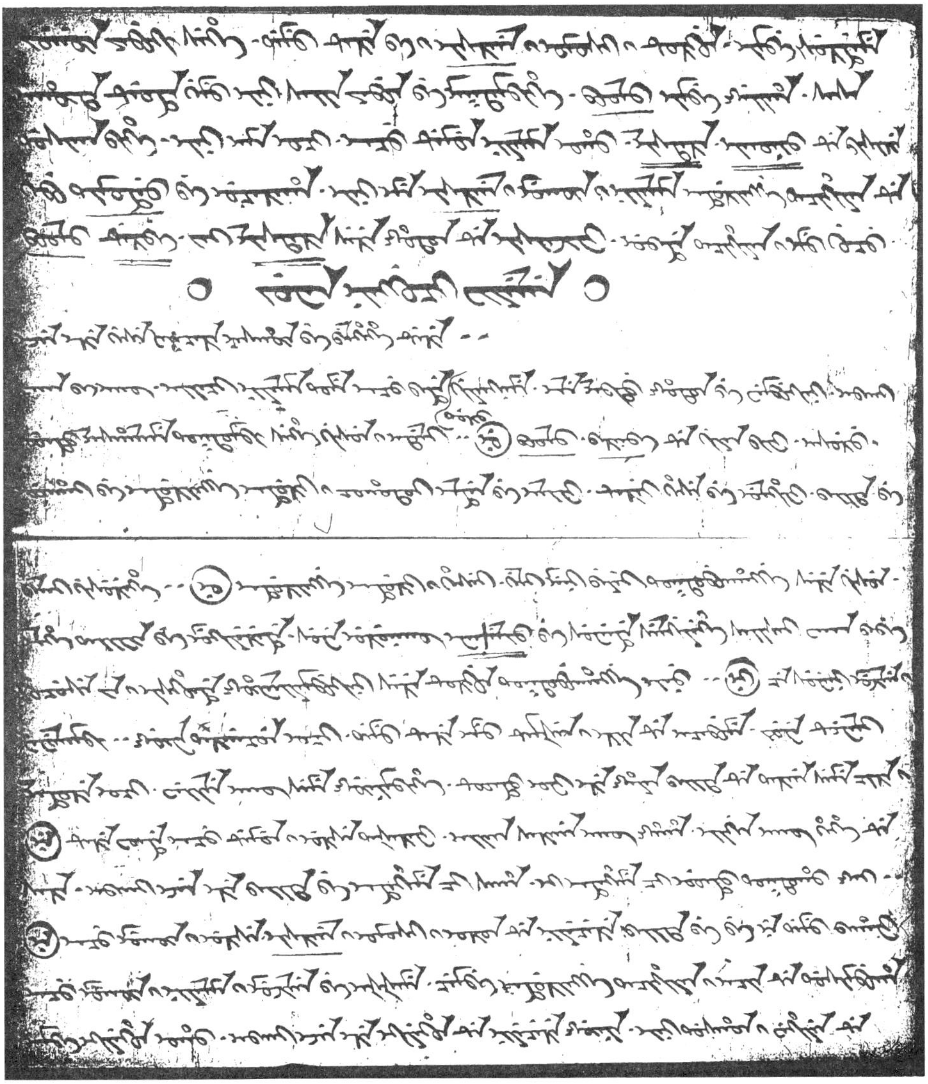

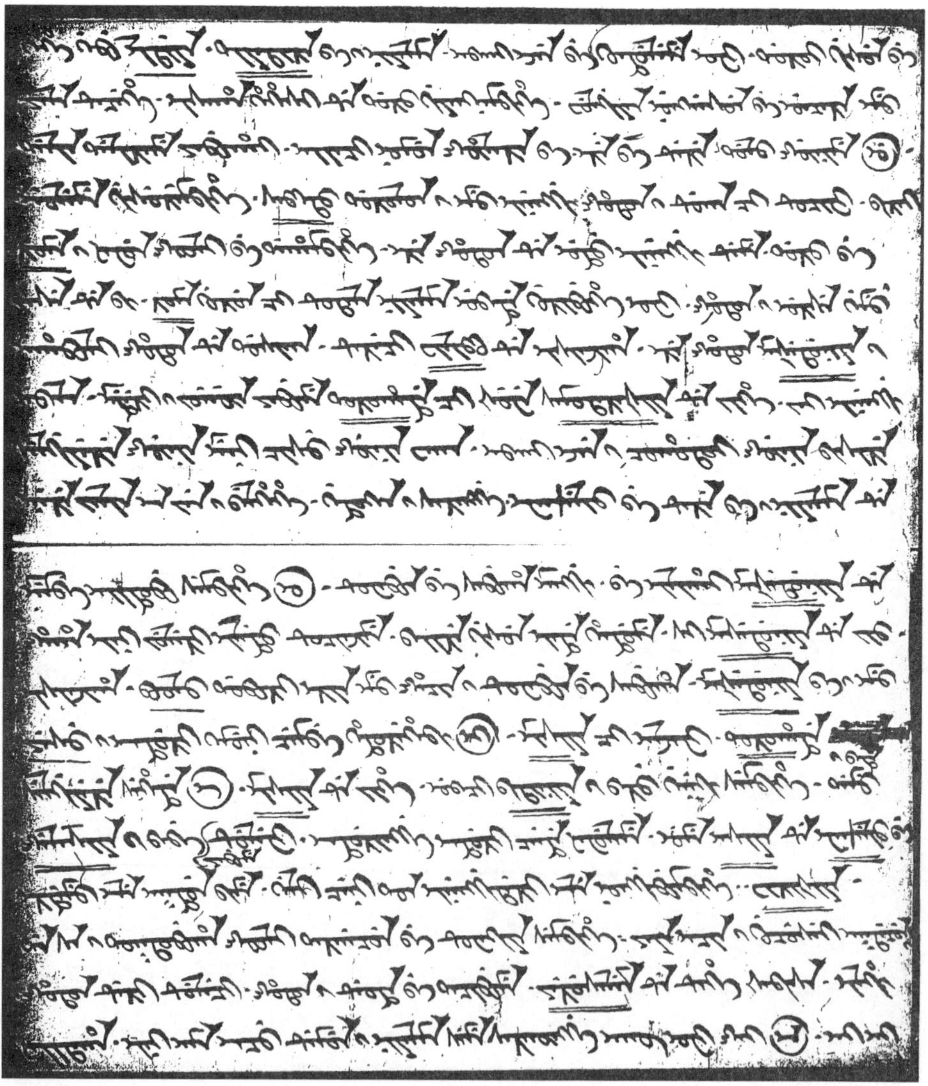

71

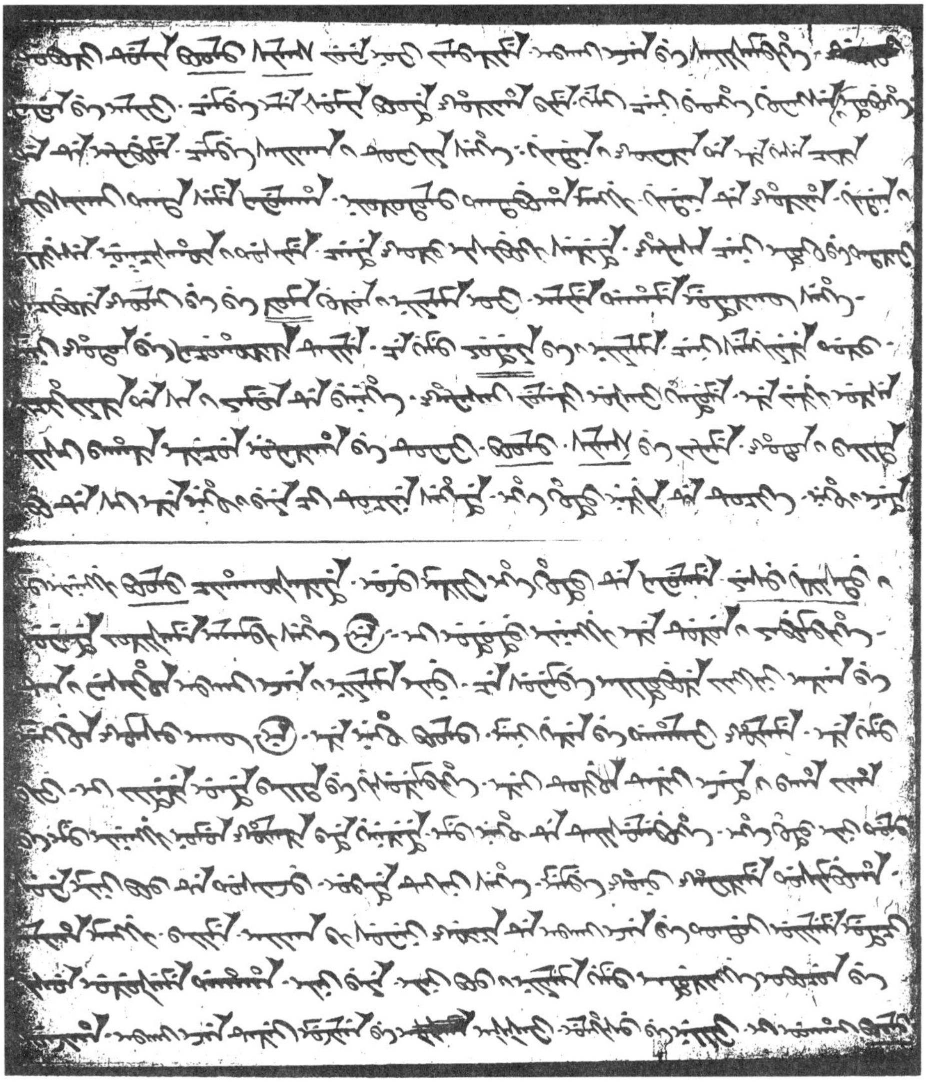

72

73

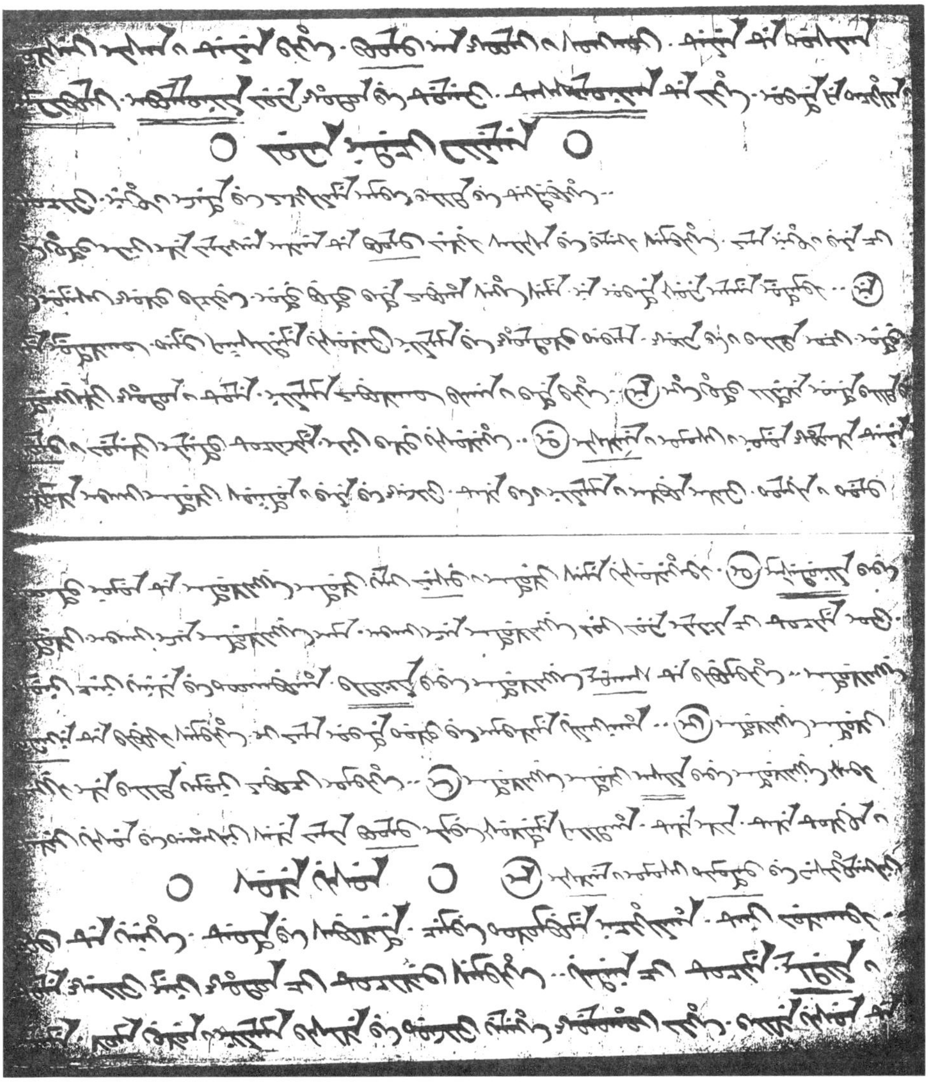

74

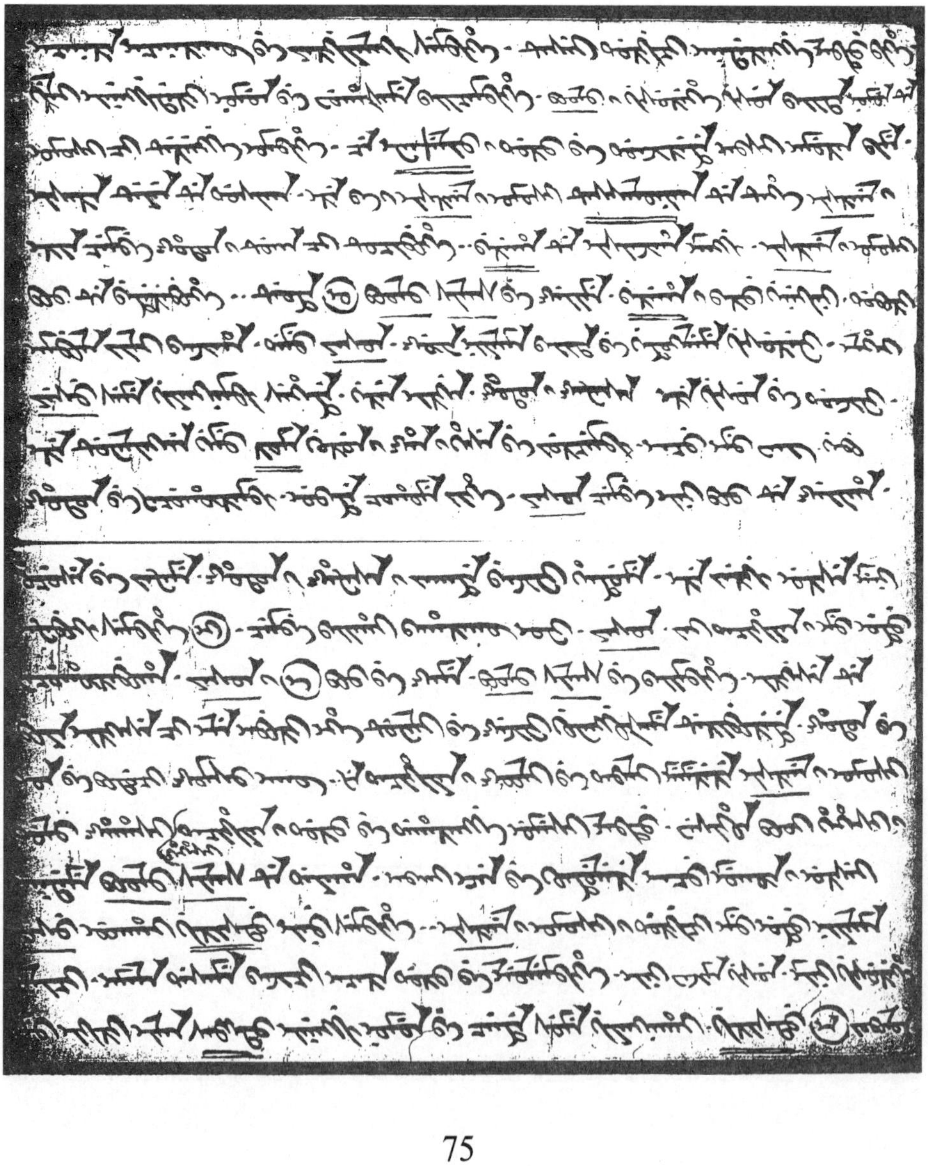

75

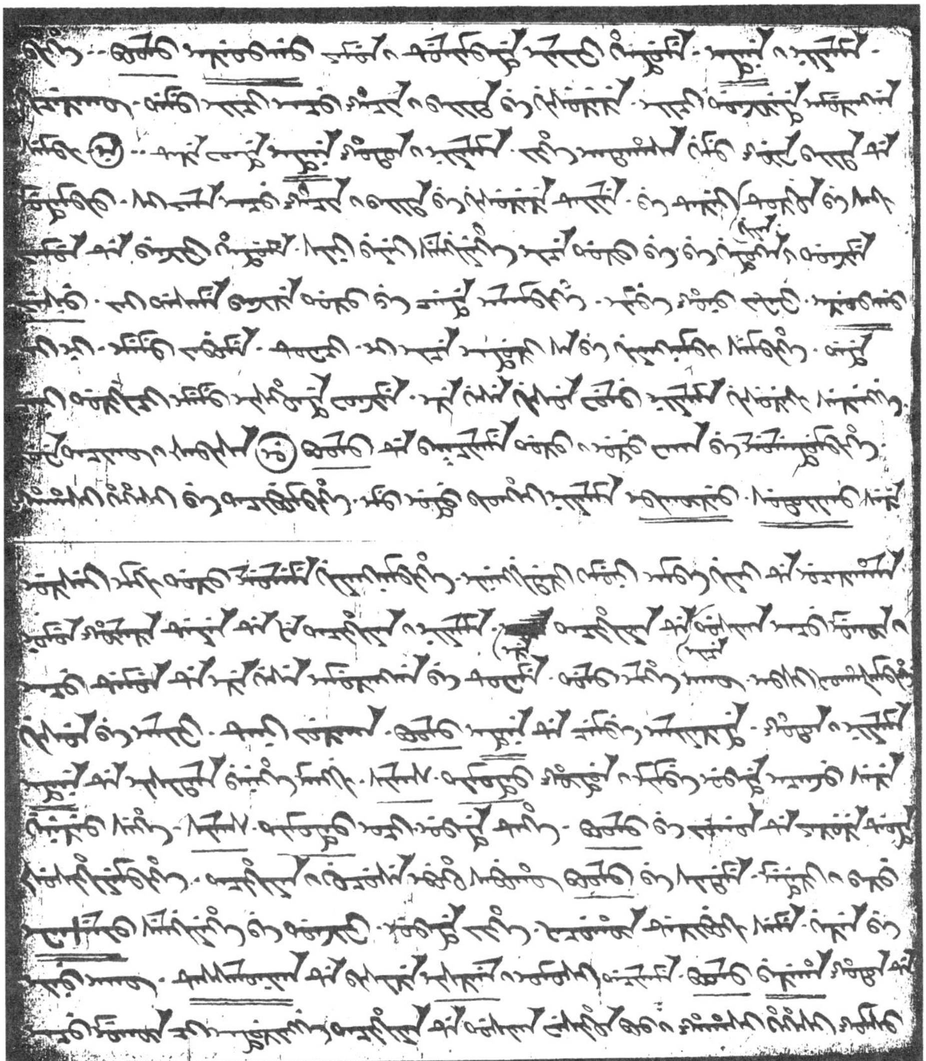

76

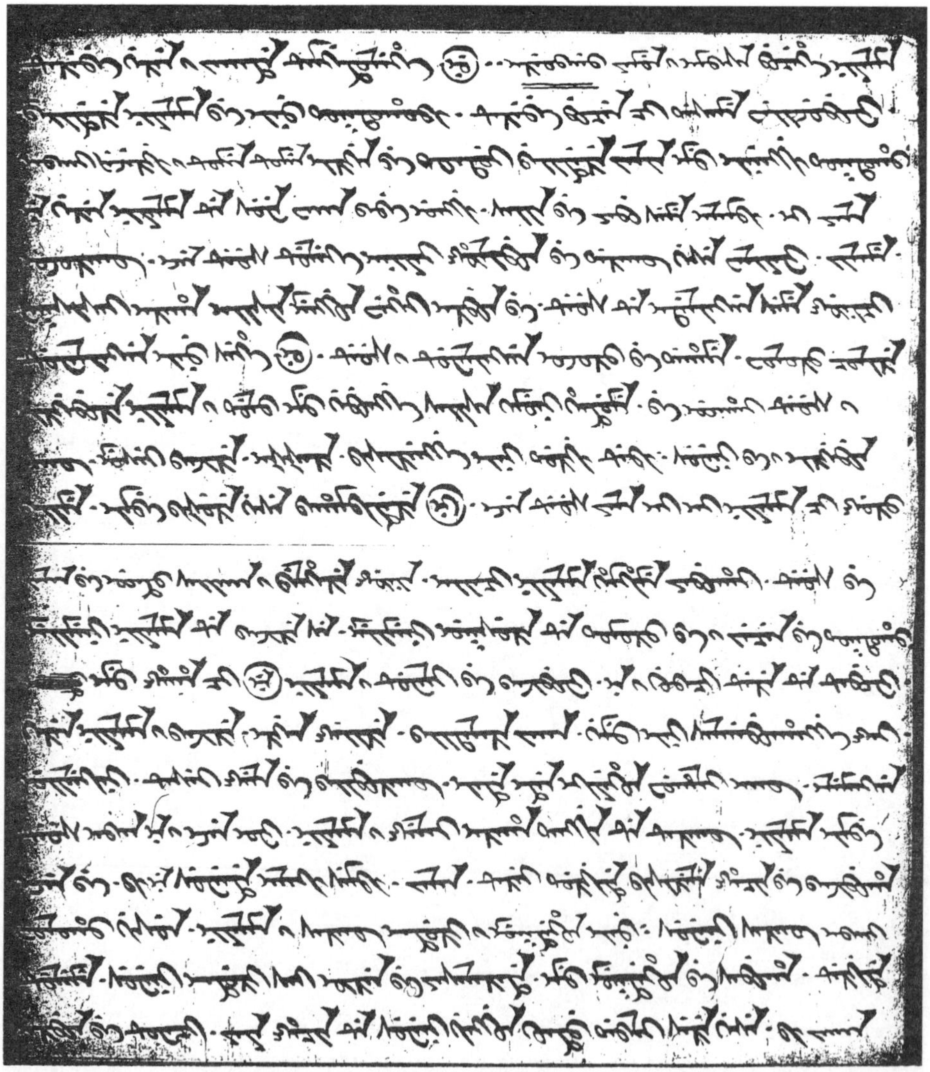

77

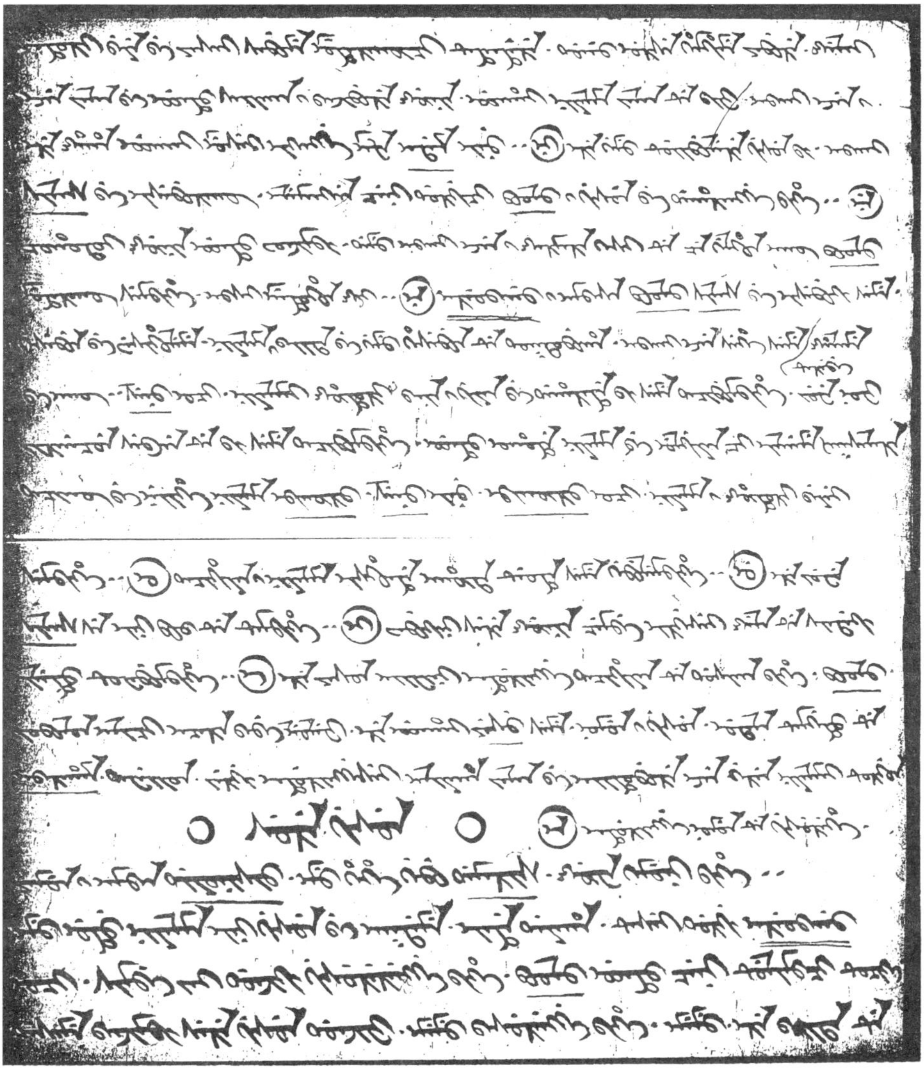

78

79

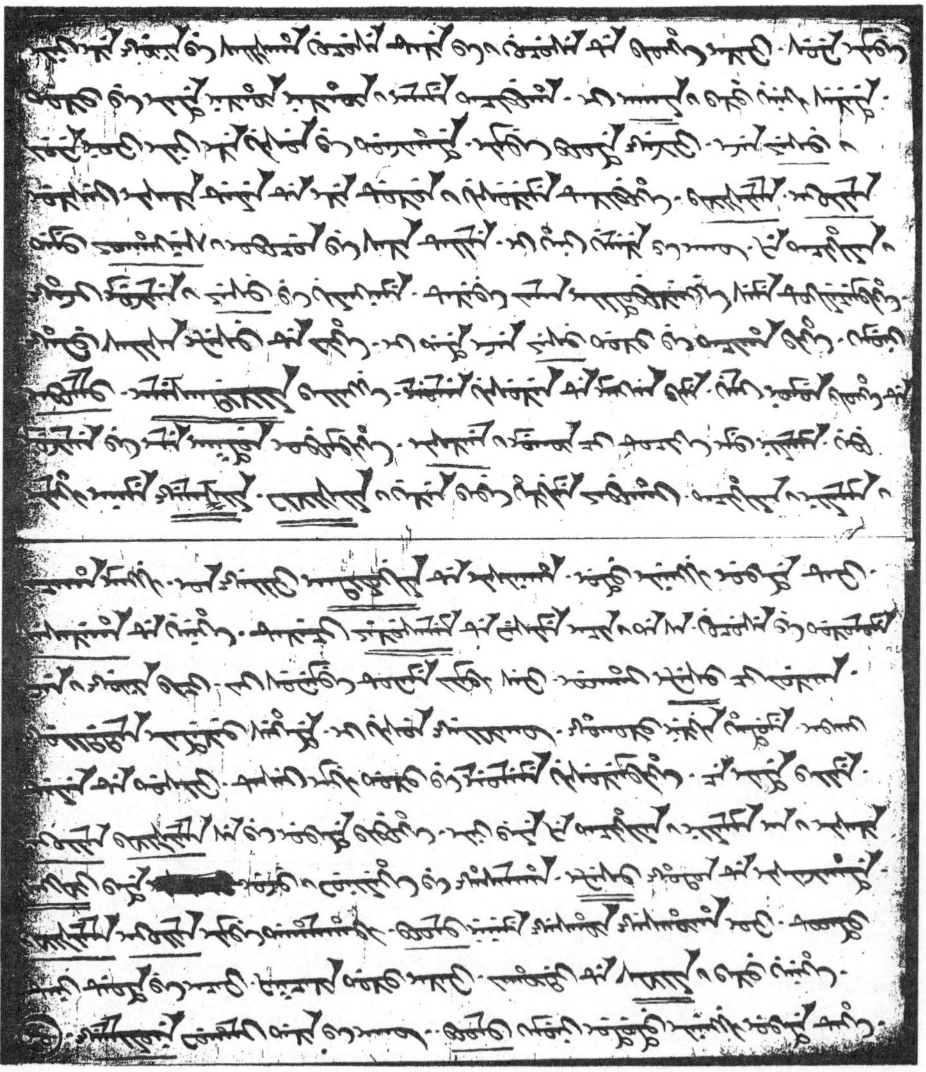

81

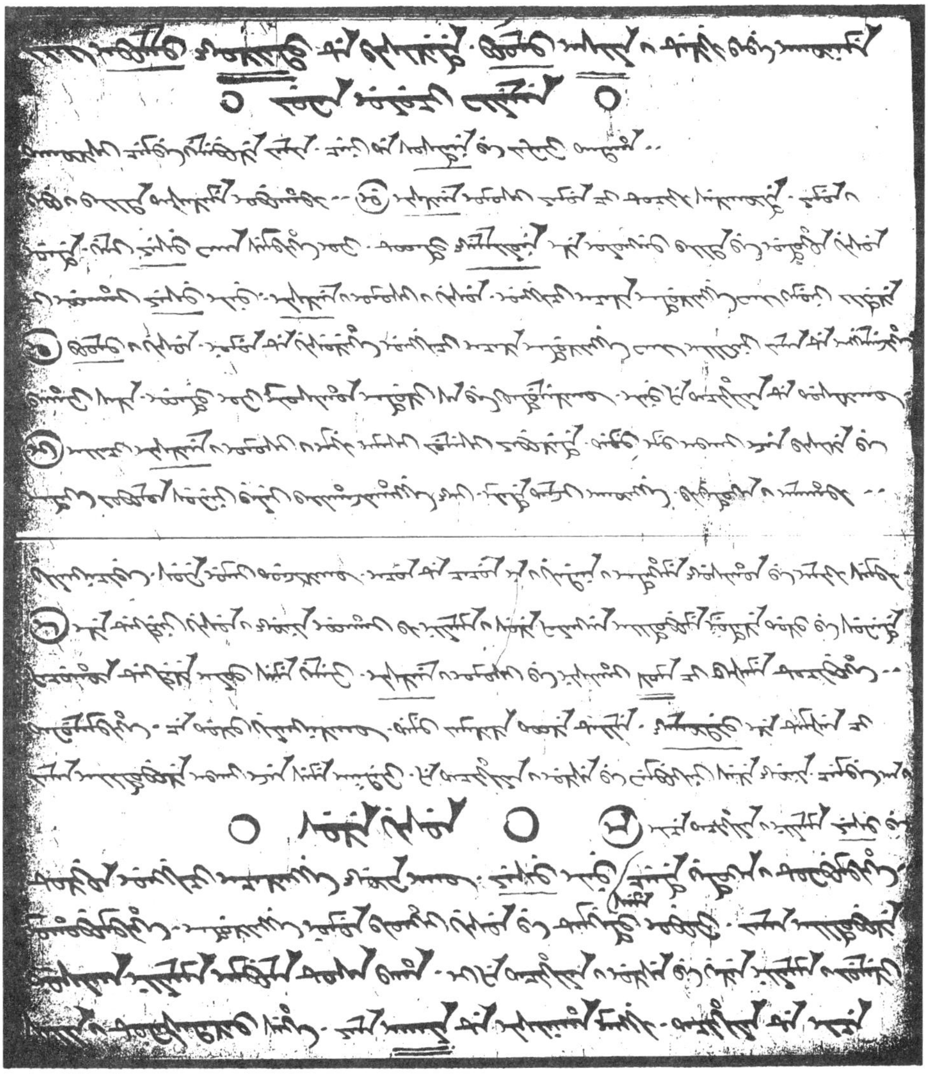

82

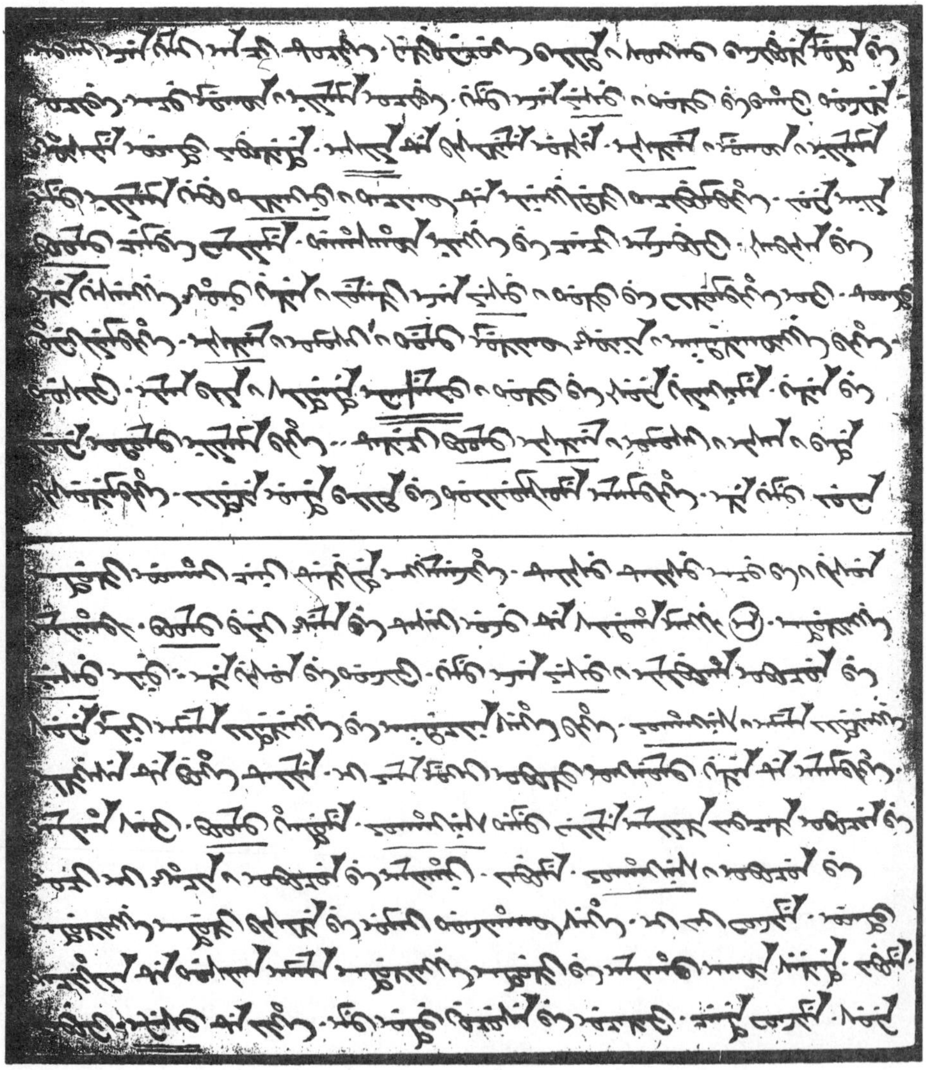

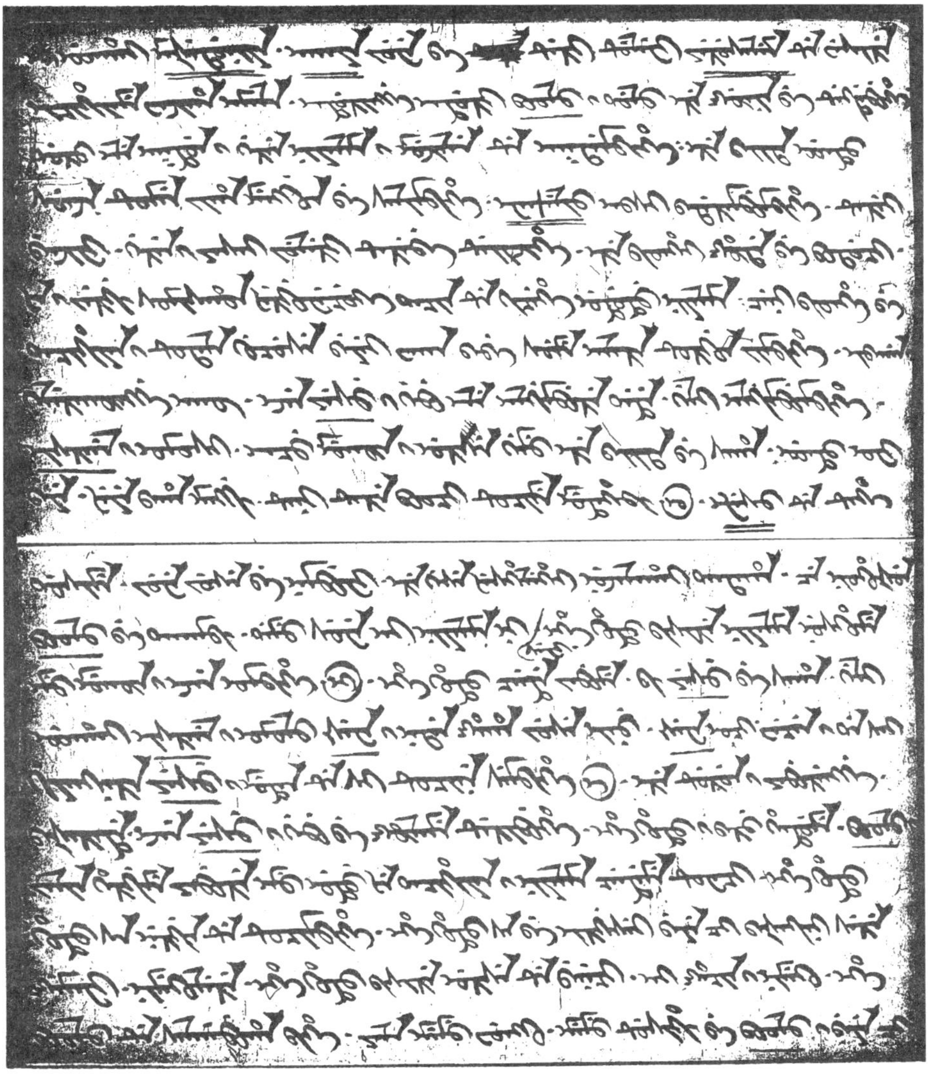

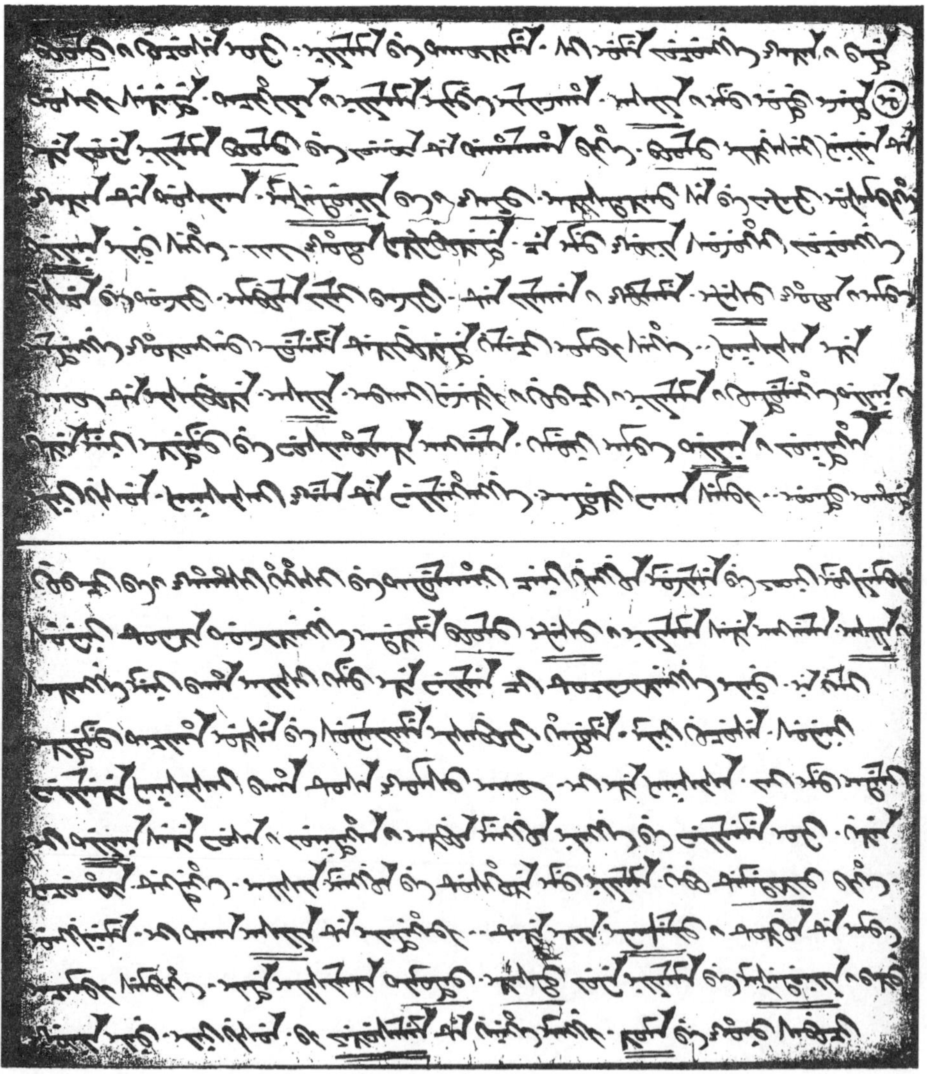

85

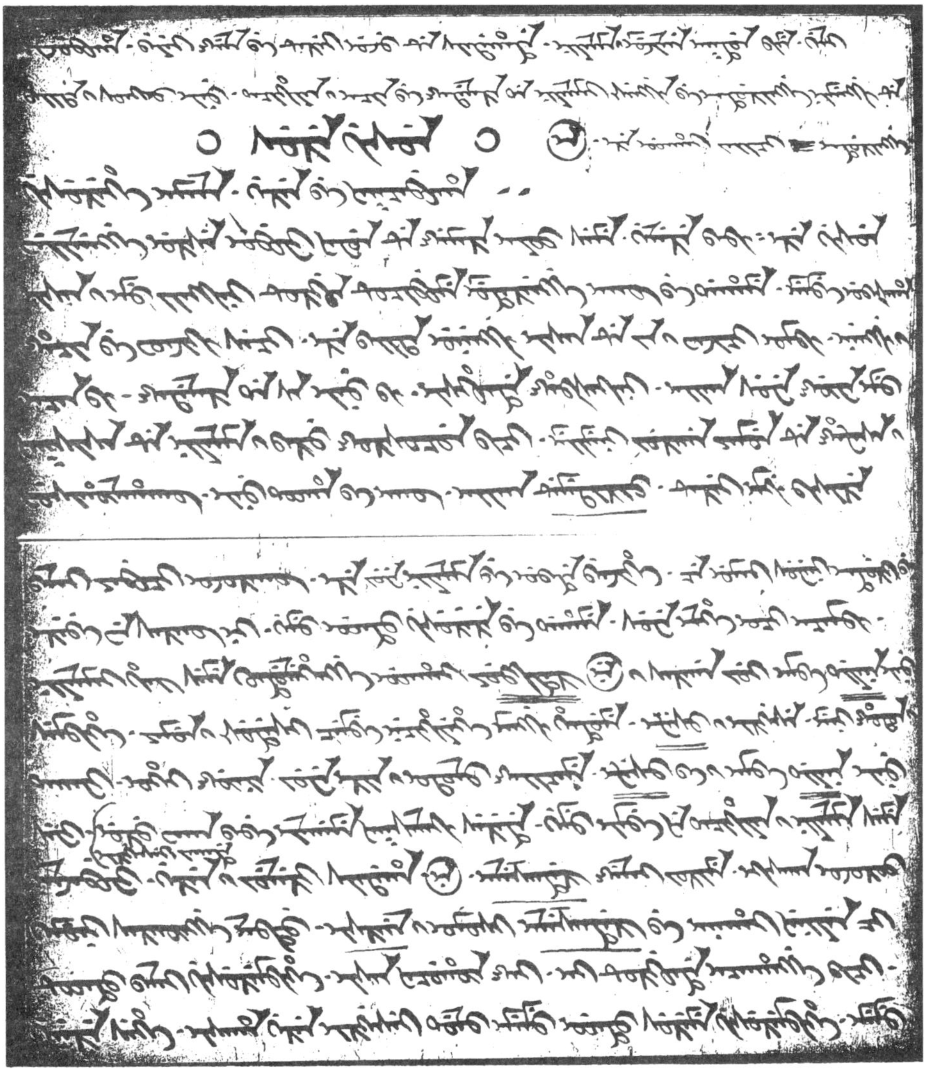

86

87

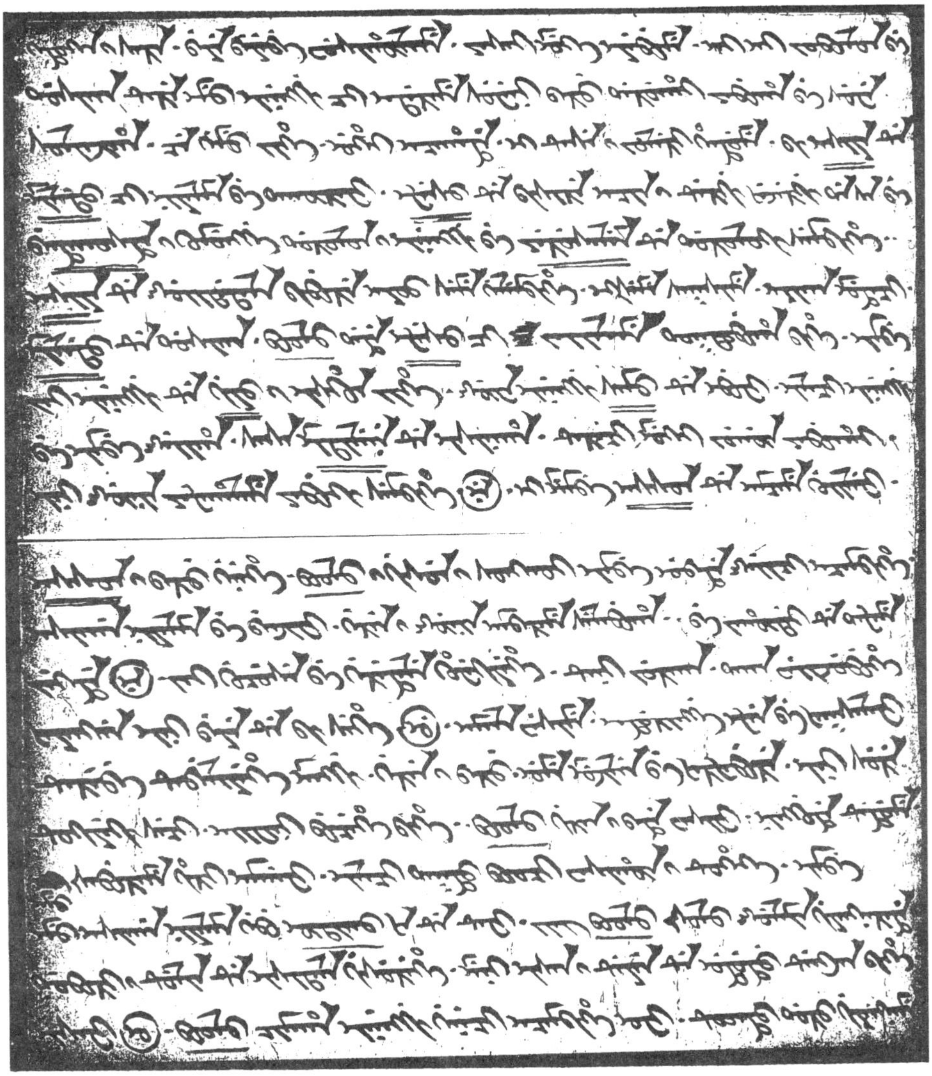

88

89

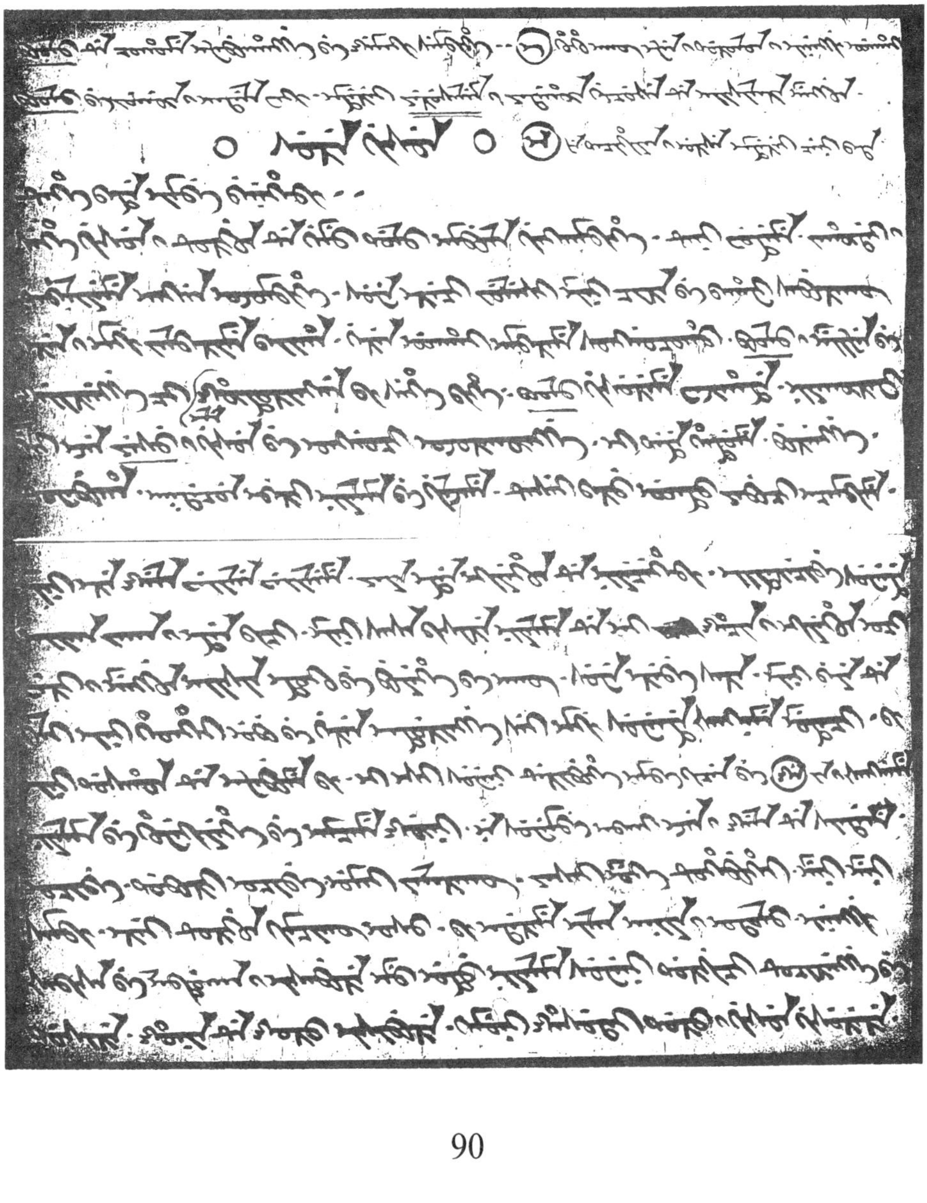

90

91

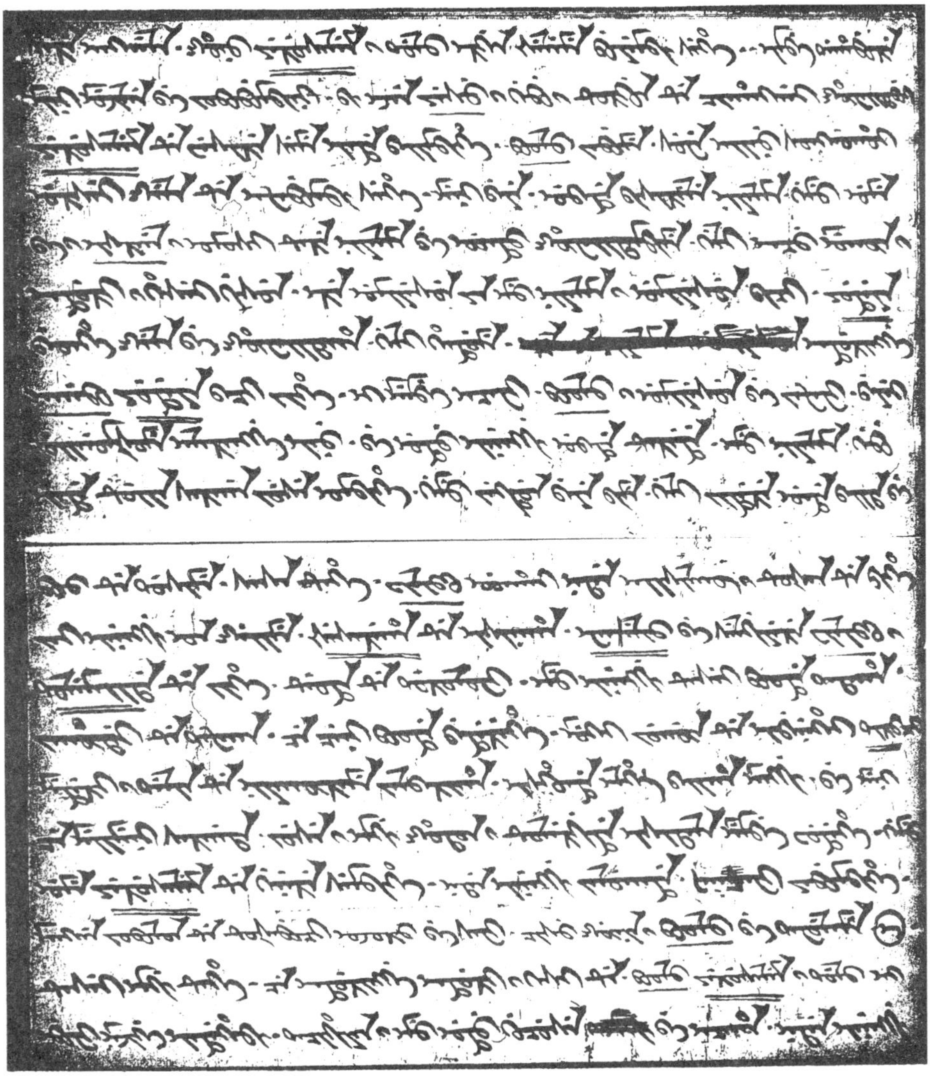

92

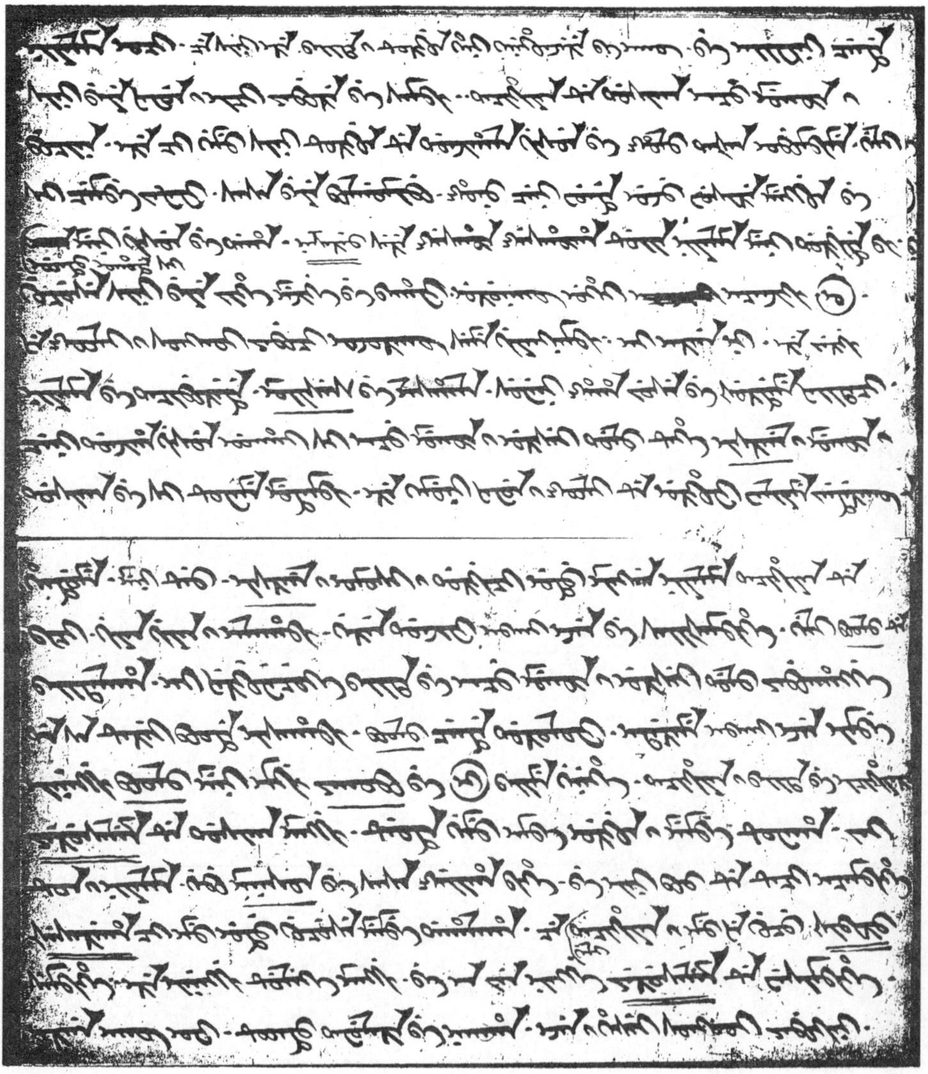

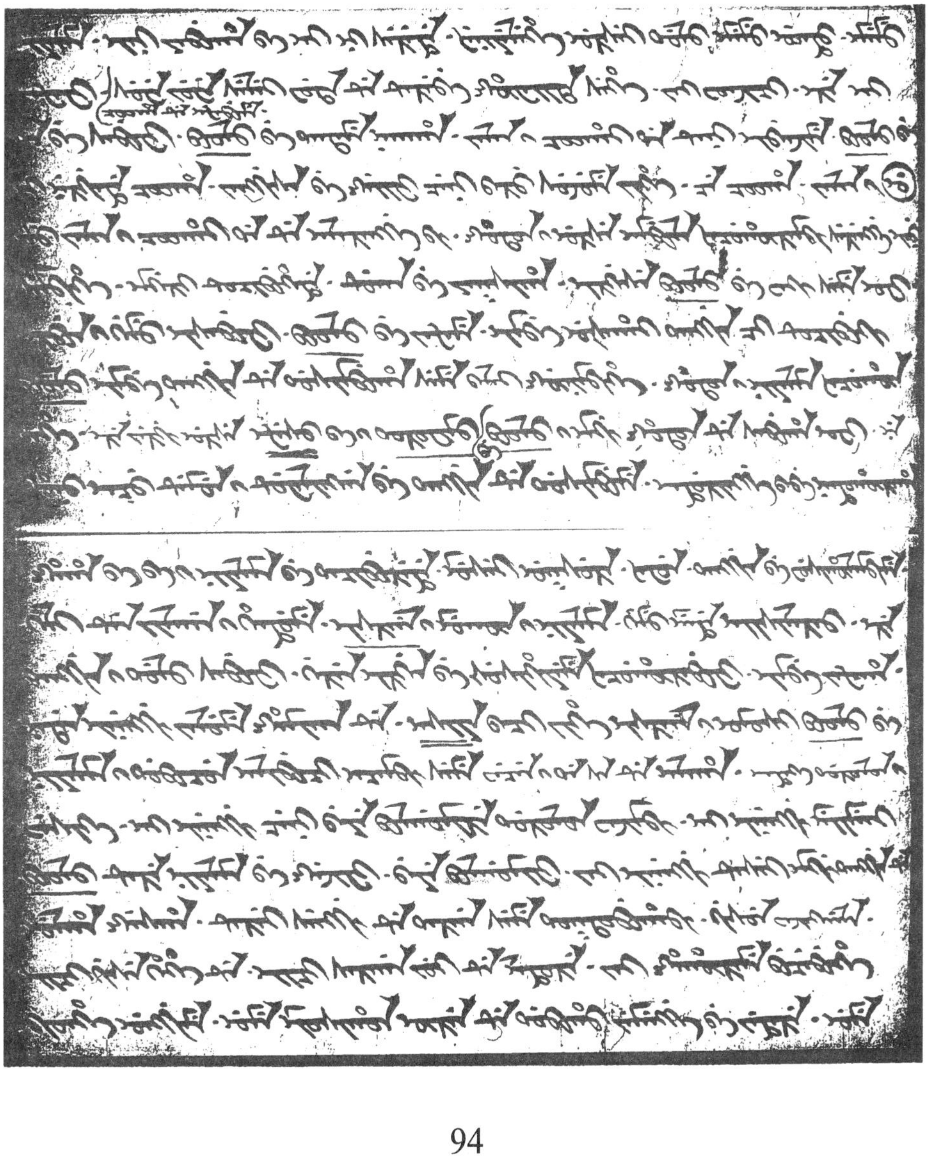

94

95

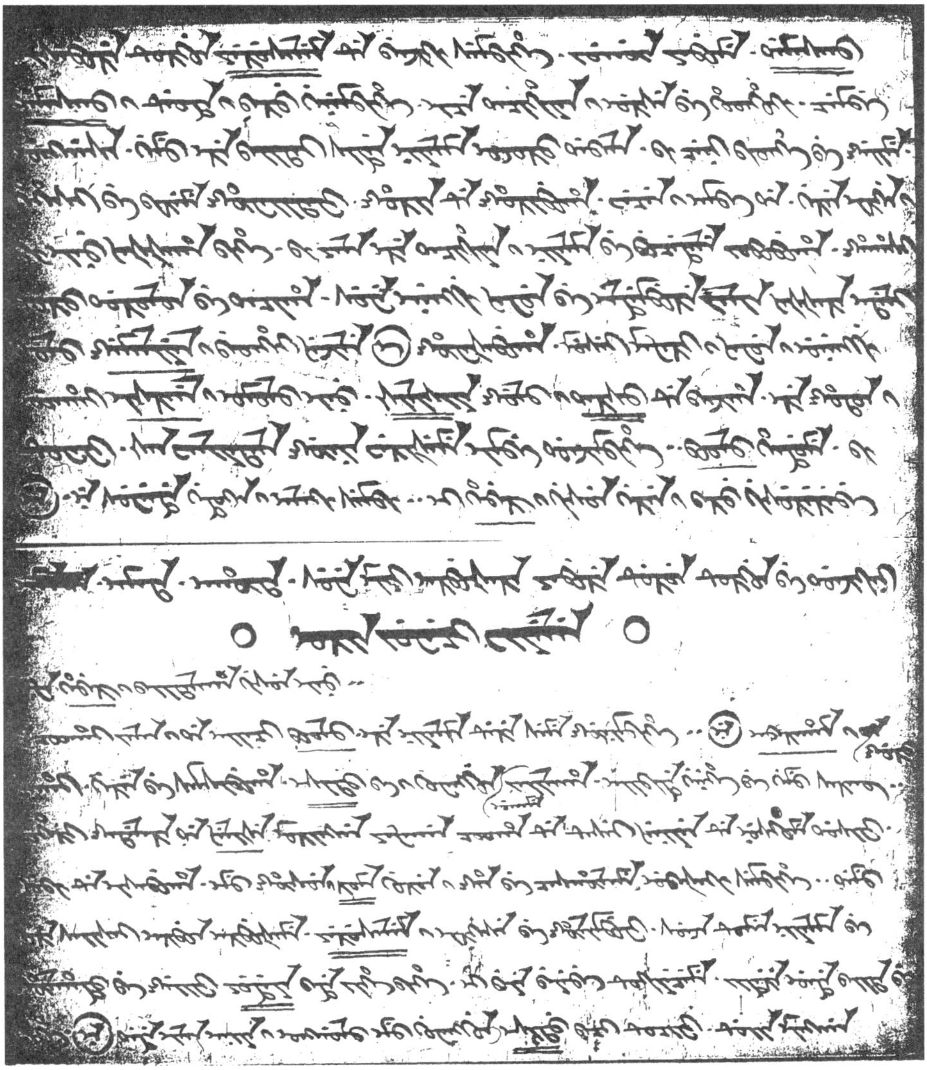

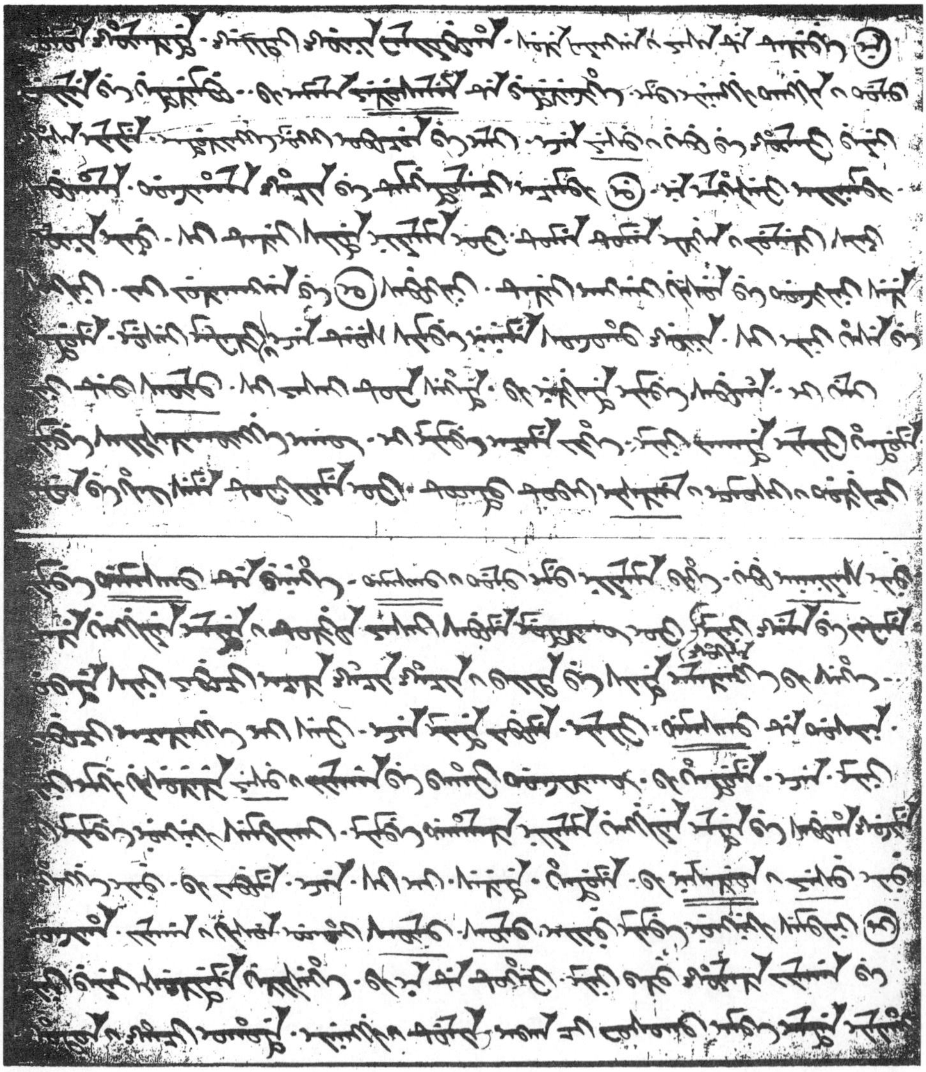

97

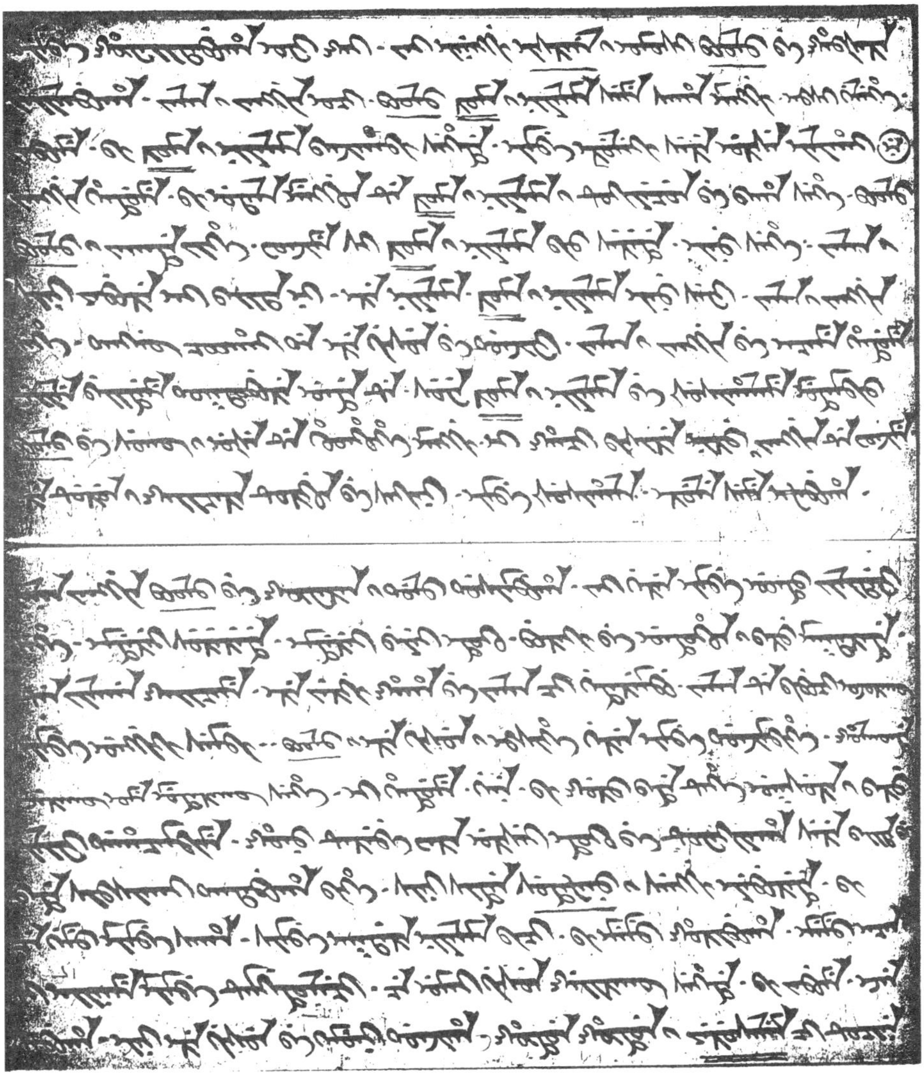

98

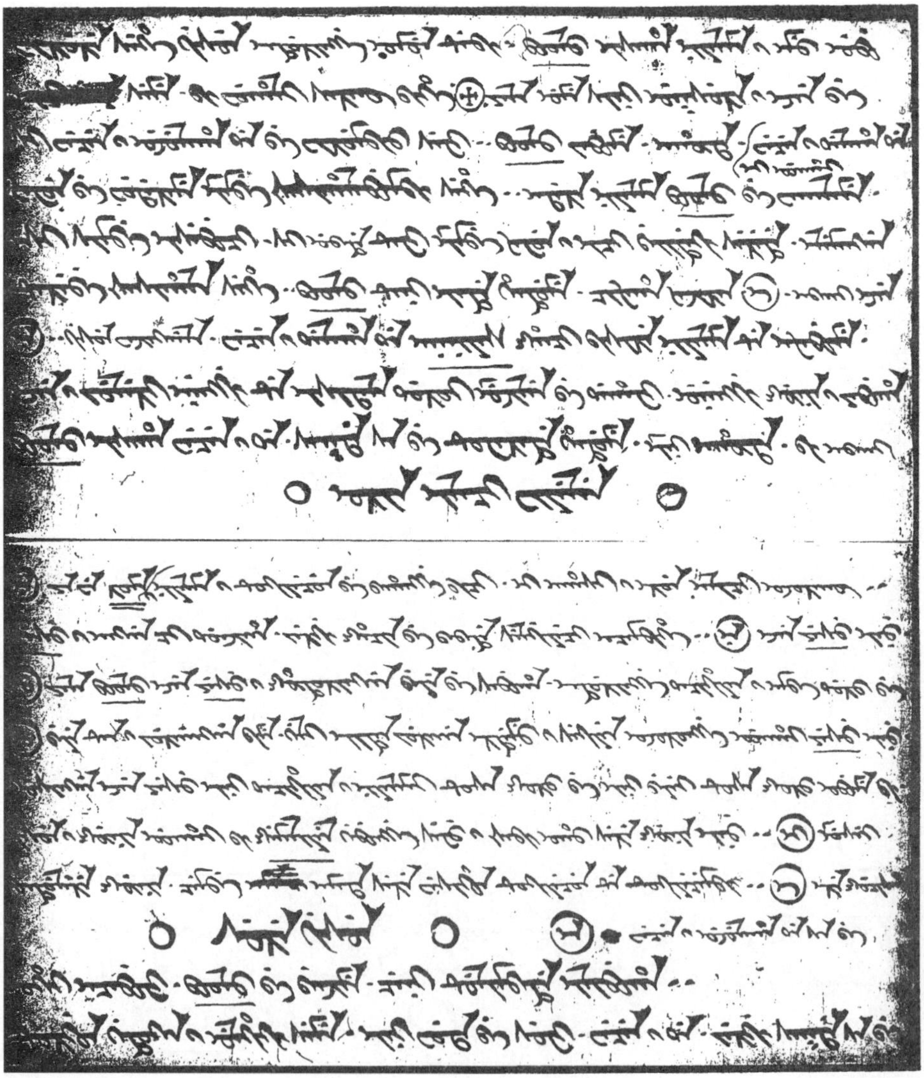

99

100

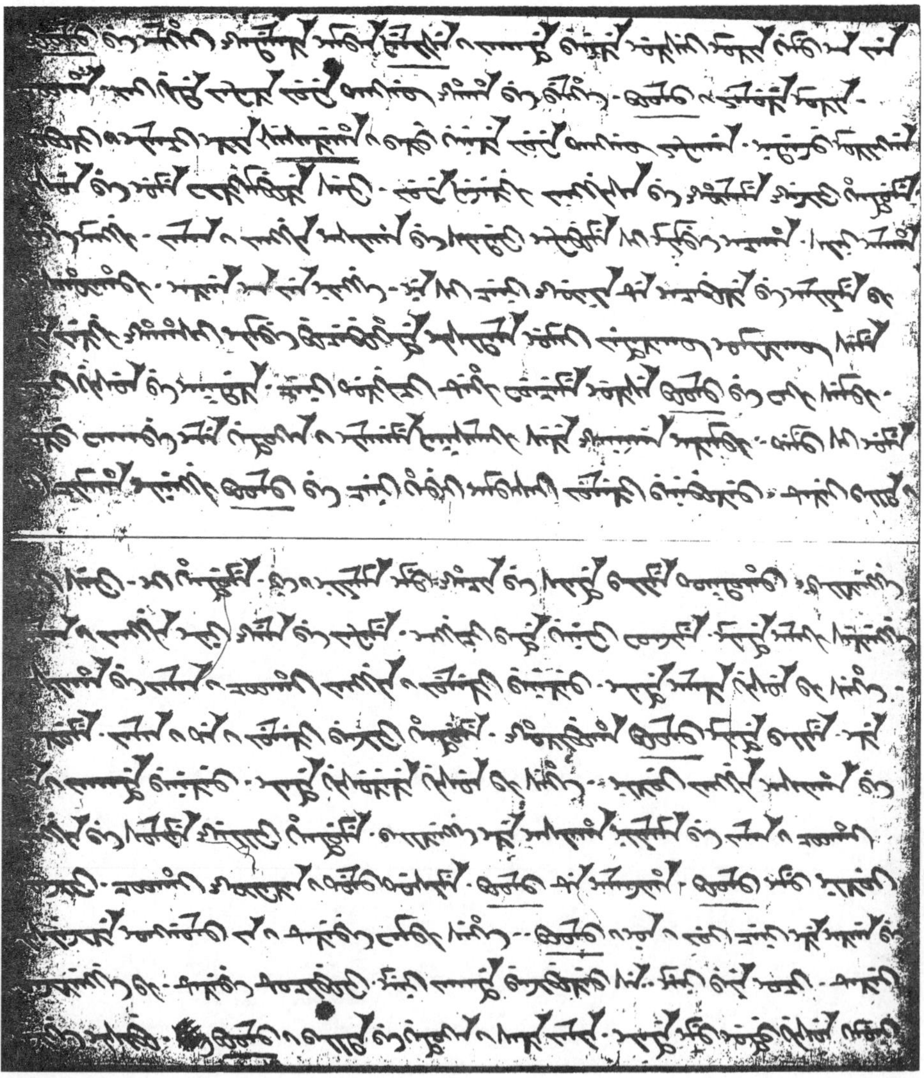

101

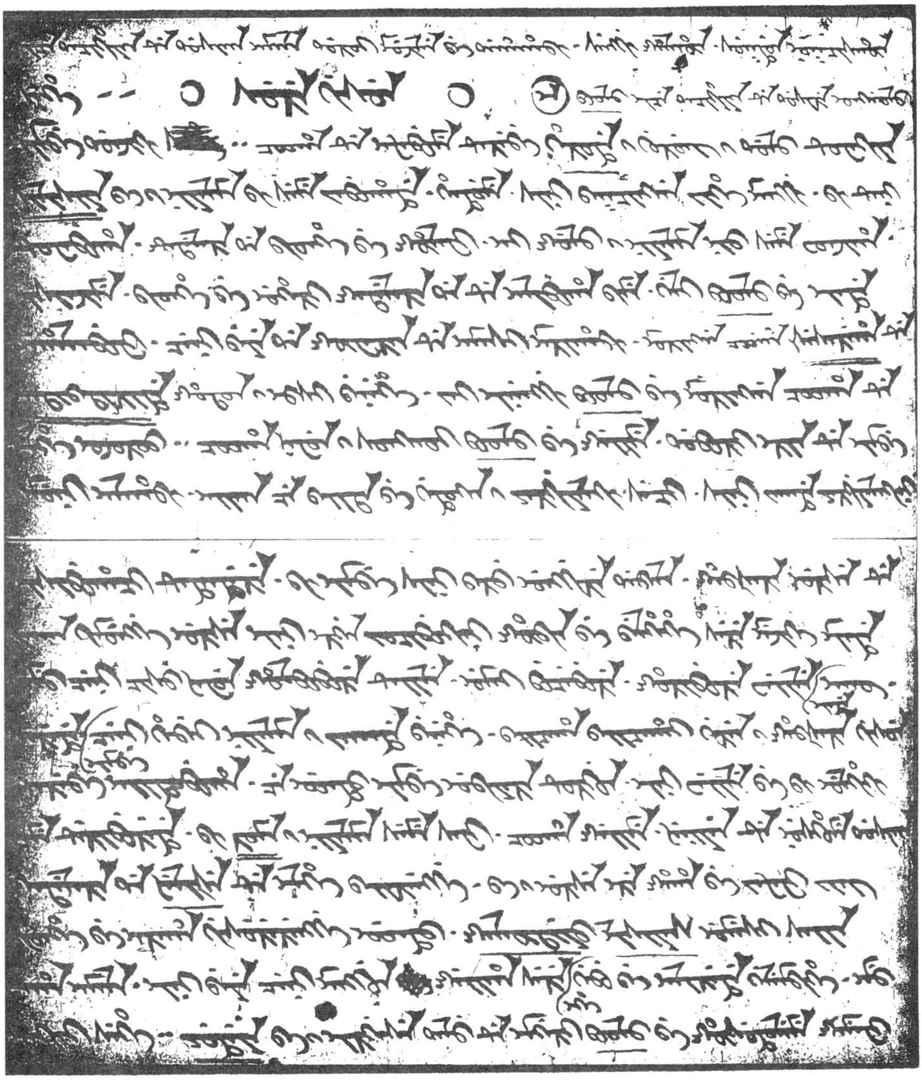

102

103

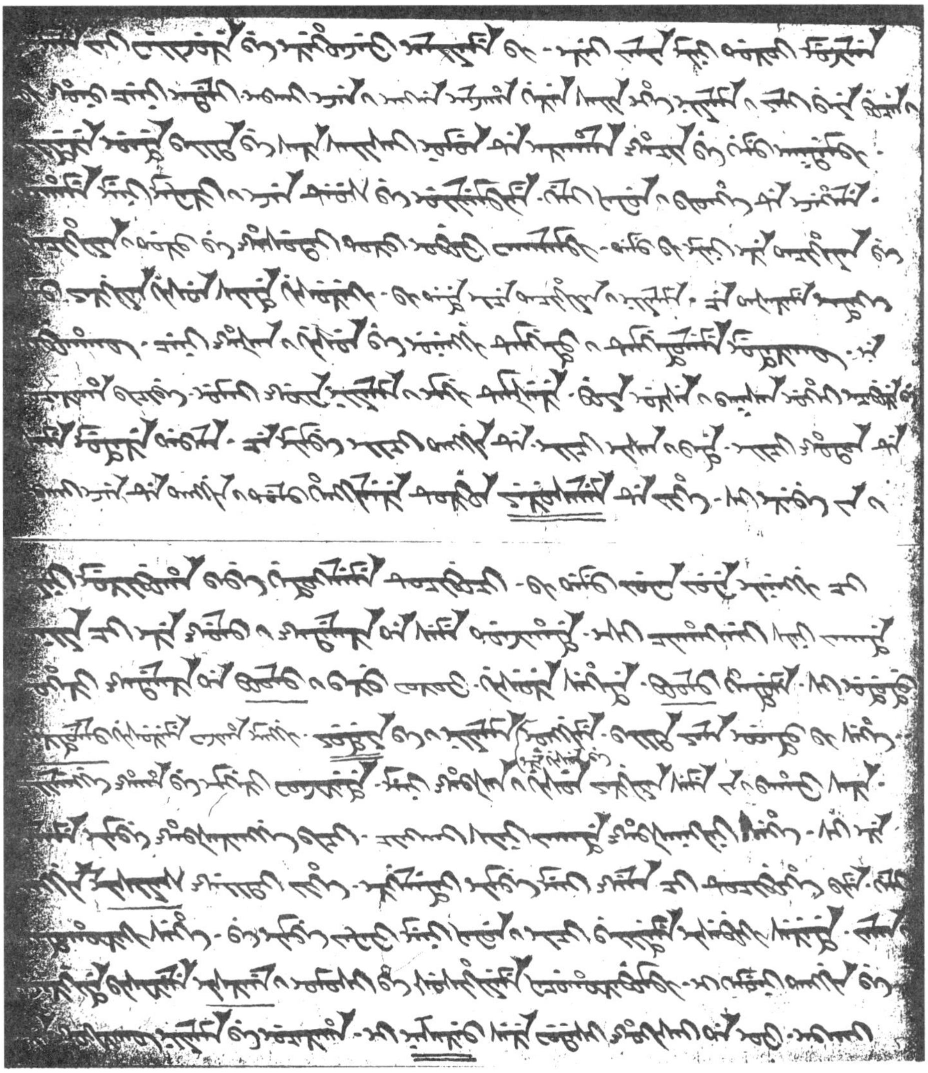

104

105

106

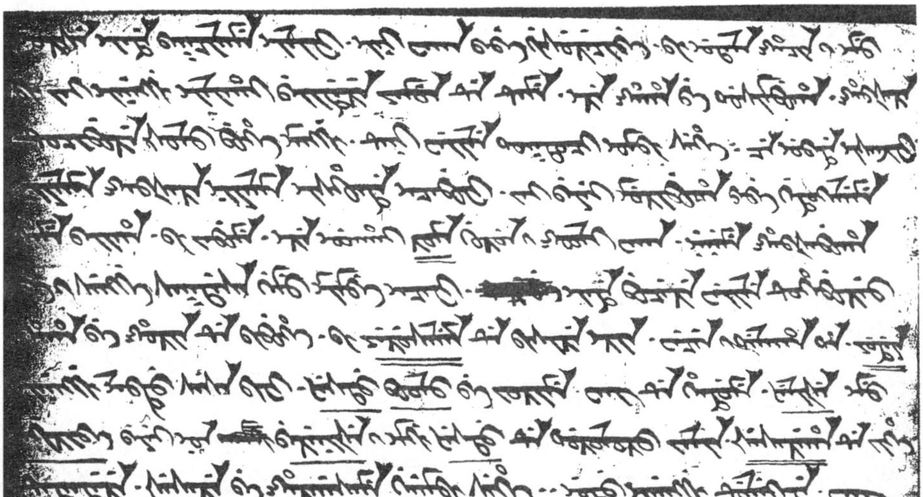

107

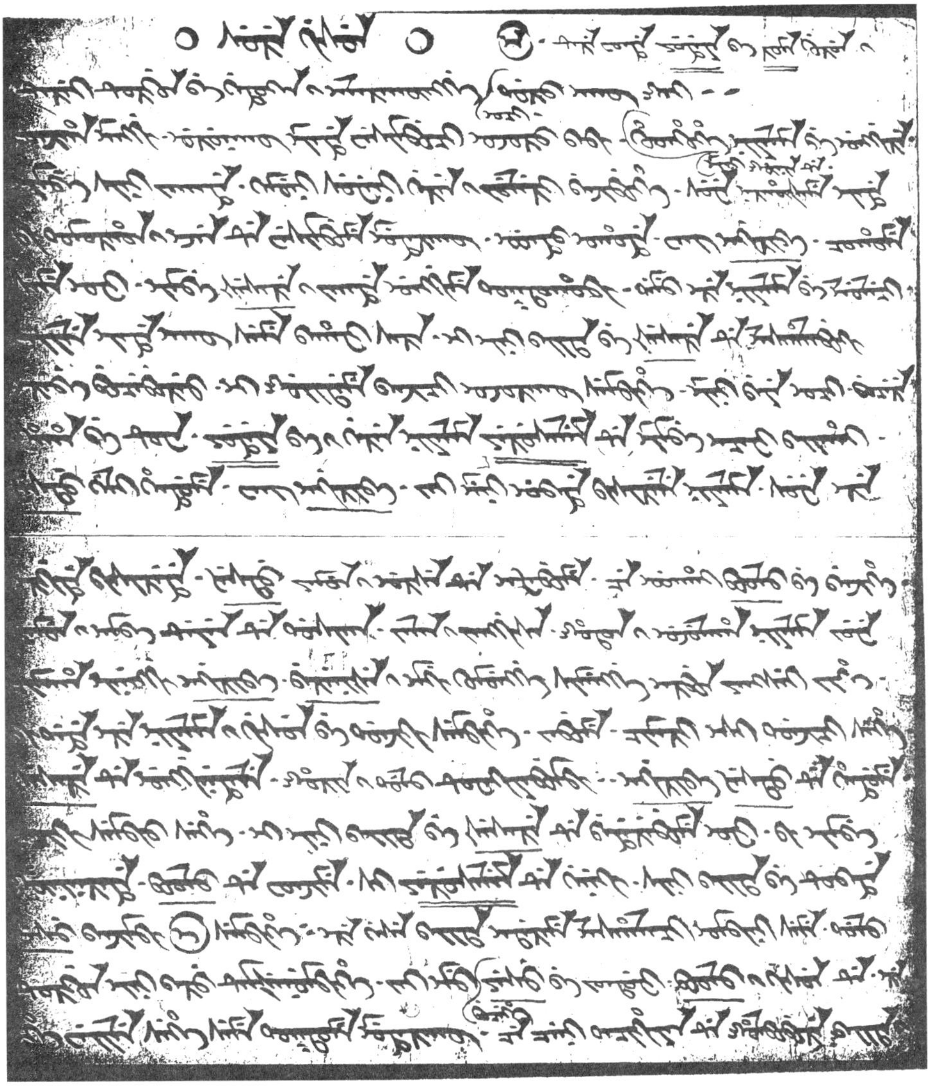

108

109

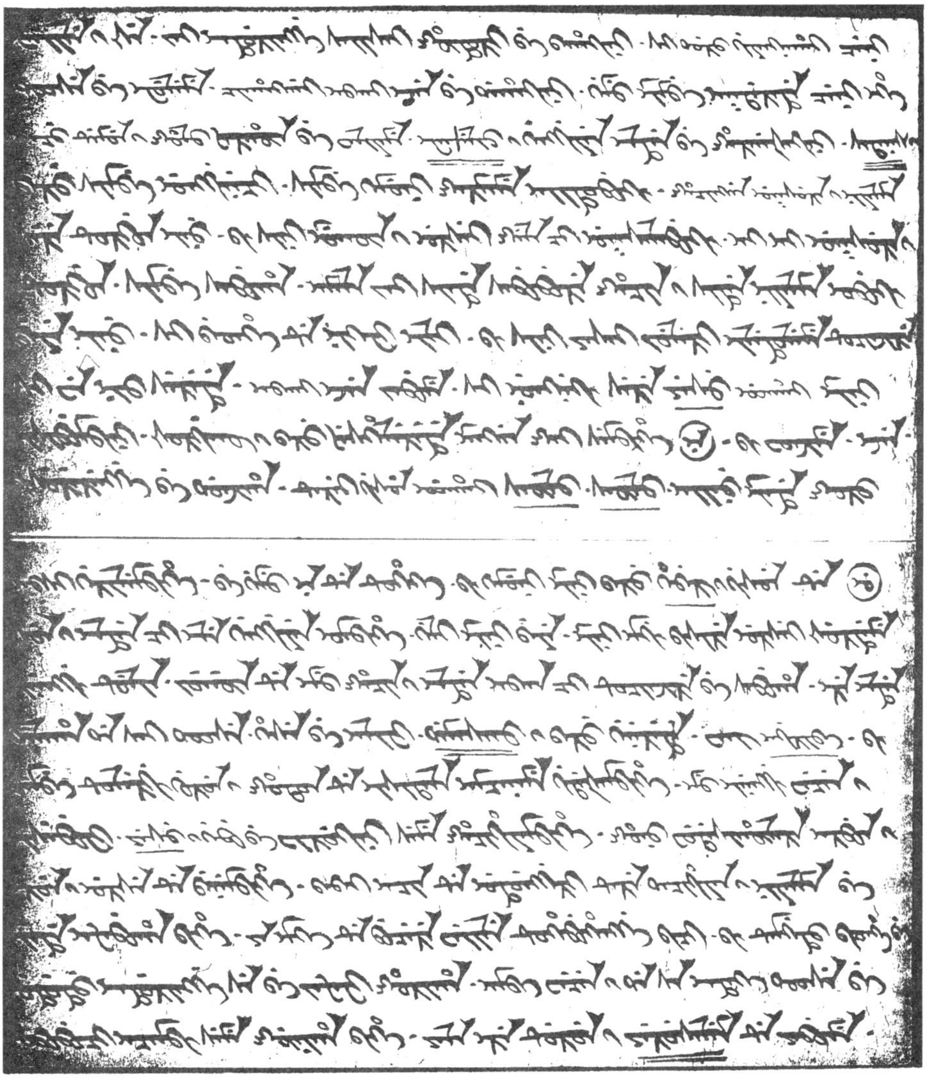

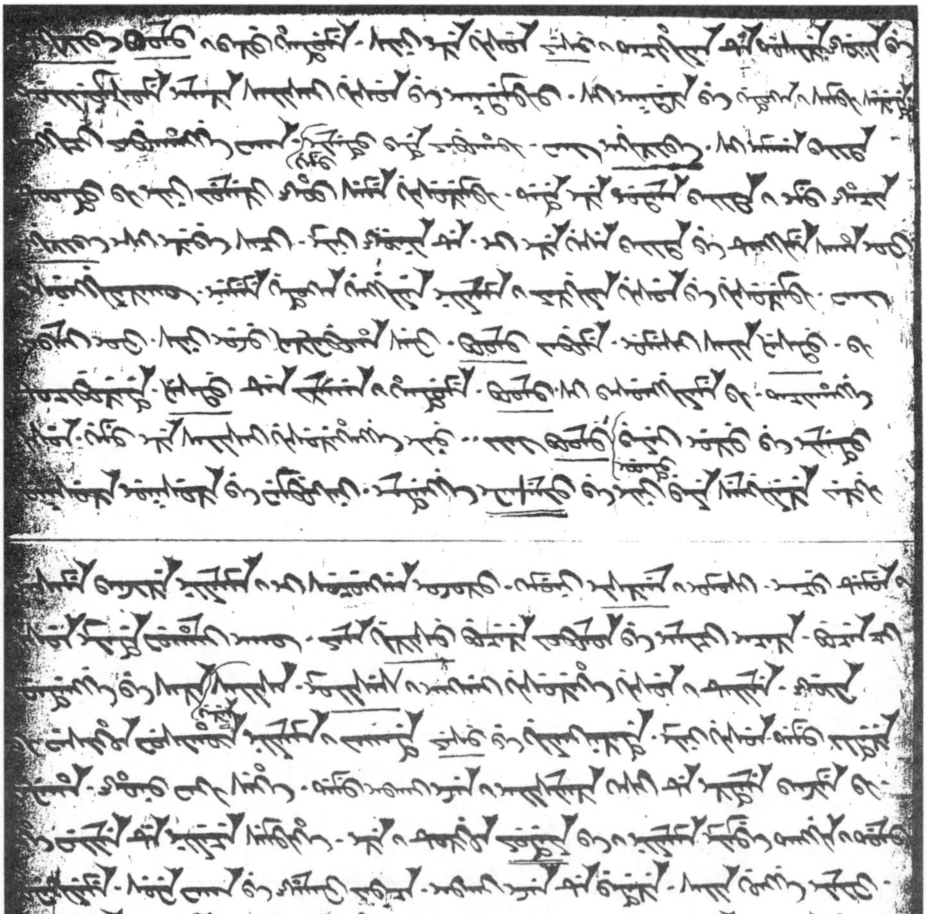

111

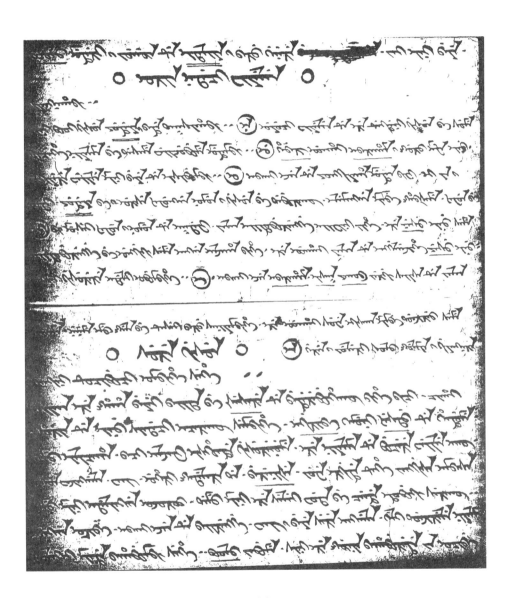

113

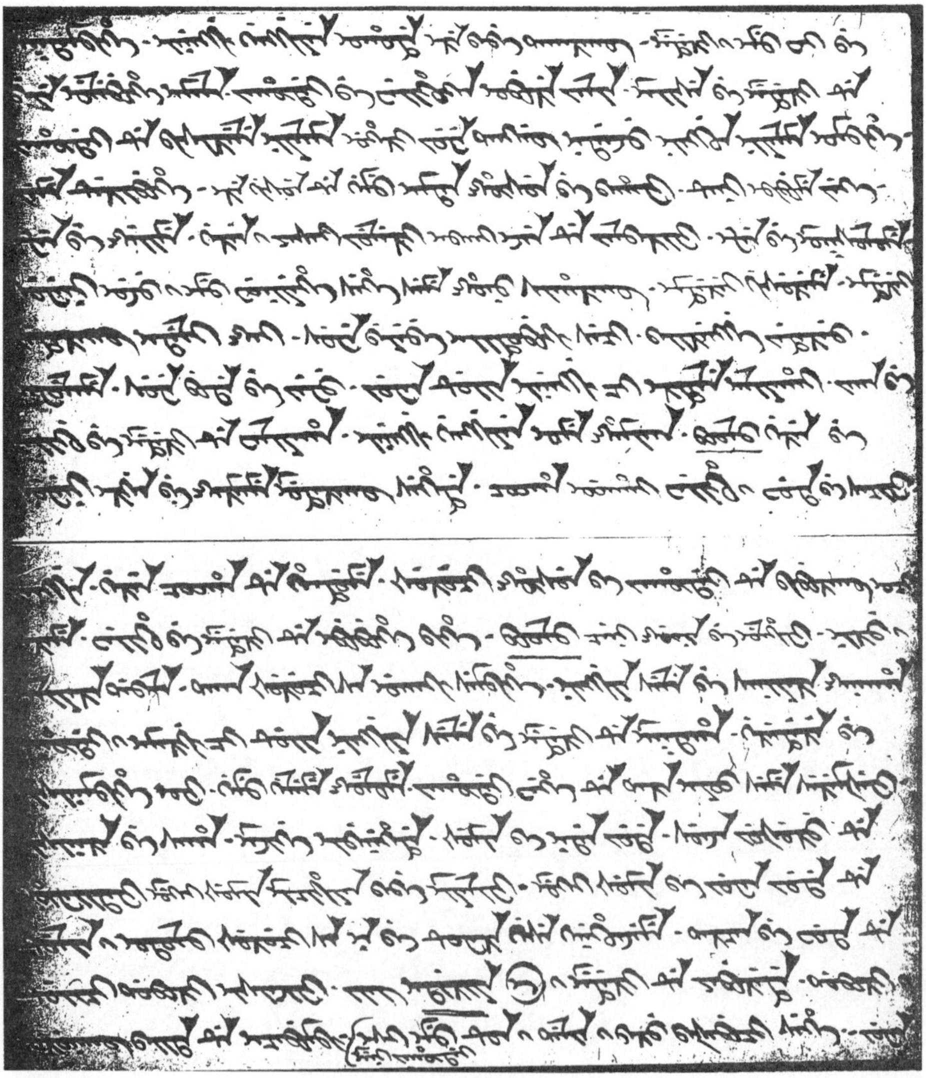

115

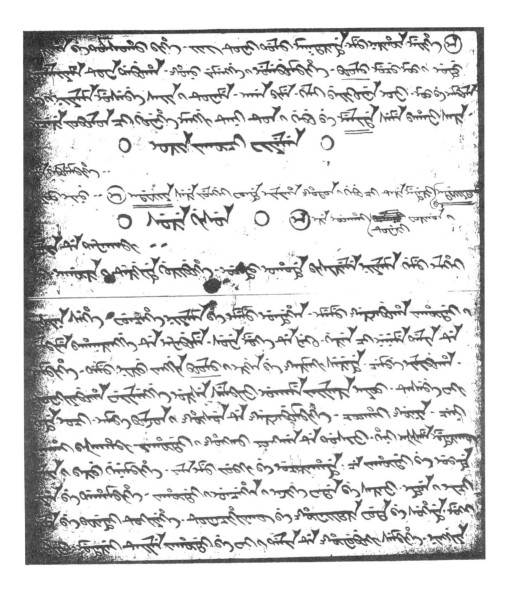

117

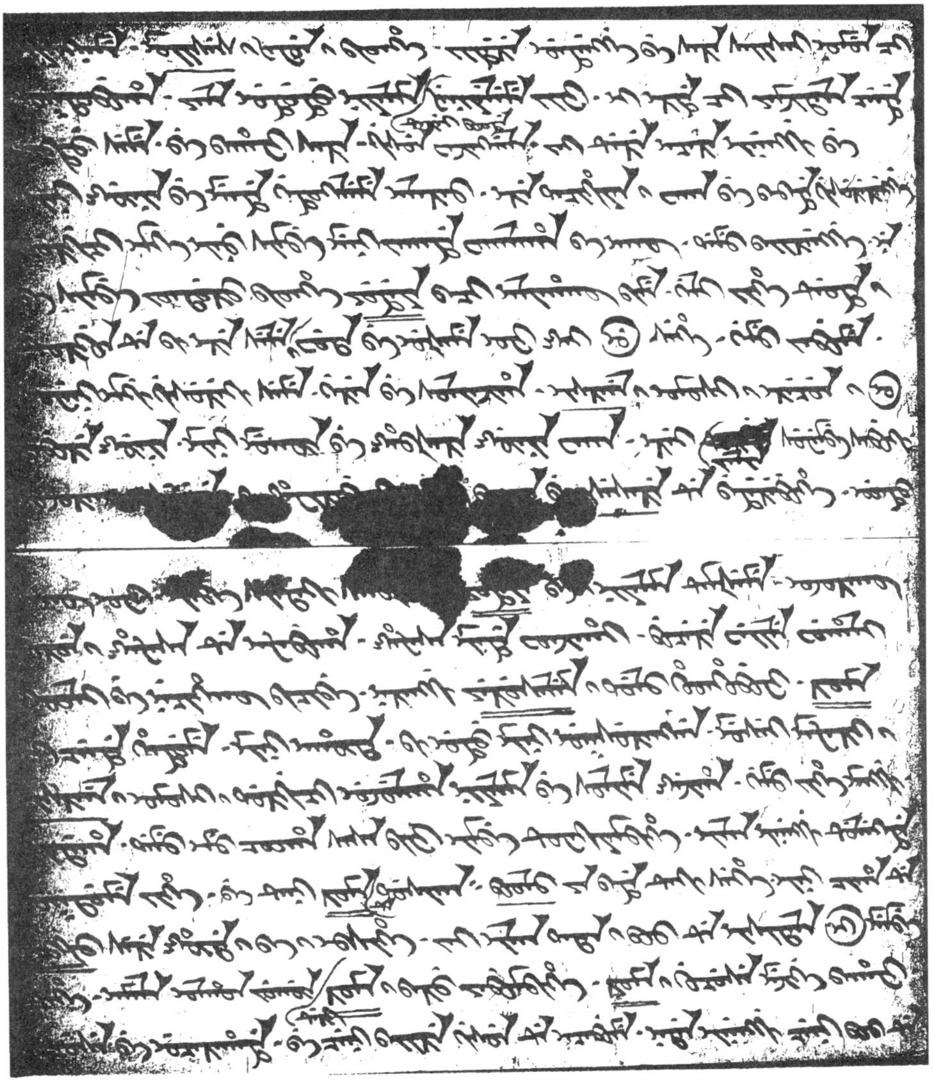

118

119

120

만주어 전 어휘 찾아보기

여기 실은 만주어 전 어휘 찾아보기는 만주어 사도행전에 나오는 모든 만주어 낱말의 총색인이다. 좀더 여유가 있었다면 이 만주어 낱말들을 어원적으로 분류하고 그 한국어 대역 의미도 함께 실어 두고 싶었으나 그렇게까지 못하고, 거의 기계적으로 만주어 낱말만 배열할 수밖에 없었다. 따라서 동음어가 같은 올림말 속에 들게 되었고, 복합어와 숙어도 제대로 처리하지 못했음이 아쉽다. 이용자 여러분의 양해를 바란다

a

Abaram   98, 99, 103, 110

abka   32, 33, 35, 48, 56, 57, 58, 63, 73, 107, 108, 111, 114, 125, 137, 138, 141, 144, 146, 147, 147, 178, 209, 213, 256, 288

abkai   29, 33, 38, 39, 40, 42, 43, 44, 45, 46, 47, 48, 49, 50, 51, 53, 54, 55, 56, 57, 63, 66, 67, 68, 94, 102, 103, 104, 105, 107, 108, 112, 113, 136, 137, 139, 146, 147, 151, 154, 155, 160, 168, 173, 175, 203, 210, 229, 263, 264, 273, 277

abkai ejen   31, 46, 58, 61, 62, 63, 64, 66, 67, 68, 70, 72, 73, 78, 79, 80, 82, 84, 85, 86, 87, 89, 91, 93, 94, 103, 104, 105, 106, 107, 108, 110, 112, 113, 114, 115, 117, 118, 119, 121, 122, 123, 126, 127, 128, 130, 135, 136, 137, 138, 139, 140, 141, 142, 144, 148, 149, 150, 154, 155, 156, 157, 159, 160, 162, 163, 166, 167, 169, 172, 173, 176, 178, 183, 185, 195, 197, 213, 214, 223, 238, 239, 244, 271, 275, 289, 292, 300, 307, 312, 313

Abollo   219, 224

Abolloniya   204

Abraham   61, 63, 68, 166, 173, 212, 254, 294, 295

absi   59, 82, 86, 99, 101, 117, 118, 127, 131, 142, 206, 207, 213, 228, 259, 289, 307, 311

aburi   55, 118, 123, 163, 205, 217, 244, 270

acabuci   34, 58, 81

acabufi   259, 282

acabuha   56, 84, 87, 140, 166, 166, 167

acabuhabi   287

acabuhakū   153

acabuki   62, 175, 277

acabumbi   165, 300

acabume   50, 145, 165, 193, 273, 308, 313

acabure   35, 67, 175, 178, 266, 274

acaburede   56, 63, 79

acabureo   287

acafi   116, 187, 218, 246, 264, 281, 283

acaha   69, 78, 125, 131, 139, 146, 215, 219, 236, 245, 267, 271

acahabi   61

acahade   238

acahangge   231

acaki   296

acambi   34, 35, 40, 63, 85, 183, 228, 231, 250, 257, 264, 271, 280, 288, 300

acambihe   58, 68, 114, 130, 169, 173, 191, 236, 237, 247, 261, 276, 287

acambime   241

acame   72, 129, 138, 257, 259, 279

acan   232, 258

acanacibe   189

acanaha   109

acanambi   185

acanara   77, 206

acanarakū   85, 92, 206, 311

acandufi   73

acanduha   43

acanjiki   249, 253

acanju   207

acanufi   73

acanuha   183

acanumbihe   83

acara   38, 59, 62, 66, 74, 86, 97, 112, 126, 127, 128, 137, 178, 204, 212, 223, 223, 256, 277, 291, 310

acarakū   90, 91, 293

acarangge   49, 71, 128, 173, 199, 216, 217, 220, 256

acin   36, 50, 57, 77, 78, 82, 92, 93, 125, 130, 150, 153, 154, 161, 164, 171, 179, 180, 182, 186, 188, 189, 191, 192, 194, 216, 218, 219, 233, 237, 240, 244, 253, 288

acinggiyahabi   176

acuhiyadara   271

acuhūn   263

acun   113

acun de cacun   222

adaha   186

adahabi   103

adaki   244

adali   33, 35, 41, 43, 57, 58, 63, 67, 68, 95, 101, 120, 123, 129, 142, 178, 193, 243, 244, 255, 271, 275, 287, 294, 301

adalingga   104, 210, 293

Adam   213

adambihe   216

adame   120

adara   262

adarame   33, 43, 46, 52, 61, 86, 110, 120, 123, 129, 140, 141, 147, 156, 184, 185, 229, 238, 240, 248, 264, 271, 282, 286

Adiriya   300, 304

Adiriyatiko   304

adu   132

adun   240, 244

Adurumeto   296

Adzoto   121, 124

afabufi   46, 92, 276

afabuha   62, 78, 99, 133, 148, 153, 158, 162, 169, 187, 200, 239, 258, 288, 309, 311

afabuhabi   179

afabuhakū   187

afabuhala   140

afabuhangge   242

afabuki   205

afabumbi   247

afabumbihe   190

afabume   142, 143, 180, 198, 200, 234, 241, 251, 262, 267, 269, 283, 302

afabure   92, 296

afaburengge   171

afaki   159

aga   178, 305

Agabo   151, 246

Agiriba   278, 281, 282, 283, 284, 286, 287, 288, 290, 292, 293

agūra   50, 299, 302

aha   73, 99, 172

ahasi   74, 93, 137, 172, 261

ahūn   50, 153

ahūta   47, 49, 63, 98, 100, 101, 102, 104, 130, 151, 164, 166, 168, 183, 185, 194, 212, 255, 262, 263, 308

ai   31, 42, 44, 46, 49, 52, 61, 70, 81, 85, 107, 120, 126, 127, 129, 136, 138, 140, 141, 148, 161, 166, 178, 180, 183, 194, 199, 208, 224, 226, 227, 241, 248, 250, 251, 256, 259, 266, 269, 276

ai ai   44, 52, 71, 80, 139, 163, 164, 189, 194, 210, 289, 298, 311

aibe   138

aibide   104, 254

aibiha   306

aifini   31, 77, 96, 212, 223, 236, 249, 294, 297, 314

aika   53, 54, 55, 58, 70, 87, 87, 89, 121, 125, 148, 164, 168, 182, 187, 192, 197, 217, 232, 237, 241, 268, 275, 280, 286, 293, 296, 311, 313, 314 aikabade   217

aimaka   60, 252, 276

ainahai   302

ainambi   61, 82, 244, 257

ainame   107, 107, 126, 184, 258, 299

ainci   30, 39, 90, 118, 160, 193, 209, 223, 234, 239, 254, 297, 314

ainu   66, 73, 81, 89, 125, 146, 184, 247, 256, 289

aisi   198, 229

aisilabuha   185

aisilaki   234

aisilakū   97, 246

aisilambihe   112, 152, 162

aisilame   60, 65, 131, 135, 149, 214, 275, 299

aisilan   80, 172

aisilara   228, 242, 291

aisilarao   250

aisin   60, 65, 113, 210, 229, 241

aitubiki   289

aitubu   195

aitubufi   74

aitubuha   46, 72, 78, 99, 268

aitubuhangge   61, 116

aitubuki   301

aitubukini   71, 128, 169

aitubumbi   77, 90, 199

aitubumbihe   77, 141, 307

aitubume   50, 131, 182, 222

aituburakūngge   83

aitubure   45, 57, 58, 78, 79, 86, 103, 103, 113, 124, 128, 148, 165, 166, 172, 173, 184, 197, 199, 212, 220, 222, 244, 271, 299, 311

aituburede   102

aituburengge   70, 184, 216, 220, 294, 294, 310, 314

ajige   57, 59, 77, 286, 298, 302

Akaya   217, 220, 220, 228

akda   238

akdaci   59, 121, 199, 287

akdacina   224

akdacun   62, 66, 93, 152, 177, 179, 180, 184, 194, 241

akdafi   62, 70, 77, 117, 181, 222, 294

akdaha   78, 148, 172, 179, 216, 276, 305

akdahabi   93, 163

akdahangge   176

akdaki   176

akdambi   184, 275

akdambihe   90, 93, 217, 228, 298

akdambio   292

akdame   58, 117, 121, 170, 204, 211, 300

akdara   83, 142, 149, 157, 163, 258, 266, 276, 292, 310

akdarade   289

akdarakū   77, 168, 298, 310

akdarakūngge   225

akdarala   168

akdarangge   69, 129, 133, 206

akdula   150

akdun   61, 62, 78, 128, 167, 170, 188, 189, 194, 215, 219, 228, 233, 253

akšun   94

Akuila   215, 216, 218, 220

akū   35, 48, 49, 52, 54, 60, 67, 70, 71, 74, 79, 81, 82, 83, 85, 87, 94, 96, 98, 102, 107, 113, 115, 118, 120, 121, 122, 126, 130, 131, 138, 139, 140, 141, 144, 145, 147, 149, 154, 157, 159, 166, 168, 173, 175, 180, 181, 184, 187, 192, 193, 194, 197, 205, 206, 207, 209, 210, 213, 217, 218, 220, 227, 229, 232, 234, 236, 238, 239, 241, 242, 247, 249, 252, 257, 263, 264, 268, 275, 280, 281, 283, 284, 287, 290, 291, 293, 297, 298, 299, 306, 309, 312, 313, 314

akūci   52

akūha   276

akūmbuci   239

akūmburede   165

akūn   138, 224

akūnafi   155

akūname   162, 224

akūngge   222
ala   82, 142
alaburakū   294
alaci   168
alafi   238
alaha   59, 156, 250, 267, 300
alahabi   47, 66, 73, 124, 129, 148, 180, 222, 248, 268
alahanggeo   264
alaki   209, 255, 266
alambi   197
alambihe   151, 183, 185, 208, 224, 225
alame   54, 84, 98, 120, 161, 167, 178, 185, 200, 201, 203, 210, 220, 239, 273
alanjiha   265
alanjime   156
alara   40, 137, 227, 266, 292
alarakūngge   284
alarangge   168, 246, 250, 256
alarao   309
alban   91
Aledzander   69, 231
Aledzandiriya   219, 297
Aledzangtiya   93
Aledzantiriya   307
Alfeo   33, 159
algimbufi   116
algimbuha   111
algimbumbihe   227
algimbure   127, 130, 227, 243
ali   257
alibuci   250
alibuha   75, 89, 105, 188, 269
alibuhaci   244
alibuhe   81
alibumbihe   243
alibume   118
alibure   275
alici   62, 173, 204, 212, 217, 261, 277, 291
alicibe   170
alifi   48, 117, 127, 182, 193, 198, 207, 288

aliha   34, 46, 67, 102, 104, 107, 117, 120, 123, 128, 141, 142, 179, 196, 224, 270
alihabi   49, 80, 200, 224
alihaci   35
alihakū   309
alihani   224
alihao   224
aliki   169, 222, 243
alikini   49, 55, 58, 58, 79
alimbaharakū   47, 61, 116, 156, 183
alimbihe   59, 217
alime   56, 183, 198, 287
alin   33, 51, 102, 104, 106, 302
alirakūngge   145
alire   58, 66
alirede   117, 122, 267
aliya   31, 71, 165
aliyaha   212, 236, 310
aliyahai   301
aliyakū   314
aliyambihe   83, 139, 314
aliyame   49, 62, 118, 266, 275, 306, 311
aliyara   86, 149, 224, 300
aliyarade   207
aljabufi   225, 231
aljabuha   120, 165
aljabume   105
aljafi   98, 189, 195, 293
aljaha   31, 38, 48, 49, 155
aljame   47, 65
aljara   145
aljarangge   53
ama   31, 32, 38, 48, 53, 56, 58, 79, 98, 100, 101, 110, 123, 167, 173, 174, 194, 202, 263, 306
amaga   33, 39, 45, 46, 55, 77, 104, 112, 127, 172, 175, 292, 313
amala   29, 31, 37, 38, 65, 67, 72, 81, 82, 98, 100, 101, 108, 110, 114, 117, 120, 121, 123, 128, 132, 137, 141, 149, 154, 155, 156, 165, 166, 170, 171, 173, 179, 183, 185, 191, 199,

200, 204, 215, 224, 228, 232, 236, 237, 257,
263, 267, 270, 272, 275, 276, 279, 281, 285,
289, 290, 302, 307, 307, 308

amargi   298, 300

amasi   35, 59, 67, 71, 84, 90, 97, 104, 119, 129,
137, 139, 144, 158, 180, 188, 189, 223, 235,
269

amata   98, 255, 260

amba   42, 43, 45, 46, 51, 52, 62, 66, 67, 74, 79,
8, 83, 86, 90, 93, 96, 106, 108, 112, 116, 117,
119, 137, 146, 156, 159, 169, 171, 173, 175,
180, 182, 183, 184, 192, 199, 203, 207, 228,
229, 230, 231, 241, 244, 247, 253, 255, 256,
260, 264, 283, 288, 299, 302, 314

ambalinggū   114

amban   211, 267, 272, 279

ambarame   39, 51, 67, 74, 78, 100, 115, 145,
202, 237, 241, 242

ambasa   210, 213, 293

ambuha   298

ambula   44, 46, 57, 61, 69, 81, 84, 88, 150,
170, 188, 200, 205, 217, 220, 230, 241, 250,
273, 305

amcame   31, 112, 237, 241

amcaname   288

Amfiboli   204

amgafi   236

amgambihe   154

Amorreo   172

Amos   113, 191

amtalarakū   265

amtan   301

amu   236

amuran   135, 162, 206, 305

amurangga   207, 208

an   30, 33, 45, 74, 103, 104, 204, 218, 222, 226

anabufi   298

anaci   142

anahai   231

aname   75, 102, 105, 151

Ananiya   81, 82, 89

Ananiyas   126, 127, 128, 256, 262, 270, 272

anatame   276

andala   235, 242

andande   52, 56, 313

Andereas   33

Andiyogiya   93

angga   31, 34, 38, 43, 47, 48, 49, 53, 62, 63,
73, 120, 120, 140, 147, 184, 217, 241, 260, 311

angga aljaha   31, 38, 48, 49, 98, 100, 165, 167,
173, 174, 275, 287, 294

anggai   257, 291, 294

anggala   67, 113, 135, 145, 148, 156, 168, 191,
200, 216, 229, 247, 292, 297

anggasi   92, 132, 133

Angna   69, 89

aniya   51, 57, 97, 102, 103, 105, 117, 131, 150,
164, 165, 191, 217, 225, 240, 253, 271, 274,
275, 277, 311

aniyadari   96

aniyai   30, 210

antaha   99, 102

antahasa   208

Antibatiride   268

Antiyogiya   219

Antiyokia   179

Antiyokiya   149, 150, 151, 152, 161, 164, 178,
180, 182, 186, 187, 188

Antonio   253

Apio   308

ara   104, 106

Arabiya   43

arafi   29, 186, 203, 218, 220, 235

araha   30, 34, 44, 105, 106, 114, 132, 209, 210,
267

arahabi   111

arahala   275

arahangge   114

araki   107

arambi   266

arame   300

arara   199

Arato   214

arbun   32, 37, 44, 49, 55, 61, 71, 72, 73, 83, 86,
  90, 91, 102, 103, 104, 105, 113, 122, 138, 144,
  145, 155, 160, 169, 177, 181, 189, 203, 209,
  210, 213, 229, 250, 254, 270, 283, 288, 307

arbungge   53

arbušame   254

arbušara   255

Areobago   208, 210, 211, 213

arga   47, 54, 59, 70, 85, 86, 101, 129, 197, 203,
  247, 248, 265, 266, 271

argai   279

argali   131

Aristarko   230, 235, 296

arkan   271, 297

arkūngge   194

Aron   104

asigan   73

asigata   45, 82, 108

asihan   236, 237, 243, 265, 266, 267, 286

asihata   39, 81, 116

Asiya   43, 93, 195, 202, 224, 225, 228, 229,
  230, 235, 237, 238, 250, 275, 296

aššabuha   199

aššabume   94, 299

aššabure   46

aššafi   170, 196

aššahabi   74

aššahade   66

aššame   37, 192, 214, 302

aššan   79, 199

aššara   210

Asson   237, 237, 298

asuki   252

asuru   145, 193, 270, 298

Ataliya   180

Atene   207, 208, 209, 215

Aūgūsda   296

ayoo   37, 46, 54, 71, 85, 168, 172, 222, 232,
  237, 251, 253, 264, 275, 299, 300, 302, 311,
  314

b

ba   32, 34, 38, 39, 40, 42, 43, 44, 48, 52, 53,
  54, 57, 63, 68, 74, 81, 87, 90, 92, 94, 99, 101,
  102, 103, 106, 107, 110, 113, 115, 116, 120,
  122, 125, 126, 130, 131, 135, 139, 141, 142,
  145, 149, 152, 153, 155, 157, 161, 163, 164,
  165, 168, 170, 171, 174, 175, 177, 179, 180,
  181, 187, 193, 194, 195, 196, 198, 203, 206,
  210, 213, 215, 218, 220, 225, 229, 231, 232,
  235, 238, 239, 241, 247, 249, 250, 251, 254,
  264, 266, 267, 268, 269, 273, 275, 277, 279,
  280, 281, 283, 285, 286, 287, 290, 294, 296,
  297, 298, 300, 305, 306, 307, 308, 309

baba   73, 123, 141

babaci   170

babade   114, 115, 156, 157, 160, 214, 260, 309

babai   288

babe   35, 53, 63, 64, 67, 74, 76, 86, 91, 104,
  106, 126, 127, 137, 165, 172, 185, 189, 193,
  195, 202, 203, 210, 212, 219, 224, 227, 231,
  235, 250, 274, 282, 286, 300, 302

babi   61, 232, 284

Babilon   105

baci   32, 43, 52, 98, 99, 103, 104, 164, 166,
  175, 182, 187, 215, 246, 250, 253, 293, 298,
  309, 313

badarambihe   130

badarambuhai   93

badarambumbihe   228

badarame   170

bade   34, 35, 40, 42, 43, 47, 49, 52, 55, 58, 82,
  84, 85, 90, 96, 97, 98, 100, 102, 106, 110, 113,
  116, 119, 120, 121, 122, 128, 130, 132, 141,
  143, 145, 146, 149, 150, 151, 152, 162, 165,
  167, 168, 177, 179, 187, 189, 191, 193, 195,
  197, 203, 203, 214, 218, 225, 230, 236, 238,
  239, 241, 251, 254, 258, 263, 266, 274, 280,
  290, 292, 295, 297, 298, 308

badejifi   99

Bafo   163

Bafos   162

baha   34, 40, 75, 80, 83, 93, 96, 101, 108, 117, 128, 146, 148, 150, 165, 197, 220, 227, 229, 233, 240, 259, 277, 306

bahabi   276

bahabuci   58

bahabuha   70, 100

bahabuki   67, 167

bahabumbi   292

bahabure   63, 277

bahaburede   292

bahaci   40, 49

bahade   43

bahafi   45, 74, 77, 85, 100, 102, 106, 129, 131, 139, 141, 155, 175, 178, 192, 223, 225, 239, 241, 249, 256, 273, 283, 286, 297, 299, 301, 305, 308, 309

bahaki   60, 118

bahakini   35, 67, 118, 127, 149, 290

bahambi   113

bahambidere   210, 297

bahambihe   130, 233

bahambio   251

bahame   100, 117, 168

bahanaha   101

bahanahangge   52

bahanambi   53

bahanarangge   302

bahangge   261

bahara   142, 168, 169, 198

baharade   72

baharakū   205

baharakūci   156

baharangge   75

baibuha   297

baiburakū   209

baicaci   112

baicaha   268

baicahade   183

baicahai   72, 268

baicaki   66, 70

baicakini   253

baicambihe   206

baicame   183

baicarakū   145, 270

baici   45

baiha   40, 106, 117, 143, 241, 246, 281, 307

baihanjiha   189

baihanjihangge   222

baikini   60, 65, 185

baili   100, 280

bailingga   34, 65

baimbihe   60, 154, 155, 157, 163, 168, 205, 247, 279

baimbihede   140

baime   33, 138, 179, 189, 197, 209, 218, 247, 266, 266, 287, 312

baingge   130, 149, 219

baire   49, 52, 79, 92, 137, 140, 195, 201, 275, 308, 313

bairede   135, 165

bairengge   138, 252, 265, 266, 268, 273, 286, 292, 301, 309

baireo   118

baisu   118, 127

baita   29, 30, 30, 31, 32, 34, 38, 41, 43, 44, 45, 46, 48, 50, 54, 55, 59, 61, 62, 63, 71, 72, 74, 78, 8, 86, 87, 93, 98, 101, 102, 103, 104, 106, 111, 112, 116, 117, 118, 119, 122, 129, 131, 133, 136, 137, 138, 141, 142, 143, 145, 146, 147, 148, 150, 153, 154, 154, 156, 158, 159, 161, 162, 163, 164, 166, 167, 168, 171, 172, 173, 174, 176, 177, 180, 182, 183, 184, 185, 187, 188, 191, 192, 192, 193, 197, 198, 201, 202, 203, 205, 206, 208, 210, 213, 214, 215, 217, 223, 225, 226, 227, 228, 232, 233, 239, 246, 248, 249, 251, 253, 254, 256, 258, 259, 266, 268, 272, 275, 276, 280, 281, 283, 287, 292, 296, 300, 307, 311, 314

baitai   256

baitalaci   80

baitalafi   34, 43, 77, 90, 180, 183, 184

baitalaha   191, 248, 254
baitalahangge   184
baitalaki   102
baitalambi   271
baitalame   54, 107, 140, 151, 174
baitalan   31
baitalara   50, 92, 209, 307
baitalarakū   72
bakcilaki   73
bakcilame   94, 163, 208, 282
bakcilara   297
bakcingga   269
baksan   274
baktambihe   52
balai   52, 82, 89, 90, 91, 101, 115, 144, 162,
    178, 184, 193, 231, 231, 250, 275, 298, 313
Balasto   157
Bamfiliya   43, 164, 180, 189, 297
bandan   48, 107
baniha   50, 61, 72, 273
banin   56, 58, 68, 79, 123, 144, 145, 213
banjibufi   54, 74, 209
banjibuha   38, 166, 178, 209, 213
banjibuhade   167
banjibuhangge   73
banjibuki   45
banjibume   53
banjibure   174, 213, 226
banjici   204, 283
banjifi   67, 99, 101, 123, 230
banjiha   31, 35, 38, 43, 51, 69, 74, 96, 102,
    123, 141, 165, 167, 173, 205, 242, 252, 255,
    285, 286
banjihabi   259
banjihakūnio   107
banjihangge   43
banjimbi   47, 210, 243, 282, 285
banjimbihe   144
banjime   291
banjin   62, 120, 169, 169
banjirakū   263

banjire   31, 47, 77, 84, 104, 113, 145, 149, 178,
    208, 209, 210, 239, 263, 276, 291
banjirede   157
banjirele   142
banjirengge   68
Bar   162
bardanggilambihe   87
bargiya   131
bargiyahabi   138, 147
bargiyahade   298
bargiyara   178
bargiyarao   108
Barmena   93
Barnaba   75, 129, 150, 151, 157, 161, 163, 169,
    170, 176, 177, 178, 179, 181, 182, 184, 186,
    187, 188, 189, 193
Barsaba   35, 186
Bartiya   43
Bartolomeo   33
baru   31, 33, 44, 48, 49, 54, 60, 61, 63, 68, 70,
    71, 73, 78, 82, 84, 86, 99, 100, 103, 108, 118,
    119, 125, 126, 128, 129, 131, 132, 136, 137,
    139, 140, 148, 155, 157, 163, 164, 167, 168,
    169, 170, 173, 174, 177, 179, 180, 183, 184,
    186, 187, 188, 189, 195, 200, 203, 205, 206,
    217, 218, 220, 226, 228, 232, 235, 236, 237,
    238, 241, 245, 251, 252, 255, 256, 258, 267,
    268, 274, 276, 277, 280, 282, 288, 289, 292,
    294, 296, 297, 298, 300, 302, 308, 311
bašabuci   300
bašahabi   302
bašakini   226
bašame   106, 108, 170, 215, 222
bašarade   226
Baska   154, 159, 242
basubure   175
basunggiyame   291
basunggiyarakū   292
basurengge   210
bata   48, 123, 242, 271
batalakini   176

Batara   245

bayan   234, 306

be   29, 30, 31, 32, 33, 34, 35, 37, 38, 39, 40,
41, 42, 43, 44, 45, 46, 47, 48, 49, 50, 51, 52,
53, 54, 55, 56, 57, 58, 59, 60, 61, 62, 63, 64,
65, 66, 67, 68, 69, 70, 71, 72, 73, 74, 75, 76,
77, 78, 79, 80, 81, 82, 83, 84, 85, 86, 87, 88,
89, 90, 90, 91, 92, 93, 93, 94, 96, 97, 98, 99,
100, 101, 102, 103, 104, 105, 106, 107, 108,
109, 110, 111, 112, 113, 114, 115, 116, 117,
118, 119, 120, 121, 122, 123, 124, 125, 126,
127, 128, 129, 130, 131, 132, 133, 134, 135,
136, 137, 138, 139, 140, 141, 142, 144, 145,
146, 147, 148, 149, 150, 151, 152, 153, 154,
155, 156, 157, 158, 159, 160, 161, 162, 163,
164, 165, 166, 167, 168, 169, 170, 171, 172,
173, 174, 175, 176, 177, 178, 179, 180, 181,
182, 183, 184, 185, 186, 187, 188, 189, 191,
192, 193, 194, 195, 196, 197, 198, 199, 200,
201, 202, 203, 204, 205, 206, 207, 208, 209,
210, 211, 212, 213, 214, 215, 216, 217, 218,
219, 220, 222, 223, 224, 225, 226, 227, 228,
229, 230, 231, 232, 233, 234, 235, 236, 237,
238, 239, 240, 241, 242, 243, 244, 245, 246,
247, 248, 249, 250, 251, 253, 254, 255, 256,
257, 258, 259, 260, 261, 262, 263, 264, 265,
266, 267, 268, 269, 270, 271, 272, 273, 274,
275, 276, 277, 278, 279, 280, 281, 282, 283,
284, 285, 286, 287, 288, 289, 290, 291, 292,
293, 294, 295, 296, 297, 298, 299, 300, 301,
302, 304, 305, 306, 307, 308, 309, 310, 311,
312, 313, 314

becunure   102

bedere   62, 238, 290

bederebuhe   188, 205, 309

bederebuhekū   293

bederebuki   172, 281

bederebume   281, 282

bederefi   168

bederehe   33, 137, 164, 246

bederenjihe   257

bederenjime   179

bederere   119

beidefi   276

beidehe   67

beideki   69, 70, 262

beidembi   263

beideme   54, 62, 173, 258, 273, 280

beiden   120, 123, 145, 277, 280, 287

beidere   39, 66, 67, 70, 145, 200, 210, 282

beiderede   166

beiderengge   214

beidesi   102, 103, 142, 165

beikuwen   305

bekdereke   126

beki   61

bekilefi   179

bekileki   152

bekileme   78

bektereke   50

bekterekini   168

belefi   34

beleki   203

beleni   121

belere   264

belhe   267

belhebuhe   172

belhebure   239

belhehe   175, 193, 195, 268

belhehebi   62, 122

belheki   296

belhere   165, 209

Bendekoste   42, 51

bene   264

benebuhe   120, 251

beneci   226

benefi   83, 200

benehe   94, 132, 151, 198, 207, 256, 268, 268

benehebi   241

benehengge   251

benembi   243

benembihe   288

beneme   81, 82, 130, 151

benere   128, 267

benereo   265, 266

bengsen   41, 160

Beniyamin   165

benjibuhe   284

benjibume   199

benjibureo   265, 279

benjifi   85, 205, 208, 217, 227, 237, 266

benjihe   150, 232, 280, 283

benjihebi   85

benjihede   93, 272

benjiki   256

benjikini   84

benjimbihe   83

benjime   125, 129, 178, 259

benjire   47

benjirengge   313

benju   280

Bentegosde   76

Bentekoste   237

Bereha   205, 206

Bereniše   281, 283, 293

Berohe   235

Berze   164, 180

besarhen   83, 131

bethe   61, 62, 65, 75, 107, 170, 175, 177, 198, 214, 246, 289

bethei   48, 81, 82, 103, 108, 166, 255

Betoro   33, 34, 44, 49, 53, 54, 60, 61, 66, 69, 70, 71, 72, 76, 81, 82, 83, 85, 90, 117, 118, 130, 131, 132, 133, 136, 137, 138, 139, 140, 142, 144, 146, 147, 148, 153, 154, 155, 156, 159, 183, 191

beye   31, 32, 37, 38, 40, 46, 47, 55, 56, 57, 59, 61, 67, 70, 72, 77, 78, 79, 85, 86, 92, 100, 102, 112, 116, 120, 121, 123, 126, 128, 132, 138, 141, 148, 163, 167, 181, 185, 188, 196, 198, 199, 201, 203, 213, 218, 226, 227, 234, 236, 238, 240, 241, 243, 244, 246, 249, 250, 252, 254, 260, 263, 264, 265, 267, 268, 271, 272,

275, 276, 279, 283, 286, 288, 289, 291, 292, 294, 296, 299, 302, 306

beyebe   55, 67, 78, 86, 116, 199, 234, 238, 242, 254, 264, 299, 301

beyede   168

beyei   35, 54, 61, 63, 64, 66, 67, 77, 81, 83, 86, 90, 100, 101, 105, 108, 111, 114, 116, 117, 118, 120, 125, 126, 132, 141, 142, 164, 168, 172, 175, 178, 184, 187, 193, 208, 212, 216, 222, 224, 227, 233, 246, 256, 257, 258, 260, 276, 281, 282, 286, 291, 293, 299, 306, 307, 311

beyengge   160

bi   30, 31, 33, 38, 44, 45, 46, 47, 48, 50, 51, 54, 57, 62, 63, 77, 82, 85, 86, 87, 91, 98, 99, 100, 103, 105, 108, 113, 117, 118, 120, 121, 122, 126, 127, 131, 132, 138, 139, 140, 142, 146, 147, 148, 156, 157, 161, 165, 166, 167, 168, 169, 173, 184, 185, 186, 187, 191, 196, 197, 199, 209, 212, 213, 214, 216, 217, 218, 222, 227, 228, 232, 236, 238, 239, 240, 241, 243, 244, 247, 249, 250, 252, 255, 256, 257, 258, 259, 260, 262, 263, 264, 265, 266, 268, 269, 270, 272, 274, 275, 276, 277, 279, 280, 281, 282, 283, 286, 287, 288, 289, 290, 291, 292, 294, 297, 298, 299, 300, 305, 308, 309, 311

bibuci   46, 258

bibuhe   81, 218, 277, 281

bibuki   202

bibumbihe   202

bibumbime   214

bibume   306

biburakū   175, 273, 301

bibure   237

bici   46, 49, 59, 75, 87, 107, 110, 127, 164, 188, 214, 217, 219, 231, 232, 238, 240, 241, 247, 248, 258, 261, 273, 276, 276, 281, 288, 293, 313

bicibe   34, 38, 67, 90, 96, 104, 114, 173, 174, 178, 203, 216, 239, 252, 270, 274, 305, 308

bifi   34, 49, 50, 58, 65, 74, 83, 84, 98, 99, 126, 129, 133, 144, 146, 151, 154, 163, 193, 197,

213, 217, 235, 276, 281, 295, 298, 299, 308

bigan 34, 40, 103, 203

bihe 31, 37, 38, 41, 42, 47, 49, 52, 56, 60, 63, 66, 68, 69, 70, 72, 73, 74, 75, 76, 78, 79, 82, 89, 93, 96, 97, 100, 101, 103, 106, 109, 110, 111, 112, 114, 116, 117, 122, 124, 126, 131, 135, 137, 141, 144, 145, 148, 152, 153, 155, 158, 159, 161, 169, 173, 174, 176, 177, 180, 181, 183, 188, 189, 191, 194, 203, 204, 206, 208, 210, 211, 213, 215, 219, 224, 225, 226, 229, 230, 233, 234, 236, 237, 239, 241, 246, 247, 251, 253, 254, 255, 256, 258, 263, 264, 270, 278, 285, 288, 293, 294, 297, 299, 305, 306, 307, 310, 311

bihede 279

bikai 44, 112, 178, 185

Bilato 62, 166

bimbihe 106

bime 31, 47, 54, 56, 65, 82, 86, 97, 99, 103, 115, 118, 123, 126, 130, 134, 141, 150, 162, 170, 172, 186, 192, 194, 198, 206, 219, 233, 246, 260, 269, 273, 285, 305, 306, 309

bio 72, 82, 138, 143, 259

birai 101, 196

bireme 70, 117, 199, 255

biretei 238, 302

Birišilla 215, 218, 220

Birro 235

Bisidiya 164, 180

bisirakū 89

bisire 43, 46, 57, 62, 70, 74, 84, 89, 92, 103, 115, 116, 117, 119, 121, 128, 144, 146, 147, 150, 155, 156, 159, 163, 178, 187, 191, 194, 195, 199, 201, 206, 217, 223, 224, 226, 227, 232, 237, 241, 243, 253, 258, 262, 270, 281, 288, 296

bisirebe 214, 263

bisirede 42, 104, 164, 224, 283

bisirele 29, 34, 73, 86, 107, 133, 141, 147, 178, 209, 225, 247, 273, 283, 301, 303, 307

bisirengge 60, 175, 210

bisu 216

bišure 210

bišušara 213

bithe 29, 30, 31, 46, 71, 87, 106, 110, 111, 119, 120, 125, 164, 166, 186, 186, 188, 191, 219, 220, 227, 249, 256, 269, 275, 288, 309, 310, 314

bithei 69, 86, 94, 101, 120, 187, 207, 220, 228

Bitiniya 195, 202

biturame 297

biya 101, 113, 217, 225, 235

boco 45, 277

bodoci 205, 228

bodogon 73, 272

bodoho 73

bodohonggo 101

bodombihe 86

bodome 188

boigon 74, 152

boihon 98, 113

bolgo 138, 139, 144, 147, 216

bolgobuha 138, 147

bolgobure 184

bolgomibu 249

bolgomifi 250, 275

bolgomire 250

boljon 299, 302

Bolluše 313

Bongdzio Bilado 73

Boniborto 297

Bonto 43, 215

boo 33, 39, 42, 48, 50, 70, 74, 77, 78, 81, 88, 96, 97, 98, 100, 101, 107, 115, 127, 128, 131, 132, 133, 136, 137, 138, 139, 140, 145, 147, 148, 152, 154, 155, 157, 171, 185, 192, 196, 197, 199, 200, 201, 205, 205, 206, 212, 216, 234, 247, 287, 306, 308, 311, 314

boobai 55

booci 216, 227, 236

boode 198, 215, 216, 220, 246, 246, 246, 248, 310, 311

booha   200

booi   135, 178, 191, 199, 200, 204, 238, 295

boolame   85

Boolo   30, 162, 163, 164, 169, 170, 171, 173, 176, 177, 178, 179, 181, 182, 184, 186, 187, 188, 189, 193, 194, 195, 196, 197, 198, 199, 200, 202, 203, 204, 205, 206, 207, 208, 211, 212, 215, 216, 217, 218, 223, 224, 226, 229, 234, 236, 237, 242, 242, 245, 246, 247, 249, 250, 251, 252, 258, 259, 262, 264, 265, 266, 268, 270, 272, 276, 277, 280, 285, 291, 296, 298, 301, 305, 306, 307, 310, 311, 313, 314

Borokoro   93

Bortsio   277

Bubilio   306

bucebu   251

bucebuhe   48, 70, 114, 186, 188, 249

bucebuhebi   46, 62, 107

bucebuhede   87, 141, 266

bucebuki   55

bucebukini   101, 129, 281

bucebumbi   145, 313

bucebure   85, 166, 268

bucebureo   283

buceci   178

bucefi   100, 263

bucehe   82, 82, 98, 145, 179, 210, 236, 263, 282, 285, 287, 295

bucehele   142

bucembi   306

buceme   67

bucen   47, 69, 70, 79, 141, 166, 167, 173, 210, 214, 242, 275, 291

bucere   123, 281, 283, 288, 291, 293, 305, 309

bucerengge   299

bucetele   46, 255

bucina   249

buda   301

budalahani   146

bufi   186

buhe   40, 75, 107, 165, 224, 282

buheliyeme   32

buhengge   132

buhiyecun   41

buki   60, 98

bula   102, 103

bulekušeci   35

bulekušere   184

bumbi   273

bumbihe   50, 75

bume   133, 174

buraki   170, 175, 258

bure   61, 72, 122, 125

burede   92

burengge   241

bureo   118

Buteholi   307, 314

butu   129, 203, 279

buya   71, 94, 205, 274

buyehe   241

buyembi   247

buyen   67

C

cacun   113

cala   51, 191, 251

canggi   68, 118, 149, 184, 202

cargide   105

cashūlafi   107

cashūlame   254

ce   32, 37, 40, 42, 43, 44, 50, 54, 55, 58, 66, 71, 73, 74, 82, 84, 85, 86, 99, 102, 106, 114, 117, 129, 142, 156, 157, 158, 165, 168, 170, 172, 179, 180, 183, 193, 197, 198, 206, 213, 216, 218, 227, 230, 232, 236, 238, 245, 246, 247, 249, 251, 253, 258, 264, 268, 274, 282, 283, 286, 302, 311

cembe   42, 49, 54, 55, 58, 59, 60, 61, 67, 71, 72, 72, 79, 83, 84, 85, 87, 97, 99, 103, 117, 134, 138, 139, 143, 144, 152, 156, 164, 169, 172, 177, 179, 180, 183, 184, 188, 198, 199, 200,

201, 205, 206, 207, 217, 222, 223, 225, 234, 235, 236, 249, 256, 260, 281, 288, 302, 313

cenci   105, 225, 245, 31

cende   53, 58, 67, 83, 92, 118, 129, 133, 137, 148, 149, 152, 161, 162, 165, 169, 176, 178, 183, 184, 186, 187, 190, 195, 198, 204, 208, 221, 224, 227, 248, 249, 293, 308, 310

cendeki   89

cendeme   184, 226

cendere   82

ceni   34, 37, 40, 42, 43, 50, 53, 54, 61, 66, 70, 71, 74, 77, 79, 92, 93, 97, 100, 103, 104, 108, 112, 114, 115, 117, 138, 139, 140, 144, 146, 148, 150, 151, 156, 162, 163, 164, 165, 167, 174, 176, 179, 182, 184, 186, 189, 195, 198, 200, 201, 202, 211, 217, 225, 229, 233, 246, 249, 250, 251, 256, 264, 266, 267, 268, 275, 278, 280, 281, 282, 290, 300, 308, 311

ci   31, 33, 38, 42, 43, 45, 46, 47, 49, 51, 52, 53, 54, 55, 56, 60, 63, 64, 65, 68, 69, 70, 71, 73, 74, 75, 76, 81, 87, 88, 94, 97, 98, 99, 102, 103, 106, 107, 112, 113, 114, 116, 117, 118, 119, 120, 121, 123, 124, 125, 126, 127, 128, 131, 137, 139, 141, 142, 145, 145, 146, 147, 150, 154, 155, 156, 158, 163, 165, 166, 167, 170, 173, 175, 177, 178, 179, 185, 186, 187, 192, 195, 196, 198, 201, 202, 203, 205, 206, 209, 210, 213, 214, 215, 217, 218, 219, 222, 223, 226, 229, 231, 234, 236, 237, 237, 238, 240, 241, 242, 246, 247, 249, 250, 253, 256, 258, 260, 271, 273, 274, 279, 280, 286, 288, 289, 291, 299, 300, 301, 304, 305, 310, 311, 313, 314

cifaha   262, 270

cihai   32, 54, 87, 88, 97, 105, 129, 144, 178, 218, 252, 286, 293, 296

cihakūšarade   198

cihanggai   123, 140, 175, 238, 247, 274, 289

cikin   140

cimaha   69, 137, 139, 236, 266, 283

cimari   283

cincilame   103, 146

cingkai   273

cira   55, 85, 94, 99, 159, 192, 198, 239, 241, 263, 277

ciralame   89

cisu   67, 174, 195, 245, 268

cisuingge   74

cohome   29, 54, 122, 127, 128, 184, 191, 205, 214, 242, 253, 284

cohotoi   46, 54, 55, 68, 79, 114, 149, 181, 193, 195, 213

cokto   160, 173

colgoroko   103

colgoropi   79, 117, 314

colire   210

colo   35, 75, 161, 216

cooha   76, 85, 97, 105, 113, 137, 153, 154, 155, 156, 251, 253, 264, 267, 268, 269, 301, 308, 314

coohade   254

coohai   69, 76, 85, 154, 250, 251, 259, 265, 265, 266, 270, 276, 278, 302

cun cun i   124, 156, 185

d

da   34, 55, 57, 62, 63, 69, 70, 73, 76, 77, 84, 85, 91, 93, 97, 98, 99, 100, 103, 104, 110, 112, 113, 119, 120, 125, 127, 128, 152, 162, 163, 166, 167, 171, 173, 177, 178, 179, 180, 181, 183, 186, 187, 191, 192, 194, 198, 198, 199, 200, 216, 217, 219, 223, 232, 233, 237, 240, 248, 250, 251, 253, 254, 255, 259, 262, 264, 265, 267, 269, 270, 274, 276, 278, 279, 288, 293, 298

da an   128

dabala   32, 40, 49, 50, 58, 63, 82, 87, 116, 121, 130, 137, 141, 154, 168, 175, 184, 186, 187, 195, 203, 215, 234, 239, 256, 268, 274, 300, 311

dabali   44, 205, 209, 244, 291

dabuha   305

daburakū   114

dacilame   156, 206

dade   47, 55, 60, 63, 66, 71, 75, 76, 77, 85, 89,
   100, 103, 110, 116, 131, 148, 157, 169, 174,
   181, 186, 208, 219, 227, 237, 241, 253, 263,
   274, 276, 282, 285, 292, 299

dagilara   137

daha   249

dahabufi   157

dahabuha   37

dahabure   247

dahacambime   258

dahaci   85

dahacina   104

dahafi   78, 262

dahaha   49, 87, 131, 196, 278, 287

dahahabi   41, 270

dahahangge   146

dahaki   104

dahakini   54, 202, 289

dahala   154

dahalabufi   268

dahalafi   197

dahalaha   33, 87, 139, 147, 230, 235, 247

dahalahabi   218

dahalahakū   189

dahalambihe   30, 117, 154, 244, 296

dahalame   251, 314

dahalara   126, 256

dahalarangge   169

dahambi   117, 311

dahambihe   176, 196, 302

dahame   93, 111, 116, 151, 175, 198, 210, 214,
   216, 231, 232, 251, 275, 300

dahanduhai   156

dahara   149

daharade   72, 213

daharakū   63, 72

daharangge   204, 213

dahashūn   86, 225

dahūme   32, 48, 168

dahūn   147

dailame   159

daišara   86

dalaha   62, 69, 84, 85, 98, 104, 125, 128, 253,
   262, 264, 272, 279, 281, 288

dalbade   71, 82, 253

dalda   298

daldara   238

dalin   101, 136, 196, 246, 296, 298, 300, 302,
   303, 307

dalirambihe   298

dalirame   196, 296, 307

dalji   222

daljingga   218

Damaris   211

Damasko   125, 126, 128, 129, 256, 288, 290

dame   298, 307

damu   30, 32, 37, 39, 53, 55, 57, 62, 66, 67, 71,
   73, 74, 77, 79, 82, 83, 84, 87, 90, 92, 94, 98,
   102, 106, 107, 114, 117, 121, 123, 126, 128,
   129, 141, 142, 145, 148, 149, 157, 166, 169,
   173, 173, 178, 179, 183, 186, 187, 191, 192,
   194, 195, 203, 205, 208, 213, 215, 220, 222,
   223, 224, 227, 235, 239, 242, 254, 268, 273,
   274, 280, 290, 291, 299, 308, 309, 310, 314

dangse   93

dara   154, 218

darakū   210

darangge   298

dargime   103, 126

daruhai   46, 107, 165, 238, 271, 275

dasahabi   62

dasame   31, 35, 38, 46, 47, 47, 51, 55, 56, 62,
   63, 69, 70, 74, 77, 86, 123, 128, 141, 166, 173,
   204, 208, 210, 242, 263, 285, 287, 291, 295

dasara   70, 83, 91, 311

dasatafi   185

dasatame   66

dayaha   204, 211

dayanaha   87

dayanambihe   176

dayarakū   83

de   29, 30, 31, 32, 33, 34, 35, 36, 37, 38, 40, 42, 43, 44, 45, 46, 47, 48, 49, 50, 51, 52, 54, 55, 56, 57, 58, 59, 60, 61, 62, 63, 64, 65, 66, 67, 68, 69, 70, 71, 72, 73, 74, 75, 76, 77, 78, 79, 80, 81, 82, 83, 84, 85, 86, 87, 88, 89, 90, 91, 92, 93, 94, 96, 97, 98, 99, 100, 101, 102, 103, 104, 105, 106, 107, 109, 110, 111, 112, 113, 114, 115, 116, 117, 118, 119, 120, 121, 122, 123, 125, 126, 127, 128, 129, 130, 131, 132, 133, 134, 135, 136, 137, 138, 139, 140, 141, 142, 143, 144, 145, 146, 147, 148, 149, 150, 151, 152, 153, 154, 155, 156, 157, 159, 161, 162, 163, 164, 165, 166, 167, 168, 169, 170, 171, 172, 173, 174, 175, 176, 177, 178, 179, 180, 181, 182, 183, 184, 185, 186, 187, 188, 189, 191, 192, 193, 194, 195, 196, 197, 198, 199, 200, 201, 202, 203, 204, 205, 206, 207, 208, 209, 210, 212, 213, 215, 216, 217, 218, 219, 220, 223, 224, 225, 226, 227, 228, 229, 230, 232, 233, 234, 235, 236, 237, 238, 239, 240, 241, 242, 243, 244, 245, 246, 247, 248, 249, 250, 251, 252, 253, 254, 255, 256, 257, 258, 259, 260, 262, 264, 265, 266, 267, 268, 269, 270, 271, 272, 273, 274, 275, 276, 277, 278, 279, 280, 281, 282, 283, 284, 286, 287, 288, 289, 290, 291, 292, 293, 294, 295, 296, 297, 298, 299, 300, 301, 302, 303, 305, 306, 307, 308, 309, 311, 312, 313, 314

debi   110, 136, 140, 163, 210, 263

debumbihe   131

dedubufi   83

dedubuhe   299

dedumbihe   306

dedume   236

dedure   157, 243

deheni   118

dehi   31, 51, 72, 101, 102, 103, 105, 164, 165, 264, 266

deiburede   205

deijibuhede   65

deijihe   227

deijire   102

dekdebuhe   64, 203, 228

dekdebuheni   81

dekdebuki   63, 104

dekdebume   160, 165

dekdeci   112

dekdefi   86, 183

dekdehe   52, 182, 228, 298

dekdehebi   101, 156, 264

dekdehede   100

dekdeme   94

dekdeni gisun   222, 295

dekdere   151, 177, 222

dembei   52

Demetirio   229, 232

demun   96

den   44, 65, 103, 108, 116, 177, 181, 199, 230, 250, 253, 258, 263, 276, 291

dendefi   75

dendeme   49, 165, 171, 236

dengjan   199, 236

deo   33, 50, 101, 102, 128, 248, 257

deote   34, 47, 62, 63, 101, 102, 130, 139, 146, 147, 151, 156, 182, 183, 183, 185, 186, 187, 188, 189, 194, 201, 205, 207, 212, 218, 246, 247, 256, 309, 313

derakūlaki   177

Derbe   194

Derbeingge   235

Derben   177, 179

dere   30, 39, 44, 47, 53, 56, 90, 160, 193, 196, 209, 234, 254, 276, 310

derengge   86, 171, 206, 279

dergi   45, 85, 224, 237, 244, 298

dergide   44, 117, 142, 148, 209, 225, 302

deri   62, 63, 90, 119, 129, 141, 155, 166, 180, 182, 186, 194, 215, 228, 235, 239, 308

deribuci   114

deribufi   141

deribuhe   42, 92, 108, 153, 185, 220, 226, 241,
   252, 272, 286, 301
deribuheci   145
deribuhede   148, 298
deribuki   206
deribume   52, 120
deribure   230, 253
deriburede   251, 268
Deus   62, 63, 81, 86, 98, 99, 100, 101, 102,
   103, 104, 105, 106, 108, 113, 117, 118, 119,
   138, 140, 141, 142, 147, 149, 157, 164, 165,
   166, 167, 168, 178, 209, 210, 257, 275, 287
deyen   70, 71, 85, 88, 94, 164, 176, 186, 203,
   204, 206, 207, 215, 216, 218, 220, 236, 270,
   283
Dimone   93
Dito   216
Diyana   229, 230, 231
Diyonisio   211
do   34
dobocun   250, 275
doboho   186, 187, 249
dobori   84, 195, 198, 200, 206, 217, 236, 240,
   264, 267, 268, 287, 299, 300
doboro   106
dogo   163, 213
doholon   60, 70, 177
dohošoro   116
doigomšome   34, 40, 44, 45, 63, 66, 104, 142,
   150, 161, 165, 166, 170, 172, 175, 185, 191,
   225, 246, 292, 311
doigonde   47, 62, 107, 120, 164
dolo   30, 32, 34, 35, 37, 43, 46, 49, 54, 56, 60,
   61, 64, 68, 74, 81, 83, 85, 88, 89, 93, 98, 102,
   103, 104, 105, 107, 121, 126, 129, 131, 132,
   137, 140, 141, 145, 151, 155, 166, 168, 171,
   182, 186, 197, 199, 204, 210, 225, 231, 239,
   245, 247, 248, 250, 253, 256, 258, 265, 270,
   274, 279, 282, 286, 305, 307, 309, 311
dolori   270
donji   44

donjibu   156
donjibufi   137
donjibuha   31
donjici   136, 142, 187, 283, 311
donjifi   43, 49, 57, 69, 74, 84, 86, 94, 100, 102,
   120, 149, 150, 156, 169, 178, 201, 205, 206,
   210, 217, 224, 230, 235, 248, 259, 265
donjiha   42, 69, 71, 72, 94, 103, 126, 127, 138,
   145, 147, 177, 185, 196, 248, 256, 258, 260,
   281, 289
donjihabi   43, 141, 144, 276
donjihade   47, 73, 132, 220, 274
donjihakū   224
donjihala   81, 249, 257
donjiki   139, 140, 162, 164, 210, 269, 276, 283
donjikini   46, 255, 257
donjimbi   126
donjimbihe   90, 104, 116, 199, 255, 258
donjimbime   311
donjimbini   43
donjime   48, 49, 117, 208
donjirakū   112, 222, 256
donjire   126, 169, 184, 225, 311
donjirede   81, 107, 206, 208
donjirele   128, 142, 292
donjirengge   229
donjireo   70, 98, 185, 273, 286, 294
dorgi   147, 156, 161, 167, 171, 177, 210, 211
dorgici   35, 63, 69, 92, 104, 146, 149, 165, 169,
   176, 178, 183, 185, 186, 192, 204, 206, 208,
   213, 240, 248, 251, 257, 264, 266, 276, 279,
   299, 308, 309
dorgide   71, 73, 74, 88, 118, 136, 146, 178,
   209, 214, 238, 249
doro   44, 54, 59, 63, 72, 74, 77, 85, 88, 90, 91,
   92, 93, 96, 99, 105, 119, 141, 142, 143, 148,
   149, 157, 161, 162, 168, 169, 176, 177, 180,
   182, 184, 185, 189, 193, 196, 198, 202, 204,
   206, 207, 208, 215, 217, 218, 219, 220, 222,
   225, 228, 235, 236, 239, 240, 255, 260, 263,
   274, 276, 284, 290, 312

dorolofi 246, 248

doroloki 96, 237

dorolombihe 242

dorolome 219

dorolon 33, 39, 42, 51, 52, 96, 154, 159, 168, 174, 196, 236, 237, 242, 250, 255

dororolo 51, 281

dorori 154

doshon 74, 78, 80, 93, 100, 101, 106, 142, 148, 148, 150, 168, 174, 175, 180, 184, 185, 189, 192, 239, 241

dosifi 33, 82, 116, 162, 218, 225, 254, 302

dosika 43, 61, 77, 82, 93, 96, 100, 128, 131, 134, 139, 142, 146, 147, 149, 152, 170, 179, 181, 183, 187, 194, 195, 199, 204, 206, 207, 212, 216, 220, 224, 230, 237, 238, 247, 248, 249, 268, 270, 283, 290, 308

dosiki 230

dosimbufi 139, 312

dosimbuha 34, 49, 85, 94, 126, 171, 192, 197, 250, 258, 282, 306

dosimbuhabi 36

dosimbuhangge 96

dosimbume 250

dosimbure 87, 185, 191

dosimburede 106

dosime 60, 84, 108, 115, 139, 164, 176, 178, 198, 227, 246, 251, 265

dosina 126, 256

dosinju 197

dosirakū 54, 139, 223

dosire 58, 69, 76, 127, 240, 270, 292

dosirele 60, 185

dubehe 108, 131

dubeingge 44, 53

dubeme 145

duha 34

duibulehebi 173

duibulembi 192, 244

duibuleme 244, 270

duibulen 112

duibulere 79, 122, 213

duici 300

duin 32, 52, 57, 82, 87, 137, 140, 146, 153, 165, 191, 233, 246, 249, 251, 253, 300, 301

duka 60, 65, 82, 84, 129, 138, 147, 154, 155, 155, 156, 173, 178, 180, 196, 199, 206, 250

dukai 61, 65, 84, 156

duleci 90, 194, 239, 141

dulefi 180, 195, 204, 228, 297

duleke 86, 210, 247

dulekede 83, 164, 281, 308

duleme 155, 209, 239

dulerakū 173

dulerede 182

dulileme 77

Dulimba 52

dulimba 259

dulimbaci 211, 264

dulimbade 34, 70, 154, 208, 276, 278, 299

dulin 175, 198, 236, 256, 300

durin 288

durire 240

dursuleme 114

durun 33, 50, 61, 106, 138, 147, 184, 197, 217, 220, 226, 243, 255, 258

dushure 229

dusihi 226

dutui 311

duwali 97, 101, 176, 193, 205, 209

duwalingga 69, 84, 84, 89, 94, 152, 205, 210, 214, 250, 263

Dzelode 33, 39

Dzeno 212, 213

Dzorobabel 65

e

ebdere 163

ebderembihe 116

ebererakū 299

eberi 241

ebibume 301

Ebikūreo 208

Ebikūro 212

ebsi 268

ebsihe 258, 308

ebubuhe 4, 129, 300

ebubuki 44, 53

ebubume 166

ebubure 137, 146

ebufi 138, 237, 245

ebuhu sabuhū 206

ebume 121

ebunjirebe 51

eden 50, 65, 75, 209, 241, 241

edulere 131

edun 42, 51, 297, 297, 298, 299, 302, 307

efen 49, 50, 153, 159, 236, 236, 237, 242, 243, 301

Eferon 110

Efeso 218, 219, 224, 227, 229, 230, 231, 237, 244, 250

efujere 299

efulebure 40

efulehe 123

efuleki 94

efuleme 65, 163, 230, 289

efulere 299

ehe 34, 46, 49, 54, 55, 62, 67, 79, 81, 89, 112, 116, 118, 122, 123, 141, 142, 155, 163, 197, 198, 203, 205, 217, 226, 227, 233, 238, 244, 267, 270, 272, 275, 276, 282, 290, 313

eici 83, 208, 249, 270, 274

eifu 46, 47, 55, 56, 100, 115, 166, 167

eigen 82, 192, 278

eimefi 165

eiten 260

eiterecibe 67, 241

eiterere 163

ejehe 29, 31, 105, 148

ejehebi 140

ejehebihe 173

ejehele 275

ejehengge 185

ejelehe 38

ejeme 46

ejen 29, 31, 32, 34, 37, 38, 43, 45, 46, 47, 48, 50, 51, 53, 54, 55, 56, 57, 58, 63, 74, 78, 83, 86, 98, 99, 101, 102, 103, 104, 106, 107, 108, 111, 113, 114, 117, 118, 119, 123, 124, 125, 126, 127, 128, 129, 131, 133, 134, 136, 138, 140, 143, 144, 145, 147, 149, 150, 157, 164, 166, 168, 169, 171, 178, 184, 189, 199, 209, 210, 213, 216, 219, 220, 225, 226, 233, 239, 242, 247, 253, 256, 257, 258, 260, 263, 275, 287, 289, 297, 312

ejende 168

ejerakū 258

ejete 69, 70, 73, 173, 197, 198, 199, 203, 230

ejetei 172

ekisaka 156, 164, 231, 294

ekiyehun 50, 75, 192, 192, 209, 241, 241

ekiyembume 37

ekšeme saksime 237

elagimbure 71

Elam 43

elbire 58

elbirengge 49

eldembuhe 62, 157

eldembuhei 149

eldembumbihe 142

eldembume 72, 88, 154

eldembure 127, 129, 185, 187, 255, 270

elden 45, 125, 128, 154, 163, 169, 193, 256, 288, 289

eldengge 37, 55, 98, 108, 114, 230, 291

ele 54, 54, 55, 71, 83, 150, 152, 157, 170, 171, 188, 189, 193, 194, 195, 198, 205, 215, 219, 227, 228, 241, 264, 266, 288

eleki 292

elemangga 62, 77, 85, 112, 140, 144, 156, 173, 189, 209, 213, 216, 240, 262, 280, 294, 314

elhe 49, 193, 207, 231, 246, 267, 268, 272,

108

elhei 140, 188, 200, 205, 267, 298, 300, 303

elheken 38

elhešefi 257

elhešere 132

Elimas 163

Eliseo 243

Eliyas 243

Eliyedzer 111

emderei 71, 97, 97, 242, 258, 301

eme 33, 60, 155, 177, 194

emeke 35

ememu 43, 54, 58, 88, 96, 122, 139, 159, 161, 178, 208, 210, 226, 231, 238, 251, 258, 264, 279, 280, 281, 302

emgeri 37, 43, 55, 62, 67, 73, 81, 87, 116, 118, 213, 235, 240, 250, 263, 267, 273, 298, 307

emgi 31, 35, 37, 44, 59, 60, 61, 63, 67, 69, 71, 81, 85, 90, 99, 104, 106, 114, 118, 128, 129, 130, 132, 135, 139, 140, 141, 142, 144, 146, 149, 150, 157, 161, 162, 166, 178, 179, 180, 182, 187, 189, 200, 207, 215, 217, 218, 223, 232, 241, 245, 246, 247, 250, 256, 270, 272, 274, 275, 276, 277, 279, 281, 283, 288, 296, 300, 309, 314

emhun 78, 188, 243

emke 35, 45, 63, 74, 83, 145, 238, 276, 281, 288, 299, 309, 312, 313

emken 145, 238

emu 29, 31, 32, 33, 34, 35, 36, 40, 41, 42, 44, 47, 50, 51, 52, 55, 56, 60, 62, 63, 65, 68, 70, 71, 73, 74, 75, 77, 78, 81, 83, 85, 86, 98, 101, 102, 104, 107, 108, 110, 113, 115, 116, 118, 119, 120, 121, 124, 126, 127, 131, 135, 136, 137, 138, 139, 140, 146, 147, 150, 151, 154, 155, 157, 162, 164, 167, 168, 171, 176, 177, 193, 194, 195, 196, 197, 200, 205, 209, 210, 211, 215, 216, 217, 219, 223, 225, 226, 229, 230, 232, 233, 236, 238, 242, 246, 247, 250, 253, 254, 256, 257, 263, 265, 266, 267, 271, 274, 281, 282, 285, 287, 288, 292, 294, 296, 297, 298, 299, 300, 301, 302, 305, 306, 307, 308, 314

emu adali 41, 122, 148, 184, 187, 215, 229

emu ikiri 204

emu udu 44, 81, 115, 139, 141, 143, 149, 153, 159, 178, 179, 182, 186, 204, 207, 211, 224, 226, 230, 240, 245, 247, 251, 264, 265, 272, 275

en jen ningge 247, 266

encehen 41

encu 29, 38, 42, 70, 106, 139, 144, 146, 149, 169, 175, 176, 182, 183, 185, 191, 192, 204, 206, 208, 215, 216, 225, 227, 238, 247, 248, 249, 311

encu demun 62, 73, 78, 93, 114, 130, 145, 175, 176, 192, 194, 207, 234, 250, 285, 289, 290, 291

enculeme 46

enduri 31, 32, 34, 37, 38, 39, 41, 42, 44, 45, 48, 49, 51, 53, 54, 57, 82, 84, 93, 94, 102, 103, 104, 105, 107, 112, 113, 116, 119, 121, 130, 136, 137, 147, 154, 154, 155, 162, 178, 181, 202, 208, 209, 214, 232, 263, 299, 306, 313

enduringge 29, 30, 31, 32, 34, 37, 38, 41, 42, 47, 48, 49, 51, 53, 54, 57, 63, 73, 76, 79, 94, 103, 114, 115, 123, 123, 129, 131, 153, 167, 168, 171, 173, 174, 185, 196, 206, 223, 241, 245, 250, 253, 260, 263, 270, 288, 290, 313, 314

enduringge enduri 58, 70, 73, 74, 81, 86, 89, 91, 92, 93, 94, 96, 107, 117, 119, 122, 139, 142, 148, 150, 161, 163, 181, 193, 195, 202, 224, 228, 239, 240, 246, 271, 311

enduringgese 134, 212, 310

Enehas 131

enenggi 70, 167, 173, 232, 239, 255, 262, 286

enggelenjifi 32, 91

enggelenjihe 51, 58, 77, 103, 112, 142, 145, 148, 177, 192, 223, 225, 271, 294, 314

enggelenjimbi 66

enggelenjimbihe 122

enggelenjime   107

enggelenjire   77, 117, 118

enggelenjirede   37

enggici   266, 292

enteheme   56, 57, 84, 90, 104, 113, 113, 118,
123, 149, 169, 173, 175, 178, 185, 192, 222

enteke   49, 53, 55, 71, 78, 128, 222, 250, 274,
285, 288, 290, 314

entekengge   46, 83, 90, 168

Erasto   228

erde   53, 84, 310

erdemu   32, 54, 61, 92, 93, 117, 123, 144, 163,
179, 194, 215, 229, 229, 260, 277

erdemungge   38

ere   29, 30, 32, 33, 34, 35, 38, 39, 40, 42, 43,
44, 46, 47, 48, 49, 50, 51, 52, 53, 54, 55, 56,
57, 58, 60, 61, 62, 63, 65, 65, 66, 67, 68, 69,
70, 71, 72, 73, 78, 79, 81, 82, 84, 85, 86, 87,
89, 90, 91, 92, 93, 94, 96, 97, 98, 99, 100, 101,
102, 103, 104, 106, 107, 108, 110, 111, 112,
113, 114, 118, 119, 120, 122, 123, 127, 128,
130, 131, 132, 133, 136, 138, 140, 141, 142,
146, 147, 149, 150, 152, 153, 155, 157, 159,
160, 161, 162, 163, 165, 166, 167, 168, 169,
171, 172, 173, 174, 177, 178, 179, 181, 182,
183, 185, 187, 188, 189, 191, 192, 193, 195,
196, 197, 198, 200, 201, 202, 203, 205, 206,
207, 208, 212, 213, 214, 215, 216, 217, 220,
222, 223, 224, 225, 226, 227, 228, 229, 230,
232, 232, 233, 235, 239, 241, 242, 243, 244,
245, 246, 247, 248, 249, 250, 251, 254, 255,
258, 259, 260, 263, 264, 265, 266, 268, 272,
273, 274, 275, 276, 278, 280, 281, 282, 283,
285, 286, 287, 288, 290, 291, 292, 293, 294,
295, 298, 299, 301, 302, 304, 307, 307, 309,
311, 313, 314

ereci   72, 175, 216, 239, 241

erecun   47, 198, 299, 309

erehe   287, 310

erehunjefi   275

erekini   66

ereme   263, 314

ererengge   64, 287

ergecun   62, 66, 107

ergelerakū   85

ergeletei   273

ergen   55, 62, 81, 157, 187, 209, 239, 244, 247,
268, 286, 300, 301, 302

ergi   119

ergici   298

ergide   46, 48, 58, 108, 132, 245, 283, 293

erin   31, 32, 43, 44, 46, 52, 53, 55, 60, 66, 67,
81, 84, 87, 100, 101, 105, 136, 137, 145, 146,
149, 153, 160, 163, 174, 175, 178, 180, 191,
193, 195, 200, 202, 217, 231, 239, 243, 244,
267, 268, 276, 281, 297, 299

erindari   214

ertele   47, 166, 291, 301, 313

ertufi   77

ertume   78

erule   258

eruleki   259

eruleme   78, 156

erun   85, 141, 166, 261, 288

esi   45, 47, 48, 63, 148, 175, 217, 241, 262,
274, 283, 292, 300

Esido   43, 99, 100, 101, 102, 103, 104, 110,
164, 251, 253, 254

esihe   128

esukiyefi   71

eterakū   55, 86, 130

Etiyobiya   119

etubuhe   198

etubuki   293

etufi   157

etuhe   132, 140

etuhun   164

etuku   108, 132, 140, 154, 157, 178, 198, 216,
241, 258, 258

etume   154

Eūtiko   236

Ewanzelio   29, 52, 74, 74, 88, 90, 93, 117, 119,

121, 122, 140, 146, 149, 157, 160, 162, 163, 169, 170, 175, 176, 177, 179, 180, 189, 191, 193, 195, 206, 216, 225, 228, 239, 244, 289, 291, 312
eyebuhe   90
eyebukini   40
eyebume   238
eyeburede   258
eyehei   298
eyen   302

f

fa   90, 116, 117, 123, 227, 236
facuhūn   76, 91, 156, 182, 206, 222, 228, 231, 235, 250, 251, 253, 264, 275
facuhūrabufi   250
facuhūrabuha   205, 251
facuhūrabumbi   273
facuhūrambi   205, 251
facuhūrame   176
facuhūrara   198
fafulacina   72
fafulafi   31
fafulaha   85, 198
fafulambi   192
fafulame   31, 87, 195, 198
fafun   51, 73, 85, 85, 104, 107, 112, 113, 164, 168, 174, 182, 183, 196, 198, 217, 218, 232, 248, 249, 250, 255, 256, 262, 268, 273, 275, 280, 294, 310
fafungga   294
fafuri   73
fafuršame   54, 129
fahahai   85, 108, 177, 179
fahame   114
fahūn   74
faitaci   183, 248
faitaha   99, 194, 202
faitara   99
faitarakū   182

fajiran   78, 262, 270
fakcabuha   232
fakcafi   245, 246
fakcambihe   311
fakcame   33, 160
fakcara   193, 218, 235
fakcarade   168
fakcashūn   176, 263
faksalafi   50, 67, 93, 171, 237
faksalaki   231, 266
faksalakini   236
faksalambihe   52
faksalame   161, 178
faksalara   49, 213
faksan   42
faksi   133, 136, 140
faksidame   203
faksisa   77, 229, 230, 232
faksisai   210, 215, 229, 229
falifi   145
falime   56, 58, 79
fangga   162, 163
Farao   100, 101, 110, 111, 112
farfabuha   187, 292
farfabure   236
farfaburede   230
farhūn   45, 163, 289
Fariseingge   264
Fariseo   55, 59, 86, 89, 152, 183, 263, 271, 287
farsi   24
faššaha   255
faššara   255
fathašambihe   207
fayangga   45, 47, 50, 56
fe   42, 51, 53, 65, 76, 77, 78, 93, 128, 142, 146, 164, 174, 176, 204, 205, 207, 215, 216, 218, 220, 222, 223, 226, 231, 242, 247, 248, 314
fejergi   43, 47, 55, 56, 57, 63, 66, 71, 85, 160, 210, 229, 237, 244, 267, 277
fejergide   29, 45, 151, 175, 273, 298
fejile   46, 48, 108, 255

feku   302

fekume   61, 177

felehudeme   216

Feliše   254, 267, 272, 276, 277, 277, 278, 281

feliyeme   61

Feniše   182, 298

Fenisiya   149, 245

feniyelehe   178, 251

feniyeleme   43, 83, 94, 169, 310

feniyen   169, 178, 230, 231, 251, 254, 268

Ferezeo   172

ferguwecuke   29, 32, 38, 44, 46, 50, 54, 71, 72, 74, 83, 93, 103, 112, 116, 141, 145, 176, 177, 184, 214, 226, 227, 248, 285, 314

ferguwehebi   156

ferguwembihe   59, 71, 117, 142

ferguweme   43, 61, 128, 163, 168

ferguwere   61

Fesdo   277, 279, 280, 281, 282, 283, 285, 291, 292, 293

feshelehei   126, 227

feshelerede   289

fesheme   170

feye   200, 227

fihetele   42, 251

Filipi   236

Filipo   33, 93, 11, 117, 119, 120, 121, 122, 195, 246

firgembure   267

Firišiya   43, 195, 219

firukini   288

firumbi   40

firumbihe   225

firumbio   262

firure   169, 263

fisihiyefi   216

fitai   84

fiyelen   295

foloho   209, 210

fon   77, 106, 112, 114, 186, 234, 243, 313

fonde   45, 54, 63, 98, 120, 122, 134, 144, 151, 172, 174, 192, 208, 285, 286, 304, 306

fondojome   34

fonjici   251

fonjifi   156

fonjiha   269, 284

fonjihai   138, 309

fonjiki   182, 232

fonjimbi   213

fonjime   32, 38, 49, 70, 82, 98, 120, 126, 139, 187, 199, 208, 224, 251, 258, 259, 266, 282, 289

fonjirede   126, 273

fonjirengge   265

forgon   297, 304

forhon   178

forifi   154

forime   156

forobume   298

forofi   274

forome   132

fosoko   125, 256

fu   129

fucihi   181, 234

fudarambi   87

fudarame   113, 262

fudarara   94, 113

fudararakū   290

fudashūn   118

fudasi   55, 79

fudasihūlara   156, 288

fudasihūn   78, 164, 175, 272, 297

fudehe   246

fudeme   241

fudere   182

fuhali   85, 87, 98, 104, 173, 184, 209, 218, 239, 253, 263, 265, 280, 291, 299, 309, 314

fuhašame   206

fujurungga   181

fukjin   63

fulehun   141, 144, 150, 233

fulehe da   70, 71, 77, 78

fulgiyan   103, 196
fulu   52, 208
fulukan   80
fumereme   270
funcebume   53
funcehe   154, 302
funcehebi   65
funcehele   185
funceme   72, 264, 266
funcen   87
funcetele   112
funde   117, 118, 249, 265
fungku   226
fungnefi   171, 313
fungnehe   97
fungnehengge   234
funiyahangga   273
funiyehe   120, 218, 301
fusa   229
fusihūlafi   72
fusihūlaha   174, 280
fusihūlahakū   232
fusihūlambime   250
fusihūlambumbihe   92
fusihūlame   238
fusihūlara   112, 229
fusihūn   291
fusire   249
futa   118, 123, 154, 199, 239, 251, 259, 293,
    300, 301, 302, 309, 314
futai   314
fuwen   313

Gadza   119, 124
gaibuhabi   163
gaibumbi   45
gaici   189, 237
Gaifas   89
gaifi   60, 129, 137, 164, 177, 201, 219, 251,
    254, 265, 272, 278
gaiha   123, 158, 171, 194, 205, 237, 247, 267
gaiki   62, 103, 104, 112, 125, 189, 277
gaimbihe   50
gaime   85, 205, 245, 246, 256, 268, 301
gairakū   70, 77, 169, 175, 218, 258
gaire   209
gairengge   241
gaisu   103
gaitai   42, 86, 93, 125, 137, 140, 154, 179, 199,
    257, 273
gajifi   87, 133, 189, 203, 205, 220, 250, 264,
    267
gajiha   276, 308
gajihade   72
gajihangge   244
gajiki   150
gaju   136, 140
gala   46, 48, 54, 57, 61, 62, 65, 74, 86, 93, 97,
    104, 105, 107, 112, 113, 114, 117, 118, 126,
    127, 128, 132, 154, 155, 162, 163, 171, 179,
    187, 209, 212, 214, 224, 233, 241, 246, 247,
    256, 266, 273, 281, 286, 289, 294, 299, 305,
    307
galai   106, 156, 163, 164, 209, 213, 231, 252,
    314
Galadziya   195, 219
Galileya   43, 87, 141, 166, 130
Galliyone   217, 217, 218, 223
gamabuhabi   174
gamafi   199, 226, 267
gamaha   121
gamaki   81, 242
Gamaliyel   86, 255, 260
gamame   101
gamara   232
game   205
Ganan   106, 165
Gananeo   172
gargan   305
garjabuha   302

g

garjabumbihe   302

garjafi   34

garjaha   185

garmime   264

gasahabi   115

gasame   92, 181

gasara   103

gasha   137, 146, 186

gashan   188, 249

gashūfi   264

gashūha   218, 249, 265

gashūhabi   266

gashūme   47, 89

gashūn   47, 218, 249, 264, 265

gašan   243

gayai   83

gebu   35, 39, 45, 49, 51, 58, 61, 62, 70, 71, 72, 74, 78, 81, 85, 86, 87, 88, 108, 116, 126, 127, 129, 130, 131, 133, 135, 136, 155, 158, 162, 163, 171, 185, 186, 187, 189, 194, 196, 198, 205, 211, 215, 216, 219, 223, 225, 226, 229, 236, 246, 256, 267, 287, 288, 296, 304, 305, 306, 313

gebulefi   242

gebulehe   34, 61, 66

gebulehebi   30, 150, 171

gebulembihe   110, 177, 212, 304

gebungge   210, 252, 260

gelebukini   89

gelebume   72

gelebure   223

geleci   140, 230

gelefi   129, 222, 264

gelehe   201, 259, 277

gelehebi   81

gelehengge   311

gelembihe   85, 89, 234, 237, 267

geleme   111, 130, 300

gelerakūngge   82, 227

gelere   49, 74, 130, 137, 164, 166, 181, 217, 220, 232, 239, 300

gelerengge   138

gelhun   52, 290

gelhun akū   52, 66, 72, 83, 87, 96, 103, 139, 144, 147, 159, 166, 175, 213, 290

geli   31, 42, 47, 56, 58, 61, 62, 63, 65, 67, 69, 71, 74, 81, 84, 86, 97, 100, 107, 113, 117, 120, 123, 127, 129, 130, 134, 141, 150, 162, 165, 168, 170, 174, 176, 181, 184, 187, 192, 195, 202, 214, 217, 219, 226, 227, 233, 241, 246, 247, 249, 257, 264, 273, 283, 285, 288, 292, 297, 305, 306, 309, 311

gemu   29, 33, 34, 41, 42, 43, 48, 49, 50, 53, 57, 61, 62, 63, 69, 70, 72, 94, 96, 102, 115, 122, 127, 131, 140, 156, 168, 174, 188, 196, 197, 199, 205, 209, 216, 225, 227, 231, 236, 238, 241, 246, 247, 249, 250, 255, 258, 264, 267, 275, 276, 286, 289, 292, 293, 300, 303, 308, 309

gemun   30

gene   84, 127, 138, 147, 258, 296

geneci   236

genefi   84, 85, 119, 128, 182, 187, 265, 266, 277, 311

genehe   33, 104, 119, 139, 150, 155, 156, 162, 177, 179, 180, 188, 189, 191, 201, 218, 219, 228, 237, 245, 248, 254, 280, 307

genehebi   235

genehede   240

genehei   290

geneki   195, 220, 282

genekini   35, 205, 293

genembi   281

genembihe   50, 60, 256, 298, 302

geneme   239

generakū   244

genere   31, 99, 175, 195, 202, 230, 245, 253, 267, 296, 297

generede   197, 288

genereo   200, 206

genggiyen   45, 99, 125, 127, 128, 154, 169, 256, 288, 289, 292, 301, 302 geren 31, 32, 35, 42, 44, 48, 49, 50, 53, 56, 62, 64, 68, 70, 71, 74, 79, 85, 87, 89, 92, 98, 104, 109, 113, 125, 129, 130, 132, 138, 141, 142, 150, 154, 157, 165, 172, 176, 178, 182, 185, 188, 189, 197, 199, 205, 209, 210, 215, 219, 224, 225, 228, 229, 231, 236, 238, 241, 242, 248, 251, 254, 255, 258, 263, 268, 275, 276, 283, 290, 294, 299, 301, 302, 307, 314

gerendere 200, 300

Geresiya 92, 96, 130

geretele 237

gerilembihe 289

gerišehe 125, 256

gese 42, 48, 50, 55, 58, 66, 78, 89, 96, 113, 123, 126, 128, 137, 146, 150, 155, 160, 169, 172, 178, 183, 193, 198, 207, 209, 210, 227, 243, 292, 300, 311, 313

gesengge 225

getebuhe 154

getefi 54, 199

geterembu 257, 258

geterembufi 175

geterembuhe 120, 123, 313

geterembumbi 63

getukeleme 205, 274, 282, 286, 309

getukelere 183

getuken 40, 46, 53, 54, 61, 66, 96, 140, 166, 175, 178, 195, 208, 216, 221, 238, 240, 255, 259, 265, 266, 276, 284, 292, 311, 314

getuken šetuken 310

gida 267

gidame 108

gidašambihe 288

giljame 241, 299

gindana 40, 54, 84, 153, 154, 156, 198, 199, 200, 201

ginggulembihe 49

ginggguleme 275

ginggun 209, 229

gingkambihe 241

giohoto 61

giran 81, 82, 100, 115, 132, 166, 181, 236, 243

Girisdiyani 150

Girisdo 58, 60, 62, 63, 66, 70, 88, 116, 117, 121, 141, 143, 148, 150, 198, 204, 276, 312

Girisdode 73

Giristo 47, 48, 131, 140, 184

girubuha 88

girucuke 160

girucun 123

gise 186, 188, 249

gisun 29, 31, 32, 34, 38, 42, 43, 44, 46, 47, 48, 49, 52, 53, 54, 57, 58, 59, 62, 63, 66, 67, 69, 71, 72, 73, 74, 79, 87, 90, 92, 94, 96, 102, 104, 107, 112, 114, 120, 122, 125, 129, 140, 142, 147, 148, 156, 157, 162, 163, 165, 169, 174, 174, 177, 178, 183, 185, 187, 193, 195, 200, 201, 204, 206, 208, 210, 212, 216, 218, 223, 225, 230, 237, 241, 248, 249, 252, 254, 257, 258, 263, 265, 267, 273, 276, 280, 282, 286, 287, 289, 291, 292, 293, 298, 301, 310, 311, 313, 252, 274, 286

gisurebuki 42

gisurebureo 252

gisureci 34, 39, 47, 51, 75, 131, 148, 191, 251, 287

gisurecibe 72, 76, 101, 282

gisurefi 32, 46, 78, 157, 187, 203, 205, 314

gisurehe 30, 34, 44, 48, 62, 67, 73, 118, 129, 166, 168, 183, 193, 203, 204, 206, 212, 218, 223, 232, 236, 291, 311

gisurehebi 63, 202, 214

gisurehede 263

gisurehele 63, 166

gisurehengge 114, 159, 174, 291

gisureki 47, 208, 274, 286, 309, 314

gisurekini 276

gisurembi 40, 66, 112, 292, 292

gisurembihe 42, 74, 90, 156, 163, 196, 197, 218, 225, 231, 277

gisurembini 120

gisurembio 120

gisureme   30, 42, 53, 54, 94, 137, 139, 185, 220, 241, 252, 272, 273, 280, 301

gisuren 219

gisurengge 94

gisurenumbihe 117

gisurenume 293, 305

gisurerakū 72, 184

gisurere   43, 45, 57, 57, 67, 85, 91, 123, 125, 138, 147, 177, 181, 187, 208, 231, 234, 240, 256, 265, 294

gisurerebe 255

gisurerede 69, 127, 128, 149, 216

gisurerengge   43, 48, 67, 91, 107, 126, 210, 267, 289, 309

giyai 90, 127, 155, 207

giyan 85, 92, 193, 208, 213, 276, 277

giyan giyan i 59, 73, 183, 248

giyangna 217

giyangnacibe 72, 222

giyangnafi 124, 180

giyangnaha   63, 74, 117, 119, 121, 141, 146, 149, 169, 176, 202, 239

giyangnahabi 31, 185, 200, 295

giyangnahai 204, 290

giyangnahakū 149

giyangnahangge 94

giyangnakini 84

giyangnambi 45, 205, 248

giyangnambihe   69, 76, 84, 128, 157, 162, 165, 189, 196, 207, 208, 238, 312, 314

giyangname   88, 124, 142, 148, 193, 220, 225, 236, 310

giyangnara   43, 44, 77, 92, 92, 116, 140, 149, 172, 184, 215, 226, 239, 294

giyangnarade 90, 142, 177, 236, 277, 291

giyangnarakū 120, 222

giyangnarao 164, 168

Giyo 237

gobi 68, 102, 104, 105, 106, 164, 251, 254

gocime 199

gocishūn 38, 120, 123, 260

Goho 245, 253

goicuka 311

goidafi 97

goidame 283, 299

goidarakū 166, 245, 279, 298

goidatala 176, 218, 237, 273, 306

gojime   57, 78, 91, 107, 113, 126, 256, 311, 311

golmika 129

golmin 236, 294

golo   73, 217, 252, 255, 269, 274, 279, 285, 297

goloho 82

golohoi 201, 277

golome 300

goro 49, 58, 96, 203, 210, 254, 258, 295, 297

gosicuka 168

gosiha 187

gosihon 46, 55, 67, 79, 79, 118, 173, 222

gosimbihe 313

gosingga 66, 260

gubci   57, 63, 66, 70, 82, 85, 100, 116, 126, 130, 141, 148, 200, 209, 229, 306

gucu 50, 129, 194, 247

guculefi 37

gucuse   90, 92, 129, 130, 132, 133, 139, 142, 149, 151, 152, 154, 155, 161, 170, 179, 182, 183, 184, 186, 187, 188, 193, 205, 206, 219, 220, 224, 227, 229, 230, 235, 237, 242, 244, 245, 247, 249, 271, 296, 297, 299, 308

gucusei 74, 93, 150, 152, 180, 189, 194

guilefi 237

guise 106, 114

gukuhe 57

gulhuken 145

gulu 50, 214

gungge 55, 67, 67, 77, 123, 136, 173, 290

gunggei 142

gurgu 137, 146

guribuhe 110, 196, 297, 302

guribumbi 105

guriburakū   60

gurinehe   100

gurinehebi   98

gurineki   184

gurinekini   64

gurinjifi   96

gurinjihe   106

gurun   31, 32, 38, 52, 57, 65, 73, 79, 91, 97, 98, 100, 101, 103, 110, 117, 119, 151, 164, 171, 173, 174, 179, 196, 198, 200, 201, 205, 215, 239, 252, 253, 254, 280, 282, 285, 288, 309, 310, 312

gurung   100, 269

guwanggun   253, 254

guwanggušame   205

guwangse   198, 199

guwebumbidere   118

guwebure   86, 142, 168

guweburebe   66

guwebureo   108

guwehe   305

guwejihe   37

guwelke   168

guweme   46, 118

gūni   241

gūnici   58, 112, 167, 210

gūnifi   54, 199, 298

gūnigan   118

gūniha   288

gūnihan   178, 181

gūnihangge   166

gūnikini   179

gūnimbi   186

gūnimbihe   46, 155, 192, 250, 254

gūnimbihede   138

gūnime   38, 196, 29

gūnin   33, 43, 44, 46, 50, 53, 54, 55, 58, 59, 62, 73, 74, 81, 82, 83, 87, 89, 91, 99, 101, 102, 105, 107, 109, 116, 119, 120, 121, 122, 123, 128, 130, 137, 140, 145, 150, 153, 155, 157, 160, 166, 169, 171, 173, 176, 182, 185, 187, 188, 189, 192, 195, 197, 209, 212, 213, 217, 219, 220, 222, 225, 228, 230, 231, 233, 236, 237, 237, 240, 243, 245, 253, 255, 257, 260, 262, 263, 264, 266, 270, 271, 272, 275, 277, 279, 279, 281, 284, 292, 300, 302, 306, 309, 311

gūninarade   138, 282

gūninjame   155

gūnirakū   79

gūnire   234

gūnirengge   90

gūrgin   102, 103

gūsin   30

gūtubume   78

gūtubure   275

gūwa   31, 35, 40, 49, 71, 72, 78, 81, 83, 101, 120, 152, 158, 162, 167, 168, 182, 186, 187, 191, 192, 203, 205, 208, 211, 232, 234, 237, 263, 270, 274, 276, 291, 307, 313, 314

gūwa akū   220

gūwabsi   31, 156

gūwacihiyalafi   126, 136

gūwacihiyalara   44

h

Habakuk   174

habcihiyan   39

habšabuha   282

habšabumbi   287

habšakini   232, 279

habšambihe   280

habšame   294

habšan   217, 273, 274

habšanakini   273

habšanjici   276

habšara   259, 268, 272, 276, 281, 282, 309

habšarangge   273

hacihiyambihe   288

hacin   31, 32, 42, 43, 46, 48, 49, 50, 56, 58, 59, 63, 73, 83, 84, 91, 107, 127, 141, 144, 147,

166, 167, 173, 176, 178, 187, 195, 208, 209, 224, 226, 232, 239, 241, 256, 257, 258, 260, 266, 272, 275, 280, 282, 288, 289, 292, 306, 312, 312

hacingga　45, 57, 99, 101, 137, 142, 233, 239, 286, 289, 306

hadabuha　40

hadabume　46, 48, 85

hadaburakū　66

hadame　55, 70

hafasa　198, 200, 201, 205, 232, 309

hafasai　198

hafirame　197

hafu　219

hafumbime　45

hafunara　155

hafure　120

haha　44, 45, 60, 61, 62, 70, 72, 85, 102, 116, 127, 131, 162, 177, 177, 181, 192, 195, 209, 213, 226, 248, 250, 251, 258, 267, 268, 273, 281, 282, 283, 293, 305

hahasi　44, 83, 87, 115, 117, 125, 128, 147, 204, 206, 207, 229, 255, 266

haheri　119, 120, 121

hahūrame　186, 187, 249

hairafi　244

haji　187, 219

hala　55, 79

halafi　64, 171, 290

halaki　94

halame　213, 306

halanjame　153

halara　91

halarakū　91

haldabašame　157

halhūn　37, 115, 135, 270, 305

hamika　54, 60, 100, 107, 137, 145, 154, 168, 175, 250, 277, 301

hamikade　139

hamirakū　184

han　91, 151, 205, 215, 254, 280

hanci　33, 43, 58, 119, 125, 132, 137, 146, 178, 256, 262, 297

hanciki　76, 83

harangga　119, 137, 240

hargašahai　32

hargašakini　289

hargašambini　33

hargašame　281

hasa　126, 138, 143, 154, 177, 234, 257

hasalaha　218

hasalara　120

Hašeldama　34

hashū　245

hasutai　59, 84, 96, 240, 263, 274

hayadame　186, 188

hayan　192

hebei　84, 85, 88, 94, 265, 266, 268, 270, 281

Heber　252, 254, 255, 289, 295

Heberon　110, 110

hebešehe　129

hebešerede　86

hecen　30

hefeli　34, 60, 177

hehe　82, 92, 131, 186, 188, 192, 196, 211, 249, 278

hehesi　33, 44, 77, 83, 115, 117, 125, 128, 170, 175, 196, 204, 206, 207, 229, 255

helmen　45, 83, 90, 163

hemhime　209, 213

Hemor　100, 110

hendu　311

henduhe　38

hendume　34, 35, 44, 48, 49, 60, 61, 63, 70, 71, 72, 73, 81, 82, 84, 85, 86, 92, 94, 98, 103, 104, 106, 108, 118, 119, 121, 123, 126, 127, 128, 131, 132, 136, 138, 139, 140, 142, 147, 148, 154, 155, 156, 163, 164, 165, 167, 169, 173, 177, 177, 183, 185, 189, 195, 198, 200, 205, 208, 209, 210, 216, 217, 219, 224, 226, 229, 231, 238, 241, 246, 248, 250, 252, 255, 256, 257, 258, 259, 262, 264, 265, 266, 267, 269,

274, 276, 277, 280, 281, 282, 283, 286, 291, 292, 293, 297, 299, 300, 301, 308, 311

hendurengge   138

henehunjarakū   139

hengkilehe   139

hengkilere   274

heni   37, 54, 55, 67, 74, 87, 126, 130, 139, 181, 199, 220, 238, 249, 252, 264, 302, 306

heni tani   280, 299

heo   119

hergime   149, 219, 226

Herode   38, 65, 73, 153, 154, 155, 156, 157, 159, 161, 269, 278

herserakū   173

hese   53, 72, 101, 106, 111, 112, 162, 167, 193, 205, 240, 257, 288, 290

hesebun   213

hesei   56, 74, 114, 139, 156, 165, 169, 187, 193, 246, 247

Heteo   172

hethe   74

hethei   241

hetubuki   298

hetumbihe   307

heturehebi   195

Heweo   172

hing seme   113, 134, 231, 256

hiri   236

hiyagan   66

hiyahan   40, 54, 70

hoki   163

hokilafi   82

hokilahani   89

hokisa   76, 77, 87, 256, 275

hokohobi   189

hokome   164

hokoro   218

holbobure   268, 282, 312

holkonde   85, 258

holo   59, 78, 89, 94, 123, 249, 270, 271, 286, 289

holtofi   89

holtoho   81

holtoki   81, 89

holtoro   163, 203

hon   287

hongko   302

honin   120, 240, 244

hono   43, 45, 49, 74, 83, 87, 101, 105, 139, 142, 166, 197, 208, 225, 228, 247, 249, 250, 258, 275, 288, 290, 301, 305

hoo hio seme   74, 176

hoo seme   264, 292, 312

horibuha   69, 85, 255, 258, 266

horibure   268

horifi   153

horiha   198, 201, 288

horihabi   84

horimbihe   115

horin   47, 56, 69, 115, 154, 199, 255, 277, 279, 281, 282, 293, 314

horon   58, 313

horonggo   51, 101, 114, 214

hošo   32, 70, 78, 137, 146

hoton   40, 46, 50, 60, 69, 70, 73, 76, 83, 93, 108, 116, 119, 121, 125, 126, 129, 130, 131, 137, 139, 141, 146, 147, 149, 155, 156, 157, 159, 159, 162, 164, 169, 170, 176, 177, 178, 179, 180, 181, 182, 183, 186, 189, 193, 194, 195, 196, 198, 201, 203, 204, 205, 206, 207, 208, 216, 217, 218, 230, 231, 235, 239, 244, 245, 246, 250, 252, 255, 256, 268, 274, 283, 287, 288, 296, 297, 304, 307, 314

hude   302

huhu   153, 159, 236, 242, 243

huhun   161

hujufi   139

hukšekei   272

hungkerehe   104

huthhuki   256

huthubufi   309

huthufi   123, 125

huthuhe 258, 284

hutu 83, 89, 112, 116, 141, 163, 197, 198, 203, 226, 227

huwekiyehe 235, 237, 241

huwekiyembihe 225

huwekiyeme 49, 87, 150, 169, 179, 217, 238, 290, 299

huwekiyere 215

hūbin 235, 268

hūda 34, 40, 55, 75, 81, 82, 228, 240, 308

hūdai 82, 99, 100, 299

hūdun 47, 122, 132, 162, 207, 258, 258

hūfubuki 302

hūkilahangge 264

hūlacibe 166

hūlafi 70, 138, 257, 269

hūlaha 120, 164

hūlambihe 119, 251, 45

hūlame 72, 73, 87, 108, 126, 133, 137, 188, 197, 199, 226, 230, 263, 264, 267, 276

hūlara 120, 186, 196, 197, 203, 207, 256

hūlarade 62, 97, 257

hūlarangge 127

hūlatu 254

hūlhatu 62, 251

hūlhi 53, 78, 113, 234

hūlibun 67, 210

hūlimbufi 87, 173, 254

hūlimbuha 43, 117, 175, 311

hūlimbume 123

hūncihisa 34, 90, 139

hūsime 103, 150, 159, 217, 225, 235, 311

hūsun 54, 73, 74, 93, 108, 151, 164, 177, 254, 271, 298, 299, 301, 302

hūsutuleme 267

hūturi 39, 49, 64, 66, 67, 113, 149, 169, 175, 212, 213, 286, 290

hūturingga 47, 90, 241, 260

hūwaita 251

hūwaitabuha 239, 259

hūwaitabui 247

hūwaitafi 255, 300

hūwaitaha 244, 246, 299

hūwaitaki 127

hūwaitalabufi 154

hūwaitambime 247

hūwaitara 118, 128, 302

hūwaliyambihe 313

hūwaliyambuha 63, 114

hūwaliyambuki 102, 140

hūwaliyambukini 193

hūwaliyambure 234

hūwaliyandume 50

hūwaliyasun 63, 99, 105, 114

hūwaran 251

hūwašabuha 101, 255

i

i 29, 30, 31, 32, 33, 34, 35, 36, 37, 38, 39, 40, 41, 42, 43, 44, 45, 46, 47, 48, 49, 50, 51, 52, 53, 54, 55, 56, 57, 58, 59, 60, 61, 62, 63, 65, 66, 67, 68, 69, 70, 71, 72, 73, 74, 75, 76, 77, 78, 79, 80, 81, 82, 84, 85, 86, 87, 88, 89, 90, 91, 92, 93, 94, 96, 97, 98, 99, 100, 101, 102, 103, 104, 105, 106, 107, 108, 109, 110, 111, 112, 113, 114, 115, 116, 117, 118, 119, 120, 121, 122, 123, 124, 125, 126, 127, 128, 129, 130, 131, 132, 133, 134, 135, 136, 137, 138, 139, 140, 141, 142, 143, 144, 145, 146, 147, 148, 149, 150, 151, 152, 153, 154, 155, 156, 157, 159, 160, 161, 162, 163, 164, 165, 166, 167, 168, 169, 170, 171, 172, 173, 174, 175, 176, 177, 178, 179, 180, 181, 182, 183, 184, 185, 186, 187, 188, 189, 191, 192, 193, 194, 195, 196, 197, 198, 199, 200, 201, 202, 203, 204, 205, 206, 207, 208, 209, 210, 211, 212, 213, 214, 215, 216, 217, 218, 219, 220, 221, 222, 223, 224, 225, 226, 227, 228, 229, 230, 231, 232, 233, 234, 235, 236, 237, 238, 239, 240, 241, 242, 243, 244, 245, 246, 247, 248, 249, 250, 251, 252, 253, 254, 255, 256, 257,

258, 259, 260, 261, 262, 263, 264, 265, 266, 267, 268, 269, 270, 271, 272, 273, 274, 275, 276, 277, 278, 279, 280, 281, 282, 283, 284, 285, 286, 287, 288, 289, 290, 291, 292, 294, 295, 296, 297, 298, 299, 300, 301, 302, 304, 305, 306, 307, 308, 309, 310, 311, 313, 314

ibagan   116, 117, 227

ibeburede   77

ibene   119

ibenehede   300

ibenehei   246

ibeneme   121, 155, 297, 251

icangga   50, 55, 79, 92, 140, 153, 168

ice   43, 44, 49, 51, 53, 54, 77, 78, 96, 101, 124, 125, 142, 146, 170, 174, 179, 207, 208, 220, 222, 242, 256, 270, 271, 274, 276, 285

icemlere   67

ici   40, 46, 48, 58, 63, 79, 106, 108, 175, 178, 249, 262, 273, 298, 302

icihiyabuki   280

icihiyaha   158

icihiyahabi   99

icihiyakini   162, 218

icihiyame   180, 228

icihiyara   198, 248

idurame   76

ijime wekjime   189, 235

ijubuha   73, 79, 233

ijubumbihe   79

ijurengge   171

ikengge   213

Ikonio   170, 176, 178, 179, 194

ilaci   44, 52, 52, 141, 166, 236, 237, 267, 285, 299

iladara   61

ilagame   213

ilan   49, 101, 126, 137, 138, 147, 171, 179, 204, 225, 235, 240, 253, 279, 306, 307, 308

ilanggeri   138, 144, 147

ildun   119

ilenggu   37, 42, 47, 57, 91, 122, 145

iletu   31, 34, 37, 45, 48, 53, 54, 71, 79, 90, 98, 102, 112, 114, 123, 128, 136, 147, 154, 195, 203, 212, 264, 291, 292, 299

iletulebuhebi   178

iletulebuki   53

iletulebureo   74

iletuleme   289

iletusaka   87

ilgabure   184

ilgaci   251

ilgakini   173

ilgame   67, 178, 231, 266

ilgarakū   50, 311

ilgatu   238

ilha   178

ilhi   39, 54, 63, 67, 76, 182, 183, 183, 186, 187, 189, 194, 213, 306

ilhi aname   146, 219

ili   126, 138, 154, 289

ilibuci   77

ilibufi   103, 174

ilibuha   58, 86, 100, 103, 113, 117, 121, 133, 134, 142, 143, 165, 179, 224, 240, 259, 302

ilibuhabi   79

ilibuhangge   48, 57

ilibuhani   102

ilibuki   185

ilibume   70

iliburede   54

iliburengge   178

ilicafi   264, 280

ilicaha   293, 132, 177

ilifi   34, 60, 86, 119, 126, 131, 132, 138, 140, 147, 179, 183, 208, 252, 256, 257, 258, 282, 290, 299

iliha   61, 124, 147, 253, 304, 314

ilihabi   106, 131

ilihai   157, 163, 181, 195, 199, 256, 259, 282

iliki   139

ilime   44, 61, 119, 126, 128, 164, 257

ilinin   202

ilinjaha   230
ilinjame   148
ilinjara   276
ilire   71, 84, 108
imbe   37, 46, 55, 60, 62, 62, 62, 65, 66, 77,
   86, 87, 94, 96, 98, 99, 100, 101, 103, 104, 107,
   108, 112, 113, 116, 117, 121, 123, 126, 127,
   129, 129, 130, 132, 133, 139, 141, 146, 153,
   154, 156, 157, 165, 166, 167, 173, 181, 192,
   194, 194, 202, 208, 209, 216, 217, 218, 220,
   230, 231, 235, 236, 237, 241, 247, 248, 250,
   251, 255, 257, 258, 259, 262, 264, 266, 268,
   271, 273, 276, 277, 279, 280, 282, 283, 284,
   299, 305, 306, 307, 308, 309, 314
indefi   280
indehe   98, 307
indehebi   228, 245
indehen   306
indereo   143, 218
Indiya   52
inemene   189
inenggi   31, 32, 33, 34, 38, 39, 42, 45, 51, 52,
   60, 63, 66, 69, 76, 77, 92, 96, 102, 104, 112,
   115, 126, 127, 128, 129, 133, 135, 137, 139,
   139, 140, 141, 143, 145, 150, 153, 154, 156,
   157, 159, 159, 164, 166, 168, 169, 175, 179,
   183, 188, 189, 195, 196, 197, 204, 210, 218,
   219, 236, 237, 238, 240, 242, 245, 246, 247,
   250, 251, 256, 257, 259, 264, 266, 268, 272,
   274, 276, 279, 280, 281, 282, 283, 285, 287,
   288, 296, 297, 299, 301, 302, 306, 307, 308,
   310
inenggi dulin   288
inenggidari   50, 60, 88, 92, 130, 195, 206, 207,
   225
inenggide   35, 39, 44, 51, 52, 86, 99, 131, 159,
   276, 307
ini   29, 31, 32, 34, 35, 40, 46, 48, 50, 53, 55,
   57, 58, 61, 62, 63, 64, 67, 73, 75, 77, 79, 81,
   82, 83, 87, 89, 90, 94, 96, 98, 100, 101, 102,
   103, 104, 111, 112, 114, 120, 121, 123, 125,

   126, 127, 128, 129, 131, 132, 135, 136, 137,
   139, 140, 141, 142, 144, 147, 149, 153, 154,
   155, 156, 157, 163, 164, 166, 167, 172, 173,
   173, 174, 175, 177, 185, 186, 189, 192, 194,
   195, 196, 197, 200, 203, 204, 205, 209, 210,
   211, 212, 215, 216, 218, 220, 228, 229, 236,
   237, 241, 243, 247, 251, 257, 258, 259, 260,
   266, 267, 268, 270, 270, 277, 282, 283, 291,
   292, 295, 296, 299, 306, 307, 308, 314
ini cisui   87, 155, 199
injekušeme   44
injekušere   53
inu   34, 35, 38, 39, 40, 44, 45, 46, 47, 48, 51,
   52, 53, 56, 57, 58, 62, 63, 66, 67, 68, 69, 70,
   71, 73, 75, 77, 78, 81, 82, 83, 86, 87, 89, 90,
   96, 97, 102, 103, 110, 111, 112, 113, 114, 119,
   120, 123, 126, 128, 131, 132, 135, 136, 138,
   141, 142, 144, 145, 147, 148, 159, 161, 167,
   168, 169, 171, 172, 173, 174, 175, 181, 182,
   184, 187, 188, 193, 197, 200, 204, 206, 209,
   210, 212, 213, 214, 217, 221, 223, 224, 226,
   228, 229, 230, 231, 232, 233, 234, 242, 243,
   244, 246, 251, 253, 254, 255, 256, 257, 259,
   260, 261, 263, 264, 271, 275, 276, 278, 279,
   281, 285, 286, 289, 289, 291, 293, 294, 295,
   298, 299, 304, 307, 309, 311, 312, 313, 314
irgebun   34, 40, 48, 167, 210, 214
irgebure   210, 214
irgen   55, 61, 70, 71, 83, 85, 86, 87, 90, 154,
   164, 173, 178, 205, 210, 250, 255, 257, 277
irgese   50, 61, 66, 69, 72, 73, 85, 94, 110, 116,
   141, 142, 154, 159, 164, 165, 177, 179, 198,
   205, 224, 231, 234, 250, 251, 253, 254, 267
irgesei   61, 63, 69, 71, 83, 84, 93, 103, 155,
   164, 166, 176, 178, 212, 226, 230, 231, 252,
   311
isabufi   139, 188, 229, 250
isabuha   254
isabume   180
isabure   240
isafi   70, 92, 155, 236

isaha   32, 34, 44, 168, 181, 196, 230, 251, 262, 263

isahabi   248

isahade   179

Isaiyas   106, 114, 119, 120, 120, 311

Isak   99, 103, 110, 165, 294

isan   94, 112, 164, 186, 204, 225, 231, 232, 236, 263, 274, 276, 278

isanjifi   282

isara   162, 176, 206, 218, 220

isebuci   262

isebufi   288

isebuhe   157

isebuhebi   89, 160

isebuhede   99

isebuhengge   110

isebuki   154, 213, 273, 276

iseburakū   213

isebure   72, 256

ishun   237, 297

ishunde   44, 50, 71, 73, 89, 90, 102, 145, 160, 189, 193, 208, 212, 232, 234, 246, 263, 271, 282, 293, 305, 311, 313

isibu   265

isibuburakū   167

isibuha   39, 62, 66, 123, 173, 243

isibuhabi   79

isibuhaci   268

isibuhakū   47, 147

isibuhangge   238

isibuki   67, 126, 198, 280

isibukini   35

isibumbi   64, 294

isibumbihe   141, 152, 189

isibumbini   102, 125, 289

isibume   167, 217

isiburakū   47

isibure   64, 112, 229, 240, 311

isiburengge   40

isika   239, 277, 302

isinaci   33, 82, 179

isinafi   101, 121, 131, 136, 236, 251, 313

isinaha   113, 121, 219, 220, 235, 237, 246, 297

isinahade   37

isinahai   265

isinaki   162, 298

isinambihe   300

isinara   55, 83, 300

isinarakū   299

isinatala   38, 149

isinjifi   42, 84, 150, 176, 183, 194, 279, 300

isinjiha   132, 138, 146, 155, 164, 180, 195, 206, 215, 245, 296, 307

isinjihade   218

isinjime   100, 269

isinjire   45, 265

isirakū   57

isitala   31, 32, 35, 48, 51, 63, 101, 106, 116, 163, 165, 169, 207, 236, 246, 262, 264, 266, 288, 308

Israel   32, 38, 42, 43, 46, 48, 51, 58, 61, 68, 70, 73, 76, 84, 86, 86, 96, 97, 101, 103, 103, 104, 105, 112, 113, 114, 127, 129, 129, 130, 140, 144, 149, 159, 162, 164, 165, 168, 169, 170, 174, 175, 176, 178, 192, 194, 202, 203, 204, 205, 206, 215, 216, 217, 219, 222, 223, 225, 226, 227, 231, 234, 235, 238, 247, 248, 250, 252, 255, 257, 259, 264, 273, 275, 276, 286, 290, 291, 308, 309, 311, 314

Italiya   135, 215, 296, 297

j

ja   44, 53, 74, 102, 171, 172, 174, 193, 232, 241, 265, 273, 274, 292, 295

jabca   62, 290

jabcakini   49

jabcara   86, 149, 224, 311

jabšabuki   64, 68

jabšan   34, 131, 286

jabšande   140, 269

jabuki   217

jabume 32, 49, 53, 71, 72, 82, 85, 98, 118,
120, 121, 126, 127, 136, 138, 140, 147, 156,
199, 208, 224, 227, 247, 251, 256, 258, 259,
262, 279, 280, 281, 283, 289, 292, 309
jabure 94
jaburengge 251
jaci 53, 93, 156
jadagan 62, 74
jadaha 70, 72, 83
jadahalaha 90, 116
jadahan 61, 177, 311
jafabufi 84
jafafi 61, 65, 69, 75, 91, 94, 126, 208, 223,
230, 246, 249, 251, 268, 273, 288
jafaha 65, 153, 250, 275, 290
jafambihe 314
jafame 198, 205, 218, 250, 256, 266
jafara 34, 153, 267
jahūdai 162, 180, 218, 236, 237, 241, 245,
246, 296, 297, 298, 299, 300, 301, 302, 302,
302, 302, 307
jai 31, 33, 35, 40, 43, 47, 49, 54, 58, 62, 63,
65, 66, 67, 69, 70, 72, 74, 82, 91, 93, 100, 102,
104, 128, 137, 138, 139, 146, 147, 154, 155,
156, 161, 164, 167, 168, 169, 170, 179, 185,
185, 186, 187, 194, 195, 205, 208, 210, 219,
224, 229, 236, 237, 238, 245, 246, 247, 249,
250, 251, 257, 258, 259, 264, 267, 268, 270,
275, 276, 277, 280, 282, 283, 289, 290, 296,
299, 307, 308, 310
jaici 100, 167, 233
jaila 49, 98
jailabuha 218, 259
jailafi 81
jailaha 254
jailahabi 111
jailambihe 129
jailame 177, 237, 298, 305
jailara 115, 302
jain 275
jaka 50, 60, 74, 92, 107, 138, 147, 187, 209,

213, 213, 241, 265, 296, 297, 299, 301, 307
jakade 47, 62, 72, 86, 100, 101, 106, 108, 127,
129, 136, 140, 157, 172, 199, 205, 210, 231,
252, 257, 259, 264, 265, 267, 268, 272, 273,
274, 275, 283, 284, 286, 291, 307, 309
jakan 209, 215, 268
jakanabure 271
jakaraha 297
jakūci 99
jakūn 76, 131, 159, 279
jalan 49, 54, 55, 57, 58, 68, 78, 79, 107, 112,
113, 120, 124, 128, 145, 165, 167, 168, 172,
173, 178, 192, 209, 212, 213, 214, 216, 220,
222, 223, 239, 250, 251, 251, 254, 258, 258,
259, 264, 265, 266, 267, 271, 273, 276, 277,
283, 294, 296, 305, 310, 313, 314
jalarakū 240
jalbarifi 301
jalbariha 132, 246
jalbarihabi 117
jalbarimbihe 34
jalbarime 33, 35, 49, 52, 74, 92, 93, 108, 117,
127, 135, 137, 140, 154, 155, 162, 179, 199,
241, 307
jalbarire 60, 97, 136, 146, 161
jali 101
jalin 40, 49, 64, 71, 78, 84, 86, 89, 92, 99, 103,
104, 127, 129, 140, 140, 151, 166, 170, 176,
183, 185, 191, 195, 199, 202, 210, 223, 226,
240, 255, 265, 271, 281, 286, 302, 309, 314
jalingga 59, 203
jalu 92, 93, 96, 107, 150
jaluka 277
jalukabi 42
jalukade 246
jalumbufi 70
jalumbuha 42, 56, 163
jalumbukini 128
jalume 250
jalutala 74, 130
jamarahai 311

jamarame 275

jamaran 264

jamarara 222

janggin 69, 76, 85, 85, 135, 138, 147, 258, 259, 265, 266, 267, 273, 276, 296, 297, 301, 302, 314

janggisa 251, 267, 283, 293

jase 195

jecen 170, 209

je ja seme 311

jefi 31, 128, 157

jefu 301

jekdun 68, 246

jeke 37, 141, 301

jekede 237

jekekū 138

jeki 137

jekini 138, 147

jeku 100, 157, 178

jeme 301

jemengge 37, 50, 92, 137, 178, 186, 249, 305

jen 195, 267

jenderakū 56, 65, 167, 248, 306

jergi 32, 35, 38, 40, 43, 52, 53, 54, 59, 63, 67, 71, 73, 74, 77, 85, 87, 89, 114, 122, 130, 149, 152, 170, 182, 187, 189, 198, 203, 205, 212, 227, 249, 250, 251, 252, 258, 259, 260, 266, 275, 291, 294, 314

jergingge 181

Jersešeo 172

jeterakū 52, 264, 266, 299, 301

jetere 53, 92, 126, 153, 159, 186, 249

jetereo 301

jibehun 131

jibuhe 100

jici 312

jidere 42, 44, 45, 47, 63, 66, 105, 106, 107, 113, 119, 142, 161, 162, 164, 165, 166, 168, 172, 185, 188, 191, 197, 203, 223, 225, 246, 254, 275, 291, 310

jiderengge 166, 224

jidereo 132

jifi 43, 81, 85, 94, 116, 119, 162, 179, 182, 185, 201, 276, 279, 307, 310

jigūn 206

jiha 60, 140, 197, 228, 277

jihe 43, 52, 69, 117, 139, 140, 142, 147, 151, 157, 164, 166, 169, 170, 180, 183, 195, 195, 201, 204, 205, 206, 208, 215, 219, 224, 237, 238, 245, 246, 249, 250, 251, 254, 257, 259, 269, 272, 273, 274, 275, 277, 280, 281, 283, 285, 294, 297, 307, 308, 309

jihede 129, 271, 276

jihekū 276

jihekūnio 128

jihengge 87

jiheni 138

jilaha 140

jilame 185, 210

jilangga 66

jilara 243

jilgan 44, 103, 108, 116, 120, 126, 138, 138, 144, 147, 156, 177, 199, 230, 250, 256, 258, 263, 276, 291

jili 55, 86, 89, 130, 205, 230, 305

jilidafi 258

jilidaha 73

jilidame 217

jimbi 33, 219

jimbihe 83, 96, 227

jing 32, 34, 42, 69, 86, 98, 104, 108, 127, 137, 142, 154, 161, 164, 177, 217, 224, 230, 236, 268, 275, 277, 291, 300, 305

jingkini 197, 232, 287

jio 98, 103, 195

jiramilame 306

jiramin 139

jirgacun 212

jiyanggiyūn 253

jobobuci 185, 288

jobobufi 115

jobobuha 83, 101, 127, 255, 270

jobobuhakū   107

jobobuhangge   128

jobobumbi   99

jobobumbini   247

jobobume   153, 170

jobobure   87, 276, 299

jobocuka   149

jobocun   99, 103, 170, 179, 239

jobolon   31, 62, 82, 100, 118, 127, 141, 168,
   175, 175, 204, 212, 222, 238, 245, 291, 305

jobošoro   67

jocibuki   115

jondofi   282

jondorakū   38, 314

jondoro   38, 72, 309

joolime   55

joolire   79

joribukini   268

jorifi   63, 85, 252

joriha   113

jorimbihe   51, 57, 215

jorimbini   138

jorime   46, 120, 156, 164, 231, 281

jorirakū   87

jorireo   106

jorišambikai   175

jorišame   197

jubki   302

jucungge   230

juda   300

jugūn   33, 39, 104, 119, 121, 125, 128, 129,
   137, 163, 165, 172, 182, 189, 194, 195, 230,
   235, 237, 242, 243, 245, 246, 256, 279, 288,
   296, 297, 298, 300, 307, 308, 310

jui   33, 53, 56, 62, 64, 66, 68, 73, 74, 75, 98,
   100, 101, 108, 110, 121, 123, 128, 140, 155,
   159, 163, 167, 173, 174, 186, 188, 202, 231,
   235, 249, 263, 265, 276, 278, 286

juktehe   229

juktehen   229

julergi   119, 298

juleri   31, 33, 53, 59, 60, 61, 62, 65, 70, 75, 76,
   81, 82, 84, 84, 93, 98, 102, 103, 104, 106, 115,
   116, 120, 128, 140, 154, 156, 166, 172, 178,
   180, 195, 198, 200, 203, 216, 218, 220, 225,
   227, 231, 238, 257, 262, 264, 266, 272, 275,
   276, 280, 284, 289, 292, 294, 299, 301, 307

julesi   35, 69, 71, 72, 90, 121, 129, 139, 144,
   223, 239, 241

julgei   186, 243, 304, 310, 313

jungken   44, 52, 60, 136, 137, 140

jurafi   188, 236

juraka   189, 207, 219, 237

jurakabi   201

jurambi   279

jurambuha   162

jurame   132, 139, 156, 163

jurarakū   299

jurcembi   205

jurcerengge   112

jurgan   232, 260

jurgangga   35, 62, 89, 107, 114, 124, 138, 216,
   257, 260, 305

juse   45, 49, 77, 101, 102, 111, 114, 124, 164,
   167, 226, 227, 234, 246, 248

jusei   100

jušuru   300

juwan   36, 38, 44, 92, 99, 110, 113, 153, 191,
   225, 274, 280, 287, 300, 301

juwe   35, 39, 39, 41, 60, 61, 65, 78, 82, 91, 92,
   99, 100, 102, 110, 120, 121, 131, 132, 137, 144,
   145, 154, 155, 157, 158, 159, 162, 169, 176,
   181, 184, 187, 188, 193, 198, 202, 204, 208,
   212, 213, 215, 220, 225, 227, 228, 230, 231,
   232, 235, 243, 251, 253, 263, 267, 271, 277,
   283, 287, 293, 301, 306, 311, 313

juwehe   297

k

kadalambihe   57, 159, 244

kadalame   57, 192

kadalara   57, 92, 100, 157, 162, 163, 171, 179, 216, 217, 232, 233, 240, 244, 254, 267, 269, 272, 274, 277, 279, 293

kai   44, 48, 52, 57, 59, 66, 78, 81, 89, 95, 118, 122, 126, 139, 141, 156, 157, 166, 192, 209, 213, 214, 216, 222, 259, 284, 289, 297, 301, 309, 311

kaicame   116, 177, 231, 258, 258

Kaifas   69

Kalaūdio   151, 215, 222

Kalaūdiyo   267

Kaldeya   65, 98, 174

kanagan   266

kanaha   300

Kanan   68, 100

Kandaše   119

kang   169

Kapadošiya   43

Karan   98, 230

karmaki   79, 302

karmame   214, 289, 301

karmara   189, 203, 213, 234, 271, 286

karu   67, 305

karulaki   55, 79, 136

karulame   102

karulan   67

Kastore   313

Kastorei   307

Kaūdan   298

Kayo   230, 235

kederembure   49

keibisu   215

kejine   100, 149

kemu   52, 82

kemuni   34, 47, 50, 52, 62, 63, 70, 71, 76, 77, 80, 85, 86, 87, 93, 97, 98, 103, 108, 110, 116, 117, 118, 125, 131, 137, 139, 140, 145, 147, 148, 163, 167, 182, 188, 195, 200, 202, 207, 210, 211, 218, 219, 223, 229, 231, 234, 240, 244, 248, 258, 263, 265, 268, 273, 284, 289, 291, 293

kenehunjeme   300

kenehunjere   54, 76, 138, 249

Kereda   297, 298, 299

Keresiya   149, 176, 235, 251

Kereta   43, 298

kesi   32, 45, 49, 58, 66, 68, 74, 79, 80, 86, 100, 112, 118, 122, 130, 141, 142, 149, 160, 167, 169, 170, 172, 181, 213, 245, 263, 272, 291, 311

kesi fulehun   96, 107, 178

ketuken   222

kib   61

kicefi   116

kicehe   227

kicembi   92

kicembihe   49

kicen   49, 92, 241, 244

kicerakū   208

kidure   104

kimcikū   240

kimcime   44, 138

kimcirakū   270

kimcireo   86

kimulehei   73

kimun   55, 79, 102

kimungge   268, 271

Kinito   297

kirime   165, 238, 286

Kirisbo   216

Kiristo   238

kiru   307

kiyab   61

kiyakiyame   43

koimali   59

komso   129, 180, 192, 197, 205, 206, 229

kooli   42, 51, 94, 99, 107, 114, 124, 132, 134, 143, 150, 168, 170, 174, 182, 189, 194, 196, 198, 204, 205, 242, 248, 272, 282, 286, 287, 308

Korinto   215, 216, 224

Kornelio   191

koro   55, 102, 125, 126, 187, 198, 199, 217, 233, 240, 260, 289, 297, 306
korsocun   232
kotoli   299
kumungge   51, 154, 159, 237, 242, 283
kumungge simengge   283
kundu   209
kundule   178
kunduleci   217
kundulefi   144
kundulehe   105, 113, 230, 307, 313
kundulehengge   231
kundulekini   105
kundulembihe   37, 117, 216
kunduleme   196, 314
kundulerakū   223
kundulere   83, 90, 99, 115, 119, 128, 135, 168, 186, 204, 260
kušun   46, 55, 67
kūbulimbi   45
K'ornelio   135, 136, 137, 138, 139, 140, 145

l

labdu   65, 69, 76, 100, 116, 129, 131, 133, 149, 169, 176, 193, 204, 206, 217, 231, 281, 297, 309, 314
labdukan   96, 179, 240
laidara   281
lakcan   154, 299
lakiyame   141
lakiyarade   34
lala   153
lashala   248
lashalabuci   280, 283
lashalaci   41, 282
lashalaki   218
lashalame   193
lashalara   277
lashalarakū   276
lashalarao   72

lasihire   306
latuke   188
lature   186, 192, 249
leoleci   283
leolefi   31, 66, 212
leolehei   215
leolembihe   94, 130, 204, 47
leoleme   166, 181, 196, 207, 218
leolen   219, 263, 286
leolendumbihe   208
Lewei   75
Leweida   76
Libiya   43, 196, 201
Likaoniya   177
Limbo   56
Linkoniya   177
Lišiya   297
Lisiyas   267, 273, 276, 278
Listara   177, 179, 194, 297
Litda   130, 131, 132
loho   199
lohoi   153
lokdori   138
Lukas   29, 37, 202, 314
Lušio   161

m

Madiyan   102
Madiyas   35, 36
mafa   47, 73, 98, 213, 254, 295
maikan   105, 106, 113, 114
maise   100, 302
majige   245, 273, 300
maktabuha   299
maktaha   170, 300
maktambihe   83, 194, 302
maktame   101, 299
maktarade   258, 305
mampi   154
manabume   157

Manahen   161, 171

Manason   247

manda   297

mangga   31, 42, 46, 72, 80, 107, 115, 126, 127,
135, 151, 163, 168, 174, 181, 219, 234, 240,
245, 289, 292

manggašahai   297

manggi   32, 39, 40, 48, 49, 59, 59, 72, 74, 84,
85, 86, 102, 117, 117, 119, 120, 128, 129, 132,
132, 143, 146, 153, 156, 158, 164, 165, 166,
179, 180, 185, 189, 195, 196, 198, 206, 207,
215, 218, 219, 220, 225, 227, 228, 231, 235,
236, 243, 246, 247, 258, 259, 267, 269, 273,
275, 276, 277, 280, 282, 284, 296, 299, 305,
306, 308, 311

marahakū   240

marahakūngge   187

marara   281

maribuhabi   97

marifi   84, 198

marihabi   269

mariki   180, 189

marimbihe   119

marime   235

marinjiha   158

Mariya   33, 155, 155

Marko   39, 155, 158, 162, 189, 189

Mašedoniya   195, 203, 215, 228, 230, 235, 296

Mateo   33

mayan   314

Mediya   43

meifen   241

meihe   137, 146, 305, 306, 313

meimeni   42, 49, 57, 67, 92, 97, 151, 168, 170,
177, 191, 209, 232, 246, 250

mejige   43, 82, 117, 235, 249, 265, 268, 308

Melida   305, 313

membe   60, 61, 70, 89, 90, 104, 189, 195, 197,
200, 201, 201, 232, 236, 237, 246, 246, 247,
273, 296, 297, 308

memerekū   170

memerere   205

menci   189

mende   48, 49, 91, 94, 132, 142, 148, 169, 184,
250, 309

menggun   40, 60, 65, 75, 100, 118, 131, 140,
151, 197, 210, 228, 229, 241, 242, 249, 259,
267, 277

meni   34, 43, 47, 49, 54, 61, 72, 73, 74, 85, 89,
91, 92, 100, 102, 102, 104, 128, 132, 140, 141,
142, 143, 148, 164, 166, 168, 177, 183, 184,
187, 193, 195, 197, 198, 201, 205, 229, 231,
236, 246, 247, 248, 249, 265, 273, 273, 275,
283, 287, 297, 299, 300, 309

meni meni   75, 178, 240, 277

mentuhun   113, 213

mentuhurerengge   53

mergen   92, 94, 99, 162, 271, 272

mergese   150

Merkūrio   177, 181

Mesobotamiya   43, 98

meterede   275

micihiyan   300

Mileto   237

mimbe   47, 99, 102, 128, 139, 140, 147, 154,
155, 163, 166, 183, 185, 207, 243, 252, 256,
257, 258, 262, 263, 264, 267, 274, 275, 276,
281, 283, 286, 289, 290, 294

mimifi   184

mimire   217

minci   239

minde   32, 47, 58, 60, 82, 105, 106, 107, 118,
125, 126, 139, 200, 222, 238, 239, 256, 266,
268, 275, 276, 281, 284, 288, 289, 291, 292,
300, 309

minggan   49, 51, 69, 248, 251, 254

mini   32, 34, 44, 45, 46, 47, 48, 54, 56, 58, 62,
63, 67, 98, 102, 103, 104, 107, 108, 118, 121,
126, 127, 128, 138, 140, 146, 147, 165, 166,
167, 168, 169, 173, 183, 185, 197, 199, 204,
217, 224, 229, 239, 240, 244, 247, 255, 256,
257, 262, 263, 264, 271, 274, 275, 276, 279,

280, 281, 283, 284, 286, 288, 289, 291, 292, 293, 294, 299, 308, 309
miosihodoro   96
miosihon   78, 83, 90, 105, 116, 123, 144, 181, 186, 187, 223, 249, 277, 278
misa   242
misalaki   242
Misiya   195
mišui   77
Mitilene   237
miyalifi   300
miyamigan   65, 178, 181
miyamišakū   270
modo   113
mohobumbihe   129, 220
mohobume   216
mohome   54, 277
Moises   63, 67, 68, 94, 101, 102, 103, 104, 106, 111, 112, 113, 114, 168, 174, 182, 183, 186, 248, 291, 310
moksolome   301
Molok   105, 113
Monggo   52
moo   33, 34, 85, 102, 103, 141, 166, 302, 305
morin   267, 267
moringga   254, 267, 268, 269
mucu   305
mudan   100
mudandari   76, 90, 277
muhaliyame   305
muheliyengga   178
mujilen   35, 37, 46, 49, 50, 66, 74, 79, 83, 94, 104, 107, 115, 118, 121, 123, 135, 160, 165, 168, 170, 173, 177, 178, 179, 181, 183, 184, 188, 189, 192, 193, 196, 219, 228, 229, 233, 236, 243, 247, 262, 270, 273, 275, 299, 311
mukdehun   209
mukdeke   32
mukdembihe   39, 164
muke   32, 118, 121, 148, 238, 240, 302
mukei   49, 59, 117, 143, 165, 224, 237, 245, 246, 257, 297, 300, 302, 307
mukiyefi   165
mukiyehe   174
mukiyehebi   87
mukiyeki   78, 101
mukiyembi   229
mukiyeme   87
mukiyeni   62
mukiyerakū   57
mukiyere   53, 87, 125, 271, 294
mukiyerede   193
mukūn   38, 43, 58, 63, 64, 68, 70, 75, 76, 97, 98, 99, 100, 103, 106, 110, 127, 139, 139, 140, 142, 144, 146, 149, 165, 166, 169, 175, 176, 180, 182, 183, 184, 185, 185, 187, 191, 192, 194, 204, 206, 207, 215, 216, 217, 219, 225, 226, 227, 233, 238, 247, 248, 248, 248, 249, 250, 252, 286, 287, 289, 309, 311
mulan   83
muribuha   274, 282, 286
murikū   54, 225
murime   112, 192
murire   107
muru   53, 53
murušeme   145
muse   35, 63, 71, 104, 114, 184
musebe   35, 299, 305, 306, 307
musei   29, 35, 35, 49, 51, 55, 58, 62, 63, 66, 70, 74, 78, 85, 94, 97, 98, 100, 101, 103, 104, 105, 106, 114, 184, 187, 192, 199, 210, 213, 238, 242, 250, 255, 257, 260, 287, 294, 308, 311, 312
mutebumbi   298
muteci   89, 197, 237, 241, 286
mutehebi   227
mutehekū   168
muteheni   61
mutekini   117, 118, 125
mutembi   77, 120, 203, 214, 248, 295
mutembiheni   52
mutembikai   48

mutembini   107, 124, 149, 264, 271

mutembio   208, 259

muten   55, 56, 57, 58, 58, 61, 62, 70, 70, 91, 118, 141, 144, 176, 181, 226, 295

mutengge   86

muterakū   37, 54, 55, 56, 65, 67, 71, 72, 78, 87, 126, 174, 182, 198, 201, 203, 213, 244, 256, 258, 274, 282, 283, 301, 302

muterakūci   213, 298

muterakūde   100

muterakūngge   113

mutere   32, 50, 55, 78, 90, 177, 222, 274

muterede   38

muterei   302

muterengge   217, 232, 281

mutermbini   120

n

na   32, 40, 45, 46, 47, 54, 56, 57, 58, 63, 73, 79, 81, 107, 125, 126, 137, 141, 144, 165, 169, 177, 178, 199, 209, 209, 213, 256, 289, 300

na i gindana   40, 54, 123, 222

Nabukodonosor   65

nacihiyaha   201

nacihiyame   297

nadan   92, 93, 165, 226, 236, 245, 246, 250, 300, 308

nadanju   100, 267, 302

nade   34

Nadzareo   249, 273

Nadzaret   46, 60, 70, 94, 141, 256, 287

nakabume   272

nakaci   92

nakaha   247, 251

nakahade   235

nakame   174

nakarakū   33, 88, 94, 123, 156

nakarakūn   163

nambufi   227

nanggin   61, 65, 66, 83

nantuhūn   138, 139, 144, 147

nantuhūraha   250

nantuhūraki   273

naraka   178

naranggi   48, 70, 85, 103, 106, 139, 166, 178, 216, 276, 308

narhūn   30, 183, 220, 305

narhūšame   111, 284

nashūlafi   90

nashūn   32, 80, 90, 172, 193

ne   32, 44, 62, 71, 74, 80, 82, 85, 87, 98, 103, 108, 127, 136, 138, 139, 142, 155, 163, 167, 168, 174, 187, 189, 192, 200, 203, 209, 210, 229, 238, 239, 241, 250, 254, 255, 257, 263, 265, 266, 271, 272, 274, 276, 277, 280, 286, 287, 297, 299, 300, 309

necihe   66, 217

necihekū   308

necihele   86

necihiyehe   231

necihiyeheken   188

neciki   89

necire   217

Nehaboli   195

nehū   45, 197, 198, 203

neicibe   126

neicina   290

neifi   84, 120, 196

neihe   56, 63, 108, 120, 132, 180, 199, 212

neihebi   155

neihede   156

neime   84, 140

neire   156, 173

neirede   84

nememe   79, 105, 149, 292

nende   173

nenehe   178

neneme   31, 46, 55, 61, 64, 68, 74, 116, 141, 169, 218, 236, 257, 282, 290, 294, 302

nergin   61, 82, 121, 128, 131, 147, 198, 218, 226, 306

nerginde   104, 140, 155, 177, 200, 251, 257

ni   44, 49, 71, 103, 107, 112, 126, 166, 178, 199, 208, 227, 231, 248, 251, 259

nicuha   311

Nikanore   93

nikebure   107

nikefi   177, 289

Nikolao   93, 96

nimaha   128

nimecuke   79, 160, 313

nimeku   74, 83, 91, 131, 226, 306, 307

nimekulehe   83, 90, 83, 226

nimenggi   171, 233

nimenggide   79

nimere   67

ningge   39, 74, 161, 162, 225, 229, 264, 270, 272, 280, 305

ninggiya   296, 298, 300, 302

ningguci   52, 137

ninggude   42, 104, 106, 145, 148, 236, 243

ninggun   96, 147, 153, 217, 302

nio   98, 105, 136, 269, 289

niohe   240, 244

niohušun   227

niorotolo   198

niru   135, 138, 147, 258, 297, 300, 302, 314

niruhangge   307

nirui   265

nisihai   222

niyaha   167, 167, 168, 168

niyakūrafi   108, 241

niyakūraha   199

niyakūrame   132, 246

niyalma   29, 32, 35, 37, 38, 40, 41, 42, 43, 48, 50, 51, 52, 53, 54, 55, 56, 57, 58, 60, 61, 62, 65, 66, 67, 68, 69, 70, 71, 72, 74, 75, 76, 77, 78, 79, 81, 82, 84, 85, 86, 87, 88, 90, 92, 93, 94, 96, 99, 100, 101, 104, 106, 107, 108, 111, 112, 113, 114, 115, 116, 118, 120, 122, 123, 125, 127, 128, 129, 130, 131, 132, 133, 134, 135, 136, 138, 139, 140, 141, 142, 144, 145, 146, 146, 147, 148, 149, 150, 152, 153, 156, 157, 159, 163, 163, 163, 164, 165, 166, 168, 169, 170, 171, 173, 174, 176, 177, 178, 179, 180, 181, 182, 183, 184, 185, 186, 187, 188, 189, 191, 192, 193, 194, 195, 196, 197, 198, 199, 200, 201, 203, 204, 205, 207, 208, 209, 210, 211, 212, 213, 214, 215, 216, 217, 218, 219, 220, 222, 225, 226, 227, 228, 229, 230, 231, 232, 233, 234, 235, 236, 237, 238, 239, 240, 241, 246, 247, 248, 249, 250, 251, 252, 254, 254, 255, 256, 258, 259, 261, 262, 263, 264, 265, 266, 268, 269, 270, 271, 272, 273, 274, 275, 276, 277, 280, 282, 283, 284, 285, 286, 287, 288, 289, 290, 291, 293, 294, 295, 296, 297, 298, 299, 300, 301, 302, 303, 305, 306, 307, 308, 309, 310, 311, 313, 314

niyalmai   87, 128, 144, 212, 213, 233, 251, 260, 286

niyara   47, 56

niyasukabi   168

niyasure   47, 56, 167, 168

niyasurede   47, 167

niyece   290

niyecehebi   241

niyeceme   55

niyecere   192

nofi   60, 82, 120, 121, 137, 158, 162, 169, 176, 184, 187, 198, 213, 215, 220, 235

nomhon   53, 244

nomun   29, 34, 38, 46, 48, 69, 86, 94, 97, 106, 110, 111, 112, 119, 120, 120, 164, 166, 167, 173, 174, 185, 186, 191, 196, 197, 202, 203, 204, 206, 207, 212, 215, 219, 220, 223, 257, 263, 275, 294, 310

non   265, 281

nonggibuhade   92

nonggibume   37

nonggibure   264

nonggihabi   150

nonggihai   100

nonggimbihe   50, 83

nonggime   273

nongimbihe　157

nukcime　108, 178

nukcishūn　198, 270

nunggasun　196

nungnehe　281

nungnehekū　280

nungneki　256, 289

nungnere　251

nungnerengge　102

nure　44, 53

nushume　227, 268

O

obobumbi　32, 148

obocun　58, 117, 121, 128, 143, 196, 200, 217, 220, 224, 257

obofi　165

oboho　132, 148, 200

obohobi　32, 59, 121

obokini　143

oboro　35, 49, 58, 141, 224

obufi　44, 77, 99, 113, 144, 160, 179, 220, 232, 243, 274

obuha　112, 114, 165, 169, 285

obuhabi　51, 70, 114, 124, 188, 214, 223

obuki　289

obukini　94

obumbime　249

obume　54, 90, 177, 260

oburakū　62, 66, 74, 143, 154, 160, 239

obure　37, 302

oci　32, 35, 40, 44, 54, 54, 62, 62, 68, 70, 74, 76, 79, 83, 85, 87, 93, 96, 107, 110, 112, 113, 115, 116, 118, 120, 121, 128, 129, 139, 147, 154, 156, 164, 168, 170, 175, 176, 181, 182, 188, 189, 191, 192, 192, 194, 203, 206, 210, 212, 213, 218, 224, 226, 231, 236, 238, 241, 249, 259, 263, 265, 279, 281, 283, 284, 297, 299, 301, 302, 311

ocibe　225, 240, 292

ofi　30, 34, 37, 40, 42, 46, 50, 51, 52, 53, 60, 62, 65, 66, 69, 71, 72, 76, 87, 88, 90, 92, 93, 94, 96, 101, 103, 104, 108, 117, 118, 122, 125, 129, 130, 132, 134, 135, 140, 141, 142, 145, 147, 148, 149, 150, 152, 156, 157, 166, 167, 172, 173, 174, 175, 177, 181, 183, 188, 189, 191, 192, 194, 196, 198, 202, 205, 209, 214, 215, 218, 223, 225, 227, 229, 230, 233, 234, 236, 247, 250, 252, 256, 257, 259, 263, 270, 272, 273, 276, 277, 282, 283, 285, 287, 291, 292, 294, 297, 298, 299, 300, 305, 307, 309, 311, 313

oho　32, 34, 39, 57, 61, 71, 72, 93, 100, 102, 121, 125, 128, 129, 133, 137, 172, 176, 181, 184, 189, 192, 194, 260, 263, 275, 307

ohobi　55, 151, 175

ohode　35, 38, 48, 69, 84, 146, 156, 156, 169, 175, 189, 252, 256, 264, 281, 299, 302

ohongge　70

oilori　270

ojombihe　241

ojorakū　46, 186, 189, 210, 214, 232, 248, 251, 258, 261, 283, 287, 309, 309

ojorakūngge　139, 241

ojoro　30, 32, 39, 71, 80, 141, 168, 172, 210, 231, 239, 245, 256, 284, 291, 306

ojorongge　260

ojoroo　268, 293

okdome　139, 308

okini　35, 99, 267, 273, 286

oksome　177

okson　98, 177, 177

oksoro　61

olgocuka　297

olgošome　86

olhome　275

olhon　308

olhošo　240

Oliwa　33

olji　174

oljilabuhangge　97

ombi 33, 40, 49, 77, 179, 230, 232, 252, 282, 314

ombihe 41, 50, 74, 76, 110, 131, 170, 171, 177, 202, 206, 215, 226, 233, 235, 246, 277, 288, 293, 302

ombini 282

ombio 138, 251

ome 61, 71, 72, 77, 89, 107, 137, 154, 177, 201, 244, 258, 301

omifi 44, 128

omiha 53

omihabi 141

omin 100, 151

omingga 37, 92

omirakū 52, 264, 266

omire 53, 92, 126

omolo 47, 63, 68, 192, 226, 252, 255, 276

omosi 42, 43, 46, 51, 58, 61, 63, 68, 84, 86, 86, 96, 98, 98, 100, 101, 103, 103, 104, 105, 112, 113, 114, 127, 129, 130, 140, 144, 149, 159, 162, 164, 165, 166, 168, 169, 170, 174, 175, 176, 178, 192, 194, 202, 203, 204, 205, 206, 215, 216, 217, 222, 223, 225, 227, 231, 234, 235, 238, 247, 248, 250, 257, 259, 264, 273, 275, 286, 290, 291, 308, 309, 311, 314

on 219, 246

onco 65

onggoci 241

onggolo 45, 52, 67, 79, 80, 81, 140, 145, 165, 172, 183, 224, 253, 265, 270

orin 34, 233

oron 192

oshon 55, 79

oso 58, 119, 156, 164, 188, 240, 300

otolo 34, 49, 57, 87, 124, 136, 140, 225, 231, 240, 300

oyonggo 187, 223, 244

r

Remfam 105, 113

Rešio 307, 314

Rode 155

Roma 30, 43, 91, 97, 151, 171, 196, 198, 200, 201, 205, 215, 222, 228, 252, 253, 254, 259, 264, 268, 280, 282, 285, 308, 309

Roto 245, 253

s

sabaran 34

sabta 164

sabu 103, 154, 166, 172, 175

sababufi 56

sabuburakū 32

sababure 114

sabuci 228, 311

sabufi 37, 57, 60, 71, 82, 94, 102, 114, 132, 139, 141, 156, 169, 177, 199, 245, 250, 251, 302, 305

sabuha 46, 72, 106, 108, 129, 131, 136, 137, 138, 139, 141, 146, 147, 166, 195, 195, 209, 245, 250, 256, 257, 258, 260, 288, 289

sabuhabi 121

sabuhakū 274

sabuhala 257

sabuki 309

sabukini 257

sabume 38, 48, 103, 116, 126, 213, 256

saburakū 39, 84, 121, 126, 137, 156, 163, 241

saburakūngge 239

sabure 95, 141, 289, 311

saburede 47, 201

saci 48, 292, 314

sacifi 301

safi 46, 55, 61, 71, 159, 166, 263, 268, 276

Safira 81

saha 34, 66, 133, 140, 175, 185, 192, 227, 227, 258, 259, 292, 300

sahaki 185

sahaliyan 161

sai 70, 73, 209, 226, 233, 288

saiha　305

saikan　29, 56, 60, 61, 65, 65, 72, 163, 169, 179, 190, 198, 209, 213, 240

saime　107, 41, 50, 54, 56, 63, 64, 67, 70, 72, 77, 131, 136, 150, 163, 172, 174, 183, 187, 188, 188, 194, 210, 220, 239, 244, 267, 270, 272, 275, 290, 292, 296, 305, 306

sain　41, 50, 54, 56, 63, 64, 67, 70, 72, 77, 131, 136, 150, 163, 172, 174, 183, 187, 188, 194, 210, 220, 239, 244, 267, 270, 272, 275, 290, 292, 296, 305, 306

saisa　29, 35, 44, 47, 62, 63, 66, 75, 86, 96, 96, 107, 112, 113, 114, 120, 126, 135, 138, 150, 152, 161, 162, 166, 172, 174, 203, 210, 219, 271, 291, 294

saisai　59, 62, 96, 142, 164, 168, 175, 185, 193, 243, 254, 275, 290, 291, 292, 310

saisaibithe　105

saisaidoigomšome　168

saišaha　220

saišaki　67

saišambihe　169, 199, 248

saišame　50, 61, 83

saišarade　165

saišarakūngge　257

saišarangge　186

sakda　55, 69, 73, 151, 259, 262, 265

sakdasa　45, 70, 71, 84, 94, 116, 272, 278, 279, 281

saki　208

sakini　29, 70, 168, 214, 257, 258, 311

saksu　129

salame　92

Salamina　162

Salamone　297

salgabuci　45

salgabufi　99, 176

salgabuha　32, 94, 141, 144, 226

salgabuhangge　209

salgabume　73

salgabure　62

salibuhabidere　314

salifi　57, 192, 244

salihan　314

salimbihe　228

Salomon　61, 66, 83, 106

Samariya　32, 76, 115, 116, 117, 119, 130, 182

sambi　46, 240, 249, 286, 292

sambihe　81

same　136, 264, 274

Samo　237

Samotarašiya　195

samsibuha　254

samsibumbihe　37

samsifi　175

samsiha　160

samsihabi　87, 115

samsihala　116, 149

Samūel　165

Samuwel　63

sandalabuha　124

saniyafi　286

saniyambihe　294

saniyame　74

saniyara　300

Sapato　39, 164, 166, 168, 169, 186, 196, 204, 215, 236

sara　44, 47, 63, 66, 100, 102, 104, 105, 106, 107, 113, 119, 129, 139, 142, 150, 155, 164, 165, 166, 168, 172, 175, 185, 188, 191, 192, 220, 223, 238, 241, 254, 265, 273, 275, 280, 283, 286, 291, 305, 310, 311

sarafi　302

sarakū　101, 104

sarangge　32, 62, 183, 195, 229, 239

sargan　45, 68, 81, 82, 101, 155, 186, 188, 192, 215, 231, 246, 249, 276, 278

sargata　246

sarkū　62, 82, 209, 209, 231, 239, 253, 254, 263

sarkūngge　113, 175, 231

sarkūni　66

Sarona 131

sasa 34, 35, 42, 49, 74, 77, 84, 100, 121, 138, 147, 155, 158, 163, 176, 179, 189, 194, 215, 237, 241, 246, 247, 249, 281, 308

Satan 81, 89

Satanas 289

Satušeo 59, 69, 76, 84, 89, 152, 263, 271

Saūl 165

Saūlo 108, 109, 115, 125, 126, 127, 128, 129, 129, 130, 150, 151, 158, 161, 163, 171, 256, 257, 289

se 33, 45, 60, 72, 93, 101, 117, 131, 151, 161, 169, 170, 176, 182, 191, 209, 212, 218, 230, 235, 265, 286, 288, 313

sebjelebuci 47

sebjelembihe 104

sebjen 56, 66, 67, 113, 212

seci 40, 53, 70, 139, 148, 175, 232, 236, 252, 268, 281, 286, 296, 301

secibe 55, 156

sefi 35, 49, 49, 61, 72, 82, 87, 103, 104, 120, 121, 126, 137, 138, 140, 143, 156, 164, 186, 199, 216, 219, 224, 227, 231, 251, 256, 259, 262, 266, 267, 281, 292

sefu 63, 260

sehe 31, 32, 35, 44, 48, 49, 58, 60, 62, 63, 64, 67, 71, 72, 77, 82, 85, 86, 87, 89, 92, 98, 99, 102, 103, 104, 105, 106, 107, 118, 118, 119, 120, 121, 126, 127, 128, 132, 136, 138, 140, 142, 143, 147, 148, 154, 155, 156, 164, 165, 167, 169, 173, 177, 183, 184, 189, 193, 194, 197, 198, 199, 200, 201, 203, 206, 210, 213, 217, 220, 224, 230, 234, 237, 241, 247, 247, 250, 251, 252, 256, 258, 259, 262, 263, 264, 266, 267, 269, 273, 274, 276, 277, 279, 280, 281, 282, 283, 290, 290, 292, 293, 296, 297, 300, 301, 302, 308, 309, 311

sehebi 96, 142, 311

sehede 33, 108, 118, 120, 131, 136, 139, 162, 163, 188, 195, 198, 199, 205, 218, 257, 258, 259, 274, 286, 301

sehei 60, 189

sehengge 35, 47, 48, 57, 78, 123, 147, 163, 168, 188, 256, 285

seheni 73, 81

sei 50, 63, 67, 103, 199, 241

sejen 119, 120, 121

sekini 186

sekiyen 239, 260

Sekondo 235

selabuha 188, 237

selabuki 155

selabumbihe 183

selabure 130

selaci 63

selacun 75

selame 170

selbifi 302

selbime 302

sele 154, 296, 298, 300, 302, 309

selei 199, 239, 251, 293, 314

Seleūsiya 162

selgiye 78

selgiyeci 169, 239, 261

selgiyehe 51

selgiyehe 177, 179, 189, 193, 206, 208

selgiyehebi 85, 104

selgiyekini 74, 122

selgiyembihe 74, 112, 116, 119, 121, 312

selgiyeme 52, 191

selgiyeneki 169

selgiyere 160, 195, 198, 216, 246, 291

selgiyerede 180, 189

sembi 53, 54, 58, 67, 78, 85, 112, 126, 127, 131, 136, 140, 173, 208, 209, 217, 222, 229, 253, 255, 258, 263, 266, 276, 285, 287

sembihe 35, 38, 44, 61, 65, 69, 85, 108, 112, 113, 125, 128, 129, 130, 132, 137, 141, 149, 150, 150, 154, 156, 159, 162, 163, 166, 169, 172, 177, 178, 179, 180, 182, 189, 194, 195, 195, 199, 201, 202, 203, 204, 205, 206, 208, 212, 213, 223, 226, 228, 231, 235, 237, 237,

242, 243, 245, 247, 250, 253, 254, 256, 264, 280, 282, 283, 289, 290, 293, 298, 300, 302, 306, 309

sembikai 256

sembini 184, 256

sembio 102, 107, 126, 280, 282

seme 30, 31, 34, 35, 37, 38, 40, 46, 47, 50, 51, 53, 58, 61, 62, 64, 66, 69, 71, 72, 74, 77, 78, 79, 85, 87, 90, 91, 94, 96, 96, 98, 100, 101, 102, 103, 106, 107, 110, 112, 113, 114, 115, 116, 117, 118, 121, 123, 124, 128, 129, 130, 132, 134, 138, 140, 143, 147, 150, 152, 153, 155, 156, 162, 163, 165, 166, 168, 171, 172, 173, 175, 176, 178, 182, 183, 184, 185, 186, 190, 192, 194, 198, 199, 200, 202, 203, 205, 206, 210, 212, 213, 214, 216, 220, 221, 222, 231, 232, 237, 238, 242, 247, 248, 250, 251, 254, 258, 259, 263, 264, 265, 266, 268, 269, 271, 273, 274, 275, 276, 277, 279, 280, 281, 282, 283, 287, 288, 294, 297, 298, 300, 301, 304, 305, 306, 309, 309, 310, 311, 313, 314

semeo 61, 287

sengge 69, 264, 272, 279, 281

senggi 34, 37, 40, 45, 45, 55, 85, 90, 186, 187, 216, 240, 249, 258, 270

Seor 110

ser sere 265

serakū 54, 66, 103, 104, 112, 155, 169, 175, 175, 176, 216, 218, 234, 293

serakūde 223

serede 32, 62, 70, 82, 85, 94, 98, 102, 103, 108, 119, 121, 126, 138, 138, 146, 154, 157, 177, 198, 217, 220, 224, 230, 231, 251, 252, 256, 259, 262, 268, 273, 280, 289, 292, 302, 309, 314

serefi 111, 130

seremše 59

seremšefi 172, 300, 314

seremšembi 275

seremšembihe 72

seremšeme 76

seremšerede 37

serengge 39, 53, 56, 68, 113, 141, 187, 208, 251, 253, 266, 276

Serjio 162

seshembihe 175

sesulara 50

seyecuke 175

seyembihe 107

si 32, 35, 47, 50, 60, 61, 73, 81, 82, 89, 98, 102, 106, 108, 118, 119, 119, 121, 125, 126, 127, 128, 131, 136, 138, 140, 143, 146, 147, 147, 148, 163, 167, 173, 195, 198, 208, 217, 226, 230, 248, 249, 252, 256, 257, 258, 259, 262, 264, 266, 267, 271, 273, 274, 277, 280, 282, 286, 287, 289, 290, 291, 292, 292, 300, 311

sibiya 35, 36, 40, 165

sibsika 200

sibsikai 87, 198, 258

sibsikalafi 87

siden 32, 35, 48, 74, 84, 94, 97, 108, 258

siden niyalma 32, 48, 62, 86, 114, 141, 256, 257, 289

sidende 31, 105, 108, 126, 225, 271

Sidon 157, 296

siharakū 301

Sikem 100

sikse 102

Silas 186, 187, 188, 189, 198, 199, 204, 205, 206, 207, 212, 213, 215

silhi 118

silhidame 84, 99, 169

silhingga 122, 173

Silisiya 93, 187, 189, 252, 255, 269, 297

siltan 299

simbe 102, 103, 118, 123, 128, 131, 138, 139, 140, 167, 169, 173, 210, 257, 258, 269, 273, 277, 289, 309

simengge 283

Simon 33, 116, 117, 118, 133, 136, 138, 140, 148, 161, 185

Sina   51, 102, 104
sinda   200, 299
sindaci   118, 293
sindacina   87, 200
sindafi   90, 117, 128, 162, 267
sindaha   72, 88, 93, 100, 108, 132, 166, 178,
    225, 231, 253, 278, 308
sindahabi   105
sindahade   233
sindahakū   314
sindahangge   46
sindaki   35, 62, 212, 309
sindakini   201
sindambihe   60, 65, 75, 181
sindame   81, 206, 241, 281
sindara   171
sindarade   48, 97, 118, 307
sindarakūde   61
sindarangge   127
sinde   60, 98, 118, 122, 126, 140, 217, 251,
    256, 266, 274, 289, 300
sini   47, 47, 48, 56, 63, 73, 74, 81, 82, 98, 103,
    103, 120, 122, 123, 126, 127, 128, 131, 136,
    137, 139, 140, 148, 154, 156, 163, 167, 199,
    208, 252, 253, 256, 257, 258, 259, 263, 267,
    268, 269, 272, 273, 274, 276, 280, 281, 282,
    284, 286, 287, 289, 289, 291, 292, 296, 300,
    309
siningge   81
Siragūsa   307, 314
sirame   87, 165, 277
Siriya   180, 187, 189, 218, 235, 245
sisan   34, 131
Sobater   235
sogi   200
soktoho   44
soktohongge   44
soktotolo   53
Solho   52
solifi   139
soliki   277

solime   120, 136, 139, 140, 244, 265, 277, 278,
    308
soliname   100
solinjiha   163, 238, 309
solinjihani   140
solinjime   235
solinju   148
solire   140
somishon   45, 54, 227
songgocoho   241
songgocohoi   132
songgohoi   247
songgoro   181
songko   38, 45, 54, 74, 174, 226, 233
songkoi   48, 66, 67, 99, 102, 132, 139, 145,
    148, 165, 173, 174, 182, 184, 185, 200, 204,
    213, 237, 247, 248, 268, 299
songkoloki   243
songkolome   167
sonjobuha   37, 78, 234
sonjobuhangge   217
sonjoci   35
sonjofi   35, 189
sonjoho   31, 93, 164, 257
sonjohobi   127
sonjoki   186
sonjokini   92
sonjome   77, 165, 185, 187
soorin   47, 79, 157, 165
sooringga   270
Sostene   218, 223
su   298
subarhan   253
sucungga   291
Sudefano   107, 108, 109, 112, 112, 115
sufi   154, 259
suhe   299
suhebi   199
suhede   302
suilacun   99, 103, 179
sujame   298

sujara 78

sujufi 61

sujuhei 156, 230

sujume 119, 251

sukdun 45, 203, 270

sukū 157, 258

sulakan 188, 299

sumbihe 172

sume 34, 39, 51, 59, 75, 76, 103, 108, 120, 131, 163, 204, 215, 227, 295

sunja 51, 69, 100, 228, 234, 236, 254, 272, 300

surakū 166

sure 45, 47, 50, 56, 225

sure fayangga 50, 77, 90, 108, 123, 137, 182, 184, 199, 214, 222, 236, 240, 244, 257

sure fayanggai 127, 146, 154, 187

sure gisun 37, 51, 65, 76, 89, 96, 110, 122, 134, 144, 152, 159, 170, 181, 191, 202, 212, 222, 233, 242, 253, 260, 270, 278, 285, 294, 304, 313

sureke 155, 08

sureme 231

surerede 258

susai 51, 165

susaici 38, 42, 51

susubuha 119

Sutefano 92, 93, 94, 122, 149, 258

Sutoiko 208

suwaliyame 56, 94, 168, 229

suwaliyata 73, 78, 169

suwe 31, 32, 38, 44, 46, 48, 49, 61, 62, 63, 70, 71, 72, 84, 85, 86, 87, 87, 89, 90, 92, 102, 104, 105, 107, 113, 118, 139, 141, 142, 148, 156, 165, 168, 169, 175, 182, 187, 193, 197, 210, 218, 220, 222, 224, 227, 231, 232, 238, 240, 241, 247, 251, 255, 258, 263, 265, 276, 283, 284, 290, 294, 299, 300, 301, 302, 311

suwembe 63, 64, 68, 87, 104, 105, 166, 175, 175, 187, 197, 200, 219, 240, 241, 276, 299, 309, 311

suwenci 33

suwende 31, 32, 49, 63, 64, 85, 107, 164, 167, 167, 168, 168, 169, 178, 187, 193, 197, 209, 222, 238, 239, 240, 241, 255, 311

suweni 32, 33, 38, 44, 45, 46, 47, 48, 49, 62, 63, 64, 68, 70, 72, 82, 85, 92, 98, 104, 105, 107, 118, 138, 166, 168, 175, 178, 183, 187, 193, 197, 209, 210, 216, 217, 218, 222, 229, 232, 238, 239, 240, 241, 248, 279, 284, 299, 301, 309

š

šabi 39, 122, 202, 253, 260

šabisa 31, 37, 38, 40, 43, 49, 50, 53, 69, 72, 74, 75, 75, 83, 84, 85, 86, 87, 88, 90, 91, 92, 93, 115, 117, 118, 129, 130, 152, 160, 176, 177, 178, 182, 183, 186, 187, 188, 189, 191, 194, 208, 225, 240

šabisai 29, 31, 36, 37, 38, 44, 49, 75, 78, 81, 85, 90, 93, 129, 188, 194

šaburame 236

šafi 61

šajin 94

šambihede 60

šan 48, 57, 72, 107, 108, 255, 311

šang 31

šanggiyan 45

šanggnaha 71

šangnafi 91

šangnaha 51, 86, 98, 142, 149, 165, 167, 175, 184, 300

šangnahabi 184

šangnahai 178

šangnaki 62, 148, 311

šangnakini 86

šangname 241

šangnara 49, 173

šangnarao 74

šanumbihe 44

šanyan 140

šar 313

šasihala 262
šasihalabumbi 262
šayan 45
šayolame 162, 179
šayolarade 161
šayoo 161, 179, 297, 304
še 290
šelehe 131, 140
šelekini 244
šeleme 187, 247
šelere 55, 60, 65, 135, 136, 275
šenggin 233
Šengkiri 218
šerifi 72
šerihei 125
šerire 74
Šesare 280, 281, 282, 283, 293, 300, 309
Šesareha 121, 130, 139, 147, 156, 219, 246, 247, 267, 269, 279, 280, 281
Šewa 226, 233
Šibiro 75, 245, 247, 297
Šiboro 149, 162, 189
Širene 43, 93, 149, 161
Šis 165
šolo 236, 277, 282, 294
šorgikū 126, 289
šošome 314
šudesi 231
šufaha 151
šumilame 161
šumin 74, 198, 300
šun 45, 52, 113, 163, 288, 299
šungsi 86
šurdeme 99, 125, 163, 177, 179, 182, 183, 194, 202, 248, 256, 280, 289
šurgehei 199
šurgeme 103
šuruci 297, 299, 300, 301
šusihala 258
šusihalame 259, 179
šusihiyefi 170

šusihiyembihe 206
šusihiyeme 250, 273
šutucin 29
šuwe 45, 56, 57, 128, 155, 195, 203, 238, 276, 286

t

Tabita 131, 132
tacibuha 29, 31, 96, 150, 179, 220, 238
tacibumbi 85, 264
tacibumbihe 91, 130, 176, 207, 212, 213, 217, 225
tacibume 63, 68, 172, 182, 189, 194
tacibure 49, 54, 90, 139, 164, 174, 183, 198, 243
taciburede 248, 250
taciha 161, 215, 219, 229, 255
tacihakū 71
tacihangge 291
tacihiyambihe 69
tacihiyame 147, 240
tacihiyan 42, 43, 49, 50, 51, 53, 54, 57, 58, 69, 70, 74, 76, 77, 78, 92, 93, 96, 115, 124, 125, 128, 129, 130, 131, 132, 134, 142, 146, 149, 150, 152, 155, 159, 164, 170, 171, 174, 176, 179, 180, 182, 183, 184, 185, 187, 191, 192, 194, 204, 205, 206, 207, 212, 215, 216, 218, 219, 220, 222, 223, 224, 226, 227, 230, 231, 233, 235, 242, 245, 247, 248, 249, 255, 256, 260, 270, 271, 274, 275, 276, 282, 287, 288, 292, 308, 309, 310
tacihiyara 63, 104
tacikū 55, 76, 84, 86, 89, 183, 208, 212, 225, 263, 271
tacin 101, 227
tafafi 296, 307
tafaka 33, 245, 246
tafakabi 303
tafame 162, 180, 236, 237
tafukū 251, 252

tafulahai   229, 235

tafulambihe   189, 222

tafulame   245, 301

tafulara   175, 247

taifin   130, 157, 193, 272

taka   48, 71, 83, 86, 115, 117, 125, 138, 157, 178, 228, 237, 251, 300

takafi   231

takaha   62, 100

takakini   172, 213

takambi   227

takame   271

takara   113, 192

takarakū   144, 166, 192, 302

taksibu   169, 179

taksifi   57

taksihabi   295

taksimbi   47

taksimbihe   106

taksire   57

taktu   132, 137, 236

takūra   136

takūrabuha   84, 119, 138

takūrafi   237

takūraha   99, 140, 155, 188

takūrame   230

takūrsi   140, 200, 201, 218, 223

tala   103

talafi   152

Talassa   297

talu   267

tan   299

tanggin   31, 48, 50, 60, 61, 65, 66, 67, 68, 69, 76, 84, 85, 88, 94, 106, 113, 209, 250, 253, 257, 270, 273, 274, 275, 280, 290

tanggū   34, 51, 57, 87, 124, 165, 253, 259, 267, 267, 276, 301

tanggūli   33

tanta   198

tantabufi   200

tantabuha   198, 258

tantaha   223, 227

tantambihe   218

tantame   251

tantara   101

tara   300

tarcan   300

targa   72, 188, 192, 249

targaci   186

targacun   113, 159, 188, 189, 192, 194

targakini   89

targara   312

Tarso   127, 130, 150, 252, 255

tašan   249

tašarafi   192

tašaraha   44

tašarame   38, 54, 223, 274

tašarara   172

tataha   165, 246

tatame   35

tatan   308

tatarade   40

tatarafi   178, 198

tathūnjame   85, 138

tathūnjara   147

Taweit   34, 40, 46, 47, 48, 57, 73, 77, 106, 165, 167, 173, 185, 192, 212

te   112, 140, 184, 201, 299

tebeliyehe   236, 241, 243

tebufi   209

tebuhe   307

tebumbihe   46

tebume   129

tecehe   120, 196

teci   63, 247

tefi   150, 157, 176, 188, 219, 236, 262

tehe   33, 35, 40, 42, 49, 54, 56, 58, 61, 66, 70, 98, 102, 103, 107, 128, 129, 131, 147, 151, 157, 164, 165, 166, 180, 194, 206, 217, 218, 227, 236, 241, 245, 246, 248, 258, 293, 308, 311

tehebi   132

tehei   307

tehengge   159

teile   30, 38, 39, 50, 55, 57, 67, 71, 72, 90, 104,
   114, 117, 141, 142, 147, 157, 159, 165, 172,
   184, 191, 198, 208, 216, 220, 222, 224, 268,
   270, 280, 291, 299, 302, 306

teisu   43, 49

teisu teisu   43, 49, 64, 92, 225, 277

teisulebuhe   197

teki   48, 58, 308

tekini   197

teku   157, 270

tembi   99, 136, 140

tembihe   43, 116, 133, 162, 177, 212, 270, 306

teme   119, 145, 196, 215, 280, 282

temgetu   31, 49, 79, 92, 99, 112, 114, 128, 173,
   212, 214, 215, 220, 271, 274, 280, 288, 314

temgetuleci   257, 258, 264, 271

temgetulefi   35, 49

temgetulehe   31, 119, 210, 264

temgetulehebi   37

temgetulekini   184

temgetulembi   38, 166

temgetulembihe   74, 176, 310

temgetulembikai   86

temgetuleme   91, 274

temšecibe   271

temšehei   264

temšeki   73

temšeme   130, 309, 311

temšen   193, 222

temšenumbihe   282

temšere   274

ten   51, 55, 67, 106, 197, 199, 244, 260, 313

teng   71

tengkime   66, 280, 292

teni   32, 35, 39, 45, 49, 57, 59, 63, 70, 75, 77,
   78, 86, 98, 99, 100, 101, 105, 117, 121, 128,
   130, 133, 138, 139, 140, 142, 148, 155, 162,
   165, 169, 179, 183, 189, 199, 201, 207, 218,
   227, 235, 237, 241, 251, 262, 269, 281, 282,
   286, 297, 298, 301, 305, 308, 311

teniken   185

Teodas   86

Teofilo   31

terakū   209

tere   31, 34, 35, 38, 43, 44, 45, 52, 55, 63, 72,
   74, 77, 79, 81, 82, 84, 92, 98, 99, 101, 104, 111,
   112, 114, 115, 116, 120, 122, 130, 131, 138,
   144, 145, 147, 149, 150, 153, 154, 160, 164,
   166, 172, 175, 177, 182, 188, 189, 191, 192,
   193, 194, 195, 200, 202, 203, 208, 220, 227,
   228, 234, 234, 238, 239, 242, 243, 244, 247,
   249, 251, 256, 276, 285, 288, 298, 304, 306

terebe   37, 54, 60, 61, 64, 74, 75, 87, 99, 101,
   106, 129, 136, 138, 139, 147, 150, 153, 154,
   163, 166, 177, 185, 192, 210, 213, 220, 227,
   236, 242, 243, 251, 258, 262, 265, 268, 269,
   279, 299, 312, 314

tereci   93, 162, 180, 195, 219, 225, 237, 245,
   264, 307

terede   246, 297

terei   30, 32, 34, 44, 47, 61, 62, 63, 70, 73, 81,
   84, 89, 94, 98, 103, 104, 112, 116, 117, 122,
   136, 139, 145, 154, 156, 166, 173, 174, 177,
   179, 181, 186, 193, 196, 197, 202, 208, 209,
   215, 228, 232, 233, 248, 249, 257, 257, 265,
   266, 284, 287, 289, 305, 310, 313, 314

terengge   35, 47, 106

Tertullo   272, 273

tese   238

tesebe   69, 72, 86, 107, 125, 143, 215, 302

tesede   162

tesei   59, 65, 67, 74, 83, 90, 103, 129, 130, 132,
   139, 145, 149, 157, 161, 164, 166, 170, 183,
   184, 185, 187, 206, 209, 211, 218, 224, 241,
   245, 246, 250, 254, 276, 294, 311

Tessalonika   204, 206, 235, 296

tesu   43, 97, 215

tesu ba   43, 97, 215

Tetararka   161, 171, 35

tetendere   46, 114, 142, 156, 179, 213, 240,
   244, 268, 281, 298

tetun 50

teyembi 47

Timodeo 194, 202, 206, 207, 215, 228, 235, 244

Tirangno 225

Tiro 157, 157, 245, 246

Tišiko 235, 235

Tiyatira 196

tob 92, 165, 185

toksirede 155

tokso 243

toktobuha 55, 58, 97, 174, 189, 194, 213, 237, 296, 310

toktobuhabi 249

toktobuhala 170

toktobuhangge 79, 182, 187, 193, 193

toktobuhe 141

toktobure 258

toktoburengge 67

toktoci 282

toktofi 47

toktoho 151, 157, 163, 186, 192, 209, 210, 266

toktohobi 153, 175, 187, 210, 235, 283, 298

toktombi 193

toktome 32, 72, 282

Tolemaida 246

tolgin 45, 54, 203, 217

tolgirengge 45

Tomas 33

tome 52, 57, 101, 193

tomorhon 47, 53, 283

tomoro 209, 298, 314

tomsoho 305

ton 34, 63, 69, 79, 83, 87, 92, 93, 96, 149, 150, 157, 195, 204, 314

tondo 62, 118, 126, 163, 305

tondoi 140, 177, 197, 210, 245

tooha 94, 232

tookabuha 202

tookabumbini 121

tookabume 178

tookabure 121

tookaburengge 312

toore 222

toose 46, 48, 58, 62, 119, 127, 171, 288, 289

toosei 148

Torofimo 235, 250

Torohade 195, 236

torombu 234

torombume 201

toron 170, 175

tubade 35, 117, 125, 186, 234, 239, 280, 282

tubai 257

tubihe 178

tucibu 161

tucibuci 274, 293

tucibufi 84, 108, 132, 265, 271, 35, 41, 86, 93

tucibuhe 103, 104, 156, 164, 165, 170, 206, 215, 222, 273

tucibuhebi 106

tucibuhede 250

tucibuhei 128

tucibuki 54, 250

tucibukini 86

tucibumbio 201

tucibume 173, 201, 232, 280, 286

tuciburakū 120

tucibure 282

tuciburede 112, 173, 291

tucici 314

tucifi 34, 87, 99, 123, 154, 155, 196, 203, 215, 253

tucike 45, 46, 74, 75, 90, 97, 198, 211, 219, 226, 311

tucikede 36, 55

tucikengge 76

tuciki 223

tucimbihe 116, 226

tucimbini 85

tucime 71, 88, 201, 202, 216, 227

tucin 110, 111

tucine 198, 226, 258

tucinjifi   31, 264, 300

tucinjihe   102, 103, 128

tucinjihengge   253

tucinjime   98, 154, 195, 203

tucinjire   136, 288, 289

tucinjirengge   229

tucirakū   299

tucire   76, 121

tucirengge   240

tucireo   200, 201

tugi   32

tuhebuhe   179, 306

tuhebuhei   240

tuhebuhengge   288

tuhebuki   54, 85, 235

tuhebumbi   123

tuhebumbihe   314

tuhebureo   281

tuhefi   128, 256, 306

tuheke   52, 81, 125, 154, 236, 289

tuheme   82

tuhenere   119

tuhenjire   168

tukiyecembi   114, 260

tukiyecembihe   134, 220, 306

tukiyeceme   116, 254

tukiyecerakū   96

tukiyecun   259, 260, 261

tukiyefi   106, 108, 296

tukiyehe   105, 302

tukiyehe gebu   136, 138, 140, 148

tukiyeki   236

tukiyembihe   251

tukiyeme   86, 184, 296, 298

tukiyere   113

tukiyerede   139

tukšan   104, 78

tuksicuke   54

tuktan   100, 110, 134, 148, 150, 287

tulbišere   162

tule   81, 86, 108, 129, 132, 179, 199, 201, 203,

314

tulergi   288

tulergide   246

tulgiyen   5, 187

tumen   48, 57, 58, 79, 79, 112, 210, 213, 214,
228, 254, 257, 277

tun   75, 162, 189, 245, 247, 253, 297, 298, 300,
305, 306, 307, 313

tunggalafi   299

turgun   34, 51, 60, 63, 66, 70, 72, 79, 81, 88,
96, 105, 114, 125, 127, 138, 139, 142, 144, 154,
167, 168, 172, 173, 176, 181, 187, 192, 193,
194, 197, 202, 208, 212, 220, 227, 228, 232,
234, 240, 241, 243, 244, 249, 253, 255, 256,
258, 259, 268, 271, 274, 282, 284, 287, 289,
290, 297, 307, 309

turgunde   231, 240, 247, 251

turihe   311, 314

Turusilla   276

tusa   70, 79, 220, 229, 260

tusangga   238

tušabuci   127, 245

tušabufi   131, 306

tušabume   175, 34, 35, 40, 41, 67, 92, 122, 165,
171, 172, 180, 214, 217, 239, 246, 270

tutabuha   94

tutala   43, 54, 66, 77, 78, 87, 93, 173, 196, 216,
227

tuttu   30, 37, 40, 46, 51, 51, 60, 65, 92, 94, 96,
103, 117, 130, 134, 135, 144, 152, 167, 173,
174, 175, 181, 189, 192, 202, 214, 218, 223,
225, 231, 233, 236, 247, 251, 257, 277, 287,
292

tuwa   37, 42, 45, 57, 60, 91, 145, 168, 257,
283, 305, 306

tuwabuci   300

tuwabuha   141, 241, 269

tuwabuhabi   123

tuwabuhangge   139

tuwabuki   98, 243

tuwabumbihe   212, 216, 221

tuwabume   132

tuwabun   45, 126, 136, 138, 195, 290

tuwabure   154, 155

tuwaci   42, 74, 118, 119, 146, 208, 209, 226, 297, 314

tuwafi   50, 55, 61, 66, 71, 108, 118, 131, 153, 163, 177, 184, 198, 255, 290, 306

tuwaha   84, 103, 127, 139, 144, 183, 247

tuwahade   150

tuwai   122, 305

tuwakini   189

tuwakiya   153, 190, 194, 198, 269, 276

tuwakiyabuci   183

tuwakiyabuha   302

tuwakiyabumbi   282

tuwakiyabumbihe   314

tuwakiyaburede   154

tuwakiyaci   113

tuwakiyaha   258

tuwakiyahai   168

tuwakiyakini   240

tuwakiyambihe   51, 134, 308

tuwakiyame   129, 256

tuwakiyan   84, 156

tuwakiyara   42, 69, 76, 154, 155, 188, 199

tuwakiyarade   170, 174

tuwakiyarakū   107

tuwakū   50, 108, 117, 142, 175, 207, 219, 248, 265, 296, 305, 307

tuwanaki   103, 130

tuwanara   101

tuwancihiyakū   302

tuwanjiki   276

tuwara   45, 62, 229, 300

tuwarade   32, 213, 262

tuwarakū   103

tuwašataha   306

tuwašataki   276

tuwašatarao   220

tuweri   298, 304, 307

tūme   108

tūrede   108

u

ubaci   180, 195, 297, 298

ubade   32, 34, 100, 102, 106, 116, 126, 127, 128, 131, 138, 150, 157, 176, 180, 188, 194, 196, 197, 199, 202, 203, 204, 205, 206, 207, 215, 217, 218, 219, 232, 235, 236, 237, 246, 247, 256, 262, 273, 280, 282, 283, 297, 298, 302, 306, 307

ubai   52

ubašaha   232

ubašaki   254

ubiyabure   175

ubiyacuka   55

ubiyame   139, 287

ubiyara   268

ubu   63, 65, 81, 118, 122, 171, 176, 241, 263

ubui   171, 236

ucaraci   125

ucarafi   224, 245, 297

ucaraha   162, 194, 215, 274

ucarahade   150, 302, 308

ucarahala   207

ucaran   80

uculehe   47

ucun   47

ucuri   130, 153, 234

udaha   40, 100

udu   32, 44, 67, 76, 86, 90, 94, 104, 128, 150, 173, 174, 183, 188, 189, 196, 203, 216, 219, 236, 246, 248, 251, 253, 264, 271, 276, 281, 296, 299, 305, 308, 313

ududu   35, 42, 50, 83, 96, 116, 119, 123, 150, 166, 179, 182, 183, 185, 188, 197, 218, 227, 236, 274, 280, 288, 297, 298, 310

udunggeri   37, 53, 203, 288

ufaraha   63, 198

ufarahala   67

ufarakini   118

ufarangge 240

ufararade 299

uhei 69, 73, 84, 87, 97, 104, 108, 116, 128, 129, 139, 161, 162, 177, 183, 187, 231, 238, 249, 253, 259, 264, 271, 274

uheleki 67

uhelembihe 50

uheri 162, 163, 171, 217, 254, 269, 272, 274, 293, 301

uheri kadalara da 162, 163, 171, 217, 254, 267, 269, 274, 293

uilehe 238

uilehei 287

uilekini 209, 213

uilembime 275

uileme 197, 299

uilere 150

ujalahai 227

ujan 169, 314

ujen 118, 168, 280

ujihe 101

ujikini 151

ujime 101

uju 37, 42, 57, 91, 93, 97, 104, 117, 118, 127, 128, 145, 162, 171, 181, 198, 216, 218, 224, 233, 249, 291, 301, 307

ujui 52, 73, 117, 148, 175

ujulaha · 127, 170, 186, 234, 260, 262, 283, 308

ukafi 159

ukaka 102, 199

ukaki 300

ukame 254, 302

ukara 314

ukcabuha 155

ukcaburede 113

ukcaci 214

ukcame 54

uksalabu 264

uksalabuki 289

uksura 63, 78, 106, 127, 146, 165, 172, 175, 178, 185, 209, 250, 258, 263, 275, 289, 291

uksurangga 73, 78, 99, 117, 308

uksuranggai 169

ulame 93

ulebuhe 161, 302

ulebumbihe 305

ulejehe 185

ulgiyan 213

ulha 104, 105, 146, 181, 186, 188, 249

ulhibuhe 47, 181, 240

ulhibuhebi 171

ulhibuki 78, 127, 173

ulhibumbi 53

ulhibume 123, 239

ulhibureo 35

ulhici 311

ulhifi 177, 193, 300

ulhihe 102

ulhiki 259, 268

ulhikini 44, 175

ulhimbio 120

ulhime 120

ulhirakū 166, 285, 311

ulhisu 196, 290

ulin 119, 157

umai 54, 66, 70, 79, 85, 107, 138, 147, 167, 168, 173, 177, 187, 222, 224, 232, 240, 258, 266, 268, 274

umainarakū 251

umbufi 110

umbuha 81, 82, 110, 115

umbuhabi 47, 82

umbure 82, 181

ume 31, 59, 71, 85, 87, 132, 138, 138, 147, 163, 186, 195, 199, 217, 230, 236, 245, 247, 249, 263, 266, 267, 276, 300

umesi 50, 53, 76, 134, 152, 176, 192, 203, 204, 267, 272, 292, 313

umiyaha 157

umiyesun 246, 247

uncafi 75

uncaha 81, 82, 99, 110

uncahade   75
uncame   50, 81
uncara   81, 196
uncehen   302
unde   53, 106, 117, 142, 162, 164, 172, 191, 197, 203, 223, 225, 246, 254, 258, 275
undede   98, 200
undehen   302
undengge   44, 45, 47, 63, 66, 105, 107, 113, 119, 161, 166, 168, 185, 188, 291, 310
unenggi   59, 77, 92, 121, 144, 150, 178, 184, 188, 232, 255, 262, 274, 276, 286
unenggileme   66
unggasa   255
unggi   210, 238
unggibumbihe   195
unggici   38, 66, 128, 173, 216, 220, 223, 162, 164, 172, 200
unggihe   64, 84, 100, 103, 117, 130, 140, 147, 150, 152, 166, 180, 188
unggihebi   128
unggihede   63
unggiki   258, 294
unggimbi   103
unggime   54, 55, 187, 200, 249, 283
unggine   140, 148
unggineci   289
ungginehe   132, 137
unggineki   186, 253
unggineme   228
ungginetele   282
ungginjihe   138
ungginjire   48
unggire   268, 284
untuhun   37, 145, 178, 223, 258
untuhuri   73
unubure   187
unun   168, 184, 187
urahilame   141
ureme   101
urgun   47, 56, 156, 247

urgunjebume   178
urgunjehe   46, 150, 169, 188, 200
urgunjembihe   88, 116, 170
urgunjeme   50, 104, 121
urhu   107, 140
urhufi   248
urihe   47, 167
urkin   42, 51
urse   34, 40, 43, 46, 49, 53, 54, 55, 69, 71, 73, 83, 84, 87, 94, 99, 112, 116, 121, 126, 128, 130, 131, 135, 136, 138, 140, 141, 146, 149, 153, 156, 157, 166, 168, 169, 171, 176, 180, 183, 184, 185, 192, 196, 198, 199, 200, 205, 213, 214, 215, 216, 217, 220, 222, 225, 226, 227, 229, 232, 240, 242, 243, 244, 250, 251, 256, 259, 266, 268, 271, 274, 275, 280, 282, 283, 288, 290, 294, 296, 302, 305, 307, 313
ursei   34, 60, 62, 76, 109, 114, 142, 145, 149, 169, 175, 178, 185, 204, 207, 216, 220, 247, 248, 251, 258, 263, 267, 277, 288, 289, 314
uru   94, 130, 208, 231, 251, 266, 291, 311
urui   49, 135, 179
urunakū   145, 193, 249, 284, 300, 305
urušeki   216
urušeme   186, 196
urušerakū   71, 112
usere   178
ushacun   91
ushafi   92
ushambihe   157
ushamecembe   69
ushume   254
usiha   105, 113, 299
usihai   113
usin   34, 40, 50, 74, 75, 81, 82, 89, 110, 306
ušabumbihe   299
ušafi   115, 198
ušahabi   179
ušahai   123, 250
ušambihe   230
ušame   94, 309

ušara 243

uše 258

utala 31, 43, 44, 49, 52, 97, 117, 133, 139, 142, 155, 174, 188, 189, 212, 235, 259, 271, 272, 275, 282, 292, 299

uthai 32, 34, 35, 38, 39, 40, 42, 44, 46, 47, 51, 52, 53, 54, 56, 57, 58, 63, 66, 67, 68, 74, 75, 78, 79, 89, 90, 94, 100, 102, 103, 107, 112, 113, 117, 118, 119, 120, 122, 123, 124, 132, 137, 139, 141, 141, 147, 151, 153, 155, 155, 157, 161, 165, 167, 168, 171, 172, 173, 182, 185, 187, 193, 196, 199, 204, 210, 212, 213, 219, 222, 223, 225, 226, 228, 231, 233, 239, 241, 242, 243, 244, 246, 248, 255, 256, 260, 262, 263, 271, 278, 279, 282, 283, 285, 286, 289, 289, 294, 294, 295, 301, 304, 307, 310, 313, 314

uttu 34, 35, 38, 41, 48, 49, 54, 61, 62, 70, 74, 78, 89, 98, 99, 101, 122, 146, 154, 156, 160, 163, 168, 169, 175, 192, 193, 201, 209, 211, 213, 223, 224, 225, 227, 231, 239, 241, 247, 251, 258, 267, 268, 272, 274, 291, 299, 300, 309

uttu ohode 35, 38, 48, 92, 116, 129, 138, 147, 149, 166, 185, 200, 212, 217, 229, 239, 249, 284, 286, 302

uyere 133, 136, 140

uyuci 52, 60, 135, 140, 295

ūren 105, 114, 186, 187, 209, 249

W

wa 156

wabuhade 87

wabukini 212

wadan 137, 138, 144, 146, 147, 302

wafi 138, 147

waha 54, 62, 78, 102, 111, 149, 153, 166, 264, 265, 267

wahade 85

wahai 254

wahiyarade 61

wai 298, 302

waidafi 200

wajici 232, 239

wajiha 74, 137, 143, 180, 185, 186, 228, 273, 297

wajihade 241

wajiki 282

wajima 204

wajimbi 250

wajimbihe 52

wajinggala 249, 262, 293, 310

waka 32, 44, 57, 64, 67, 76, 86, 94, 106, 110, 118, 122, 130, 157, 165, 166, 172, 193, 195, 208, 210, 223, 227, 229, 231, 240, 251, 264, 276, 282, 290, 292, 309, 311

wakabe 266

wakalaci 55

wakalaha 113, 309

wakalahai 163, 279

wakalahangge 103

wakalaki 54

wakalambi 274

wakalambihe 169

wakalame 105, 112, 146, 217, 234, 262

wakalara 149

wakalarade 182

wakao 43, 48, 53, 78, 81, 91, 128, 156, 252

waki 102, 130, 177, 199, 242, 250, 266, 290, 302

waliya 98, 101, 178

waliyabuha 257

waliyabuhakū 47

waliyaci 175

waliyafi 31, 62, 93, 172, 210, 242, 271, 278

waliyaha 35, 70, 101, 299, 301

waliyame 35, 78, 92, 156, 215, 225, 245, 248, 289

waliyarakū 47, 79

waliyatala 255

wambi 265

wame   268

wang   38, 57, 58, 62, 65, 73, 79, 100, 101, 110, 119, 127, 153, 157, 165, 174, 205, 223, 278, 281, 283, 284, 286, 287, 288, 290, 292, 293

wang heo   119

wara   86, 91, 109, 120, 129, 173, 258, 264, 279, 305

warakū   159

wargi   298

wasibume   178

wasifi   145, 236

wasihūn   137, 236

wasimbuhabi   101

wasimbume   106

wasire   144

we   49, 70, 102, 103, 112, 120, 121, 124, 175, 231, 261, 264, 289

wecehe   104

weceki   178

wecen   55, 69, 70, 71, 73, 76, 77, 84, 85, 93, 97, 98, 105, 125, 127, 128, 152, 173, 178, 181, 226, 233, 250, 255, 259, 260, 262, 264, 270, 272, 278, 279, 281, 288

wecen i da   55, 69, 70, 71, 73, 77, 84, 85, 93, 97, 98, 125, 127, 128, 152, 173, 178, 226, 233, 250, 259, 262, 264, 270, 272, 278, 279, 281, 288

wehe   70, 77, 78, 85, 108, 114, 177, 179, 299, 300, 314

wehiyen   80, 169, 172, 185, 192

Weibera   313

weigu   301

weihe   107, 298, 300, 301

weihuken   302

weihun   133, 141

weijubufi   167, 210, 214

weijubuhe   48, 55, 56, 62, 70, 86, 141, 168, 237

weijubumbime   67

weijubume   295

weijubure   173, 287

weijuburede   46

weijuhe   141

weijuhede   31

weijure   275

weile   34, 35, 49, 55, 59, 62, 66, 70, 79, 85, 86, 108, 118, 123, 142, 168, 192, 217, 224, 258, 268, 276, 279, 281, 282, 283, 288, 290, 293, 294, 309

weilehengge   229

weilembihe   215

weileme   106, 229, 241

weilen   77, 104, 229, 241, 257, 268, 280

weilengge   55, 77, 90, 111, 199, 232, 273, 287, 296, 302, 314

weilere   229

weilerede   70

wembuhade   78

wembuhe   314

wembukini   193, 222, 291

wembure   171

weri   241

werihe   40

werišehei   116

werišeme   255

werišerakū   145

wesibufi   67

wesibuhe   48

wesibume   283

wesihulehe   46

wesihulekini   202

wesihulembihe   90

wesihuleme   213

wesihulerengge   68

wesihun   32, 79, 106, 117, 170, 171, 197, 204, 206, 234, 239, 260, 270, 279, 291, 306

wesike   31, 33, 35, 48, 137, 250, 279

wesiketele   56

wesiki   280

wesimbihe   247

wesimbuci   284

wesime   219, 237

wesire   32, 144, 228, 247

y

ya   35, 45, 49, 63, 74, 82, 107, 116, 118, 121, 140, 173, 175, 214, 239, 247, 261, 288, 308
yabu   61, 63, 119, 210, 264
yabubuha   298
yabubuki   54, 126
yabuci   39, 41, 49, 59, 71, 74, 86, 126, 137, 138, 140, 199, 202, 232, 241, 248, 256, 256
yabucibe   101
yabufi   167, 224
yabuha   29, 31, 35, 40, 43, 71, 107, 111, 112, 116, 117, 129, 131, 141, 154, 174, 180, 183, 185, 203, 238, 243, 251, 262, 296, 297, 307, 314
yabuhabi   74, 292
yabuhade   162
yabuhai   103, 149, 177, 189, 209, 219, 235, 237
yabuhakū   177
yabuhangge   62, 248, 292
yabuhani   70
yabuki   54, 129, 175, 185, 194, 235, 237
yabukini   61, 178, 247
yabumbi   107, 188
yabumbihe   61, 76, 83, 93, 104, 157, 177, 197, 246, 308
yabume   50, 59, 65, 79, 101, 163, 168, 182, 189, 195, 245, 256, 288, 298
yabun   29, 38, 41, 54, 55, 78, 89, 92, 113, 150, 165, 194, 270, 286
yaburakū   90, 139, 144, 147, 203
yabure   46, 59, 61, 104, 121, 165, 176, 185, 213, 226, 245, 249, 255, 259, 297, 300, 309
yaburede   121, 125, 128, 137, 223, 225, 297, 300
yaburengge   178, 226
yadaha   81, 157
yadahūn   60, 61, 70, 72, 74, 131, 135, 136, 140, 152, 242, 275
yadahūšame   137
yafahalame   237
yafahan   254, 267
Yakob   99, 100, 103, 106, 110, 294
Yakobo   33, 153, 156, 159, 185, 191, 247, 253
yaksiha   84, 250
yala   31, 37, 38, 41, 43, 46, 47, 49, 51, 53, 54, 55, 62, 63, 66, 72, 73, 78, 83, 90, 94, 98, 99, 102, 105, 106, 114, 117, 118, 123, 123, 126, 140, 142, 151, 153, 155, 157, 167, 171, 172, 173, 175, 177, 180, 185, 186, 188, 191, 196, 202, 203, 208, 210, 220, 224, 226, 255, 260, 263, 272, 273, 275, 286, 287, 288, 291, 297, 302, 310, 311, 313
yali   37, 47, 56, 67, 157, 188, 264, 275
yali beye   47, 56, 67, 264, 275
yalure   267
yamaka   264, 279
yamji   69
yamjitala   310
yamun   198, 200, 201, 208, 210, 211, 217, 218, 223, 231, 232, 280, 282, 283
yangsangga   105, 113
yangse   213
yangsei   283
yargiyalaki   206, 268
yargiyalakini   268
yargiyan   35, 37, 47, 58, 74, 86, 91, 128, 144, 154, 172, 173, 176, 264, 273, 274, 286, 292
yarkiyahan   46, 67, 81
yarkiyame   203
yaru   163
yaruci   68
yaruha   68
yaruhan   41, 78, 151, 175
yarume   266
yarure   63, 77, 207
yarurede   174, 184
yasa   38, 46, 60, 62, 105, 108, 126, 127, 128, 132, 137, 141, 146, 154, 163, 257, 290, 311

yasai   33, 48, 53, 57, 70, 72, 102, 103, 127,
    128, 168, 200, 213, 227, 238, 240, 256, 257,
    289, 301, 311
yasalafi   163
yasalame   60, 94, 177
yasalarade   209
Yason   205, 212
yaya   91, 194, 209, 241
yebe   61, 71, 177, 181, 307
Yebuseo   172
yendebumbi   38
yendebumbio   32
yendebure   53
yendehe   96
yendembihe   170
Yeremiyas   114
Yerusalem   31, 32, 33, 34, 40, 43, 44, 50, 60,
    69, 71, 83, 85, 93, 96, 115, 117, 119, 125, 127,
    128, 129, 141, 146, 149, 150, 151, 158, 159,
    164, 166, 182, 183, 188, 191, 191, 194, 219,
    228, 237, 239, 239, 242, 243, 245, 247, 253,
    254, 256, 257, 258, 264, 270, 274, 278, 279,
    280, 281, 282, 283, 286, 288, 290, 308
Yesse   165
Yesu   29, 31, 33, 34, 35, 37, 38, 40, 46, 48, 49,
    51, 54, 55, 56, 57, 58, 60, 62, 63, 66, 67, 68,
    69, 70, 71, 72, 73, 74, 74, 77, 77, 78, 79, 83,
    85, 87, 88, 90, 93, 94, 97, 108, 112, 113, 114,
    116, 117, 119, 120, 121, 122, 124, 125, 126,
    128, 129, 130, 131, 133, 134, 140, 141, 142,
    143, 144, 145, 148, 149, 152, 162, 165, 166,
    167, 168, 169, 172, 173, 174, 184, 187, 189,
    192, 195, 198, 199, 202, 204, 205, 208, 212,
    214, 215, 216, 219, 220, 221, 222, 223, 224,
    225, 226, 227, 238, 239, 240, 241, 242, 247,
    253, 256, 257, 260, 261, 264, 276, 282, 285,
    287, 288, 289, 291, 292, 294, 310, 312, 314
Yohangne   39, 69, 32, 35, 141, 148, 155, 158,
    162, 164, 165, 172, 189, 220, 224
Yohel   44, 45
yohindarakū   168, 175

yonggan   299, 302
yongkiha   57
yongkiyaha   55, 181, 295
yongkiyan   56, 62, 121
yooni   34, 40, 41, 62, 63, 70, 72, 74, 75, 81, 83,
    87, 98, 120, 123, 173, 229, 240, 244, 313
Yope   131, 132, 133, 136, 137, 139, 140, 146,
    148
Yosefe   35, 75, 99, 100
Yosuwe   106
Yubiter   177, 178, 181
Yuda   33, 127
Yudas   34, 35, 40, 87, 186, 187, 188
Yudeya   32, 38, 43, 44, 52, 54, 55, 57, 76, 92,
    115, 130, 138, 139, 141, 145, 146, 151, 153,
    155, 156, 157, 162, 171, 176, 182, 198, 246,
    247, 254, 267, 273, 277, 279, 280, 281, 283,
    285, 286, 287, 290, 294, 295, 309
Yulio   296, 314
Yupiter   231

Z

Zersan   111
Ziben   52
Zowangne   33, 60, 61, 70, 71, 72, 76, 117, 119,
    153, 191, 202

저자 | 김동소(金東昭)

순천(順天) 김씨 절재공파(節齋公派) 39세손. 개성 출신. 호 열뫼[開山].
대구가톨릭대학교 국어국문학과 명예교수. 한국어의 역사와 알타이 어학 전공

• 전자 우편 : jakobds@daum.net, jakob@chol.com
• 누 리 집 : http://www.dongso.pe.kr

| 주요 지은책 · 옮긴책 |

《막시밀리안 콜베 (Le Secret de Maximilien Kolbe)》(번역, 1974/1991, 성바오로출판사).《同文類解 滿洲文語 語彙》(1977/1982, 분도출판사/효성여대 출판부).《韓國語와 TUNGUS語의 音韻 比較 研究》(1981, 효성여대 출판부).《언어 (言語の系統と歷史)》(공역, 1984, 형설출판사).《알타이어 형태론 개설 (Einführung in die altaische Sprachwissenschaft)》(번역, 1985, 민음사).《女眞語,滿語研究》(1992, 北京, 新世界出版社).《한국어 변천사》(1998/2005, 형설출판사) [문화관광부 선정 우수 학술 도서].《김동소의 쌈빡한 우리말 이야기》(1999, 정림사).《석보 상절 어휘 색인》(2000, 대구가톨릭대 출판부).《원각경 언해 어휘 색인》(2001, 대구가톨릭대 출판부).《역주 원각경 언해 상1지1》(2002, 세종대왕 기념사업회).《역주 남명집 언해 상》(2002, 세종대왕 기념사업회).《중세 한국어 개설》(2002/2003, 대구가톨릭대 출판부/한국문화사).《역주 구급방 언해 상》(2003, 세종대왕 기념사업회).《韓國語變遷史》(2003, 東京, 明石書店).《한국어 특질론》(2005, 정림사) [문화관광부 선정 우수 학술 도서].《한국어의 역사》(2007/2011. 대구, 정림사).《역주 구급 간이방 언해 1》(2007. 11. 30. 서울, 세종대왕 기념 사업회).《한국어와 일본어의 비교 어휘》(공편, 2007, 제이앤씨).《한국어와 알타이어 비교 어휘》(공편, 2008, 제이앤씨).《말 찾아 빛 따라》(2009, 경인문화사).《만주어 마태오 복음 연구》(2011, 지식과 교양) [문화관광부 선정 우수 학술 도서].《만주어 에스델기》(2013, 지식과 교양).《소암 김영보 전집》(2016, 소명출판). 그밖 몇 권.

| 논문 |

"慶源 女眞字碑의 女眞文 研究" (1988,《효성여자대학교 논문집》36집).
"東洋文庫藏 滿洲文語 聖書稿本 研究" (1992,《신부 전달출 회장 화갑 기념 논총》).
"最初 中國語,滿洲語 聖書 譯成者 賀淸泰神父" (2003,《알타이학보》13호).
"한국어 변천사 연구에서의 일본 제국주의 식민 사관의 자취" (2003,《국어국문학》135호).
"동아시아의 여러 언어와 한국어 —한국어 수사의 대조 언어학적 연구—" (2004,《어문학》93집).
"이른바 알타이 조어의 모음 체계와 한국어 모음 체계" (2006,《국어사 연구 어디까지 와 있는가》).
"最初汉语及满洲语〈圣经〉译者—耶苏会士贺淸泰", 林惠彬汉译, (2015,《國際漢學》3. 北京, 外语教学与研究出版社).
"여진 문자의 연구 자료" (2015《한글과 동아시아의 문자》).
그밖 80여 편.

| 논설 |

"내가 받은 여진 · 만주 글자 새해 인사 편지".《한글 새소식》제365호 (2003, 한글학회).
"우리 교과서의 '고구려'문제".《2004년 2월 20일자 한겨레신문 (4989호) 19면[특별기고].
"각국어 성경으로 보는 세계의 언어와 문자 (1) — (10)".《한글 새소식》제448호-458호. (2009-2010, 한글학회).
"아버지의 추억 —희곡작가 김영보(金泳俌)—",《근대 서지》(2010, 근대서지학회) 제1호.
"김영보(金泳俌)의 〈쏫짜운 선물〉(1930)에 대하여",《근대 서지》(2010, 근대서지학회) 제2호.
"소암 김영보(蘇岩金泳俌) 간략 전기",《근대 서지》(2015, 근대서지학회) 제11호. 그밖 300여 편.

만주어 사도행전

루이 드 푸와로 신부의 만주어 성경 연구 **3**

초판 인쇄 | 2018년 3월 15일
초판 발행 | 2018년 3월 15일

지 은 이 김 동 소

책임편집 윤 수 경

발 행 처 도서출판 지식과교양
등록번호 제2010-19호
주 소 서울시 도봉구 쌍문1동 423-43 백상 102호
전 화 (02) 900-4520 (대표) / 편집부 (02) 996-0041
팩 스 (02) 996-0043
전자우편 kncbook@hanmail.net

ISBN 978-89-6764-111-5 93700
정가 40,000원